U0940765

(京)新登字 041 号

©中国统计出版社。
版权所有。未经许可,本书的任何部分不得以任何方式在世界任何地区以任何文字翻印、拷贝、仿制或转载。
Copyright © CHINA STATISTICS PRESS
All rights reserved. No part of the publication may be reproduced or transmitted in any form or by any means, electronic or mechanical, including photocopying, recording, or any information storage and retrieval system, without written permission from the publisher.

图书在版编目(CIP)数据

潍坊统计年鉴. 2012/潍坊市统计局,国家统计局潍坊调查队,潍坊市统计学会编. —北京：中国统计出版社, 2012.8
ISBN 978-7-5037-6580-3/C.2662

Ⅰ. ①潍… Ⅱ. ①潍… ②国… ③潍… Ⅲ. ①统计资料-潍坊市-2012-年鉴 Ⅳ. ①C832.523-54

中国版本图书馆 CIP 数据核字(2012)第 155508 号

潍坊统计年鉴-2012

作　　者/潍坊市统计局　国家统计局潍坊调查队　潍坊市统计学会
责任编辑/郭　川　李希春
封面设计/郭　川
出版发行/中国统计出版社
通信地址/北京市西城区月坛南街 57 号　邮编　100826
办公地址/北京市丰台区西三环南路甲 6 号
电　　话/(010)63376907
网　　址/http://csp.stats.gov.cn
印　　刷/潍坊长城印刷有限公司
开　　本/880×1230 毫米　1/16
字　　数/125 万字
印　　张/37.25 印张
印　　数/1-1200 册
版　　别/2012 年 8 月第 1 版
版　　次/2012 年 8 月第 1 次印刷
书　　号/ISBN 978-7-5037-6580-3/C.2662
定　　价/300.00 元

中国统计版图书,版权所有,侵权必究。
中国统计版图书,如有印装错误,本社发行部负责调换。

《潍坊统计年鉴－2012》编辑委员会

主　　任：陈白峰　　中共潍坊市委常委、市政府常务副市长

副 主 任：赵崇发　　中共潍坊市委副秘书长、办公室主任

　　　　　卞汉林　　中共潍坊市委副秘书长、政研室主任

　　　　　李静波　　潍坊市政府副秘书长、办公室主任

　　　　　谭炳建　　潍坊市政府副秘书长

　　　　　马中平　　潍坊市统计局局长

委　　员：王连波　　潍坊市统计局副局长

　　　　　冯传森　　潍坊市统计局副局长

　　　　　李　军　　潍坊市统计局副局长

　　　　　齐永刚　　潍坊市统计局总统计师

　　　　　牟艺修　　潍坊市统计局副调研员

　　　　　王宗信　　潍坊市统计局副调研员

　　　　　曲福才　　潍坊市社会经济调查队队长

　　　　　花　芳　　潍坊市社会经济调查队党支部书记

　　　　　蔡保卫　　国家统计局潍坊调查队队长

　　　　　郭焕斌　　国家统计局潍坊调查队副队长

主　　编：马中平

副 主 编：李　军

编　　辑：（按姓氏笔画为序）

丁树燕	于　丹	于小玲	马志刚	尹美美
王玉梅	王学忠	王晟昊	王淑艳	田常孝
关付明	刘　涛	刘军生	刘国良	孙晓红
孙晓斌	曲晓东	朱　杰	朱常法	吴玲玲
李化生	李希春	李忠显	杨　屹	周仁欣
孟祥太	季学罡	房　艳	赵凤文	赵焕贵
袁荣华	郭　川	高　鹏	高学香	黄衔辉
傅忠亮	焦　强	葛爱民	窦智坤	雷威东
魏绍忠				

编辑说明

一、《潍坊统计年鉴－2012》是一部全面反映潍坊市国民经济和社会发展情况的资料性年刊，是认识和研究潍坊市情、制定政策、指导工作的重要资料和历史性工具书。

二、《潍坊统计年鉴－2012》收录了2011年度潍坊市及各县市区、市属开发区国民经济和社会发展方面的统计资料，全省各市、县（市区）资料以及潍坊市各乡镇（街道）资料，全书共分为十六部分。

三、本年鉴所列各项指标均使用年报数据。

四、本年鉴所用价格，除标明用不变价格的之外，其他均为当年价格计算。

五、本年鉴“工业”、“贸易业”部分，除标明口径的之外，其他均为规模以上或限额以上统计口径。人口数字口径为公安户籍人口数，人均GDP自2006年开始按常驻人口计算。

六、本年鉴在编辑过程中，得到了有关部门和单位的大力支持，在此谨表衷心感谢。由于编者水平有限，难免存在不足之处，恳请广大读者提出宝贵意见，以便改正。

三、城镇单位从业人员和职工工资

四、固定资产投资和建筑业

五、财政、金融、保险

六、价 格 指 数

七、人民生活

八、农　　业

九、工　　业

十、能　源

十一、交　通

十二、贸 易 业

十三、对外经贸、旅游

十四、教　育　　科　技

2012 年政府工作报告

——2012 年 2 月 10 日在潍坊市第十六届人民代表大会第一次会议上

潍坊市代理市长　刘曙光

各位代表:

现在,我代表市人民政府,向大会报告工作,请予审议,并请市政协委员和其他列席会议的同志提出意见。

一、过去四年工作回顾

2008 年以来,在省委、省政府和中共潍坊市委的坚强领导下,在市人大及其常委会、市政协的监督支持下,市政府和全市人民一起,始终突出科学发展主题,牢牢把握转变经济发展方式主线,紧紧围绕富民强市目标,解放思想、创新实干、团结奋斗,全面完成了“十一五”任务目标,实现了“十二五”良好开局。

经济保持平稳较快发展,综合实力大幅提升。2011 年,全市实现地区生产总值 3541.85 亿元,年均增长 12.6%;完成财政总收入 466.8 亿元,地方财政收入 253.9 亿元,固定资产投资 2603.2 亿元,社会消费品零售总额 1349.8 亿元,年均分别增长 20.1%、23.1%、23.9% 和 18.9%,均比 2007 年翻了一番以上;城镇居民人均可支配收入达到 22508 元,农民人均纯收入达到 10409 元,分别比 2007 年增加 8792 元和 4131 元。

结构调整步伐加快,产业优势更加突出。三次产业比例由 11.6:57.4:31 调整到 10.1:55.4:34.5。粮食总产连续三年超过百亿斤,优质农产品基地发展到 520 万亩、品牌 1604 个,销售收入过亿元农业龙头企业发展到 167 家,畜牧产业链销售收入突破千亿元。2011 年规模以上工业企业完成主营业务收入 9377.9 亿元、利税 792.9 亿元,均比 2007 年翻了一番。主营业务收入过千亿元产业达到 4 个、过百亿元企业由 4 家增加到 12 家。获省长质量奖 6 个,中国驰名商标和山东名牌数量居全省前列。高新技术产业产值占规模以上工业总产值的比重达到 24.9%,高新区“63513”工程被确定为全省新兴高端产业发展示范工程。服务业增加值由 637.5 亿元增加到 1221.2 亿元,年均增长 14.3%。银行业存贷款增量增幅、资产质量和效益保持全省先进水平。旅游业总收入由 98.6 亿元增加到 315.2 亿元。年交易额过 10 亿元的市场达到 36 个。自主创新能力进一步增强,培育重大科技成果 516 项,申请国家专利 2.54 万件,盛瑞 8AT 项目获中国专利金奖。连续被评为全国科技进步先进市。全面完成了省政府下达的节能减排任务。

新型城镇化扎实推进,城乡面貌发生显著变化。中心城市建成区面积扩大到 149 平方公里。文化艺术中心、奥体公园体育场、鲁台会展中心、白浪绿洲湿地公园等重点城建项目顺利实施。改造旧小区 73 个、背街小巷 249 条。建成区绿化覆盖率达到 40.3%。创建为国家卫生城市、国家园林城市,荣获“中国人居环境奖”。县域经济实力显著增强,小城镇发展明显加快。农村社区建设实现全覆盖,基本实现村村通自来水、有线电视、柏油路和客运班车。全市林木覆盖率达到 35.2%。

“蓝黄”战略加快实施,沿海开发率先突破。全境纳入山东半岛蓝色经济区,沿海三区市纳入黄河三角洲高效生态经济区,国家批准临朐县参照执行中部地区有关政策。确立了“一带、一体、两翼、多点”的蓝色经济区发展规划布局。举全市之力加快北部沿海开发,完成规模以上固定资产投资 1330 亿元。滨海区升级为国家级经济技术开发区,“一城四园”基础设施配套面积达到 160 平方公里。潍坊港实现一类口岸开放和对台直航;沿海防护堤等重大基础设施建设进展顺利。潍坊滨海海洋经济新区和中外合作产业园列入全省重点支持项目。

综合配套改革进一步深化，对外开放成果丰硕。五大领域123项改革取得重要阶段性成果。组建了全省首家村镇银行、首批农村商业银行和首个文化产权交易所，设立了天津股权交易所潍坊交易中心。上市公司发展到33家、股票37只。小额贷款公司发展到39家，数量居全省首位。公立医院改革取得实质性进展。被评为全国文化体制改革工作先进地区。荣获全国教育改革创新特别奖。进出口总额达到141亿美元，累计实际到账外资26亿美元。出口加工区升级为国家级综合保税区。对外合作和对口支援工作进展顺利，青潍合作取得新的成果，援川和援鄄任务圆满完成。

民生持续改善，社会更加和谐稳定。民生支出占财政总支出的比重达到52.2%。市政府每年承诺为群众办好的10件实事全面落实。累计实现城镇就业50.5万人，转移农村劳动力48.4万人。连续七年提高企业退休人员基本养老金水平，城乡居民养老保险实现全覆盖；城镇居民基本医疗保险制度全面建立，新型农村合作医疗政府补助标准和住院报销比例大幅提高。提供保障性住房9539套，改造棚户区1.4万户。公共文化服务体系更加完善，文化产业增加值突破100亿元。全面实现城乡免费义务教育，中小学校舍安全工程基本完成，素质教育走在全国前列。在潍高校发展到17所，在校生17.3万人。城乡卫生服务体系更加健全，国家基本药物制度全面落实。社会大局持续稳定。连续创建为全国双拥模范城。人口计生、外事侨务、民族宗教、妇女儿童、老龄、残疾人、审计、统计、人防、地震、气象、史志、档案、海事等工作实现了新的发展。

民主法制和政府自身建设得到加强，发展环境更加优化。圆满完成"五五"普法、"四五"依法治市、"四五"依法行政任务。累计办理人大代表议案建议561件，政协委员提案1272件。新一轮政府机构改革全面完成。行政审批制度改革不断深化，电子政务建设和政务公开工作依法推进。执法监察、行政效能监察、审计监督和纠风治理工作有效开展，政府服务质量、行政效率进一步提升。

2011年，全市上下按照"一九五一"的目标任务和思路举措，全力转方式、调结构、惠民生、促和谐，经济社会各项事业迈上了新的台阶。全市地区生产总值、地方财政收入分别增长11%和25.4%，社会消费品零售总额、固定资产投资、外贸进出口总额分别增长17.3%、22.9%和19.9%。城镇登记失业率控制在3.13%，城镇居民人均可支配收入、农民人均纯收入分别增长14.4%和17.3%，居民消费价格涨幅控制在4.4%，人口自然增长率控制在3.56‰。

各位代表，过去四年不平凡的实践与探索，使我们深深体会到，应对各种复杂局面和重大挑战，保持经济社会平稳较快发展，必须以科学发展观统领全局，坚定不移地贯彻落实党中央和省委、省政府的重大决策部署，创造性地做好上级精神与潍坊实际结合的文章，在实践中探索具有潍坊特色的发展路子。必须始终清醒地把握宏观形势和潍坊发展的特点，紧紧抓住事关全局的重大问题全力突破，为未来发展打好基础、铺平道路。必须准确认识机遇，善于抢抓机遇，用足用好机遇，尤其要注重争取和用好国家、省实施一系列重大发展战略的机遇，形成加快发展新格局。必须坚定不移地深化改革、扩大开放、创新发展，利用一切机会先行先试，推动重点领域和关键环节改革，增强发展的动力和活力。必须坚持民生为本，倾心尽力为群众谋福祉，让人民群众更多地享受改革发展成果，激发全市人民共建美好家园的积极性。必须锤炼作风、科学实干，大力加强公务员队伍建设，为科学发展、跨越发展提供坚强保障。这些经验，来自实践，弥足珍贵，我们要倍加珍惜，不断发扬光大！

各位代表，回顾四年的发展历程，我们深深感到，潍坊取得的一切成就，归功于省委、省政府和市委的坚强领导，归功于历届领导班子和老同志打下的良好基础，归功于市人大及其常委会、市政协、各民主党派、工商联、各人民团体及社会各界的监督支持，归功于海内外朋友的真诚关心、大力支持和广泛参与,归功于驻潍部队、武警官兵的无私奉献,归功于全市910万干部群众的团结奋斗、拼搏努力。在此,我代表市政府,向所有为潍坊改革发展作出贡献的各位领导、各位同志、各位朋友和全市广大干部群众,致以崇高的敬意和衷心的感谢!

在看到成绩的同时,我们也清醒地认识到,我市经济社会发展中还存在一系列深层次矛盾和问题。主要是:综合实力不够强,人均占有水平还比较低;发展方式粗放问题依然突出,自主创新能力还不够强,生态环境亟需改善;城镇化进程不快,中心城市辐射带动能力有待提升;城乡、区域之间发展仍不平衡;社会保障水平还不够高,一些群众关心的热点难点问题需要继续认真解决,政府公共服务与人民群众的期望还有差距,社会管理亟需创新完善,等等。对这些问题,我们一定高度重视,采取有力措施,认真加以解决。

二、今后五年的总体要求和目标任务

刚刚闭幕的中国共产党潍坊市第十一次代表大会,提出了今后五年的宏伟目标和基本要求,为今后的发展指明了方向。今后五年,是我市全面贯彻市十一次党代会精神、全面落实"十二五"规划、全面建设小康社会的关键时期,是我市加快转方式调结构、再创科学发展新优势的重大机遇期,也是我市顺势应变、乘势而上,进一步提升在区域发展中地位的攻坚时期。我们面临的形势复杂多变,区域竞争更加激烈,转方式调结构的任务艰巨繁重。同时,我们也清醒地看到,世界新一轮产业和科技革命进程加快,国际产业转移和结构调整力度加大;国内经济社会发展长期向好的基本态势没有改变;我市仍处在工业化、城镇化快速发展期,"蓝黄"两大国家战略在我市交汇融合,省委省政府对我市的发展寄予厚望。特别是经过多年的探索实践,我市的发展思路更加明晰,发展基础更加坚实,全市人民团结奋进、建设美好家园的热情空前高涨。我们坚信,只要抓住机遇、科学谋划,万众一心、拼搏实干,就一定能够实现科学发展的新跨越、谱写富民强市的新篇章!

今后五年政府工作的总体要求是,高举中国特色社会主义伟大旗帜,坚持以邓小平理论和"三个代表"重要思想为指导,深入贯彻落实科学发展观,以科学发展为主题,以加快转变经济发展方式为主线,以富民强市为目标,以改革创新为动力,加快建设创新潍坊、文化潍坊、生态潍坊、幸福潍坊,全面实现"十二五"规划和市十一次党代会确定的各项目标任务,为建设现代化经济文化强市而努力奋斗。

经过五年努力,实现下列奋斗目标:

——*综合经济实力实现新的跨越*。地区生产总值年均增长11%;地方财政收入实现翻番,达到500亿元;社会消费品零售总额年均增长16%,进出口总额突破250亿美元,人均地区生产总值超过10000美元,成为山东半岛蓝色经济区的重要增长极。

——*全社会创新能力显著增强*。"创新潍坊"建设取得重大进展,全社会创新意识全面提升,创新体系更加完善,创新环境整体优化。综合配套改革加快推进,争做全省综合配套改革的排头兵。取得一批重大科技成果,高新技术产业产值占规模以上工业总产值的比重、战略性新兴产业增加值占地区生产总值的比重分别达到30%和12%,科技进步贡献率达到60%。

——*文化软实力大幅度提升*。公共文化服务体系更加健全,国民素质全面提升,城市特色更加彰显,潍坊精神更加发扬光大,市民的城市认同感、归属感显著增强;市域历史文化资源开发广泛展开,培育一批有影响力的文化企业、文化产业和文化品牌,文化对经济社会发展的影响力、贡献度和潍坊的知名度大幅度提升。

——*生态环境的承载力更加坚实*。生态文明、绿色低碳发展理念成为共识,基本形成节约能源资源和保护生态环境的产业结构、增长方式和消费方式,城乡环境更加宜居宜业。节能减排指标大幅下降,林木覆盖率稳定在35%以上,展现出绿满城乡、天蓝水清的优美画卷。

——*人民生活更加殷实幸福*。保障和改善民生的制度安排更加完善,公共财政对民生的支出持续扩大，城乡基本公共服务更加优质均等。就业创业服务体系更加健全，收入分配更加合理，城乡居民收入与经济发展同步增长。城乡居民保障水平明显提高。人民群众权益得到切实维护，社会和谐稳定。城镇居民人均可支配收入、农民人均纯收入力争翻番。城镇登记失业率控制在4%以内。居民的幸福指数明显提高。

各位代表，国际国内经济形势的新变化、宏观经济政策的新调整、区域竞争发展的新格局、人民群众对美好生活的新期待、我市经济社会发展的新阶段，特别是建设"四个潍坊"的新目标，都要求我们必须更加突出主题主线，加快转变发展方式，走创新驱动、转型发展的道路，为全面实现市十一次党代会提出的各项目标任务提供可靠的保证。

*转型发展，必须大力推进产业转型。*产业是富民强市的关键。建设"四个潍坊"，必须以产业转型为基础。大力实施高端高质高效产业发展战略，推动一、二、三次产业转型升级。巩固提升我市农业的优势地位，突出农产品质量安全、产出效率和品牌培育，大力推进农业区域化布局、规模化生产、产业化经营、标准化管理和品牌化运作，争做高效生态农业发展的排头兵。以工业化理念引领农业，以现代服务业提升农业，着力打造国内重要的农副产品生产物流基地、食品加工基地和农业服务业融合发展的示范基地。依靠科技和政策引领，大力推动农业发展模式创新，努力打造农业创新发展示范区。大力实施工业提升计划。加快高新技术改造传统产业步伐，着力提高传统产业中高新技术的比重；加快重点行业、企业由一般制造向价值链高端延伸，着力提高非加工环节在制造业中的比重；加快发展"四新一海"等战略性新兴产业，集中优势资源，打造有竞争力的特色新兴产业集群，着力提高新兴产业在制造业中的比重；加快优化工业布局，推进有条件的企业向大型企业集团迈进，产业向特色园区聚集。支持潍柴动力、北汽福田等骨干企业打造国际化企业集团。把突破服务业作为再创我市发展新优势的战略性举措，深度谋划、强力推进。拓展视野发展服务业，立足潍坊、辐射周边、面向全国，对我市服务业发展进行科学布局；选准优势产业倾力培育，经过三至五年的努力，着力形成一批优势服务产业集群；积极培育和引进领军企业及知名品牌，加快服务业集团化、网络化、品牌化步伐；综合运用产业带动、市场驱动、消费拉动、宣传促动、政策撬动等措施，形成合力，加快发展，努力把我市建成国内有影响力的区域性物流中心、旅游集散中心、特色文化艺术品交易中心、健康产业创新发展中心。

*转型发展，必须大力推进城市转型。*城市是引领区域发展的载体。建设"四个潍坊"，必须以城市转型为先导。要更加注重生态。牢固树立生态优先的理念，把生态作为最珍贵的资源、最重要的环境，扎实推进"生态潍坊"建设，着力打造有竞争力的自然生态环境。更加注重城市品质。大力培育城市文化，完善城市功能，提升城市内涵，建设精神富足、朝气蓬勃的宜居家园。更加注重繁荣城市经济。大力发展新兴高端产业，增强城市综合实力和辐射带动能力。更加注重城乡统筹发展。加快推进新型城镇化，构建以城带乡、相向发展、整体提升的新格局。更加注重城市资源整合。彰显城市特色，塑造城市形象，打造城市品牌，提升城市价值，切实增强城市对人才的凝聚力、资本的吸引力、创新的推动力。

*转型发展，必须大力推进社会管理转型。*社会管理是社会和谐发展的基本条件。建设"四个潍坊"，必须以社会管理转型为保障。加快推进社会管理创新，以管理创新促进和谐社会建设。更加注重安全管理，把安全放在高于一切、先于一切、重于一切的位置，作为全社会的共同责任、共同目标。更加注重人性化管理，坚持以人为本、服务为先，寓管理于服务之中，着力完善公共服务体系，全面提升公共服务水平。更加注重民主管理，建立更为完善的民主决策、管理、监督机制，广泛集中民智、凝聚民力。大力强化基层基础工作，更好地发挥基层自治组织、社会组织的管理服务功能，夯实社会管理基础。建立健全社会风险评估机制，准确把握社会动态，及时发现和解决苗头性问题。大力推进社

会管理信息化、网络化,着力打造数字城市。

三、2012 年重点工作

2012 年是我市实施"十二五"规划承上启下的重要一年,也是落实市十一次党代会各项目标任务的起步之年,做好今年的工作意义重大。必须紧紧围绕"主题主线",全面贯彻"稳中求进"工作总基调,按照"四个牢牢把握"和"四个着力"的基本要求,全面落实市委"一六四三"的思路目标和任务举措。

综合各方面因素,今年全市经济社会发展的主要预期目标是:地区生产总值增长 10.5%,地方财政收入增长 15%,社会消费品零售总额增长 16%,固定资产投资增长 18%,外贸进出口总额增长 11%,城镇登记失业率控制在 3.8% 以内,城镇居民人均可支配收入和农民人均纯收入均增长 11%,居民消费价格涨幅控制在 4% 左右,人口自然增长率控制在 5.2‰以内。突出做好八个方面的工作:

(一)着力保持经济平稳较快发展,在强化投入扩大消费上实现新突破

以强化投入为基础,以扩大消费为关键,努力保持经济平稳较快发展。

促进投资稳定增长。继续发挥投资对扩大内需的重要作用,进一步优化投向、扩大投量、提高投效,确保全年完成固定资产投资 3000 亿元以上。加大先进制造业、战略性新兴产业、现代服务业、现代农业、文化产业和社会民生等重点领域的投资,优化投资结构,以好的增量优化存量,提高投资效益。深入开展"项目提升年"活动,以项目为抓手,促进有效投入,突出抓好北汽福田山东多功能汽车厂、歌尔光电产业园、潍柴大功率船用柴油机及配套产业基地等 1496 个投资过亿元的重点项目建设,超前谋划一批符合国家产业政策和投资导向的项目,形成"投产一批、在建一批、开工一批、储备一批、开发一批"的发展格局。

着力扩大居民消费。把扩大消费作为拉动经济发展的增长点,分阶段、分领域精心策划促进消费的相关政策措施,促进消费有效增长。全面落实企业最低工资标准制度,建立完善职工工资正常增长机制,增加城乡居民特别是低收入群体收入,努力提高居民消费能力。实施好 5 个国家级试点项目,组织好"国民休闲汇"活动,培育休闲旅游、体育健身、文化娱乐、网络购物等新的消费热点,开拓新的消费领域。继续开展"满意消费惠万家"活动,深入推进"万村千乡"市场工程和"农超对接",实施好"居民卡"便民工程,改善居民消费条件。严厉打击侵犯知识产权和制假售假等违法行为,切实让群众放心消费。

强化财税金融保障。统筹财政收入和政府融资,正确处理产业发展、城市建设和民生投入的关系,突出产业发展的基础地位。大力加强财源建设,推进财税库银联网,构建综合治税长效机制。继续实施"22620"工程,深入推进金融六大体系建设。开展金融专题招商活动,鼓励各金融机构在我市设立区域总部、功能总部。加快推动企业上市,力争年内新增 3 家以上企业首发上市,10 家以上企业在天交所潍坊中心挂牌。加大债券融资力度,发行企业债券、区域集优债等 20 亿元以上。加强政府债务管理,规范发展民间信贷,有效防范和化解金融风险。

(二)着力调整经济结构,在加快转型发展上实现新突破

突出做强做优实体经济,加快推进产业结构优化升级,努力提高经济发展的质量和效益。

推动工业做强做大。培育壮大新兴高端产业,深入实施"63513"新兴高端产业发展示范工程,着力打造特色产业链,确保 9 个新兴产业主营业务收入增长 30% 以上,高新技术产业产值占规模以上工业总产值的比重达到 25.9%。技改投资增长 15% 以上,占工业投资比重达到 80% 以上;继续深入实施"85311"工程,进一步完善 8 条产业链,初步形成集群化发展格局。启动工业园区"两化"融合试点,实施好第三批"两化"融合示范工程。大力实施中小企业"四五六服务工程"和"千百十转型升级工程",全面落实国务院支持小微企业发展各项措施,推广应用潍坊地税发票"E 票通",支持中小微企业加快发展。

促进服务业发展振兴。实施服务业振兴计划，形成服务业繁荣发展新格局，力争服务业增加值占生产总值的比重提高2个百分点。大力发展金融、现代物流、科技信息、商务服务等生产性服务业，繁荣发展文化旅游、商贸流通、社区服务、社会养老等生活性服务业，积极培育创意设计、服务外包等新兴服务业，开拓发展农村服务业。加快服务业向高端发展，引导企业创建国家、省级服务标准化试点，打造服务品牌。大力推进服务业载体建设，对服务业发展重点城区、行业、园区、镇街予以扶持。培育壮大骨干企业，加快形成新的主导产业和领军企业。

打好节能减排和环境保护攻坚战。大力淘汰落后产能，严格控制新上“两高一资”项目。加强空气重点污染源治理，全年空气优良天数达到270天以上。继续推进河道综合整治，23条重点河流水质改善率平均达到25%以上。开展国土资源节约集约利用模范县（市）建设，盘活存量建设用地1.5万亩以上。加快建设北部沿海防护林体系，新增造林28万亩以上。顺利通过国家环保模范城市复核。

强化质量、科技和人才支撑。制定新一轮品牌培育计划，深入开展“品牌建设年”活动。引导企业积极参与标准制订修订，加快建设潍坊质检中心和6个在建省质检中心。进一步增强技术创新和成果转化能力。在北部沿海地区建设10个海洋科技研发平台，在高新区建设完善10个专业研发平台。新建10家产业技术创新战略联盟和30家工程技术研究中心。组织实施国家、省重大科技专项120项以上。支持盛瑞8AT、蓝光外延炉等20个具有自主知识产权产品的产业化。精心谋划和实施新一轮人才发展规划，有计划地引进和培育全市改革发展急需人才。探索建立“一站式”人才服务体系，为优秀人才成功发展提供全方位服务。深入实施各类人才培训工程。贯彻落实全民科学素质行动计划纲要，努力提高劳动者素质。

（三）着力支持和服务“三农”，在现代农业发展上实现新突破

更加关注农民，大力发展农业，繁荣提升农村，全面提高我市“三农”工作水平。

大力推进农业科技创新。广泛开展“农业科技促进年”活动，加快构建农业技术创新体系，争创国家级农业高新技术产业区。着力突破种苗产业，制定种苗产业发展计划，引进开发一批新品种，培育一批骨干种苗企业，探索开展种苗产业国际合作，打造我国北方重要的种苗繁育基地。制定新型农业发展计划，加快发展都市农业、功能农业、信息农业、循环农业等新型农业。大力发展农业产业园区、科技园区，每个县（市、区、镇、村）分别抓好1至2个现代农业示范区（园、点）。深化农科院改革。加强农技推广体系建设，推进农业科技进村入户。培训农民1.5万人以上。

切实加强农产品质量安全管理。农产品质量是我市农业的生命，一定要高度重视。落实严格的责任制，对禁用农业投入品实行最严格监管。大力推进农产品生产规模化和主体公司化（合作化、农场化），切实加强标准管理和过程控制。全面落实各级政府和各类市场主体的监管责任，建立严格的监管制度、市场准入制度和质量追溯制度。继续做好“三品一标”认证和监管工作，探索建立农产品质量等级管理办法。加快推进农产品质量安全区建设，创建出口农产品质量安全示范区。搞好重大动物疫病防控。

加快培育壮大农业市场主体。实施农业龙头企业提升工程，着力培育大型农业集团，年内销售收入过亿元企业达到185家。实施农民专业合作组织发展工程，着力扩大农民合作组织的规模和数量。深入实施蔬菜、渔业、畜牧、果业、苗木花卉等五大产业振兴规划，打造优势农产品产业集群。搞好黄河三角洲高端畜产品加工区和中凯冷链物流中心建设。探索大宗农产品期货交易。

进一步改善农业农村基础设施条件。编制潍坊现代水网建设规划。完成规划内中小河流治理任务。扎实推进潍河、弥河治理，改善水系生态。加快生态文明乡村建设，解决农村30万人饮水安

全问题，完成1500个村的村容村貌整治。

深化农村改革，进一步激发农业农村发展活力。深化农村产权制度改革。搞好集体林权配套改革。积极有序推进土地流转，加快农业适度规模经营。建立农村集体经济组织产权制度，加强农村新成立经营机构的监管。统筹推进农村合作金融机构改革和新型农村金融机构建设，构建农村金融服务体系。

（四）着力加快“蓝黄”两区建设，在实施国家战略上实现新突破

以加快实施“蓝黄”两大战略为引擎，全面提升我市经济发展水平，全力打造“蓝黄”两区发展的重要增长极。

全面落实“蓝黄”规划。制定“蓝黄”两区一体化发展意见，设立专项资金，完善落实国家规划的推进机制。用足用好优惠政策。加快推进“一区两园”（潍坊滨海海洋经济新区、海洋特色产业园、高效生态经济特色产业园）建设。积极推进青潍日城镇组团建设，加强与周边城市的交流合作。

全力推进滨海开发。突破重点基础设施建设。推进中港区3个2万吨级泊位建设，实施好沿海防护堤、北部水网等重点工程。加快壮大特色主导产业，推动装备制造、石化盐化、临港物流加工等产业聚集发展。加快建设滨海水城。落实黄河三角洲生态环境控制功能区划，加强海洋保护区建设，促进滨海区域可持续发展。

推动高新区快速发展。加快建设国家创新型科技园区、国家知识产权试点园区，着力构建国内一流的区域性产品检测和创新平台，支撑特色新兴产业集群式发展。建设“人才特区”，吸引更多海内外人才聚集创业发展。实施“二次退城进园”，加快推进产业转型。大力发展科技服务业，打造高技术人才创新创业的良好环境。

加快各类园区转型升级。研究制定促进各类开发园区转型升级、协调发展的政策意见。支持综合保税区发挥功能优势，打造国际物流、加工贸易和特色商品定价交易中心。支持峡山区加快建设国家可持续发展实验区。推动各省级开发区向蓝色和高端转型，提高投资强度和要素集聚能力。

加强重大基础设施建设。超前谋划和加快推进重大基础设施建设，着力突破潍坊港，加快推进潍日高速、机场迁建等重点项目，加快构筑完善的交通、能源、水利、信息等基础设施体系。

（五）着力统筹城乡发展，在新型城镇化建设上实现新突破

统筹推进中心城、县城、小城镇和农村社区建设，全面提升新型城镇化水平，确保城镇化率提高1个百分点以上。

大力提升中心城市价值。进一步优化城市规划布局，提升产业层次、功能品质和环境形象。抓好城市总体规划报批和实施，深化综合交通规划和地下空间规划，搞好重点区域规划设计，加强城市形象策划和宣传推介。完成白浪河北辰绿洲建设和虞河上游整治，建成鲁台会展中心，基本建成文化艺术中心；加快火车站站南广场和军埠口片区开发。建设完善城市外环交通，继续实施城区街巷整治畅通工程，支持公共交通优先发展。加快餐厨废弃物收运处理项目建设。实施数字化城管系统续建工程。

不断壮大县域经济实力。整体推进县域经济发展，研究制定新一轮支持政策。支持各县市区着力抓好大企业带动、产业集群培育和园区建设，实现特色化、差异化发展，增强综合实力。支持临朐县用好沂蒙革命老区政策。提升县城和重点乡镇规划建设水平，促进县城向中等城市发展，重点城镇向小城市发展。加强新农村建设，完善农村基础设施和公共服务，提高城乡统筹发展水平。

加快发展新型小城镇。深入推进和谐城乡建设行动。大力发展镇域产业，提升小城镇经济实力。加快小城镇驻地改造提升，增强发展承载能力。落实扩权强镇各项措施，扶持23个省以上重点镇加快发展。加强农村集中居住区建设管理，新建住房4万套以上。

（六）着力深化改革开放，在体制机制创新上实现新突破

突出抓好重点领域和关键环节改革，加快经济

市场化、国际化步伐。

继续深化综合配套改革试点。完善市区一体化发展机制,探索建立独立的开发区管理体制。组建排污权交易中心,开展区域生态补偿试点。分类推进事业单位改革。深化校长职级制改革,多渠道吸引社会资金办学。完成市属公立医院综合改革,启动县级公立医院综合改革试点。培育发展公益类社会服务机构,建立现代社工制度。

着力推进对外开放。全球市场需求低迷可能成为常态。我们必须立足现实、积极作为,着力稳定和扩大出口。建立4家外贸出口公共服务平台,创建8个外贸转型升级示范基地。建立130家骨干企业联系制度,指导企业稳定出口。坚持市场多元化战略,在巩固日韩等亚洲市场的同时,加快向欧美及新兴经济体市场进军。要以进口带出口,以关键设备和零部件进口提升产业竞争力。坚持积极"引进来"与加快"走出去"相结合,开展"双百"经贸招商活动和"双百"外交使节潍坊行活动,推动更多有条件的企业"走出去",开发资源、拓展市场、协同发展。创新办好风筝会、鲁台会等重大节会,努力提高对外开放水平。

(七)着力推动文化大发展大繁荣,在文化改革发展上实现新突破

充分发挥我市的文化资源优势,促进文化事业全面繁荣、文化产业快速发展。

加强社会主义核心价值体系建设。把社会主义核心价值体系融入国民教育、精神文明建设全过程,夯实全市人民团结奋进的思想基础。充分挖掘我市优秀传统文化资源,培育和塑造新时期潍坊精神。扎实开展群众性精神文明创建活动,争创全国文明城市。建立健全社会征信系统,努力打造"诚信潍坊"。

加快发展文化事业。大力推进城乡公共文化服务一体化,深入开展文化惠民"五大工程",完善县(市)、乡(镇)、村(社区)三级公共文化设施网络,构建城乡20分钟公共文化服务圈,创建国家级公共文化服务示范区。精心组织"三下乡"、"四进社区"活动。加强文物和非物质文化遗产保护,搞好国家级潍水文化生态保护实验区规划建设,抓好十笏园修复工程。

大力发展文化产业。突出抓好重点园区、重点项目、重点企业,推动文化产业上规模、上水平,文化产业增加值占地区生产总值的比重达到4%以上。设立文化产业投资基金,引导文化产业投入增长20%以上。抓好潍坊创意产业园、潍坊文化产业孵化器等10个重点文化产业园区,带动全市形成50个左右的专业文化产业园区,形成一批优势文化产业集群。精心筹备我市承办的第十届中国文化艺术节、第二届中国画节和第五届文化艺术展示交易会。

(八)着力保障和改善民生,在幸福潍坊建设上实现新突破

坚持积极作为、量力而行,进一步健全完善社会保障体系,继续办好一批民生实事,让人民群众得到更多实惠。

完善就业促进体系。抓好高校毕业生、进城务工人员、城镇就业困难群体、失地农民和退役人员等重点人群就业。完善鼓励扶持全民创业的政策,建立健全创业服务体系。加强舆论引导,在全社会营造崇尚创业、鼓励致富的良好氛围。搭建创业平台,重点扶持就业容量大、创业成功率高的各类小微企业,建设一批就业载体。

提高社会保障水平。加快医疗、失业、工伤保险市级统筹,启动生育保险市级统筹。提高企业退休人员基本养老金10%左右。新型农村合作医疗和城镇居民基本医疗保险政府补助标准提高到每人每年不低于240元。中心城区城市低保标准提高到每人每月360元,农村低保标准提高到每人每年不低于2000元,农村五保集中供养、分散供养标准分别提高到每人每年不低于3000元和2200元。对7岁以下残疾儿童实施康复训练救助,为智力、精神和重度残疾人提供机构和居家托养服务。

全面发展各项社会事业。加快建立现代教育制度。落实学前教育发展3年行动计划。扎实推进中小学办学条件标准化建设,加快解决城区学校大班额问题。推进国家职业教育创新发展试验区

建设,打造10个职业教育特色专业品牌。免除全市特殊教育学校在校残疾学生生活费。加强城乡公共卫生体系建设。实施乡村医生队伍建设工程。抓好国家卫生城市复审迎查工作。筹备第二十一届中日韩青少年运动会,加快建设体育运动重点学校和重点比赛场馆。把食品药品安全作为保障民生的重要内容,强化源头治理,落实监管责任,着力解决影响群众健康的食品药品安全突出问题。毫不放松地抓好人口计生工作。大力发展慈善事业,增强全民慈善意识。加强科普宣传教育。

搞好房地产市场调控和保障性安居工程建设。落实房地产调控政策,促进房地产业稳定健康发展。鼓励开发高品质的商业地产、工业地产、科技地产和旅游地产,提高房地产业层次和水平。新开工各类保障房21764套、竣工9000套,完善保障性住房分配细则,确保质量安全和分配公平。

切实维护社会和谐稳定。深化"平安潍坊"建设,积极开展矛盾纠纷大排查、大化解。建立社会稳定风险评估机制,强化社会治安综合治理。深入开展"安全生产基础管理深化年"活动和安全生产百日集中整治行动,坚决遏制重特大事故发生。重视和加强防灾减灾救灾能力建设。加强市场价格监管,保持物价基本稳定。

加强国防动员和国防后备力量建设,扎实做好双拥工作。积极做好对口支援、扶贫协作、民族宗教、对台、侨务、人防、气象、地震、统计、史志、档案等工作。

各位代表,今年市政府将继续办好10件民生实事。

①对中心城区10吨以下小型燃煤锅炉进行集中整治,进一步改善空气质量。②多形式配备新型安全校车1500辆,基本实现全覆盖。③在市以上统一规划设置的村卫生室全面推行基本药物制度。④完成400所农村小学办学条件标准化建设,推进教育均衡发展。⑤继续实施农村集中供水工程,集中供水覆盖人口达到70%以上。⑥新建、改造农村公路1500公里。⑦加快城乡环卫一体化步伐,年内全部乡镇、街道建成垃圾转运站或垃圾转运设施,实现镇街垃圾统一转运处理。⑧为200名农村贫困残疾人危房户建设新房。实现贫困残疾学生和贫困残疾人子女助学全覆盖。建立"三无"(无法定赡养抚养人、无劳动能力、无生活来源)人员生活救助制度。对全市城乡低保家庭学生和孤残学生实施高中免费教育。⑨通过发放小额担保贷款、落实贷款贴息等措施,支持、带动3000名以上人员自主创业。⑩建立完善"12343"家政服务体系,建设100个综合性社区家政服务中心,将服务网络延伸到县市。

四、关于加强政府自身建设

全面完成今年和今后五年的目标任务,必须大力加强政府自身建设,全面提高行政能力和水平,更好地担负起组织和推动现代化经济文化强市建设的职责。

*牢记宗旨使命,建设责任政府。*以深化创先争优活动为抓手,引导政府各部门及其工作人员,始终牢记肩负的使命,不辜负组织和人民的重托,带着强烈的责任感、使命感,履行职责,行使权力。要把人民利益放在至高无上的位置,依靠制度建设和以身作则,更好地倾听群众呼声,关注群众需求,尊重群众权利,维护群众利益,打造人民群众满意的政府。

*坚持依法行政,建设法治政府。*把依法行政贯穿于政府工作的全过程,依法行使权力、履行职责、管理事务。认真落实依法行政"五五"规划。严格规范行政程序,集中清理行政执法主体资格。加强行政复议工作。自觉执行人大及其常委会的决议、决定,认真办理人大代表议案建议和政协委员提案。主动听取各民主党派、工商联、各人民团体和人民群众的意见建议。

*完善科学管理,建设效能政府。*及时借鉴和采用先进的管理方法,大力提升科学化管理水平。深化行政审批制度改革,积极推进"两集中、两到位"和市区审批一体化改革。加快电子政务集约共享建设,网上审批办件比例达到60%以上。改进政府信息公开方式,完善专家咨询论证、合法性审查、风险评估、社会公示与听证制度。深化软环境建

设，着力解决影响发展的突出问题。

*加强和改进学习，建设创新政府。*把学习作为政府建设的基本任务，切实加强对法律法规、方针政策、现代经济等知识的学习，及时学习借鉴先进的发展理念和经验，切实增强履行职责的能力水平。要开阔视野、提升境界、更新观念，在宽视野中把握定位，谋划全局，推动发展，注重用创新的思路解决问题、推动工作，及时有效地推进关键领域改革，开展重大问题调研，对重大发展问题进行深度谋划。严格自律，建设廉洁政府。严格落实党风廉政建设责任制，加快建设惩治和预防腐败体系。加强审计监督、行政监察和行政层级监督。严格行政问责，坚决查处违纪违法案件，保持公务员队伍的纯洁。坚决反对形式主义、官僚主义和铺张浪费行为。

各位代表，新的形势、新的任务、新的征程，要求我们以新的姿态、新的作为，奋力开创潍坊科学发展的新局面。让我们更加紧密地团结在以胡锦涛同志为总书记的党中央周围，在中共潍坊市委的坚强领导下，解放思想、奋发有为、开拓进取，为建设更加富强文明幸福的新潍坊而努力奋斗！

2011 年潍坊市国民经济和社会发展统计公报

潍坊市统计局
国家统计局潍坊调查队
2012 年 2 月 15 日

2011 年，在市委、市政府的正确领导下，全市上下紧紧围绕“一九五一”工作目标，认真贯彻执行国家、省各项方针政策，统筹做好促进经济平稳较快增长、转方式调结构、惠民生保稳定等各方面工作，主要经济指标持续平稳增长，城乡面貌发生了新的变化，各项社会事业繁荣进步，社会和谐稳定，人民生活水平继续提高。

一、综合

经济平稳较快发展。初步核算，2011 年潍坊市生产总值（GDP）完成 3541.85 亿元，按可比价格比上年增长 11.0%；其中第一产业增加值 359.28 亿元，增长 4.2%；第二产业增加值 1961.40 亿元，增长 12.3%，其中，工业增加值 1760.97 亿元，增长 13.4%；第三产业增加值 1221.17 亿元，增长 11.0%。一、二、三产业分别拉动 GDP 增长 0.45、6.85和 3.7 个百分点。按常住人口计算，人均 GDP 达到 38833 元（按年末汇率折算为 6163 美元），增长 9.6%。三次产业结构为 10.14:55.38:34.48。

2011 年各县市区、市属开发区生产总值完成情况：潍城区 167.7 亿元，寒亭区（含经济开发区）139.1 亿元，坊子区 91.7 亿元，奎文区 130.5 亿元，青州市 402.3 亿元，诸城市 521.0 亿元，寿光市 542.4 亿元，安丘市 197.1 亿元，高密市 384.5 亿元，昌邑市 263.9 亿元，临朐县 162.2 亿元，昌乐县 191.8 亿元，高新技术产业开发区 230.3 亿元，滨海经济开发区 160.4 亿元，峡山生态经济发展区 18.3 亿元。

第四季度反映企业综合经营状况的企业景气指数 130.6%，企业家信心指数 125.5%，比上年同期分别降低 15.5 个和 18.3 个百分点，但均在景气区间之内。

非公有（民营）经济发展稳中有升。全市非公有（民营）经济增加值完成 1941.2 亿元，比上年增长 12.1%，占 GDP 的比重由上年的 54.3% 上升到 54.8%；全市非公有（民营）经济户数 33.3 万户，增长 12.5%；从业人员 171.0 万人，增长 4.4%；注册资金 1914.4 亿元，增长 25.5%；纳税额 328.9 亿元，增长 23.4%，占全部税收比重 73.4%，较上年提高 0.73 个百分点。

2011 年，全市累计发生各类安全事故 1836 起，死亡 386 人，同比分别下降 15.2% 和 5.2%。

二、农业

2011 年，市委、市政府全面落实国家惠农政策，加大农业投入和政策扶持力度，农民生产积极性不断提高，农业生产运行良好。全年完成农林牧渔业总产值 714.3 亿元，按可比价格增长 4.2%。

粮食生产连续九年增产，部分经济作物产量略有下降。全市粮食播种面积达到 1204.3 万亩，增长 0.4%；预计全年粮食总产量 533.7 万吨，增长 2.1%。棉花产量 5.1 万吨，减少 1.3%；油料产量 25 万吨，减少 7.4%；烤烟产量 3.0 万吨，增长 65.3%。蔬菜产量 1129.6 万吨，增长 3.6%；水果产量 88.4 万吨，减少 4.2%。

畜牧业生产稳定发展。肉类总产量 135.3 万吨，增长 9.9%；禽蛋产量 26.9 万吨，增长 2.6%；奶类产量 27.7 万吨，减少 0.2%。大牲畜年末存栏 42.4 万头，同比增长 0.4%；猪年末存栏 450.0 万头，增长 8.9%；家禽年末存栏 12008 万只，增长 7.5%。生猪年末出栏 729 万头，增长 9.9%；家禽年末出栏 49487 万只，增长 9.5%。

渔业经济持续发展。全市渔业总产值达到 37.2 亿元，按可比价同比增长 2.8%；水产品总产量 50.0 万吨，增长 9.1%。

农业机械化水平进一步提高。全市农业机械

总动力1301万千瓦，增长6%；联合收获机达到2.1万台，增长11%。全年共完成机耕面积702千公顷，机播面积993千公顷，机收面积866千公顷，机耕水平、机播水平和机收水平分别为99%、87%和76%。

农田水利建设成效明显。全市共完成农田水利基本建设投资24亿元，同比增长41.2%；新增改善灌溉面积83万亩，同比增长43.1%；发展节水灌溉面积38万亩，同比增长90%。

三、工业

工业整体实力不断增强。至2011年年底，全市规模以上工业企业达到4057家(年主营业务收入2000万元及以上的工业法人企业)，实现工业增加值同比增长15.5%。分登记注册类型看，国有企业增加值比上年增长10.9%，集体企业增长19.9%，股份合作制企业增长26.2%，股份制企业增长16.8%，外商及港澳台商投资企业增长15.6%。分轻重工业看，重工业增加值增长17.1%，轻工业增长13.1%。

全市规模以上工业实现主营业务收入9377.9亿元，增长28.5%；实现利润总额530.0亿元，增长19.2%；实现利税总额792.9亿元，增长17.1%；实交税金275.5亿元，增长22.2%。全年产品销售率为98.34%。全市饮料制造业、动力机械业、海洋化工业、纺织服装业、食品加工业、造纸包装业、电子信息业六大支柱产业全年实现主营业务收入6825.6亿元，增长27.6%。其中，饮料制造业52.4亿元，增长29.5%；动力机械业2000.4亿元，增长19.2%；海洋化工业1557.8亿元，增长35.6%；纺织服装业1330.7亿元，增长29.6%；食品加工业1225.6亿元，增长29.1%；造纸包装业329.7亿元，增长21.2%；电子信息业381.4亿元，增长38.8%。

装备制造业较快增长。全市装备制造业企业共1109家，工业增加值增长18.5%，实现主营业务收入2555.4亿元，增长22.7%；实现利润总额206.4亿元，增长13.3%，实现利税总额267.4亿元，增长9%。

电子信息产业发展迅猛。全市拥有电子信息企业137家，全年完成主营业务收入279.4亿元，增长46.3%；实现利润总额27.8亿元，增长53.2%；利税总额33.1亿元，增长52.1%。

全市统计范围内的227种主要产品产量，有168种产品产量同比增长或持平，化学试剂、大型拖拉机、钢材、钢化玻璃、软饮料等产品产量同比增长30%以上。

规模以上工业主要产品产量

产品名称	计量单位	本月止累计	累计同比增长(%)
原盐	万吨	986.72	-9.64
饲料	万吨	489.72	3.59
卷烟	亿支	215	0
白酒	万千升	6.47	20.26
啤酒	万千升	42.70	13.02
纱	万吨	79.77	4.27
布	亿米	41.31	9.9
服装	万件	37123.9	3.16
人造板	万立方米	173.26	32.02
纸浆	万吨	116.86	2.2
机制纸及纸板	万吨	356.72	14.72
原油加工量	万吨	750.84	12.01
焦炭	万吨	215.99	27.67
纯碱(碳酸钠)	万吨	364.76	-0.88
合成氨(无水氨)	万吨	92.5	8.34
化肥	万吨	75.74	5.02
初级形态的塑料	万吨	48.12	-16.24
化学试剂	万吨	247.29	77.70
化学药品原药	万吨	16.54	21.53
化学纤维用浆粕	万吨	22.56	16.11
化学纤维	万吨	25.76	-11.48
橡胶轮胎外胎	万条	3432.84	6.29
塑料制品	万吨	39.94	13.47
水泥	万吨	922.66	-0.88
钢化玻璃	万平方米	71.54	51.66
中空玻璃	万平方米	60.16	24.79
生铁	万吨	237.75	9.02
粗钢	万吨	242.55	6.62
钢材	万吨	646.22	33.82
发动机	万千瓦	12416.02	-10.81
大型拖拉机	台	10860	91.77
中型拖拉机	台	61003	17.08
小型拖拉机	万台	8.75	-0.91
农作物收获机械	台	44326	10.36
汽车	万辆	41.99	-13.92
电动自行车	万辆	161.13	24.09
灯具及照明装置	万套	1.34	81.08
电子元件	亿只	4.69	18.43
发电量	亿千瓦小时	178.15	3.39

工业投入力度加大。全市完成工业投资1066.4亿元,增长20.6%。1288个在建项目中已有650个项目建成投产。全市计划投资5000万以上工业项目820个,其中过亿元项目389个,当年过亿元项目实际完成投资712.9亿元,占固定资产投资的27.4%。

节能降耗工作扎实推进。全年共组织实施了节能量500吨以上的节能技术改造项目102个,总投资52.5亿元,项目累计年内可实现节能量93.3万吨标准煤。在抓技改的同时,加大钢铁、造纸、印染、焦炭、水泥等9大行业的淘汰落后产能力度,淘汰380立方米以下的炼铁高炉4座,产能160万吨;立窑水泥4座,产能35万吨;焦炉3组,产能35万吨;落后印染能力2.4亿米,涉及到22家企业的30余条生产线,年内可减少能耗74.1万吨标准煤。

四、固定资产投资、建筑业

固定资产投资较快增长。2011年,全市固定资产投资完成2603.2亿元,比上年增长22.9%。3976个投资施工项目中总投资过1000万元的项目3797个,占总数的95.5%。按产业分类分,一产投资完成101.6亿元,增长19.1%;二产投资完成1068.5亿元,增长20.7%;三产投资完成1433.1亿元,增长25.1%。按区域分,城镇投资完成2090.5亿元,增长26.8%;农村投资完成512.7亿元,增长14.3%。

"九大投入"亮点显现。"九大投入"中,先进制造业完成投资801.2亿元,占全部固定资产投资比重30.8%,增长21.4%;现代服务业完成投资590.1亿元,增长10.1%,占全部固定资产投资比重22.7%;现代农业完成投资79.9亿元,增长14.8%,占全部固定资产投资比重3.1%;文化产业(核心层)完成投资309.8亿元,增长36.2%,占全部固定资产投资比重11.9%;节能环保投资381.5亿元,增长25%,占全部固定资产投资比重14.7%;惠民工程完成投资812.8亿元,增长38.7%,占全部固定资产投资比重31.2%;高新技术完成投资689.1亿元,增长58.7%,占工业投资的比重64.6%;滨海开发投资完成393.8亿元,增长26.8%,占全部固定资产投资的比重15.1%;镇域产业投资完成1801.6亿元,增长23.1%,占全部固定资产投资的比重为69.2%。

房地产开发投资增长趋缓。全市共完成房地产开发投资405.9亿元,增长10.4%,比全部固定资产投资增速低12.5个百分点。其中,住宅投资313.0亿元,增长15.6%。全年商品房销售额446.6亿元,增长7.7%;商品房销售面积1242.1万平方米,下降10.6%。

建筑业发展平稳。全市资质以上建筑施工企业完成产值520.1亿元,增长16.2%;全员劳动生产率18万元/人,增长18.9%。总承包和专业承包建筑企业房屋建筑施工面积5818.5万平方米,同比增长10.1%,其中实行投标承包工程面积4744.5万平方米,增长20.5%,占施工工程面积的81.5%。

五、交通运输、邮政、电信业

交通基础建设力度进一步加大。全年累计完成交通基础设施投资99.2亿元。其中公路累计完成投资52.5亿元。港航、客货运场站、管道建设、城市公交等完成投资46.7亿元。全市公路通车里程达到23694.3公里,公路密度达到148公里/百平方公里。全市营业性机动车辆达到17.8万辆,其中线路客车(含旅游)3425辆,载货汽车120153辆,出租车4601辆,其他机动车及拖拉机49395辆。海运船舶结构趋于大吨位、专业化,运力达到80.3万载重吨。2011年,全市道路运输共完成客运量2.2亿人次,旅客周转量104.1亿人公里;完成公路货运量2.2亿吨,货物周转量695.7亿吨公里。水上运输完成货运量1145万吨,货物周转量92.8亿吨公里。潍坊港完成货物吞吐量1906.9万吨,是我省同类港口中发展较快、效益较好的港口。航空运输完成旅客运送量14万人次,货邮吞吐量1.95万吨。青临铁路完成货运量110万吨。

邮政电信业稳步发展。全市完成邮政业务总量3.7亿元,同比增长23.0%。国内函件4381.2

万件,增长7.8%;国内包裹19.4万件,增长0.4%;报纸10920万份,增长4.4%。全市电信企业实现电信业务总量59.5亿元,比上年增长8.9%。移动电话用户发展到827.2万户,增长17.4%,固定电话用户数(含小灵通)160万户,下降21.4%。

信息基础设施日益完善。全市通信光缆总长度113万芯长千米,互联网出口带宽300G,固定电话普及率17.6部/百人,移动电话普及率91部/百人,互联网用户473.7万户。广播电视综合人口覆盖率达到99.8%,有线电视用户达到238万户,比上年增加8万户,其中数字电视用户数123万户。有线电视通村率和入户率分别达到100%和88.0%。

六、国内贸易与现代物流业

国内消费市场保持繁荣。全市实现社会消费品零售总额1349.8亿元,比上年增长17.3%。按销售情况分,限额以上批零住餐贸易企业共实现零售额675.0亿元,比上年增长25.9%,占零售总额的比重由上年的46.3%提高到50.0%。按城乡市场分,城镇零售额实现949.0亿元,增长19.9%,乡村零售额实现400.8亿元,增长11.5%。按消费形态分,批发零售业零售额1217.6亿元,增长17.4%;住宿餐饮业零售额132.2亿元,增长14.9%。

流通改革试点工作成效显著。积极开展全国农产品现代流通体系建设试点,全市240家连锁超市与600多家农产品生产企业实行对接,23家农产品出口企业与12家大型超市、4家五星级酒店实现对接,5家大型连锁企业与156个农民专业合作社实现对接,“农超对接”农产品年最低合同采购量17万吨,采购额28.1亿元。打造放心消费体系,推进“放心早餐”工程,新设“放心早餐”网点82个,积极建设“放心肉”追溯体系,10家屠宰企业,11家大中超市,2家肉品专卖店实行网格化监督管理,实现了生猪来源可识别、产品流向可查证、质量责任可追溯。

现代物流业发展基础更加牢固。全市具备一定规模的物流园区发展到24个,其中,鲁东物流中心进区项目72个,实际完成投资146亿元以上,是全国首批现代物流实验基地之一。全市物流企业发展到2319家,其中,“AAA”级物流企业6家,列入国家物流税收政策试点企业6家。

七、对外经贸与旅游

外贸出口突破百亿美元。全市进出口总额140.9亿美元,比上年增长19.9%;其中,出口103.7亿美元,增长19.2%,成为全省出口过百亿的四个市之一;进口37.3亿美元,增长21.9%。按企业性质划分,外商投资企业出口38.9亿美元,增长28.8%;集体、民营企业出口55.2亿美元,增长39.3%。按大类商品划分,高新技术产品出口5.4亿美元,增长30.4%;化工产品出口17亿美元,增长36.7%;纺织服装出口26.4亿美元,增长24.8%;农产品出口17.3亿美元,增长25.4%。2011年,寿光市、诸城市成功创建为国家级出口食品农产品质量安全示范区。

新批外商投资项目69个,合同利用外资15.4亿美元,增长32.1%,实际到账外资7.2亿美元,增长0.02%。完成对外承包劳务营业额21.6亿美元,增长27.5%。

旅游业保持快速发展势头。全市接待境内外游客3631.5万人次,增长22.4%。其中,国际入境游客28.9万人次,增长30.3%;国内旅游人数3602.6万人次,同比增长22.3%。旅游总收入315.2亿元,增长27.2%。其中,国内旅游收入302.1亿元,增长27.5%;国际旅游收入2.1亿美元,增长26.5%。

八、财政、金融、证券和保险

财政收支保持较快增长,重点支出得到保障。全市财政总收入完成466.8亿元,增长22.5%。地方财政收入完成253.9亿元,增长25.4%。其中,增值税、营业税、企业所得税、个人所得税四个主体税种完成120.7亿元,增长21%,占地方财政收入的比重为47.5%。财政总支出完成358.3亿元，增长23.1%。地方财政支出完成303.5亿元，增长22.1%。重点支出得到较好保障，教育、社会保障和就业、医疗卫生、农林水事务、住房保障支出完成190.7亿元，增长35.6%，占财政总支出的比重较上年提高4.9个百分点。强农惠农等民生支出186.8亿元，比上年增加41.2亿元，占财政总支出的比重52.2%，同比提高2个百分点。

金融运行呈良好发展态势。全市金融机构存、贷款总量增长较快，经营效益明显提高，支持了全市经济又好又快发展。年末，全市金融机构本外币各项存款余额为3748.9亿元，比年初增加440.5亿元，增长13.3%。全市金融机构本外币各项贷款余额达3001.5亿元，比年初增加429.5亿元，增长16.7%。金融机构经营效益大幅增加，实现盈利97.8亿元，同比增盈30.4亿元。

证券市场较快发展。年末拥有上市公司33家，股票37只，累计从资本市场募集资金426亿元。其中，境内上市公司17家，境外上市公司16家。2011年新增上市公司4家，融资24亿元。境内上市公司年末总市值945亿元。证券公司全年总交易额1392亿元，实现利润1.2亿元。期货公司全年代理期货交易量262万手，实现营业收入1329万元。

保险业健康发展。2011年，驻潍市级保险机构由上年的46家增加到52家；县市区保险机构（含营销服务部）由上年的225家增加到241家。全市实现保费收入89.7亿元，同比增长3.7%；各项赔给付23.6亿元，增长15.8%；承担社会经济风险11274.3亿元，增长22.2%。其中，财产险保费收入31.7亿元，比上年增长15.2%，赔付支出15.6亿元，比上年增长21.6%；人身险保费收入58.0亿元，比上年降低1.6%，赔给付8.0亿元，比上年增长5.9%。

九、科学技术、质量监督及人才工作

科技创新能力显著增强。实施各类各级科技计划479项，争取省级以上科技计划项目143项。科技成果培育迈上新台阶。全市培育优秀科研成果390项，评审出市级科技进步奖150项，95%以上成果达到国内领先水平；获得省级以上科技进步奖26项，其中，晨鸣集团的“速生杨高档铜版纸”等2项成果荣获山东省科技进步一等奖。整合科技资源，成果转化能力显著增强。全市承担省级以上各类科技计划项目268项，争取无偿经费3.2亿元，项目、资金数均居全省首位。其中，潍柴混合动力系统开发等2个项目获科技部重大专项扶持资金9700万元；盛瑞传动8AT和歌尔声学智能电声器件项目新列入国家“十二五”重大科技支撑专项，争取资金7400万元。

高新技术产业较快发展。全市高新技术产业实现产值2349.7亿元，同比增长30.1%，占规模以上工业总产值比重达到24.93%，比年初提高1.12个百分点。新认定高新技术企业106家，总数达到328家；高新区“63513”新兴高端产业工程被确定为全省示范工程。新增省级工程技术研究中心20家、市级50家，37家省级工程技术研究中心通过了验收，全市市级以上工程技术研究中心发展到423家，其中省级96家。潍柴动力成为国家级商用汽车动力系统总成工程技术研究中心。歌尔声学等6家企业创建了省级企业重点实验室，全市省级以上重点实验室总数达到12家。认定市级孵化器6家，经济区、高新区孵化器被认定为省级孵化器，潍坊软件园被认定为国家级科技企业孵化器，全市省级以上孵化器达到7家，其中省级4家、国家级3家。高新区生物园等6家单位参与国家综合性新药创制大平台建设，并设立了“泰山学者－药学特聘专家”岗位。

专利工作成绩突出。2011年，全市共申请专利8582件，授权专利4923件，增幅分别为31.6%和2.6%，均居全省前列，其中，发明专利申请1737件，授权308件，增幅分别为109.0%和52.5%；企业专利申请4642件，增幅64.8%；大专院校专利申请253件，增幅228.6%。开展第二批企业知识产权试点示范工作，全市共拥有市级以上的知识产权试点示范单位40个，试点园区2个，山东专利明星企业146家，拥有国家和省级知识产权试点示范单

位数量均居全省首位。

质量技术监督和商标注册工作成效显著。截至2011年底,全市共有7个国家地理标志保护产品,6个山东省省长质量奖,5个生产基地获得创建山东省优质产品生产基地,8家企业获得创建山东省优质产品生产基地龙头骨干企业,251个山东名牌产品,35个山东省服务名牌。全市19件商标被认定为中国驰名商标,97个产品获山东名牌产品,13个服务项目获山东省服务名牌。全市拥有驰名商标69件,山东省著名商标318件,注册地理标志证明商标15件。安丘市成功创建为全省唯一的全国标准化示范市。食品质量监管不断加强。组织开展了乳制品等5类产品的监督抽查和桶装饮用水等3类产品的专项抽查,共抽查产品2283批次。举办食品企业法人履责报告会83期,全市941家食品生产企业,32家食品添加剂生产企业进行了履责报告。监督执法力度不断加大,查处投诉违法案件640起,对44家监督抽查不合格企业进行了处理。

人才工作取得积极进展。2011年,我市享受国务院特殊津贴专家达到114名,省级有突出贡献专家51名,市级专业技术拔尖人才959名,均居全省前列。职业能力建设得到全面加强,实现各类职业技能培训30万人次,培养高技能人才1.9万人,职业技能鉴定7.4万人,技工院校招生1.5万人。创业平台和引才载体建设不断完善,潍坊留学人员创业园被评为省海外高层次人才创新创业基地和省级人才管理改革试验区。

十、城市建设、安居工程建设、小城镇建设和环境保护

中心城区重点工程建设进展顺利。按照城市主干道标准拓宽改造北海路,6月底建成通车,11月底全线竣工;玉清街、文化路、清溪街、鸢飞路、玉清街虞河桥全部完工;卧龙街虞河桥主体完成;怡园路、永安路道路工程完成。鲁台会展中心工程主体和钢结构完成,会议中心外围护结构和展览中心屋面完成,管道安装完成65%。虞河上游综合整治工程全面展开。

保障性安居工程建设实现突破。全市开工(含新开工、购买、长期租赁及货币补助)保障房项目30004套,综合开工率达到141.2%,高于全省平均水平近30个百分点。新增廉租房租赁补贴789户、廉租住房659套、经适房4281套、公租房9357套(间),签订棚改货币补偿协议和开工安置房14918户。

全面提升小城镇建设水平。完成小城镇建设投资125亿元,基础设施投资40亿元。推进生态文明乡村建设,城乡环卫一体化村居覆盖率达85%以上。全市有9个镇、94个村获得省小城镇建设示范镇、村庄建设示范村称号。建设农村连片住房16万户,改造危房1.6万户。农村新增自来水受益人口40万人,全市饮用自来水人口占总人口的比重达到95.0%。柏油公路通村率达到99.6%。我市人口城镇化率为47.93%,较上年提高1.01个百分点。中心城市建成区面积扩大到149平方公里,建成区绿化覆盖率达到40.3%。2011年我市成功创建全国“人居环境奖城市”。

环境保护取得明显成效。2011年,全市环保工作围绕总量减排、环境质量改善和污染源达标排放三个目标,将工业COD和工业二氧化硫排放量分别控制在1.84万吨和13.3万吨以内,完成2011年污染减排年度计划。市区空气质量良好率提高10%,全市6条污染河流全部达到恢复鱼类生长目标,六大空气污染片区基本解决空气异味问题。工业废水排放达标率达到100%,城市污水集中处理率达到85%;二氧化硫去除率达到75%,工业固体废物综合利用率达到93%,危险废物安全收贮,处置率达到100%。受保护地区面积达2394.6平方公里,占全市国土面积的15.1%。

十一、教育、卫生、文化、体育

教育事业持续健康发展。至年末,驻潍高校共17所,在校学生17.3万人;中等职业学校44所,在校学生17.5万人;普通高中47所,在校学生17.2万人;初中301所,在校学生31.1万人;小学1015

所，在校学生54.6万人；幼儿园1829所，在园幼儿24.3万人。九年义务教育完成率100%，初中毕业生升学率达90%。改造学校1381所，改造校舍650万平方米。发放各类学校助学金1.51亿元，受助学生达到17.9万人次。在省政府年度教育督导评估中，成绩名列全省第一。

卫生事业发展再上新台阶。大力推进医药卫生体制改革，深入开展以“三好一满意”（服务好、质量好、医德好，群众满意）为实践载体的创先争优活动，全市卫生事业得到了健康、快速发展。至2011年底，全市共有各类医疗卫生机构1595个，其中医院113个，床位41046张，共有专业卫生人员60569人，其中执业（助理）医师22221人。卫生机构全年门诊诊疗5174万人次，健康检查299万人次。新农合参合农民总数达到625万人，参合率99.99%，人均筹资提高到250元，基金总额达到15.6亿元，住院和门诊费用报销比例分别提高到76.9%和43.7%以上。公立医院试点工作取得明显成效并备受各级关注。国务院医改办及卫生部有关领导先后6次对我市试点给予肯定，我市先后5次在国家级会议上作典型发言。所有政府办乡镇卫生院和社区卫生服务机构全面推行国家基本药物制度，基层医疗服务体系不断完善，基本公共卫生服务逐步实现均等化。

公共文化服务体系建设进一步加强。重大文化惠民工程深入实施。全市半数以上镇街文化站达到500平方米以上标准，85%的镇街和65%的社区建成文化共享工程规范化服务站点。新建农家书屋2012家，总量达到7678家，基本实现行政村全覆盖。全市广播人口覆盖率达到100%，电视人口覆盖率达到99.8%，农村公益电影放映场次全年达到10.7万场。公共电子阅览室建设“1181工程”扎实推进，全市共建成规范化公共电子阅览室80个。群众性文化活动日趋活跃，极大地丰富了群众文化生活。基层文化人才队伍建设成效显著，全市9个基层文化品牌被评为省级“农村优秀文化品牌”，94个基层文化团队被评为省级“农村文化优秀团队”。文化遗产保护取得新成绩，全市共调查登记不可移动文物4099处，其中新发现2505处，复查1594处。非物质文化遗产保护再创佳绩，又有5个非遗项目入选第三批国家级名录，有10名非遗传承人被评为省级代表性传承人，评选公布了第三批市级非遗名录项目55项。组织开展首届“文化创新奖”评奖活动，评选出首届“文化创新奖”12项。

体育工作成绩突出。我市参加了省首届全民健身运动会20个项目的比赛，获得一等奖15个、二等奖38个、三等奖71个。年内全市完成审批成立体育类民办非企业65家。体育彩票销售7亿元。不断改善城乡体育健身条件，群众健身蓬勃开展。全年组织体育活动600余次，掀起了全民健身的热潮。累计完成各类规模健身工程634个，建设大型全民健身示范工程1处、街道（乡镇）全民健身活动中心90处、城市社区体育场地51个、户外全民建设基地2个、农民体育健身工程460处以及农村社区健身工程30处。搞好国民体质监测工作，全年完成1万余人监测任务。

十二、市场物价、居民生活和社会保障

物价水平年内小幅上涨。2011年，全市居民消费价格上涨4.4%，涨幅比上年提高1.8个百分点。其中，食品类、烟酒及用品类、医疗保健和个人用品类价格分别上涨10.0%、3.9%、0.9%，家庭设备及维修服务类、衣着类、娱乐教育文化用品及服务类、交通和通信类分别上涨1.4%、0.1%、0.1%、0.3%，居住类与上年持平。原材料燃料动力购进价格和工业品出厂价格分别上涨7.1%和8.4%。固定资产投资价格上涨8.8%，其中建筑安装工程价格上涨12.4%。

城乡居民生活不断改善。据抽样调查，全市城镇居民人均可支配收入22508.2元，比上年增长14.4%，城镇居民人均消费性支出15169.6元，增长9.8%。年末百户城区居民家庭拥有彩电108台，电冰箱109台，洗衣机92台，空调器99台，移动电话203部，家用电脑88台，家用汽车26辆。城市居民家庭食品消费支出占消费总支出的比重（恩格尔系数）为30.6%；城市居民人均住房建筑

面积达到34.9平方米。农民人均纯收入10408.9元,增长17.3%,高于城镇居民人均可支配收入增速2.9个百分点,农民人均生活消费支出6381.6元,增长6.7%。年末百户农村居民家庭拥有彩电110台,电冰箱94台,洗衣机86台,移动电话188部,摩托车59辆,生活用汽车17辆。农村居民家庭食品消费支出占消费总支出的比重(恩格尔系数)为32.9%;农村居民人均居住住房面积36.5平方米。

就业再就业工作成效显著。2011年,全市实现城乡就业24.04万人,其中城镇新增就业11.91万人,完成年度计划的119.1%,农村劳动力转移就业12.13万人,完成年度计划的134.8%。城镇登记失业率控制在3.13%,低于控制目标0.67个百分点。高校毕业生就业平稳有序,城乡就业连续八年实现"双过十万"目标。实现失业人员再就业4.8万人,"4050"等困难群体再就业6674人。全面开展就业培训,全市再就业培训2.6万人,创业培训1.3万人,培训农村劳动力5.3万人。

社会保险事业全面发展。2011年,我市各险种扩面征缴任务全面完成,社保基金总收入超过115亿元,当期结余23亿元,创历史最好水平。城乡居民养老保险制度实现全覆盖,城镇职工医疗保险实现市级统筹。企业退休人员平均养老金达到1402元;建立了城镇居民医保大病补偿制度,参保居民一个医疗年度内的最高支付限额由6万元提高到18万元;失业人员失业救济金由每人每月490元提高到每人每月600元。

社会福利工作加快推进。2011年投资5000多万元,改扩建了市社会福利院。在每个县市区建设了1处社会福利中心,在每个镇街建立了1处多功能老年福利服务中心。福利彩票发行销量达9.8亿元。加强社会救助工作,2011年城镇居民最低保障人数40859人,农村五保户供养人数16956人,五保户供养率比全省平均高6.8个百分点。加强城乡社区建设,撤村设社区、"城中村"综合配套改革经验在全国推广。有9个社区被表彰为"山东省城市社区建设示范社区"。先后慰问优抚对象4万多人次。潍坊创建全国双拥模范城实现了"四连冠"。

计划生育综合改革稳步推进,低生育水平保持稳定。2011年全市出生人口82330人,合法生育率97.7%,人口自然增长率3.56‰,出生人口性别比106.6,人口出生缺陷发生率下降到5.5‰以下。据公安部门统计,全市年末户籍人口877.61万人。据人口抽样调查,全市年末常住人口915.53万人。

注:(1)公报所列地区生产总值(GDP)、增加值等价值指标按当年价格计算,增长速度按可比价格计算。

(2)公报所列数字为年快报数或初步统计数字,正式数字以《2012年潍坊统计年鉴》为准。

行政区划一览表(一)

县市区	土地总面积（平方公里）	所辖乡镇名称	所辖街办名称	村委会个数	居委会个数	乡镇数量	街办数量
潍城区	269.5		城关街办 西关街办 南关街办 北关街办 于河街办 望留街办	172	79		6
寒亭区	565.5		寒亭街办 开元街办 固堤街办 高里街办 朱里街办	353	14		5
坊子区	412.3		长宁街办 九龙街办 凤凰街办 坊安街办 黄旗堡街办	270	31		5
奎文区	57.6		大虞街办 北苑街办 东关街办 潍州路街办 广文街办 梨园街办 廿里堡街办 北海路街办		100		8
青州市	1569.0	弥河镇 王坟镇 庙子镇 邵庄镇 高柳镇 何官镇 东夏镇 谭坊镇	王府街办 益都街办 云门山街办 黄楼街办	1002	61	8	4
诸城市	2151.4	枳沟镇 贾悦镇 石桥子镇 相州镇 昌城镇 百尺河镇 辛兴镇 林家村镇 桃林镇 皇华镇	密州街办 龙都街办 舜王街办	1249	89	10	3
寿光市	1990.1	稻田镇 侯镇 羊口镇 台头镇 营里镇 田柳镇 化龙镇 上口镇 纪台镇	圣城街办 文家街办 洛城街办 古城街办 孙家集街办	894	81	9	5
安丘市	1711.6	景芝镇 凌河镇 大盛镇 石埠子镇 石堆镇 金冢子镇 官庄镇 辉渠镇 柘山镇 郚山镇	兴安街办 新安街办	804	66	10	2

注：1、土地面积为第二次全国土地调查面积。

2、行政区划维护截止时间为2011年11月底。

行 政 区 划 一 览 表(二)

县市区	土地总面积(平方公里)	所辖乡镇名称	所辖街办名称	村委会个数	居委会个数	乡镇数量	街办数量
高密市	1523.5	柏城镇 夏庄镇 姜庄镇 大牟家镇 阚家镇 井沟镇 柴沟镇	朝阳街办 醴泉街办 密水街办	883	77	7	3
昌邑市	1627.5	卜庄镇 北孟镇 龙池镇 柳疃镇 饮马镇 下营镇	奎聚街办 都昌街办 围子街办	649	42	6	3
临朐县	1831.2	五井镇 冶源镇 寺头镇 九山镇 辛寨镇 沂山镇 龙岗镇 柳山镇	城关街办 东城街办	317	28	8	2
昌乐县	1100.5	乔官镇 鄌郚镇 红河镇 营丘镇	城关街办 宝城街办 朱刘街办 城南街办 五图街办	306	63	4	5
高新开发区	105		新城街办 清池街办	91	6		2
滨海开发区	678.4		大家洼街办 央子街办	39	12		2
经济开发区	53.8		北城街办	46	1		
峡山生态区	483.2		王家庄街办 太保庄街办	277		2	
综合保税区	20.9			23			
全市合计	16143.1			7375	750	64	55

①

综　　合

ONE

GENERAL SURVEY

简 要 说 明

本篇资料是对我市国民经济和社会发展总体状况和发展水平的综合反映，主要包括平均每天社会经济活动、国民经济主要比例关系、国民经济和社会发展主要指标占全国的比重、国民经济和社会发展主要指标及其增长速度、地区生产总值及其增长、结构、三次产业对经济增长的贡献、消费水平以及市企业家信心指数和企业景气指数等方面的资料。

国民经济和社会发展综合部分来源于本年鉴各篇章中的资料，由市统计局综合处加工整理。国民经济核算统计报表，由市统计局核算科整理提供。企业景气历史数据整理由潍坊调查队监测科提供。

1-1 城市社会经济基本情况

(2011年)

指标名称	计量单位	全市	市辖区
一、行政区划、人口、劳动力及土地资源	-		
(一)行政区划	-		
所辖行政区数	个	4	
所辖行政县(旗)数	个	2	
所辖行政县级市数	个	6	
(二)人口	-		
年末总人口	万人	877.61	182.91
年平均人口	万人	875.70	182.51
常住人口	万人	915.53	205.95
年出生人口	人	82571	15962
年死亡人口	人	59807	10339
年末总户数	万户	275.5	58.71
(三)从业人员	-		
年末单位从业人员数(城镇)	万人	68.72	22.6
第一产业(农、林、牧、渔业)	万人	0.4	0.16
第二产业	万人	34.5	11.39
(1)采矿业	万人	1.07	0.21
(2)制造业	万人	26.14	8.16
(3)电力、燃气及水的生产和供应业	万人	1.52	0.49
(4)建筑业	万人	5.77	2.53
第三产业	万人	33.57	11.05
(1)交通运输、仓储及邮政业	万人	1.45	0.58
(2)信息传输、计算机服务和软件业	万人	0.37	0.2
(3)批发和零售业	万人	3.67	1.9
(4)住宿、餐饮业	万人	0.59	0.32
(5)金融业	万人	1.78	0.73
(6)房地产业	万人	0.59	0.24
(7)租赁和商业服务业	万人	0.15	0.08
(8)科学研究、技术服务和地质勘查业	万人	0.68	0.16
(9)水利、环境和公共设施管理业	万人	0.86	0.15
(10)居民服务和其他服务业	万人	0.06	0.03
(11)教育	万人	10.11	2.35
(12)卫生、社会保障和社会福利业	万人	4.74	1.21
(13)文化、体育和娱乐业	万人	0.24	0.08
(14)公共管理和社会组织	万人	8.53	3.02
(15)国际组织	万人		
城镇私营和个体从业人员	人	1710000	420700
年末城镇登记失业人员数	人	39483	17702
(四)土地面积及水资源	-		
行政区域土地面积	平方公里	16143	2580

1－1 续表1

指标名称	计量单位	全市	市辖区
其中:建成区面积	平方公里		149
城市建设用地面积	平方公里		147.2
其中:居住用地面积	平方公里		51.3
公共设施用地面积	平方公里		18.2
工业用地面积	平方公里		32.8
水资源总量	万立方米	322500	
二、综合经济	－		
(一)地区生产总值(当年价格)	万元	35418400	9378861
第一产业增加值	万元	3592800	374275
第二产业增加值	万元	19614000	5331439
采矿业	万元	308800	7647
制造业	万元	16747700	5077697
电力、燃气及水的生产和供应业	万元	553200	246095
建筑业	万元	2004300	536963
第三产业增加值	万元	12211600	3673147
其中:交通运输仓储及邮政业	万元	1217800	131815
信息传输、计算机服务和软件业	万元	370600	160505
金融业	万元	1388600	701138
房地产业	万元	1709300	511385
科学研究、综合技术服务和地质勘查业	万元	138100	53930
地区生产总值(2005年价格)	万元	34307800	8875000
人均地区生产总值	元	38833	45712
地区生产总值增长率	%	11.0	11.3
(二)财政	－		
地方财政一般预算内收入	万元	2539176	853661
其中:各项税收	万元	2127068	791968
其中:企业所得税	万元	240383	102344
个人所得税	万元	41078	19171
地方财政一般预算内支出	万元	3582607	1239222
一般性公共服务支出	万元	424701	160922
科学技术支出	万元	91534	35551
教育支出	万元	959695	263298
文化体育与传媒支出	万元	38610	17246
医疗卫生支出	万元	261770	61587
环境保护支出	万元	136772	57161
城乡社区事务支出	万元	308186	123885
交通运输支出	万元	108196	64565
社会保障和就业支出	万元	258618	77159
社会保险基金支出	万元	920000	399285
(三)金融	－		

1－1 续表 2

指标名称	计量单位	全市	市辖区
年末金融机构存款余额	万元	37069300	16450200
其中:城乡居民储蓄年末余额	万元	20818000	6344600
年末金融机构各项贷款余额	万元	29325900	13118100
(四)保险	-		
保费收入	万元	896700	
其中:财产险	万元	317120	
人身险	万元	579530	
赔款、给付	万元	244600	
其中:财产险	万元	165100	
人身险	万元	79500	
三、工业	-		
规模以上工业法人企业:	-		
(一)工业企业数	个	4130	625
(1)内资企业	个	3752	514
其中:国有企业	个	27	14
私营企业	个	2747	269
其中:私营独资企业	个	403	33
私营股份有限公司	个	56	10
(2)港、澳、台商投资企业	个	118	35
(3)外商投资企业	个	260	76
(二)工业总产值(当年价)	万元	91306989	18934521
(1)内资企业	万元	77572149	15513571
其中:国有企业	万元	2174713	1129445
私营企业	万元	38035338	4197721
其中:私营独资企业	万元	4332441	488547
私营股份有限公司	万元	837406	143012
(2)港、澳、台商投资企业	万元	4697123	1368858
(3)外商投资企业	万元	9037717	2052092
(三)企业财务	-		
从业人员年平均人数	万人	92.21	25.61
流动资产合计	万元	27060065	8447308
固定资产合计	万元	21063895	6071234
主营业务收入	万元	91457383	18854984
主营业务成本	万元	78669241	15845895
主营业务税金及附加	万元	439625	132783
本年应交增值税	万元	1950111	515130
利润总额	万元	5403928	1395518
四、交通运输、邮电通信、能源电力	-		
(一)交通运输	-		
铁路旅客运量	万人	725.7	

1－1续表3

指标名称	计量单位	全市	市辖区
铁路货物运量	万吨	548.9	
民用汽车拥有量	辆	1227984	
其中:私人汽车拥有量	辆	1110129	
公路客运量(全社会)	万人	22168	
公路货运量(全社会)	万吨	21941	
境内等级公路里程	公里	23694.35	
境内高速公路里程	公里	352.3	
沿海港口货物吞吐量(规模以上)	万吨	1907	
内河港口货物吞吐量(规模以上)	万吨		
水运客运量(全社会)	万人		
水运货运量(全社会)	万吨	1145	
民用航空货邮运量	吨	19487	
民用航空客运量	人	139936	
(二)邮电通信	-		
年末邮政局(所)数	处	266	55
邮政业务收入	万元	41171	
电信业务收入	万元		
年末固定电话用户数	万户	191.8	42
年末移动电话用户数	万户	818	313.5
互联网宽带接入用户数	户	998737	285641
(三)能源电力	-		
综合能源消费量	万吨/标准煤	3548	1027
全社会用电量	万千瓦时	3317709	1146182
其中:工业用电	万千瓦时	2498436	864521
城乡居民生活用电	万千瓦时	378295	91782
五、贸易、外经、旅游	-		
(一)贸易	-		
限额以上批发零售贸易业商品销售总额	万元	18782395.3	9707708.1
社会消费品零售总额	万元	14259608	4650933
限额以上批发零售企业数(法人数)	个	899	275
其中:零售业	个	477	126
(二)限额以上批发零售贸易业企业财务	-		
从业人员年平均人数	万人	6.8	3.3
流动资产合计	万元	4606402.8	2558310.3
固定资产合计	万元	799949.3	425289.8
主营业务收入	万元	16634500.7	8641809
主营业务成本	万元	15597199.5	8175213.8
主营业务税金及附加	万元	48739.9	17850
本年应交增值税	万元	170422.1	99579.3
利润总额	万元	281813.9	89109.1

1－1续表4

指标名称	计量单位	全市	市辖区
（三）外贸、外经	－		
货物进口额（海关数）	万美元	372566	
货物出口额（海关数）	万美元	1036751	
外商直接投资：	－		
当年新签项目（合同）个数	个	69	33
当年实际使用外资金额	万美元	72159	17583
（四）旅游	－		
入境游客人数（含一日游游客）	人	288998	
其中：外国人	人	235899	
港、澳、台同胞	人	53099	
国际旅游（外汇）收入	万美元	20534.8	
六、固定资产投资	－		
（一）固定资产投资	－		
全社会固定资产投资总额	万元	26040186	8368033
其中：城镇固定资产投资额	万元	20913362	8127108
其中：房地产开发投资额	万元	4067450	2119822
其中：住宅	万元	3141330	1626568
全年新增固定资产	万元	15201280	3263207
（二）房地产	－		
商品房屋销售面积	万平方米	1239.77	450.33
其中：住宅	万平方米	1072.71	396.44
其中：别墅、高档公寓	万平方米	3.51	0.02
商品房屋销售额	万元	4456439	1855272
其中：住宅	万元	3699917	1571746
其中：别墅、高档公寓	万元	16794	124
待售面积	万平方米	132.31	87.5
（三）保障性住房建设	－		
保障性住房本年完成投资	万元	379735	104229
其中：廉租房	万元	1820	
保障性住房施工面积	万平方米	238.96	63.24
其中：廉租房	万平方米	1.76	
保障性住房竣工面积	万平方米	96.12	23.17
其中：廉租房	万平方米		
七、教育、科技、文化、卫生	－		
（一）教育	－		
学校数	－		
普通高等学校数	所	13	10
中等职业教育学校数	所	58	28
普通中学学校数	所	348	70
小学学校数	所	1015	209

1－1 续表 5

指标名称	计量单位	全市	市辖区
专任教师数	-		
普通高等学校教师数	人	7093	5495
中等职业教育学校教师数	人	7655	2326
普通中学教师数	人	40321	8949
小学教师数	人	37352	8084
在校学生数	-		
普通高等学校学生数	人	119796	90971
高中阶段在校学生数	人	172149	31954
中等职业教育学校学生数	人	175264	94922
普通中学学生数	万人	48.3	9
小学学生数	万人	54.6	12.2
初中毕业生升学率	%	90	
成人高等学校在校学生数	人	27802	
（二）科技	-		
从事科技活动人员数	人	31959	12403
R&D 内部经费支出	万元	706927	
专利申请受理量	项	8582	
专利申请授权量	项	4923	
其中：发明	项	308	
（三）体育	-		
体育场馆数	个	60	16
（四）文化	-		
剧场、影剧院数	个	35	9
公共图书馆图书总藏量	千册、件	3002.4	825
（五）卫生	-		
医院、卫生院数	个	259	71
医院、卫生院床位数	张	37701	11477
医生数（执业医师＋执业助理医师）	人	22447	5569
注册护士	人	22540	5808
八、人民生活、社会保障	-		
在岗职工平均人数	万人	64.25	20.97
在岗职工工资总额	万元	2354511.9	821915.8
（一）居民收支	-		
家庭总收入	元		24072
工资性收入	元		17566.5
经营净收入	元		1646.3
财产性收入	元		903.8
转移性收入	元		3955.6
城镇居民人均可支配收入	元		22508
最低 20% 户人均可支配收入	元		8460.4

1－1 续表6

指标名称	计量单位	全市	市辖区
最高20%户人均可支配收入	元		61573
城镇居民人均消费支出	元		15170
其中:(1)食品	元		4645
(2)衣着	元		2055
(3)居住	元		1644
(4)家庭设备用品及服务	元		1006
(5)医疗保健	元		1432
(6)交通和通信	元		2681
(7)教育文化娱乐服务	元		1390
(二)居民生活	-		
每百户居民家庭拥有:	-		
(1)家用汽车	辆		26
(2)家用电脑	台		88
(3)固定电话	部		62
(4)移动电话	部		203
(5)电冰箱(柜)	户		109
(6)彩色电视机	台		108
(7)钢琴	架		2
(8)照相机	架		57
(9)摄像机	架		10
(10)洗衣机	台		92
人均住房建筑面积	平方米		34.89
居民消费价格指数(上年为100)	%		104.4
(三)社会保障	-		
城镇基本养老保险参保人数	人	1490415	559032
基本医疗保险参保人数	人	1369591	544717
失业保险参保人数	人	694127	247213
工伤保险参保人数	人	1159595	436792
生育保险参保人数	人	668210	253725
社会福利院数	个	3	1
社会福利院床位数	张	642	320
社区服务设施数	个	1425	524
城镇居民最低生活保障人数	人	40272	21414
九、交通、社会治安	-		
(一)交通	-		
交通事故死亡人数	人	347	77
交通事故损失额	万元	483.77	61.87
火灾事故死亡人数	人	8	
火灾事故损失额	万元	140.19	
(二)社会治安	-		

1－1 续表 7

指标名称	计量单位	全市	市辖区
刑事案件立案数	起	4905	1257
犯罪人数	人	6657	1940
其中:青少年人数(年龄 16－25 周岁)	人	1376	238
十、市政公用事业	－		
(一)基础设施	－		
城市维护建设资金支出	万元		134000
年末实有城市道路面积	万平方米		3250.7
排水管道长度	公里		1591.47
供水综合生产能力(包括自备水源)	万立方米/日		69.2
供水总量	万吨		15021.7
售水量	万吨		13883.5
其中:居民生活用水量	万吨		3852.1
用水人口	万人		126.05
(二)供气	－		
供气总量(人工、天然气)	万立方米		17419.7
其中:家庭用量	万立方米		3252.6
用气人口	人		895200
液化石油气供气总量	吨		10798
其中:家庭用量	吨		10796
用液化气人口	人		365300
(三)公共交通	－		
年末实有公共汽(电)车营运车辆数	辆		1158
全年公共汽(电)车客运总量	万人次		13899
年末实有出租汽车数	辆		4601
轨道交通线路长度	公里		
轨道交通客运总量	万人次		
(四)绿地	－		
绿地面积	公顷		8458
其中:公园绿地面积	公顷		2187
建成区绿化覆盖面积	公顷		6005
十一、环境保护	－		
工业废水排放量	万吨	28191	
工业二氧化硫产生量	吨	537249	
工业二氧化硫排放量	吨	131440	
工业烟尘去除量	吨	4441232	
工业烟尘排放量	吨	36761	
工业固体废物综合利用率	%	91.6	
污水集中处理率	%	75	
生活垃圾无害化处理率	%	86.22	
空气质量达标(API＜100)天数	天	349	

1－2　全市平均每天社会经济活动

（2000－2011年）

指标名称	单　位	2000年	2001年	2002年	2003年	2004年	2005年
一、全市每天创造的财富							
国内生产总值	亿元	1.91	2.14	2.38	2.73	3.29	4.00
农林牧渔业总产值	亿元	0.76	0.79	0.79	0.88	0.99	1.10
地方财政收入	亿元	0.09	0.11	0.10	0.13	0.14	0.19
主营业务收入	亿元	1.81	1.98	2.35	3.35	4.95	7.50
布	万米	106.41	125.69	140.47	236.00	347.95	520.82
原煤	万吨	0.23	0.28	0.18	0.30	0.28	0.28
发电量	亿千瓦时	0.10	0.12	0.12	0.13	0.15	0.20
化 肥	万吨折纯	0.10	0.11	0.11	0.12	0.11	0.13
小型拖拉机	万辆	0.05	0.05	0.05	0.05	0.04	0.04
二、全市每天消费量							
城镇居民人均消费支出	元	14.46	15.27	15.45	16.78	18.69	20.99
社会消费品零售额	亿元	0.71	0.77	0.86	0.94	1.11	1.35
三、其他经济活动							
公路客运量	万人	9.03	9.68	10.11	10.15	13.40	17.81
住宅竣工面积	平方米	2295.1	1555.0	2793.0	2543.5	2293.9	8536.8
邮电业务总量	万元	439.8	250.3	701.4	942.5	1039.7	1228.6
四、全市人口变动和婚姻							
出生人口	人	253	220	213	204	232	236
死亡人口	人	151	136	145	146	137	143
结婚对数	对	167	140	157	180	195	151
离婚对数	对	5	5	4	6	10	11

注：1、2009年以前出生与死亡人口为市辖区口径。

2、2004年以前结婚与离婚对数为市辖区口径。

1－2 续表 1

指标名称	单位	2006 年	2007 年	2008 年	2009 年	2010 年	2011 年
一、全市每天创造的财富							
国内生产总值	亿元	4.71	5.63	6.78	7.42	8.47	9.70
农林牧渔业总产值	亿元	1.16	1.32	1.54	1.63	1.79	1.96
地方财政收入	亿元	0.24	0.30	0.36	0.43	0.55	0.70
主营业务收入	亿元	9.29	11.89	14.84	16.58	21.60	25.69
布	万米	619.18	750.68	797.26	975.34	1122.47	1131.78
原煤	万吨	0.28	0.26	0.25	0.26	0.29	0.26
发电量	亿千瓦时	0.28	0.41	0.43	0.46	0.48	0.49
化 肥	万吨折纯	0.15	0.16	0.18	0.21	0.21	0.21
小型拖拉机	万辆	0.05	0.03	0.03	0.02	0.03	0.02
二、全市每天消费量							
城镇居民人均消费支出	元	24.15	29.59	31.71	34.20	37.86	41.56
社会消费品零售额	亿元	1.57	1.85	2.27	2.71	3.15	3.70
三、其他经济活动							
公路客运量	万人	18.97	32.43	42.79	55.90	58.96	60.77
住宅竣工面积	平方米	8252.5	11720.9	10052.1	16684.11	20723.52	17762.90
邮电业务总量	万元	1534.2	1767.1	1679.6	1783.56	1828.00	1732.26
四、全市人口变动和婚姻							
出生人口	人	228	224	220	204	226	226
死亡人口	人	137	153	160	147	155	164
结婚对数	对	184	192	167	211	209	234
离婚对数	对	13	16	20	22	25	28

1-3 国民经济主要比例关系

(2000-2011 年)　　单位:%

指标名称	2000 年	2001 年	2002 年	2003 年	2004 年	2005 年
一、国内生产总值比例						
第一产业	21.6	19.3	17.6	16.4	15.5	13.8
第二产业	46.3	46.8	47.9	50.7	54.8	56.0
第三产业	32.1	33.9	34.5	32.9	29.7	30.3
二、人口比例						
按性别分						
男	50.7	50.7	50.7	50.6	50.6	50.6
女	49.3	49.3	49.3	49.4	49.4	49.4
按农业非农业分						
农业人口	76.7	75.8	74.3	72.2	70.9	62.1
非农业人口	23.3	24.2	25.7	27.8	29.1	37.9
四、社会从业人员比例						
第一产业	40.9	41.6	40.8	39.1	39.2	38.3
第二产业	33.9	31.0	31.6	32.7	32.7	33.1
第三产业	25.2	27.4	27.6	28.2	28.1	28.6
五、农林牧渔业总产值比例						
农业	58.5	59.1	57.0	56.5	47.4	55.6
林业	1.0	1.1	1.1	1.2	1.1	1.0
牧业	34.8	34.2	35.5	34.2	43.6	35.7
渔业	5.7	5.6	6.4	6.1	5.9	5.4
六、工业总产值中轻重工业比例						
轻工业	54.5	56.0	56.1	51.2	48.4	46.2
重工业	45.5	44.0	43.9	48.8	51.6	53.9
七、地方财政收入占国内生产总值的比重	**4.9**	**5.2**	**4.4**	**4.6**	**4.4**	**4.8**
八、财政支出比例						
城乡社区、农林水支出	3.2	5.5	4.2	6.1	4.9	5.1
科教文卫支出	35.8	33.6	37.8	35.9	32.6	29.2
九、金融机构存款余额比例						
企业存款	17.0	17.7	20.9	21.4	21.6	21.0
储蓄存款	75.7	73.9	68.2	67.3	66.0	64.4
财政存款	0.5	1.1	0.6	0.6	0.7	0.7

注:1、2009 年工业总产值中轻重工业比例为规模以上工业增加值中轻重工业比例。

2、2006 年及以前城乡社区、农林水支出为支援农业生产指标。

1-3 续表1

指标名称	2006年	2007年	2008年	2009年	2010年	2011年
一、国内生产总值比例						
第一产业	12.3	11.6	11.4	11.2	10.7	10.1
第二产业	57.6	57.4	57.5	56.4	55.7	55.4
第三产业	30.1	31.0	31.1	32.5	33.6	34.5
二、人口比例						
按性别分						
男	50.5	50.5	50.5	50.5	50.5	50.5
女	49.5	49.5	49.5	49.5	49.5	49.5
按农业非农业分						
农业人口	61.6	56.7	54.9	57.3	48.3	43.6
非农业人口	38.4	43.3	45.1	42.7	51.7	56.4
四、社会从业人员比例						
第一产业	37.5	37.2	36.3	35.7	34.9	32.5
第二产业	33.2	33.2	33.9	34.2	34.6	36.7
第三产业	29.3	29.6	29.8	30.1	30.5	30.8
五、农林牧渔业总产值比例						
农业	56.5	53.6	53.4	56.1	56.6	54.5
林业	1.0	1.0	1.1	1.1	0.8	0.7
牧业	34.0	37.0	37.3	34.5	34.1	36.3
渔业	5.7	5.4	5.2	3.1	5.3	5.2
六、工业总产值中轻重工业比例						
轻工业	44.9	44.2	42.1	41.6	39.1	38.6
重工业	55.1	55.8	57.9	58.4	60.9	61.4
七、地方财政收入占国内生产总值的比重	5.1	5.4	5.3	5.8	6.5	7.2
八、财政支出比例						
城乡社区、农林水支出	4.8	21.8	20.5	21.9	20.9	19.4
科教文卫支出	28.6	33.6	36.4	34.2	34.3	37.7
九、金融机构存款余额比例						
企业存款	19.3	21.0	19.1	22.6	23.2	42.0
储蓄存款	64.0	63.3	64.4	58.6	55.9	55.5
财政存款	0.8	1.3	1	1.2	1.1	1.1

1-4 国民经济和社会发展主要指标占全省全国的比重

(2011年)

指标名称	单位	绝对数			潍坊所占比重(%)	
		潍坊	全省	全国	占山东	占全国
一、人口与就业						
年末总人口	万人	915.53	9637.3	134735	9.50	0.68
二、土地面积	**万平方公里**	**1.6**	**15.7**	**960**	**10.28**	**0.17**
三、农林牧渔业总产值	**亿元**	**714.3**	**7409.7**		**9.64**	
四、地区生产总值	**亿元**	**3541.9**	**45429.2**	**471563.7**	**7.80**	**0.75**
第一产业	亿元	359.3	3973.8	47712.0	9.04	0.75
第二产业	亿元	1961.4	24037.4	220591.6	8.16	0.89
第三产业	亿元	1221.2	17418.0	203260.1	7.01	0.60
五、人均地区生产总值	**元**	**38833**	**47260**	**35083**	**82.17**	**110.69**
六、主要工农业产品产量						
粮食	万吨	533.7	4426.3	57121.0	12.06	0.93
棉花	万吨	5.1	78.5	660.0	6.43	0.77
油料	万吨	25.1	341.0	3279.0	7.35	0.76
肉类	万吨	135.3	711.1	7957.0	19.03	1.70
水产品	万吨	50.0	813.5	5600.0	6.14	
蔬菜	万吨	1129.6	9180.9		12.30	
水果	万吨	88.4	2850.8		3.10	
纯碱	万吨	364.8	439.9	2308.2	82.92	15.80
原煤	万吨	93.1	16113.6	352000.0	0.58	0.03
发电量	亿千瓦时	178.2	3162.2	47000.7	5.63	0.38
水泥	万吨	922.7	15035.6	209000.0	6.14	0.44
布	亿米	41.3	124.5	837.0	33.18	4.94
化肥	万吨	75.7	639.6	6217.2	11.84	1.22
钢材	万吨	646.2	7033.7	88258.2	9.19	0.73
化学纤维	万吨	25.8	80.9	3390.0	31.84	0.76
七、固定资产投资						

注:1、人口为第六次人口普查数据。
2、金融指标为人民币口径。
3、全国不公布社会消费品零售总额绝对值。
4、人均地区生产总值为国家统计局初步统计。
5、自2011年起"在岗职工平均工资"指标更名为"城镇非私营单位在岗职工平均工资"。

1－4续表1

指标名称	单位	绝对数			潍坊所占比重(%)	
		潍坊	全省	全国	占山东	占全国
规模以上固定资产投资额	亿元	2603.2	26770.7	301932.9	9.72	0.86
八、财政金融						
地方财政收入	亿元	253.9	3455.7	52434.0	7.35	0.48
财政支出	亿元	358.3	5001.2	92416.0	7.16	0.39
金融机构存款余额	亿元	3706.9	46345.4	809369.1	8.00	0.46
城乡居民储蓄存款余额	亿元	2081.8	22305.7	343635.9	9.33	0.61
金融机构贷款余额	亿元	2932.6	35179.0	547944.9	8.34	0.54
九、外贸外经旅游						
进出口总额	亿美元	140.9	2359.9	36420.6	5.97	0.39
进口总额	亿美元	37.3	1102.0	17434.6	3.38	0.21
出口总额	亿美元	103.7	1257.9	18986.0	8.24	0.55
实际到账外资	亿美元	7.2	111.6	1160.1	6.47	0.62
旅游外汇收入	亿美元	2.1	25.5	485.0	8.05	0.42
十、国内贸易						
社会消费品零售额	亿元	1349.8	16675.9	181225.8	8.09	0.74
十一、物价						
居民消费价格指数	%	104.4	105.0	105.4	99.43	99.05
十二、人民生活						
城镇非私营单位在岗职工平均工资	元	36642	38114	42452	96.14	86.79
城镇居民人均可支配收入	元	22508	22792	21810	98.75	103.20
农民人均纯收入	元	10409	8342	6977	124.78	149.19
十三、教育、卫生						
普通高等学校在校生数	万人	17.3	163.1	2308.5	10.60	0.75
医院、卫生院床位数	万张	3.8	37.8	515.0	9.98	0.73
专业卫生技术人员数	万人	6.1	48.2	620.0	12.57	0.98

1－5 国民经济和社会发展主要指标

（1995－2011 年）

指标名称	单位	1995 年	2000 年	2001 年	2002 年	2003 年	2004 年
一、人口							
年底户籍总人口	万人	820.8	844.6	845.9	847.5	847.71	850.7
按性别分							
男	万人	416.4	428.6	428.9	429.5	429.2	430.6
女	万人	400.5	416.0	417.0	418.0	418.5	420.1
按农业非农业分							
农业人口	万人	710.4	647.6	641.2	629.9	612.3	602.7
非农业人口	万人	106.6	197.0	204.7	217.5	235.4	247.9
人口密度	人/平方公里	515.0	533.0	533.0	534.0	534.2	536.4
二、从业人员和劳动工资							
全市年末从业人员	万人	426.4	521.1	521.4	523.1	523.5	524.4
单位年末从业人员	万人	77.6	66.5	61.7	60.2	58.8	60.2
职工年末人数	万人	75.0	64.5	60.5	59.4	58.2	59.4
职工工资总额	亿元	37.3	50.2	54.1	59.0	62.8	72.6
职工平均工资	元	5063	7701	8775	9845	10780	12329
三、国民经济核算							
地区生产总值	亿元	414.9	675.4	779.6	867.0	995.1	1199.0
第一产业	亿元	107.8	145.8	150.4	152.6	163.4	185.6
第二产业	亿元	185.0	312.5	365.2	415.4	504.7	656.9
工　业	亿元	166.0	280.6	325.6	369.7	452.2	587.5
第三产业	亿元	122.1	217.2	264.1	299.0	326.9	356.5
人均地区生产总值	元	5066	8019	9223	10239	11739	14120
支出法计算的地区生产总值							
最终消费	亿元	158.1	301.0	342.1	366.4	393.8	445.3
#居民消费	亿元	140.1	266.4	301.6	320.8	342.5	381.6
政府消费	亿元	18.0	34.5	40.6	45.6	51.3	63.7
资本形成总额	亿元	203.1	292.2	342.4	395.0	480.8	591.4
四、固定资产投资							
全社会固定资产投资额	亿元	121.3	189.3	217.4	277.2	517.1	825.1
基本建设	亿元	22.9	36.2	35.6	50.7	124.1	445.2
更新改造	亿元	13.2	34.5	47.2	62.6	107.5	286.9
房地产开发	亿元	5.0	12.2	14.3	20.4	37.1	43.0
五、能源							
能源生产总量	万吨标煤	195.3	113.2	128.5	193.2	291.5	323.7
原煤	万吨标煤	134.6	60.3	73.2	47.6	78.5	73.0
电	万吨标煤	60.7	52.9	55.4	56.0	59.6	65.3
六、财政							
地方财政收入	亿元	16.1	34.3	40.8	38.3	45.7	52.6
#增值税	亿元		6.9	7.1	7.9	9.3	8.3
#营业税	亿元		4.0	4.4	5.0	7.1	8.9

注：1、2010 年起，社会消费品零售总额的其中项变更为城镇和乡村。

2、2006 年及以前农牧业税收为耕地占用税和烟叶税，城乡社区、农林水支出为支援农业生产指标。

3、2008 年利用外资数为外管局提供。

4、据省局规定，自 2011 年开始，电力使用等价值折标。2011 年以前电力使用当量值折标。

5、根据 2010 年人口普查数据，对 2000 年－2010 年的全市年末从业人员数进行了修订。

1－5 续表 1

指标名称	单位	2005 年	2006 年	2007 年	2008 年	2009 年	2010 年	2011 年
一、人口								
年底户籍总人口	万人	852.2	855.3	859.1	862.5	867.8	873.8	877.6
按性别分								
男	万人	431.1	432.0	434.0	435.5	438.8	441.4	443.3
女	万人	421.1	423.3	425.2	426.9	429.5	432.4	434.3
按农业非农业分								
农业人口	万人	529.1	527.0	487.4	464.2	460.7	422.4	382.3
非农业人口	万人	323.1	328.3	371.7	398.3	407.2	451.4	495.4
人口密度	人/平方公里	537.4	534.4	536.8	538.9	542.2	546.0	572.0
二、从业人员和劳动工资								
全市年末从业人员	万人	525.1	527.1	528.6	535.2	536.3	544.9	547.2
单位年末从业人员	万人	69.5	81.6	69.6	68.6	72.8	80.0	68.7
职工年末人数	万人	68.7	78.0	68.5	67.0	66.3	71.8	65.0
职工工资总额	亿元	95.0	118.8	128.2	159.3	190.8	242.0	235.5
职工平均工资	元	14085	15604	18904	23722	28815	34187	36642
三、国民经济核算								
地区生产总值	亿元	1460.7	1720.9	2056.0	2475.6	2707.2	3090.9	3541.9
第一产业	亿元	201.4	211.8	237.5	281.7	302.0	330.5	359.3
第二产业	亿元	817.4	991.1	1180.9	1423.6	1526.1	1720.3	1961.4
工　业	亿元	739.3	903.3	1082.4	1302.9	1380.5	1545.6	1761.0
第三产业	亿元	441.9	517.9	637.5	770.3	879.2	1040.1	1221.2
人均地区生产总值	元	17086	19652	23349	27923	30338	34273	38820
支出法计算的地区生产总值								
最终消费	亿元	578.4	690.0	842.1	971.5	1075.2	1204.7	1363.7
#居民消费	亿元	504.8	606.9	732.0	840.2	926.0	1034.0	1153.6
政府消费	亿元	73.6	83.1	110.1	131.3	149.2	170.7	210.1
资本形成总额	亿元	703.5	799.7	911.2	1150.0	1297.7	1512.7	1746.0
四、固定资产投资								
全社会固定资产投资额	亿元	1100.4	1043.2	1208.4	1523.4	1890.5	2331.0	2603.2
基本建设	亿元							
更新改造	亿元							
房地产开发	亿元	79.0	98.4	156.6	196.4	266.5	367.6	405.9
五、能源								
能源生产总量	万吨标煤	442.0	460.3	661.1	759.9	1000.3	1656.2	1855.4
原煤	万吨标煤	72.5	71.4	68.0	65.5	68.9	74.7	66.5
电	万吨标煤	89.7	123.9	184.1	192.3	206.6	216.4	616.0
六、财政								
地方财政收入	亿元	70.7	88.5	110.6	132.0	158.0	202.4	253.9
#增值税	亿元	14.7	18.1	23.0	25.2	27.5	34.5	36.2
#营业税	亿元	11.5	14.3	18.4	22.8	28.5	45.4	56.4

1－5续表2

指标名称	单位	1995年	2000年	2001年	2002年	2003年	2004年
#耕地占用税和烟草税	亿元	0.9	1.0	0.9	4.0	4.6	2.8
财政支出	亿元	20.8	39.9	46.8	52.6	59.2	73.6
#城乡社区、农林水支出	亿元	1.0	2.0	2.6	2.2	3.4	3.6
#科教文卫支出	亿元	6.8	14.3	15.6	18.9	21.1	23.8
七、金融							
金融机构本外币存款余额	亿元	269.3	560.6	646.5	786.4	902.3	1055.4
#居民储蓄存款	亿元	192.1	424.5	477.9	536.4	607.0	696.2
金融机构本外币贷款余额	亿元	254.0	427.2	476.5	573.7	651.8	743.9
八、物价							
居民消费价格总指数							
以1978年为100		368.1	424.3	429.8	425.9	434.4	446.1
商品零售物价总指数							
以1987年为100		307.6	262.0	276.4	277.5	277.2	284.4
九、居民生活							
居民消费水平							
农村居民	元	1623	2325	2430	2525	2616	3468
城镇居民	元	3497	6590	6987	7062	7565	7898
农村居民							
人均纯收入	元	2270	3437	3579	3643	3921	4438
人均生活消费支出	元	1623	2074	2179	2275	2331	3025
城镇居民							
人均可支配收入	元	4672	6307	7303	7538	8317	9297
人均消费性支出	元	3497	5278	5575	5639	6123	6822
十、农林牧渔业							
农林牧渔业总产值	亿元	224.9	276.6	288.4	289.2	321.1	362.5
农业	亿元	137.6	162.0	170.5	164.7	181.5	203.9
林业	亿元	2.9	2.8	3.0	3.2	3.8	4.0
牧业	亿元	72.0	96.2	98.8	102.7	109.9	127.8
渔业	亿元	12.4	15.7	16.1	18.5	19.5	20.2
农业生产情况							
粮食总产量	万吨	535.0	367.6	349.7	260.3	293.6	331.3
棉花总产量	万吨	3.6	1.7	3.0	2.4	4.6	5.2
花生总产量	万吨	13.4	16.6	22.1	19.0	24.6	25.3
肉类总产量	万吨	115.1	99.4	102.1	104.6	106.2	120.1
水产品总产量	万吨	25.5	52.9	53.0	54.3	58.1	59.1
蔬菜产量	万吨	560.0	1002.8	1044.2	1110	1160	1144
奶类产量	万吨	9.3	9.9	14.5	17.4	18.5	24.2
禽蛋产量	万吨	30.6	40.5	38.2	38.0	38.2	38.3
十一、工业							
规模以上工业总产值	亿元	600.9	687.5	742.4	908.9	1243.7	1822.4

1-5续表3

指 标 名 称	单 位	2005年	2006年	2007年	2008年	2009年	2010年	2011年
#耕地占用税和烟草税	亿元	7.8	2.3	2.6				
财政支出	亿元	95.3	114.9	148.8	182.3	227.7	291.0	358.3
#城乡社区、农林水支出	亿元	4.8	5.5	32.4	37.5	49.8	60.7	69.6
#科教文卫支出	亿元	27.8	32.9	50.0	66.4	77.8	100.0	135.2
七、金融								
金融机构本外币存款余额	亿元	1249.3	1425.5	1652.2	2060.0	2768.2	3307.7	3748.9
#居民储蓄存款	亿元	804.6	913.0	1045.1	1326.5	1612.2	1849.8	2081.8
金融机构本外币贷款余额	亿元	848.3	1031.7	1258.4	1513.4	2074.4	2570.8	3001.5
八、物价								
居民消费价格总指数								
以1978年为100		454.1	458.6	476.1	500.8	503.3	516.4	539.1
商品零售物价总指数								
以1987年为100		287.2	288.6	299.6	315.2	314.9	321.8	331.8
九、居民生活								
居民消费水平								
农村居民	元	3837	3952	4535	5611	6169	7118	7740
城镇居民	元	8643	10075	12339	13499	14683	16119	18098
农村居民								
人均纯收入	元	5017	5508	6278	7072	7695	8872	10409
人均生活消费支出	元	3170	3565	4122	4828	5240	5982	6382
城镇居民								
人均可支配收入	元	10318	11846	13716	15691	17267	19675	22508
人均消费性支出	元	7663	8816	10800	11575	12484	13819	15170
十、农林牧渔业								
农林牧渔业总产值	亿元	399.8	423.0	480.8	561.6	595.7	654.8	714.3
农业	亿元	222.2	239.2	257.5	300.0	334.0	370.5	389.4
林业	亿元	4.2	4.4	5.0	6.4	6.4	5.0	5.3
牧业	亿元	142.6	143.7	177.7	209.5	205.3	223.3	259.1
渔业	亿元	21.6	24.1	26.2	29.0	31.6	34.5	37.2
农业生产情况								
粮食总产量	万吨	422.4	433.2	447.9	491.2	520.8	522.6	533.7
棉花总产量	万吨	4.9	4.6	5.2	5.2	5.5	5.1	5.1
花生总产量	万吨	24.1	23.8	29.6	29.9	26.9	27.0	25.0
肉类总产量	万吨	129.5	119.7	128.0	103.7	114.7	123.1	135.3
水产品总产量	万吨	60.4	64.4	68.1	46.2	42	45.80	49.97
蔬菜产量	万吨	1202	959	958.4	974.7	1006.9	1089.8	1129.6
奶类产量	万吨	24.7	23.6	27.0	21.6	22.2	27.78	27.7
禽蛋产量	万吨	37.3	28.9	28.8	25.9	26.3	18.78	26.9
十一、工业								
规模以上工业总产值	亿元	2724.1	3404.7	4332.2	5318.1	6079.2	7529.2	9130.7

1－5 续表 4

指 标 名 称	单 位	1995 年	2000 年	2001 年	2002 年	2003 年	2004 年
#国有经济	亿元	233.6	111.6	115.6	111.6	128.7	98.9
#集体经济	亿元	258.3	143.3	115.5	108.5	86.2	122.0
按轻重工业分							
#轻工业	亿元	302.2	374.8	415.0	510.0	633.4	881.8
#重工业	亿元	235.7	312.7	325.7	399.9	610.3	940.6
十二、交通运输邮电							
公路通车里程	公里	6721	7401	7436	7476	7616.4	7673.7
客运量	万人次	2028	3295	4518	4636	3834	4891
#公路	万人次	2308	3295	3535	3689	3704	4887
公路旅客周转量	亿人公里	12.3	22.9	25.7	29.4	29.2	34.0
货运量	万吨	5377.5	6436.0	8685.0	8419.0	7261.7	7023.0
#公路	万吨	6186.0	6368.0	6794.0	6556.0	6796.8	6866.0
公路货物周转量	亿吨公里	39.6	32.5	36.0	37.1	38.9	39.9
国内函件	万件	2789.6	3468.4	3380.6	4240.8	4627.9	4011.1
邮电业务总量	亿元	4.3	16.1	9.1	25.6	27.7	38.0
固定电话用户数(含小灵通)	万部	20.5	50.8	55.5	66.6	200.0	235.0
十三、国内贸易							
社会消费品零售总额	亿元	169.1	265.9	288.5	320.5	368.0	426.9
市	亿元	75.5	127.8	139.1	159.2	193.9	231.9
县	亿元	12.7	11.1	11.9	12.7	14.4	17.1
县以下	亿元	77.5	121.2	131.1	141.6	136.3	156.2
按行业分							
批零贸易业	亿元	103.8	166.3	184.1	208.7	289.7	342.7
住宿餐饮业	亿元	11.4	24.6	27.8	32.5	33.2	41.3
其他行业	亿元	25.6	69.0	70.2	72.3	21.7	21.3
十四、对外贸易							
海关进出口总额	万美元	59574	137240	153595	184384	225329	304369
出口总额	万美元	33307	99413	113423	128244	163855	212712
进口总额	万美元	26267	37827	40172	56140	61474	91657
利用外资							
新批外商投资项目数	个	392	218	266	220	288	378
合同利用外资	万美元	88416	31479	34100	38772	100275	170080
实际到账外资	万美元	51379	14235	16812	25898	50331	101618
#外商直接投资	万美元	51379	8491	15841	25898	39215	37160
对外承包工程和劳务合作							
合同金额	万美元	4116	6482	12181	18477	16641	28378
旅游							
接待旅游人数	万人次	31.32	559.19	576.71	665.10	672.15	774.5
#国际游客	万人次	1.32	1.19	1.20	1.38	1.20	2.0
旅游外汇收入	万美元	217.0	589.0	831.3	872.9	660	903.1

1－5续表5

指标名称	单位	2005年	2006年	2007年	2008年	2009年	2010年	2011年
#国有经济	亿元	148.1	149.4	174.3	287.2	308.6	353.4	217.5
#集体经济	亿元	114.2	134.8	161.3	229.0	237.1	246.9	342.3
按轻重工业分								
#轻工业	亿元	1257.4	1528.5	1919.9	2241.0	623.2	2941.5	3526.1
#重工业	亿元	1466.7	1875.9	2412.3	3077.1	875.8	4587.8	5604.6
十二、交通运输邮电								
公路通车里程	公里	7937.2	7776.5	7838.2	21996.3	22631.8	23180.8	23694.3
客运量	万人次	6503	6929	11743	15620.0	20413.0	21533.2	22182.0
#公路	万人次	6499	6924	11837	15620.0	20402.0	21519.0	22168
公路旅客周转量	亿人公里	40.9	44.5	78.0	102.6	95.3	100.1	104.1
货运量	万吨	7903.0	9199.0	13250.1	16380.0	19311.6	21228.9	23198.0
#公路	万吨	7732.0	9016.0	13249.0	16021.0	18732.0	20297	21941
公路货物周转量	亿吨公里	45.9	56.2	87.7	130.4	623.2	647.3	695.7
国内函件	万件	3827.1	3534.3	3630.7	3724.2	3785.1	4063.8	4381.2
邮电业务总量	亿元	45.3	56.0	64.5	63.1	65.1	66.7	63.2
固定电话用户数(含小灵通)	万部	261.6	269.1	258.1	236.3	204.9	170.8	191.8
十三、国内贸易								
社会消费品零售总额	亿元	493.6	574.1	675.0	831.2	988.5	1151.1	1349.8
市	亿元	289.1	333.7	393.9	482.5	586.0	751.7	949.0
县	亿元	21.2	33.5	39.1	52.7	58.8		
县以下	亿元	183.0	206.5	241.3	295.2	343.6	399.4	400.8
按行业分								
批零贸易业	亿元	422.2	489.2	573.4	710.2	849.3	1038.4	1217.6
住宿餐饮业	亿元	47.0	55.1	66.6	81.4	94.8	112.7	129.1
其他行业	亿元	24.2	29.3	34.2	38.7	44.4		
十四、对外贸易								
海关进出口总额	万美元	394057	518604	650518	837854	807662	1175144	1409317
出口总额	万美元	295084	385846	518137	654075	620288	869581	1036751
进口总额	万美元	98973	132758	132381	183779	187374	305563	372566
利用外资								
新批外商投资项目数	个	441	219	172	165	79	80	69
合同利用外资	万美元	172764	71821	81431	75630	87092	105732	154183
实际到账外资	万美元	50816	68732	81423	48495	67777	72145	72159
#外商直接投资	万美元	50816	68732	61971	48495	67777	72145	72159
对外承包工程和劳务合作								
合同金额	万美元	22251	143857	158290	175098	113435	169680	216425
旅游								
接待旅游人数	万人次	890.0	1042.3	1421.0	1882.6	2330.6	2967.6	3631.5
#国际游客	万人次	2.5	4.3	7.4	13.2	17.3	22.2	28.9
旅游外汇收入	万美元	1055.4	1292.0	3606.9	7081.2	12253.9	16238.3	20534.8

1－5 续表 6

指 标 名 称	单 位	1995 年	2000 年	2001 年	2002 年	2003 年	2004 年
十五、教育							
普通高等学校							
招生数	人	2530	5033	9508	13467	18094	25692
在校学生数	人	6434	11664	18977	29100	43966	63435
教职工数	人	1793	1963	2998	4025	4876	5219
#专任教师	人	856	914	1451	2192	2915	3323
普通中等专业学校							
招生数	人	10195	11204	11204	16685	45000	39219
在校学生数	人	26974	39730	37975	40574	122504	126113
普通中学							
招生数	万人	14.3	22.5	19.4	17.5	19.7	15.8
在校学生数	万人	48.2	71.5	69.6	64.8	61.7	57.3
教职工数	人	40538	49838	51568	51061	50283	48266
#专任教师	人	32791	42055	42734	42218	41379	39656
技工学校							
招生数	人	8159	4938	5885	9379	10770	10153
在校学生数	人	18777	12503	12775	15419	20186	23221
小学							
学校数	所	4534	2703	2243	2018	1833	1740
招生数	万人	19.9	8.4	9.5	10.8	11.0	10.3
毕业生数	万人	12.5	18.0	14.3	11.5	13.1	9.1
在校学生数	万人	88.3	64.9	60.3	59.8	57.5	58.7
教职工数	人	43889	39882	38755	38874	39380	40211
#专任教师	人	41399	37586	36391	36452	36677	37675
成人高等学校在校学生数	人	15262	16938	19559	21905	26017	19122
十六、科技							
重要科技成果数量	项	237	191	117	116	111	107
国际领先先进水平	项	11	15	16	5	10	10
国内领先先进水平	项	179	216	98	111	100	97
省内领先先进水平	项	37	8			1	
十七、卫生、文化事业基本情况							
卫生机构床位数	张	10530	18208	17716	19653	20499	19750
卫生技术人员数	人	17518	27447	27167	27003	28103	28542
#医生数	人	15181	13602	12783	11682	12418	12344
文化馆数	个	13	13	13	13	13	12
文化站数	个	231	253	253	253	252	187
艺术表演团体数	个	10	10	10	10	9	10
公共图书馆数	个	11	11	11	11	11	11

1－5 续表7

指 标 名 称	单 位	2005年	2006年	2007年	2008年	2009年	2010年	2011年
十五、教育								
普通高等学校								
招生数	人	31676	33204	35961	39976	40100	36115	36893
在校学生数	人	80472	93880	105272	112167	120265	113874	119796
教职工数	人	6373	7427	7404	7796	8006	8122	9691
#专任教师	人	4106	5319	5265	5720	5978	5960	6966
普通中等专业学校								
招生数	人	13941	16024	15186	16512	19874	31150	32787
在校学生数	人	41407	42739	42954	43576	46312	72493	86675
普通中学								
招生数	万人	15.3	14.9	15.6	16.4	16.3	16.4	15.8
在校学生数	万人	53.6	48.5	46.4	46.9	48.3	49.0	48.3
教职工数	人	46520	46306	46379	46019	46309	45098	45950
#专任教师	人	38231	38062	38440	38555	39934	39375	40321
技工学校								
招生数	人	10521	18002	19628	13800			
在校学生数	人	25398	56273	56331	35876			
小学								
学校数	所	1616	1454	1383	1347	1201	1057	1015
招生数	万人	9.4	9.0	9.1	8.5	8.3	8.9	10.4
毕业生数	万人	8.8	8.3	9.6	10.9	11.1	10.5	9.7
在校学生数	万人	59.2	60.4	60.2	58.2	55.5	53.9	54.6
教职工数	人	39277	39977	39871	39798	40055	39376	38899
#专任教师	人	36782	37387	37237	37228	37830	37400	37352
成人高等学校在校学生数	人	18951	12729	11166	18926	23953	7172	27802
十六、科技								
重要科技成果数量	项	109	126	194	366			
国际领先先进水平	项	22	26	42	42			
国内领先先进水平	项	87	97	152	324			
省内领先先进水平	项							
十七、卫生、文化事业基本情况								
卫生机构床位数	张	22723	24176	26175	29199	32841	37913	41024
卫生技术人员数	人	29612	29780	32525	37438	48544	55426	60607
#医生数	人	14160	13226	14386	16624	18235	24718	22540
文化馆数	个	13	13	13	13	13	13	13
文化站数	个	180	186	116	119	121	118	118
艺术表演团体数	个	9	9	9	9	8	9	9
公共图书馆数	个	12	12	12	12	12	12	12

1-6 历年地区生产总值

(1978-2011年)

单位:亿元

年份	地区生产总值	第一产业	第二产业			第三产业			人均地区生产总值(元)
				工业	建筑业		#交通运输仓储邮政业	#批发零售住宿餐饮业	
1978	23.54	10.38	10.22	9.78	0.44	2.94	0.70	1.14	335
1979	25.85	11.24	11.30	10.46	0.84	3.31	0.83	1.43	367
1980	27.92	11.86	12.18	11.08	1.10	3.88	1.03	1.69	394
1981	31.67	13.68	13.03	11.74	1.29	4.96	1.29	2.21	443
1982	38.85	18.25	14.38	12.53	1.85	6.22	1.69	2.92	538
1983	43.23	21.30	14.32	12.40	1.92	7.61	2.08	3.50	594
1984	51.24	26.83	15.32	12.94	2.38	9.09	2.48	4.14	698
1985	60.60	28.64	20.17	17.44	2.73	11.79	3.40	6.30	821
1986	73.60	32.15	26.02	21.85	4.17	15.43	4.20	8.00	989
1987	87.80	36.17	31.72	27.02	4.70	19.91	5.00	9.00	1165
1988	118.58	46.32	44.71	39.32	5.39	27.55	5.60	11.50	1550
1989	133.22	44.99	55.60	50.83	4.77	32.63	6.20	13.00	1712
1990	152.20	50.40	60.87	55.80	5.07	40.93	7.00	14.00	1917
1991	177.90	57.90	71.40	65.16	6.24	48.60	8.10	15.50	2202
1992	211.70	64.70	87.00	77.50	9.50	60.00	9.56	21.64	2604
1993	267.41	74.25	116.40	103.90	12.50	76.76	12.08	27.52	3281
1994	337.38	90.46	148.05	133.02	15.03	98.87	17.15	33.63	4132
1995	414.89	107.84	185.00	166.00	19.00	122.05	22.22	39.74	5066
1996	490.14	123.02	221.80	198.00	23.80	145.32	28.18	46.82	5961
1997	549.73	131.78	249.95	224.00	25.95	168.00	31.54	50.90	6653
1998	596.81	141.00	267.00	239.00	28.00	188.81	34.50	55.30	7170
1999	632.87	142.00	288.30	259.30	29.00	202.57	37.09	55.26	7553
2000	697.23	145.80	329.46	295.63	33.83	221.97	31.30	63.55	8277
2001	779.63	150.36	365.22	325.58	39.64	264.05	35.48	71.71	9223
2002	866.99	152.55	415.42	369.65	45.77	299.02	38.09	78.11	10239
2003	995.06	163.44	504.69	452.18	52.51	326.93	39.28	85.20	11739
2004	1199.01	185.58	656.92	587.53	65.00	356.51	43.21	93.58	14120
2005	1460.66	201.43	817.37	739.31	78.06	441.87	48.69	127.03	17086
2006	1720.88	211.81	991.14	903.35	87.79	517.93	58.13	147.81	19652
2007	2056.02	237.54	1180.94	1082.40	98.54	637.54	90.84	174.01	23349
2008	2475.63	281.69	1423.64	1302.93	120.71	770.30	114.92	210.75	27923
2009	2707.23	301.96	1526.05	1380.46	145.59	879.22	112.12	243.49	30338
2010	3090.92	330.51	1720.29	1545.56	174.73	1040.13	117.50	282.26	34273
2011	3541.85	359.28	1961.40	1760.97	200.43	1221.17	121.78	353.08	38820

注:本表按当年价格计算。人均地区生产总值从2006年开始按常住人口计算。

1-7 历年地区生产总值指数

（1978-2011年）（以上年为100）

单位:%

年份	地区生产总值	第一产业	第二产业			第三产业		
				工业	建筑业		#交通运输仓储邮政业	#批发零售住宿餐饮业
1978	118.48	127.92	108.43	108.75		108.02		
1979	109.32	108.54	109.73	106.07		112.57		
1980	106.68	106.02	105.03	102.86		117.01		
1981	105.43	104.09	104.47	104.38		116.05		
1982	115.51	120.51	106.21	103.66		119.81		
1983	117.13	122.78	105.11	104.56		122.31		
1984	112.29	108.86	111.45	108.05		131.25		
1985	118.71	110.98	128.84	130.72		130.13		
1986	113.02	103.77	126.79	123.15		118.07		
1987	115.16	103.45	125.01	126.78		130.17		
1988	114.17	101.99	115.38	119.15		141.50		
1989	106.70	93.65	113.72	118.22		117.99		
1990	111.25	108.88	108.30	108.43	106.96	119.32	107.14	123.94
1991	110.21	103.15	112.84	112.08	121.10	115.37	104.00	118.59
1992	117.87	104.59	128.67	128.51	130.29	117.61	113.59	132.15
1993	118.14	104.80	127.78	126.80	137.50	116.63	110.50	116.70
1994	112.72	108.63	112.79	113.20	109.09	116.32	124.82	111.11
1995	111.61	106.86	113.76	113.45	116.67	112.08	113.83	107.42
1996	112.23	110.39	114.94	115.24	112.14	109.15	112.22	110.31
1997	109.59	104.42	111.03	110.91	112.17	111.30	104.04	107.11
1998	111.26	107.97	112.03	111.15	120.33	112.44	104.62	109.72
1999	109.58	105.70	112.09	112.99	104.29	108.02	103.88	108.92
2000	110.01	102.79	113.72	113.61	114.71	108.45	106.90	106.49
2001	111.20	103.13	112.49	112.13	115.68	114.74	110.38	112.07
2002	112.50	102.44	115.23	114.48	121.56	114.72	108.48	116.22
2003	115.00	106.25	122.64	123.83	113.00	108.91	101.92	110.46
2004	116.90	109.23	123.98	123.59	127.38	109.63	113.12	112.83
2005	117.10	105.90	120.90	122.90	104.00	116.10	115.00	112.30
2006	116.50	100.20	120.80	121.90	110.10	116.00	119.40	115.90
2007	115.80	102.70	116.50	117.70	103.70	119.80	149.60	114.00
2008	113.10	105.70	112.60	112.80	110.70	116.40	123.80	114.70
2009	112.90	104.60	113.70	112.50	128.20	114.00	106.00	115.30
2010	113.30	104.30	113.20	113.20	112.70	116.00	104.60	113.82
2011	111.10	104.20	112.30	113.40	102.10	111.00	101.50	116.05

注:本表按可比价格计算。

1-8 历年地区生产总值构成

(1978-2011年)

单位:%

年　份	地区生产总值	第一产业	第二产业			第三产业		
				工　业	建筑业		#交通运输仓储邮政业	#批发零售住宿餐饮业
1978	100	44.10	43.42	41.55	1.87	12.49	5.95	9.69
1979	100	43.48	43.71	40.46	3.25	12.80	5.80	9.98
1980	100	42.48	43.62	39.68	3.94	13.90	5.87	9.67
1981	100	43.20	41.14	37.07	4.07	15.66	5.68	9.79
1982	100	46.98	37.01	32.25	4.76	16.01	5.66	9.78
1983	100	49.27	33.13	28.68	4.44	17.60	5.78	9.72
1984	100	52.36	29.90	25.25	4.64	17.74	5.85	9.76
1985	100	47.26	33.28	28.78	4.50	19.46	5.78	10.73
1986	100	43.68	35.35	29.69	5.67	20.96	5.71	10.87
1987	100	41.20	36.13	30.77	5.35	22.68	5.69	10.25
1988	100	39.06	37.70	33.16	4.55	23.23	4.72	9.70
1989	100	33.77	41.74	38.15	3.58	24.49	4.65	9.76
1990	100	33.11	39.99	36.66	3.33	26.89	3.33	3.33
1991	100	32.55	40.13	36.63	3.51	27.32	3.51	3.51
1992	100	30.56	41.10	36.61	4.49	28.34	4.49	4.49
1993	100	27.77	43.53	38.85	4.67	28.70	4.67	4.67
1994	100	26.81	43.88	39.43	4.45	29.31	4.45	4.45
1995	100	25.99	44.59	40.01	4.58	29.42	4.58	4.58
1996	100	25.10	45.25	40.40	4.86	29.65	4.86	4.86
1997	100	23.97	45.47	40.75	4.72	30.56	4.72	4.72
1998	100	23.63	44.74	40.05	4.69	31.64	4.69	4.69
1999	100	22.44	45.55	40.97	4.58	32.01	4.58	4.58
2000	100	21.59	46.26	41.55	4.71	32.15	4.71	4.71
2001	100	19.29	46.85	41.76	5.08	33.87	5.08	5.08
2002	100	17.60	47.92	42.64	5.28	34.49	5.28	5.28
2003	100	16.43	50.72	45.44	5.28	32.86	5.28	5.28
2004	100	15.48	54.79	49.00	5.79	29.73	5.79	5.79
2005	100	13.79	55.96	50.61	5.34	30.25	3.33	8.70
2006	100	12.31	57.59	52.49	5.10	30.10	3.38	8.59
2007	100	11.55	57.44	52.65	4.79	31.01	4.42	8.46
2008	100	11.38	57.51	52.63	4.88	31.12	4.64	8.51
2009	100	11.15	56.37	50.99	5.38	32.48	4.14	8.99
2010	100	10.69	55.66	50.00	5.66	33.65	3.80	9.13
2011	100	10.14	55.38	49.72	5.66	34.48	3.44	9.97

注:本表按当年价格计算。

1-9 地 区 生 产 总 值

（2010-2011年）

单位:亿元

指 标 名 称	2011年	2010年	2011年为2010年%
地区生产总值	**3541.85**	**3090.92**	**111.0**
第一产业	359.28	330.51	104.2
第二产业	1961.40	1720.29	112.3
工 业	1760.97	1545.56	113.4
建筑业	200.43	174.73	102.1
第三产业	1221.16	1040.13	111.0
交通运输、仓储及邮政业	121.78	117.50	101.5
信息传输、计算机服务和软件业	37.06	34.45	107.6
批发和零售业	304.45	240.09	116.9
住宿和餐饮业	48.63	42.17	111.2
金融业	138.86	92.93	140.8
房地产业	170.93	167.65	93.7
租赁和商务服务业	47.72	33.90	134.5
科学研究、技术服务和地质勘查业	13.81	12.86	102.8
水利、环境和公共设施管理业	14.54	13.60	102.4
居民服务和其他服务业	48.63	32.20	144.6
教育	72.05	65.50	105.3
卫生、社会保障和社会福利业	58.25	52.01	107.2
文化、体育和娱乐业	11.50	7.90	139.4
公共管理和社会组织	132.96	127.28	100.0
支出法计算的地区生产总值中			
一、最终消费支出	1363.67	1204.72	108.4
居民消费支出	1153.55	1034.03	106.8
农村居民	371.48	331.85	107.1
城镇居民	782.07	702.18	106.6
二、资本形成额	1745.96	1512.72	112.7
三、货物和服务净出口	432.22	373.48	112.2

1-10　分县市区地区生产总值

（2010-2011 年）

单位:亿元

地　区	地区生产总值			第一产业增加值			第二产业增加值		
	2011 年	2010 年	2011 年比 2010 年增长%	2011 年	2010 年	2011 年比 2010 年增长%	2011 年	2010 年	2011 年比 2010 年增长%
全市总计	**3541.9**	**3090.9**	**11.0**	**359.3**	**330.5**	**4.2**	**1961.4**	**1720.3**	**12.3**
潍 城 区	167.7	150.2	9.1	7.9	7.2	4.3	78.3	71.8	8.5
寒 亭 区	139.1	123.3	9.8	10.0	9.4	2.7	80.9	72.2	10.3
坊 子 区	91.7	80.1	10.5	6.6	6.0	4.8	54.0	47.8	10.5
奎 文 区	130.5	111.2	10.4	0.6	0.6	-9.3	30.9	27.7	6.8
青 州 市	402.3	346.4	12.8	36.2	33.7	4.1	222.4	191.9	14.3
诸 城 市	521.0	456.6	12.3	49.1	45.0	4.2	316.5	280.7	13.4
寿 光 市	542.4	470.3	12.1	72.7	67.0	4.3	280.6	244.1	13.9
安 丘 市	197.1	175.0	10.1	37.9	35.1	4.1	95.8	84.9	12.5
高 密 市	384.5	328.3	12.2	40.7	37.3	4.2	231.1	199.1	12.1
昌 邑 市	263.9	230.3	11.2	29.4	27.0	4.1	158.6	139.4	11.9
临 朐 县	162.2	140.6	11.1	27.4	25.1	3.8	79.6	68.8	13.8
昌 乐 县	191.8	166.8	11.4	28.5	26.1	4.4	99.2	86.1	13.7
高新开发区	230.3	196.0	9.0	0.4	0.6	-32.3	151.4	129.8	8.3
滨海开发区	160.4	120.1	12.7	4.1	3.7	4.9	133.4	96.4	13.7
峡山生态区	18.3	16.5	4.6	7.8	6.8	6.0	4.2	3.9	1.1

注:本表绝对额按当年价格计算,速度按可比价格计算。

1-10 续表 1

地　区	#工业增加值			第三产业增加值			人均地区生产总值(元)		
	2011 年	2010 年	2011 年比 2010 年增长%	2011 年	2010 年	2011 年比 2010 年增长%	2011 年	2010 年	2011 年比 2010 年增长%
全市总计	**1761.0**	**1545.6**	**13.4**	**1221.2**	**1040.1**	**11.0**	**38820**	**34273**	**9.7**
潍 城 区	68.4	62.6	9.4	81.4	71.3	10.1	47305	42539	9.0
寒 亭 区	7.2	63.6	12.0	48.1	41.7	10.6	37516	33447	9.2
坊 子 区	47.7	42.2	11.9	31.1	26.3	11.9	29486	26049	9.2
奎 文 区	19.0	17.6	8.0	99.0	82.9	11.8	43413	36928	11.6
青 州 市	207.7	179.7	14.8	143.6	120.8	12.9	43926	38008	12.3
诸 城 市	281.5	246.7	14.9	155.4	131.0	12.7	48081	42201	11.7
寿 光 市	234.1	201.9	15.8	189.1	159.2	12.7	52015	45394	11.4
安 丘 市	79.4	69.2	14.8	63.3	55.1	10.0	20737	18471	9.4
高 密 市	218.2	187.5	12.9	112.7	91.9	15.8	44016	37789	11.1
昌 邑 市	148.0	129.4	13.2	75.9	63.9	12.7	45350	39629	11.0
临 朐 县	70.6	61.3	14.6	55.2	46.7	10.9	18566	16185	10.5
昌 乐 县	91.2	79.3	14.5	64.1	54.6	11.0	31255	27389	10.6
高新开发区	140.0	119.9	8.9	78.5	65.6	10.8	180647	156149	6.4
滨海开发区	128.8	92.2	14.5	22.9	20.0	9.4	188562	142073	12.0
峡山生态区	3.9	3.7	0.6	6.4	5.8	5.3	8116	7424	4.4

注:全市人均 GDP 采用常住人口数计算;县市区人均 GDP 采用户籍人口数计算。

1-11　分县市区地区生产总值构成

（2010-2011 年）　　单位:%

地　区	地区生产总值		第一产业		第二产业		第三产业	
	2011 年	2010 年	2011 年	2010 年	2011 年	2010 年	2011 年	2010 年
全市总计	**100.0**	**100.0**	**10.1**	**10.7**	**55.4**	**55.7**	**34.5**	**33.7**
潍 城 区	100.0	100.0	4.7	4.8	46.7	47.8	48.5	47.4
寒 亭 区	100.0	100.0	7.2	7.6	58.2	58.6	34.6	33.8
坊 子 区	100.0	100.0	7.2	7.5	58.8	59.7	33.9	32.8
奎 文 区	100.0	100.0	0.4	0.5	23.7	24.9	75.9	74.6
青 州 市	100.0	100.0	9.0	9.7	55.3	55.4	35.7	34.9
诸 城 市	100.0	100.0	9.4	9.8	60.8	61.5	29.8	28.7
寿 光 市	100.0	100.0	13.4	14.2	51.7	51.9	34.9	33.9
安 丘 市	100.0	100.0	19.3	20.0	48.6	48.5	32.1	31.5
高 密 市	100.0	100.0	10.6	11.4	60.1	60.6	29.3	28.0
昌 邑 市	100.0	100.0	11.1	11.7	60.1	60.5	28.8	27.7
临 朐 县	100.0	100.0	16.9	17.9	49.1	48.9	34.0	33.2
昌 乐 县	100.0	100.0	14.8	15.6	51.7	51.6	33.4	32.7
高新开发区	100.0	100.0	0.2	0.3	65.8	66.2	34.1	33.5
滨海开发区	100.0	100.0	2.6	3.1	83.2	80.3	14.3	16.6
峡山生态区	100.0	100.0	42.5	41.2	22.8	23.6	34.8	35.2

注:本表按当年价格计算。

1-12 企业景气指数

（2011年）

指标名称	一季度	二季度	三季度	四季度
总体状况	**148**	**146.9**	**138.9**	**130.6**
一、按行业门类分				
（一）工业	142.4	140.6	129.6	121.9
1、采矿业	150	152.5	135.9	110.9
2、制造业	140.9	137.9	127.2	118.7
3、电力、煤气及水的生产和供应业	156	158.7	148.1	162.5
（二）建筑业	154.1	142.6	138.7	145.4
（三）交通运输、仓储及邮电通信业	175	162.5	187.5	150
（四）批发和零售业	159	154.9	154.5	154.9
（五）房地产业	157.1	185.7	157.4	128.6
（六）社会服务业	160	160	180	160
（七）信息传输、计算机服务和软件	183.4	185.7	169.1	178.6
（八）住宿和餐饮业	106.3	100	93.8	118.8
二、按企业登记注册类型分				
1、国有企业	168.6	151.9	160.7	144.9
2、集体企业	128.6	150	135.7	150
3、股份合作企业	140	140	100	160
4、联营企业		200	200	200
5、有限责任公司	141.5	143	130.1	126.8
6、股份有限公司	145.4	159	133.7	122.6
7、私营企业	157.1	142.1	152.1	128
8、港、澳、台商投资企业	130	134.2	120	124.2
9、外商投资企业	148.1	140.6	133.1	135
三、按企业规模分				
大型	175	150.2	128.5	126.4
中型	147.3	148.4	143.1	136.4
小型	125.7	128.3	119.5	114.4
四、特殊分组				
国家重点企业	129.9	190.6	190.6	94.6
国家试点企业集团成员	100	200	200	100
出口企业	143	132	118	120.2
上市公司	151.8	158	130.6	114.3
国有控股企业	159.9	148.9	143.4	137.3

1－13 企业家信心指数

(2011年)

指标名称	一季度	二季度	三季度	四季度
总体状况	**150.2**	**142.2**	**134.8**	**125.5**
一、按行业门类分				
（一）工业	147.9	136.3	129.9	119.3
1、采矿业	150	166.7	133.3	133.3
2、制造业	146.4	134.3	127.6	116.1
3、电力、煤气及水的生产和供应业	163.4	144	148	157.7
（二）建筑业	158.4	147.4	134.3	136.7
（三）交通运输、仓储及邮电通信业	175	162.5	200	150
（四）批发和零售业	141.1	149.2	141.5	158.8
（五）房地产业	157.1	157.4	114.5	85.9
（六）社会服务业	180	160	160	160
（七）信息传输、计算机服务和软件	176.3	176.3	162	171.4
（八）住宿和餐饮业	87.5	125	112.5	112.5
二、按企业登记注册类型分				
1、国有企业	159.9	140.7	149.3	125
2、集体企业	150	150	128.6	142.9
3、股份合作企业	120	120	100	120
4、联营企业	100	200	200	200
5、有限责任公司	141	137.3	130.2	125.6
6、股份有限公司	159.8	157.6	146.3	128.7
7、私营企业	149.2	128.9	130.7	149.5
8、港、澳、台商投资企业	130	130	130	134.2
9、外商投资企业	150.2	148.1	135.6	135.6
三、按企业规模分				
大型	182.1	144.6	137.2	94.9
中型	148.4	143.1	136.7	137.4
小型	128.3	131	122.1	118
四、特殊分组				
国家重点企业	190.6	190.6	190.6	129.9
国家试点企业集团成员	200	200	200	100
出口企业	142.1	123.8	120.2	106.4
上市公司	186.7	173.1	156	123
国有控股企业	160.5	139.2	143.8	127.4

1-14 全市历年企业家信心指数

(1999-2011年)

年　份	一季度	二季度	三季度	四季度
1999年	115.6	119.6	105.8	108.2
2000年	116.2	129.9	136.5	133.5
2001年	139.5	137.4	133.8	136.9
2002年	136.0	134.2	135.1	141.5
2003年	146.6	127.8	134.4	136.6
2004年	138.7	143.3	139.6	143.8
2005年	148.0	144.0	141.7	143.9
2006年	153.7	149.6	143.9	145.4
2007年	147.9	151.0	145.5	147.1
2008年	152.8	151.3	144.7	108.8
2009年	126.4	129.2	135.8	136.5
2010年	141.8	142.3	147.0	143.8
2011年	150.2	142.2	134.8	125.5

1-15 全市历年企业景气指数

(1999-2011年)

年　份	一季度	二季度	三季度	四季度
1999年	127.3	129.1	126.0	127.2
2000年	119.3	134.1	134.7	129.1
2001年	136.7	139.6	131.8	133.1
2002年	145.0	146.4	136.8	141.2
2003年	141.6	129.9	135.8	139.3
2004年	133.2	135.4	136.3	141.9
2005年	141.7	145.4	141.4	139.3
2006年	149.6	147.8	144.9	146.4
2007年	152.2	154.3	152.6	154.4
2008年	156.4	152.8	146.1	116.8
2009年	127.3	130.7	138.1	139.6
2010年	145.3	145.6	146.2	146.1
2011年	148.0	146.9	138.9	130.6

主要统计指标解释

国内生产总值(GDP)　指一个国家(或地区)所有常住单位在一定时期内生产活动的最终成果。

国内生产总值有三种表现形态,即价值形态、收入形态和产品形态。

从价值形态看,它是所有常住单位在一定时期内生产的全部货物和服务价值超过同期中间投入的全部非固定资产货物和服务价值的差额,即所有常住单位的增加值之和;

从收入形态看,它是所有常住单位在一定时期内创造并分配给常住单位和非常住单位的初次收入分配之和;

从产品形态看,它是所有常住单位在一定时期内最终使用的货物和服务价值与货物和服务净出口价值之和。

在实际核算中,国内生产总值有三种计算方法,即生产法、收入法和支出法。三种方法分别从不同的方面反映国内生产总值及其构成。

①生产法　是从生产过程中生产的货物和服务总产品价值入手,剔除生产过程中投入的中间产品的价值,得到增加价值的一种方法,公式为:

增加值 = 总产出 - 中间投入

总产出　是一定时期内一个国家(或地区)常住单位生产的所有货物和服务的价值。既包括新增价值,也包括转移价值。

中间投入　是常住单位在生产或提供货物与服务过程中,消耗和使用的所有非固定资产货物和服务的价值。中间投入也称为中间消耗。

增加值　是指常住单位生产过程创造的新增价值和固定资产的转移价值。按生产法计算它等于总产出减去中间投入。

②收入法　收入法也称分配法,按收入法计算国内生产总值是从生产过程创造收入的角度,对常住单位的生产活动成果进行核算。按照这种计算方法,增加值由劳动者报酬、生产税净额、固定资产折旧和营业盈余四个部分组成。

用公式表示为:

增加值 = 劳动者报酬 + 生产税净额 + 固定资产折旧 + 营业盈余

国民经济各部门的增加值之和等于国内生产总值。

劳动者报酬　指劳动者因从事生产活动所获得的全部报酬。它包括劳动者获得的各种形式工资、奖金和津贴,既包括货币形式的,也包括实物形式的,它还包括劳动者所享受的公费医疗和医疗卫生费、上下班交通补贴和单位直接支付的社会保险费等。

生产税净额　生产税减生产补贴后的差额。

生产税指政府对生产单位生产、销售和从事经营活动以及因从事生产活动使用某些生产要素,如固定资产、土地、劳动力所征收的各种税、附加费和规费。具体包括销售税金及附加、增值税、管理费中开支的各种税、应交纳的养路费、排污费和水电费附加、烟酒专卖上缴政府的专项收入等。

生产补贴与生产税相反,是政府对生产单位的单方面收入转移,因此视为负生产税处理,包括政策亏损补贴、粮食系统价格补贴、外贸企业出口退税收入等。

固定资产折旧　指一定时期内为弥补固定资产损耗按照核定的固定资产折旧率提取的固定资产折旧,或按国民经济核算统一规定的折旧率虚拟计算的固定资产折旧。它反映了固定资产在当期生产中的转移价值。各种类型企业和企业化管理的事业单位的固定资产折旧指实际计提并计入成本费用中的折旧费;不计提折旧的单位,如政府机关、非企业化管理的事业单位和居民住房的固定资产折旧则是按照统一规定的折旧率和固定资产原值计算的虚拟折旧。

营业盈余　是指常住单位创造的增加值扣除劳动者报酬、生产税净额和固定资产折旧后的余额。它相当于企业的营业利润加上生产补贴,但要扣除从利润中开支的工资和福利等。

③支出法　支出法是从最终使用角度来反映国内生产总值最终去向的一种方法。最终使用包括货物和服务的最终消费支出、资本形成总额、货物和服务净出口三部分。

最终消费　指常住单位在一定时期内对于货物和服务的全部最终消费支出，也就是常住单位为满足物质、文化和精神生活的需要，从本国经济领土和国外购买的货物和服务的支出；不包括非常住单位在本国经济领土内的消费支出。最终消费分为居民消费和政府消费。

居民消费　指常住住户对货物和服务的全部最终消费支出。居民消费按市场价格计算，即按居民支付的购买者价格计算。购买者价格是购买者取得货物所支付的价值，包括购买者支付的运输和商业费用。

居民消费除了直接以货币形式购买货物和服务的消费之外，还包括以其他方式获得的货物和服务的消费支出，即所谓的虚拟消费支出。居民虚拟消费支出包括以下几种类型：单位以实物报酬及实物转移的形式提供给劳动者的货物和服务；住户生产并由本住户消费的货物和服务，其中的服务仅指住户的自有住房服务；金融机构提供的金融媒介服务；保险公司提供的保险服务。

政府消费　指政府部门为全社会提供公共服务的消费支出和免费或以较低价格向住户提供的货物和服务的净支出。前者等于政府服务的产出价值减去政府单位所获得的经营收入的价值，政府服务的产出价值等于它的经常性业务支出加上固定资产折旧；后者等于政府部门免费或以较低价格向住户提供的货物和服务的市场价值减去向住户收取的价值。

资本形成总额　指常住单位在一定时期内获得减去处置的固定资产和存货的净额，包括固定资本形成总额和存货增加两部分。

固定资本形成总额　指常住单位购置、转入和自产自用的固定资产价值，扣除销售和转出的价值，包括有形固定资产形成总额和无形固定资产形成总额。有形固定资产形成总额包括一定时期内完成的建筑工程、安装工程和设备工器具购置（减处置）价值，商品房销售增值，土地改良形成的固定资产，新增役、种、奶、毛、娱乐用牲畜和新增经济林木价值。无形固定资产形成总额包括矿藏勘探、计算机软件、娱乐和文学艺术品原件等获得减处置的价值。

存货增加　指常住单位存货实物量变动的市场价值，即期末价值减期初价值的差额。存货增加可以是正值，也可以是负值；正值表示存货上升，负值表示存货下降。它包括生产单位购进的原材料、燃料和储备物资等存货，以及生产单位生产的产成品、在制品等存货等。

货物和服务净出口　指货物和服务出口减货物和服务进口的差额。出口包括常住单位向非常住单位出售或无偿转让的各种货物和服务的价值；进口包括常住单位从非常住单位购买或无偿得到的各种货物和服务的价值。由于服务活动的提供与使用同时发生，因此服务的进出口业务并不发生出入境现象，一般把常住单位从国外得到的服务作为进口，非常住单位从本国得到的服务作为出口。货物的出口和进口都按离岸价格计算。

三次产业　是根据社会生产活动历史发展的顺序对产业结构的划分，产品直接取自自然界的部门称为第一产业，对初级产品进行再加工的部门称为第二产业，为生产和消费提供各种服务的部门称为第三产业。它是世界上较为通用的产业结构分类，但各国的划分不尽一致。

按照国民经济行业分类标准（GB/T4754－2002）和我国的实际情况，我国的三次产业划分是：

第一产业　农林牧渔业（包括农业、林业、畜牧业、渔业、农林牧渔服务业）。

第二产业　工业（包括采掘业，制造业，电力、煤气及水的生产和供应业）和建筑业。

第三产业　除第一、第二产业以外的其他各业。由于第三产业包括的行业多、范围广，根据我国的实际情况，第三产业分为十五个门类。具体为：

交通运输、仓储和邮政业，信息传输、计算机服务和软件业，批发和零售业，住宿和餐饮业，金融业，房地产业，租赁和商务服务业，科学研究、技术服务和地质勘查业，水利、环境和公共设施管理业，居民服务和其他服务业，教育，卫生、社会保障和社会福利业，文化、体育和娱乐业，公共管理和社会组织，国际组织。

当年价格　指报告期的实际价格，如工业品的出厂价格，农产品的收购价格，商业的零售价格等。按当年价格计算，是指一些以货币表现的物量指标，如工农业总产值、国内生产总值等，按照当年的实际价格来计算总量。使用当年价格计算的数字，是为了使国民经济各项指标互相衔接，便于考察当年社会经济效益，便于对生产流通、生产和分配、生产和消费进行经济核算和综合平衡。

按当年价格计算的价值指标，在不同年份之间进行对比时，因为包含有各年间价格变动的因素，不能确切地反映实物量的增减变动。必须消除价格变动因素后，才能真实反映经济发展动态。因此，在计算增长速度时都使用按可比价格计算的数字。

可比价格　指计算各种总量指标所采用的扣除了价格变动因素的价格，可进行不同时期总量指标的对比。按可比价格计算总量指标有两种方法：一种是直接用产品产量乘某一年的不变价格计算；另一种是用价格指数进行换算。

不变价格　指以同类产品某一时期的平均价格作为固定价格，用于计算各时期的产品价值。按不变价格计算的产品价值消除了价格变动因素，不同时期对比可以反映生产的发展速度。新中国成立后，随着工农业产品价格水平的变化，国家统计局先后七次制定了全国统一的工业产品不变价格和农业产品不变价格。从 1949 年到 1957 年使用 1952 年工(农)业产品不变价格，从 1957 年到 1971 年使用 1957 年不变价格，从 1971 年到 1981 年使用 1970 年不变价格，从 1981 年到 1990 年使用 1980 年不变价格，从 1991 年到 2000 年使用 1990 年不变价格，从 2001 年到 2005 年使用 2000 年不变价格，从 2006 年开始使用 2005 年不变价格。

企业景气指数是根据企业家对本企业综合生产经营情况的判断和预期而编制的指数，用以综合反映企业的生产经营状况。

企业家信心指数是根据企业家对企业外部市场经济环境与宏观政策的认识、看法、判断与预期而编制的指数，用以综合反映企业家对宏观经济环境的感受与信心。

景气区间的划分标准为：180 以上为“非常景气”区间，180 – 150 为“较强景气”区间，150 – 120 为“较为景气”区间，120 – 110 为“相对景气”区间，110 – 100 为“微景气”区间，100 为景气临界点，100 – 90为“微弱不景气”区间，90 – 80 为“相对不景气”区间，80 – 50 为“较为不景气”区间，50 – 20 为“较重不景气”区间，20 以下为“严重不景气”区间。

②

人口与计划生育

TWO

POPULATION AND FAMILY PLANNING

简 要 说 明

本篇资料主要反映了我省人口方面的基本情况，包括全市十二个县市区的主要人口统计数据、历年人口数、农业和非农业人口数、人口出生率、死亡率、自然增长率。另外，还对建国以来开展的6次人口普查主要数据进行了比较。

本篇资料分别来源于国家开展的人口普查、人口抽样调查和市公安局的户籍登记资料，由市统计局社会科整理提供。

2－1　历年全市户数和总人口数

（1949－2011年）　　单位:万人

年　份	总户数（万户）	总人口	按性别分		按农业非农业分		人口密度（人/平方公里）
			男	女	农业人口	非农业人口	
1949	102.93	439.05	214.61	224.44	420.03	19.02	274
1950		451.96	221.24	230.73			282
1951		463.69	227.25	236.44			290
1952	109.00	479.59	237.08	242.51	459.51	20.08	300
1953	107.19	490.43	242.64	247.79			306
1954	108.06	499.58	247.94	251.64			312
1955	111.10	512.68	255.10	257.58			320
1956	113.63	527.01	263.17	263.84	512.32	14.69	329
1957	116.18	539.64	270.74	268.90	512.16	27.48	337
1958	133.87	542.43	273.46	268.97	504.12	38.31	339
1959	124.68	531.53	268.71	262.82	482.89	48.64	332
1960	122.71	507.36	253.92	253.43	463.84	43.52	317
1961	124.35	517.15	259.37	257.78	482.16	34.99	323
1962	122.03	538.95	270.73	268.22	510.04	28.91	337
1963	122.19	556.23	279.77	276.46	526.64	29.59	348
1964	123.25	568.45	285.66	282.79	537.86	30.59	355
1965	124.23	581.75	291.94	289.81	550.47	31.28	363
1966	125.16	596.01	299.45	296.57	564.73	31.28	372
1967	126.05	607.84	305.37	302.48	576.01	31.83	380
1968	127.37	616.60	309.51	307.09	584.71	31.89	385
1969	130.44	631.48	316.54	314.94	599.05	32.43	395
1970	133.14	651.93	327.54	324.40	618.43	33.50	407
1971	134.95	664.57	334.14	330.44	626.38	38.19	415
1972	136.24	673.44	338.61	334.83	636.69	36.75	421
1973	137.79	681.38	342.80	338.58	644.07	37.31	426
1974	140.63	687.42	345.89	341.52	649.60	37.82	430
1975	142.35	694.87	350.04	344.83	655.73	39.14	434
1976	145.74	698.20	351.72	346.48	657.61	40.59	436
1977	148.70	701.13	353.68	347.44	659.76	41.00	438
1978	151.61	703.28	354.95	348.33	659.47	43.81	439
1979	155.18	706.46	356.39	350.07	659.14	47.32	441
1980	157.98	710.37	359.00	351.37	659.72	50.65	444

注:1、根据山东省人口统计资料汇编(1949－1984)和潍坊辉煌五十年整理,空缺年份无记载。

2、行政区域面积均按现行的行政区划执行。

2－1 续表 1

年　份	总户数（万户）	总人口	按性别分		按农业非农业分		人口密度（人/平方公里）
			男	女	农业人口	非农业人口	
1981	165.38	718.07	363.57	354.50	664.09	53.98	449
1982	169.11	725.05	367.81	357.24	668.38	56.67	453
1983	170.43	731.33	371.46	359.87	671.12	60.21	457
1984	172.07	736.15	374.37	361.78	662.53	73.62	460
1985	174.46	740.73	377.34	363.39	659.67	81.06	463
1986	178.23	748.09	381.79	366.30	672.89	75.20	467
1987	183.70	759.01	388.48	370.53	679.18	79.83	474
1988	189.54	771.43	395.78	375.65	682.81	88.62	482
1989	197.72	784.86	402.39	382.47	696.26	88.60	490
1990	205.55	803.43	410.80	392.63	712.59	90.84	502
1991	208.05	812.05	414.74	397.31	718.97	93.08	507
1992	215.13	814.21	415.34	398.87	718.56	95.65	509
1993	218.37	815.99	415.83	400.16	716.72	99.27	510
1994	220.50	816.93	416.42	400.51	710.37	106.56	510
1995	223.99	820.81	418.01	402.80	700.77	120.04	513
1996	226.88	823.71	419.29	404.42	624.61	199.10	515
1997	233.04	829.09	421.50	407.59	625.49	203.60	518
1998	239.11	835.79	424.73	411.06	628.38	207.41	522
1999	244.51	840.04	426.78	413.26	634.26	205.78	525
2000	246.13	844.57	428.60	415.97	647.57	197.00	528
2001	247.15	845.93	428.94	416.99	641.28	204.65	529
2002	250.27	847.47	429.46	418.01	629.94	217.53	530
2003	251.70	847.71	429.21	418.50	612.30	235.41	530
2004	253.97	850.65	430.55	420.10	602.74	247.91	531
2005	256.75	852.20	431.13	421.07	529.09	323.11	532
2006	258.64	855.29	432.02	423.27	526.97	328.32	534
2007	261.50	859.13	433.96	425.17	487.42	371.71	537
2008	264.93	862.48	435.53	426.95	473.18	389.30	539
2009	267.52	867.85	438.33	429.52	460.68	407.17	542
2010	271.63	873.78	441.41	432.37	422.40	451.39	546
2011	275.50	877.61	443.33	434.28	382.26	495.35	591

2-2 第一、二、三、四、五、六次人口普查主要数据

指标名称	第一次人口普查(1953.7.1)	第二次人口普查(1964.7.1)	第三次人口普查(1982.7.1)	第四次人口普查(1990.7.1)	第五次人口普查(2000.11.1)	第六次人口普查(2011.11.1)
一、总人口(人)	**4904277**	**5684503**	**7207112**	**8067209**	**8495300**	**9086241**
男	2426425	2856599	3646511	4106539	4286748	4600438
女	2477852	2827904	3560601	3960670	4208552	4485803
二、总户数	**1071900**	**1232500**	**1670237**	**2074661**	**699343**	**2976830**
家庭户(户)	1071900	1232500	1665210	2064240	666643	2693924
平均家庭户规模(人)	4.6	4.6	4.2	3.8	3.37	3.15
三、民族						
民族个数(个)		16	24	40	53	53
汉族人口(人)		5611048	7000072	8048415	8460728	9051541
少数民族人口(人)		15626	207040	18794	34572	34700
四、各种文化程度人口(人)						
大　学			12010	58479	246609	719904
高　中			419551	597622	949570	1362353
初　中			1387754	2299924	3399612	3834748
小　学			2712570	2842861	2666735	2212970

2-3 分县市区户数与人口数

(2011年)

地区	户数（户）	总人口（人）	按性别分（人）		按农业非农业分（人）	
			男	女	农业人口	非农业人口
总计	**2755030**	**8776133**	**4433309**	**4342824**	**3822602**	**4953531**
潍城区	116533	366251	183542	182709		366251
寒亭区	151648	430130	216515	213615		430130
坊子区	163698	537622	272454	265168	205895	331727
奎文区	155221	495127	248648	246479		495127
青州市	281440	917543	462294	455249	599550	317993
诸城市	316675	1085066	548620	536446	595943	489123
寿光市	324286	1046317	528076	518241	560160	486157
安丘市	284622	950306	485274	465032	542974	407332
高密市	293458	873602	437504	436098	496197	377405
昌邑市	184739	582327	290427	291900	271546	310781
临朐县	290744	876545	448784	427761	553205	323340
昌乐县	191966	615297	311171	304126	357132	258165

注:人口中,奎文包含经济区1634人和高新的142798人;寒亭包含滨海的85375人和经济的17071人;潍城包含经济11768人;坊子包含峡山225430人。

2－4　历年人口自然变动情况

（1949－2011年）

年　份	出生人数（人）	出生率（‰）	死亡人数（人）	死亡率（‰）	自然增长人数（人）	自然增长率（‰）
1949	123374	28.10	53564	12.20	69810	15.90
1950	134098	30.10	54352	12.20	79746	17.90
1951	150625	32.90	55855	12.20	94770	20.70
1952	148567	31.50	57540	12.20	91027	19.30
1953	158113	32.60	58686	12.10	99427	20.50
1954	186648	37.70	57925	11.70	128723	26.00
1955	188817	37.30	69351	13.70	119466	23.60
1956	169989	32.70	62901	12.10	107088	20.60
1957	190931	35.80	64533	12.10	126398	23.70
1958	135259	25.00	69253	12.80	66006	12.20
1959	112229	20.90	97730	18.20	14499	2.70
1960	101291	19.50	122589	23.60	-21298	-4.10
1961	109622	21.40	94255	18.40	15367	3.00
1962	201187	38.10	65478	12.40	135709	25.70
1963	243826	44.53	61402	11.21	182424	33.31
1964	219414	39.02	69465	12.35	149949	26.67
1965	210089	36.53	56088	9.75	154001	26.78
1966	195399	33.18	57353	9.74	138046	23.44
1967	172249	28.69	49381	8.22	122868	20.46
1968	185619	30.39	50101	8.20	135518	22.19
1969	191052	30.62	46198	7.40	144854	23.21
1970	229712	35.80	48583	7.57	181129	28.23
1971	189255	28.75	54671	8.31	134584	20.45
1972	174381	26.07	51676	7.72	122705	18.34
1973	150539	22.22	46984	6.94	103555	15.29
1974	133338	19.48	50203	7.34	83135	12.15
1975	135193	19.56	55073	7.97	80120	11.59
1976	112019	16.08	56746	8.15	55273	7.94
1977	110692	15.82	53666	7.67	57026	8.15
1978	110997	15.81	45861	6.53	65136	9.28
1979	106545	15.12	43525	6.17	63020	8.94
1980	93385	13.18	47629	6.72	45756	6.46

注：本表数据由市人口和计划生育委员会提供。

2－4 续表1

年　份	出生人数（人）	出生率（‰）	死亡人数（人）	死亡率（‰）	自然增长人数（人）	自然增长率（‰）
1981	118542	16.60	45749	6.41	72793	10.19
1982	114972	15.93	44571	6.18	70401	9.76
1983	85101	11.69	43697	6.00	41404	5.69
1984	81180	11.06	46218	6.30	34962	4.76
1985	91802	12.43	46525	6.30	45277	6.13
1986	118553	15.92	48520	6.52	70033	9.41
1987	148369	19.69	46364	6.15	102005	13.53
1988	180412	23.56	51520	6.73	128892	16.83
1989	106275	13.48	45492	5.77	60783	7.71
1990	101756	12.61	49893	6.18	51863	6.43
1991	90574	11.16	48972	6.03	41602	5.13
1992	73696	9.04	51767	6.35	21929	2.69
1993	67889	8.30	50258	6.15	17631	2.15
1994	74599	9.11	50659	6.19	23940	2.93
1995	93651	11.40	48989	5.96	44662	5.44
1996	97654	11.84	51051	6.19	46603	5.65
1997	100214	12.11	49257	5.95	50957	6.16
1998	93187	11.18	47951	5.76	45236	5.43
1999	84420	10.07	47922	5.71	36498	4.35
2000	85006	10.08	48384	5.74	36622	4.34
2001	79702	9.42	47355	5.60	32347	3.82
2002	79321	9.36	48387	5.71	30934	3.65
2003	70565	8.31	46783	5.51	23782	2.80
2004	92073	10.83	45902	5.40	46171	5.43
2005	101201	11.86	47703	5.59	53498	6.27
2006	104713	12.24	47451	5.55	57262	6.70
2007	104376	12.14	47581	5.54	56795	6.61
2008	82149	9.51	49934	5.78	32215	3.73
2009	75663	8.71	48899	5.63	26764	3.08
2010	82397	9.43	56413	6.46	25984	2.97
2011	82330	9.38	51095	5.82	31235	3.56

2－5　分县市区人口自然变动情况

（2011 年）

地　　区	出生人数（人）	出生率（‰）	死亡人数（人）	死亡率（‰）	自然增长人数（人）	自然增长率（‰）
总　　计	**82330**	**9.38**	**51095**	**5.82**	**31235**	**3.56**
潍 城 区	3189	8.84	1328	3.68	1861	5.16
寒 亭 区	3567	9.66	2108	5.71	1459	3.95
坊 子 区	3151	10.13	1692	5.44	1459	4.69
奎 文 区	2612	7.34	987	2.77	1625	4.57
青 州 市	9317	10.17	4576	5.00	4741	5.18
诸 城 市	8539	7.83	5624	5.16	2915	2.67
寿 光 市	10306	9.87	6362	6.09	3944	3.78
安 丘 市	8862	9.29	6350	6.66	2512	2.63
高 密 市	7284	8.36	6054	6.95	1230	1.41
昌 邑 市	4561	7.84	4607	7.92	－46	－0.08
临 朐 县	10599	12.13	4824	5.52	5775	6.61
昌 乐 县	6226	10.15	4344	7.08	1882	3.07
高新开发区	1327	11.27	286	2.43	1041	8.84
滨海开发区	822	9.67	281	3.31	541	6.37
峡山生态区	1852	8.23	1605	7.13	247	1.10
综合保税区	116	10.33	67	5.97	49	4.36

注：本表数据由市人口和计划生育委员会提供。

2－6　分县市区人口机械变动情况

（2011 年）

地　区	迁　入（人）	省内迁入	省外迁入	迁　出（人）	迁往省内	迁往省外
总　计	**56146**	**38979**	**17167**	**44512**	**33848**	**10664**
潍城区	2762	1675	1087	1491	1052	439
寒亭区	2282	1559	723	1070	798	272
坊子区	3154	2175	979	1940	1455	485
奎文区	6952	4041	2911	8860	6028	2832
青州市	4133	2703	1430	2347	1583	764
诸城市	5199	3274	1925	3287	2003	1284
寿光市	4672	2955	1717	2317	1649	668
安丘市	4683	3101	1582	4630	3583	1047
高密市	5330	3291	2039	2783	1873	910
昌邑市	2481	1636	845	1691	1262	429
临朐县	6611	5644	967	7014	6247	767
昌乐县	7887	6925	962	7082	6315	767

2－7　分县市区计划生育情况

（2011年）

地　区	已婚育龄妇女人数（人）	避孕人数（人）	避孕率（%）	四项手术人数（人）	放环人数
总　计	**1778856**	**1590695**	**89.4**	**1508574**	**1224131**
潍城区	73835	65073	88.1	59470	51825
寒亭区	79593	69541	87.4	64673	53911
坊子区	65162	58362	89.6	54717	44862
奎文区	67171	59088	88.0	52302	49687
青州市	191025	171497	89.8	163542	132277
诸城市	222805	202673	91.0	197852	164549
寿光市	215734	191402	88.7	183052	148916
安丘市	182361	163736	89.8	158655	122180
高密市	178555	162619	91.1	152516	130366
昌邑市	116532	104945	90.1	98526	82748
临朐县	173216	152437	88.0	146909	102361
昌乐县	122963	109518	89.1	102321	79263
高新开发区	27255	23832	87.4	20912	18069
滨海开发区	17635	15441	87.6	13908	12204
峡山生态区	42703	38529	90.2	37377	29620
综合保税区	2311	2002	86.63	1842	1293

2－7 续表1

地　区	合法生育率（%）	合法生育（人）	一　孩	二　孩	违法生育（人）	一　孩	二　孩	多　孩
总　计	**97.7**	**80462**	**63387**	**17075**	**1868**	**92**	**1377**	**399**
潍城区	98.9	3154	2582	572	35		32	3
寒亭区	97.7	3486	2704	782	81	1	64	16
坊子区	96.8	3049	2423	626	102	20	63	19
奎文区	99.3	2594	2286	308	18		15	3
青州市	97.1	9051	7037	2014	266	5	199	62
诸城市	98.2	8382	6302	2080	157	31	102	24
寿光市	98.2	10122	7912	2210	184	1	126	57
安丘市	98.3	8713	6766	1947	149	8	103	38
高密市	96.9	7061	5317	1744	223	8	148	67
昌邑市	98.0	4471	3415	1056	90	6	75	9
临朐县	96.6	10236	8677	1559	363	3	319	41
昌乐县	97.9	6096	4681	1415	130	2	86	42
高新开发区	99.8	1324	1109	215	3		3	
滨海开发区	99.8	820	654	166	2		1	1
峡山生态区	96.7	1790	1441	349	62	6	39	17
综合保税区	97.4	113	81	32	3	1	2	

主要统计指标解释

人口数 指一定时点、一定地区范围内有生命的个人总和。

年度统计的年末人口数 指每年 12 月 31 日 24 时的人口数。

出生率(又称粗出生率) 指在一定时期内(通常为一年)一定地区的出生人数与同期内平均人数(或期中人数)之比,用千分率表示。本资料中的出生率指年出生率,其计算公式为:

$$出生率=\frac{年出生人数}{年平均人数}\times 1000‰$$

式中:出生人数指活产婴儿,即胎儿脱离母体时(不管怀孕月数),有过呼吸或其他生命现象。年平均人数指年初、年底人口数的平均数,也可用年中人口数代替。

死亡率(又称粗死亡率) 指在一定时期内(通常为一年)一定地区的死亡人数与同期内平均人数(或期中人数)之比,用千分率表示。本资料中的死亡率指年死亡率,其计算公式为:

$$死亡率=\frac{年死亡人数}{年平均人数}\times 1000‰$$

人口自然增长率 指在一定时期内(通常为一年)人口自然增加数(出生人数减死亡人数)与该时期内平均人数(或期中人数)之比,用千分率表示。计算公式为:

$$人口自然增长率=\frac{本年出生人数-本年死亡人数}{年平均人数}\times 1000‰=人口出生率-人口死亡率$$

③

城镇单位从业人员和职工工资

THREE

NOT PRIVATELY OWNED UNIT EMPLOYMENT AND WAGES

简 要 说 明

本篇资料反映了我市城镇工资方面的基本情况，主要包括在岗职工人数及报酬等方面的资料。

本资料由市统计局社会科整理提供。

3-1 历年劳动工资基本情况

（1960-2011年）

年　　份	职工年末人数（万人）	职工工资总额（亿元）	职工平均工资（元）
1960年	19.67	0.89	455
1961年	15.38	0.80	455
1962年	14.29	0.76	479
1963年	15.52	0.80	480
1964年	13.95	0.73	485
1965年	14.03	0.70	490
1966年	18.00	0.77	425
1967年	18.45	0.88	430
1968年	20.00	0.93	435
1969年	20.21	0.94	440
1970年	21.57	0.94	445
1971年	24.00	1.08	450
1972年	24.86	1.22	455
1973年	25.24	1.22	460
1974年	26.49	1.28	465
1975年	27.16	1.29	470
1976年	29.22	1.40	475
1977年	38.68	1.70	483
1978年	38.19	1.99	533
1979年	40.07	2.26	581
1980年	42.04	2.78	688
1981年	44.33	3.06	714
1982年	45.68	3.30	738
1983年	45.69	3.41	756
1984年	47.64	4.27	920
1985年	50.11	5.00	1033

3-1 续表1

年　份	职工年末人数（万人）	职工工资总额（亿元）	职工平均工资（元）
1986 年	53.37	6.14	1195
1987 年	56.72	7.08	1289
1988 年	61.67	10.08	1718
1989 年	62.31	11.15	1805
1990 年	64.72	12.84	2030
1991 年	67.85	14.30	2171
1992 年	71.13	17.08	2470
1993 年	70.16	21.02	3007
1994 年	70.99	30.17	4301
1995 年	74.97	37.32	5063
1996 年	77.20	42.69	5639
1997 年	78.63	45.43	5834
1998 年	76.80	45.11	5889
1999 年	75.50	47.70	6333
2000 年	64.48	50.22	7701
2001 年	60.54	54.12	8775
2002 年	59.35	59.00	9845
2003 年	58.17	62.79	10780
2004 年	59.42	72.57	12329
2005 年	68.70	96.57	14085
2006 年	69.02	107.92	15604
2007 年	68.48	128.21	18904
2008 年	66.97	159.29	23722
2009 年	70.69	202.49	28815
2010 年	71.78	241.97	34187
2011 年	64.97	235.45	36642

注:99 年以后数据为在岗职工情况,不包括离岗职工。

3－2 城镇非私营单位从业人员及劳动报酬

（2011 年）

指 标 名 称	从业人员 年末人数 （人）	从业人员 劳动报酬 （千元）	平 均 劳动报酬 （元）
总 计	**686502**	**25197541**	**36548**
按企业、事业、机关分组汇总			
企 业	432043	14832091	33943
事 业	193382	7920286	41323
机 关	59151	2388765	40582
民间非营利组织	53	1491	28132
其 他	1873	54908	29113
按国民经济行业分组总汇总			
农、林、牧、渔业	4320	115749	27396
采矿业	10721	308061	28678
制造业	261386	8194388	31390
电力、燃气及水的生产和供应业	15195	684214	45420
建筑业	57721	2176549	33907
交通运输、仓储和邮政业	14473	459758	31901
信息传输、计算机服务和软件业	3678	164986	44833
批发和零售业	36699	1267408	35286
住宿和餐饮业	5113	121803	23935
金融业	17752	1194504	68713
房地产业	5892	188862	30956
租赁和商务服务业	1473	45369	30634
科学研究、技术服务和地质勘查业	6846	254981	37464
水利、环境和公共设施管理业	8554	258981	30114
居民服务和其他服务业	619	25956	42000
教育	101071	4302679	42877
卫生、社会保障和社会福利业	47352	2086240	44784
文化、体育和娱乐业	2358	85654	36495
公共管理和社会组织	85279	3261399	38463
国际组织			

3－3　国有单位从业人员及劳动报酬

（2011 年）

指　标　名　称	从业人员 年末人数 （人）	从业人员 劳动报酬 （千元）	平　　均 劳动报酬 （元）
总　　计	**297223**	**12336748**	**41667**
（一）、按隶属关系分组			
中央	18815	1025738	53111
省、自治区、直辖市	15887	710948	45008
市属（地区）	33323	1509059	45316
县及县以下	225730	8884240	39621
其他	3468	206763	60053
（二）、按企业，事业，机关分组			
企业	46706	2096875	44093
其中：地方	30556	1194303	38684
其中：省属	5045	246965	48982
事业	191041	7841254	41415
其中：地方	190561	7819605	41406
其中：省属	4923	236421	48606
机关	59151	2388765	40582
其中：地方	56966	2287248	40331
其中：省属	5594	217708	39156
民间非营利组织			
其他	325	9854	29861
（三）、按国民经济行业分组			
农、林、牧、渔业	1713	51053	29803
采矿业	3666	117283	31638
制造业	4103	223424	54032
电力、燃气及水的生产和供应业	12874	611167	48063
建筑业	4338	142942	28216
交通运输、仓储和邮政业	6746	208509	31005
信息传输、计算机服务和软件业	1682	95807	56994
批发和零售业	4182	219780	49589
住宿和餐饮业	1368	36948	26716
金融业	6695	422426	63418
房地产业	783	27722	35863
租赁和商务服务业	846	25607	29985
科学研究、技术服务和地质勘查业	5732	220294	38832
水利、环境和公共设施管理业	8382	255400	30307
居民服务和其他服务业	434	19288	44545
教育	100960	4300373	42901
卫生、社会保障和社会福利业	45161	2012808	45330
文化、体育和娱乐业	2283	84648	37257
公共管理和社会组织	85275	3261269	38463
国际组织			

3－4　集体单位从业人员及劳动报酬

（2011年）

指 标 名 称	从业人员年末人数（人）	从业人员劳动报酬（千元）	平　均劳动报酬（元）
总　计	**26236**	**1046777**	**40820**
（一）、按企业、事业、机关分组			
企 业	24851	1003506	41353
事 业	1369	43015	31605
机 关			
民间非营利组织	11	208	18909
其 他	5	48	9600
（二）、按国民经济行业分组			
农、林、牧、渔业	1304	32780	25138
采矿业	152	2284	15227
制造业	8828	353021	40107
电力、燃气及水的生产和供应业	4	72	18000
建筑业	7229	151701	21119
交通运输、仓储和邮政业	96	2191	23063
信息传输、计算机服务和软件业			
批发和零售业	1309	18882	18920
住宿和餐饮业	64	1000	15625
金融业	5602	434363	80557
房地产业	234	6268	25480
租赁和商务服务业	107	3572	33383
科学研究、技术服务和地质勘查业			
水利、环境和公共设施管理业	30	396	13200
居民服务和其他服务业	11	208	18909
教育	26	494	19000
卫生、社会保障和社会福利业	1240	39545	32098
文化、体育和娱乐业			
公共管理和社会组织			
国际组织			

3－5　其他单位从业人员及劳动报酬

（2011年）

指　标　名　称	从业人员年末人数（人）	从业人员劳动报酬（千元）	平　均劳动报酬（元）
总　　计	**363043**	**11814016**	**32128**
一、按登记注册类型分组			
（一）内资	283357	9244800	32045
1、股份合作	9354	343112	37157
2、联营经济	426	9228	22398
其中：国有联营	232	6920	29700
集体联营			
3、有限责任公司	185472	6146352	32035
其中：国有独资	602	39432	64537
4、股份有限公司	82840	2597317	31801
5、其他	5265	148791	27995
（二）港澳台商投资	31275	1073224	34308
（三）外商投资	48411	1495992	31211
二、按企业、事业分组			
1．企业	360486	11731710	32129
2．事业	972	36017	37016
3．其他			
4．民间非营利组织	42	1283	30548
5．其他	1543	45006	29017
三、按国民经济行业分组			
农、林、牧、渔业	1303	31916	26421
采矿业	6903	188494	27377
制造业	248455	7617943	30703
电力、燃气及水的生产和供应业	2317	72975	31133
建筑业	46154	1881906	36231
交通运输、仓储和邮政业	7631	249058	32805
信息传输、计算机服务和软件业	1996	69179	34607
批发和零售业	31208	1028746	33743
住宿和餐饮业	3681	83855	23024
金融业	5455	337715	63349
房地产业	4875	154872	30475
租赁和商务服务业	520	16190	31135
科学研究、技术服务和地质勘查业	1114	34687	30615
水利、环境和公共设施管理业	142	3185	22273
居民服务和其他服务业	174	6460	37126
教育	85	1812	21318
卫生、社会保障和社会福利业	951	33887	35671
文化、体育和娱乐业	75	1006	13413
公共管理和社会组织	4	130	32500
国际组织			

3－6 城镇非私营单位在岗职工及工资情况

（2011 年）

指 标 名 称	在岗职工人数（人）	在岗职工工资总额（千元）	在岗职工人均工资（元）
总 计	**649712**	**23545119**	**36642**
按企业、事业、机关分组汇总			
企 业	404391	13357474	33488
事 业	185539	7773258	42344
机 关	57856	2357988	40750
民间非营利组织	53	1491	28132
其 他	1873	54908	29113
按国民经济行业分组总汇总			
农、林、牧、渔业	4250	115749	27396
采矿业	8519	244002	29519
制造业	260000	8157714	31392
电力、燃气及水的生产和供应业	15042	677375	45483
建筑业	40264	989617	27711
交通运输、仓储和邮政业	12823	425691	32573
信息传输、计算机服务和软件业	3110	150783	46512
批发和零售业	35037	1231225	35589
住宿和餐饮业	5076	121506	23993
金融业	15616	1100953	71410
房地产业	5770	186153	30994
租赁和商务服务业	1470	45321	30664
科学研究、技术服务和地质勘查业	6644	250213	37831
水利、环境和公共设施管理业	7927	234076	34092
居民服务和其他服务业	617	25938	42107
教育	97581	4249636	43879
卫生、社会保障和社会福利业	44939	2035813	46027
文化、体育和娱乐业	2273	84787	37201
公共管理和社会组织	82754	3218567	38600
国际组织			

3－7　国民经济各部门城镇非私营单位在岗职工年末人数

（2011 年）

单位：人

指 标 名 称	总 计	国 有 单 位	城镇集体 单 位	其 他 单 位
总　　计	**649712**	**284669**	**25807**	**339236**
农、林、牧、渔业	4250	1643	1304	1303
采矿业	8519	3666	152	4701
制造业	260000	4088	8817	247095
电力、燃气及水的生产和供应业	15042	12729	4	2309
建筑业	40264	4337	7128	28799
交通运输、仓储和邮政业	12823	5292	96	7435
信息传输、计算机服务和软件业	3110	1621		1489
批发和零售业	35037	3651	1309	30077
住宿和餐饮业	5076	1368	54	3654
金融业	15616	5411	5478	4727
房地产业	5770	781	234	4755
租赁和商务服务业	1470	844	107	519
科学研究、技术服务和地质勘查业	6644	5662		982
水利、环境和公共设施管理业	7927	7755	30	142
居民服务和其他服务业	617	432	11	174
教育	97581	97470	26	85
卫生、社会保障和社会福利业	44939	42937	1057	945
文化、体育和娱乐业	2273	2232		41
公共管理和社会组织	82754	82750		4
国际组织				

3-8 国民经济各部门城镇非私营单位在岗职工工资总额

（2011 年）　　单位：千元

指标名称	总计	国有单位	城镇集体单位	其他单位
总　计	**23545119**	**12042142**	**1036397**	**10466580**
农、林、牧、渔业	115749	51053	32780	31916
采矿业	244002	117283	2284	124435
制造业	8157714	223109	352758	7581847
电力、燃气及水的生产和供应业	677375	604557	72	72746
建筑业	989617	128730	147983	712904
交通运输、仓储和邮政业	425691	177780	2191	245720
信息传输、计算机服务和软件业	150783	93921		56862
批发和零售业	1231225	205032	18882	1007311
住宿和餐饮业	121506	36948	1000	83558
金融业	1100953	365738	431224	303991
房地产业	186153	27699	6268	152186
租赁和商务服务业	45321	25577	3572	16172
科学研究、技术服务和地质勘查业	250213	219323		30890
水利、环境和公共设施管理业	234076	230495	396	3185
居民服务和其他服务业	25938	19270	208	6460
教育	4249636	4247330	494	1812
卫生、社会保障和社会福利业	2035813	1966001	36285	33527
文化、体育和娱乐业	84787	83859		928
公共管理和社会组织	3218567	3218437		130
国际组织				

3-9 国民经济各部门城镇非私营单位在岗职工平均工资

(2011年)　　单位:元

指标名称	总计	国有单位	城镇集体单位	其他单位
合　计	**36642**	**42444**	**41080**	**31381**
农、林、牧、渔业	27396	29803	25138	26421
采矿业	29519	31638	15227	28455
制造业	31392	54046	40127	30703
电力、燃气及水的生产和供应业	45483	48157	18000	31155
建筑业	27711	27559	20896	29661
交通运输、仓储和邮政业	32573	31978	23063	33197
信息传输、计算机服务和软件业	46512	56986		36627
批发和零售业	35589	49926	18920	34103
住宿和餐饮业	23993	26716	15625	23101
金融业	71410	67349	81857	65060
房地产业	30994	35880	25480	30509
租赁和商务服务业	30664	30020	33383	31160
科学研究、技术服务和地质勘查业	37831	39151		30524
水利、环境和公共设施管理业	34092	34438	13200	22273
居民服务和其他服务业	42107	44710	18909	37126
教育	43879	43906	19000	21318
卫生、社会保障和社会福利业	46027	46550	34459	35516
文化、体育和娱乐业	37201	37467		22634
公共管理和社会组织	38600	38600		32500
国际组织				

3-10 各县市区城镇非私营单位全部在岗职工年末人数

（2011 年）

单位：人

地　区	全部在岗职工年末人数	第一产业	第二产业	第三产业	农林牧渔业	采掘业	制造业	电力、煤气及水的生产和供应业
总　计	**649712**	**4250**	**323825**	**321637**	**4250**	**8519**	**260000**	**15042**
市区小计	210054	1625	101142	107287	1625	1443	80935	4842
潍城区	31489		8860	22629			7250	1075
寒亭区	24893	27	14656	10210	27	19	13469	865
坊子区	27949	40	17522	10387	40	524	15230	364
奎文区	51110	1300	18944	30866	1300		12048	484
青州市	51853		27273	24580			14488	
诸城市	64766	996	25290	38480	996		19845	3039
寿光市	77795	342	41965	35488	342	3064	36111	1330
安丘市	60644		28858	31786			23396	1226
高密市	66784	665	41003	25116	665		38613	1568
昌邑市	37607		19777	17830		1661	15858	1327
临朐县	43302	578	19551	23173	578	1208	14248	946
昌乐县	36907	44	18966	17897	44	1143	16506	764
高新开发区	46784		20407	26377			16580	2054
滨海开发区	19836		16683	3153		900	14555	
峡山生态区	2819		175	2644			175	

3-10 续表 1

地　区	建筑业	交通运输、仓储及邮电通信业	信息传输、计算机服务和软件业	批发和零售业	住宿和餐饮业	金融业	房地产业	租赁和商务服务业
总　计	**40264**	**12823**	**3110**	**35037**	**5076**	**15616**	**5770**	**1470**
市区小计	13922	5086	1990	18265	3200	6520	2402	817
潍城区	535	1496		2312	628	748	547	40
寒亭区	303	38		127	183	447	58	296
坊子区	1404	112	79	1043	65	521	461	7
奎文区	6412	2865	999	2012	1485	4600	773	322
青州市	12785	784	150	1437	413	565	334	112
诸城市	2406	4372	132	6968	126	1161	1126	38
寿光市	1460	610	152	2088		1282	22	39
安丘市	4236	636	141	2462	447	2239	111	42
高密市	822	772	217	1408	227	1077	386	90
昌邑市	931	87	134	495	217	1094	804	160
临朐县	3149	237	116	1434	446	1064	151	125
昌乐县	553	239	78	480		614	434	47
高新开发区	1773		702	12419	839	191	204	
滨海开发区	1228	550		184		13	323	152
峡山生态区		25						

3－10续表2

地　　区	科学研究、技术服务和地质勘查业	水利、环境和公共设施管理业	居民服务和其他服务业	教　育	卫生、社会保障和社会福利业	文化、体育和娱乐业	公共管理和社会组织	国际组织
总　　计	**6644**	**7927**	**617**	**97581**	**44939**	**2273**	**82754**	
市区小计	1578	1138	307	23337	12046	802	29799	
潍城区	781	435	150	6929	3868	24	4671	
寒亭区	61	284		3403	1394	28	3891	
坊子区	236	25	16	3345	842	22	3613	
奎文区	449	340	116	5879	5406	523	5097	
青州市	319	2062	43	7747	4275	212	6127	
诸城市	99	127		10462	7084	132	6653	
寿光市		208	33	13468	6073	487	11026	
安丘市	3616	1112	76	10185	3904	146	6669	
高密市	498	423	21	9752	3599	191	6455	
昌邑市	143	2269	50	5983	1564	116	4714	
临朐县	264	287	62	9645	3829	128	5385	
昌乐县	127	301	25	7002	2565	59	5926	
高新开发区		54		3015	226	205	8522	
滨海开发区	51		25	766	310		779	
峡山生态区							2619	

3－11　各县市区城镇非私营单位全部在岗职工工资总额

（2011年）

单位：千元

地　　区	全部在岗职工工资总额	第一产业	第二产业	第三产业	农林牧渔业	采掘业	制造业	电力、煤气及水的生产和供应业
总　　计	**23545119**	**115749**	**10068708**	**13360662**	**115749**	**244002**	**8157714**	**677375**
潍城区	1193791		255325	938466			195179	46072
寒亭区	811883	1016	422365	388502	1016	295	379027	37970
坊子区	986081	984	489658	495439	984	10640	430761	11073
奎文区	2141734	32700	606857	1502177	32700		373116	14105
青州市	1653205		753910	899295			588129	
诸城市	2599083	23171	901147	1674765	23171		707701	136627
寿光市	2964736	13737	1450869	1500130	13737	85331	1207678	78327
安丘市	1887603		712488	1175115			569304	48935
高密市	2318938	19374	1267525	1032039	19374		1188353	57949
昌邑市	1322770		498368	824402		40367	383147	60587
临朐县	1292100	14255	481956	795889	14255	41524	335108	32153
昌乐县	1287526	3040	601751	682735	3040	26031	532500	30279
高新开发区	1998264		814373	1183891			630054	123298
滨海开发区	815610		124064	35275		39814	591320	
峡山生态区	104984		4032	100952			4032	

3－11 续表1

地　　区	建筑业	交通运输、仓储及邮电通信业	信息传输、计算机服务和软件业	批发和零售业	住宿和餐饮业	金融业	房地产业	租赁和商务服务业
总　计	**989617**	**425691**	**150783**	**1231225**	**121506**	**1100953**	**186153**	**45321**
潍城区	14074	59834		67449	20882	40148	20861	1259
寒亭区	5073	1045		2143	4189	22702	1903	8844
坊子区	37184	3500	1411	42707	1332	81082	13618	160
奎文区	219636	94836	61291	60700	31881	287338	24921	9601
青州市	165781	20254	5353	48854	8196	38904	7112	3667
诸城市	56819	143499	6647	246845	2621	67225	36753	1129
寿光市	79533	16011	3409	56546		93115	600	1617
安丘市	94249	20633	13868	73605	10683	160825	3264	1306
高密市	21223	19525	10588	41104	4972	59320	12286	3603
昌邑市	14267	7073	10560	15346	3292	155661	22841	2755
临朐县	73171	7357	4875	51036	8371	50613	5104	4155
昌乐县	12941	7813	2252	17151		24919	10735	1485
高新开发区	61021		25574	495400	25087	18453	12566	
滨海开发区	52886	22681		8619		648	12689	5740
峡山生态区		1630						

3－11 续表2

地　　区	科学研究、技术服务和地质勘查业	水利、环境和公共设施管理业	居民服务和其他服务业	教　育	卫生、社会保障和社会福利业	文化、体育和娱乐业	公共管理和社会组织	国际组织
总　计	**250213**	**234076**	**25938**	**4249636**	**2035813**	**84787**	**3218567**	
潍城区	47156	18924	7239	308507	163543	480	182184	
寒亭区	2464	5401		138832	48065	637	152277	
坊子区	7869	914	720	152922	44197	869	144138	
奎文区	19876	14755	3085	336901	311632	24137	221223	
青州市	10300	34214	2550	311884	181783	7020	219204	
诸城市	3983	2621		490571	362532	4765	305574	
寿光市		6280	1767	671594	272539	13234	363418	
安丘市	124810	32697	2589	351650	148635	4150	226400	
高密市	16762	16245	1408	437477	148216	7444	253089	
昌邑市	3352	82180	3046	238531	75033	4347	200385	
临朐县	8193	7500	1795	335542	144389	3939	163020	
昌乐县	3381	8658	717	290043	113358	989	201234	
高新开发区		3687		153254	9917	12776	427177	
滨海开发区	2067		1022	31928	11974		34222	
峡山生态区							99322	

3－12　各县市区城镇非私营单位全部在岗职工平均工资

（2011年）　　　　单位：元

地　　区	全部在岗职工平均工　资				农　林牧渔业	采掘业	制造业	电力、煤气及水的生产和供应业
		第一产业	第二产业	第三产业				
总　　计	**36642**	**27396**	**31543**	**42043**	**27396**	**29519**	**31392**	**45483**
潍城区	37985		28634	41689			26646	42938
寒亭区	32445	37630	28594	37995	37630	15526	27929	42615
坊子区	35414	24600	28128	47657	24600	20383	28497	29927
奎文区	42024	25154	31896	49030	25154		30646	29143
青州市	35950		33325	38492			40905	
诸城市	40457	24162	36150	43664	24162		35864	47539
寿光市	38758	40050	34890	43398	40050	28349	33704	59474
安丘市	31606		24746	37991			24429	39947
高密市	34860	29310	31023	41277	29310		30888	37052
昌邑市	34589		24555	45938		24569	23289	45486
临朐县	29682	24535	24355	34363	24535	32365	23317	34024
昌乐县	35046	26667	32057	38242	26667	22441	32699	39632
高新开发区	43148		40172	45464			38024	60028
滨海开发区	41029		40888	41775		44685	40451	
峡山生态区	36785		19200	38182			19200	

3－12 续表1

地　　区	建筑业	交通运输、仓储及邮电通　信　业	信息传输、计算机服务和软件业	批发和零售业	住宿和餐饮业	金融业	房　地产　业	租赁和商务服　务　业
总　　计	**27711**	**32573**	**46512**	**35589**	**23993**	**71410**	**30994**	**30664**
潍城区	27118	40483		29035	33518	54327	37655	31475
寒亭区	17493	27500		16113	22643	50787	33982	29678
坊子区	26560	31250	17861	41463	20492	157441	30810	22857
奎文区	34496	33044	61352	29813	21268	64818	30881	29817
青州市	20107	26372	35687	33166	19330	69224	24190	32741
诸城市	24480	32665	50356	35068	22595	58457	31959	29711
寿光市	55813	26034	22428	27800		77210	27273	41462
安丘市	22109	33279	98355	38396	25019	74594	29405	31095
高密市	25850	25523	48793	30313	22498	54977	29183	40943
昌邑市	16418	81299	79398	31641	14762	68958	22773	16399
临朐县	22945	31440	42026	31138	18769	48433	33801	33240
昌乐县	23027	32419	28872	35290		43337	24850	31596
高新开发区	37027		36430	41044	29901	96613	61598	
滨海开发区	43349	41464		46842		49846	39285	37763
峡山生态区		65200						

3－12 续表 2

地　区	科学研究、技术服务和地质勘查业	水利、环境和公共设施管理业	居民服务和其他服务业	教　育	卫生、社会保障和社会福利业	文化、体育和娱乐业	公共管理和社会组织	国际组织
总　计	**37831**	**34092**	**42107**	**43879**	**46027**	**37201**	**38600**	
潍城区	60456	43009	48260	44614	42589	19200	39571	
寒亭区	40393	19358		40300	34830	26542	39257	
坊子区	32925	36560	45000	45717	53899	39500	39179	
奎文区	46116	43397	26595	57286	58151	46151	44051	
青州市	31889	33976	59302	40504	43251	32958	35988	
诸城市	42372	20477		47107	52043	36098	46271	
寿光市		29484	53545	52317	45507	27571	33198	
安丘市	34402	30025	33623	34547	39290	28425	34225	
高密市	35067	38404	67048	44842	41401	39386	39490	
昌邑市	23441	36203	60920	40015	47914	37474	42671	
临朐县	31633	25253	28952	34887	39365	30773	30341	
昌乐县	26622	28764	31174	41364	44612	16763	33929	
高新开发区		68278		50932	43881	62322	50021	
滨海开发区	40529		40880	41681	38626		43931	
峡山生态区							37924	

3－13　各县市区按登记类型分城镇非私营单位在岗职工人数及构成

(2011 年)

地　区	在岗职工人数(人)	国有单位	城镇集体单位	其他单位	在岗职工人数构成(%)	国有单位	城镇集体单位	其他单位
总　计	**686502**	**297223**	**26236**	**363043**	**100**	**43.3**	**3.8**	**52.9**
潍城区	31428	18284	982	12162	100	58.2	3.1	38.7
寒亭区	24893	10426	491	13976	100	41.9	2.0	56.1
坊子区	27949	8675	806	18468	100			
奎文区	51110	23654	2606	24850	100	46.3	5.1	48.6
青州市	51853	24214	6892	20747	100	46.7	13.3	40.0
诸城市	64766	28838	682	35246	100	44.5	1.1	54.4
寿光市	77795	36579	4809	36407	100	47.0	6.2	46.8
安丘市	60644	29062	2726	28856	100	47.9	4.5	47.6
高密市	66784	24097	823	41864	100	36.1	1.2	62.7
昌邑市	37607	17124	741	19742	100	45.5	2.0	52.5
临朐县	43302	23459	3404	16439	100	54.2	7.9	38.0
昌乐县	36907	17068	820	19019	100	46.2	2.2	51.5
高新开发区	46784	14655		32129	100	31.3		68.7
滨海开发区	19836	2912		16924	100	14.7		85.3
峡山生态区	2819	2644		175	100	93.8		6.2

3－14　各县市区按登记类型分城镇非私营单位在岗职工工资总额及平均工资

（2011 年）

地　区	总　计		国有单位		城镇集体单位		其他单位	
	工资总额（千元）	平均工资（元）	工资总额（千元）	平均工资（元）	工资总额（千元）	平均工资（元）	工资总额（千元）	平均工资（元）
总　计	**23545119**	**36642**	**12042142**	**42444**	**1036397**	**41080**	**10466580**	**31381**
潍城区	1193791	37985	792280	43332	39670	40397	361841	29752
寒亭区	811883	32445	400550	38242	23473	47613	387860	27594
坊子区	986081	35414	367703	42163	78178	97967	540200	29479
奎文区	2141734	42024	1188660	50769	70033	26905	883041	35395
青州市	1653205	35950	961582	41877	192677	28331	498946	30755
诸城市	2599083	40457	1378987	48438	41530	61526	1178566	33578
寿光市	2964736	38758	1541829	43147	254590	54134	1168317	32402
安丘市	1887603	31606	1069869	37122	103817	42776	713917	25071
高密市	2318938	34860	1006245	41915	35906	43788	1276787	30622
昌邑市	1322770	34589	773910	45231	80698	65118	468162	22914
临朐县	1292100	29682	805214	34128	81319	23605	405567	24592
昌乐县	1287526	35046	659236	38484	34506	44182	593784	31539
高新开发区	1998264	43148	765324	52180			1232940	38962
滨海开发区	815610	41029	122342	42013			693268	40860
峡山发展区	104984	36785	100952	38182			4032	19200

3－15　各县市区城镇非私营单位从业人员和构成

（2011 年）

地　区	单位从业人员年末人数（人）	第一产业	第二产业	第三产业	单位从业人员构成（%）	第一产业	第二产业	第三产业
总　计	**686502**	**4320**	**345023**	**337159**	**100**	**0.6**	**50.3**	**49.1**
市区小计	226252	1625	113921	110679	100	0.7	50.4	48.9
潍城区	31774		8937	22837	100		28.1	71.9
寒亭区	25348	27	14943	10378	100	0.1	59.0	40.9
坊子区	29052	40	17861	11151	100	0.1	61.5	38.4
奎文区	64261	1300	30043	32918	100	2.0	46.8	51.2
青州市	55340		29035	26305	100		52.5	47.5
诸城市	66573	996	25316	40261	100	1.5	38.0	60.5
寿光市	84545	342	45383	38820	100	0.4	53.7	45.9
安丘市	62453		30072	32381	100		48.2	51.8
高密市	70440	665	42651	27124	100	0.9	60.5	38.5
昌邑市	39297		19859	19438	100		50.5	49.5
临朐县	44143	578	19780	23785	100	1.3	44.8	53.9
昌乐县	37459	114	19006	18339	100	0.3	50.7	49.0
高新开发区	46784		20407	26377	100		43.6	56.4
滨海开发区	20994		17660	3334	100		84.1	15.9
峡山发展区	2861		175	2659	100		6.1	93.9

主要统计指标解释

单位从业人员 各单位的从业人员是指在各级国家机关、政党机关、社会团体及企业、事业单位中工作,并取得工资或其他形式的劳动报酬的全部人员。包括:在岗职工、再就业的离退休人员以及在各单位中工作的外方人员和港澳台方人员、兼职人员、借用的外单位人员和第二职业者。不包括离开本单位仍保留劳动关系的职工。

在岗职工 指在本单位工作并由单位支付工资的职工,以及有工作岗位,但由于学习、病伤产假等原因暂未工作,仍由单位支付工资的人员。

其他从业人员 是指在城镇单位中返聘的离退休人员、聘用的外方人员和港澳台人员、兼职人员、第二职业者以及使用的外单位人员。但不包括在本单位中工作并取得劳动报酬的在校学生。不能将过去的计划外用工及临时工统计到其他从业人员中。

离开本单位仍保留劳动关系的职工 指由于各种原因,已经离开本人的生产或工作岗位,并已不在本单位从事其他工作,但仍与用人单位保留劳动关系的职工。符合以下两个条件的为"离开本单位仍保留劳动关系的职工":① 职工已经离开本人的生产和工作岗位并不在本单位从事其他工作;② 这些人仍与本单位保留了劳动关系。

派驻外单位(如境外)工作的职工外派期间,工资、福利原单位停发,外单位发给,这些人驻外期间,作"离开本单位但保留劳动关系的职工"统计,年未人数和平均人数及生活费不统计。

从业人员劳动报酬 指各单位在一定时期内直接支付给本单位全部从业人员的劳动报酬总额。包括在岗职工工资总额和其他从业人员劳动报酬两部分。

在岗职工工资总额 指各单位在一定时期内直接支付给本单位全部职工的劳动报酬总额。

工资总额由下列六个部分组成:(1)计时工资(2)计件工资(3)奖金(4)津贴和补贴(5)加班加点工资 (6)特殊情况下支付的工资。

其他从业人员劳动报酬 指各单位在一定时期内直接支付给本单位其他从业人员的全部劳动报酬。包括直接支付给聘用和留用的离退休人员、兼职人员、外籍人员、港澳台人员的劳动报酬和本单位使用的外单位离岗人员的劳动报酬。离退休人员同时被二、三家单位聘用,这几家单位相应的劳动报酬部分均按其实际劳动所得统计在"其他从业人员劳动报酬"中。

固定资产投资和建筑业

FOUR

INVESTMENT IN FIXED ASSETS AND CONSTRUCTION

简 要 说 明

本篇资料主要反应全市固定资产投资方面的情况，主要包括固定资产投资规模、结构、资金来源和投资效果等方面的资料。

本篇资料来源于固定资产投资年报，由市统计局投资科整理提供。

4-1 各县市区固定资产投资完成情况

（2011年）

单位:万元

指标名称	合计	城镇	#房地产	农村
总计	**26040486**	**20913362**	**4067450**	**5127124**
潍城区	1421374	1276524	370075	144850
寒亭区	1608296	1608296	373611	
坊子区	746828	684853	95582	61975
奎文区	1162785	1159085	922458	3700
青州市	2720699	2558399	271008	162300
诸城市	2965602	2120428	356866	845174
寿光市	2949728	1963401	546203	986327
安丘市	1457881	618823	96261	839058
高密市	2604480	1943857	204421	660623
昌邑市	1863499	1141331	147156	722168
临朐县	1560037	1236010	54300	324027
昌乐县	1550527	1204005	271413	346522
高新开发区	1555291	1555291	315636	
滨海开发区	1739846	1739846	42460	
峡山生态区	98766	68366		30400
综合保税区	34847	34847		

4-2 固定资产投资完成情况

（2011年）

单位:万元

指标名称	合计	城镇	#房地产	农村
投资总额	**26040486**	**20913362**	**4067450**	**5127124**
#住宅	3623715	3565231	3141330	58484
#国有经济控股	7178311	6836742	4067450	341569
按构成分				
建筑工程	14154940	11779878	2985344	2375062
安装工程	1963191	1721230	458754	241961
设备工器具购置	5915839	4468477	31181	1447362
其他费用	4006516	2943777	592171	1062739
按三次产业分				
第一产业	968458	368308		600150
第二产业	10586246	8270255		2315991
第三产业	14485782	12274799	4067450	2210983
按隶属关系分				
中央	4441807	4384599	4067450	57208
地方	25666129	20596213	4067450	5069916
本年资金来源小计	31065808	24510825	5390117	6554983
国家预算内资金	522851	492115		30736
国内贷款	2298212	1733248	479022	564964
债券	1500			1500
利用外资	543973	410880	20713	133093
自筹资金	23274385	18188739	2868700	5085646
其他资金来源	4424887	3685843	2021682	739044
本年新增固定资产	15201280	11742010	2122492	3459270
本年施工房屋面积	87682895	79082508	43493793	8600387
其中:住宅	38155659	37837458	34105074	318201
本年竣工房屋面积	20065124	17217691	7997847	2847433
其中:住宅	7759739	7694188	6483460	65551

4-3 固定资产投资分行业汇总

（含房地产）(2011年)

单位:万元

指标名称	计划总投资	本年完成投资
总计	**64656647**	**26040486**
中央	720064	374357
省(自治区、直辖市)	585812	270131
地区(州、盟、省辖市)	1654359	536418
县(旗、县级市)	4586209	2345287
其他	38299430	18446843
新建	10860667	5693044
扩建	14849437	7553045
改建和技术改造	18064984	7607836
单纯建造生活设施	759003	508722
迁建	1028296	424766
恢复	53850	24987
单纯购置	229637	160636
本年正式施工	45451233	21763170
本年收尾	165004	49230
单纯购置	229637	160636
国有控股	6665888	3110861
集体控股	6149549	3574116
私人控股	28151690	12833025
港澳台商控股	449480	142590
外商控股	811730	263360
其他	3617537	2049084
(一)农、林、牧、渔业	1382458	968458
农业	180535	128532
林业	290550	217240
畜牧业	571582	417948
渔业	23560	19460
农、林、牧、渔服务业	316231	185278
(二)采矿业	227402	53358
石油和天然气开采业	9948	9948
黑色金属矿采选业	216554	42510
有色金属矿采选业	900	900
(三)制造业	23542113	10251977
农副食品加工业	215727	180460
食品制造业	132786	62675
饮料制造业	70517	34131
纺织业	321218	111675
纺织服装、鞋、帽制造业	144600	58400
家具制造业	49984	20010

4－3 续表 1

指 标 名 称	计 划 总 投 资	本年完成 投 资
造纸及纸制品业	522179	202279
印刷业和记录媒介的复制	357778	250645
文教体育用品制造业	12596	8573
石油加工、炼焦及核燃料加工业	12800	10800
化学原料及化学制品制造业	4223754	1923151
医药制造业	944514	448747
化学纤维制造业	21000	19000
橡胶制品业	307996	92408
塑料制品业	235800	74420
非金属矿物制品业	565508	342651
黑色金属冶炼及压延加工业	73387	51994
有色金属冶炼及压延加工业	293540	79139
金属制品业	423802	257464
通用设备制造业	4474247	1757110
专用设备制造业	2058689	964687
交通运输设备制造业	2471882	1019361
电气机械及器材制造业	2802997	1220960
通信设备、计算机及其他电子设备	1896936	714276
仪器仪表及文化、办公用机械制造	887716	336944
工艺品及其他制造业	16800	9330
废弃资源和废旧材料回收加工业	3360	687
(四)电力、燃气及水的生产和供应业	546579	259821
电力、热力的生产和供应业	411384	177682
燃气生产和供应业	53970	36550
水的生产和供应业	81225	45589
(五)建筑业	21090	21090
房屋和土木工程建筑业	16240	16240
其他建筑业	4850	4850
(六)交通运输、仓储和邮政业	388720	252507
铁路运输业	7000	320
道路运输业	33790	25790
城市公共交通业	2600	2600
装卸搬运和其他运输服务业	130601	35921
仓储业	214729	187876
(七)信息传输、计算机服务和软件业	51549	37980
电信和其他信息传输服务业	51039	37470
计算机服务业	510	510
(八)批发和零售业	579390	145587
批发业	157250	63200

4－3 续表 2

指 标 名 称	计 划 总 投 资	本年完成 投 资
零售业	422140	82387
（九）住宿和餐饮业	175665	33963
住宿业	168000	26298
餐饮业	7665	7665
（十）金融业	9670	9570
银行业	8770	8770
其他金融活动	900	800
（十一）房地产业	2395241	1168490
房地产业	2395241	1168490
（十二）租赁和商务服务业	1156521	436128
租赁业	83781	33960
商务服务业	1072740	402168
（十三）科学研究、技术服务和地质勘查业	585603	189817
研究与试验发展	503166	125400
专业技术服务业	60981	45161
科技交流和推广服务业	21456	19256
（十四）水利、环境和公共设施管理业	4014137	2274404
水利管理业	121111	88356
环境管理业	839887	519593
公共设施管理业	3053139	1666455
（十五）居民服务和其他服务业	4127823	2059210
居民服务业	2027215	1281902
其他服务业	2100608	777308
（十六）教育	732419	459993
教育	732419	459993
（十七）卫生、社会保障和社会福利业	482888	217110
卫生	419238	156560
社会保障业	44100	44000
社会福利业	19550	16550
（十八）文化、体育和娱乐业	4229099	2568837
新闻出版业	171000	81922
广播、电视、电影和音像业	189830	97056
文化艺术业	3716434	2302700
体育	9000	5974
娱乐业	142835	81185
（十九）公共管理和社会组织	1197507	564736
国家机构	480179	240873
群众团体、社会团体和宗教组织	566288	226026
基层群众自治组织	151040	97837

4-4 城镇固定资产投资分行业汇总

（不含房地产）(2011 年)　　单位:万元

指标名称	计划总投资	本年完成投资
总　计	**36832174**	**16845912**
(一)农、林、牧、渔业	608490	368308
农业	84850	52352
林业	100380	82670
畜牧业	196300	111982
渔业	20060	15960
农、林、牧、渔服务业	206900	105344
(二)采矿业	193454	35980
黑色金属矿采选业	192554	35080
有色金属矿采选业	900	900
(三)制造业	18899954	8073304
农副食品加工业	118115	85735
食品制造业	131286	61075
饮料制造业	70517	34131
纺织业	237741	72275
纺织服装、鞋、帽制造业	20600	17000
家具制造业	46984	17010
造纸及纸制品业	520379	200659
印刷业和记录媒介的复制	336088	230625
文教体育用品制造业	12596	8573
石油加工、炼焦及核燃料加工业	12800	10800
化学原料及化学制品制造业	2886419	1341599
医药制造业	796154	368907
化学纤维制造业	21000	19000
橡胶制品业	10200	9600
塑料制品业	235800	74420
非金属矿物制品业	381662	203642
黑色金属冶炼及压延加工业	73387	51994
有色金属冶炼及压延加工业	275550	67407
金属制品业	369897	238962
通用设备制造业	3709668	1392382

4－4 续表 1

指 标 名 称	计 划 总 投 资	本年完成 投 资
专用设备制造业	1616469	737929
交通运输设备制造业	2406018	969717
电气机械及器材制造业	2288388	986806
通信设备、计算机及其他电子设备	1680872	634414
仪器仪表及文化、办公用机械制造	626504	233755
工艺品及其他制造业	11500	4200
废弃资源和废旧材料回收加工业	3360	687
（四）电力、燃气及水的生产和供应业	287779	150741
电力、热力的生产和供应业	182584	85482
燃气生产和供应业	26970	22670
水的生产和供应业	78225	42589
（五）建筑业	10230	10230
房屋和土木工程建筑业	5380	5380
其他建筑业	4850	4850
（六）交通运输、仓储和邮政业	369120	239907
铁路运输业	7000	320
道路运输业	16790	15790
装卸搬运和其他运输服务业	130601	35921
仓储业	214729	187876
（七）信息传输、计算机服务和软件业	34459	22960
电信和其他信息传输服务业	34459	22960
（八）批发和零售业	569650	137997
批发业	148500	56570
零售业	421150	81427
（九）住宿和餐饮业	173865	32163
住宿业	168000	26298
餐饮业	5865	5865
（十）金融业	8200	8200
银行业	8200	8200
（十一）房地产业	2271151	1079480
房地产业	2271151	1079480

4－4续表2

指标名称	计划总投资	本年完成投资
（十二）租赁和商务服务业	1001581	372563
租赁业	27981	23660
商务服务业	973600	348903
（十三）科学研究、技术服务和地质勘查业	549723	166037
研究与试验发展	491166	123200
专业技术服务业	49201	33481
科技交流和推广服务业	9356	9356
（十四）水利、环境和公共设施管理业	3172998	1692098
水利管理业	83072	60742
环境管理业	570215	316681
公共设施管理业	2519711	1314675
（十五）居民服务和其他服务业	3315603	1541257
居民服务业	1485955	897306
其他服务业	1829648	643951
（十六）教育	586856	373290
教育	586856	373290
（十七）卫生、社会保障和社会福利业	469009	207541
卫生	407959	149491
社会保障业	41500	41500
社会福利业	19550	16550
（十八）文化、体育和娱乐业	3261595	1850454
新闻出版业	155000	70642
广播、电视、电影和音像业	171060	78286
文化艺术业	2811400	1630367
体育	5000	2274
娱乐业	119135	68885
（十九）公共管理和社会组织	1048457	483402
国家机构	362669	183163
群众团体、社会团体和宗教组织	550108	209846
基层群众自治组织	135680	90393

4-5 农村固定资产投资分行业汇总

（2011 年）　　　　单位：万元

指标名称	计划总投资	本年完成投资
总　计	**9013700**	**5127124**
（一）农、林、牧、渔业	773968	600150
农业	95685	76180
林业	190170	134570
畜牧业	375282	305966
渔业	3500	3500
农、林、牧、渔服务业	109331	79934
（二）采矿业	33948	17378
石油和天然气开采业	9948	9948
黑色金属矿采选业	24000	7430
（三）制造业	4642159	2178673
农副食品加工业	97612	94725
食品制造业	1500	1600
纺织业	83477	39400
纺织服装、鞋、帽制造业	124000	41400
家具制造业	3000	3000
造纸及纸制品业	1800	1620
印刷业和记录媒介的复制	21690	20020
化学原料及化学制品制造业	1337335	581552
医药制造业	148360	79840
橡胶制品业	297796	82808
非金属矿物制品业	183846	139009
有色金属冶炼及压延加工业	17990	11732
金属制品业	53905	18502
通用设备制造业	764579	364728
专用设备制造业	442220	226758
交通运输设备制造业	65864	49644
电气机械及器材制造业	514609	234154
通信设备、计算机及其他电子设备	216064	79862
仪器仪表及文化、办公用机械制造	261212	103189
工艺品及其他制造业	5300	5130
（四）电力、燃气及水的生产和供应业	258800	109080
电力、热力的生产和供应业	228800	92200
燃气生产和供应业	27000	13880
水的生产和供应业	3000	3000
（五）建筑业	10860	10860
房屋和土木工程建筑业	10860	10860
（六）交通运输、仓储和邮政业	19600	12600
道路运输业	17000	10000
城市公共交通业	2600	2600
（七）信息传输、计算机服务和软件业	17090	15020

4－5 续表 1

指 标 名 称	计 划 总 投 资	本年完成 投 资
电信和其他信息传输服务业	16580	14510
计算机服务业	510	510
（八）批发和零售业	9740	7590
批发业	8750	6630
零售业	990	960
（九）住宿和餐饮业	1800	1800
餐饮业	1800	1800
（十）金融业	1470	1370
银行业	570	570
其他金融活动	900	800
（十一）房地产业	124090	89010
房地产业	124090	89010
（十二）租赁和商务服务业	154940	63565
租赁业	55800	10300
商务服务业	99140	53265
（十三）科学研究、技术服务和地质勘查业	35880	23780
研究与试验发展	12000	2200
专业技术服务业	11780	11680
科技交流和推广服务业	12100	9900
（十四）水利、环境和公共设施管理业	841139	582306
水利管理业	38039	27614
环境管理业	269672	202912
公共设施管理业	533428	351780
（十五）居民服务和其他服务业	812220	517953
居民服务业	541260	384596
其他服务业	270960	133357
（十六）教育	145563	86703
教育	145563	86703
（十七）卫生、社会保障和社会福利业	13879	9569
卫生	11279	7069
社会保障业	2600	2500
（十八）文化、体育和娱乐业	967504	718383
新闻出版业	16000	11280
广播、电视、电影和音像业	18770	18770
文化艺术业	905034	672333
体育	4000	3700
娱乐业	23700	12300
（十九）公共管理和社会组织	149050	81334
国家机构	117510	57710
群众团体、社会团体和宗教组织	16180	16180
基层群众自治组织	15360	7444

4-6 分行业新开工投资汇总

（不含房地产）(2011年)　　单位:万元

指标名称	计划总投资	本年完成投资
总　计	**21973036**	**16068013**
(一)农、林、牧、渔业	968458	866900
农业	128532	125752
林业	217240	182350
畜牧业	417948	382768
渔业	19460	17660
农、林、牧、渔服务业	185278	158370
(二)采矿业	53358	21778
石油和天然气开采业	9948	9948
黑色金属矿采选业	42510	10930
有色金属矿采选业	900	900
(三)制造业	10251977	7783049
农副食品加工业	180460	161946
食品制造业	62675	57612
饮料制造业	34131	16617
纺织业	111675	41100
纺织服装、鞋、帽制造业	58400	58000
家具制造业	20010	19010
造纸及纸制品业	202279	174973
印刷业和记录媒介的复制	250645	120784
文教体育用品制造业	8573	8000
化学原料及化学制品制造业	1923151	1403910
医药制造业	448747	374448
化学纤维制造业	19000	19000
橡胶制品业	92408	64600
塑料制品业	74420	69100
非金属矿物制品业	342651	317701
黑色金属冶炼及压延加工业	51994	50884
有色金属冶炼及压延加工业	79139	55981
金属制品业	257464	232367
通用设备制造业	1757110	1316192

4－6 续表 1

指 标 名 称	计 划 总 投 资	本年完成 投 资
专用设备制造业	964687	831811
交通运输设备制造业	1019361	769805
电气机械及器材制造业	1220960	866433
通信设备、计算机及其他电子设备	714276	555210
仪器仪表及文化、办公用机械制造	336944	190235
工艺品及其他制造业	9330	7330
(四)电力、燃气及水的生产和供应业	259821	179671
电力、热力的生产和供应业	177682	112605
燃气生产和供应业	36550	33670
水的生产和供应业	45589	33396
(五)建筑业	21090	21090
房屋和土木工程建筑业	16240	16240
其他建筑业	4850	4850
(六)交通运输、仓储和邮政业	252507	249148
铁路运输业	320	320
道路运输业	25790	24290
城市公共交通业	2600	2600
装卸搬运和其他运输服务业	35921	35921
仓储业	187876	186017
(七)信息传输、计算机服务和软件业	37980	37980
电信和其他信息传输服务业	37470	37470
计算机服务业	510	510
(八)批发和零售业	145587	111810
批发业	63200	52700
零售业	82387	59110
(九)住宿和餐饮业	33963	24683
住宿业	26298	17018
餐饮业	7665	7665
(十)金融业	9570	9570
银行业	8770	8770
其他金融活动	800	800

4－6 续表 2

指 标 名 称	计 划 总 投 资	本年完成 投 资
（十一）房地产业	1168490	569009
房地产业	1168490	569009
（十二）租赁和商务服务业	436128	356419
租赁业	33960	25848
商务服务业	402168	330571
（十三）科学研究、技术服务和地质勘查业	189817	64077
研究与试验发展	125400	8120
专业技术服务业	45161	36701
科技交流和推广服务业	19256	19256
（十四）水利、环境和公共设施管理业	2274404	1697271
水利管理业	88356	69863
环境管理业	519593	367327
公共设施管理业	1666455	1260081
（十五）居民服务和其他服务业	2059210	1358524
居民服务业	1281902	952787
其他服务业	777308	405737
（十六）教育	459993	338219
教育	459993	338219
（十七）卫生、社会保障和社会福利业	217110	155877
卫生	156560	97927
社会保障业	44000	44000
社会福利业	16550	13950
（十八）文化、体育和娱乐业	2568837	1757509
新闻出版业	81922	28580
广播、电视、电影和音像业	97056	88898
文化艺术业	2302700	1585762
体育	5974	5974
娱乐业	81185	48295
（十九）公共管理和社会组织	564736	465429
国家机构	240873	212453
群众团体、社会团体和宗教组织	226026	184747
基层群众自治组织	97837	68229

4-7 全市分行业民间投资完成情况

（不含房地产）（2011 年）　　单位：万元

指 标 名 称	民间投资	指 标 名 称	民间投资
自年初累计完成投资	**18619572**	零售业	82387
（一）农、林、牧、渔业	906573	（七）交通运输、仓储和邮政业	222324
农业	120910	道路运输业	21550
林业	194760	装卸搬运和运输代理业	20898
畜牧业	392835	仓储业	179876
渔业	19460	（八）住宿和餐饮业	33963
农、林、牧、渔服务业	178608	住宿业	26298
（二）采矿业	43410	餐饮业	7665
黑色金属矿采选业	42510	（九）信息传输、软件和信息技术服务业	21920
有色金属矿采选业	900	电信、广播电视和卫星传输服务业	16920
（三）制造业	9222862	互联网和相关服务业	5000
农副食品加工业	175660	（十）金融业	8770
食品制造业	61545	货币金融业	8770
酒、饮料和精制茶制造业	16617	（十一）房地产业	1145883
纺织业	111675	房地产业	1145883
纺织服装和服饰业	58000	（十二）租赁和商务服务业	399726
家具制造业	20010	租赁业	33960
造纸及纸制品业	20876	商务服务业	365766
印刷业和记录媒介的复制	241645	（十三）科学研究和技术服务业	178880
文教体育用品制造业	17903	研究与试验发展	114320
化学原料及化学制品制造业	1843177	专业技术服务业	54660
医药制造业	448747	科技交流和推广服务业	9900
化学纤维制造业	19000	（十四）水利、环境和公共设施管理业	1441031
橡胶和塑料制品业	165154	水利管理业	44924
非金属矿制品业	342651	生态保护和环境治理业	365577
黑色金属冶炼和压延加工业	77254	公共设施管理业	1030530
有色金属冶炼和压延加工业	79139	（十五）居民服务和其他服务业	1977499
金属制品业	1046117	居民服务业	1224404
通用设备制造业	820422	机动车、电子产品和日用产品修理业	86502
专用设备制造业	881614	其他服务业	666593
汽车制造业	617075	（十六）教育	203048
铁路、船舶、航空航天等制造业	54702	教育	203048
电气机械及器材制造业	1109852	（十七）卫生和社会工作	88994
计算机、通信和其他电子设备制造业	663626	卫生	77394
仪器仪表制造业	329714	社会工作	11600
废弃资源综合利用业	687	（十八）文化、体育和娱乐业	2066772
（四）电力、热力、燃气及水的生产和供应业	120744	新闻和出版业	81922
电力、热力的生产和供应业	48385	广播、电视、电影和影视录音制作业	60900
燃气生产和供应业	26770	文化艺术业	1844631
水的生产和供应业	45589	体育	15174
（五）建筑业	21090	娱乐业	64145
房屋建筑业	11230	（十九）公共管理和社会组织	375496
土木工程建筑业	5010	国家机构	90350
建筑装饰和其他建筑业	4850	社会保障	3500
（六）批发和零售业	140587	群众团体、社会团体和其他成员组织	224456
批发业	58200	基层群众自治组织	57190

4－8　固定资产投资新增生产能力汇总

（2011 年）

指标名称	计量单位	建设规模	本年施工规模	本年新开工	累计生产能力（或效益）	本年新增
天然原油开采	万吨/年	0.58	0.46	0.46	0.46	0.46
天然气开采	亿立方米/年	5	3	3	5	3
石油加工:蒸馏设备能力	处理万吨/年	14	6.3	6.3	6.5	3.3
焦化设备能力	万吨/年	10	10	10	10	10
润滑油（综合能力）	万吨/年	1.5	0.3	0.3	0.3	
风力发电	万千瓦	7052.95	7004.95	7004.95	7000	7000
其他发电	万千瓦	99.9	99.9	99.9	99.9	99.9
输电线路长度（110KV 及以上）	千米	63.6	45	45	45	45
石墨及炭素制品	吨/年	4630	4630	4630	2400	2400
氮肥	吨/年	201750	164250	164250	176625	161750
钾肥	吨/年	7500	7500	7500	7500	7500
化学农药原药	吨/年	19731.7	9557.6	9557.6	9057.6	7000
精甲醇	吨/年	7850	7850	7850	7850	7850
塑料树脂及共聚物	吨/年	60605.9	39900	39900	31098.9	26700
合成橡胶	吨/年	16099	13000	13000	12999	12900
轮胎外胎	万条/年	120			120	
内燃机	台/年	200000	60000	60000	60000	60000
客车制造	辆/年	200000				
化学纤维	吨/年	2000	2000	2000	2000	2000
机制纸浆	万吨/年	5	5	5	5	5
房间空气调节器	万台/年	2	1	1	1	1

4-9 历年全社会固定资产投资完成情况

（1978-2011年）

单位:万元

年　份	全社会投资额	城镇以上投资额	房地产开发投资额	农　村投资额	基本建设投资额	更新改造投资额	其他单位投资额
1978	23401				14080	6923	1107
1979	23669				14637	4671	1000
1980	22095				8108	10335	2619
1981	14327				4543	6402	2749
1982	27667				9599	7341	4936
1983	48303				4090	9697	3052
1984	79624				9706	7527	5034
1985	122499				25347	14546	9369
1986	181385				35997	18711	6106
1987	224083				46692	46555	15824
1988	340382				47267	44607	53403
1989	226633		4011		33092	16404	30577
1990	249814		4641		40351	25073	36549
1991	322782		7551		69060	40164	44580
1992	461522		21647		123544	75079	67540
1993	862288		48206		169698	80784	153459
1994	1023194		34150		200790	105204	91198
1995	1212804		49859		229464	132465	97256
1996	1322970		42960		242932	145909	127855
1997	1441912		53639		361036	152748	114630
1998	1642997		78414		403367	236274	115141
1999	1538824		68472		314126	172265	77939
2000	1893436		121921		362240	344633	74375
2001	2195774		159647		358577	472407	96957
2002	2771961		204170		506852	626305	89792
2003	5170941		371004		1240911	1074796	68729
2004	8251367	4525314	430028	3296747	4452445	2869230	70358
2005	11004475	5746649	789969	4769279			
2006	10432205	6912948	984248	3082180			
2007	12083852	9025152	1566274	2757028			
2008	15233965	11745192	1964366	3253598			
2009	18905423	14035586	2665047	4552075			
2010	23042067	17517073	3676265	5524994			
2011	26040486	20913362	4067450	5127124			

注:固定资产投资自2004年开始按城乡划分。

4－10 房地产开发企业财务状况综合表

（2011 年）

单位：千元

指标名称	企业数（个）	年末从业人数（人）	资产总计	流动资产合计	存货	固定资产原价	累计折旧
总　计	**663**	**8666**	**125791785**	**109818103**	**60942132**	**2587347**	**538892**
一、按登记注册类型分组							
内资企业	649	8564	122454212	107316573	59439589	2575585	533554
国有企业	13	335	7366581	4202841	1592594	284329	16085
集体企业	6	108	606979	530745	325292	20191	5498
股份合作企业	4	16	1739014	1704162	1390791	8033	2781
国有与集体联营企业	1	40	32414	23762	13413	168	117
其他联营企业	1		87510	79000	43000	5100	260
国有独资公司	2		2279505	2132683	1106906	69755	7135
其他有限责任公司	324	4376	65326019	58572653	31691567	1356554	293367
股份有限公司	49	1208	7917639	7359361	4428712	134026	44132
私营独资企业	10	67	1525848	1428776	638503	63108	2028
私营合伙企业	1		15838	14996	77	1132	290
私营有限责任公司	192	1938	26766243	23510747	14271064	521052	120462
私营股份有限公司	26	292	4964756	4399358	2467539	76074	29075
其他企业	20	184	3825866	3357489	1470131	36063	12324
港澳台商投资企业	9	38	2213320	1606026	981910	8840	4104
与港澳台商合资经营企业	4		915951	536294	218119	1332	807
港澳台商独资经营企业	5	38	1297369	1069732	763791	7508	3297
外商投资企业	5	64	1124253	895504	520633	2922	1234
中外合资经营企业	2		437182	227466	187939	335	199
外资企业	3	64	687071	668038	332694	2587	1035
二、按控股情况分组							
国有控股	22	359	13164375	9709314	5696818	371395	29098
集体控股	39	407	8384216	7444501	4442846	105640	32416
私人控股	463	6716	74417131	66349960	37345831	1424913	331935
港澳台商控股	9	38	2213320	1606026	981910	8840	4104
外商控股	5	64	1124253	895504	520633	2922	1234
其他	125	1082	26488490	23812798	11954094	673637	140105
三、按资质等级							
一级	14	814	6882063	5872423	1392283	94331	30982
二级	36	637	10435035	9493651	5639190	128623	46135
三级	146	2143	33153588	29924111	18175599	929952	215800
四级	171	2329	26352370	21374582	10135172	670220	150955
暂定	248	2324	43575016	38413662	23152181	706901	79118
其他	48	419	5393713	4739674	2447707	57320	15902
四、按隶属关系分组							
中央	2	10	824602	778503	575172	7335	3980
省（自治区、直辖市）	5	64	4511227	4281867	3391619	43191	8285
地区（州、盟、省辖市）	61	106	15024655	13477546	7393436	313171	108948
县（区、市、旗）	99	2623	25270633	20438008	10710979	642264	74011
街道	6	168	998321	948996	495931	32304	8240
镇	1	10	32707	30540	957	2857	690
居委会	7	110	294167	250635	78736	43784	6932
村委会	3		944593	941694	646456	3586	1188
其他	479	5575	77890880	68670314	37648846	1498855	326618

4－10 续表 1

指 标 名 称	本 年 折 旧	负 债 合 计	实 收 资 本	主营业务 收 入	土地转让 收 入	商品房屋 销售收入	房屋出租 收 入
总 计	**137557**	**97167045**	**17952370**	**26643782**	**744350**	**25282142**	**253124**
一、按登记注册类型分组							
内资企业	136271	95098452	16698485	26245693	744350	24913693	223506
国有企业	2259	4800975	482843	761689	412834	348868	
集体企业	803	453162	90033	454045		454045	
股份合作企业	948	1422123	120941	22064		21885	179
国有与集体联营企业	18	29664	2750				
其他联营企业	232	87510		28000		28000	
国有独资公司	4758	1052392	1214900	19639		12889	
其他有限责任公司	73607	51305090	8721204	14037158	15491	13616607	216426
股份有限公司	11170	6373468	932981	2850226	202524	2647273	147
私营独资企业	692	1325780	154800	394108		394108	
私营合伙企业	290	4048	10000	56000		56000	
私营有限责任公司	33605	21373058	3774098	5570773	113501	5282995	6754
私营股份有限公司	4100	3988654	753129	1102800		1102800	
其他企业	3789	2882528	440806	949191		948223	
港澳台商投资企业	1003	1381962	804297	208713		179073	29618
与港澳台商合资经营企业	164	380443	569203	28531		28531	
港澳台商独资经营企业	839	1001519	235094	180182		150542	29618
外商投资企业	283	686631	449588	189376		189376	
中外合资经营企业		220740	216380	93338		93338	
外资企业	283	465891	233208	96038		96038	
二、按控股情况分组							
国有控股	8077	9266001	1794743	916972	412834	497401	
集体控股	6380	6503880	1051418	1633722	199281	1433287	1052
私人控股	92749	59317051	10194526	18824583	132197	18181521	166289
港澳台商控股	1003	1381962	804297	208713		179073	29618
外商控股	283	686631	449588	189376		189376	
其他	29065	20011520	3657798	4870416	38	4801484	56165
三、按资质等级							
一级	5660	4644336	668486	3985500	196472	3788779	147
二级	8355	7981449	1567561	2122760		2031508	47106
三级	44072	26869611	4329955	7347732	16187	7166172	13719
四级	37069	18831255	3391466	5429032	234847	5033160	87461
暂定	37603	34714816	6996366	6434825	290754	5945424	104035
其他	4798	4125578	998536	1323933	6090	1317099	656
四、按隶属关系分组							
中央	570	801027	53000	107160		107160	
省（自治区、直辖市）	2411	4183254	148400	479615	196472	282715	326
地区（州、盟、省辖市）	25638	12937979	1477332	3051322	5052	3033106	11495
县（区、市、旗）	22568	17901182	3897729	5459665	427783	4831819	44314
街道	2506	811333	111380	455420		455420	
镇	263	19011	12000	5694		5694	
居委会	1402	179492	73793	261804		235804	
村委会	310	815162	78000	102331		102331	
其他	81889	59518605	12100736	16720771	115043	16228093	196989

4－10 续表 2

指 标 名 称	其 他 收 入	主营业务 成 本	主营业务 税金及附加	营 业 利 润	利 润 总 额	应 交 所得税	应付工资 总 额
总 计	**364166**	**21298338**	**2268860**	**773890**	**927706**	**308832**	**790246**
一、按登记注册类型分组							
内资企业	364144	20972421	2232469	778243	934195	303656	775995
国有企业	－13	503581	209189	－11847	14929	17070	12847
集体企业		386071	31122	18060	17958	5278	3187
股份合作企业		10317	7085	393	9089	87	2243
国有与集体联营企业				899	658		1490
其他联营企业		26500	3160	－3170	－3170		228
国有独资公司	6750	10570	2166	－10897	－9342	12	2930
其他有限责任公司	188634	11269040	1120533	461479	649177	186738	281603
股份有限公司	282	2365454	232969	68261	118818	－6347	42685
私营独资企业		332182	31359	8941	1382	3273	7527
私营合伙企业		47326	2661	5011	1790		338
私营有限责任公司	167523	4240045	438771	302048	137997	89581	385517
私营股份有限公司		1014633	84306	－103017	－98608	872	20606
其他企业	968	766702	69148	42082	93517	7092	14794
港澳台商投资企业	22	153213	29879	4926	3971	5081	7120
与港澳台商合资经营企业		4946	13572	4423	3556	383	2964
港澳台商独资经营企业	22	148267	16307	503	415	4698	4156
外商投资企业		172704	6512	－9279	－10460	95	7131
中外合资经营企业		84004	6145	－78	－1174		5200
外资企业		88700	367	－9201	－9286	95	1931
二、按控股情况分组							
国有控股	6737	612063	221478	－25669	119	16095	29954
集体控股	102	1363196	136233	－9881	81398	2569	38653
私人控股	344576	15116927	1513331	610115	641760	246085	618641
港澳台商控股	22	153213	29879	4926	3971	5081	7120
外商控股		172704	6512	－9279	－10460	95	7131
其他	12729	3880235	361427	203678	210918	38907	88747
三、按资质等级							
一级	102	3222372	242945	334822	327470	32412	32894
二级	44146	1669086	162724	132798	138164	36364	34331
三级	151654	5794407	552092	395190	486728	78334	375758
四级	73564	4314612	727029	－50228	188021	73545	114275
暂定	94612	5353844	519111	－252010	－237610	70462	204259
其他	88	944017	64959	213318	24933	17715	28729
四、按隶属关系分组							
中央		75012	8198	－3234	－3344		1161
省（自治区、直辖市）	102	371906	35223	24246	28646	5307	14792
地区（州、盟、省辖市）	1669	2421980	337086	－47545	122728	28461	60644
县（区、市、旗）	155749	4574669	553741	－30842	13871	72723	94920
街道		377178	33438	18676	23748	6640	3974
镇		4613	323	395	395	101	200
居委会	26000	215152	18141	15705	15411	4248	1837
村委会		81920	6916	－6838	－6505	408	2172
其他	180646	13175908	1275794	803327	732756	190944	610546

4－11　各县市区房地产投资资金及土地情况表

（2011 年）

单位:万元

地　区	一、本年资金来源合计	1.上年末结余资金	2.本年资金来源小计	(1)国内贷款	银行贷款	非银行金融机构贷款	(2)利用外资
总　计	**6419751**	**1029634**	**5390117**	**479022**	**447476**	**31546**	**20713**
潍城区	521680	62506	459174	105974	105974		15300
寒亭区	612283	105913	506370	11335	11335		
坊子区	138406	25635	112771	9800	9800		
奎文区	1326663	226334	1100329	111441	110441	1000	
青州市	396825	30284	366541	14560	11800	2760	
诸城市	609715	171768	437947	27671	25971	1700	
寿光市	765564	106863	658701	88471	68471	20000	
安丘市	175773	20924	154849	5000	4400	600	
高密市	342072	51582	290490	5484	3268	2216	
昌邑市	232884	48564	184320	10446	10446		3738
临朐县	88841	6166	82675	5900	5900		
昌乐县	434180	17925	416255	3000	3000		
高新开发区	720665	148170	572495	79940	76670	3270	1675
滨海开发区	54200	7000	47200				
峡山生态区							
综合保税区							

4－11 续表 1

地　区	外商直接投资	(3)自筹资金	自有资金	(4)其他资金来源	定金及预收款	个人按揭贷款	二、本年各项应付款合计
总　计	**5413**	**2868700**	**1327279**	**2021682**	**1313163**	**467762**	**881025**
潍城区		181383		156517	115147	19931	66245
寒亭区		382173	320765	112862	61756	46609	31289
坊子区		64253	53625	38718	22405	16113	30142
奎文区		518950	177478	469938	270910	59818	157726
青州市		164603	93256	187378	132899	51279	42729
诸城市		159350	99137	250926	162353	46462	150877
寿光市		282391	246638	287839	198374	89387	98962
安丘市		62209	38926	87640	71177	14194	5536
高密市		157825	116285	127181	81320	37121	31970
昌邑市	3738	90115	35289	80021	54460	19165	105917
临朐县		42080	14100	34695	33760	500	2185
昌乐县		411360	18500	1895	695	600	24170
高新开发区	1675	308908	110280	181972	104327	66063	133067
滨海开发区		43100	3000	4100	3580	520	210
峡山生态区							
综合保税区							

4－11 续表 2

地 区	工程款	待开发土地面积	本年购置土地面积	本年土地成交价款	其中：拆迁补偿费	土地使用权出让金	契 税
总 计	**453033**	**3975194**	**4838879**	**558704**	**23073**	**349494**	**7030**
潍城区	30377						
寒亭区	13435	68415	306213	26629	5253	21111	772
坊子区	25942	160248	140606	10749		5086	153
奎文区	64557	419673	436057	96292	2200	81092	578
青州市	15209	1224118	1415638	61267		53176	744
诸城市	93598	582932	196154	17114	1070	15182	447
寿光市	54204	510016	545211	54426	8400	18000	600
安丘市	4556	46232	59805	7567		5817	74
高密市	21578	463573	561828	36482	1300	29884	795
昌邑市	41478	22042	177952	11122		5871	145
临朐县	2185	49084	114190	22739	420	21581	36
昌乐县	3000	3650	120334	4300		2300	68
高新开发区	82704	425211	764891	210017	4430	90394	2618
滨海开发区	210						
峡山生态区							
综合保税区							

4－11 续表 3

地 区	计划总投资	自开始建设累计完成投资	本年完成投资	其中：配套工程投资	按构成分：建筑工程	按构成分：安装工程
总 计	**18810773**	**10801359**	**4067450**	**37502**	**2985344**	**458754**
潍城区	1390559	846635	370075	1414	255975	51122
寒亭区	1152346	762160	373611	3344	258038	54968
坊子区	602322	281049	95582		71541	11902
奎文区	3762978	2265999	922458	4385	664457	101863
青州市	1621506	910610	271008	1011	204785	36698
诸城市	2026157	1151907	356866	6216	284972	39275
寿光市	2018363	1091916	546203	9706	377422	52014
安丘市	517933	333724	96261		61129	5507
高密市	949106	627036	204421	2271	128940	40236
昌邑市	871652	351694	147156	3287	109038	22920
临朐县	160320	129160	54300		39975	1310
昌乐县	1304910	877728	271413	1500	253563	8910
高新开发区	2292609	1036019	315636	4368	236608	29958
滨海开发区	140012	135722	42460		38901	2071
峡山生态区						
综合保税区						

4－11 续表4

地　　区	按构成分:设备工器具购置	按构成分:其他费用	其中:旧建筑物购置费	其　　中:土地购置费	按工程用途分:商品住宅	其中:90平方米以下
总　　计	**31181**	**592171**	**24170**	**514099**	**3141330**	**647667**
潍城区	7990	54988	4977	29832	265510	42137
寒亭区	578	60027	400	54335	281958	42695
坊子区		12139	500	10607	90866	31196
奎文区	5534	150604	7964	138850	656478	126742
青州市	1285	28240		24079	221114	33494
诸城市	1798	30821	2700	20345	256089	93350
寿光市	8271	108496	329	102898	448358	97213
安丘市		29625	1000	27625	58571	19629
高密市	124	35121	1300	32548	158104	44994
昌邑市	165	15033		12933	112570	22488
临朐县		13015	5000	8015	29133	9273
昌乐县	2350	6590		6000	230823	22670
高新开发区	1598	47472		46032	290593	61420
滨海开发区	1488				41163	366
峡山生态区						
综合保税区						

4－11 续表5

地　　区	其中:140平方米以上	其中:别墅、高档公寓	按工程用途分:办　公　楼	按工程用途分:商业营业用房	按工程用途分:其　　他	本年新增固定资产
总　　计	**402139**	**37150**	**82401**	**598138**	**245581**	**2122492**
潍城区	36226	812	8680	61082	34803	104705
寒亭区	29251	12228	5420	42681	43552	70058
坊子区	15355		990	3726		94582
奎文区	61487	350	22422	190075	53483	497719
青州市	27743	2087	3200	40412	6282	115129
诸城市	33462	3750	533	77246	22998	449501
寿光市	111569	9245	27618	49167	21060	187694
安丘市	7159	200	810	6991	29889	67985
高密市	30753		3168	26730	16419	93966
昌邑市	15306	7848	1280	26339	6967	63861
临朐县	1432	600		24187	980	36108
昌乐县	6150	30	3954	31096	5540	243471
高新开发区	24995		4326	18361	2356	74324
滨海开发区	1251			45	1252	23389
峡山生态区						
综合保税区						

4－12 房地产投资资金及土地综合情况表

（2011 年）

单位：万元

指标名称	一、本年资金来源合计	1.上年末结余资金	2.本年资金来源小计	(1)国内贷款	银行贷款	非银行金融机构贷款	(2)利用外资
按登记注册类型分							
内资企业	6305156	997729	5307427	479022	447476	31546	1675
国有企业	113190	34382	78808	22700	22700		
集体企业	81023	6045	74978				
股份合作企业	29031	3321	25710				
国有与集体联营企业	21000	4200	16800	4000	4000		
其他联营企业	11600		11600				
国有独资公司	37404	1404	36000	14000	14000		
其他有限责任公司	3524379	580939	2943440	329014	301038	27976	1675
股份有限公司	409601	53058	356543	23790	23790		
私营独资企业	69000	9257	59743	1500	1500		
私营合伙企业	9110		9110				
私营有限责任公司	1440601	168742	1271859	58102	54832	3270	
私营股份有限公司	336244	99685	236559	8671	8671		
其他企业	222973	36696	186277	17245	16945	300	
港澳台商投资企业	88506	21409	67097				19038
与港澳台商合资经营企业	3211	1000	2211				
港澳台商独资经营企业	85295	20409	64886				19038
外商投资企业	26089	10496	15593				
中外合资经营企业	8790	2800	5990				
外资企业	17299	7696	9603				
按隶属关系分							
中央	47657	61	47596	11100	11100		
省（自治区、直辖市）	98334	14360	83974	4000	4000		
地区（州、盟、省辖市）	836964	151088	685876	173117	172117	1000	1675
县（区、市、旗）	1201158	135730	1065428	63268	63268		

4－12续表1

指标名称	一、本年资金来源合计	1.上年末结余资金	2.本年资金来源小计	(1)国内贷款	银行贷款	非银行金融机构贷款	(2)利用外资
街道	80514	5280	75234	2200	200	2000	
镇	2580		2580				
居委会	32481	2415	30066				
村委会	28760	4568	24192				
其他	4091303	716132	3375171	225337	196791	28546	19038
按资质等级分							
一级	492820	92745	400075	47620	47620		
二级	487770	73330	414440	18900	18900		
三级	1720872	350190	1370682	195503	177503	18000	1675
四级	965960	185606	780354	51588	44258	7330	3738
暂定	2432020	310572	2121448	151594	145378	6216	15300
其他	320309	17191	303118	13817	13817		
按企业营业状态分							
营业	6383769	1025041	5358728	474802	443256	31546	20713
停业(歇业)							
筹建	23478	568	22910	4220	4220		
当年关闭	5690	1211	4479				
其他	6814	2814	4000				
按控股情况分							
国有控股	272832	58738	214094	36700	36700		
集体控股	454231	55367	398864	32008	32008		
私人控股	4280034	647711	3632323	303602	276272	27330	
港澳台商控股	88506	21409	67097				19038
外商控股	26089	10496	15593				
其他	1298059	235913	1062146	106712	102496	4216	1675

4－12续表2

指标名称	外商直接投资	(3)自筹资金	自有资金	(4)其他资金来源	定金及预收款	个人按揭贷款	二、本年各项应付款合计
按登记注册类型分							
内资企业	1675	2831971	1316579	1994759	1299806	457158	865610
国有企业		20940	20850	35168	28727	3480	12105
集体企业		42855	12735	32123	30905	1218	5600
股份合作企业		23590	400	2120	2120		8572
国有与集体联营企业		12800					
其他联营企业		11600	11600				
国有独资公司		22000	7000				9677
其他有限责任公司	1675	1377140	687191	1235611	814969	274603	517917
股份有限公司		218689	122711	114064	51698	39944	74388
私营独资企业		26040	22222	32203	11632	20571	12445
私营合伙企业		9110					2131
私营有限责任公司		843000	341032	370757	258909	71531	152448
私营股份有限公司		118492	51958	109396	82043	16266	50570
其他企业		105715	38880	63317	18803	29545	19757
港澳台商投资企业	3738	28729	10700	19330	9764	6604	14677
与港澳台商合资经营企业				2211	1724	487	
港澳台商独资经营企业	3738	28729	10700	17119	8040	6117	14677
外商投资企业		8000		7593	3593	4000	738
中外合资经营企业				5990	1990	4000	500
外资企业		8000		1603	1603		238
按隶属关系分							
中央		7352		29144	29144		18077
省(自治区、直辖市)		39876	30900	40098	27567	12531	35130
地区(州、盟、省辖市)	1675	198278	69770	312806	232324	30519	93721
县(区、市、旗)		622133	318692	380027	224268	86385	189251

4－12 续表 3

指标名称	外商直接投资	(3)自筹资金	自有资金	(4)其他资金来源	定金及预收款	个人按揭贷款	二、本年各项应付款合计
街道		42090	14110	30944	29724	1220	877
镇		2031	2031	549	549		249
居委会		8445	6305	21621	11854	6567	10808
村委会		10594		13598			
其他	3738	1937901	885471	1192895	757733	330540	532912
按资质等级分							
一级		137575	122200	214880	112676	58367	24243
二级		156611	64240	238929	166295	15145	49761
三级	1675	691002	310978	482502	376936	98724	151711
四级	3738	350052	174655	374976	211746	129104	195945
暂定		1279983	629447	674571	423803	152305	416606
其他		253477	25759	35824	21707	14117	42759
按企业营业状态分							
营业	5413	2848695	1326379	2014518	1306063	467762	870162
停业(歇业)							
筹建		11590	900	7100	7100		10587
当年关闭		4415		64			276
其他		4000					
按控股情况分							
国有控股		91870	45350	85524	60356	14207	47737
集体控股		241126	71356	125730	110973	11819	53335
私人控股		1924486	969527	1404235	879929	347321	619045
港澳台商控股	3738	28729	10700	19330	9764	6604	14677
外商控股		8000		7593	3593	4000	738
其他	1675	574489	230346	379270	248548	83811	145493

4－12 续表4

指标名称	工程款	待开发土地面积	本年购置土地面积	本年土地成交价款	其中:拆迁补偿费	土地使用权出让金	契税
按登记注册类型分							
内资企业	445269	3953994	4836046	557904	23073	348694	7006
国有企业	4486		82418	5562		3812	255
集体企业	3965	63441	137022	24844		24844	98
股份合作企业	5500						
国有与集体联营企业		35070					
其他联营企业							
国有独资公司	9677	52399	45776	10409	4230	6179	185
其他有限责任公司	245953	1356126	1920965	221481	15973	154937	3199
股份有限公司	35498	432028	100749	8905		1455	56
私营独资企业	10925		116807	7183			
私营合伙企业							
私营有限责任公司	83534	1801557	2090105	156944	2870	144891	2954
私营股份有限公司	30586	213373	301904	117076		7076	259
其他企业	15145		40300	5500		5500	
港澳台商投资企业	7566	21200	2833	800		800	24
与港澳台商合资经营企业		18367					
港澳台商独资经营企业	7566	2833	2833	800		800	24
外商投资企业	198						
中外合资经营企业							
外资企业	198						
按隶属关系分							
中央	18077						
省(自治区、直辖市)	15785						
地区(州、盟、省辖市)	37427	160254	296550	33906	3	24975	140
县(区、市、旗)	85355	730937	745691	68099	12630	35048	1232

4－12 续表 5

指标名称	工程款	待开发土地面积	本年购置土地面积	本年土地成交价款	其中:拆迁补偿费	土地使用权出让金	契税
街道	706		100347	21539		21539	
镇	249						
居委会	8373	16357	59204	5605		5605	188
村委会							
其他	287061	3067646	3637087	429555	10440	262327	5470
按资质等级分							
一级	19635	400000	367310	153156	8400	44156	1055
二级	30777	154663	211707	27771		25351	255
三级	100796	379071	339774	35942	200	17423	509
四级	119624	370723	519525	34622	420	19030	450
暂定	153904	2511069	3068786	246135	12983	186718	3150
其他	28297	159668	331777	61078	1070	56816	1611
按企业营业状态分							
营业	443006	3975194	4815917	555605	23073	346395	7030
停业(歇业)							
筹建	10027		22962	3099		3099	
当年关闭							
其他							
按控股情况分							
国有控股	22573	52399	128194	15971	4230	9991	440
集体控股	23005	98511	211860	27649		25649	154
私人控股	322963	3456087	3689657	420459	16443	253529	5469
港澳台商控股	7566	21200	2833	800		800	24
外商控股	198						
其他	76728	346997	806335	93825	2400	59525	943

4－13　房地产投资综合情况表

（2011 年）　　　　单位：万元

指标名称	本年完成投资	按构成分：建筑工程	按构成分：安装工程	按构成分：设备工器具购置	按构成分：其他费用	按工程用途分：商品住宅	其中：90 平方米以下
按登记注册类型分							
内资企业	3986339	2934605	453259	30475	568000	3095757	641919
国有企业	55674	45838	6287		3549	48810	5708
集体企业	48040	32609	104		15327	21020	8581
股份合作企业	30391	21212	1786	728	6665	23347	1106
国有与集体联营企业	18220	16840	1380			18220	871
其他联营企业	5635	3460	1644		531	3612	900
国有独资公司	15517	13459			2058	15487	7156
其他有限责任公司	2125856	1521965	254443	17495	331953	1652974	322425
股份有限公司	288078	232474	31581	1930	22093	247914	35574
私营独资企业	37535	27073	1047		9415	34398	20705
私营合伙企业	11000	10000			1000	9420	
私营有限责任公司	984311	758494	104396	5617	115804	726835	133135
私营股份有限公司	209977	131008	36154	378	42437	160262	79703
其他企业	156105	120173	14437	4327	17168	133458	26055
港澳台商投资企业	57473	31550	2662		23261	29551	4848
与港澳台商合资经营企业	740	740				740	120
港澳台商独资经营企业	56733	30810	2662		23261	28811	4728
外商投资企业	23638	19189	2833	706	910	16022	900
中外合资经营企业	9290	9290				5574	
外资企业	14348	9899	2833	706	910	10448	900
国有控股	168896	146728	9661	400	12107	152463	12964
集体控股	306306	242344	26300	1962	35700	232275	64121
私人控股	2735024	1979237	337098	17619	401070	2082401	448242
港澳台商控股	57473	31550	2662		23261	29551	4848
外商控股	23638	19189	2833	706	910	16022	900
其他	776113	566296	80200	10494	119123	628618	116592
中央	7300	5650	900		750	5676	975
省(自治区、直辖市)	89488	76052	8946	40	4450	81765	14359
地区(州、盟、省辖市)	432057	337594	47282	3011	44170	339233	60211
县(区、市、旗)	850729	624896	96108	7862	121863	704480	147290
街道	66355	44880	100	60	21315	36708	6123
镇	2580	2350	230			2580	1020
居委会	24413	15534	1714	365	6800	18565	5293
村委会	24970	15280	9690			17842	
其他	2569558	1863108	293784	19843	392823	1934481	412396
一级	309001	222601	20376	744	65280	265880	60040
二级	284588	222666	29228	2244	30450	217608	72264
三级	794801	608976	121811	9518	54496	622537	141428
四级	587489	414509	77903	3944	91133	422876	99533
暂定	1851406	1293810	203196	11313	343087	1407977	264634
其他	240165	222782	6240	3418	7725	204452	9768

4－13 续表 1

指　标　名　称	其中:140 平方米以上	其中:别墅、高档公寓	按工程用途分:办公楼	按工程用途分:商业营业用房	按工程用途分:其　他	本年新增固定资产	其中:土地购置费
按登记注册类型分							
内资企业	386174	37150	81861	579840	228881	2069075	498227
国有企业	404		1976	4151	737	31082	3549
集体企业	137			24890	2130	42238	9810
股份合作企业	4		40	6271	733	26906	4350
国有与集体联营企业	1774						
其他联营企业			800	692	531		
国有独资公司	483				30	7379	1815
其他有限责任公司	229199	17093	57215	308924	106743	1063245	295512
股份有限公司	36131	2635	1431	29399	9334	220512	17407
私营独资企业	10359		200	971	1966	8165	7983
私营合伙企业				1380	200		
私营有限责任公司	78674	17412	12869	165564	79043	535801	103542
私营股份有限公司	10174		5234	24850	19631	91385	41310
其他企业	18835	10	2096	12748	7803	42362	12949
港澳台商投资企业	15000		540	11582	15800	44555	15000
与港澳台商合资经营企业							
港澳台商独资经营企业	15000		540	11582	15800	44555	15000
外商投资企业	965			6716	900	8862	872
中外合资经营企业				3716			
外资企业	965			3000	900	8862	872
国有控股	3244		2544	8903	4986	91391	11864
集体控股	23293	3335	2127	62038	9866	259409	23717
私人控股	272975	32208	55363	413542	183718	1417128	355257
港澳台商控股	15000		540	11582	15800	44555	15000
外商控股	965			6716	900	8862	872
其他	86662	1607	21827	95357	30311	301147	107389
中央	300			856	768	24307	
省(自治区、直辖市)	15840	700	606	6607	510	48104	2850
地区(州、盟、省辖市)	34625	1025	10812	62880	19132	298255	36700
县(区、市、旗)	105703	15596	31044	83019	32186	432036	112603
街道	4912			28637	1010	40828	16015
镇							
居委会	2561			4591	1257	23340	5595
村委会				4102	3026		
其他	238198	19829	39939	407446	187692	1255622	340336
一级	39731		3703	29915	9503	179941	61734
二级	26651		8236	48885	9859	166944	21818
三级	72095	7119	21391	117102	33771	497894	46293
四级	55296	1563	8015	105715	50883	562235	69155
暂定	187121	28428	38498	266875	138056	564367	314768
其他	21245	40	2558	29646	3509	151111	331

4－14 各县市区房地产开发面积汇总

（2011 年）

单位:平方米

地　区	房屋施工面积合计（平方米）	商品住宅	90 平方米以下住房	144 平方米以上	其中:别墅、高档公寓	办公楼	商业营业用房	其他
总　计	**43493793**	**34105074**	**6043719**	**3929357**	**372150**	**869119**	**6597735**	**1921865**
潍城区	3597493	2297289	409587	61200	13000	151984	837993	310227
寒亭区	2671872	2108241	572915	136447	55793	75805	457536	30290
坊子区	1350304	1288131	110717	42740		14884	47289	
奎文区	6527459	4709926	798587	588799	18860	205493	1033026	579014
青州市	3901858	3198546	255047	354408	83940	30477	615295	57540
诸城市	7230144	5345471	919975	482508	13234	22538	1657007	205128
寿光市	5321568	4413722	1026926	851386	114211	143273	440360	324213
安丘市	1558445	1310314	376662	165705	29000	28830	191644	27657
高密市	2874392	2298360	396321	317268		10773	422105	143154
昌邑市	1562002	1129755	196756	98688	26919	9288	330596	92363
临朐县	414508	352508	21350	49420	12000		20000	42000
昌乐县	2397146	1943619	171606	71159	5193	120942	311360	21225
高新开发区	3664780	3321750	759090	691164		54832	224294	63904
滨海开发区	421822	387442	28180	18465			9230	25150
峡山生态区								
综合保税区								

4－14 续表 1

地　　区	其中：新开工面积（平方米）	商　品住　宅	90 平方米以下住房	其中：别墅、高档公寓	办公楼	商业营业用　房	其　他
总　计	**14162083**	**11527199**	**2116500**	**135989**	**293721**	**1721046**	**620117**
潍 城 区	466600	352948	51200		15100	61500	37052
寒 亭 区	1227119	1006407	250896	30793	45552	161327	13833
坊 子 区	584850	539226	32093		7835	37789	
奎 文 区	2144253	1703032	214209	18860	66451	235920	138850
青 州 市	1351331	1103877	121665	3600	600	197129	49725
诸 城 市	1841319	1390378	181361		22538	379417	48986
寿 光 市	2593792	2123069	481402	69736	121698	204586	144439
安 丘 市	481757	417682	200650	13000	3030	41188	19857
高 密 市	1203123	1006405	228214		8757	104490	83471
昌 邑 市	774766	593585	72015			139777	41404
临 朐 县	144382	98382	5900			4000	42000
昌 乐 县	545649	425583	58630			119566	500
高新开发区	803142	766625	218265		2160	34357	
滨海开发区							
峡山生态区							
综合保税区							

4－14 续表 2

地　　区	房屋竣工面积合计（平方米）	商　品住　宅	90 平方米以下住房	144 平方米以上	其中：别墅、高档公寓	办公楼	商业营业用　房	其　他
总　计	**7997847**	**6483460**	**993846**	**493148**		**75143**	**1172857**	**266387**
潍 城 区	202207	112110	21856			560	60286	29251
寒 亭 区	147985	113594	31593	10420			34391	
坊 子 区	209173	202124	50463			7049		
奎 文 区	1292265	995151	127460	104812		12888	170191	114035
青 州 市	827446	777746	76348	18350		600	49100	
诸 城 市	1840281	1317599	324684	118329			488308	34374
寿 光 市	652389	581985	105095	48369		2658	22266	45480
安 丘 市	358530	343669	34887	24338			14861	
高 密 市	543620	454554	77432	98843		1590	68678	18798
昌 邑 市	291427	233305	18453	22617			42403	15719
临 朐 县	126101	126101		1520				
昌 乐 县	1157318	942262	74630	28150		32000	182556	500
高新开发区	250823	187608	41663	7700		17798	39817	5600
滨海开发区	98282	95652	9282	9700				2630
峡山生态区								
综合保税区								

4－14 续表 3

地　　区	商品房销售面积（平方米）	商品住宅	90 平方米以下住房	144 平方米以上	其中:别墅、高档公寓	办公楼	商业营业用房	其　他
总　计	**12397705**	**10727076**	**1725774**	**903594**	**35102**	**74615**	**1420704**	**175310**
潍城区	702950	393427	127595	987		11116	264923	33484
寒亭区	430395	380664	123998	16432			49731	
坊子区	210428	201489	49672	18527	190		8939	
奎文区	1740047	1604535	174471	126635		19921	105633	9958
青州市	1098477	944390	46440	56378		600	148897	4590
诸城市	2282342	1832475	365050	155919	13234		411951	37916
寿光市	1277149	1207195	319280	233254	18527	10123	32158	27673
安丘市	408849	301086	89319	12191	3151		100563	7200
高密市	1161696	1029057	140618	120830			101507	31132
昌邑市	493727	447664	49622	49250			28306	17757
临朐县	208241	208241		1476				
昌乐县	963951	792576	36930	23975		31295	140080	
高新开发区	1284946	1254770	198447	85230		1560	23016	5600
滨海开发区	134507	129507	4332	2510			5000	
峡山生态区								
综合保税区								

4－14 续表 4

地　　区	现房销售面积（平方米）	商品住宅	90 平方米以下住房	144 平方米以上	其中:别墅、高档公寓	办公楼	商业营业用房	其　他
总　计	**2632168**	**2163586**	**259573**	**130329**	**1238**	**42711**	**373552**	**52319**
潍城区	110626	52572	9695			11116	28941	17997
寒亭区	96300	66973	18398	5978			29327	
坊子区	59698	59698	20240	5378				
奎文区	188140	185247	8295	18646			2489	404
青州市	236766	231475	3474	15953		600	4691	
诸城市	502104	347093	99219	29587			140771	14240
寿光市	9876	9876	2774					
安丘市	100256	83953	23578	5778	1238		9103	7200
高密市	143461	117908	21419	30177			25553	
昌邑市	106128	90831	13146	3072			8419	6878
临朐县	100925	100925		441				
昌乐县	835683	703980	31630	12150		30995	100708	
高新开发区	81877	57727	6297	1273			18550	5600
滨海开发区	60328	55328	1408	1896			5000	
峡山生态区								
综合保税区								

4－14 续表5

地　　区	期房销售面积（平方米）	商品住宅				办公楼	商业营业用房	其　他
			90平方米以下住房	144平方米以上	其中:别墅、高档公寓			
总　计	**9765537**	**8563490**	**1466201**	**773265**	**33864**	**31904**	**1047152**	**122991**
潍城区	592324	340855	117900	987			235982	15487
寒亭区	334095	313691	105600	10454			20404	
坊子区	150730	141791	29432	13149	190		8939	
奎文区	1551907	1419288	166176	107989		19921	103144	9554
青州市	861711	712915	42966	40425			144206	4590
诸城市	1780238	1485382	265831	126332	13234		271180	23676
寿光市	1267273	1197319	316506	233254	18527	10123	32158	27673
安丘市	308593	217133	65741	6413	1913		91460	
高密市	1018235	911149	119199	90653			75954	31132
昌邑市	387599	356833	36476	46178			19887	10879
临朐县	107316	107316		1035				
昌乐县	128268	88596	5300	11825		300	39372	
高新开发区	1203069	1197043	192150	83957		1560	4466	
滨海开发区	74179	74179	2924	614				
峡山生态区								
综合保税区								

4－14 续表6

地　　区	商品房销售额（万元）	商品住宅				办公楼	商业营业用房	其　他
			90平方米以下住房	144平方米以上	其中:别墅、高档公寓			
总　计	**4456439**	**3699917**	**589833**	**346361**	**16792**	**27172**	**670091**	**59259**
潍城区	311453	153119	51222	400		5335	142419	10580
寒亭区	144897	119606	38518	5556			25291	
坊子区	71248	67278	17061	7633	124		3970	
奎文区	738844	666778	70192	59606		8648	59337	4081
青州市	372736	298174	16866	22340		284	72522	1756
诸城市	788040	603183	108031	51777	4835		172639	12218
寿光市	432815	401928	102228	77294	10542	4871	15008	11008
安丘市	135273	81084	22207	4222	1291		52809	1380
高密市	433057	367512	50852	47905			57093	8452
昌邑市	142508	124378	15221	19979			13589	4541
临朐县	54053	54053		565				
昌乐县	242685	197859	9270	6045		7410	37416	
高新开发区	556447	534282	87294	42437		624	16298	5243
滨海开发区	32383	30683	871	602			1700	
峡山生态区								
综合保税区								

4－14 续表 7

地　区	现房销售额（万元）	商品住宅	90 平方米以下住房	144 平方米以上	其中:别墅、高档公寓	办公楼	商业营业用房	其　他
总　计	**781625**	**613761**	**74006**	**45577**	**362**	**12939**	**139308**	**15617**
潍城区	42651	17666	3353			5335	13891	5759
寒亭区	25995	16985	5344	1795			9010	
坊子区	15855	15855	4858	2578				
奎文区	78820	77217	3455	8317			1518	85
青州市	62528	59962	943	6127		284	2282	
诸城市	158332	106429	29340	9549			47141	4762
寿光市	1669	1669	475					
安丘市	29368	21347	7940	1853	362		6641	1380
高密市	46359	34898	4951	10814			11461	
昌邑市	27427	21689	2662	511			4291	1447
临朐县	28405	28405		163				
昌乐县	210989	175969	7920	3025		7320	27700	
高新开发区	38470	22613	2441	386			13673	2184
滨海开发区	14757	13057	324	459			1700	
峡山生态区								
综合保税区								

4－14 续表 8

地　区	期房销售额（万元）	商品住宅	90 平方米以下住房	144 平方米以上	其中:别墅、高档公寓	办公楼	商业营业用房	其　他
总　计	**3674814**	**3086156**	**515827**	**300784**	**16430**	**14233**	**530783**	**43642**
潍城区	268802	135453	47869	400			128528	4821
寒亭区	118902	102621	33174	3761			16281	
坊子区	55393	51423	12203	5055	124		3970	
奎文区	660024	589561	66737	51289		8648	57819	3996
青州市	310208	238212	15923	16213			70240	1756
诸城市	629708	496754	78691	42228	4835		125498	7456
寿光市	431146	400259	101753	77294	10542	4871	15008	11008
安丘市	105905	59737	14267	2369	929		46168	
高密市	386698	332614	45901	37091			45632	8452
昌邑市	115081	102689	12559	19468			9298	3094
临朐县	25648	25648		402				
昌乐县	31696	21890	1350	3020		90	9716	
高新开发区	517977	511669	84853	42051		624	2625	3059
滨海开发区	17626	17626	547	143				
峡山生态区								
综合保税区								

4－14 续表 9

地　区	空置面积合计（平方米）	商品住宅				办公楼	商业营业用房	其他
			90 平方米以下住房	144 平方米以上	其中:别墅、高档公寓			
总　计	**1323141**	**988299**	**121720**	**72864**	**29438**	**53633**	**218013**	**63196**
潍城区	50090	19692	954			8884	19511	2003
寒亭区	82758	63277	420	16784	10829		19481	
坊子区	37157	30108	7677	5030	10690	7049		
奎文区	538254	422645	63364	10577			64419	51190
青州市	134895	76341	5314	526			58554	
诸城市	35017	32654					2363	
寿光市	14624	13179					1445	
安丘市	21846	20846	11363	8583	7919		1000	
高密市	42742	33922	9140	420		300	7520	1000
昌邑市	134096	61779	5349	1105		34186	34629	3502
临朐县								
昌乐县	64959	59706	9000	2000		1243	3787	223
高新开发区	94725	89290	725	20277		1971	3464	
滨海开发区	71978	64860	8414	7562			1840	5278
峡山生态区								
综合保税区								

4－14 续表 10

地　区	空置1-3年（含1年）（平方米）	商品住宅				办公楼	商业营业用房	其他
			90 平方米以下住房	144 平方米以上	其中:别墅、高档公寓			
总　计	**586473**	**473844**	**49542**	**51361**	**23324**	**8177**	**96044**	**8408**
潍城区	4034	896					1135	2003
寒亭区	58986	48761	420	13423	10829		10225	
坊子区	37157	30108	7677	5030	10690	7049		
奎文区	151724	121724	2000				30000	
青州市	59747	31077	5314	526			28670	
诸城市	7616	7616						
寿光市	850	850						
安丘市	14832	13832	11363	2469	1805		1000	
高密市	2959						2959	
昌邑市	59246	39654	4629	962			18465	1127
临朐县								
昌乐县	55216	54088	9000	2000		1128		
高新开发区	62128	60378	725	19389			1750	
滨海开发区	71978	64860	8414	7562			1840	5278
峡山生态区								
综合保税区								

4－15 房地产开发面积汇总

（2011 年）

单位：平方米

地区	房屋施工面积合计（平方米）	商品住宅	90 平方米以下住房	144 平方米以上	其中：别墅、高档公寓	办公楼	商业营业用房	其他
按登记注册类型分								
内资企业	42594702	33478108	5929734	3916557	372150	869119	6340110	1907365
国有企业	733264	619130	86171	148784		6160	98991	8983
集体企业	409255	327644	22249	21470			22317	59294
股份合作企业	464698	355819	127132	90000		39508	37638	31733
国有与集体联营企业	166000	166000	5400	24200				
其他联营企业	26330	26330						
国有独资公司	173018	171378	88666	4340				1640
其他有限责任公司	21289803	16724548	3203085	2233280	155870	479981	3217898	867376
股份有限公司	3978011	3616869	216859	238416	13718	25323	267599	68220
私营独资企业	512122	444628	107101	60284		20000	31519	15975
私营合伙企业	47900	42300					5000	600
私营有限责任公司	11067807	7934676	1499776	920452	142562	189201	2162524	781406
私营股份有限公司	2124653	1745652	389094	47076		51103	279707	48191
其他企业	1601841	1303134	184201	128255	60000	57843	216917	23947
港澳台商投资企业	633851	376726	67161				242625	14500
与港澳台商合资经营企业	67397	67397	35265					
港澳台商独资经营企业	566454	309329	31896				242625	14500
外商投资企业	265240	250240	46824	12800			15000	
中外合资经营企业	107000	92000					15000	
外资企业	158240	158240	46824	12800				
国有控股	1571364	1353968	179053	184304		7025	166948	43423
集体控股	3393483	2883608	409806	267959	13718	55880	328919	125076
私人控股	30562478	23443461	4620558	2755949	319232	625326	4990309	1503382
港澳台商控股	633851	376726	67161				242625	14500
外商控股	265240	250240	46824	12800			15000	
其他	7067377	5797071	720317	708345	39200	180888	853934	235484
中央	209600	168512	31200	3190			19027	22061
省（自治区、直辖市）	979486	903803	70459	160443		30575	41048	4060
地区（州、盟、省辖市）	3659445	3056541	403124	357170	10893	110066	378746	114092
县（区、市、旗）	8757667	7381437	1578883	828996	78495	139960	946737	289533
街道	385956	298572	8000	36958			45384	42000
镇	37086	37086	28086					
居委会	352663	289016	38284	24420			42849	20798
村委会	113934	82934					30000	1000
其他	28997956	21887173	3885683	2518180	282762	588518	5093944	1428321
一级	2195209	1877151	323497	258021		37930	179837	100291
二级	3550193	2902742	399798	428514		29648	513973	103830
三级	9751771	7863572	1567120	1105193	58574	158323	1382347	347529
四级	8608971	6648261	1396158	588720	53624	163728	1506889	290093
暂定	16376368	12564284	2186455	1172133	194759	399156	2443553	969375
其他	3011281	2249064	170691	376776	65193	80334	571136	110747

4－15 续表 1

地　　区	其中：新开工面积（平方米）	商品住宅	90 平方米以下住房	其中:别墅、高档公寓	办公楼	商业营业用房	其　他
按登记注册类型分							
内资企业	13861691	11336526	2116500	135989	293721	1625827	605617
国有企业	118087	106204	18090		2160	2040	7683
集体企业	230286	148675	4549			22317	59294
股份合作企业	49900	37200				12500	200
国有与集体联营企业							
其他联营企业	26330	26330					
国有独资公司	49120	49120	9120				
其他有限责任公司	7172446	5799374	1245272	67377	242886	896958	233228
股份有限公司	1436066	1302355	66380	13718	8435	106755	18521
私营独资企业	221018	198247	42307			11692	11079
私营合伙企业	47900	42300				5000	600
私营有限责任公司	3403657	2639111	526043	54894	28652	514531	221363
私营股份有限公司	784676	689028	195724		5988	54034	35626
其他企业	322205	298582	9015		5600		18023
港澳台商投资企业	230392	135673				80219	14500
与港澳台商合资经营企业	7771	7771					
港澳台商独资经营企业	222621	127902				80219	14500
外商投资企业	70000	55000				15000	
中外合资经营企业	70000	55000				15000	
外资企业							
国有控股	193707	181824	27210		2160	2040	7683
集体控股	1030331	865167	29838	13718		94909	70255
私人控股	10509398	8521411	1831890	103411	228352	1291122	468513
港澳台商控股	230392	135673				80219	14500
外商控股	70000	55000				15000	
其他	2128255	1768124	227562	18860	63209	237756	59166
中央	75200	67410	7800			900	6890
省（自治区、直辖市）	132900	120200				12500	200
地区（州、盟、省辖市）	1185617	952680	143791	10893	74408	124456	34073
县（区、市、旗）	3296853	2797077	582907	38342	123858	257828	118090
街道	163940	78412				43528	42000
镇							
居委会	283157	231164	18829			34515	17478
村委会	113934	82934				30000	1000
其他	8910482	7197322	1363173	86754	95455	1217319	400386
一级	1243150	1137661	225193		15030	58418	32041
二级	965966	770948	46164		29648	76711	88659
三级	2090847	1684157	252967		74638	281060	50992
四级	2908274	2251054	581126	37624	94856	435732	126632
暂定	6421609	5283201	992405	98365	79549	747866	310993
其他	532237	400178	18645			121259	10800

4－15 续表 2

地 区	房屋竣工面积合计(平方米)	商品住宅	90平方米以下住房	144平方米以上	其中:别墅、高档公寓	办公楼	商业营业用房	其他
按登记注册类型分								
内资企业	7911590	6409343	993846	488348		75143	1160717	266387
国有企业	118431	75098	3300				43333	
集体企业	169344	169344	3700	16220				
股份合作企业	96627	73571	11318	25466		9798	13258	
国有与集体联营企业								
其他联营企业								
国有独资公司	43312	43312	18412					
其他有限责任公司	4076366	3332143	604753	213825		11557	573665	159001
股份有限公司	773311	685553	36727	44191		13488	56682	17588
私营独资企业	58038	48538	8023				9500	
私营合伙企业								
私营有限责任公司	1993056	1435560	242168	170373		40300	427398	89798
私营股份有限公司	435748	402434	50390	6986			33314	
其他企业	147357	143790	15055	11287			3567	
港澳台商投资企业	49413	37273					12140	
与港澳台商合资经营企业								
港澳台商独资经营企业	49413	37273					12140	
外商投资企业	36844	36844		4800				
中外合资经营企业								
外资企业	36844	36844		4800				
国有控股	210208	141090	22840	1508			64152	4966
集体控股	833898	738591	85328	62179		9798	61721	23788
私人控股	5968766	4707369	800200	322125		63887	986331	211179
港澳台商控股	49413	37273					12140	
外商控股	36844	36844		4800				
其他	898718	822293	85478	102536		1458	48513	26454
中央	105583	85185					5227	15171
省(自治区、直辖市)	73571	73571	11318	25466				
地区(州、盟、省辖市)	705563	599040	21105	30960		13786	68937	23800
县(区、市、旗)	1640470	1392904	269458	139667			177086	70480
街道	155701	155701		15520				
镇								
居委会	116873	100497	31863	1540			13056	3320
村委会								
其他	5200086	4076562	660102	279995		61357	908551	153616
一级	442007	415049	15610	14500			4500	22458
二级	742385	663255	103029	29509			60324	18806
三级	1799027	1501096	181265	226721			211889	86042
四级	2111022	1582370	369716	109838		21527	445877	61248
暂定	2182877	1813429	269646	107780		53056	249359	67033
其他	720529	508261	54580	4800		560	200908	10800

4－15 续表 3

地区	商品房销售面积（平方米）	商品住宅	90 平方米以下住房	144 平方米以上	其中:别墅、高档公寓	办公楼	商业营业用房	其他
按登记注册类型分								
内资企业	12141310	10617882	1703088	902658	35102	74615	1273503	175310
国有企业	163986	160552	21072	42362			3434	
集体企业	193289	190049		14256			1140	2100
股份合作企业	93509	93509	11318	25466				
国有与集体联营企业	5724	5724						
其他联营企业								
国有独资公司	27000	27000						
其他有限责任公司	6168593	5436500	973973	538602	16575	31043	626995	74055
股份有限公司	1030133	945104	73870	95842		7745	67786	9498
私营独资企业	183705	167899	44093	10401			6448	9358
私营合伙企业	19980	19980	11570					
私营有限责任公司	3183258	2570024	357477	148434	18527	35827	508588	68819
私营股份有限公司	793400	747857	152790	13558			34063	11480
其他企业	278733	253684	56925	13737			25049	
港澳台商投资企业	191438	46976	2856				144462	
与港澳台商合资经营企业	12284	12284	2690					
港澳台商独资经营企业	179154	34692	166				144462	
外商投资企业	64957	62218	19830	936			2739	
中外合资经营企业	21200	21200						
外资企业	43757	41018	19830	936			2739	
国有控股	493960	490526	22121	52118			3434	
集体控股	907161	771306	57343	47949		4937	128634	2284
私人控股	8960925	7828313	1494086	641072	35102	53671	928005	150936
港澳台商控股	191438	46976	2856				144462	
外商控股	64957	62218	19830	936			2739	
其他	1779264	1527737	129538	161519		16007	213430	22090
中央	34407	28759	3460	3270			5648	
省（自治区、直辖市）	234423	234423	19903	39846				
地区（州、盟、省辖市）	1177067	1143051	75703	99539		15030	18986	
县（区、市、旗）	2324246	2195199	528472	268676	13234	7151	86126	35770
街道	223104	221248		13976			1856	
镇	4000	4000	4000					
居委会	152165	131320	30035	1120			15241	5604
村委会								
其他	8248293	6769076	1064201	477167	21868	52434	1292847	133936
一级	803863	773628	124736	121791			21377	8858
二级	1121252	950153	167248	72761			162674	8425
三级	2710057	2322487	295686	306723	13424	6851	329501	51218
四级	2687950	2151472	596547	198484	3151	16590	447788	72100
暂定	3828951	3449286	453000	171965	18527	40058	308745	30862
其他	1245632	1080050	88557	31870		11116	150619	3847

4－15 续表 4

地　区	现房销售面积（平方米）	商品住宅	90 平方米以下住房	144 平方米以上	其中:别墅、高档公寓	办公楼	商业营业用房	其　他
按登记注册类型分								
内资企业	2616571	2150872	259493	129393	1238	42711	370669	52319
国有企业	16729	15800					929	
集体企业	147968	147968		13221				
股份合作企业								
国有与集体联营企业								
其他联营企业								
国有独资公司								
其他有限责任公司	978303	865924	155710	55371	1238	11116	80145	21118
股份有限公司	241866	205176	14330	14140		600	36090	
私营独资企业	42105	36439					5666	
私营合伙企业								
私营有限责任公司	904992	628111	76502	32738		30995	214685	31201
私营股份有限公司	204769	175182	1559	2636			29587	
其他企业	79839	76272	11392	11287			3567	
港澳台商投资企业	2524	2380	80				144	
与港澳台商合资经营企业								
港澳台商独资经营企业	2524	2380	80				144	
外商投资企业	13073	10334		936			2739	
中外合资经营企业								
外资企业	13073	10334		936			2739	
国有控股	49044	48115	1049	1205			929	
集体控股	279782	269621	5999	15174			10161	
私人控股	1955239	1524130	235145	77948	1238	31595	348451	51063
港澳台商控股	2524	2380	80				144	
外商控股	13073	10334		936			2739	
其他	332506	309006	17300	35066		11116	11128	1256
中央	7552	3244					4308	
省（自治区、直辖市）	30299	30299	3390	1953				
地区（州、盟、省辖市）	207718	207718	3212	17441				
县（区、市、旗）	349001	341916	86676	17528			4107	2978
街道	142525	142525		12941				
镇								
居委会	11820	8967	2609	280			2853	
村委会								
其他	1883253	1428917	163686	80186	1238	42711	362284	49341
一级	21490	19695	2390				1795	
二级	222553	215253	487	24228			7300	
三级	678481	550900	61346	39318			92344	35237
四级	631486	511184	133285	49384	1238		103624	16678
暂定	578020	464105	13135	16463		31595	81916	404
其他	500138	402449	48930	936		11116	86573	

4－15 续表5

地　区	期房销售面积（平方米）	商品住宅	90平方米以下住房	144平方米以上	其中：别墅、高档公寓	办公楼	商业营业用房	其他
按登记注册类型分								
内资企业	9524739	8467010	1443595	773265	33864	31904	902834	122991
国有企业	147257	144752	21072	42362			2505	
集体企业	45321	42081		1035			1140	2100
股份合作企业	93509	93509	11318	25466				
国有与集体联营企业	5724	5724						
其他联营企业								
国有独资公司	27000	27000						
其他有限责任公司	5190290	4570576	818263	483231	15337	19927	546850	52937
股份有限公司	788267	739928	59540	81702		7145	31696	9498
私营独资企业	141600	131460	44093	10401			782	9358
私营合伙企业	19980	19980	11570					
私营有限责任公司	2278266	1941913	280975	115696	18527	4832	293903	37618
私营股份有限公司	588631	572675	151231	10922			4476	11480
其他企业	198894	177412	45533	2450			21482	
港澳台商投资企业	188914	44596	2776				144318	
与港澳台商合资经营企业	12284	12284	2690					
港澳台商独资经营企业	176630	32312	86				144318	
外商投资企业	51884	51884	19830					
中外合资经营企业	21200	21200						
外资企业	30684	30684	19830					
国有控股	444916	442411	21072	50913			2505	
集体控股	627379	501685	51344	32775		4937	118473	2284
私人控股	7005686	6304183	1258941	563124	33864	22076	579554	99873
港澳台商控股	188914	44596	2776				144318	
外商控股	51884	51884	19830					
其他	1446758	1218731	112238	126453		4891	202302	20834
中央	26855	25515	3460	3270			1340	
省（自治区、直辖市）	204124	204124	16513	37893				
地区（州、盟、省辖市）	969349	935333	72491	82098		15030	18986	
县（区、市、旗）	1975245	1853283	441796	251148	13234	7151	82019	32792
街道	80579	78723		1035			1856	
镇	4000	4000	4000					
居委会	140345	122353	27426	840			12388	5604
村委会								
其他	6365040	5340159	900515	396981	20630	9723	930563	84595
一级	782373	753933	122346	121791			19582	8858
二级	898699	734900	166761	48533			155374	8425
三级	2031576	1771587	234340	267405	13424	6851	237157	15981
四级	2056464	1640288	463262	149100	1913	16590	344164	55422
暂定	3250931	2985181	439865	155502	18527	8463	226829	30458
其他	745494	677601	39627	30934			64046	3847

4－15 续表 6

地区	商品房销售额（万元）							
		商品住宅	90平方米以下住房	144平方米以上	其中:别墅、高档公寓	办公楼	商业营业用房	其他
按登记注册类型分								
内资企业	4357027	3661675	580682	346123	16792	27172	608921	59259
国有企业	53311	51865	7274	12892			1446	
集体企业	58292	57386		5520			570	336
股份合作企业	34772	34772	4000	9000				
国有与集体联营企业	2509	2509						
其他联营企业								
国有独资公司	7000	7000						
其他有限责任公司	2270190	1926765	336421	235831	6250	14537	304637	24251
股份有限公司	355016	317957	23897	15409		3137	29862	4060
私营独资企业	63630	56003	15185	3325			3185	4442
私营合伙企业	7193	7193	4165					
私营有限责任公司	1143950	865327	110838	56034	10542	9498	246589	22536
私营股份有限公司	260882	246671	58947	4744			10577	3634
其他企业	100282	88227	19955	3368			12055	
港澳台商投资企业	75964	15233	831				60731	
与港澳台商合资经营企业	3821	3821	776					
港澳台商独资经营企业	72143	11412	55				60731	
外商投资企业	23448	23009	8320	238			439	
中外合资经营企业	8707	8707						
外资企业	14741	14302	8320	238			439	
国有控股	195361	190856	7672	18721			1446	3059
集体控股	312230	252555	17226	17512		1868	57436	371
私人控股	3166374	2650710	511744	241897	16792	17375	448290	49999
港澳台商控股	75964	15233	831				60731	
外商控股	23448	23009	8320	238			439	
其他	683062	567554	44040	67993		7929	101749	5830
中央	14028	11062	1462	1318			2966	
省（自治区、直辖市）	96886	93827	6411	15902				3059
地区（州、盟、省辖市）	458786	441477	25112	48890		6054	11255	
县（区、市、旗）	750909	698499	171879	68361	4835	3407	37415	11588
街道	67032	66104		5440			928	
镇	569	569	569					
居委会	49079	41095	8519	332			7083	901
村委会								
其他	3019150	2347284	375881	206118	11957	17711	610444	43711
一级	301483	289055	51335	37731			8706	3722
二级	412546	329350	59022	33066			79919	3277
三级	1002406	809636	106002	127458	4959	3317	173994	15459
四级	888076	662436	179237	65587	1291	6678	196328	22634
暂定	1429703	1242212	168085	70040	10542	11842	162239	13410
其他	422225	367228	26152	12479		5335	48905	757

4－15 续表 7

地　　区	现房销售额（万元）	商品住宅	90 平方米以下住房	144 平方米以上	其中:别墅、高档公寓	办公楼	商业营业用房	其　他
按登记注册类型分								
内资企业	777594	610287	73981	45339	362	12939	138751	15617
国有企业	4684	4351					333	
集体企业	46185	46185		5118				
股份合作企业								
国有与集体联营企业								
其他联营企业								
国有独资公司								
其他有限责任公司	291403	252899	41944	19945	362	5335	26960	6209
股份有限公司	79974	65337	4003	5629		284	14353	
私营独资企业	12465	9659					2806	
私营合伙企业								
私营有限责任公司	270772	169107	23658	11318		7320	84937	9408
私营股份有限公司	47902	39788	376	395			8114	
其他企业	24209	22961	4000	2934			1248	
港澳台商投资企业	693	575	25				118	
与港澳台商合资经营企业								
港澳台商独资经营企业	693	575	25				118	
外商投资企业	3338	2899		238			439	
中外合资经营企业								
外资企业	3338	2899		238			439	
国有控股	16840	16507	398	469			333	
集体控股	84566	80901	1463	5658			3665	
私人控股	567052	412835	67112	25631	362	7604	131145	15468
港澳台商控股	693	575	25				118	
外商控股	3338	2899		238			439	
其他	109136	100044	5008	13581		5335	3608	149
中央	3124	958					2166	
省（自治区、直辖市）	8393	8393	915	540				
地区（州、盟、省辖市）	76776	76776	616	7848				
县（区、市、旗）	97739	95880	26626	5603			1277	582
街道	44629	44629		5038				
镇								
居委会	2895	2296	548	80			599	
村委会								
其他	548069	384829	45301	26468	362	12939	135266	15035
一级	8687	7889	884				798	
二级	70656	67685	149	7972			2971	
三级	227969	168671	18220	14677			48643	10655
四级	173712	131689	37769	16241	362		37146	4877
暂定	161975	126238	4574	6449		7604	28048	85
其他	138626	111589	12410	238		5335	21702	

4－15 续表 8

地区	期房销售额（万元）	商品住宅	90平方米以下住房	144平方米以上	其中:别墅、高档公寓	办公楼	商业营业用房	其他
按登记注册类型分								
内资企业	3579433	3051388	506701	300784	16430	14233	470170	43642
国有企业	48627	47514	7274	12892			1113	
集体企业	12107	11201		402			570	336
股份合作企业	34772	34772	4000	9000				
国有与集体联营企业	2509	2509						
其他联营企业								
国有独资公司	7000	7000						
其他有限责任公司	1978787	1673866	294477	215886	5888	9202	277677	18042
股份有限公司	275042	252620	19894	9780		2853	15509	4060
私营独资企业	51165	46344	15185	3325			379	4442
私营合伙企业	7193	7193	4165					
私营有限责任公司	873178	696220	87180	44716	10542	2178	161652	13128
私营股份有限公司	212980	206883	58571	4349			2463	3634
其他企业	76073	65266	15955	434			10807	
港澳台商投资企业	75271	14658	806				60613	
与港澳台商合资经营企业	3821	3821	776					
港澳台商独资经营企业	71450	10837	30				60613	
外商投资企业	20110	20110	8320					
中外合资经营企业	8707	8707						
外资企业	11403	11403	8320					
国有控股	178521	174349	7274	18252			1113	3059
集体控股	227664	171654	15763	11854		1868	53771	371
私人控股	2599322	2237875	444632	216266	16430	9771	317145	34531
港澳台商控股	75271	14658	806				60613	
外商控股	20110	20110	8320					
其他	573926	467510	39032	54412		2594	98141	5681
中央	10904	10104	1462	1318			800	
省（自治区、直辖市）	88493	85434	5496	15362				3059
地区（州、盟、省辖市）	382010	364701	24496	41042		6054	11255	
县（区、市、旗）	653170	602619	145253	62758	4835	3407	36138	11006
街道	22403	21475		402			928	
镇	569	569	569					
居委会	46184	38799	7971	252			6484	901
村委会								
其他	2471081	1962455	330580	179650	11595	4772	475178	28676
一级	292796	281166	50451	37731			7908	3722
二级	341890	261665	58873	25094			76948	3277
三级	774437	640965	87782	112781	4959	3317	125351	4804
四级	714364	530747	141468	49346	929	6678	159182	17757
暂定	1267728	1115974	163511	63591	10542	4238	134191	13325
其他	283599	255639	13742	12241			27203	757

4－15 续表 9

地　区	空置面积合计(平方米)	商品住宅				办公楼	商业营业用房	其他
			90平方米以下住房	144平方米以上	其中:别墅、高档公寓			
按登记注册类型分								
内资企业	1269867	949476	121720	69242	29438	53633	203562	63196
国有企业	19715	19715						
集体企业								
股份合作企业								
国有与集体联营企业								
其他联营企业								
国有独资公司								
其他有限责任公司	693339	507561	56336	49390	18609	50119	126879	8780
股份有限公司	45212	42671		1382			2541	
私营独资企业	21287	9688					11599	
私营合伙企业								
私营有限责任公司	459862	345469	65309	18470	10829	3399	56689	54305
私营股份有限公司	12622	12372	75			115	135	
其他企业	17830	12000					5719	111
港澳台商投资企业	30390	15939					14451	
与港澳台商合资经营企业								
港澳台商独资经营企业	30390	15939					14451	
外商投资企业	22884	22884		3622				
中外合资经营企业								
外资企业	22884	22884		3622				
国有控股	59535	26887	2079				30000	2648
集体控股	29795	23525					6270	
私人控股	856421	612565	101450	49695	29438	44749	143371	55736
港澳台商控股	30390	15939					14451	
外商控股	22884	22884		3622				
其他	324116	286499	18191	19547		8884	23921	4812
中央	6158						6158	
省(自治区、直辖市)								
地区(州、盟、省辖市)	118545	116587	2180	6859			1958	
县(区、市、旗)	79274	72315	17397	7030			4511	2448
街道	10189						10189	
镇								
居委会								
村委会								
其他	1108975	799397	102143	58975	29438	53633	195197	60748
一级	63296	63296	2180					
二级	51969	50964	2210				1005	
三级	306087	177561	31421	13563	10690	36157	87513	4856
四级	292676	222784	41044	37576	7919	7349	58041	4502
暂定	540312	419060	41525	18103	10829	1243	68819	51190
其他	68801	54634	3340	3622		8884	2635	2648

4－15 续表 10

地　　区	空置1－3年（含1年）（平方米）	商品住宅	90平方米以下住房	144平方米以上	其中：别墅、高档公寓	办公楼	商业营业用房	其　他
按登记注册类型分								
内资企业	533199	435021	49542	47739	23324	8177	81593	8408
国有企业	19715	19715						
集体企业								
股份合作企业								
国有与集体联营企业								
其他联营企业								
国有独资公司								
其他有限责任公司	352507	278698	49047	32280	12495	7049	60355	6405
股份有限公司	35529	35529		962				
私营独资企业								
私营合伙企业								
私营有限责任公司	108053	89403	420	14497	10829	1128	15519	2003
私营股份有限公司	11676	11676	75					
其他企业	5719						5719	
港澳台商投资企业	30390	15939					14451	
与港澳台商合资经营企业								
港澳台商独资经营企业	30390	15939					14451	
外商投资企业	22884	22884		3622				
中外合资经营企业								
外资企业	22884	22884		3622				
国有控股	59535	26887	2000				30000	2648
集体控股	5394	5394						
私人控股	323719	262681	31451	38769	23324	8177	49753	3108
港澳台商控股	30390	15939					14451	
外商控股	22884	22884		3622				
其他	144551	140059	16091	8970			1840	2652
中央								
省（自治区、直辖市）								
地区（州、盟、省辖市）	45114	45114						
县（区、市、旗）	48554	48532	16677	7030				22
街道								
镇								
居委会								
村委会								
其他	492805	380198	32865	44331	23324	8177	96044	8386
一级	28000	28000						
二级	39347	38797					550	
三级	116644	58428	12388	5540	10690		53583	4633
四级	179299	152903	33394	27814	1805	7049	18220	1127
暂定	180409	155590	420	14385	10829	1128	23691	
其他	42774	40126	3340	3622				2648

4-16 全市施工总承包和专业承包建筑业企业生产情况

(2011年)

单位:万元

指标名称	入统企业个数(个)	有工作量的企业个数	建筑业合同情况			直接从建设单位承揽工程完成的产值
			签订的合同额	上年结转合同额	本年新签合同额	
总计	480	478	7596373	2825983	4770390	5204641
其中:国有及国有控股企业	31	31	647059	326798	320261	358044
一、按登记注册类型分组						
内资企业	477	475	7589413	2825666	4763747	5201471
国有企业	21	21	564564	313211	251353	286608
集体企业	34	34	570009	193815	376194	303052
股份合作企业	1	1	3590		3590	2912
联营企业	2	2	16537	3375	13162	13759
有限责任公司	186	185	3590167	1464051	2126116	2512810
股份有限公司	39	39	663020	229911	433110	513645
私营企业	193	192	2177161	620953	1556208	1563637
其他企业	1	1	4365	350	4015	5050
港、澳、台商投资企业	1	1	3661	77	3584	2839
合资经营企业(港或澳、台资)	1	1	3661	77	3584	2839
港、澳、台商独资经营企业						
外商投资企业	2	2	3300	240	3060	331
中外合资经营企业	2	2	3300	240	3060	331
二、按国民经济行业分组						
房屋和土木工程建筑业	361	359	7304425	2766412	4538013	4996389
房屋工程建筑	264	264	6092665	2303748	3788917	4059450
土木工程建筑业	97	95	1211760	462664	749095	936939
建筑安装业	52	52	175598	34024	141574	119897
建筑装饰业	50	50	70919	18221	52698	54491
其他建筑业	17	17	45432	7327	38106	33865
三、按隶属关系分组						
中央	1	1	313159	210527	102632	120648
省(自治区、直辖市)	3	3	19552		19552	20248
地区(州、盟、省辖市)	42	41	1467953	658418	809535	958469
县(区、市、旗)	71	71	1142601	427060	715541	683568

4－16 续表 1

指 标 名 称	人统企业个　数（个）	有工作量的企业个数	建筑业合同情况 签订的合同额	上年结转合同额	本年新签合同额	直接从建设单位承揽工程完成的产值
街道	12	12	458601	208608	249993	277195
镇	7	7	53721	12594	41127	31589
乡						
居委会	16	16	138646	53239	85406	95819
村委会	10	10	60353	21552	38801	49590
其他	318	317	3941789	1233986	2707802	2967515
四、按企业资质等级分组						
施工总承包	325	324	7146493	2718805	4427688	4858038
一级	25	25	3368356	1431123	1937233	2252596
二级	105	105	2422228	887043	1535185	1542911
三级及以下	195	194	1355909	400640	955270	1062531
专业承包	155	154	449881	107178	342702	346603
一级	9	9	80219	20045	60174	63102
二级	50	50	144962	32145	112816	111106
三级及以下	96	95	224700	54988	169712	172395
六、按营业状态分						
营业	474	472	7578969	2824308	4754662	5196087
停业（歇业）	3	3	1000	190	810	1026
当年关闭	2	2	14105	686	13419	7189
当年破产						
其他	1	1	2300	800	1500	339
七、按控股情况分						
国有控股	31	31	647059	326798	320261	358044
集体控股	61	60	930042	364944	565098	632694
私人控股	347	346	5739225	2019986	3719239	3993105
港澳台商控股	1	1	3661	77	3584	2839
外商控股	2	2	3300	240	3060	331
其他	38	38	273088	113938	159150	217628

4－16续表2

指标名称	承包工程完成情况			建筑业总产值	装饰装修产值	在外省完成的产值
	自行完成施工产值	分包出去工程的产值	从建设单位以外承揽工程完成的产值			
总　　计	**5196972**	**7669**	**46403**	**5243376**	**148361**	**163147**
其中:国有及国有控股企业	358044		843	358887	46	61302
一、按登记注册类型分组						
内资企业	5193802	7669	43694	5237497	145522	163147
国有企业	286608		341	286948	46	61099
集体企业	303052			303052	660	
股份合作企业	2912			2912		
联营企业	13759			13759		
有限责任公司	2512718	92	30078	2542795	97167	28875
股份有限公司	512145	1500	6390	518535	13075	36853
私营企业	1557560	6077	6886	1564446	34575	36320
其他企业	5050			5050		
港、澳、台商投资企业	2839			2839	2839	
合资经营企业(港或澳、台资)	2839			2839	2839	
港、澳、台商独资经营企业						
外商投资企业	331		2709	3040		
中外合资经营企业	331		2709	3040		
二、按国民经济行业分组						
房屋和土木工程建筑业	4990777	5612	36106	5026883	91066	153882
房屋工程建筑	4055558	3892	22764	4078322	90993	84952
土木工程建筑业	935219	1720	13342	948561	73	68930
建筑安装业	119635	262	16	119650	10809	5812
建筑装饰业	54491		925	55416	46486	1052
其他建筑业	32070	1795	9357	41427		2401
三、按隶属关系分组						
中央	120648			120648		47574
省(自治区、直辖市)	20248			20248		1380
地区(州、盟、省辖市)	958377	92	13783	972160	64294	12348
县(区、市、旗)	682068	1500	19676	701744	29747	2535

4－16续表3

指标名称	承包工程完成情况			建筑业总产值	装饰装修产值	在外省完成的产值
	自行完成施工产值	分包出去工程的产值	从建设单位以外承揽工程完成的产值			
街道	277195			277195	1300	
镇	31589			31589		
乡						
居委会	95819			95819	660	
村委会	49590		109	49699	308	
其他	2961439	6077	12836	2974274	52052	99310
四、按企业资质等级分组						
施工总承包	4854221	3817	25173	4879394	96280	143363
一级	2248779	3817	3817	2252596	63277	120573
二级	1542911		20854	1563765	23715	18495
三级及以下	1062531		503	1063033	9288	4295
专业承包	342751	3852	21230	363981	52081	19784
一级	63102			63102	30356	8620
二级	110844	262	2852	113696	15461	7030
三级及以下	168806	3590	18378	187184	6265	4134
六、按营业状态分						
营业	5188418	7669	46403	5234822	147731	162902
停业(歇业)	1026			1026	630	42
当年关闭	7189			7189		203
当年破产						
其他	339			339		
七、按控股情况分						
国有控股	358044		843	358887	46	61302
集体控股	632694		355	633049	10299	7322
私人控股	3986953	6152	17069	4004022	131801	94223
港澳台商控股	2839			2839	2839	
外商控股	331		2709	3040		
其他	216111	1517	25428	241539	3377	300

4－16 续表 4

指标名称	按构成分的建筑业总产值			竣工产值	房屋建筑施工面积（平方米）	
	建筑工程产值	安装工程产值	其他产值			本年新开工面积
总计	**4458238**	**570397**	**214740**	**3101325**	**58313357**	**30396211**
其中：国有及国有控股企业	265654	84826	8407	202629	619095	369731
一、按登记注册类型分组						
内资企业	4455399	570397	211700	3096685	58313357	30396211
国有企业	219694	66522	732	168410	303669	222595
集体企业	295031	4517	3504	230349	5065297	2935176
股份合作企业	2912			2121	33290	33290
联营企业	12660	1099		12195	60474	18200
有限责任公司	2138937	268491	135367	1333149	27373959	12398977
股份有限公司	414925	96196	7414	402439	5433316	2990147
私营企业	1366190	133573	64683	939715	19963552	11761326
其他企业	5050			8308	79800	36500
港、澳、台商投资企业	2839			1932		
合资经营企业(港或澳、台资)	2839			1932		
港、澳、台商独资经营企业						
外商投资企业			3040	2708		
中外合资经营企业			3040	2708		
二、按国民经济行业分组						
房屋和土木工程建筑业	4369274	471294	186315	2948531	58001168	30225939
房屋工程建筑	3725317	257029	95975	2455023	56334353	29288330
土木工程建筑业	643956	214265	90340	493509	1666815	937609
建筑安装业	35423	78810	5418	88820	312069	170152
建筑装饰业	30440	16466	8510	41655		
其他建筑业	23102	3828	14498	22319	120	120
三、按隶属关系分组						
中央	59073	61575		38387	127669	46595
省（自治区、直辖市）	2416	17832		21676		
地区(州、盟、省辖市)	785445	150635	36079	580518	9366548	3491895
县（区、市、旗）	617751	24969	59023	448963	8084064	3798996

4－16 续表 5

指 标 名 称	按构成分的建筑业总产值			竣工产值	房屋建筑施工面积（平方米）	本年新开工面积
	建筑工程产值	安装工程产值	其他产值			
街道	244342	31585	1268	133517	3089207	1726055
镇	30135	790	663	19600	485435	315534
乡						
居委会	94182	750	887	72998	1559737	733803
村委会	48382	1317		35278	535849	302483
其他	2576511	280944	116820	1750388	35064848	19980850
四、按企业资质等级分组						
施工总承包	4279215	422554	177626	2849303	57185906	29653109
一级	1899539	281571	71487	1156654	22213328	9804915
二级	1394433	92873	76459	1020032	22104235	11855696
三级及以下	985243	48109	29681	672617	12868343	7992498
专业承包	179023	147844	37114	252022	1127451	743102
一级	36215	22791	4096	55646	545600	478160
二级	45006	59814	8875	72979	436448	149901
三级及以下	97802	65239	24143	123397	145403	115041
六、按营业状态分						
营业	4450939	569499	214384	3097674	58313357	30396211
停业（歇业）	630	42	354	42		
当年关闭	6669	518	2	3609		
当年破产						
其他		339				
七、按控股情况分						
国有控股	265654	84826	8407	202629	619095	369731
集体控股	583745	44273	5031	371641	8139461	4219385
私人控股	3412256	398678	193088	2349485	47432520	24700851
港澳台商控股	2839			1932		
外商控股			3040	2708		
其他	193745	42621	5174	172931	2122281	1106244

4－16续表6

指标名称	实行投标承包面积	本年新开工	年末自有施工机械设备 净值	总台数（台）	总功率（千瓦）	补充资料 企业总产值
总计	**45565434**	**25456529**	**292231**	**82398**	**1273454**	**5425948**
其中：国有及国有控股企业	604605	369731	42482	4982	124877	364194
一、按登记注册类型分组						
内资企业	45565434	25456529	291042	82254	1272163	5420070
国有企业	303669	222595	29903	3284	72215	286948
集体企业	4507585	2715176	9862	4259	49880	320828
股份合作企业	33290	33290	135	22	1200	2912
联营企业	60474	18200	4617	1606	33240	13759
有限责任公司	23025109	10902508	101755	25640	533996	2639776
股份有限公司	3713091	2569110	28586	6008	180447	570237
私营企业	13842416	8959150	116184	41435	401185	1580560
其他企业	79800	36500				5050
港、澳、台商投资企业			27	122	91	2839
合资经营企业(港或澳、台资)			27	122	91	2839
港、澳、台商独资经营企业						
外商投资企业			1162	22	1200	3040
中外合资经营企业			1162	22	1200	3040
二、按国民经济行业分组						
房屋和土木工程建筑业	45460208	25364109	277722	78347	1212814	5189421
房屋工程建筑	44939334	24924309	197625	71039	1002800	4192691
土木工程建筑业	520874	439800	80097	7308	210014	996730
建筑安装业	105226	92420	7787	1874	23492	137262
建筑装饰业			1438	772	7800	57839
其他建筑业			5283	1405	29348	41427
三、按隶属关系分组						
中央	127669	46595	14442	1898	24120	120648
省（自治区、直辖市）			368	39	4310	20871
地区（州、盟、省辖市）	7315130	2754989	38110	5250	155464	1014072
县（区、市、旗）	7345181	3614741	35732	11742	204488	750725

4－16 续表 7

指 标 名 称	实行投标承包面积	本 年 新开工	年末自有施工机械设备 净 值	总台数（台）	总功率（千瓦）	补充资料 企 业 总产值
街道	2429833	1489254	8274	2898	91175	280302
镇	464935	297784	1894	818	14015	31762
乡						
居委会	1097580	535603	5330	1397	26128	95819
村委会	408057	273683	2697	1702	21013	49989
其他	26377049	16443880	185385	56654	732741	3061760
四、按企业资质等级分组						
施工总承包	45458071	25367528	263335	76807	1175684	5037752
一级	18779614	8947569	90552	39750	504688	2372387
二级	17953908	10434638	122676	19836	409529	1593097
三级及以下	8724549	5985321	50106	17221	261467	1072268
专业承包	107363	89001	28896	5591	97770	388197
一级			3168	593	7153	63102
二级			9883	3271	50235	118722
三级及以下	107363	89001	15845	1727	40382	206373
六、按营业状态分						
营业	45565434	25456529	290018	82249	1265759	5416679
停业（歇业）			3	3	10	1732
当年关闭			2210	146	7685	7189
当年破产						
其他						348
七、按控股情况分						
国有控股	604605	369731	42482	4982	124877	364194
集体控股	6395371	3487576	20482	6992	100470	654925
私人控股	37281483	20943304	216528	68322	1023535	4152901
港澳台商控股			27	122	91	2839
外商控股			1162	22	1200	3040
其他	1283975	655918	11550	1958	23281	248050

4－16 续表 8

指 标 名 称	劳动人员情况（人）						
	计算劳动生产率的平均人数	期末从业人员	管理人员	工程技术人员	一级建造师	现场施工工人	持证上岗人员
总　计	**277452**	**254581**	**25849**	**41161**	**1078**	**150649**	**98856**
其中：国有及国有控股企业	12756	12410	1346	2818	150	6857	3588
一、按登记注册类型分组							
内资企业	277067	254170	25792	41117	1070	150284	98752
国有企业	7999	8002	867	1950	130	4150	2186
集体企业	25717	19956	2514	2828	52	7803	5930
股份合作企业	220	240	28	24		210	198
联营企业	830	943	227	206		440	416
有限责任公司	121857	113598	12151	17235	545	62860	40055
股份有限公司	28641	27765	2667	5401	109	19955	12208
私营企业	91223	83086	7298	13343	229	54366	37329
其他企业	580	580	40	130	5	500	430
港、澳、台商投资企业	262	321	31	22	8	290	36
合资经营企业（港或澳、台资）	262	321	31	22	8	290	36
港、澳、台商独资经营企业							
外商投资企业	123	90	26	22		75	68
中外合资经营企业	123	90	26	22		75	68
二、按国民经济行业分组							
房屋和土木工程建筑业	265236	242118	24246	38335	813	142570	93327
房屋工程建筑	233353	212088	20986	31978	505	129976	87164
土木工程建筑业	31883	30030	3260	6357	308	12594	6163
建筑安装业	6598	6757	772	1411	167	4420	3246
建筑装饰业	3394	3301	441	742	81	1829	1197
其他建筑业	2224	2405	390	673	17	1830	1086
三、按隶属关系分组							
中央	2633	2267	599	921	51	747	612
省（自治区、直辖市）	230	247	38	69		82	60
地区（州、盟、省辖市）	47146	38469	3304	5249	273	21579	8784
县（区、市、旗）	37812	36649	4419	7023	147	19329	13782

4－16续表9

指标名称	劳动人员情况（人）						
	计算劳动生产率的平均人数	期末从业人员	管理人员	工程技术人员	一级建造师	现场施工工人	持证上岗人员
街道	13642	16169	1433	1203	17	3828	2699
镇	3216	3113	310	567		2115	1792
乡							
居委会	7394	7372	956	761	26	4835	3016
村委会	3421	3308	410	374		2919	1903
其他	161958	146987	14380	24994	564	95215	66208
四、按企业资质等级分组							
施工总承包	258464	235637	23617	37230	772	139529	91392
一级	81300	66369	6537	10273	462	35721	17308
二级	97586	90657	9053	14296	175	54281	39246
三级及以下	79578	78611	8027	12661	135	49527	34838
专业承包	18988	18944	2232	3931	306	11120	7464
一级	2581	2814	226	321	67	1699	1032
二级	5460	5289	700	1497	98	3012	2497
三级及以下	10947	10841	1306	2113	141	6409	3935
六、按营业状态分							
营业	276768	253887	25690	40976	1061	150462	98703
停业（歇业）	161	176	59	43		37	33
当年关闭	498	480	100	134	15	120	115
当年破产							
其他	25	38		8	2	30	5
七、按控股情况分							
国有控股	12756	12410	1346	2818	150	6857	3588
集体控股	40429	34848	4043	4317	101	14788	10554
私人控股	209089	193154	18879	31874	742	120354	80442
港澳台商控股	262	321	31	22	8	290	36
外商控股	123	90	26	22		75	68
其他	14793	13758	1524	2108	77	8285	4168

4－16 续表 10

指标名称	主要建筑材料消耗量（吨）					
	钢材	木材	水泥	平板玻璃		铝材
				重量箱	平方米	
总计	**1997320**	**757313**	**7820648**	**684742**	**6579936**	**126075**
其中：国有及国有控股企业	68165	17498	338857	6594	82672	1612
一、按登记注册类型分组						
内资企业	1997320	757313	7789648	684742	6579936	126075
国有企业	50275	3920	220608	7	903	1287
集体企业	136881	63173	675818	165648	793589	18416
股份合作企业	1012	260	4100	1646	8322	75
联营企业	5210	2980	108010	1030	8420	160
有限责任公司	953224	361144	4461704	309961	3839015	67649
股份有限公司	127376	50162	641967	75068	442152	4023
私营企业	723342	275674	1677441	131382	1487535	34465
其他企业						
港、澳、台商投资企业						
合资经营企业（港或澳、台资）						
港、澳、台商独资经营企业						
外商投资企业			31000			
中外合资经营企业			31000			
二、按国民经济行业分组						
房屋和土木工程建筑业	1952983	751456	7691756	648748	5717788	114258
房屋工程建筑	1832131	741399	7235866	647392	5712822	112549
土木工程建筑业	120852	10057	455890	1356	4966	1709
建筑安装业	36231	2255	68501	1364	147428	1079
建筑装饰业	623	3601	1826	34628	714520	10736
其他建筑业	7483	1	58565	2	200	2
三、按隶属关系分组						
中央	33306		51724			
省（自治区、直辖市）	183		950			
地区（州、盟、省辖市）	221408	57734	1185292	29511	720911	10084
县（区、市、旗）	387675	121966	2379780	186880	1020519	6986

4－16续表11

指 标 名 称	主要建筑材料消耗量（吨）					
	钢 材	木 材	水 泥	平板玻璃		铝 材
				重量箱	平方米	
街道	128219	49037	631987	10601	95766	1526
镇	13654	7289	67111	4272	133840	15095
乡						
居委会	34611	53553	181107	13282	308599	9105
村委会	18460	6928	107998	12899	113555	1106
其他	1159804	460806	3214699	427297	4186746	82173
四、按企业资质等级分组						
施工总承包	1900986	750531	7618036	645687	5734020	113818
一级	814337	251177	3923106	265187	2302239	22219
二级	741820	290255	2165601	255480	2084946	38792
三级及以下	344829	209099	1529329	125020	1346835	52807
专业承包	96334	6782	202612	39055	845916	12257
一级	24003	21	181	17610	769202	10825
二级	25370	3333	18257	10726	41628	700
三级及以下	46961	3428	184174	10719	35086	732
六、按营业状态分						
营业	1995852	756649	7808648	684742	6579936	125875
停业（歇业）						
当年关闭	1468	664	12000			200
当年破产						
其他						
七、按控股情况分						
国有控股	68165	17498	338857	6594	82672	1612
集体控股	230709	119107	936080	188449	1002704	34613
私人控股	1619507	591580	6236193	470772	5212413	82612
港澳台商控股						
外商控股			31000			
其他	78939	29128	278518	18927	282147	7238

4－17 全市施工总承包和专业承包建筑业企业房屋建筑竣工面积情况

（2011 年）　　单位：平方米

指标名称	总计	住宅房屋	商业及服务用房屋	办公用房屋	科研、教育、医疗用房屋
总　计	**22388525**	**14113430**	**997024**	**921189**	**610995**
其中：国有及国有控股企业	330226	246178		44800	
一、按登记注册类型分组					
内资企业	22388525	14113430	997024	921189	610995
国有企业	143680	115632		13800	
集体企业	1979706	1471593	92455	85900	32589
股份合作企业	19220	14020			
联营企业	34730	32230			1500
有限责任公司	9604864	6287627	632352	468219	415201
股份有限公司	2448675	1454552	65630	102635	22273
私营企业	8077850	4657976	206587	250635	139432
其他企业	79800	79800			
二、按国民经济行业分组					
房屋和土木工程建筑业	22161000	14049341	976724	921189	610995
房屋工程建筑	21661186	13577575	976724	907389	610995
土木工程建筑业	499814	471766		13800	
建筑安装业	227525	64089	20300		
三、按隶属关系分组					
中央	14248				
地区（州、盟、省辖市）	2802975	1843543	257091	186073	45234
县（区、市、旗）	3340674	2346035	183671	258260	95441
街道	1179378	774612	51204	9932	7111
镇	178463	128483	14000	11230	
居委会	612518	523543	8868	16973	4450
村委会	344596	239317		23268	11915
其他	13915673	8257897	482190	415453	446844
四、按企业资质等级分组					
施工总承包	21394834	14078887	990024	921189	610995
一级	6865328	4231509	411335	451947	423096
二级	8511169	5411924	278869	223599	136355
三级及以下	6018337	4435454	299820	245643	51544
专业承包	993691	34543	7000		
一级	463640				
二级	428644	13950	7000		
三级及以下	101407	20593			
六、按营业状态分					
营业	22388525	14113430	997024	921189	610995
七、按控股情况分					
国有控股	330226	246178		44800	
集体控股	2729836	2116216	117962	100300	34089
私人控股	18195815	11200968	785258	748139	573585
其他	1132648	550068	93804	27950	3321

4－17 续表 1

指 标 名 称	文化、体育、娱乐用房屋	厂房及建筑物	仓库	其他未列明的房屋建筑物
总计	**49113**	**5011055**	**198985**	**486734**
其中:国有及国有控股企业		39248		
一、按登记注册类型分组				
内资企业	49113	5011055	198985	486734
国有企业		14248		
集体企业	18831	263638	14700	
股份合作企业		5200		
联营企业				1000
有限责任公司	29322	1522959	77653	171531
股份有限公司		766017		37568
私营企业	960	2438993	106632	276635
其他企业				
二、按国民经济行业分组				
房屋和土木工程建筑业	49113	4891919	174985	486734
房屋工程建筑	49113	4877671	174985	486734
土木工程建筑业		14248		
建筑安装业		119136	24000	
三、按隶属关系分组				
中央		14248		
地区(州、盟、省辖市)		471034		
县(区、市、旗)	28731	328302	6690	93544
街道		333750		2769
镇		18630	6120	
居委会		43984	14700	
村委会		69096		1000
其他	20382	3732011	171475	389421
四、按企业资质等级分组				
施工总承包	49113	4058907	198985	486734
一级	19106	1067602	49862	210871
二级	18831	2101422	97084	243085
三级及以下	11176	889883	52039	32778
专业承包		952148		
一级		463640		
二级		407694		
三级及以下		80814		
六、按营业状态分				
营业	49113	5011055	198985	486734
七、按控股情况分				
国有控股		39248		
集体控股	18831	320618	20820	1000
私人控股	21282	4232484	178165	455934
其他	9000	418705		29800

4－18 全市施工总承包和专业承包建筑业企业房屋建筑竣工造价

（2011 年）

单位：万元

指标名称	总计	住宅房屋	商业及服务用房屋	办公用房屋	科研、教育、医疗用房屋
总计	**2405802**	**1548727**	**126946**	**151541**	**86136**
其中：国有及国有控股企业	34696	26532		2620	
一、按登记注册类型分组					
内资企业	2405802	1548727	126946	151541	86136
国有企业	22596	16950		1380	
集体企业	207712	154618	10715	19131	3713
股份合作企业	2121	1445			
联营企业	1498	1375			85
有限责任公司	1116251	722927	85145	87276	61269
股份有限公司	275729	157940	7958	10819	2658
私营企业	771588	485164	23128	32935	18411
其他企业	8308	8308			
二、按国民经济行业分组					
房屋和土木工程建筑业	2388379	1541884	124967	151541	86136
房屋工程建筑	2346618	1505769	124967	150161	86136
土木工程建筑业	41761	36115		1380	
建筑安装业	17423	6843	1979		
三、按隶属关系分组					
中央	4266				
地区（州、盟、省辖市）	346838	199831	35878	65750	8690
县（区、市、旗）	353889	248731	22600	30392	10319
街道	133517	110293	6860	1046	782
镇	19600	13333	2720	1113	
居委会	72518	65960	858	1240	453
村委会	33950	23169		2722	1335
其他	1441224	887409	58030	49278	64556
四、按企业资质等级分组					
施工总承包	2359224	1545717	126246	151541	86136
一级	941299	548066	66308	92133	63432
二级	828791	557175	27323	32142	16803
三级及以下	589134	440476	32615	27266	5901
专业承包	46578	3010	700		
一级	23182				
二级	18456	1395	700		
三级及以下	4940	1615			
六、按营业状态分					
营业	2405802	1548727	126946	151541	86136
七、按控股情况分					
国有控股	34696	26532		2620	
集体控股	285453	222865	12463	20846	3798
私人控股	1972637	1233209	99830	124660	81967
其他	113016	66121	14653	3415	371

4－18 续表 1

指标名称	文化、体育、娱乐用房屋	厂房及建筑物	仓库	其他未列明的房屋建筑物
总计	**8705**	**397588**	**13802**	**72357**
其中:国有及国有控股企业		5544		
一、按登记注册类型分组				
内资企业	8705	397588	13802	72357
国有企业		4266		
集体企业	4177	14381	976	
股份合作企业		676		
联营企业				38
有限责任公司	4413	113833	6103	35285
股份有限公司		92251		4103
私营企业	115	172181	6723	32931
其他企业				
二、按国民经济行业分组				
房屋和土木工程建筑业	8705	391200	11589	72357
房屋工程建筑	8705	386934	11589	72357
土木工程建筑业		4266		
建筑安装业		6388	2213	
三、按隶属关系分组				
中央		4266		
地区(州、盟、省辖市)		36689		
县(区、市、旗)	5677	24710	736	10724
街道		14286		250
镇		1760	674	
居委会		3031	976	
村委会		6685		38
其他	3028	306162	11416	61345
四、按企业资质等级分组				
施工总承包	8705	354720	13802	72357
一级	3340	126863	3421	37737
二级	4177	154784	5237	31150
三级及以下	1188	73073	5144	3471
专业承包		42868		
一级		23182		
二级		16361		
三级及以下		3325		
六、按营业状态分				
营业	8705	397588	13802	72357
七、按控股情况分				
国有控股		5544		
集体控股	4177	19616	1650	38
私人控股	3178	348945	12152	68696
其他	1350	23483		3623

4－19　全市施工总承包和专业承包建筑业企业财务状况

（2011 年）　　单位：万元

指标名称	年初存货	流动资产合计	应收工程款	竣工工程	存货	固定资产合计	固定资产原价
总　计	**898110**	**5145838**	**1034636**	**517871**	**1103398**	**661634**	**803094**
其中：国有及国有控股企业	90094	1535921	166759	109409	159283	81943	132265
一、按登记注册类型分组							
内资企业	896779	5138159	1029845	513485	1101979	660421	799097
国有企业	86036	1472817	144457	102176	151529	56456	101734
集体企业	92818	265555	49440	32156	106044	19715	31873
股份合作企业	101	2990	2346	2121		469	685
联营企业	628	6392	1870	1855	681	5195	7407
有限责任公司	377655	2204713	596502	227797	470200	292380	337370
股份有限公司	131743	457740	71596	40043	158508	69558	84318
私营企业	207798	726502	163284	107064	213917	215478	234828
其他企业		1450	350	273	1100	1171	881
港、澳、台商投资企业	873	3427	1738	1686	984	27	46
合资经营企业（港或澳、台资）	873	3427	1738	1686	984	27	46
港、澳、台商独资经营企业							
外商投资企业	458	4252	3053	2701	436	1186	3950
中外合资经营企业	458	4252	3053	2701	436	1186	3950
二、按国民经济行业分组							
房屋和土木工程建筑业	863434	4936464	978715	485633	1055265	612630	740383
房屋工程建筑	674552	2786629	661851	289437	800727	367297	477514
土木工程建筑业	188882	2149835	316864	196196	254538	245333	262869
建筑安装业	19032	107521	27548	14042	21955	29140	37006
建筑装饰业	9763	61401	13714	6018	20911	9101	9654
其他建筑业	5882	40452	14659	12179	5268	10763	16050
三、按隶属关系分组							
中央	67850	1254637	44214	8719	132723	21621	46701
省（自治区、直辖市）	603	8305	701	701	437	8012	1758
地区（州、盟、省辖市）	123876	986326	465074	206675	147476	134638	114919
县（区、市、旗）	167881	836917	130117	77805	231907	96950	154278

4－19 续表 1

指标名称	年初存货	流动资产合计				固定资产合计	固定资产原价
			应收工程款	竣工工程	存货		
街道	150725	353274	15909	4554	75601	13558	18619
镇	7220	23622	8682	2633	8360	2970	5962
乡							
居委会	11320	80055	18063	11481	17980	10389	13224
村委会	8124	22789	8174	4853	8381	4626	6711
其他	360512	1579913	343703	200452	480535	368872	440922
四、按企业资质等级分组							
施工总承包	849191	4802952	955735	470119	1038945	583404	705192
一级	464031	3176415	586281	241134	517616	249619	290740
二级	248458	1014880	216381	141318	329151	198482	252788
三级以下	136702	611656	153074	87667	192179	135303	161664
专业承包	48920	342886	78900	47753	64453	78230	97902
一级	10051	47538	7711	3266	14300	9240	10961
二级	13554	108645	29805	15648	19641	32016	42549
三级以下	25314	186703	41385	28838	30513	36974	44392
六、按营业状态分							
营业	896748	5130438	1032589	517135	1100395	659640	799731
停业(歇业)	390	4189	150	150	662	78	89
当年关闭	972	10418	1104	586	2340	1757	3112
当年破产							
其他	1	793	792		1	159	161
七、按控股情况分							
国有控股	90094	1535921	166759	109409	159283	81943	132265
集体控股	117684	498506	139014	68083	126962	99352	56701
私人控股	662922	2781609	667699	309055	772410	441399	555331
港澳台商控股	873	3427	1738	1686	984	27	46
外商控股	458	4252	3053	2701	436	1186	3950
其他	26079	322123	56372	26937	43324	37728	54800

4－19 续表2

指标名称	累计折旧	本年折旧	在建工程	资产合计	流动负债合计	应付账款	非流动负债合计
总　计	**275056**	**38794**	**98692**	**6405448**	**4058911**	**817633**	**121106**
其中:国有及国有控股企业	60560	6583	8715	1835219	1654383	284267	15989
一、按登记注册类型分组							
内资企业	272272	38686	98692	6396468	4056423	815827	121106
国有企业	53839	5814	8507	1739165	1606190	264964	12983
集体企业	13695	1465	848	387827	305298	41347	6125
股份合作企业	216	15		3459	1970		
联营企业	2477	94	264	11587	4026	1280	1023
有限责任公司	117668	15585	66281	2688197	1317659	364826	35020
股份有限公司	24675	3193	8964	582592	358533	39569	13441
私营企业	59292	12399	13828	981022	462746	103841	52514
其他企业	410	120		2621			
港、澳、台商投资企业	19	4		3454	1367	1302	
合资经营企业(港或澳、台资)	19	4		3454	1367	1302	
港、澳、台商独资经营企业							
外商投资企业	2765	104		5525	1122	503	
中外合资经营企业	2765	104		5525	1122	503	
二、按国民经济行业分组							
房屋和土木工程建筑业	254143	35656	93777	6110099	3939055	786607	113958
房屋工程建筑	159654	21730	19553	3478223	1880601	427474	72269
土木工程建筑业	94489	13925	74224	2631876	2058455	359134	41689
建筑安装业	11749	1575	1996	148273	56004	12297	3225
建筑装饰业	2694	484	1887	89254	34203	13393	3922
其他建筑业	6471	1080	1032	57822	29649	5335	
三、按隶属关系分组							
中央	25080	3359		1483807	1456281	244544	
省(自治区、直辖市)	919	249	7172	17317	14490	1886	72
地区(州、盟、省辖市)	45972	5708	63757	1331182	793254	245776	11132
县(区、市、旗)	61392	4281	3651	961897	629795	103640	29514

4－19 续表 3

指标名称	累计折旧	本年折旧	在建工程	资产合计	流动负债合计	应付账款	非流动负债合计
街道	7835	1503	158	387344	32467	6173	296
镇	3215	652	219	27085	18532	8902	
乡							
居委会	4529	785	1155	92019	51430	8294	4317
村委会	2142	228	56	27552	17320	4225	
其他	123973	22029	22524	2077247	1045344	194192	75775
四、按企业资质等级分组							
施工总承包	244626	33953	91450	5922576	3821001	760553	112414
一级	129271	14542	66029	3798794	2565136	509112	25003
二级	70706	10713	9974	1338523	825462	157046	57509
三级以下	44650	8697	15448	785259	430403	94395	29902
专业承包	30430	4842	7242	482871	237910	57080	8692
一级	1728	376		70328	22197	8248	3626
二级	14649	1882	2250	164456	68814	16056	2043
三级以下	14052	2584	4992	248087	146899	32776	3023
六、按营业状态分							
营业	273688	38523	98692	6387401	4048273	816752	120808
停业(歇业)	12			4356	2949	-7	
当年关闭	1355	270		12739	6819	877	298
当年破产							
其他	1	1		952	871	10	
七、按控股情况分							
国有控股	60560	6583	8715	1835219	1654383	284267	15989
集体控股	23562	4039	64974	719403	395052	64115	9591
私人控股	166914	25629	22408	3477167	1798962	444845	94941
港澳台商控股	19	4		3454	1367	1302	
外商控股	2765	104		5525	1122	503	
其他	21237	2436	2595	364680	208025	22600	585

4－19 续表 4

指 标 名 称	负 债 合 计	所有者 权益合计	实 收 资 本	国 家 资 本	集 体 资 本	法 人 资 本	个 人 资 本
总　计	**4571623**	**1833824**	**761168**	**59063**	**74254**	**229669**	**390002**
其中:国有及国有控股企业	1720187	115033	69548	52343		16036	1169
一、按登记注册类型分组							
内资企业	4569135	1827333	755811	59063	73017	227984	390002
国有企业	1658024	81141	47540	34454		13036	50
集体企业	322446	65381	29835		28634	600	601
股份合作企业	1970	1488	608		608		
联营企业	5049	6538	3251	2616	635		
有限责任公司	1635680	1052517	338615	16528	34191	109169	177110
股份有限公司	380058	202534	110409	4565	6476	62972	32267
私营企业	565908	415114	225494	900	2473	42147	179974
其他企业		2621	60			60	
港、澳、台商投资企业	1367	2088	1337		1237		
合资经营企业(港或澳、台资)	1367	2088	1337		1237		
港、澳、台商独资经营企业							
外商投资企业	1122	4403	4019			1686	
中外合资经营企业	1122	4403	4019			1686	
二、按国民经济行业分组							
房屋和土木工程建筑业	4403915	1706183	686836	53240	70089	207023	350738
房屋工程建筑	2075062	1403161	486121	8722	53879	157906	263997
土木工程建筑业	2328853	303023	200715	44518	16210	49117	86741
建筑安装业	89358	58916	34687	4565	1491	12659	15972
建筑装饰业	46781	42474	24140		2517	5252	16271
其他建筑业	31570	26252	15505	1259	157	4735	7021
三、按隶属关系分组							
中央	1456281	27526	12474			12474	
省(自治区、直辖市)	14562	2755	2671	271	2400		
地区(州、盟、省辖市)	1029728	301454	192635	36306	8973	56469	85042
县(区、市、旗)	676824	285072	105327	19008	20498	27980	37842

4－19 续表5

指标名称	负债合计	所有者权益合计	实收资本	国家资本	集体资本	法人资本	个人资本
街道	79000	308344	11145	750	2148	2650	5597
镇	18554	8531	3572		1762	600	1210
乡							
居委会	65748	26271	14397		8986	3118	2293
村委会	17320	10232	6403		5833	500	70
其他	1213607	863640	412543	2728	23654	125878	257949
四、按企业资质等级分组							
施工总承包	4282776	1639800	638439	44806	61617	194104	333784
一级	2857178	941617	233681	26000	10000	99516	94036
二级	931252	407271	235560	14419	24277	43285	153579
三级以下	494347	290913	169198	4387	27340	51302	86169
专业承包	288847	194025	122729	14257	12637	35565	56218
一级	33846	36483	10290		1237	439	8514
二级	102082	62374	40292	5424	1305	10999	22564
三级以下	152919	95168	72147	8833	10095	24127	25140
六、按营业状态分							
营业	4560688	1826713	754785	54498	74254	228919	388933
停业(歇业)	2949	1407	1148			550	598
当年关闭	7116	5622	5200	4565		200	436
当年破产							
其他	871	82	35				35
七、按控股情况分							
国有控股	1720187	115033	69548	52343		16036	1169
集体控股	591914	127489	61974		47573	10754	3647
私人控股	2029035	1448132	583097	6720	21999	169802	378830
港澳台商控股	1367	2088	1337		1237		
外商控股	1122	4403	4019			1686	
其他	228000	136680	41193		3445	31392	6357

4－19 续表 6

指 标 名 称	港澳台资本	外商资本	营业收入	主营业务收入	营业成本	主营业务成本	营业税金及附加	主营业务税金及附加
总 计	**753**	**7428**	**5432464**	**5388290**	**4836390**	**4795724**	**156962**	**155621**
其中:国有及国有控股企业			1264283	1263662	1222367	1222360	12349	12333
一、按登记注册类型分组								
内资企业	652	5094	5426575	5382401	4831456	4790790	156845	155504
国有企业			1195762	1195211	1165824	1165818	10453	10453
集体企业			231625	231588	205613	205581	9157	9155
股份合作企业			2912	2912	2478	2478	157	157
联营企业			12142	12142	9953	9953	453	453
有限责任公司	652	965	2219062	2192781	1939546	1913197	70328	69579
股份有限公司		4129	442125	431481	367169	357655	14084	13717
私营企业			1317913	1311252	1137247	1132483	52045	51821
其他企业			5035	5035	3625	3625	169	169
港、澳、台商投资企业	101		2839	2839	2489	2489	95	95
合资经营企业(港或澳、台资)	101		2839	2839	2489	2489	95	95
港、澳、台商独资经营企业								
外商投资企业		2334	3050	3050	2445	2445	21	21
中外合资经营企业		2334	3050	3050	2445	2445	21	21
二、按国民经济行业分组								
房屋和土木工程建筑业	652	5094	5197760	5158748	4638891	4604656	150330	149209
房屋工程建筑	652	965	3488841	3451300	3066091	3032036	121209	120450
土木工程建筑业		4129	1708919	1707448	1572800	1572619	29121	28758
建筑安装业			134051	133572	113966	111318	3581	3553
建筑装饰业	101		57055	52371	48476	44700	1837	1645
其他建筑业		2334	43600	43600	35057	35050	1215	1215
三、按隶属关系分组								
中央			1037287	1036736	1024958	1024958	5171	5171
省(自治区、直辖市)			21107	21107	17352	17352	546	546
地区(州、盟、省辖市)	753	5094	719585	719111	615679	615294	23548	23519
县(区、市、旗)			622885	600219	538195	516304	21422	21158

4－19续表7

指标名称	港澳台资本	外商资本	营业收入	主营业务收入	营业成本	主营业务成本	营业税金及附加	主营业务税金及附加
街道			253806	253670	213260	213260	5613	5613
镇			30290	30290	27128	27128	1073	1073
乡								
居委会			73772	73772	64706	64706	2557	2557
村委会			46599	46599	41565	41565	1333	1333
其他		2334	2627135	2606789	2293548	2275158	95700	94651
四、按企业资质等级分组								
施工总承包		4129	5060155	5021215	4531726	4497429	147479	146346
一级		4129	2811045	2784269	2578144	2553932	59876	59498
二级			1293205	1282022	1121682	1112305	54830	54116
三级以下			955906	954924	831901	831192	32772	32732
专业承包	753	3298	372309	367075	304664	298295	9483	9275
一级	101		64460	64460	55571	55571	1360	1360
二级			108593	108385	90607	88219	3032	3017
三级以下	652	3298	199256	194230	158486	154506	5091	4899
六、按营业状态分								
营业	753	7428	5422990	5378894	4828365	4787700	156710	155385
停业(歇业)			438	438	337	337	15	15
当年关闭			8689	8619	7402	7402	225	210
当年破产								
其他			348	339	286	286	12	12
七、按控股情况分								
国有控股			1264283	1263662	1222367	1222360	12349	12333
集体控股			420112	420075	364734	364699	14693	14691
私人控股	652	5094	3521039	3477884	3062499	3024442	122643	121333
港澳台商控股	101		2839	2839	2489	2489	95	95
外商控股		2334	3050	3050	2445	2445	21	21
其他			221142	220781	181856	179288	7160	7147

4－19 续表 8

指标名称	其他业务利润	管理费用	税金	差旅费	工会经费	财务费用	利息收入	利息支出
总计	**14798**	**138577**	**13005**	**5179**	**1261**	**10771**	**22781**	**18961**
其中:国有及国有控股企业	592	27434	237	1448	17	－11617	22100	6000
一、按登记注册类型分组								
内资企业	14795	138202	12992	5174	1261	10750	22761	18961
国有企业	568	25205	171	1366	12	－11648	22092	5996
集体企业	256	5777	355	110	57	863	28	444
股份合作企业		94	88	5		3		
联营企业		479	8	4	2	5	2	2
有限责任公司	7574	52598	6478	1953	590	11017	549	8055
股份有限公司	1090	20861	555	292	124	2669	45	1176
私营企业	5306	33164	5322	1445	476	7830	46	3288
其他企业		25	15			11		
港、澳、台商投资企业		125	1	4			－1	
合资经营企业(港或澳、台资)		125	1	4			－1	
港、澳、台商独资经营企业								
外商投资企业	2	250	12	1		21	21	
中外合资经营企业	2	250	12	1		21	21	
二、按国民经济行业分组								
房屋和土木工程建筑业	13151	128154	12556	4716	1215	9889	22792	18320
房屋工程建筑	11194	74785	9715	2765	985	16572	585	9813
土木工程建筑业	1957	53368	2841	1952	230	－6683	22207	8507
建筑安装业	397	6485	322	264	15	327	－48	337
建筑装饰业	1240	2174	68	119	21	191	9	60
其他建筑业	10	1765	59	79	10	365	29	245
三、按隶属关系分组								
中央	551	18743	107	1307		－12710	22088	5703
省(自治区、直辖市)	10	627	7	20	8	－3		
地区(州、盟、省辖市)	587	23722	1980	615	146	5846	449	4986
县(区、市、旗)	7239	21856	1131	737	129	2666	28	1366

4－19 续表 9

指 标 名 称	其他业务利润	管理费用	税 金	差旅费	工会经费	财务费用	利息收入	利息支出
街道	10	8444	1655	287	6	315	19	111
镇		611	89	44	13	204		83
乡								
居委会	19	1904	342	40	2	438		20
村委会		758	83	11	12	58	10	48
其他	6382	61914	7612	2118	946	13959	188	6646
四、按企业资质等级分组								
施工总承包	12912	118685	11973	4298	1070	8005	22777	17423
一级	7245	57263	4512	2519	86	－3326	22514	12265
二级	5273	33631	4503	1012	366	6796	155	3376
三级以下	394	27791	2958	767	619	4535	108	1782
专业承包	1886	19892	1032	881	191	2766	4	1538
一级	42	1455	272	115	40	558	10	36
二级	333	5834	334	287	79	837	－43	702
三级以下	1510	12603	425	480	71	1371	38	801
六、按营业状态分								
营业	14729	138134	12981	5162	1260	10756	22782	18958
停业(歇业)	45	78	1	4		6	－1	
当年关闭	24	353	23	13	1	9		4
当年破产								
其他		12						
七、按控股情况分								
国有控股	592	27434	237	1448	17	－11617	22100	6000
集体控股	315	10461	2110	179	113	1326	67	532
私人控股	13193	88784	9723	3305	965	19455	589	11799
港澳台商控股		125	1	4			－1	
外商控股	2	250	12	1		21	21	
其他	694	11522	921	242	166	1586	5	630

4－19续表10

指标名称	营业利润	补贴收入	营业外收入	营业外支出	利润总额	应交所得税	应付职工薪酬(本年贷方累计发生额)
总　计	**266069**	**64**	**1739**	**1828**	**269137**	**55653**	**566952**
其中:国有及国有控股企业	17452	30	634	298	17819	2427	34853
一、按登记注册类型分组							
内资企业	265737	64	1736	1826	268805	55578	566160
国有企业	10213	30	375	172	10446	1145	29858
集体企业	9234		99	3	9330	1386	37277
股份合作企业	152				152	58	420
联营企业	1193				1193	34	851
有限责任公司	142427	34	765	1094	145254	29532	248197
股份有限公司	33715		382	168	33914	8649	59466
私营企业	67599		115	389	67311	14472	188631
其他企业	1205				1205	301	1462
港、澳、台商投资企业	130				130	33	672
合资经营企业(港或澳、台资)	130				130	33	672
港、澳、台商独资经营企业							
外商投资企业	202		3	2	202	43	120
中外合资经营企业	202		3	2	202	43	120
二、按国民经济行业分组							
房屋和土木工程建筑业	247784	34	1391	1600	250704	52371	544838
房屋工程建筑	187584	34	805	1166	187224	40124	475614
土木工程建筑业	60200		586	434	63480	12247	69224
建筑安装业	9975		316	224	10067	2044	13697
建筑装饰业	3558		3		3559	862	5511
其他建筑业	4752	30	29	4	4807	377	2906
三、按隶属关系分组							
中央	5463		240	147	5556	28	8176
省(自治区、直辖市)	1987				1987	491	1572
地区(州、盟、省辖市)	48928		443	138	49232	9898	53856
县(区、市、旗)	37921	30	530	946	40658	8083	67598

4－19续表11

指标名称	营业利润	补贴收入	营业外收入	营业外支出	利润总额	应交所得税	应付职工薪酬(本年贷方累计发生额)
街道	25629			16	25614	6483	13648
镇	1068		3		1071	255	5858
乡							
居委会	3826				3826	687	21711
村委会	2427				2427	437	6831
其他	138820	34	523	582	138767	29293	387703
四、按企业资质等级分组							
施工总承包	233168	34	1238	1489	232923	47589	531764
一级	122959	34	1114	1059	123034	25782	185198
二级	56997		94	188	56904	11938	179461
三级以下	53212		29	242	52985	9869	167105
专业承包	32901	30	501	340	36214	8064	35188
一级	5418				5418	1033	3759
二级	7877		299	170	8007	1828	10767
三级以下	19606	30	202	170	22790	5203	20663
六、按营业状态分							
营业	265620	64	1491	1703	268565	55568	565276
停业(歇业)	2				2	6	372
当年关闭	409		248	126	531	79	1295
当年破产							
其他	38				38		10
七、按控股情况分							
国有控股	17452	30	634	298	17819	2427	34853
集体控股	26628		102	4	26726	3257	63060
私人控股	202173	34	900	1425	204776	45423	443432
港澳台商控股	130				130	33	672
外商控股	202		3	2	202	43	120
其他	19484		99	100	19484	4471	24815

4－19续表12

指标名称	土地和固定资产支出	土地购置	房屋和建筑物	机器设备	运输工具	其他费用	建筑业企业在境外完成的营业收入
总计	**112366**	**2054**	**20021**	**67602**	**18527**	**4161**	**916332**
其中:国有及国有控股企业	5901	202		3147	735	1816	916290
一、按登记注册类型分组							
内资企业	112364	2054	20021	67601	18527	4161	916332
国有企业	4916	202		2616	281	1816	916087
集体企业	307		10	244	31	22	
股份合作企业	52			52			
联营企业	1034		440	453	86	55	
有限责任公司	18279	990	5795	9026	2375	94	
股份有限公司	60860	342	11480	33838	15178	22	203
私营企业	26917	520	2296	21372	577	2152	42
其他企业							
港、澳、台商投资企业	1			1			
合资经营企业(港或澳、台资)	1			1			
港、澳、台商独资经营企业							
外商投资企业							
中外合资经营企业							
二、按国民经济行业分组							
房屋和土木工程建筑业	107216	1874	19857	63506	17950	4029	916087
房屋工程建筑	86458	1530	18668	47026	17022	2212	
土木工程建筑业	20758	344	1188	16480	928	1818	916087
建筑安装业	1361	180	164	747	217	53	203
建筑装饰业	228			148	49	31	42
其他建筑业	3560			3201	312	47	
三、按隶属关系分组							
中央	3928			2043	116	1769	916087
省(自治区、直辖市)	831			603	182	47	
地区(州、盟、省辖市)	2701	25	873	1578	206	18	203
县(区、市、旗)	2310	117	614	1069	508	1	

4－19 续表 13

指标名称	土地和固定资产支出	土地购置	房屋和建筑物	机器设备	运输工具	其他费用	建筑业企业在境外完成的营业收入
街道	67			18	49		
镇	95		30	18	26	22	
乡							
居委会	202		10	183	9		
村委会	925		440	367	63	55	
其他	101308	1912	18053	61724	17369	2250	42
四、按企业资质等级分组							
施工总承包	105046	1732	18858	62825	17603	4027	916087
一级	76556		13828	42952	15933	3844	916087
二级	23018	1392	3859	16537	1136	94	
三级以下	5471	340	1172	3335	535	89	
专业承包	7320	322	1162	4778	925	134	245
一级	2018			1987	30		
二级	2881	25	998	1487	271	100	203
三级以下	2422	297	164	1304	623	34	42
六、按营业状态分							
营业	111933	2054	20021	67297	18400	4161	916087
停业(歇业)	3			3			42
当年关闭	430			302	128		203
当年破产							
其他							
七、按控股情况分							
国有控股	5901	202		3147	735	1816	916290
集体控股	2716		450	1984	205	78	
私人控股	102562	1710	18858	62303	17496	2196	42
港澳台商控股	1			1			
外商控股							
其他	1185	142	713	167	93	70	

4－20　各县市区建筑业企业主要指标

（2011年）　　单位:万元

地　区	入统企业个数（个）	有工作量的企业个数	建筑业总产值	竣工产值	房屋建筑施工面积（平方米）	房屋建筑竣工面积（平方米）	资产合计	负债合计
总　计	**480**	**478**	**5243376**	**3101325**	**58313357**	**22388525**	**6405448**	**4571623**
潍城区	17	17	105753	52840	1900757	475063	164259	147128
寒亭区	17	17	142957	113721	2535052	807561	110913	79809
坊子区	13	13	54697	38741	584052	278438	67448	40394
奎文区	49	49	528278	375496	7238903	2630385	725817	508998
临朐县	40	40	172300	117177	1871171	626392	197442	129643
昌乐县	18	18	121454	64694	1687661	540369	174529	131455
青州市	43	43	602149	385170	6209865	2486004	756172	326027
诸城市	63	63	881657	541782	9641686	4367001	670162	374071
寿光市	63	63	1142140	608699	14572729	5541046	643977	405868
安丘市	26	26	318795	170867	4157903	1355671	302050	161534
高密市	42	42	197310	95435	2335310	781521	233461	136754
昌邑市	24	24	160990	112336	1753927	1001604	168836	125301
峡山生态区	2	2	11152	5184		13800	33039	27836
高新开发区	37	35	486994	275966	2695568	1025821	554166	437223
经济开发区	7	7	151949	69145	523687	14248	1542177	1497527
滨海开发区	19	19	164801	74073	605086	443601	60999	42057

4－20续表1

地　区	所有者权益合计	主营业务收入	主营业务成本	主营业务税金及附加	营业利润	利润总额	计算劳动生产率的平均人数（人）	年末从业人员（人）
总　计	**1833824**	**5388290**	**4795724**	**155621**	**266069**	**269137**	**277452**	**254581**
潍城区	17132	62145	56431	2136	1120	1146	13529	8907
寒亭区	31105	122586	110675	3873	3765	6965	6238	6219
坊子区	27053	56347	50015	1806	1860	1989	2756	2874
奎文区	216819	459018	403525	15707	25625	25656	27921	22498
临朐县	67800	137128	113876	4324	7562	7564	10787	10316
昌乐县	43074	82220	71691	2757	5086	5140	7038	5018
青州市	430145	534120	455941	17415	42937	43068	38479	40964
诸城市	296091	634637	540599	21091	47384	47475	60231	53237
寿光市	238109	1045406	916937	43972	47143	47368	48976	42070
安丘市	140516	321088	276006	11092	21424	20820	12862	12623
高密市	96707	220923	189252	7760	15436	15367	14840	14760
昌邑市	43535	150099	133601	4912	5735	5731	6065	6087
峡山生态区	5203	4491	3698	122	6	6	825	995
高新开发区	116944	337270	282580	10200	25474	25246	15777	18491
经济开发区	44650	1065651	1051507	5452	6393	6462	4243	2984
滨海开发区	18943	155162	139392	3003	9120	9136	6885	6538

主要统计指标解释

1、全社会固定资产投资：是以货币形式表现在一定时期内全社会建造和购置固定资产的工作量，以及与此有关的的总称。该指标是反映固定资产投资规模、结构和发展速度的综合指标，又是观察工程进度和考核投资效果的重要依据。按登记注册类型可分为国有、集体、个体、联营、股份制、外商、港澳台商、其他等。

2、规模以上固定资产投资：是指全社会固定资产投资中各种登记注册类型的企业、事业、行政单位及个体户进行的计划总投资50万元及50万元以上的建设项目投资。

3、城镇固定资产投资：指县城及以上区域内发生的投资，县及县以上各级政府及主管部门直接领导、管理的建设项目和企事业单位的投资均为城镇固定资产投资。

4、农村固定资产投资：指发生在农村区域范围内的固定资产投资项目完成的投资。不包括县及县以上各级政府及主管部门直接领导、管理的建设项目和企事业单位的投资。

5、房地产开发投资：指各种登记注册类型的房地产开发公司、商品房建设公司及其他房地产开发单位统一开发的包括统代建、拆迁还建的住宅、厂房、仓库、饭店、宾馆、度假村、写字楼、办公楼等房屋建筑物和配套的服务设施、土地开发工程，如道路、给水、排水、供电、供热、通讯、平整场地等基础设施工程的投资。不包括单纯的土地交易活动。

6、计划总投资：指建设项目或企业、事业单位中的建设工程，按照总体设计规定的内容全部建成计划（或按设计概算或预算）需要的总投资。计划总投资按以下办法确定：

①有上级批准概（预）算投资或计划总投资的，按上级批准数确定；

②无上级批准概（预）算投资或计划总投资的，可按上报的计划总投资数确定；

③前两者都没有的，按年内施工工程计划总投资确定。

7、本年完成投资：指从本年1月1日起至本年最后一天止完成的全部投资额。

实际完成投资额是以货币表示的工作量指标，包括实际完成的建筑安装工程价值，设备、工具、器具的购置费，以及实际发生的其他费用。没用到工程实体的建筑材料、工程预付款和没有进行安装的需要安装的设备等，都不能计算投资完成额。

8. 本年完成投资额按构成分

①建筑工程（建筑工作量）：指各种房屋、建筑物的建造工程，又称建筑工作量。包括：

a. 各种房屋如厂房、仓库、办公室、住宅、商店、学校、医院、俱乐部、食堂、招待所等工程。包括房屋的土建工程；列入房屋工程预算内的暖气、卫生、通风、照明、煤气等设备的价值及装设油饰工程；列入建筑工程预算内的各种管道（如蒸汽、压缩空气、石油、给排水等管道）、电力、电讯电缆、导线的敷设工程。

b. 设备基础、支柱、操作平台、梯子、烟囱、凉水塔、水池、灰塔等建筑工程；炼焦炉、裂解炉、蒸汽炉等各种窑炉的砌筑工程及金属结构工程。

c. 为施工而进行的建筑场地的布置、工程地质勘探，原有建筑物和障碍物的拆除，平整土地、施工临时用水、电、汽、道路工程，以及完工后建筑场地的清理、环境绿化美化工作等。

d. 矿井的开凿，井巷掘进延伸，露天矿的剥离，石油、天然气钻井工程和铁路、公路、港口、桥梁等工程。

e. 水利工程，如水库、堤坝、灌溉以及河道整治等工程。

f. 防空、地下建筑等特殊工程及其他建筑工程。

②安装工程（安装工作量）：指各种设备、装置的安装工程，又称安装工作量。包括：

a. 生产、动力、起重、运输、传动和医疗、实验等各种需要安装设备的装配和安装，与设备相连的工作台、梯子、栏杆等装设工程，附属于被安装设备的管线敷设工程，被安装设备的绝缘、防腐、保温、油漆等工作。

b. 为测定安装工程质量，对单个设备、系统设备进行单机试运、系统联动无负荷试运工作（投料试运工作不包括在内）。

在安装工程中，不包括被安装设备本身价值。

③设备工具器具购置：指把工业企业生产的产品转为固定资产的购置活动，包括建设单位或企业、事业单位购置或自制达到固定资产标准的设备、工具、器具的价值。新建单位及扩建单位的新建车间，按照设计或计划要求购置或自制的全部设备、工具、器具，不论是否达到固定资产标准均计入"设备工具器具购置"中。

有些项目中制造期比较长的大型机电设备及金属结构设备（如船舶、飞机、大型发电机组等）购置，按合同分期付款的进度计算投资完成额。

④其他费用：指在固定资产建造和购置过程中发生的，除建筑安装工程和设备、工器具购置投资完成额以外的费用，不指经营中财务上的其他费用。包括旧房屋购置，基本畜禽支出，林木支出，退耕退牧还林还草、土壤改良、城市绿化，办公生活用家具、器具购置，建设单位管理费，土地征用、购置及迁移补偿费，政府收费，勘察设计费，研究实验费，可行性研究费，临时设施费，施工机械转移费，设备检验费，负荷联合试车费，土地占用、使用费，建设期应付利息，包干节余，企业债券发行费，合同公证费及工程质量监测费，国外借款手续费及承诺费，汇兑损益，调整器材调拨价格折价，坏帐损失，固定资产亏损及损失等。

9. 资金来源

（1）本年资金来源合计：指固定资产投资单位在本年内收到的可用于固定资产建造和购置的各种资金，包括上年末结余资金、本年度内拨入或借入的资金及以各种方式筹集的资金。

（2）上年末结余资金：指上年资金来源中没有形成固定资产投资额而结余的资金。包括尚未用到工程上的材料价值、未开始安装的需要安装设备价值及结存的现金和银行存款等。上年末结余资金不能出现负数，即不能把上年应付工程、材料款作为上年结余资金的负数来处理。

（3）本年资金来源小计：指固定资产投资单位在报告期收到的，用于固定资产投资的各种货币资金。包括国家预算内资金、国内贷款、债券、利用外资、自筹资金和其他资金。

（4）国家预算内资金：分为财政拨款和财政安排的贷款两部分。包括中央财政的基本建设基金（分经营性基金和非经营性基金两部分）、专项支出（如煤代油专项等）、收回再贷、贴息资金，财政安排的挖潜改造和新产品试制支出、城建支出、商业部门简易建筑支出、不发达地区发展基金等资金中用于固定资产投资的资金；地方财政中由国家统筹安排的资金等。

以工代赈投资是指政府将赈济贫困或受灾地区的物资（或资金）作为参加建设的民工的报酬，由民工进行某项工程建设所形成的投资。以工代赈总投资在 50 万元以上的项目，应列入固定资产投资统计。以工代赈投资按资金来源划分应作为"国家预算内资金"。

（5）国内贷款：指报告期固定资产投资单位向银行及非银行金融机构借入的用于固定资产投资的各种国内借款，包括银行利用自有资金及吸收的存款发放的贷款、上级主管部门拨入的国内贷款、国家专项贷款（包括煤代油贷款、劳改煤矿专项贷款等），地方财政专项资金安排的贷款、国内储备贷款、周转贷款等。

（6）债券：指企业（公司）或金融机构通过发行各种债券，筹集用于固定资产投资的资金。包括由银行代理国家专业投资公司发行的重点企业债券和基本建设债券。

（7）利用外资：指报告期收到的用于固定资产建造和购置投资的境外资金（包括设备、材料、技术在内）。计算利用外资时，需要折算成人民币，折算中所使用的外汇汇率按现汇计算，即按使用外汇时的汇率计算。包括外商直接投资、对外借款（外国政府贷款、国际金融组织贷款、出口信贷、外国银行商业贷款、对外发行债券和股票）及外商其他投资（包括补偿贸易和加工装配由外商提供的设备价款、国际租赁）。不包括我国自有外汇资金（包括国家外汇、地方外汇、留成外汇、调济外汇和中国银行自有资金发行的外汇贷款等）。

外商直接投资：指外国投资商在与中国企业（政府）合资、合作或独资中以外汇现金、设备（或实物）、技术、专利或其他方式投入的资金总量。

（8）自筹资金：指固定资产投资单位报告期收到的，由各地区、各部门及企业、事业单位筹集用于固定资产投资的预算外资金，包括中央各部门、各级地方和企业、事业单位的自有资金。

（9）其他资金来源：指在报告期收到的除以上各种资金之外其他用于固定资产投资的资金。包括社会集资、个人资金、无偿捐赠的资金及其他单位拨入的资金等。

(10)各项应付款:指本年用于固定资产投资的应付未付的投资款。包括当年应付工程款、应付器材款、应付工资、应付有偿调入器材及工程款、其他应付款、应交税金、应交基建收入、应交投资包干结余、应交能源交通建设基金、应交预算调节基金及其他应交款。10. 建设规模及新增生产能力(或工程效益)

(1)建设规模:指建设项目或工程设计文件中规定的全部设计能力(或工程效益)。包括已经建成投产和尚未建成投产的工程的生产能力(或工程效益)。

(2)本年施工规模:指报告期内施工的单项工程的设计能力(或工程效益),即全部建设规模中在本年正式施工的部分。

(5)自开始建设累计新增生产能力(或工程效益):指自开始建设至本年底止建成投产的全部单项工程累计的新增生产能力(或工程效益)。包括报告期以前已经建成投产和报告期内建成投入生产的单项工程的生产能力(或工程效益)。

(6)本年新增生产能力(或工程效益):指在本年度内按照新增生产能力(或工程效益)的计算条件和标准,实际建成投入生产或交付使用的生产能力(或工程效益)。

11. 房屋施工面积:指报告期内施工的全部房屋(包括地下室、半地下室以及配套房屋)建筑面积。包括本期新开工的面积和上年开工跨入本期继续施工的房屋面积,以及上期已停建在本期恢复施工的房屋面积。本期竣工和本期施工后又停建缓建的房屋面积仍包括在施工面积中,多层建筑应填各层建筑面积之和。

12. 房屋新开工面积:指在报告期内新开工建设的房屋面积。不包括上期跨入报告期继续施工的房屋面积和上期停缓建而在本期恢复施工的房屋面积。房屋的开工应以房屋正式开始破土刨槽(地基处理或打永久桩)的日期为准。

13. 房屋竣工面积:指报告期内房屋建筑按照设计要求已全部完工,达到住人和使用条件,经验收鉴定合格或达到竣工验收标准,可正式移交使用的各栋房屋建筑面积的总和。

14. 竣工房屋价值:指在报告期内竣工房屋本身的建造价值。竣工房屋的价值一般按房屋设计和预算规定的内容计算。包括竣工房屋本身的基础、结构、屋面、装修以及水、电、卫等附属工程的建筑价值,也包括作为房屋建筑组成部分而列入房屋建筑工程预算内的设备(如电梯、通风设备等)的购置和安装费用;不包括厂房内的工艺设备、工艺管线的购置和安装,工艺设备基础的建造;办公和生活用家具的购置等费用;购置土地的费用;迁移补偿费和场地平整的费用及城市建设配套投资。竣工房屋价值一般按结算价格计算。

15. 商品房销售面积:指报告期内出售商品房屋的合同总面积(即双方签署的正式买卖合同中所确定的建筑面积)。由现房销售建筑面积和期房销售建筑面积两部分组成。

(1)现房销售面积:是指在报告期内正式签订买卖合同、已经竣工达到入住条件的商品房屋建筑面积。包括以一次性付款方式和分期付款方式销售的现房建筑面积。

(2)期房销售面积:是指在报告期内正式签订买卖合同、正在建设尚未竣工交付使用的商品房屋建筑面积。包括以一次性付款方式和分期付款方式销售的商品房屋建筑面积。期房销售建筑面积竣工后不再结转为现房销售建筑面积。

16. 商品房销售额:指报告期内出售商品房屋的合同总价款(即双方签署的正式买卖合同中所确定的合同总价)。该指标与商品房销售面积同口径,由现房销售额和期房销售额两部分组成。

(1)现房销售额:指报告期内销售的已竣工商品房屋的合同总价款。包括现房销售前期预收的定金、预收款、首付款及全部按揭贷款的本金等款项。该指标与现房销售面积同口径。

(2)期房销售额:指报告期内销售的正在建设尚未竣工的商品房屋的合同总价款。包括预售房屋前期预收的定金、预收款、首付款及全部按揭贷款的本金等项。该指标与期房销售面积同口径。

17. 空置面积:指报告期末已竣工的可供销售或出租的商品房屋建筑面积中,尚未销售或出租的商品房屋建筑面积,包括以前年度竣工和本期竣工的房屋面积,但不包括报告期已竣工的拆迁还建、统建代建、公共配套建筑、房地产公司自用及周转房等不可销售或出租的房屋面积。

5

财政　金融　保险

FIVE

GOVERNMENT FINANCE BANKING AND INSURANCE

简 要 说 明

本篇资料反映了全市财政收支、金融和保险方面的情况，主要包括财政收入、财政支出、金融机构存贷款、现金收支、保险业务开展等方面的资料。

财政部分的资料来源于市财政局；金融方面的资料来源于中国人民银行潍坊分行；保险方面的资料来源于潍坊市保险行业协会。本篇资料由市统计局综合科整理。

5-1 全市历年财政收支情况

(1978-2011年)

单位:万元

年份	财政总收入	地方财政收入			财政总支出			
			工商税收类	农牧业税收类		一般公共服务支出	科教文卫支出	城乡社区、农林水支出
1978		52192	37935	2136	18070	1943	5172	1832
1980		54535	40742	2444	17134	1227	7399	2884
1985		74965	69360	3334	31363	548	12626	4928
1986		79049	72381	3360	46633	1352	15347	5964
1987		69118	58664	3631	53348	1596	16814	5680
1988		86889	71192	3554	71389	3451	21786	5969
1989		100089	86477	3601	81891	5775	25297	7024
1990		104172	93449	3872	89342	6828	28270	8103
1991		116187	97992	3915	91427	6722	30439	8430
1992		129340	110090	4757	103850	7064	36293	12688
1993		173532	154914	5729	133395	8110	41520	15902
1994	242141	119473	81314	8568	164639	7363	61650	23501
1995	303087	160742	100371	8608	207701	9840	68071	28536
1996	378276	210721	123359	12613	265299	11616	88478	35561
1997	467664	267057	152263	12615	320886	14862	100668	43106
1998	524460	299182	176488	12704	357596	20122	110124	45232
1999	560286	304556	184131	11371	371473	20607	124714	48351
2000	577022	342771	193484	10045	398848	20050	142930	52582
2001	660238	408091	202111	8837	468251	25815	156175	57615
2002	761778	382791	217680	40326	526313	22092	189324	69356
2003	904812	457381	262031	45640	592370	34024	210582	81712
2004	1078078	525808	333915	72451	736213	36104	237730	98295
2005	1416203	707203	482830	78086	953002	48459	278113	113541
2006	1776788	885497	606652	86560	1149328	55283	325993	133210
2007	2244830	1105732	784995	129536	1487856	270244	499579	324172
2008	2599634	1319579	951968	170867	1823495	307235	664087	374727
2009	2994933	1579518	1095228	285212	2277162	342951	778272	497765
2010	3809185	2024316	1457926	292818	2910354	378074	998223	609226
2011	4668133	2539176	1818374	308693	3582607	424708	1351615	696211

注:2006年以前,一般公共服务支出为支农支出,科教文卫支出为文教卫生事业费,城乡社区、农林水支出为行政管理费数据。

5-2 全市财政收支情况

（2010-2011 年）

单位:万元

指标名称	2011 年	2010 年	2011 年比 2010 年增长(%)
财政总收入	**4668133**	**3809185**	**22.5**
地方财政收入	**2539176**	**2024316**	**25.4**
增值税	361530	345144	4.7
营业税	563872	453833	24.2
企业所得税	240382	164444	46.2
个人所得税	41078	33879	21.2
城建税	178144	128086	39.1
契税	238081	236136	0.8
专项收入	102937	75656	36.1
财政总支出	**3582607**	**2910354**	**23.1**
一般公共服务	424708	378075	12.3
国防	3175	2864	10.9
公共安全	160438	144159	11.3
教育	959695	730950	31.3
科学技术	91534	72157	26.9
文化体育与传媒	38610	35672	8.2
社会保障和就业	258618	204722	26.3
医疗卫生	261776	159444	64.2
环境保护	136772	102959	32.8
城乡社区事务	308186	321562	-4.2
农林水事务	388025	287664	34.9
交通运输	108196	91141	18.7
资源勘探电力信息等事务	169489	132543	27.9
商业服务业等事务	109705	93618	17.2
金融监管等事务支出	11658	4279	172.4
地震灾后恢复重建支出		32	
国土资源气象等事务	35630	30186	18.0
住房保障支出	38772	24058	61.2
粮油物资储备管理事务	7298	8749	-16.6
债务付息支出	874	5237	-83.3
其他支出	69448	80283	-13.5

5-3 各县市区财政收入情况

（2011年）

单位：万元

地　　区	中　央“两税”	地方财政收　　入	增值税	营业税	城建税	个　人所得税	契税和耕地占用税	企　业所得税
总　　计	**1322820**	**2539176**	**361530**	**563872**	**178144**	**41078**	**302127**	**240382**
市本级		39561		7570	662	701		15418
潍城区	69642	113346	16344	35510	9620	3129	14765	9707
寒亭区	39318	87782	13103	24964	5841	1610	14331	6326
坊子区	25926	63291	8548	13594	3580	1271	4732	12706
奎文区	38576	170868	11938	78008	10127	4791	15609	11526
青州市	251132	217576	34006	45063	25030	2808	20394	14877
诸城市	134975	400618	42367	75500	18799	4801	44829	23989
寿光市	156906	416006	49934	87479	23967	4819	63342	38594
安丘市	53089	77820	14677	19972	6836	1381	2847	9500
高密市	71924	230918	23877	48977	11856	1761	37583	15373
昌邑市	85075	158136	28003	23777	10492	2897	20569	13393
临朐县	34569	55709	11392	19738	3548	1554	295	7776
昌乐县	62585	128732	19091	22143	5210	1886	7897	14536
高新开发区	184773	227376	50141	42562	29336	6410	22997	36152
海化开发区	109833	141830	36610	16532	12580	1151	30290	9460
峡山生态区	4311	6265	1437	1261	538	90	1035	475
综合保税区	186	3342	62	1222	122	18	612	574

5-4 各县市区财政总支出情况

（2011年）

单位：万元

地　　区	财　政总支出	一般公共服务支出	教　　育支　　出	城乡社区事务支出
总　　计	**3582607**	**424708**	**959695**	**308186**
市　级	504060	55669	88580	26255
潍城区	106271	14633	31508	16013
寒亭区	124406	17326	33415	7927
坊子区	93390	13661	24710	6124
奎文区	126945	29880	31408	14633
青州市	267280	32975	83270	10465
诸城市	474919	54743	126366	70853
寿光市	500502	51571	147398	60230
安丘市	207212	13464	73293	5337
高密市	302442	50161	91953	13205
昌邑市	221078	22981	60577	10383
临朐县	170146	11665	58480	5014
昌乐县	199806	26236	55060	8814
高新开发区	121116	15543	17602	37898
海化开发区	122620	9657	22301	12965
峡山生态区	34425	2714	13322	46
综合保税区	5989	1829	452	2024

5-5 全市历年人民币主要金融统计指标

（1978-2011年）

单位:万元

年份	各项存款余额	单位存款	储蓄存款	各项贷款余额	短期贷款	中长期贷款	票据融资	现金投放(+)回笼(-)
1978	31153	9358	4825	123284	33942	3882	83794	556
1979	43144	11148	6396	132555	37080	4011	89855	3727
1980	54851	12880	8556	144675	44746	4885	94276	5650
1981	85871	18004	10245	156942	51056	5142	50531	1527
1982	92202	19951	12715	198733	50094	4847	122039	4798
1983	190006	30105	19843	312897	57962	3223	227707	8856
1984	171292	38686	26150	280759	82038	9896	162779	15950
1985	187554	55538	37769	342767	94331	24311	187428	5590
1986	228404	70885	56461	426282	124643	35885	198663	7280
1987	372969	84231	222873	585226	139128	39598	219145	-1659
1988	468469	95267	298126	707352	172003	61873	264100	20209
1989	599672	106366	388278	825558	223406	76444	277929	-14736
1990	796109	141252	516695	1017297	294184	88875	331939	-23689
1991	937548	181104	650827	1224596	346808	108022	372014	-14314
1992	1197979	231475	787124	1486920	404684	131014	417623	-20718
1993	1439326	257890	989876	1730302	461068	145661	495324	-10152
1994	2013802	424007	1427155	2126191	485110	180789	578636	-29987
1995	2692902	567194	1921155	2539778	542965	153055	668551	-164818
1996	3356912	674931	2477681	3025035	596297	277214	805096	-150895
1997	3980040	865829	2872865	3746318	748504	396381	931895	-94989
1998	4363987	777172	3447561	3967719	736680	507728	914827	-321525
1999	4954087	824174	3872654	4139583	736894	524692	931484	-200859
2000	5606076	950894	4244516	4271984	679935	625686	828053	-118163
2001	6465489	1142925	4779337	4764808	857222	845631	901421	-75084
2002	7864484	1641790	5364243	5737030	1103189	1047225	990317	-141859
2003	9022778	1928506	6069642	6517983	1242115	1231130	960011	-295723
2004	10553633	2282331	6962244	7438962	1397190	1403690	961892	-370637
2005	12492611	2620369	8046118	8482885	1403438	1427510	776893	-398996
2006	14255479	2745272	9130194	10317237	1990919	1772369	709178	-557975
2007	16374435	3399218	10387400	12270158	2508208	1930866	690336	-551196
2008	20404631	3899723	13264880	14955651	2596297	2518179	632524	-427635
2009	27389571	6191009	16051074	20426253	3208409	3521576	715931	-415829
2010	32812534	7469351	18437854	25148111	13501226	10788827	856499	-297037
2011	37069256	15400968	20742982	29326941	16545055	11814427	966229	

注:2009年以前,单位存款为企业存款,短期贷款为工业贷款,中长期贷款为农业贷款,票据融资为商业贷款指标。

5-6 全市金融机构人民币信贷收入情况

（2011年）

单位:万元

指标名称	年末余额	全国性大型银行	全国性中小型银行	区域性中小型银行	比年初增加
资金来源总计	**37908912**	**17422492**	**3870897**	**10543001**	**5399819**
一.各项存款	37069256	19743143	3176549	8447037	4249745
1. 单位存款	15400968	8583721	2732569	2849551	1737181
（1）活期存款	7043229	3884968	918731	1321080	146703
（2）定期存款	3594581	2149621	802561	497106	1119785
2. 财政存款	421641	18738	28041	41644	58886
3. 储蓄存款	20742982	10886355	270538	5574234	2305581
4. 临时性存款	106834	76361	7761	15671	26207
5. 委托存款	24248				2808
6. 其他存款	313672	163664	150008		68229
二. 金融债券	6	6			
三. 应付及暂收款	909665	284820	46966	335866	375066

5－7　全市金融机构人民币信贷支出情况

（2011年）　　　　单位：万元

指标名称	年末余额	全国性大型银行	全国性中小型银行	区域性中小型银行	比年初增加
资金运用总计	**37908912**	**17422492**	**3870897**	**10543001**	**5399819**
一.各项贷款	29326941	15502854	3815781	6181328	4166755
（一）境内贷款	29325888	15502054	3815529	6181328	4166815
1.短期贷款	16545055	6687100	2029648	5051197	3069939
（1）个人贷款及透支	4702758	749683	223369	1928274	755835
其中：个人消费贷款	119985	91402	13289	15294	7543
（2）单位普通贷款及透支	10666777	4896552	1780555	3060382	1998682
其中：经营性贷款	10608719	4842094	1780555	3056782	1990025
固定资产贷款	22500	18900		3600	6428
（3）普通并购贷款					
（4）银团贷款	79990	1000		32600	6568
（5）贸易融资	1095530	1039865	25724	29941	308853
2. 中长期贷款	11814427	8547756	1708743	899525	1026713
（1）个人贷款	5093163	4141608	257690	414294	1118638
其中：个人消费贷款	4380041	3830850	194440	223796	944938
（2）单位普通贷款	6401945	4351279	1443553	393471	－176834
其中：经营贷款	1381547	705273	96142	366488	－247209
固定资产贷款	5020398	3646006	1347411	26982	70374
（3）普通并购贷款					
（4）银团贷款	319319	54869	7500	91760	84910
（5）贸易融资					
3.融资租赁					
4.票据融资	966229	267198	77138	230578	71545
其中：贴现	966229	267198	77138	230578	71545
5.各项垫款	178			28	－1382
（二）境外贷款	1053	801	252		－60
二. 有价证券及投资	839347	2658	0	920896	－17151
三. 应收及预付款	211305	106902	8535	50249	45739
其中：应收利息	110938	46552	4949	34436	28534
四. 固定资产	378337				37115
五. 库存现金	254263	136054	5689	66447	76941
六. 投资性房地产	956		956		299

5－8　各县市区人民币储蓄存款余额分布表

（2011 年）

单位：万元

地　区	合　计	较年初增　加	工　商银　行	农　业银　行	中　国银　行	潍　坊银　行	建　设银　行	交　通银　行
潍坊市	**20742982**	**2305581**	**1950591**	**3560296**	**1161926**	**1414921**	**1768457**	**454752**
市辖区	6294991	623434	839839	765400	431458	1173261	865818	421227
临朐县	1365677	185893	56257	186102	92951	25049	87173	
昌乐县	975295	82051	73741	138692	66898	10853	35228	
青州市	2581176	284179	213119	574378	121192	53243	206897	4224
诸城市	2091592	266032	179251	450690	125433	41672	133588	10599
寿光市	2806589	276830	224006	628909	71495	37106	129893	18702
安丘市	1469370	184478	120723	226997	98299	16271	122353	
高密市	1449996	205533	130711	277472	78138	32055	94648	
昌邑市	1708296	197149	112943	311656	76060	25411	92860	

5－8 续表 1

地　区	邮　政储　蓄	民　生银　行	兴　业银　行	浦　发银　行	华　夏银　行	招　商银　行	中　信银　行
潍坊市	**1990332**	**52241**	**85407**	**8127**	**18531**	**71152**	**24603**
市辖区	320885	52241	76087	8127	18531	60093	24603
临朐县	158048						
昌乐县	81558						
青州市	259127						
诸城市	198748						
寿光市	352672		9320			11059	
安丘市	152032						
高密市	168965						
昌邑市	298298						

5－9 各县市区金融机构人民币信贷收支情况

（2011 年）

单位：万元

地　区	各项存款余　额	企业存款	财政存款	农业存款
潍坊市	**37069256**	**15400968**	**421641**	**20742982**
市辖区	16168333	9181163	304835	6294991
临朐县	1712593	323991	17450	1365677
昌乐县	1584473	590106	16701	975295
青州市	3640104	994734	46849	2581176
诸城市	3109492	1011886	2366	2091592
寿光市	4589005	1711276	3883	2806589
安丘市	1956581	475976	9935	1469370
高密市	2011987	548545	673	1449996
昌邑市	2296689	563289	18950	1708296

5－9 续表 1

地　区	各项贷款余　额	1. 短期贷　款	单　位贷　款	个　人贷　款	2. 中长期贷款	单　位贷　款	个　人贷　款
潍坊市	**29326941**	**16545055**	**10666777**	**4702758**	**11814427**	**6401945**	**5093163**
市辖区	12886265	6030634	4565693	1058549	6239886	3638088	2474678
临朐县	1180116	826539	323408	480315	285752	121534	159792
昌乐县	1442235	859254	359889	388062	568595	249659	311717
青州市	2457656	1689236	993966	532324	736562	424297	301455
诸城市	2806178	1684484	1145790	409826	1081146	452538	592689
寿光市	3925907	2661088	1678703	815744	1249538	790326	416613
安丘市	1349523	785919	370034	367249	528886	199533	317354
高密市	1811280	1078685	691304	305060	680712	292064	371031
昌邑市	1467778	929214	537991	345629	443348	233906	147835

5-10 全市保险业基本情况

(2010-2011年)

指标名称	单位	2011年	2010年	增长%
承保额	**亿元**	**11274.32**	**9222.78**	**22.24**
企业财产险	亿元	1939.42	1644.98	17.90
家庭财产险	亿元	100.16	51.88	93.06
运输工具及责任险	亿元	3360.73	3319.83	1.23
货物运输保险	亿元	735.71	823.19	-10.63
人身保险(含养老保险)	亿元	3097.64	930.54	232.89
人身意外伤害险	亿元	1288.39	2379.1	-45.85
其他险	亿元	752.26	73.26	926.84
保险业务收入(保费收入)	**万元**	**896661**	**864513.95**	**3.72**
企业财产险	万元	17673	15522.76	13.85
家庭财产险	万元	1318	2807.14	-53.05
运输工具及责任险	万元	282335	243106.9	16.14
货物运输保险	万元	4406	3398.45	29.65
人身保险(含养老保险)	万元	557768	569663.6	-2.09
人身意外伤害险	万元	26764	25425.47	5.26
农业险	万元	3735	3192.1	17.01
其他险	万元	2662	1397.66	90.46
保险业务支出(赔款支出)	**万元**	**235623**	**203457.92**	**15.81**
企业财产险	万元	8259	7793.49	5.97
家庭财产险	万元	355	237.88	49.23
运输工具及责任险	万元	140174	114610.7	22.30
货物运输保险	万元	1844	1307.37	41.05
人身保险(含养老保险)	万元	79528	75074.67	5.93
人身意外伤害险	万元	2445	3104.39	-21.24
农业险	万元	1121	162.14	591.38
其他险	万元	1897	1167.27	62.52
保险密度	元/人	1021.71	996.14	25.57
保险深度	‰	25.3	27.9	-2.6个千分点

主要统计指标解释

财政收入 指国家财政参与社会产品分配所取得的收入，是实现国家职能的财力保证。财政收入所包括的内容几经变化，目前主要包括：

（1）税收收入：包括增值税、营业税、企业所得税、个人所得税、资源税、固定资产投资方向调节税、城市维护建设税、房产税、印花税、城镇土地使用税、土地增值税、车船税、耕地占用税、契税、烟叶税、其他税收收入。

（2）非税收入：包括专项收入、行政事业性收费收入、罚没收入、国有资本经营收入、国有资源有偿使用收入、其他收入。

财政支出 国家财政将筹集起来的资金进行分配使用，以满足经济建设和各项事业的需要，主要包括：

（1）一般公共服务支出：反映政府提供一般公共服务的支出。

（2）公共安全：反映政府维护社会公共安全方面的支出，有关事务包括武装警察、公安、国家安全、检察、法院、司法行政、监狱、劳教、国家保密、缉私警察等。

（3）教育支出：反映政府教育事务支出。有关具体教育事务包括教育行政管理、学前教育、小学教育、初中教育、普通高中教育、普通高等教育、初等职业教育、中专教育、技校教育、职业高中教育、高等职业教育、广播电视教育、留学生教育、特殊教育、干部继续教育、教育机关服务等。

（4）科学技术：反映政府用于科学技术方面的支出。

（5）文化体育与传媒：反映政府在文化、文物、体育、广播电视、新闻出版等方面的支出。

（6）社会保障和就业：反映政府在社会保障与就业方面的支出。有关事项包括社会保障与就业管理事务、民政管理事务、财政对社会保险基金的补助、补充全国社会保障基金、行政事业单位离退休、企业改革补助、就业补助、抚恤、退役安置、社会福利、残疾人事业、城市居民最低生活保障、其他城镇社会救济、农村社会救济、自然灾害生活补助、红十字事务等。

（7）医疗卫生支出：反映政府医疗卫生方面的支出。具体包括医疗卫生管理事务支出、医疗服务支出、医疗保障支出、疾病预防控制支出、卫生监督支出、妇幼保健支出、农村卫生支出等。

（8）环境保护：反映政府环境保护支出。具体包括：环境保护管理事务支出、环境监测与监察支出、污染治理支出、自然生态保护支出、天然林保护工程支出、退耕还林支出、风沙荒漠治理支出、退牧还草支出、已垦草原退耕还草支出。

（9）城乡社区事务：反映政府城乡社区事务支出。具体包括：城乡社区管理事务支出、城乡社区规划与管理支出、城乡社区公共设施支出、城乡社区住宅支出、城乡社区环境卫生支出、建设市场管理与监督支出等

（10）农林水事务：反映政府农林水事务方面的支出。具体包括农业、林业、水利、扶贫支出、农业综合开发支出等。

存款 指企业、机关、团体或居民根据资金必须收回的原则，把货币资金存入银行或其他信贷机构保管并取得一定利息的一种信用活动形式。根据存款对象或性质的不同可划分为企业存款、财政存款、机关团体存款、基本建设存款、储蓄存款、农村存款、委托存款、其他存款等科目。它是银行信贷资金的主要来源。

贷款 指银行或其他信贷机构根据资金必须归还的原则，按一定利率，为企业、个人等提供资金的一种信用活动形式。我国银行贷款分为短期贷款、中期流动资金贷款、中长期贷款、信托贷款、融资租赁、委托贷款、票据融资、各项垫款等。

保险公司 在中国境内的、经过保险监督管理部门批准设立，并依法登记注册的各类商业保险公

司。

保险金额 指保险人承担赔偿或者给付保险金责任的最高限额。

保费 指投保人为取得保险人在约定范围内所承担赔偿责任而支付给保险人的费用。

赔款 指保险人根据保险合同的规定,向被保险人支付的赔偿保险责任损失的金额。

给付 包括死伤医疗给付和满期给付。死伤医疗给付是指保险人根据人寿保险及长期健康保险合同的规定,因被保险人在保险期内发生保险责任范围内的保险事故支付给被保险人(或受益人)的金额。满期给付是指被保险人生存期满,保险人按人寿保险合同规定支付给被保险人的满期保险金额。

⑥

价格指数

SIX

PRICE INDICES

简 要 说 明

一、本篇资料的主要内容

本篇资料反映了全市生产、投资、流通、消费等环节价格变动状况，主要包括居民消费、商品零售、工业品出厂、原材料燃料动力购进、固定资产投资、房地产等价格指数。

二、本篇资料的来源

1、居民消费、商品零售价格指数来源于消费价格统计调查年报，由市统计局社会经济调查队消费价格专业整理提供。

2、工业品出厂、原材料燃料动力购进、固定资产投资、房地产等价格指数来源于生产价格统计调查年报，由市统计局社会经济调查队生产价格专业整理提供。

6－1 居民消费价格类指数

(2011 年)

指标名称	以上年同期为100的指数	指标名称	以上年同期为100的指数	指标名称	以上年同期为100的指数
居民消费价格总指数	**104.4**	鲜　　蛋	119.2	巴氏杀菌乳或灭菌乳	107.7
生活费用价格总指数	105.7	蛋制品	118.4	酸牛乳	103.7
低收入居民生活费用指数	105.8	7.水产品	110.1	乳　　粉	102.7
非食品价格指数	102.2	(1)鱼	112.3	其　　他	100.0
服务项目价格指数	104.4	淡水鱼	116.4	15.在外用膳食品	104.6
工业品价格指数	101.0	海水鱼	107.9	主　　食	107.0
扣除食品烟酒和能源价格指数	101.9	(2)其他水产品	109.0	炒　　菜	101.7
扣除鲜菜鲜果总指数	104.0	虾蟹类	113.5	地方小吃	118.0
消费品价格指数	104.5	其　他	100.9	其　　他	103.3
一、食品	**110.0**	8.菜	105.8	16.其他食品	103.1
1.粮食	107.0	鲜　　菜	106.0	其他食品	103.1
大　　米	112.1	干菜及菜制品	105.4	**二、烟酒**	**103.9**
面　　粉	108.9	薯　　类	93.3	1.烟草	106.2
粮食制品	103.2	9.调味品	103.9	高档卷烟	100.0
其　　他	105.6	食用盐	100.0	中档卷烟	100.0
2.淀粉及制品	101.8	酱　　油	100.6	其　　他	127.0
淀粉及制品	101.8	食　　醋	103.8	2.酒	102.7
3.干豆类及豆制品	103.0	味　　精	102.2	白　酒	102.8
干　豆	102.2	其　　他	109.9	葡萄酒	99.6
豆制品	103.6	10.糖	101.8	啤　酒	103.9
4.油脂	107.0	食　　糖	123.7	其　他	100.0
食用植物油	107.4	糖　　果	100.4	**三、衣着**	**100.1**
植物油制品	108.1	巧克力制品	100.7	1.服　　装	100.6
其　　他	100.2	糖类小食品	99.9	(1)男式服装	100.3
5.肉禽及其制品	119.4	11.茶及饮料	101.7	大　衣	99.2
(1)食用畜肉及副产品	127.3	(1)茶叶	100.0	毛线衣	97.4
猪　　肉	140.6	茶　　叶	100.0	夹克衫	97.5
牛　　肉	105.3	(2)饮料	103.4	衬　衫	99.7
羊　　肉	108.2	固体饮料	99.4	T恤衫	99.7
畜肉副产品	112.1	液体饮料	101.9	裤　子	98.9
其　　他	100.4	冷冻饮品	106.8	西　服	100.1
(2)禽	108.1	12.干鲜瓜果	119.4	运动衫裤	100.0
鸡	111.1	鲜瓜果	122.6	内　衣	98.7
鸭	102.5	干(坚)果	110.3	羽绒衣	111.2
其　　他	100.6	13.糕点饼干面包	103.5	其　他	100.0
(3)加工肉禽	106.4	糕　　点	106.0	(2)女式服装	101.0
畜肉制品	105.8	饼　　干	101.9	大　衣	99.8
禽制品	107.8	面　　包	103.0	毛线衣	99.7
6.蛋	119.1	14.液体乳及乳制品	106.3	羽绒衣	106.9

6－1 续表 1

指标名称	以上年同期为100的指数	指标名称	以上年同期为100的指数	指标名称	以上年同期为100的指数
套　装	100.0	椅	100.0	消化系统用药	100.0
衬　衫	100.6	沙　发	100.0	呼吸系统用药	95.2
T恤衫	105.1	其　他	100.0	解热镇痛药	97.6
裙　子	98.6	(2)家庭设备	102.7	抗肿瘤药	100.0
裤　子	100.0	洗衣机	94.6	激素类药	100.0
运动衫裤	100.0	电风扇	100.0	心血管系统用药	100.0
内　衣	100.0	电冰箱(柜)	98.1	中枢神经系统用药	100.0
其　他	100.0	吸排油烟机	96.9	消毒防腐及创伤外科用药	100.0
(3)儿童服装	99.0	空调器	99.8	泌尿系统用药	100.0
上　衣	98.9	热水器	98.8	维生素类	100.0
裤　子	98.1	微波炉	100.0	其　他	100.0
裙　子	100.2	其　他	126.2	(4)保健器具及用品	99.8
其　他	100.0	2. 室内装饰品	100.0	保健器具	100.0
2. 衣着材料	100.0	纺织装饰品	100.0	滋补保健用品	99.8
棉　　布	100.0	装饰灯具	100.0	(5)医疗保健服务	100.0
化纤布	100.0	其　　他	100.0	挂号诊疗费	100.0
毛　　线	100.0	3. 床上用品	100.0	注射费	100.0
其　　他	100.0	被　　子	100.0	检查费	100.0
3. 鞋袜帽	98.3	床上套件	100.0	手术费	100.0
(1)鞋	98.0	其　　他	100.0	床位费	100.0
男　鞋	96.4	4. 家庭日用杂品	102.0	理疗费	100.0
女　鞋	98.8	茶　　具	100.0	化验费	100.0
童　鞋	100.0	餐　　具	100.6	其　他	100.0
(2)袜子	100.0	厨　　具	100.0	2. 个人用品及服务	103.4
男　袜	100.0	家用手工工具	100.0	(1)化妆美容用品	100.5
女　袜	100.0	洗涤用品	100.0	化妆美容器具	100.6
(3)帽子	100.0	其　　他	106.8	美容化妆品	101.2
男　帽	100.0	5. 家庭服务及加工维修服务	100.0	护肤品	100.0
女　帽	100.0	家庭服务	100.0	护发美容品	101.4
4. 衣着加工服务费	100.7	加工维修服务	100.0	(2)清洁类化妆品	108.2
缝　纫	100.0	**五、医疗保健和个人用品**	**100.9**	洗发用品	113.1
清　洗	101.2	1. 医疗保健	99.7	洗浴用品	102.3
其他	100.0	(1)医疗器具及用品	99.9	其　　他	104.2
四、家庭设备用品及维修服务	**101.4**	医疗器具及用品	99.9	(3)个人饰品	102.2
1. 耐用消费品	101.6	(2)中药材及中成药	99.9	首　　饰	105.0
(1)家　具	100.0	中药材	99.7	皮　　件	100.4
柜	100.0	中成药	100.0	手　　表	100.0
床	100.0	(3)西药	99.4	领　　带	100.0
桌	100.0	抗菌素(抗感染药)	100.0	其　　他	100.0

6－1续表2

指标名称	以上年同期为100的指数	指标名称	以上年同期为100的指数	指标名称	以上年同期为100的指数
(4)个人服务	100.7	长途电话费	100.0	书　籍	100.0
美　容	100.0	月租费	100.0	报　纸	100.0
理(烫)发	103.0	上网费	100.0	杂　志	100.0
洗　浴	100.0	邮政邮寄	100.0	(3)文娱费	100.0
其　他	100.0	其他邮寄	100.0	电影票	100.0
六、交通和通信	**100.3**	其　他	100.0	景点门票	100.0
1.交通	101.3	**七、娱乐教育文化用品及服务**	**100.1**	有线电视	100.0
(1)交通工具	98.4	1.文娱用耐用消费品及服务	99.4	健身活动	100.0
助动自行车	100.0	电视机	98.0	其　他	100.0
轿　车	97.5	激光视盘机	98.9	4.旅游	100.6
自行车	99.2	摄像机	99.7	旅行社收费	101.0
其　他	100.0	照相机	100.0	宾馆住宿	98.7
(2)车用燃料及零配件	110.5	家用音响	100.0	其他住宿	99.7
汽　油	113.6	便携式音响	100.0	**八、居住**	**106.6**
柴　油	111.5	电　脑	100.0	1.建房及装修材料	103.0
零配件	100.0	修理服务	100.0	木　材	105.0
其　他	100.0	其　他	100.0	木地板	104.6
(3)车辆使用及维修费	101.3	2.教育	100.0	砖	107.1
保险费	100.0	(1)教材及参考书	100.0	水　泥	102.1
停车费	100.0	工具书	100.0	涂　料	102.5
车辆修理服务费	106.7	教　材	100.0	板　材	100.0
其　他	100.0	参考书	100.0	玻　璃	100.0
(4)市区公共交通费	100.1	教育软件	100.0	粘　胶	103.3
公共汽车票	100.0	(2)教育服务	100.0	厨卫设备	100.0
出租汽车	100.0	学前教育	100.0	其　他	107.5
其　他	107.4	中等教育	100.0	2.住房租金	107.8
(5)城市间交通费	102.0	高等教育	100.0	公房房租	105.6
飞机票	100.0	专业技能培训	100.0	私房房租	110.1
火车票	100.0	其　他	100.0	其他费用	102.3
长途汽车	104.2	3.文化娱乐类	100.7	3.自有住房	111.5
短途汽车	107.7	(1)文化娱乐用品	101.7	住房估算租金	114.8
其　他	100.0	乐　器	100.6	物业管理费用	102.4
2.通信	98.3	音像光盘和视盘	100.7	维护修理费用	100.5
(1)通信工具	89.3	电子存储器	100.0	其　他	101.4
固定电话机	98.2	儿童玩具	105.3	4.水、电、燃料	101.6
移动电话机	88.8	纸张本册	100.0	水	100.0
其　他	100.0	文　具	101.2	电	100.0
(2)通信服务	100.0	体育用品	100.0	液化石油气	118.9
移动通信费	100.0	其　他	100.0	管道燃气	100.0
市内电话费	100.0	(2)书报杂志	100.0	其他燃料	102.1

6-2 各月居民消费价格定基指数

(2011 年)(以 2000 年全年平均为 100 的指数)

指 标 名 称	一月份	二月份	三月份	四月份	五月份	六月份
居民消费价格总指数	**124.7**	**126.9**	**125.4**	**125.6**	**126.4**	**125.6**
生活费用价格总指数						
低收入居民生活费用指数						
非食品价格指数	103.3	103.3	103.2	103.6	104.9	104.9
服务项目价格指数	116.2	116.2	116.2	117.3	120.5	120.5
工业品价格指数						
扣除食品烟酒和能源价格指数						
扣除鲜菜鲜果总指数	116.0	116.6	116.0	116.5	117.9	118.5
消费品价格指数	127.2	130.2	128.1	128.0	128.0	126.9
一、食品	**184.4**	**195.5**	**188.1**	**187.4**	**186.3**	**182.3**
1. 粮食	192.0	193.8	192.7	192.4	192.2	192.8
大 米	277.3	281.9	271.9	272.2	274.4	275.9
面 粉	199.3	201.2	205.4	204.6	203.7	202.7
粮食制品	125.1	125.1	124.3	124.3	124.3	125.0
其 他	340.0	348.3	345.2	342.6	339.4	342.6
2. 淀粉及制品	119.1	120.5	120.5	120.5	120.5	120.5
淀粉及制品	119.1	120.5	120.5	120.5	120.5	120.5
3. 干豆类及豆制品	205.5	210.6	210.2	211.3	211.6	208.9
干 豆	309.5	323.0	321.1	323.2	324.2	314.7
豆 制 品	182.1	184.1	184.3	185.2	185.2	185.2
4. 油脂	167.0	169.7	165.3	165.1	166.1	167.0
食用植物油	169.3	173.1	166.8	166.6	168.0	169.3
植物油制品	139.1	139.1	139.1	139.1	139.1	139.1
其 他	92.3	92.3	92.3	92.3	92.3	92.3
5. 肉禽及其制品	199.0	208.3	202.3	206.3	211.8	225.7
(1)食用畜肉及副产品	220.0	234.0	227.2	234.3	242.4	264.2
猪 肉	234.6	256.6	246.3	258.5	273.1	305.5
牛 肉	167.1	172.9	164.5	166.2	164.8	167.2
羊 肉	209.3	215.6	214.3	214.3	214.3	214.7
畜肉副产品	150.0	151.4	151.4	151.4	151.4	161.9
其 他						
(2)禽	184.0	186.7	174.1	174.2	179.2	180.1
鸡	224.9	229.4	208.6	208.8	217.2	218.8
鸭	114.0	114.0	111.8	111.8	111.8	111.8
其 他	113.5	113.5	113.5	113.5	113.5	113.5
(3)加工肉禽	158.3	161.7	159.5	159.5	160.6	164.8
畜肉制品	167.1	169.9	167.6	167.6	169.2	174.7
禽 制 品	130.9	134.9	133.2	133.2	133.2	135.1
6. 蛋	242.0	241.1	209.8	212.3	225.6	244.2
鲜 蛋	239.8	238.3	205.3	208.0	222.3	241.6
蛋 制 品	224.8	230.9	224.0	224.0	224.5	231.3
7. 水产品	166.3	172.0	168.0	168.7	170.6	174.9
(1)鱼	179.1	187.3	182.8	180.7	185.7	196.0
淡 水 鱼	166.6	170.8	164.5	164.9	173.0	190.3

6－2 续表1

指 标 名 称	七月份	八月份	九月份	十月份	十一月份	十二月份
居民消费价格总指数	**126.0**	**127.2**	**127.6**	**127.4**	**127.9**	**128.5**
生活费用价格总指数						
低收入居民生活费用指数						
非食品价格指数	105.2	105.9	106.1	106.1	106.2	106.1
服务项目价格指数	121.7	123.9	124.3	124.3	124.4	124.2
工业品价格指数						
扣除食品烟酒和能源价格指数						
扣除鲜菜鲜果总指数	119.4	120.2	120.4	120.1	120.2	120.2
消费品价格指数	127.0	127.8	128.3	128.0	128.6	129.5
一、食品	**183.0**	**185.6**	**187.2**	**186.3**	**188.3**	**191.8**
1. 粮食	191.1	192.5	193.4	195.9	198.0	197.8
大 米	275.6	279.9	279.9	281.6	279.6	278.8
面 粉	200.3	200.9	202.0	203.5	204.5	205.1
粮食制品	125.0	125.4	125.3	126.0	127.4	127.4
其 他	329.1	334.3	343.1	361.2	378.3	376.2
2. 淀粉及制品	120.5	120.5	119.8	119.8	122.8	122.8
淀粉及制品	120.5	120.5	119.8	119.8	122.8	122.8
3. 干豆类及豆制品	209.8	209.2	207.4	206.2	206.6	205.9
干 豆	314.1	312.2	305.8	301.6	303.1	300.7
豆 制 品	186.7	186.7	186.7	186.7	186.7	186.7
4. 油脂	168.8	172.2	174.5	178.7	182.3	183.0
食用植物油	171.9	175.7	178.4	184.4	189.7	190.3
植物油制品	139.1	141.8	143.3	143.3	143.3	144.2
其 他	92.3	92.3	92.3	92.3	92.3	92.3
5. 肉禽及其制品	237.7	238.1	235.6	231.3	227.2	227.2
（1）食用畜肉及副产品	283.1	283.0	277.3	270.5	263.7	263.9
猪 肉	336.2	335.0	324.1	310.8	299.1	297.3
牛 肉	166.9	169.2	172.1	171.5	171.5	174.1
羊 肉	215.9	218.4	220.7	220.4	220.4	232.6
畜肉副产品	166.8	167.1	167.1	169.8	169.2	169.2
其 他						
（2）禽	181.3	183.9	186.3	182.0	180.0	177.7
鸡	220.7	225.2	228.3	220.2	216.7	212.8
鸭	111.8	111.8	115.1	118.3	118.3	118.3
其 他	113.5	113.5	113.5	113.5	113.5	113.5
（3）加工肉禽	168.3	169.0	170.2	170.2	170.3	170.5
畜肉制品	179.3	179.3	179.1	179.1	179.3	179.3
禽 制 品	136.2	138.0	141.7	141.7	141.4	142.0
6. 蛋	252.8	269.5	280.2	231.6	228.8	232.4
鲜 蛋	250.9	268.7	280.1	227.6	224.9	228.8
蛋 制 品	231.3	231.7	234.1	236.1	232.8	232.8
7. 水产品	180.1	177.9	179.0	177.7	178.1	178.2
（1）鱼	211.6	210.7	206.6	204.0	202.8	198.0
淡 水 鱼	214.0	212.8	205.9	200.6	197.2	188.7

6－2续表2

指标名称	一月份	二月份	三月份	四月份	五月份	六月份
海水鱼	180.8	193.2	191.1	186.2	187.2	188.3
(2)其他水产品	139.3	143.3	140.1	141.8	142.2	143.7
虾蟹类						
其他						
8.菜	288.3	363.7	306.6	274.8	243.2	225.6
鲜菜	300.2	386.8	321.3	284.4	247.8	228.8
干菜及菜制品	128.6	131.7	131.3	132.1	131.6	131.6
薯类						
9.调味品	115.8	116.5	117.0	117.0	117.0	118.0
食用盐	131.9	131.9	131.9	131.9	131.9	131.9
酱油	111.3	111.3	111.3	111.3	111.3	111.3
食醋	114.8	117.4	119.2	119.2	119.2	119.2
味精	96.6	96.6	96.6	96.6	96.6	96.6
其他	115.4	115.4	115.4	115.4	115.4	119.1
10.糖	141.8	141.1	141.1	141.1	141.5	141.8
食糖	260.3	260.3	260.3	260.3	260.3	254.8
糖果	124.7	123.7	123.7	123.7	124.8	124.8
巧克力制品	106.8	106.8	106.8	106.8	106.8	106.8
糖类小食品	110.2	109.1	109.1	109.1	109.1	110.6
11.茶及饮料	117.0	117.0	117.0	117.0	117.0	117.0
(1)茶叶	113.3	113.3	113.3	113.3	113.3	113.3
茶叶	113.3	113.3	113.3	113.3	113.3	113.3
(2)饮料	121.2	121.2	121.2	121.2	121.2	121.2
固体饮料	94.7	94.7	94.7	94.7	94.7	94.7
液体饮料	133.0	133.0	133.0	133.0	133.0	133.0
冷冻饮品	116.7	116.7	116.7	116.7	116.7	116.7
12.干鲜瓜果	297.1	330.1	325.5	338.0	335.4	261.3
鲜瓜果	328.3	373.0	366.5	383.1	379.3	274.6
干(坚)果	161.4	164.9	164.9	166.9	166.9	166.9
13.糕点饼干面包	115.8	115.8	115.3	115.4	115.8	115.8
糕点	112.1	112.1	110.7	111.1	112.1	112.1
饼干	123.2	123.2	123.2	123.2	123.2	123.2
面包	113.9	113.9	113.9	113.9	113.9	113.9
14.液体乳及乳制品	114.3	114.3	112.5	112.8	113.1	110.3
巴氏杀菌乳或灭菌乳	103.5	103.5	101.6	101.9	101.9	98.4
酸牛乳						
乳粉	164.0	164.0	164.0	164.0	164.0	164.0
其他	100.0	100.0	100.0	100.0	100.0	100.0
15.在外用膳食品	124.7	125.7	125.7	125.9	126.2	126.9
主食	129.9	132.7	132.7	133.2	133.2	136.3
炒菜	113.0	113.2	113.2	113.2	113.2	113.2
地方小吃	186.2	189.0	189.0	190.7	195.1	195.1
其他						
16.其他食品						

6－2续表3

指　标　名　称	七月份	八月份	九月份	十月份	十一月份	十二月份
海水鱼	193.3	192.9	192.3	193.1	194.7	194.7
(2)其他水产品	144.4	142.1	144.8	144.2	145.2	147.1
虾蟹类						
其他						
8.菜	226.2	252.2	260.4	247.3	244.6	276.8
鲜菜	230.2	260.1	269.8	254.7	251.3	288.4
干菜及菜制品	132.4	132.4	132.4	132.4	132.4	132.4
薯类						
9.调味品	117.8	119.2	119.0	119.3	120.1	120.1
食用盐	131.9	131.9	131.9	131.9	131.9	131.9
酱油	110.7	113.2	112.9	113.2	113.2	113.2
食醋	119.2	119.2	118.9	119.4	122.4	122.4
味精	96.6	96.6	96.6	96.6	96.6	96.6
其他	119.1	121.5	121.5	121.5	121.5	121.5
10.糖	142.0	142.4	142.3	142.6	142.6	142.6
食糖	260.3	260.3	256.8	259.5	260.3	260.3
糖果	124.8	125.9	125.9	126.4	126.4	126.4
巧克力制品	106.8	106.8	106.8	106.8	106.8	106.8
糖类小食品	110.6	110.6	110.6	110.6	110.6	110.6
11.茶及饮料	117.0	117.0	117.2	117.4	117.4	117.4
(1)茶叶	113.3	113.3	113.3	113.3	113.3	113.3
茶叶	113.3	113.3	113.3	113.3	113.3	113.3
(2)饮料	121.2	121.2	121.5	122.0	122.0	122.0
固体饮料	94.7	94.7	96.0	96.6	96.6	96.6
液体饮料	133.0	133.0	131.6	133.0	133.0	133.0
冷冻饮品	116.7	116.7	116.7	116.7	116.7	116.7
12.干鲜瓜果	230.4	228.1	235.8	258.2	281.5	290.6
鲜瓜果	231.1	227.8	235.6	267.3	298.7	311.6
干(坚)果	166.9	166.9	172.3	172.3	174.7	174.7
13.糕点饼干面包	115.8	115.8	116.7	118.8	118.8	118.8
糕点	112.1	112.1	112.1	112.1	112.1	112.1
饼干	123.2	123.2	126.0	132.3	132.3	132.3
面包	113.9	113.9	113.9	113.9	113.9	113.9
14.液体乳及乳制品	110.3	110.3	110.3	110.4	114.1	115.2
巴氏杀菌乳或灭菌乳	98.4	98.4	98.4	98.4	102.5	103.8
酸牛乳						
乳粉	164.0	164.0	164.0	164.8	166.2	166.2
其他	100.0	100.0	100.0	100.0	100.0	100.0
15.在外用膳食品	129.1	129.8	130.4	130.4	132.1	132.3
主食	136.3	136.5	137.1	137.1	140.3	140.3
炒菜	113.8	114.6	114.9	114.9	116.1	116.1
地方小吃	210.1	214.6	217.9	218.8	222.3	224.9
其他						
16.其他食品						

指 标 名 称	一月份	二月份	三月份	四月份	五月份	六月份
其他食品	107.6	107.6	107.6	107.6	107.6	107.6
二、烟酒	**116.8**	**117.1**	**117.1**	**117.1**	**117.1**	**117.4**
1.烟草	107.3	107.3	107.3	107.3	107.3	107.3
高档卷烟						
中档卷烟						
其 他						
2.酒	130.9	131.4	131.4	131.4	131.4	132.0
白 酒	159.4	159.4	159.4	159.4	159.4	159.4
葡 萄 酒	96.4	96.4	96.4	96.5	96.5	96.5
啤 酒	105.1	106.5	106.5	106.5	106.5	108.1
其 他						
三、衣着	**90.8**	**90.6**	**90.5**	**90.5**	**90.7**	**90.8**
1.服 装	88.4	88.4	88.3	88.3	88.6	88.6
(1)男式服装	86.8	86.7	86.6	86.5	86.5	86.5
大 衣	83.0	83.0	83.0	83.0	83.0	83.0
毛 线 衣	80.4	80.2	80.0	79.8	80.0	80.0
夹 克 衫	84.6	84.1	83.4	83.4	83.4	83.4
衬 衫	88.8	88.8	88.8	88.8	88.8	88.8
T 恤 衫						
裤 子	81.0	80.7	80.7	80.7	80.7	80.7
西 服	87.9	87.9	87.8	87.8	87.8	87.8
运动衫裤	90.1	90.1	90.1	90.1	90.1	90.1
内 衣	85.3	85.3	85.3	85.3	85.3	85.3
羽 绒 衣	106.0	105.3	105.3	104.7	104.7	104.7
其 他						
(2)女式服装	89.6	89.6	89.6	89.6	90.2	90.3
大 衣	95.6	95.6	95.6	95.6	95.6	95.6
毛 线 衣	87.8	87.8	87.8	87.8	87.6	87.6
羽 绒 衣	100.6	100.6	100.6	100.6	100.6	100.6
套 装	89.5	89.5	89.5	89.5	89.5	89.5
衬 衫	71.6	71.6	71.6	71.6	71.6	71.6
T 恤 衫						
裙 子	85.5	85.5	85.5	85.3	85.3	85.3
裤 子	85.7	85.7	85.7	85.7	85.7	85.7
运动衫裤	102.1	102.1	102.1	102.1	102.1	102.1
内 衣	95.1	95.1	95.1	95.1	95.1	95.1
其 他						
(3)儿童服装	88.5	88.5	88.5	88.3	88.3	88.3
上 衣	83.6	83.6	83.6	83.6	83.6	83.6
裤 子	92.0	92.0	92.0	91.3	91.3	91.3
裙 子	90.2	90.2	90.2	90.2	90.2	90.2
其 他						
2.衣着材料	99.2	99.2	99.2	99.2	99.2	99.2
棉 布	86.7	86.7	86.7	86.7	86.7	86.7

6－2续表5

指　标　名　称	七月份	八月份	九月份	十月份	十一月份	十二月份
其他食品	107.6	107.6	107.6	109.0	109.0	109.0
二、烟酒	**117.5**	**117.5**	**119.1**	**119.7**	**119.7**	**119.8**
1.烟草	107.3	107.3	107.3	107.3	107.3	107.3
高档卷烟						
中档卷烟						
其 他						
2.酒	132.0	132.0	134.9	136.0	136.0	136.1
白 酒	159.4	159.4	165.0	167.4	167.4	167.6
葡 萄 酒	96.5	96.5	97.3	97.3	97.3	97.3
啤 酒	108.3	108.3	108.3	108.3	108.3	108.3
其 他						
三、衣着	**90.8**	**90.8**	**90.8**	**90.8**	**91.1**	**91.1**
1.服 装	88.6	88.7	88.7	88.7	89.0	89.0
(1)男式服装	86.5	86.5	86.5	86.5	87.1	87.1
大 衣	83.0	83.0	83.0	83.0	83.4	83.4
毛 线 衣	80.0	80.0	80.0	80.0	80.6	80.6
夹 克 衫	83.4	83.4	83.4	83.4	84.1	84.1
衬 衫	88.8	88.8	88.8	88.8	90.3	90.3
T 恤 衫						
裤 子	80.7	80.7	80.7	80.7	81.2	81.2
西 服	87.8	87.8	87.8	87.8	89.0	89.0
运动衫裤	90.1	90.1	90.1	90.1	90.1	90.1
内 衣	85.3	85.3	85.3	85.3	85.3	85.3
羽 绒 衣	104.7	104.7	104.7	104.7	104.7	104.7
其 他						
(2)女式服装	90.3	90.4	90.4	90.4	90.5	90.5
大 衣	95.6	95.6	95.6	95.6	95.6	95.6
毛 线 衣	87.6	87.6	87.6	87.6	87.6	87.6
羽 绒 衣	100.6	100.6	100.6	100.6	101.9	101.9
套 装	89.5	89.5	89.5	89.5	89.5	89.5
衬 衫	71.6	72.6	72.6	72.6	72.6	72.6
T 恤 衫						
裙 子	85.3	86.0	86.0	86.0	86.7	86.7
裤 子	85.7	85.7	85.7	85.7	85.7	85.7
运动衫裤	102.1	102.1	102.1	102.1	102.1	102.1
内 衣	95.1	95.1	95.1	95.1	95.1	95.1
其 他						
(3)儿童服装	88.3	88.4	88.4	88.4	88.4	88.4
上 衣	83.6	83.6	83.6	83.6	83.6	83.6
裤 子	91.3	91.3	91.3	91.3	91.3	91.3
裙 子	90.2	90.6	90.6	90.6	90.6	90.6
其 他						
2.衣着材料	99.2	99.2	99.2	99.2	99.2	99.2
棉 布	86.7	86.7	86.7	86.7	86.7	86.7

6-2 续表6

指 标 名 称	一月份	二月份	三月份	四月份	五月份	六月份
化纤布	99.8	99.8	99.8	99.8	99.8	99.8
毛线	107.9	107.9	107.9	107.9	107.9	107.9
其他						
3.鞋袜帽	94.8	94.1	93.7	94.1	94.0	94.0
(1)鞋	94.7	93.7	93.3	93.8	93.7	93.7
男鞋	86.9	85.0	83.9	85.1	84.8	84.8
女鞋	99.6	99.3	99.3	99.3	99.3	99.3
童鞋	96.2	96.2	96.2	96.2	96.2	96.2
(2)袜子	96.0	96.0	96.0	96.0	96.0	96.0
男袜	97.9	97.9	97.9	97.9	97.9	97.9
女袜	94.8	94.8	94.8	94.8	94.8	94.8
(3)帽子	97.9	97.9	97.9	97.9	97.9	97.9
男帽	99.6	99.6	99.6	99.6	99.6	99.6
女帽	96.8	96.8	96.8	96.8	96.8	96.8
4.衣着加工服务费	96.4	96.4	96.4	96.4	96.4	96.4
缝纫	93.1	93.1	93.1	93.1	93.1	93.1
清洗	100.0	100.0	100.0	100.0	100.0	100.0
其他						
四、家庭设备用品及维修服务	**93.3**	**93.3**	**92.7**	**92.7**	**92.7**	**91.8**
1.耐用消费品	89.3	89.2	88.1	88.1	88.1	87.3
(1)家具	97.4	97.4	97.4	97.4	97.4	97.4
柜	97.3	97.3	97.3	97.3	97.3	97.3
床	103.7	103.7	103.7	103.7	103.7	103.7
桌	89.4	89.4	89.4	89.4	89.4	89.4
椅	98.0	98.0	98.0	98.0	98.0	98.0
沙发	99.3	99.3	99.3	99.3	99.3	99.3
其他						
(2)家庭设备	85.2	85.0	83.3	83.3	83.4	82.2
洗衣机	74.5	74.2	72.9	72.9	72.7	72.6
电风扇	89.6	89.6	89.6	89.6	89.6	89.6
电冰箱(柜)	86.5	86.5	86.5	86.5	86.5	86.5
吸排油烟机	101.9	99.6	99.0	99.0	100.1	100.1
空调器	91.5	91.5	91.5	91.5	91.5	91.5
热水器	87.9	87.9	87.5	87.5	87.5	87.5
微波炉	71.2	71.2	71.2	71.2	71.2	71.2
其他						
2.室内装饰品	93.8	93.8	93.8	93.8	93.8	93.8
纺织装饰品	96.1	96.1	96.1	96.1	96.1	96.1
装饰灯具	90.7	90.7	90.7	90.7	90.7	90.7
其他						
3.床上用品	98.9	98.9	98.9	98.9	98.9	98.9
被子						
床上套件						
其他						

6－2续表7

指 标 名 称	七月份	八月份	九月份	十月份	十一月份	十二月份
化纤布	99.8	99.8	99.8	99.8	99.8	99.8
毛线	107.9	107.9	107.9	107.9	107.9	107.9
其他						
3.鞋袜帽	94.0	94.0	94.0	94.0	94.0	94.0
(1)鞋	93.7	93.7	93.7	93.7	93.7	93.7
男鞋	84.8	84.8	84.8	84.8	84.8	84.8
女鞋	99.3	99.3	99.3	99.3	99.3	99.3
童鞋	96.2	96.2	96.2	96.2	96.2	96.2
(2)袜子	96.0	96.0	96.0	96.0	96.0	96.0
男袜	97.9	97.9	97.9	97.9	97.9	97.9
女袜	94.8	94.8	94.8	94.8	94.8	94.8
(3)帽子	97.9	97.9	97.9	97.9	97.9	97.9
男帽	99.6	99.6	99.6	99.6	99.6	99.6
女帽	96.8	96.8	96.8	96.8	96.8	96.8
4.衣着加工服务费	96.4	97.6	97.6	97.6	98.7	98.7
缝纫	93.1	93.1	93.1	93.1	93.1	93.1
清洗	100.0	102.1	102.1	102.1	104.1	104.1
其他						
四、家庭设备用品及维修服务	**91.5**	**91.5**	**91.5**	**91.5**	**91.5**	**91.5**
1.耐用消费品	87.3	87.3	87.3	87.2	87.2	87.2
(1)家具	97.4	97.4	97.4	97.4	97.4	97.3
柜	97.3	97.3	97.3	97.3	97.3	97.3
床	103.7	103.7	103.7	103.7	103.7	103.7
桌	89.4	89.4	89.4	89.4	89.4	89.2
椅	98.0	98.0	98.0	98.0	98.0	98.0
沙发	99.3	99.3	99.3	99.3	99.3	99.3
其他						
(2)家庭设备	82.1	82.1	82.1	82.1	82.1	82.0
洗衣机	72.6	72.4	72.3	71.9	71.9	71.3
电风扇	89.6	89.6	89.6	89.6	89.6	89.6
电冰箱(柜)	86.5	86.5	86.5	86.5	86.5	86.5
吸排油烟机	98.4	98.4	98.4	98.4	98.4	97.7
空调器	91.5	91.5	91.5	91.5	91.5	91.5
热水器	87.5	87.5	87.5	87.5	87.5	87.5
微波炉	71.2	71.2	71.2	71.2	71.2	71.2
其他						
2.室内装饰品	93.8	93.8	93.8	93.8	93.8	93.8
纺织装饰品	96.1	96.1	96.1	96.1	96.1	96.1
装饰灯具	90.7	90.7	90.7	90.7	90.7	90.7
其他						
3.床上用品	98.9	98.9	98.9	98.9	98.9	98.9
被子						
床上套件						
其他						

6－2 续表 8

指 标 名 称	一月份	二月份	三月份	四月份	五月份	六月份
4. 家庭日用杂品	103.1	103.1	103.1	103.1	103.1	101.1
茶 具	97.6	97.6	97.6	97.6	97.6	97.6
餐 具	96.7	96.7	96.7	96.7	96.7	96.7
厨 具	98.9	98.9	98.9	98.9	98.9	98.9
家用手工工具	99.8	99.8	99.8	99.8	99.8	99.8
洗涤用品	105.4	105.4	105.4	105.4	105.4	105.4
其 他						
5. 家庭服务及加工维修服务	100.0	100.0	100.0	100.0	100.0	100.0
家庭服务	100.0	100.0	100.0	100.0	100.0	100.0
加工维修服务	100.0	100.0	100.0	100.0	100.0	100.0
五、医疗保健和个人用品	**113.5**	**113.4**	**113.4**	**113.5**	**113.5**	**113.6**
1. 医疗保健	118.7	118.5	118.5	118.5	118.5	118.5
(1)医疗器具及用品	104.9	104.9	104.9	104.9	104.9	104.9
医疗器具及用品	104.9	104.9	104.9	104.9	104.9	104.9
(2)中药材及中成药	129.5	129.5	129.5	129.5	129.5	129.5
中 药 材	154.8	154.8	154.8	154.8	154.8	154.8
中 成 药	100.5	100.5	100.5	100.5	100.5	100.5
(3)西药	85.0	84.6	84.6	84.6	84.6	84.6
抗菌素(抗感染药)	75.5	75.5	75.4	75.4	75.4	75.4
消化系统用药	91.1	91.1	91.1	91.1	91.1	91.1
呼吸系统用药						
解热镇痛药	76.7	75.4	75.4	75.4	75.4	75.4
抗肿瘤药						
激素类药						
心血管系统用药	94.2	94.2	94.2	94.2	94.2	94.2
中枢神经系统用药						
消毒防腐及创伤外科用药	102.1	102.1	102.1	102.1	102.1	102.1
泌尿系统用药						
维生素类						
其 他						
(4)保健器具及用品	99.7	99.7	99.7	99.7	99.7	99.7
保健器具	99.6	99.6	99.6	99.6	99.6	99.6
滋补保健用品	99.9	99.9	99.9	99.9	99.9	99.9
(5)医疗保健服务	213.9	213.9	213.9	213.9	213.9	213.9
挂号诊疗费	115.5	115.5	115.5	115.5	115.5	115.5
注 射 费	112.4	112.4	112.4	112.4	112.4	112.4
检 查 费	104.8	104.8	104.8	104.8	104.8	104.8
手 术 费	417.5	417.5	417.5	417.5	417.5	417.5
床 位 费	131.7	131.7	131.7	131.7	131.7	131.7
理 疗 费	72.2	72.2	72.2	72.2	72.2	72.2
化 验 费						
其 他						
2. 个人用品及服务	109.8	110.0	110.1	110.1	110.4	110.4
(1)化妆美容用品	103.4	103.4	103.4	103.5	103.5	103.5

6－2 续表 9

指　标　名　称	七月份	八月份	九月份	十月份	十一月份	十二月份
4. 家庭日用杂品	100.1	100.2	100.2	100.2	100.2	100.0
茶 具	97.6	97.6	97.6	97.6	97.6	97.6
餐 具	96.7	98.2	98.2	98.9	99.1	98.2
厨 具	98.9	98.9	98.9	98.9	98.9	98.9
家用手工工具	99.8	99.8	99.8	99.8	99.8	99.8
洗涤用品	105.4	105.4	105.4	105.4	105.4	104.9
其 他						
5. 家庭服务及加工维修服务	100.0	100.0	100.0	100.0	100.0	100.0
家庭服务	100.0	100.0	100.0	100.0	100.0	100.0
加工维修服务	100.0	100.0	100.0	100.0	100.0	100.0
五、医疗保健和个人用品	**113.6**	**113.7**	**113.7**	**113.7**	**113.8**	**113.7**
1. 医疗保健	118.5	118.5	118.5	118.5	118.5	118.5
(1)医疗器具及用品	104.9	104.9	104.9	104.9	104.9	104.0
医疗器具及用品	104.9	104.9	104.9	104.9	104.9	104.0
(2)中药材及中成药	129.5	129.5	129.5	129.5	129.5	129.5
中 药 材	154.8	154.8	154.8	154.8	154.8	154.7
中 成 药	100.5	100.5	100.5	100.5	100.5	100.5
(3)西药	84.6	84.6	84.6	84.6	84.6	84.6
抗菌素(抗感染药)	75.4	75.4	75.4	75.4	75.4	75.4
消化系统用药	91.1	91.1	91.1	91.1	91.1	91.1
呼吸系统用药						
解热镇痛药	75.4	75.4	75.4	75.4	75.4	75.4
抗肿瘤药						
激素类药						
心血管系统用药	94.2	94.2	94.2	94.2	94.2	94.2
中枢神经系统用药						
消毒防腐及创伤外科用药	102.1	102.1	102.1	102.1	102.1	102.1
泌尿系统用药						
维生素类						
其 他						
(4)保健器具及用品	99.7	99.7	99.7	99.7	99.7	99.7
保健器具	99.6	99.6	99.6	99.6	99.6	99.6
滋补保健用品	99.9	99.9	99.9	99.9	99.9	99.9
(5)医疗保健服务	213.9	213.9	213.9	213.9	213.9	213.9
挂号诊疗费	115.5	115.5	115.5	115.5	115.5	115.5
注 射 费	112.4	112.4	112.4	112.4	112.4	112.4
检 查 费	104.8	104.8	104.8	104.8	104.8	104.8
手 术 费	417.5	417.5	417.5	417.5	417.5	417.5
床 位 费	131.7	131.7	131.7	131.7	131.7	131.7
理 疗 费	72.2	72.2	72.2	72.2	72.2	72.2
化 验 费						
其 他						
2. 个人用品及服务	110.6	110.8	110.8	110.9	111.1	111.0
(1)化妆美容用品	103.5	103.5	103.4	103.5	103.6	103.5

6-2 续表 10

指 标 名 称	一月份	二月份	三月份	四月份	五月份	六月份
化妆美容器具	98.0	98.0	98.0	98.0	98.9	98.9
美容化妆品	105.6	105.6	105.6	105.6	105.6	105.6
护肤品						
护发美容品						
(2)清洁类化妆品	103.1	103.3	103.3	103.3	104.1	104.1
洗发用品	123.5	123.5	123.5	123.5	123.5	123.5
洗浴用品	88.8	89.3	89.3	89.3	91.3	91.3
其他						
(3)个人饰品	123.4	124.3	124.6	124.6	124.6	124.7
首饰	148.1	150.5	151.5	151.5	151.5	151.7
皮件	91.1	91.1	91.1	91.1	91.1	91.1
手表	100.1	100.1	100.1	100.1	100.1	100.1
领带	96.2	96.2	96.2	96.2	96.2	96.2
其他						
(4)个人服务	107.9	107.9	107.9	107.9	107.9	107.9
美容	100.0	100.0	100.0	100.0	100.0	100.0
理(烫)发	126.5	126.5	126.5	126.5	126.5	126.5
洗浴						
其他						
六、交通和通信	**84.3**	**84.4**	**84.6**	**84.8**	**84.9**	**84.9**
1.交通	98.9	99.1	99.5	100.0	100.2	100.2
(1)交通工具	89.2	89.2	89.1	88.9	88.9	88.8
助动自行车						
轿车	71.8	71.8	71.7	71.4	71.3	71.2
自行车	97.6	97.6	97.6	97.6	97.6	97.6
其他	100.0	100.0	100.0	100.0	100.0	100.0
(2)车用燃料及零配件	160.4	162.1	165.4	170.2	172.6	172.6
汽油	192.0	194.6	199.9	207.4	211.1	211.1
柴油	200.2	202.2	206.1	212.3	215.4	215.4
零配件	100.0	100.0	100.0	100.0	100.0	100.0
其他						
(3)车辆使用及维修费	98.1	98.1	98.1	98.1	98.1	98.1
保险费	91.5	91.5	91.5	91.5	91.5	91.5
停车费	100.0	100.0	100.0	100.0	100.0	100.0
车辆修理服务费	100.0	100.0	100.0	100.0	100.0	100.0
其他						
(4)市区公共交通费	100.6	100.6	100.6	100.7	100.7	100.7
公共汽车票	100.0	100.0	100.0	100.0	100.0	100.0
出租汽车	100.0	100.0	100.0	100.0	100.0	100.0
其他						
(5)城市间交通费	100.0	100.0	100.0	100.0	100.0	100.0
飞机票						
火车票	100.0	100.0	100.0	100.0	100.0	100.0
长途汽车	100.0	100.0	100.0	100.0	100.0	100.0

6-2续表11

指标名称	七月份	八月份	九月份	十月份	十一月份	十二月份
化妆美容器具	98.9	98.9	98.9	98.9	98.9	98.6
美容化妆品	105.6	105.6	105.6	105.6	105.6	105.6
护肤品						
护发美容品						
(2)清洁类化妆品	104.1	104.6	104.6	104.8	104.8	104.6
洗发用品	123.5	123.5	123.5	123.5	123.5	123.1
洗浴用品	91.3	92.7	92.7	93.4	93.4	93.4
其他						
(3)个人饰品	125.0	125.0	125.0	125.0	125.8	125.8
首饰	151.7	151.7	151.7	151.7	153.2	153.2
皮件	91.7	91.7	91.7	91.7	92.3	92.3
手表	100.1	100.1	100.1	100.1	100.1	100.1
领带	96.2	96.2	96.2	96.2	96.2	96.2
其他						
(4)个人服务	109.4	109.4	109.4	109.4	109.4	109.4
美容	100.0	100.0	100.0	100.0	100.0	100.0
理(烫)发	134.2	134.2	134.2	134.2	134.2	134.2
洗浴						
其他						
六、交通和通信	**84.8**	**84.9**	**84.9**	**84.5**	**84.6**	**84.4**
1.交通	100.2	100.4	100.6	99.8	99.9	99.7
(1)交通工具	88.7	88.7	88.6	88.3	88.3	88.0
助动自行车						
轿车	71.1	71.1	70.9	70.5	70.5	70.1
自行车	97.6	97.6	97.6	97.6	97.6	97.6
其他	100.0	100.0	100.0	100.0	100.0	100.0
(2)车用燃料及零配件	172.6	172.6	172.6	168.3	168.3	168.3
汽油	211.1	211.1	211.1	204.4	204.4	204.4
柴油	215.4	215.4	215.4	210.1	210.1	210.1
零配件	100.0	100.0	100.0	100.0	100.0	100.0
其他						
(3)车辆使用及维修费	98.1	100.6	100.6	100.6	101.8	101.8
保险费	91.5	91.5	91.5	91.5	91.5	91.5
停车费	100.0	100.0	100.0	100.0	100.0	100.0
车辆修理服务费	100.0	113.3	113.3	113.3	120.0	120.0
其他						
(4)市区公共交通费	100.9	100.9	100.9	100.9	100.9	100.9
公共汽车票	100.0	100.0	100.0	100.0	100.0	100.0
出租汽车	100.0	100.0	100.0	100.0	100.0	100.0
其他						
(5)城市间交通费	100.0	100.0	106.1	106.1	106.1	106.1
飞机票						
火车票	100.0	100.0	100.0	100.0	100.0	100.0
长途汽车	100.0	100.0	112.5	112.5	112.5	112.5

6－2 续表 12

指 标 名 称	一月份	二月份	三月份	四月份	五月份	六月份
短途汽车						
其 他						
2. 通信	70.6	70.6	70.5	70.4	70.3	70.2
(1)通信工具	18.6	18.5	18.4	18.3	18.1	18.0
固定电话机	47.4	47.4	47.4	47.4	47.4	47.4
移动电话机	9.9	9.9	9.8	9.7	9.6	9.6
其 他						
(2)通信服务	94.7	94.7	94.7	94.7	94.7	94.7
移动通信费						
市内电话费	100.0	100.0	100.0	100.0	100.0	100.0
长途电话费	59.2	59.2	59.2	59.2	59.2	59.2
月 租 费	106.4	106.4	106.4	106.4	106.4	106.4
上 网 费						
邮政邮寄						
其他邮寄						
其 他						
七、娱乐教育文化用品及服务	**105.4**	**105.5**	**105.5**	**106.6**	**105.4**	**105.4**
1. 文娱用耐用消费品及服务	68.3	68.3	68.2	68.2	68.2	68.2
电 视 机	54.7	54.5	54.4	54.4	54.2	54.2
激光视盘机	60.6	60.8	60.8	60.8	60.8	60.8
摄 像 机	66.4	66.4	66.3	66.3	66.3	66.3
照 相 机	77.6	77.6	77.6	77.6	77.6	77.6
家用音响	83.0	83.0	83.0	83.0	83.0	83.0
便携式音响	80.7	80.7	80.7	80.7	80.7	80.7
电 脑	85.3	85.3	85.3	85.3	85.3	85.3
修理服务	100.0	100.0	100.0	100.0	100.0	100.0
其 他						
2. 教育	129.6	129.6	129.6	129.6	129.6	129.6
(1)教材及参考书	146.9	146.9	146.9	146.9	146.9	146.9
工 具 书	100.0	100.0	100.0	100.0	100.0	100.0
教 材	168.7	168.7	168.7	168.7	168.7	168.7
参 考 书	143.4	143.4	143.4	143.4	143.4	143.4
教育软件						
(2)教育服务	127.6	127.6	127.6	127.6	127.6	127.6
学前教育	128.2	128.2	128.2	128.2	128.2	128.2
中等教育						
高等教育						
专业技能培训						
其 他						
3. 文化娱乐类	107.0	107.2	107.2	107.2	107.2	107.2
(1)文化娱乐用品	97.0	97.5	97.5	97.5	97.5	97.5
乐 器	100.4	100.4	100.4	100.4	100.4	100.4
音像光盘和视盘	95.9	95.9	95.9	95.9	95.9	95.9
电子存储器	80.6	80.6	80.6	80.6	80.6	80.6

6－2续表13

指 标 名 称	七月份	八月份	九月份	十月份	十一月份	十二月份
短途汽车						
其 他						
2. 通信	70.1	70.0	69.9	69.8	69.8	69.8
(1)通信工具	17.8	17.6	17.3	17.2	17.2	17.2
固定电话机	47.4	47.4	47.2	47.2	47.1	47.1
移动电话机	9.5	9.3	9.2	9.2	9.1	9.1
其 他						
(2)通信服务	94.7	94.7	94.7	94.7	94.7	94.7
移动通信费						
市内电话费	100.0	100.0	100.0	100.0	100.0	100.0
长途电话费	59.2	59.2	59.2	59.2	59.2	59.2
月 租 费	106.4	106.4	106.4	106.4	106.4	106.4
上 网 费						
邮政邮寄						
其他邮寄						
其 他						
七、娱乐教育文化用品及服务	**105.6**	**105.7**	**105.7**	**105.6**	**105.7**	**105.6**
1. 文娱用耐用消费品及服务	68.2	68.2	68.1	68.0	68.0	68.0
电 视 机	54.2	54.2	53.9	53.7	53.7	53.6
激光视盘机	60.8	60.8	60.8	60.8	60.8	60.8
摄 像 机	66.3	66.3	66.3	66.3	66.3	66.3
照 相 机	77.6	77.6	77.6	77.6	77.6	77.6
家用音响	83.0	83.0	83.0	83.0	83.0	83.0
便携式音响	80.7	80.7	80.7	80.7	80.7	80.7
电 脑	85.3	85.3	85.3	85.3	85.3	85.3
修理服务	100.0	100.0	100.0	100.0	100.0	100.0
其 他						
2. 教育	129.6	129.6	129.6	129.6	129.6	129.6
(1)教材及参考书	146.9	146.9	146.9	146.9	146.9	146.9
工 具 书	100.0	100.0	100.0	100.0	100.0	100.0
教 材	168.7	168.7	168.7	168.7	168.7	168.7
参 考 书	143.4	143.4	143.4	143.4	143.4	143.4
教育软件						
(2)教育服务	127.6	127.6	127.6	127.6	127.6	127.6
学前教育	128.2	128.2	128.2	128.2	128.2	128.2
中等教育						
高等教育						
专业技能培训						
其 他						
3. 文化娱乐类	107.2	107.4	107.5	107.5	107.6	107.6
(1)文化娱乐用品	97.5	98.0	98.2	98.2	98.4	98.4
乐 器	100.4	100.4	100.4	100.4	100.4	100.4
音像光盘和视盘	95.9	97.5	97.5	97.5	97.5	97.5
电子存储器	80.6	80.6	80.6	80.6	80.6	80.6

6－2 续表 14

指 标 名 称	一月份	二月份	三月份	四月份	五月份	六月份
儿童玩具	98.1	99.9	99.9	99.9	99.9	99.9
纸张本册	97.3	97.3	97.3	97.3	97.3	97.3
文 具	100.7	101.5	101.5	101.5	101.5	101.5
体育用品	99.1	99.1	99.1	99.1	99.1	99.1
其 他						
(2)书报杂志	98.0	98.0	98.0	98.0	98.0	98.0
书 籍	100.0	100.0	100.0	100.0	100.0	100.0
报 纸	93.4	93.4	93.4	93.4	93.4	93.4
杂 志	100.0	100.0	100.0	100.0	100.0	100.0
(3)文娱费	130.3	130.3	130.3	130.3	130.3	130.3
电 影 票	173.2	173.2	173.2	173.2	173.2	173.2
景点门票	158.1	158.1	158.1	158.1	158.1	158.1
有线电视	100.0	100.0	100.0	100.0	100.0	100.0
健身活动	100.0	100.0	100.0	100.0	100.0	100.0
其 他						
4. 旅游	110.6	110.6	110.6	120.5	110.6	110.6
旅行社收费	118.0	118.0	118.0	118.0	118.0	118.0
宾馆住宿	100.0	100.0	100.0	139.9	100.0	100.0
其他住宿	100.0	100.0	100.0	141.1	100.0	100.0
八、居住	**132.9**	**133.0**	**133.0**	**133.7**	**140.5**	**140.7**
1. 建房及装修材料	134.2	134.2	134.2	134.2	138.2	138.7
木 材	131.9	131.9	131.9	131.9	139.1	141.8
木 地 板						
砖	148.7	148.7	148.7	148.7	156.1	158.2
水 泥	121.3	121.3	121.3	121.3	123.7	123.7
涂 料	148.0	148.0	148.0	148.0	152.4	153.8
板 材	111.2	111.2	111.2	111.2	111.2	111.2
玻 璃	118.1	118.1	118.1	118.1	118.1	118.1
粘 胶	99.3	99.3	99.3	99.3	103.4	103.4
厨卫设备						
其 他						
2. 住房租金	113.7	113.7	113.7	113.8	121.4	121.4
公房房租						
私房房租						
其他费用	110.0	110.0	110.0	110.0	113.3	113.3
3. 自有住房	105.0	105.0	105.0	106.2	115.3	115.3
住房估算租金						
物业管理费用						
维护修理费用	103.1	103.1	103.1	103.1	103.1	103.1
其 他						
4. 水、电、燃料	147.4	147.6	147.8	147.8	149.3	149.6
水	231.9	231.9	231.9	231.9	231.9	231.9
电	131.0	131.0	131.0	131.0	131.0	131.0
液化石油气	191.0	193.1	196.2	196.2	214.9	219.0
管道燃气	125.0	125.0	125.0	125.0	125.0	125.0
其他燃料	111.8	111.8	111.8	111.8	115.3	115.3

6－2续表15

指　标　名　称	七月份	八月份	九月份	十月份	十一月份	十二月份
儿童玩具	99.9	101.3	101.9	101.9	102.4	102.4
纸张本册	97.3	97.3	97.3	97.3	97.3	97.3
文 具	101.5	101.5	102.0	102.0	102.0	102.0
体育用品	99.1	99.1	99.1	99.1	99.1	99.1
其 他						
（2）书报杂志	98.0	98.0	98.0	98.0	98.0	98.0
书 籍	100.0	100.0	100.0	100.0	100.0	100.0
报 纸	93.4	93.4	93.4	93.4	93.4	93.4
杂 志	100.0	100.0	100.0	100.0	100.0	100.0
（3）文娱费	130.3	130.3	130.3	130.3	130.3	130.3
电 影 票	173.2	173.2	173.2	173.2	173.2	173.2
景点门票	158.1	158.1	158.1	158.1	158.1	158.1
有线电视	100.0	100.0	100.0	100.0	100.0	100.0
健身活动	100.0	100.0	100.0	100.0	100.0	100.0
其 他						
4.旅游	112.3	112.3	112.3	112.3	112.3	112.3
旅行社收费	120.4	120.4	120.4	120.4	120.4	120.4
宾馆住宿	100.0	100.0	100.0	100.0	100.0	100.0
其他住宿	100.0	100.0	100.0	100.0	100.0	100.0
八、居住	**142.2**	**145.5**	**146.1**	**146.2**	**146.3**	**146.0**
1.建房及装修材料	138.9	139.7	140.6	140.9	142.0	142.2
木 材	141.8	142.4	142.4	142.4	142.4	142.4
木 地 板						
砖	160.3	162.4	165.4	166.3	168.4	168.4
水 泥	123.7	124.5	126.1	126.5	126.5	126.5
涂 料	153.8	153.8	153.8	153.8	153.8	153.8
板 材	111.2	111.2	111.2	111.2	111.2	111.2
玻 璃	118.1	118.1	118.1	118.1	118.1	118.1
粘 胶	103.4	103.9	103.9	103.9	105.9	105.9
厨卫设备						
其 他						
2.住房租金	123.4	130.1	130.1	130.1	130.1	129.7
公房房租						
私房房租						
其他费用	113.3	114.0	114.0	114.0	114.0	114.0
3.自有住房	117.7	122.5	123.4	123.4	123.4	122.9
住房估算租金						
物业管理费用						
维护修理费用	103.1	104.2	104.2	104.2	104.2	104.2
其 他						
4.水、电、燃料	149.6	149.6	149.6	149.6	149.6	149.6
水	231.9	231.9	231.9	231.9	231.9	231.9
电	131.0	131.0	131.0	131.0	131.0	131.0
液化石油气	219.0	219.0	219.0	219.0	219.0	219.0
管道燃气	125.0	125.0	125.0	125.0	125.0	125.0
其他燃料	115.3	115.3	115.3	115.3	115.3	115.3

6－3 商品零售价格指数

（2011年）

指标名称	以上年同期为100的指数	指标名称	以上年同期为100的指数	指标名称	以上年同期为100的指数
商品零售价格总指数	**103.1**	（1）鱼	111.7	主　　食	107.0
一、食品	**110.0**	淡水鱼	116.4	炒　　菜	101.7
1.粮食	107.0	海水鱼	107.9	地方小吃	118.0
大　　米	112.1	（2）其他水产品	107.4	其　　他	103.3
面　　粉	108.9	虾蟹类	113.5	15.其他食品	103.1
粮食制品	103.2	其　他	100.9	其他食品	103.1
其　　他	105.6	8.菜	105.6	**二、饮料、烟酒**	**103.4**
2.淀粉及制品	101.8	鲜　菜	106.0	1.茶及饮料	101.6
淀粉及制品	101.8	干菜及菜制品	105.4	（1）茶　　叶	100.0
3.干豆类及豆制品	103.2	薯　类	93.3	茶　　叶	100.0
干　豆	102.2	9.调味品	103.2	（2）饮料	102.9
豆制品	103.6	食用盐	100.0	固体饮料	99.4
4.油脂	107.3	酱　油	100.6	液体饮料	101.9
食用植物油	107.4	食　醋	103.8	冷冻饮品	106.8
植物油制品	108.1	味　精	102.2	2.烟草	106.2
其　　他	100.2	其　他	109.9	高档卷烟	100.0
5.肉禽及其制品	118.4	10.糖	106.5	中档卷烟	100.0
（1）食用畜肉及副产品	126.3	食　糖	123.7	其　　他	127.0
猪　　肉	140.6	糖　果	100.4	3.酒	102.7
牛　　肉	105.3	巧克力制品	100.7	白　酒	102.8
羊　　肉	108.2	糖类小食品	99.9	葡萄酒	99.6
畜肉副产品	112.1	11.干鲜瓜果	119.2	啤　酒	103.9
其　　他	100.4	鲜瓜果	122.6	其　他	100.0
（2）禽	109.0	干（坚）果	110.3	**三、服装、鞋帽**	**99.9**
鸡	111.1	12.糕点饼干面包	103.5	1.服装	100.4
鸭	102.5	糕　点	106.0	（1）男式服装	100.1
其　他	100.6	饼　干	101.9	大　衣	99.2
（3）加工肉禽	106.4	面　包	103.0	毛线衣	97.4
畜肉制品	105.8	13.液体乳及乳制品	105.7	夹克衫	97.5
禽制品	107.8	巴氏杀菌奶或消毒奶	107.7	衬　衫	99.7
6.蛋	119.1	酸牛乳	103.7	T恤衫	99.7
鲜　蛋	119.2	乳　粉	102.7	裤　子	98.9
蛋制品	118.4	其　他	100.0	西　服	100.1
7.水产品	109.6	14.在外用膳食品	104.6	运动衫裤	100.0

6－3续表1

指标名称	以上年同期为100的指数	指标名称	以上年同期为100的指数	指标名称	以上年同期为100的指数
内　衣	98.7	1. 衣着材料	100.0	电子存储器	100.0
羽绒衣	111.2	棉　布	100.0	打印机及配件	100.0
其　他	100.0	化纤布	100.0	扫描仪	100.0
(2)女式服装	100.9	毛　线	100.0	复印机	100.0
大　衣	99.8	其　他	100.0	计算器	100.0
毛线衣	99.7	2. 床上用品	100.0	教学设备	100.0
羽绒衣	106.9	被　子	100.0	其　他	100.0
套　装	100.0	床上套件	100.0	**七、日用品**	**100.5**
衬　衫	100.6	**五、家用电器及音像器材**	**98.3**	1. 日用百货	100.5
T恤衫	105.1	1. 家庭设备	97.3	自行车	99.2
裙　子	98.6	洗衣机	94.6	助动自行车	100.0
裤　子	100.0	电风扇	100.0	雨　具	100.0
运动衫裤	100.0	电冰箱(柜)	98.1	剃须刀具	100.0
内　衣	100.0	吸排油烟机	96.9	电　池	100.0
其　他	100.0	空调器	99.8	卫生用纸制品	101.9
(3)儿童服装	99.0	热水器	98.8	其　他	100.0
上　衣	98.9	微波炉	100.0	2. 日用杂品	99.4
裤　子	98.1	其　他	87.6	茶　具	100.0
裙　子	100.2	2. 文娱用耐用消费品	99.0	餐　具	100.6
其　他	100.0	电视机	98.0	厨　具	100.0
2. 鞋袜帽	98.3	激光视盘机	98.9	其　他	94.9
(1)鞋	98.1	摄像机	99.7	3. 洗涤用品	100.0
男　鞋	96.4	照相机	100.0	洗衣粉(液)	100.0
女　鞋	98.8	家用音响	100.0	肥皂类	100.0
童　鞋	100.0	便携式音响	100.0	清洁洗涤剂	100.0
(2)袜子	100.0	其　他	100.0	4. 其他日用品	101.6
男　袜	100.0	3. 专业音像器材	100.0	儿童玩具	105.3
女　袜	100.0	专业音响器材	100.0	照明器具	100.0
(3)帽子	100.0	专业声像器材	100.0	钟表眼镜及配件	100.0
男　帽	100.0	**六、文化办公用品**	**100.1**	日用普通饰品	100.0
女　帽	100.0	纸张本册	100.0	日用皮革制品	100.4
3. 其他	100.0	文　具	101.2	其　他	100.0
领　带	100.0	电　脑	100.0	**八、体育娱乐用品**	**100.2**
四、纺织品	**100.0**	电脑附件	100.0	1. 体育用品	100.0

6－3 续表2

指标名称	以上年同期为100的指数	指标名称	以上年同期为100的指数	指标名称	以上年同期为100的指数
球　类	100.0	铂金饰品	101.1	3. 电子音像制品	100.4
棋　牌	100.0	其　他	100.0	音像光盘和视盘	100.7
健身器材	100.0	**十三、中西药品及医疗保健用品**	**99.6**	计算机软件	100.0
2. 娱乐用品	100.3	1. 医疗器具及用品	99.9	**十五、燃料**	**107.7**
游艺器材	100.0	医疗器具及用品	99.9	1. 煤炭及制品	102.5
乐　器	100.6	2. 中药材及中成药	99.9	原　煤	102.9
九、交通、通信用品	**96.8**	中药材	99.7	煤制品	102.1
1. 交通运输机械	98.8	中成药	100.0	2. 石油及制品	109.6
轿　车	97.5	3. 西药	99.4	液化石油气	118.9
客　车	99.7	抗菌素(抗感染药)	100.0	管道燃气	100.0
货　车	100.0	消化系统用药	100.0	汽　油	113.6
其　他	100.0	呼吸系统用药	95.2	柴　油	111.5
2. 通信器材	92.5	解热镇痛药	97.6	其　他	100.0
固定电话机	98.2	抗肿瘤药	100.0	**十六、建筑材料及五金电料**	**101.5**
移动电话机	88.8	激素类药	100.0	1. 建筑装璜材料	102.3
传真机	100.0	心血管系统用药	100.0	木　材	105.0
其　他	100.0	中枢神经系统用药	100.0	木地板	104.6
十、家具	**100.0**	消毒防腐及创伤外科用药	100.0	钢　材	100.0
柜	100.0	泌尿系统用药	100.0	砖	107.1
床	100.0	维生素类	100.0	水　泥	102.1
桌	100.0	其　他	100.0	涂　料	102.5
椅	100.0	4. 保健器具及用品	99.9	板　材	100.0
沙　发	100.0	保健器具	100.0	玻　璃	100.0
其　他	100.0	滋补保健用品	99.8	粘　胶	103.3
十一、化妆品	**100.8**	**十四、书报杂志及电子出版物**	**100.1**	管　材	100.0
护肤品	100.0	1. 教材及参考书	100.0	厨卫设备	100.0
美容、装饰类化妆品	101.2	工具书	100.0	其　他	107.5
护发美容品	101.4	教　材	100.0	2. 五金电料	100.0
洗发用品	101.2	参考书	100.0	五金工具	100.0
洗浴用品	102.0	教育软件	100.0	电工电料	100.0
药物美容用品	100.0	2. 书报杂志	100.0	水暖器材	100.0
十二、金银珠宝	**101.2**	书　籍	100.0	其　他	100.0
金饰品	102.0	报　纸	100.0		
银饰品	100.0	杂　志	100.0		

6－4 各月商品零售价格定基指数

（2011 年）（以 2002 年全年平均为 100 的指数）

指 标 名 称	一月份	二月份	三月份	四月份	五月份	六月份
商品零售价格总指数	**116.0**	**118.0**	**116.6**	**116.5**	**116.6**	**116.0**
一、食品	**184.5**	**195.0**	**187.4**	**186.7**	**185.9**	**182.8**
1.粮食	184.4	186.2	184.6	184.3	184.3	185.0
大 米	262.3	266.7	257.3	257.5	259.6	261.1
面 粉	188.1	189.9	193.8	193.1	192.2	191.3
粮食制品	124.8	124.8	124.0	124.0	124.0	124.7
其 他	273.2	279.8	277.4	275.3	272.8	275.3
2.淀粉及制品	118.3	119.6	119.6	119.6	119.6	119.6
淀粉及制品	118.3	119.6	119.6	119.6	119.6	119.6
3.干豆类及豆制品	200.6	205.0	204.7	205.8	206.0	204.0
干 豆	304.0	317.2	315.3	317.4	318.3	309.0
豆 制 品	176.8	178.7	178.9	179.7	179.7	179.7
4.油脂	176.1	179.1	174.2	174.0	175.2	176.1
食用植物油	179.2	183.3	176.6	176.3	177.9	179.2
植物油制品	147.1	147.1	147.1	147.1	147.1	147.1
其 他	92.8	92.8	92.8	92.8	92.8	92.8
5.肉禽及其制品	205.2	214.6	208.2	212.1	217.6	230.7
（1）食用畜肉及副产品	229.1	243.7	236.4	243.6	251.8	273.0
猪 肉	249.5	273.0	262.0	275.0	290.5	325.0
牛 肉	176.4	182.6	173.7	175.5	174.0	176.5
羊 肉	202.4	208.5	207.3	207.3	207.3	207.6
畜肉副产品	149.8	151.1	151.1	151.1	151.1	161.6
其 他						
（2）禽	191.4	194.4	180.0	180.1	185.8	186.9
鸡	236.7	241.4	219.5	219.7	228.6	230.3
鸭	114.1	114.1	111.9	111.9	111.9	111.9
其 他	116.6	116.6	116.6	116.6	116.6	116.6
（3）加工肉禽	157.6	160.9	158.7	158.7	159.8	164.2
畜肉制品	167.1	169.9	167.6	167.6	169.2	174.7
禽 制 品	129.7	133.6	131.9	131.9	131.9	133.8
6.蛋	204.1	203.4	177.2	179.3	190.4	206.0
鲜 蛋	200.6	199.4	171.7	174.0	185.9	202.1
蛋 制 品	219.8	225.7	218.9	218.9	219.4	226.1
7.水产品	160.5	166.3	162.9	162.5	164.8	169.6
（1）鱼	181.2	190.1	185.8	183.4	187.9	197.1
淡 水 鱼	170.7	175.0	168.5	169.0	177.3	195.0
海 水 鱼	182.0	194.5	192.4	187.4	188.4	189.6
（2）其他水产品	133.6	136.7	134.2	135.5	135.8	137.0
虾 蟹 类						
其 他						
8.菜	286.5	360.3	304.2	273.0	242.2	224.1
鲜 菜	300.2	386.8	321.3	284.4	247.8	228.8
干菜及菜制品	126.9	129.9	129.5	130.3	129.8	129.8

6－4 续表 1

指标名称	七月份	八月份	九月份	十月份	十一月份	十二月份
商品零售价格总指数	**116.2**	**116.7**	**117.0**	**116.6**	**117.0**	**117.6**
一、食品	**184.0**	**186.9**	**188.3**	**186.8**	**188.6**	**191.8**
1. 粮食	183.5	185.0	185.7	188.0	189.8	189.7
大 米	260.8	264.8	264.8	266.4	264.5	263.7
面 粉	189.0	189.6	190.6	192.0	193.0	193.5
粮食制品	124.7	125.1	125.0	125.7	127.1	127.1
其 他	264.4	268.6	275.7	290.3	304.0	302.3
2. 淀粉及制品	119.6	119.6	119.0	119.0	121.9	121.9
淀粉及制品	119.6	119.6	119.0	119.0	121.9	121.9
3. 干豆类及豆制品	205.0	204.6	203.2	202.3	202.7	202.1
干 豆	308.5	306.5	300.3	296.2	297.6	295.2
豆 制 品	181.2	181.2	181.2	181.2	181.2	181.2
4. 油脂	178.2	181.9	184.4	189.1	193.2	193.9
食用植物油	182.0	186.0	188.8	195.2	200.8	201.4
植物油制品	147.1	150.0	151.6	151.6	151.6	152.5
其 他	92.8	92.8	92.8	92.8	92.8	92.8
5. 肉禽及其制品	242.3	242.9	240.7	236.3	232.3	232.7
(1)食用畜肉及副产品	291.7	291.8	286.3	279.2	272.3	273.4
猪 肉	357.7	356.4	344.8	330.6	318.1	316.2
牛 肉	176.2	178.6	181.7	181.1	181.1	183.8
羊 肉	208.8	211.2	213.4	213.1	213.1	224.9
畜肉副产品	166.5	166.9	166.9	169.6	168.9	168.9
其 他						
(2)禽	188.2	191.3	193.9	188.9	186.5	183.9
鸡	232.3	237.1	240.3	231.8	228.1	224.0
鸭	111.9	111.9	115.2	118.5	118.5	118.5
其 他	116.6	116.6	116.6	116.6	116.6	116.6
(3)加工肉禽	167.7	168.3	169.4	169.4	169.5	169.7
畜肉制品	179.3	179.3	179.1	179.1	179.3	179.3
禽 制 品	134.9	136.7	140.4	140.4	140.1	140.7
6. 蛋	213.2	227.1	236.0	195.5	193.2	196.2
鲜 蛋	209.9	224.8	234.3	190.4	188.2	191.4
蛋 制 品	226.1	226.5	228.8	230.8	227.6	227.6
7. 水产品	176.3	174.9	174.5	173.3	173.3	172.3
(1)鱼	211.6	210.7	207.0	204.8	204.0	199.7
淡 水 鱼	219.3	218.1	211.0	205.6	202.1	193.3
海 水 鱼	194.6	194.2	193.6	194.4	195.9	195.9
(2)其他水产品	137.5	135.7	137.9	137.4	138.1	139.6
虾 蟹 类						
其 他						
8. 菜	224.1	249.8	257.7	244.9	242.3	273.9
鲜 菜	230.2	260.1	269.8	254.7	251.3	288.4
干菜及菜制品	130.6	130.6	130.6	130.6	130.6	130.6

6－4续表2

指 标 名 称	一月份	二月份	三月份	四月份	五月份	六月份
薯 类						
9. 调味品	111.4	112.0	112.4	112.4	112.4	113.1
食 用 盐	126.2	126.2	126.2	126.2	126.2	126.2
酱 油	107.8	107.8	107.8	107.8	107.8	107.8
食 醋	112.2	114.7	116.5	116.5	116.5	116.5
味 精	96.4	96.4	96.4	96.4	96.4	96.4
其 他	107.0	107.0	107.0	107.0	107.0	110.4
10. 糖	134.1	133.6	133.6	133.6	134.0	133.4
食 糖	211.4	211.4	211.4	211.4	211.4	206.9
糖 果	120.0	119.1	119.1	119.1	120.2	120.2
巧克力制品	108.0	108.0	108.0	108.0	108.0	108.0
糖类小食品	113.4	112.3	112.3	112.3	112.3	113.8
11. 干鲜瓜果	296.3	328.8	324.3	336.6	334.0	261.4
鲜 瓜 果	328.3	373.0	366.5	383.1	379.3	274.6
干(坚)果	160.7	164.1	164.1	166.0	166.0	166.0
12. 糕点饼干面包	116.4	116.4	116.0	116.1	116.4	116.4
糕 点	112.4	112.4	111.0	111.4	112.4	112.4
饼 干	125.6	125.6	125.6	125.6	125.6	125.6
面 包	113.0	113.0	113.0	113.0	113.0	113.0
13. 液体乳及乳制品	113.6	113.6	112.0	112.2	112.6	110.1
巴氏杀菌奶或消毒奶	103.5	103.5	101.6	101.9	101.9	98.4
酸 牛 乳						
乳 粉	162.8	162.8	162.8	162.8	162.8	162.8
其 他	100.0	100.0	100.0	100.0	100.0	100.0
14. 在外用膳食品	124.1	125.0	125.0	125.3	125.5	126.3
主 食	129.9	132.7	132.7	133.2	133.2	136.2
炒 菜	112.4	112.6	112.6	112.6	112.6	112.6
地方小吃	184.3	187.1	187.1	188.7	193.1	193.1
其 他						
15. 其他食品	114.7	114.7	114.7	114.7	114.7	114.7
其他食品	114.7	114.7	114.7	114.7	114.7	114.7
二、饮料、烟酒	**116.2**	**116.4**	**116.4**	**116.5**	**116.5**	**116.7**
1. 茶及饮料	117.8	117.8	117.8	117.8	117.8	117.8
(1)茶叶	112.2	112.2	112.2	112.2	112.2	112.2
茶 叶	112.2	112.2	112.2	112.2	112.2	112.2
(2)饮料	120.7	120.7	120.7	120.7	120.7	120.7
固体饮料	96.3	96.3	96.3	96.3	96.3	96.3
液体饮料	136.6	136.6	136.6	136.6	136.6	136.6
冷冻饮品	116.1	116.1	116.1	116.1	116.1	116.1
2. 烟草	100.3	100.3	100.3	100.3	100.3	100.3
高档卷烟						
中档卷烟						
其 他						

6－4续表3

指 标 名 称	七月份	八月份	九月份	十月份	十一月份	十二月份
薯类						
9.调味品	112.9	114.1	113.9	114.1	114.7	114.7
食用盐	126.2	126.2	126.2	126.2	126.2	126.2
酱油	107.1	109.6	109.3	109.6	109.6	109.6
食醋	116.5	116.5	116.1	116.6	119.6	119.6
味精	96.4	96.4	96.4	96.4	96.4	96.4
其他	110.4	112.7	112.7	112.7	112.7	112.7
10.糖	134.2	134.6	134.1	134.6	134.8	134.8
食糖	211.4	211.4	208.5	210.7	211.4	211.4
糖果	120.2	121.2	121.2	121.7	121.7	121.7
巧克力制品	108.0	108.0	108.0	108.0	108.0	108.0
糖类小食品	113.8	113.8	113.8	113.8	113.8	113.8
11.干鲜瓜果	231.2	229.0	236.7	258.6	281.5	290.4
鲜瓜果	231.1	227.8	235.6	267.3	298.7	311.6
干(坚)果	166.0	166.0	171.5	171.5	173.9	173.9
12.糕点饼干面包	116.4	116.4	117.3	119.4	119.4	119.4
糕点	112.4	112.4	112.4	112.4	112.4	112.4
饼干	125.6	125.6	128.4	134.8	134.8	134.8
面包	113.0	113.0	113.0	113.0	113.0	113.0
13.液体乳及乳制品	110.1	110.1	110.1	110.3	113.6	114.5
巴氏杀菌奶或消毒奶	98.4	98.4	98.4	98.4	102.5	103.8
酸牛乳						
乳粉	162.8	162.8	162.8	163.5	165.0	165.0
其他	100.0	100.0	100.0	100.0	100.0	100.0
14.在外用膳食品	128.4	129.1	129.7	129.7	131.4	131.6
主食	136.2	136.5	137.1	137.1	140.2	140.2
炒菜	113.3	114.0	114.4	114.4	115.5	115.5
地方小吃	207.9	212.4	215.6	216.5	219.9	222.5
其他						
15.其他食品	114.7	114.7	114.7	116.2	116.2	116.2
其他食品	114.7	114.7	114.7	116.2	116.2	116.2
二、饮料、烟酒	**116.7**	**116.7**	**117.8**	**118.3**	**118.3**	**118.3**
1.茶及饮料	117.8	117.8	117.7	118.1	118.1	118.1
(1)茶叶	112.2	112.2	112.2	112.2	112.2	112.2
茶叶	112.2	112.2	112.2	112.2	112.2	112.2
(2)饮料	120.7	120.7	120.5	121.3	121.3	121.3
固体饮料	96.3	96.3	97.6	98.2	98.2	98.2
液体饮料	136.6	136.6	135.1	136.6	136.6	136.6
冷冻饮品	116.1	116.1	116.1	116.1	116.1	116.1
2.烟草	100.3	100.3	100.3	100.3	100.3	100.3
高档卷烟						
中档卷烟						
其他						

6－4续表4

指　标　名　称	一月份	二月份	三月份	四月份	五月份	六月份
3. 酒	130.0	130.6	130.6	130.6	130.6	131.1
白 酒	153.6	153.6	153.6	153.6	153.6	153.6
葡 萄 酒	101.3	101.3	101.3	101.4	101.4	101.4
啤 酒	107.9	109.4	109.4	109.4	109.4	111.0
其 他						
三、服装、鞋帽	**89.8**	**89.6**	**89.5**	**89.5**	**89.7**	**89.7**
1. 服装	88.7	88.6	88.6	88.5	88.8	88.8
(1)男式服装	87.3	87.2	87.1	87.0	87.0	87.0
大 衣	79.2	79.2	79.2	79.2	79.2	79.2
毛 线 衣	77.9	77.7	77.5	77.3	77.5	77.5
夹 克 衫	84.5	84.0	83.3	83.3	83.3	83.3
衬 衫	89.4	89.4	89.4	89.4	89.4	89.4
T 恤 衫						
裤 子	84.1	83.8	83.8	83.8	83.8	83.8
西 服	91.0	91.0	90.9	90.9	90.9	90.9
运动衫裤	91.0	91.0	91.0	91.0	91.0	91.0
内 衣	85.0	85.0	85.0	85.0	85.0	85.0
羽 绒 衣	99.9	99.3	99.3	98.7	98.7	98.7
其 他						
(2)女式服装	89.6	89.6	89.6	89.6	90.1	90.2
大 衣	92.6	92.6	92.6	92.6	92.6	92.6
毛 线 衣	88.0	88.0	88.0	88.0	87.8	87.8
羽 绒 衣	100.2	100.2	100.2	100.2	100.2	100.2
套 装	92.0	92.0	92.0	92.0	92.0	92.0
衬 衫	61.5	61.5	61.5	61.5	61.5	61.5
T 恤 衫						
裙 子	96.2	96.2	96.2	95.9	95.9	95.9
裤 子	83.5	83.5	83.5	83.5	83.5	83.5
运动衫裤	94.5	94.5	94.5	94.5	94.5	94.5
内 衣	93.7	93.7	93.7	93.7	93.7	93.7
其 他						
(3)儿童服装	89.1	89.1	89.1	88.9	88.9	88.9
上 衣	86.4	86.4	86.4	86.4	86.4	86.4
裤 子	94.9	94.9	94.9	94.1	94.1	94.1
裙 子	85.1	85.1	85.1	85.1	85.1	85.1
其 他						
2. 鞋袜帽	94.2	93.4	93.1	93.4	93.4	93.4
(1)鞋	93.9	93.1	92.6	93.1	93.0	93.0
男 鞋	87.8	85.9	84.8	85.9	85.7	85.7
女 鞋	97.1	96.8	96.8	96.8	96.8	96.8
童 鞋	97.3	97.3	97.3	97.3	97.3	97.3
(2)袜子	96.4	96.4	96.4	96.4	96.4	96.4
男 袜	98.2	98.2	98.2	98.2	98.2	98.2

6－4续表5

指 标 名 称	七月份	八月份	九月份	十月份	十一月份	十二月份
3.酒	131.2	131.2	133.9	135.0	135.0	135.1
白 酒	153.6	153.6	159.0	161.3	161.3	161.5
葡 萄 酒	101.4	101.4	102.3	102.3	102.3	102.3
啤 酒	111.2	111.2	111.2	111.2	111.2	111.2
其 他						
三、服装、鞋帽	**89.7**	**89.8**	**89.8**	**89.8**	**90.0**	**90.0**
1.服装	88.8	88.9	88.9	88.9	89.3	89.3
(1)男式服装	87.0	87.0	87.0	87.0	87.6	87.6
大 衣	79.2	79.2	79.2	79.2	79.6	79.6
毛 线 衣	77.5	77.5	77.5	77.5	78.1	78.1
夹 克 衫	83.3	83.3	83.3	83.3	84.1	84.1
衬 衫	89.4	89.4	89.4	89.4	90.8	90.8
T 恤 衫						
裤 子	83.8	83.8	83.8	83.8	84.3	84.3
西 服	90.9	90.9	90.9	90.9	92.2	92.2
运动衫裤	91.0	91.0	91.0	91.0	91.0	91.0
内 衣	85.0	85.0	85.0	85.0	85.0	85.0
羽 绒 衣	98.7	98.7	98.7	98.7	98.7	98.7
其 他						
(2)女式服装	90.2	90.4	90.4	90.4	90.6	90.6
大 衣	92.6	92.6	92.6	92.6	92.6	92.6
毛 线 衣	87.8	87.8	87.8	87.8	87.8	87.8
羽 绒 衣	100.2	100.2	100.2	100.2	101.4	101.4
套 装	92.0	92.0	92.0	92.0	92.0	92.0
衬 衫	61.5	62.3	62.3	62.3	62.3	62.3
T 恤 衫						
裙 子	95.9	96.7	96.7	96.7	97.5	97.5
裤 子	83.5	83.5	83.5	83.5	83.5	83.5
运动衫裤	94.5	94.5	94.5	94.5	94.5	94.5
内 衣	93.7	93.7	93.7	93.7	93.7	93.7
其 他						
(3)儿童服装	88.9	89.0	89.0	89.0	89.0	89.0
上 衣	86.4	86.4	86.4	86.4	86.4	86.4
裤 子	94.1	94.1	94.1	94.1	94.1	94.1
裙 子	85.1	85.5	85.5	85.5	85.5	85.5
其 他						
2.鞋袜帽	93.4	93.4	93.4	93.4	93.4	93.4
(1)鞋	93.0	93.0	93.0	93.0	93.0	93.0
男 鞋	85.7	85.7	85.7	85.7	85.7	85.7
女 鞋	96.8	96.8	96.8	96.8	96.8	96.8
童 鞋	97.3	97.3	97.3	97.3	97.3	97.3
(2)袜子	96.4	96.4	96.4	96.4	96.4	96.4
男 袜	98.2	98.2	98.2	98.2	98.2	98.2

6－4续表6

指 标 名 称	一月份	二月份	三月份	四月份	五月份	六月份
女 袜	95.2	95.2	95.2	95.2	95.2	95.2
(3)帽子	98.1	98.1	98.1	98.1	98.1	98.1
男 帽	100.0	100.0	100.0	100.0	100.0	100.0
女 帽	96.9	96.9	96.9	96.9	96.9	96.9
3.其他	95.9	95.9	95.9	95.9	95.9	95.9
领 带	95.9	95.9	95.9	95.9	95.9	95.9
四、纺织品	**98.8**	**98.8**	**98.8**	**98.8**	**98.8**	**98.8**
1.衣着材料	99.0	99.0	99.0	99.0	99.0	99.0
棉 布	89.4	89.4	89.4	89.4	89.4	89.4
化 纤 布	99.8	99.8	99.8	99.8	99.8	99.8
毛 线	103.5	103.5	103.5	103.5	103.5	103.5
其 他						
2.床上用品	98.4	98.4	98.4	98.4	98.4	98.4
被 子						
床上套件						
五、家用电器及音像器材	**83.1**	**83.0**	**82.5**	**82.4**	**82.4**	**82.2**
1.家庭设备	91.2	91.0	89.9	89.9	90.0	89.4
洗 衣 机	77.3	77.1	75.8	75.8	75.5	75.4
电 风 扇	92.1	92.1	92.1	92.1	92.1	92.1
电冰箱(柜)	90.1	90.1	90.1	90.1	90.1	90.1
吸排油烟机	104.0	101.6	101.0	101.0	102.2	102.2
空 调 器	91.6	91.6	91.6	91.6	91.6	91.6
热 水 器	97.9	97.9	97.4	97.4	97.4	97.4
微 波 炉	91.0	91.0	91.0	91.0	91.0	91.0
其 他	106.0	106.0	96.3	96.3	96.3	89.2
2.文娱用耐用消费品						
电 视 机						
激光视盘机						
摄 像 机						
照 相 机	98.0	98.0	98.0	98.0	98.0	98.0
家用音响	86.2	86.2	86.2	86.2	86.2	86.2
便携式音响	80.4	80.4	80.4	80.4	80.4	80.4
其 他						
3.专业音像器材	98.0	98.0	98.0	98.0	98.0	98.0
专业音响器材	100.0	100.0	100.0	100.0	100.0	100.0
专业声像器材	96.6	96.6	96.6	96.6	96.6	96.6
六、文化办公用品	**93.5**	**93.5**	**93.5**	**93.5**	**93.5**	**93.5**
纸张本册	97.6	97.6	97.6	97.6	97.6	97.6
文 具	101.3	102.0	102.0	102.0	102.0	102.0
电 脑	85.3	85.3	85.3	85.3	85.3	85.3
电脑附件						
电子存储器						
打印机及配件	95.0	95.0	95.0	95.0	95.0	95.0

6－4 续表 7

指　标　名　称	七月份	八月份	九月份	十月份	十一月份	十二月份
女 袜	95.2	95.2	95.2	95.2	95.2	95.2
(3)帽子	98.1	98.1	98.1	98.1	98.1	98.1
男 帽	100.0	100.0	100.0	100.0	100.0	100.0
女 帽	96.9	96.9	96.9	96.9	96.9	96.9
3.其他	95.9	95.9	95.9	95.9	95.9	95.9
领 带	95.9	95.9	95.9	95.9	95.9	95.9
四、纺织品	**98.8**	**98.8**	**98.8**	**98.8**	**98.8**	**98.8**
1.衣着材料	99.0	99.0	99.0	99.0	99.0	99.0
棉 布	89.4	89.4	89.4	89.4	89.4	89.4
化 纤 布	99.8	99.8	99.8	99.8	99.8	99.8
毛 线	103.5	103.5	103.5	103.5	103.5	103.5
其 他						
2.床上用品	98.4	98.4	98.4	98.4	98.4	98.4
被 子						
床上套件						
五、家用电器及音像器材	**82.1**	**82.1**	**82.0**	**81.9**	**81.9**	**81.8**
1.家庭设备	89.2	89.2	89.2	89.1	89.1	89.0
洗 衣 机	75.4	75.3	75.1	74.7	74.7	74.1
电 风 扇	92.1	92.1	92.1	92.1	92.1	92.1
电冰箱(柜)	90.1	90.1	90.1	90.1	90.1	90.1
吸排油烟机	100.4	100.4	100.4	100.4	100.4	99.7
空 调 器	91.6	91.6	91.6	91.6	91.6	91.6
热 水 器	97.4	97.4	97.4	97.4	97.4	97.4
微 波 炉	91.0	91.0	91.0	91.0	91.0	91.0
其 他	89.2	89.2	89.2	89.2	89.2	89.2
2.文娱用耐用消费品						
电 视 机						
激光视盘机						
摄 像 机						
照 相 机	98.0	98.0	98.0	98.0	98.0	98.0
家用音响	86.2	86.2	86.2	86.2	86.2	86.2
便携式音响	80.4	80.4	80.4	80.4	80.4	80.4
其 他						
3.专业音像器材	98.0	98.0	98.0	98.0	98.0	98.0
专业音响器材	100.0	100.0	100.0	100.0	100.0	100.0
专业声像器材	96.6	96.6	96.6	96.6	96.6	96.6
六、文化办公用品	**93.5**	**93.5**	**93.6**	**93.6**	**93.6**	**93.6**
纸张本册	97.6	97.6	97.6	97.6	97.6	97.6
文 具	102.0	102.0	102.6	102.6	102.6	102.6
电 脑	85.3	85.3	85.3	85.3	85.3	85.3
电脑附件						
电子存储器						
打印机及配件	95.0	95.0	95.0	95.0	95.0	95.0

6－4续表8

指标名称	一月份	二月份	三月份	四月份	五月份	六月份
扫描仪	95.8	95.8	95.8	95.8	95.8	95.8
复印机	100.0	100.0	100.0	100.0	100.0	100.0
计算器	98.9	98.9	98.9	98.9	98.9	98.9
教学设备	98.7	98.7	98.7	98.7	98.7	98.7
其他						
七、日用品	**99.8**	**99.9**	**99.9**	**99.9**	**99.9**	**99.8**
1.日用百货	99.2	99.2	99.2	99.2	99.2	99.2
自行车	98.4	98.4	98.4	98.4	98.4	98.4
助动自行车						
雨具	102.0	102.0	102.0	102.0	102.0	102.0
剃须刀具	100.2	100.2	100.2	100.2	100.2	100.2
电池	100.0	100.0	100.0	100.0	100.0	100.0
卫生用纸制品	97.0	97.0	97.0	97.0	97.0	97.0
其他						
2.日用杂品	98.1	98.1	98.1	98.1	98.1	97.1
茶具	97.9	97.9	97.9	97.9	97.9	97.9
餐具	97.4	97.4	97.4	97.4	97.4	97.4
厨具	98.6	98.6	98.6	98.6	98.6	98.6
其他						
3.洗涤用品	105.7	105.7	105.7	105.7	105.7	105.7
洗衣粉(液)	110.2	110.2	110.2	110.2	110.2	110.2
肥皂类	105.7	105.7	105.7	105.7	105.7	105.7
清洁洗涤剂	98.2	98.2	98.2	98.2	98.2	98.2
4.其他日用品	96.2	96.7	96.7	96.7	96.7	96.7
儿童玩具	96.1	97.9	97.9	97.9	97.9	97.9
照明器具	88.1	88.1	88.1	88.1	88.1	88.1
钟表眼镜及配件	100.4	100.4	100.4	100.4	100.4	100.4
日用普通饰品	95.2	95.2	95.2	95.2	95.2	95.2
日用皮革制品	89.0	89.0	89.0	89.0	89.0	89.0
其他						
八、体育娱乐用品	**100.4**	**100.4**	**100.4**	**100.4**	**100.4**	**100.4**
1.体育用品	101.9	101.9	101.9	101.9	101.9	101.9
球类	98.9	98.9	98.9	98.9	98.9	98.9
棋牌	100.0	100.0	100.0	100.0	100.0	100.0
健身器材	104.7	104.7	104.7	104.7	104.7	104.7
2.娱乐用品	99.3	99.3	99.3	99.3	99.3	99.3
游艺器材	100.0	100.0	100.0	100.0	100.0	100.0
乐器	100.8	100.8	100.8	100.8	100.8	100.8
九、交通、通信用品	**59.8**	**59.7**	**59.6**	**59.4**	**59.3**	**59.2**
1.交通运输机械	75.9	75.9	75.8	75.7	75.6	75.6
轿车	63.8	63.8	63.7	63.4	63.4	63.3
客车	79.2	79.2	79.2	79.2	79.2	79.2
货车	93.7	93.7	93.7	93.7	93.7	93.7

6－4续表9

指 标 名 称	七月份	八月份	九月份	十月份	十一月份	十二月份
扫 描 仪	95.8	95.8	95.8	95.8	95.8	95.8
复 印 机	100.0	100.0	100.0	100.0	100.0	100.0
计 算 器	98.9	98.9	98.9	98.9	98.9	98.9
教学设备	98.7	98.7	98.7	98.7	98.7	98.7
其 他						
七、日用品	**99.7**	**99.9**	**100.0**	**100.0**	**100.1**	**100.0**
1. 日用百货	99.2	99.2	99.2	99.2	99.2	99.2
自 行 车	98.4	98.4	98.4	98.4	98.4	98.4
助动自行车						
雨 具	102.0	102.0	102.0	102.0	102.0	102.0
剃须刀具	100.2	100.2	100.2	100.2	100.2	100.2
电 池	100.0	100.0	100.0	100.0	100.0	100.0
卫生用纸制品	97.0	97.0	97.0	97.0	97.0	97.0
其 他						
2. 日用杂品	96.7	97.1	97.1	97.3	97.4	97.1
茶 具	97.9	97.9	97.9	97.9	97.9	97.9
餐 具	97.4	98.8	98.8	99.6	99.7	98.8
厨 具	98.6	98.6	98.6	98.6	98.6	98.6
其 他						
3. 洗涤用品	105.7	105.7	105.7	105.7	105.7	105.7
洗衣粉(液)	110.2	110.2	110.2	110.2	110.2	110.2
肥 皂 类	105.7	105.7	105.7	105.7	105.7	105.7
清洁洗涤剂	98.2	98.2	98.2	98.2	98.2	98.2
4. 其他日用品	96.8	97.3	97.4	97.4	97.7	97.7
儿童玩具	97.9	99.3	99.9	99.9	100.4	100.4
照明器具	88.1	88.1	88.1	88.1	88.1	88.1
钟表眼镜及配件	100.4	100.4	100.4	100.4	100.4	100.4
日用普通饰品	95.2	95.2	95.2	95.2	95.2	95.2
日用皮革制品	89.6	89.6	89.6	89.6	90.2	90.2
其 他						
八、体育娱乐用品	**100.4**	**100.4**	**100.4**	**100.4**	**100.4**	**100.4**
1. 体育用品	101.9	101.9	101.9	101.9	101.9	101.9
球 类	98.9	98.9	98.9	98.9	98.9	98.9
棋 牌	100.0	100.0	100.0	100.0	100.0	100.0
健身器材	104.7	104.7	104.7	104.7	104.7	104.7
2. 娱乐用品	99.3	99.3	99.3	99.3	99.3	99.3
游艺器材	100.0	100.0	100.0	100.0	100.0	100.0
乐 器	100.8	100.8	100.8	100.8	100.8	100.8
九、交通、通信用品	**59.0**	**58.9**	**58.7**	**58.5**	**58.5**	**58.4**
1. 交通运输机械	75.5	75.5	75.5	75.2	75.2	75.1
轿 车	63.2	63.2	63.1	62.7	62.7	62.3
客 车	79.2	79.2	79.2	79.2	79.2	79.2
货 车	93.7	93.7	93.7	93.7	93.7	93.7

6－4续表10

指　标　名　称	一月份	二月份	三月份	四月份	五月份	六月份
其他						
2. 通信器材	31.9	31.8	31.7	31.5	31.3	31.2
固定电话机	68.8	68.8	68.8	68.8	68.8	68.8
移动电话机	11.0	11.0	10.9	10.8	10.7	10.6
传真机	81.5	81.5	81.5	81.5	81.5	81.5
其他						
十、家具	**96.9**	**96.9**	**96.9**	**96.9**	**96.9**	**96.9**
柜	96.5	96.5	96.5	96.5	96.5	96.5
床	103.9	103.9	103.9	103.9	103.9	103.9
桌	89.4	89.4	89.4	89.4	89.4	89.4
椅	97.0	97.0	97.0	97.0	97.0	97.0
沙发	99.4	99.4	99.4	99.4	99.4	99.4
其他						
十一、化妆品	**105.9**	**105.9**	**105.9**	**106.0**	**106.2**	**106.2**
护肤品	108.9	108.9	108.9	108.9	108.9	108.9
美容、装饰类化妆品	105.8	105.8	105.8	105.8	105.8	105.8
护发美容品	107.5	107.5	107.5	108.3	108.3	108.3
洗发用品						
洗浴用品						
药物美容用品	99.7	99.7	99.7	99.7	99.7	99.7
十二、金银珠宝	**101.9**	**101.9**	**101.9**	**101.9**	**101.9**	**101.9**
金饰品	95.8	95.8	95.8	95.8	95.8	95.8
银饰品	100.0	100.0	100.0	100.0	100.0	100.0
铂金饰品	115.6	115.6	115.6	115.6	115.6	115.6
其他						
十三、中西药品及医疗保健用品	**90.7**	**90.5**	**90.5**	**90.5**	**90.5**	**90.5**
1. 医疗器具及用品	91.7	91.7	91.7	91.7	91.7	91.7
医疗器具及用品	91.7	91.7	91.7	91.7	91.7	91.7
2. 中药材及中成药	106.2	106.2	106.2	106.2	106.2	106.2
中药材	116.6	116.6	116.6	116.6	116.6	116.6
中成药	97.0	97.0	97.0	97.0	97.0	97.0
3. 西药	82.8	82.5	82.4	82.4	82.4	82.4
抗菌素(抗感染药)	79.7	79.7	79.6	79.6	79.6	79.6
消化系统用药	87.8	87.8	87.8	87.8	87.8	87.8
呼吸系统用药						
解热镇痛药	74.3	73.0	73.0	73.0	73.0	73.0
抗肿瘤药						
激素类药						
心血管系统用药	95.8	95.8	95.8	95.8	95.8	95.8
中枢神经系统用药						
消毒防腐及创伤外科用药						
泌尿系统用药						
维生素类						

指标名称	七月份	八月份	九月份	十月份	十一月份	十二月份
其他						
2.通信器材	31.0	30.7	30.4	30.3	30.3	30.3
固定电话机	68.8	68.8	68.5	68.5	68.3	68.3
移动电话机	10.5	10.4	10.2	10.2	10.2	10.1
传真机	81.5	81.5	81.5	81.5	81.5	81.5
其他						
十、家具	**96.9**	**96.9**	**96.9**	**96.9**	**96.9**	**96.9**
柜	96.5	96.5	96.5	96.5	96.5	96.5
床	103.9	103.9	103.9	103.9	103.9	103.9
桌	89.4	89.4	89.4	89.4	89.4	89.2
椅	97.0	97.0	97.0	97.0	97.0	97.0
沙发	99.4	99.4	99.4	99.4	99.4	99.4
其他						
十一、化妆品	**106.2**	**106.4**	**106.2**	**106.4**	**106.6**	**106.5**
护肤品	108.9	108.9	108.9	108.9	108.9	108.9
美容、装饰类化妆品	105.8	105.8	105.8	105.8	105.8	105.8
护发美容品	108.3	108.3	107.6	108.3	109.0	109.0
洗发用品						
洗浴用品						
药物美容用品	99.7	99.7	99.7	99.7	99.7	99.7
十二、金银珠宝	**101.9**	**101.9**	**101.9**	**101.9**	**101.9**	**101.9**
金饰品	95.8	95.8	95.8	95.8	95.8	95.8
银饰品	100.0	100.0	100.0	100.0	100.0	100.0
铂金饰品	115.6	115.6	115.6	115.6	115.6	115.6
其他						
十三、中西药品及医疗保健用品	**90.5**	**90.5**	**90.5**	**90.5**	**90.5**	**90.5**
1.医疗器具及用品	91.7	91.7	91.7	91.7	91.7	90.9
医疗器具及用品	91.7	91.7	91.7	91.7	91.7	90.9
2.中药材及中成药	106.2	106.2	106.2	106.2	106.2	106.1
中药材	116.6	116.6	116.6	116.6	116.6	116.6
中成药	97.0	97.0	97.0	97.0	97.0	97.0
3.西药	82.4	82.4	82.4	82.4	82.4	82.4
抗菌素(抗感染药)	79.6	79.6	79.6	79.6	79.6	79.6
消化系统用药	87.8	87.8	87.8	87.8	87.8	87.8
呼吸系统用药						
解热镇痛药	73.0	73.0	73.0	73.0	73.0	73.0
抗肿瘤药						
激素类药						
心血管系统用药	95.8	95.8	95.8	95.8	95.8	95.8
中枢神经系统用药						
消毒防腐及创伤外科用药						
泌尿系统用药						
维生素类						

6－4续表12

指 标 名 称	一月份	二月份	三月份	四月份	五月份	六月份
其他						
4. 保健器具及用品	99.5	99.5	99.5	99.5	99.5	99.5
保健器具	100.0	100.0	100.0	100.0	100.0	100.0
滋补保健用品	99.3	99.3	99.3	99.3	99.3	99.3
十四、书报杂志及电子出版物	**103.0**	**103.0**	**103.0**	**103.0**	**103.0**	**103.0**
1. 教材及参考书	107.8	107.8	107.8	107.8	107.8	107.8
工具书	100.0	100.0	100.0	100.0	100.0	100.0
教材	102.8	102.8	102.8	102.8	102.8	102.8
参考书	121.8	121.8	121.8	121.8	121.8	121.8
教育软件						
2. 书报杂志	100.0	100.0	100.0	100.0	100.0	100.0
书籍	100.0	100.0	100.0	100.0	100.0	100.0
报纸	100.0	100.0	100.0	100.0	100.0	100.0
杂志	100.0	100.0	100.0	100.0	100.0	100.0
3. 电子音像制品	102.8	102.8	102.8	102.8	102.8	102.8
音像光盘和视盘	98.0	98.0	98.0	98.0	98.0	98.0
计算机软件	101.7	101.7	101.7	101.7	101.7	101.7
十五、燃料	**212.7**	**214.0**	**216.5**	**219.5**	**224.3**	**224.8**
1. 煤炭及制品	193.9	193.9	193.9	193.9	196.8	196.8
原煤	221.5	221.5	221.5	221.5	221.5	221.5
煤制品	156.5	156.5	156.5	156.5	161.5	161.5
2. 石油及制品	217.8	219.6	223.0	227.1	232.7	233.4
液化石油气	213.4	215.7	219.2	219.2	240.1	244.7
管道燃气	125.0	125.0	125.0	125.0	125.0	125.0
汽油	237.2	240.4	246.9	256.1	260.8	260.8
柴油	246.1	248.5	253.3	260.9	264.7	264.7
其他						
十六、建筑材料及五金电料	**126.3**	**126.3**	**126.3**	**126.3**	**128.2**	**128.4**
1. 建筑装璜材料	129.1	129.1	129.1	129.1	132.0	132.4
木材	126.4	126.4	126.4	126.4	133.3	135.8
木地板						
钢材						
砖	156.1	156.1	156.1	156.1	163.8	166.0
水泥	126.4	126.4	126.4	126.4	128.9	128.9
涂料	150.6	150.6	150.6	150.6	155.1	156.5
板材	111.0	111.0	111.0	111.0	111.0	111.0
玻璃	114.5	114.5	114.5	114.5	114.5	114.5
粘胶	100.3	100.3	100.3	100.3	104.4	104.4
管材						
厨卫设备						
其他						
2. 五金电料	117.8	117.8	117.8	117.8	117.8	117.8
五金工具	115.8	115.8	115.8	115.8	115.8	115.8
电工电料	105.4	105.4	105.4	105.4	105.4	105.4
水暖器材	132.6	132.6	132.6	132.6	132.6	132.6
其他						

6－4 续表 13

指 标 名 称	七月份	八月份	九月份	十月份	十一月份	十二月份
其 他						
4. 保健器具及用品	99.5	99.5	99.5	99.5	99.5	99.5
保健器具	100.0	100.0	100.0	100.0	100.0	100.0
滋补保健用品	99.3	99.3	99.3	99.3	99.3	99.3
十四、书报杂志及电子出版物	**103.0**	**103.3**	**103.3**	**103.3**	**103.3**	**103.3**
1. 教材及参考书	107.8	107.8	107.8	107.8	107.8	107.8
工 具 书	100.0	100.0	100.0	100.0	100.0	100.0
教 材	102.8	102.8	102.8	102.8	102.8	102.8
参 考 书	121.8	121.8	121.8	121.8	121.8	121.8
教育软件						
2. 书报杂志	100.0	100.0	100.0	100.0	100.0	100.0
书 籍	100.0	100.0	100.0	100.0	100.0	100.0
报 纸	100.0	100.0	100.0	100.0	100.0	100.0
杂 志	100.0	100.0	100.0	100.0	100.0	100.0
3. 电子音像制品	102.8	103.8	103.8	103.8	103.8	103.8
音像光盘和视盘	98.0	99.7	99.7	99.7	99.7	99.7
计算机软件	101.7	101.7	101.7	101.7	101.7	101.7
十五、燃料	**224.8**	**224.8**	**224.8**	**222.2**	**222.2**	**222.2**
1. 煤炭及制品	196.8	196.8	196.8	196.8	196.8	196.8
原 煤	221.5	221.5	221.5	221.5	221.5	221.5
煤 制 品	161.5	161.5	161.5	161.5	161.5	161.5
2. 石油及制品	233.4	233.4	233.4	229.8	229.8	229.8
液化石油气	244.7	244.7	244.7	244.7	244.7	244.7
管道燃气	125.0	125.0	125.0	125.0	125.0	125.0
汽 油	260.8	260.8	260.8	252.5	252.5	252.5
柴 油	264.7	264.7	264.7	258.2	258.2	258.2
其 他						
十六、建筑材料及五金电料	**128.6**	**128.9**	**129.4**	**129.6**	**130.0**	**130.0**
1. 建筑装璜材料	132.6	133.2	134.0	134.2	134.9	135.0
木 材	135.8	136.4	136.4	136.4	136.4	136.4
木 地 板						
钢 材						
砖	168.2	170.4	173.6	174.5	176.7	176.7
水 泥	128.9	129.7	131.4	131.8	131.8	131.8
涂 料	156.5	156.5	156.5	156.5	156.5	156.5
板 材	111.0	111.0	111.0	111.0	111.0	111.0
玻 璃	114.5	114.5	114.5	114.5	114.5	114.5
粘 胶	104.4	104.9	104.9	104.9	106.9	106.9
管 材						
厨卫设备						
其 他						
2. 五金电料	117.8	117.8	117.8	117.8	117.8	117.8
五金工具	115.8	115.8	115.8	115.8	115.8	115.8
电工电料	105.4	105.4	105.4	105.4	105.4	105.4
水暖器材	132.6	132.6	132.6	132.6	132.6	132.6
其 他						

6-5　主要工业生产者出厂价格指数

（2011年）

指　标　名　称	以上月价格为100的平均环比指数	以上年价格为100的同比指数
全部工业品	**100.00**	**108.56**
其中:轻工业	99.86	111.97
以农产品为原料	99.86	112.60
以非农产品为原料	99.88	104.04
重 工 业	100.11	106.41
采 掘	100.15	120.97
原 料	100.09	108.34
加 工	100.12	105.00
其中:生产资料	99.90	107.12
(01) 采 掘	100.15	120.97
(02) 原 料	99.85	106.68
(03) 加 工	99.91	107.21
生活资料	100.36	113.43
(01) 食 品	100.30	112.44
(02) 衣 着	100.64	111.66
(03) 一般日用品	100.43	121.01
(04) 耐用消费品	100.05	103.05
按工业行业大、中类分		
煤炭开采和洗选业	100.42	115.07
非金属矿采选业	100.05	124.24
农副食品加工业	100.56	114.37
食品制造业	99.30	104.39
饮料制造业	100.41	103.47
烟草制品业	100.00	100.00
纺织业	99.20	119.71
纺织服装、鞋、帽制造业	100.32	105.60
木材加工及木、竹、藤、棕、草制品业	100.85	104.63
家具制造业	100.00	102.20
造纸及纸制品业	100.09	103.77
印刷业和记录媒介的复制	100.00	103.98
石油加工、炼焦及核燃料加工业	100.77	112.94
化学原料及化学制品制造业	99.68	109.56

6-5续表1

指　标　名　称	以上月价格为100的平均环比指数	以上年价格为100的同比指数
医药制造业	100.73	116.80
化学纤维制造业	95.60	90.56
橡胶制品业	100.79	124.83
塑料制品业	100.95	112.54
非金属矿物制品业	100.17	112.72
黑色金属冶炼及压延加工业	99.63	106.15
有色金属冶炼及压延加工业	100.51	104.30
金属制品业	100.02	101.91
通用设备制造业	100.03	100.23
专用设备制造业	100.23	104.03
交通运输设备制造业	100.01	100.75
电气机械及器材制造业	100.18	102.95
通信设备、计算机及其他电子设备制造业	100.19	99.88
工艺品及其他制造业	100.75	110.47
电力、热力的生产和供应业	100.40	104.74
燃气生产和供应业	100.00	99.48
水的生产和供应业	100.16	103.68
按工业部门分:		
01 冶金工业	99.77	104.67
02 电力工业	100.40	104.74
03 煤炭及炼焦工业	100.35	108.35
04 石油工业	100.85	113.93
05 化学工业	99.78	111.56
06 机械工业	100.05	101.16
07 建筑材料工业	100.13	112.61
08 森林工业	100.49	103.56
09 食品工业	100.49	112.87
10 纺织工业	99.04	118.46
11 缝纫工业	100.64	111.66
13 造纸工业	100.09	103.77
14 文教艺术用品工业	100.00	103.98
15 其它工业	100.75	110.43

6－6　主要工业生产者购进价格指数

（2011 年）

指　标　名　称	以上月价格为 100 的平均环比指数	以上年价格为 100 的同比指数
全部原材料	**100.19**	**107.17**
（一）燃料、动力类	100.59	105.62
（二）黑色金属材料类	100.06	107.07
其中：钢材	100.10	107.55
其它	100.00	106.09
（三）有色金属材料和电线类	99.65	105.41
（四）化工原料类	100.48	113.43
（五）木材及纸浆类	100.00	105.50
（六）建筑材料及非金属矿类	100.36	111.39
（七）其它工业原材料及半成品类	99.85	103.17
（八）农副产品类	100.07	114.91
（九）纺织原料类	99.51	101.22

6－7　房屋销售价格指数

（2011 年）

指　标　名　称	以上月价格为 100 的平均环比指数	以上年价格为 100 的同比指数
房屋销售总计	**100.1**	**103.7**
一、新建房	100.1	103.9
（一）住宅	100.1	104.1
按房屋类型分		
（1）普通住宅	100.1	104.2
①多层住宅	100.1	103.8
②高层住宅	100.2	105.5
（2）高档住宅	100.2	103.0
其中：高档公寓	100.2	102.7
按套型分		
90㎡及以下	100.3	107.2
90㎡以上		
（二）非住宅	100.1	102.8
1. 办公楼	100.0	101.6
2. 商业营业用房	100.2	103.5
二、二手房	100.1	102.9
住宅	100.1	102.9
其中：普通住宅	100.0	101.8

6-8 房屋租赁价格指数

(2011年)

指　标　名　称	以上季度价格为100的平均环比指数	以上年价格为100的同比指数
房屋租赁总计	**100.0**	**100.9**
一、住宅	100.0	101.4
商品住宅	100.0	101.4
其中:普通住宅	100.0	101.4
二、非住宅	100.1	100.5
(一)办公楼	100.0	100.0
(二)商业营业用房	100.1	100.5
(三)其他	100.3	101.3

6-9 土地交易价格指数

(2011年)

指　标　名　称	以上季度价格为100的平均环比指数	以上年价格为100的同比指数
土地交易总计	**102.6**	**111.9**
一、居住用地	102.0	100.6
商品住宅用地	102.0	110.6
1.普通住宅用地	102.0	110.5
2.高档住宅用地	100.2	100.9
二、工业用地	100.5	103.6
三、商业营业用地	105.5	122.0
四、其它用地	110.2	101.8

6-10 固定资产投资价格指数

(2011年)

指标名称	以上年指数为100的同比价格指数
总　计	**108.77**
1.建筑安装、装饰工程	112.4
2.设备、工器具购置	101.75
3.其他费用	108.57

6-11 建筑安装工程价格指数

(2011年)

指标名称	以上年指数为100的同比价格指数
建安工程费	112.4
其中:人工费	121.22
材料费	108.62
机械使用费	109.68

6-12 建筑安装工程中材料价格指数

(2011年)

指标名称	以上年指数为100的同比价格指数
钢材	106.39
木材	106.01
水泥	118.31
地方建筑材料	113.78
化工材料	107.06
电料	103.97
其它材料	102.39

6－13 固定资产投资价格分类指数表

（2011 年）（以上年周期价格为 100）

指标名称	一季度指数（%）	二季度指数（%）	三季度指数（%）	四季度指数（%）	累计指数（%）
固定资产投资	111.4	110.8	107.96	104.96	108.77
建筑安装、装饰工程	115.3	116.6	111.22	106.5	112.4
人工费	133.0	122.6	118.92	110.34	121.22
工程管理人员	119.4	117.2	112.84	109.12	114.64
工程技术人员	119.8	118.9	116.73	110.33	116.45
普通工人	136.1	123.3	119.62	110.48	122.36
材料费	112.8	110.7	107.48	103.51	108.62
钢材	108.0	108.6	104.57	104.47	106.39
螺纹钢	123.0	122.5	117.12	103.19	116.45
螺纹钢 φ10mm 以下	132.4	124.5	117.8	105.27	120.01
螺纹钢 φ10－15MM	119.1	121.6	114.88	100.32	113.98
螺纹钢 φ16－20MM	120.1	118.1	114.41	105.97	114.67
螺纹钢 φ21－25MM	123.9	119.8	120.19	102.43	116.57
螺纹钢 φ26－30MM	110.4	133.4	121.98	102.47	117.08
螺纹钢 φ31－35mm		132.5			132.47
薄钢板（＜＝4MM）		116.3	125	108.77	116.68
冷扎薄钢板厚度 0.6－1.0MM		116.3	125	108.77	116.68
中、厚钢板	100.0	110.0	123.33	110.98	111.08
不锈钢板厚度 5－15MM	102.1	102.1	100	102.17	101.61
彩色钢板	100.0	120.5	123.08	117.95	115.39
其他		108.2	124.05	108.26	113.52
大型钢材	104.8	112.6	116.09	110.99	111.12
工字钢（高≥180mm）	104.2				104.17
圆钢（φ＞80mm）	105.4	112.6	116.09	110.99	111.28
中型钢材	112.1	114.5	114.98	112.6	113.54
工字钢（高＜180mm）			111.11	111.11	111.11
异型钢	106.0				105.95
槽钢（高＜180mm）	110.3				110.26
圆钢（φ38－80mm）	114.1				114.1
钢支撑		114.5	125.65	116.19	118.77
小型钢材	125.6	116.7	113.95	100	114.07
圆钢（φ＜38mm）	125.6	116.7	113.95	100	114.07
钢筋	112.3	125.2	111.6	103.39	113.14
钢筋 φ6.5mm 以内	110.3	121.1	113.1	103.36	111.97
钢筋 φ6.6－10mm	114.9	120.2	114.77	103.41	113.34
钢筋 φ11－15mm	133.0	120.6	112.89	102.26	117.18
钢筋 φ16－20mm	134.3	132.3	104.39	105.04	119.01
优质钢材	100.0	100.0	100		100
优质结构钢	100.0	100.0	100		100
钢构件	102.6	104.6	115.66	114.29	109.28
桥架	102.6				102.63

6-13 续表1

指 标 名 称	一季度指数（%）	二季度指数（%）	三季度指数（%）	四季度指数（%）	累计指数（%）
其他		104.6	115.66	114.29	111.5
无缝钢管			110	104	107
热镀管			110	104	107
焊接钢管	106.7	109.3	107.24	108.27	107.87
普通管	106.7	109.3	107.24	108.27	107.87
钢丝及其制品			100		100
钢丝			100		100
钢带		108.5	115.04	117.82	113.79
彩钢卷		108.5	115.04	117.82	113.79
铁丝	101.3	108.3	107.21	106.52	105.83
8#铁丝	102.2	115.6	113.33	106.52	109.41
22#铁丝	100.0	100.0	100		100
铁及铁制品	102.1	100.9	100.57	101.27	101.19
铁件(加工)	103.2	101.0	100.6	101.27	101.53
其他	100.0	100.0	100		100
木材	109.4	108.6	105.13	100.94	106.01
原木	104.4	109.8	108.51	103.61	106.58
进口(红松原木)	94.8	113.3	113.14	96.31	104.39
进口(白松原木)	106.9	103.8	103.35	102.09	104.02
进口(落叶松原木)		122.9	102.86	106.98	110.91
国产(红松原木)		99.6	100	99.63	99.75
国产(落叶松原木)	118.8	106.0	113.98	109.75	112.13
硬杂木原木	100.0	120.0			110
其他	100.0	100.0	108.03	104.17	103.05
普通锯材	115.8	107.0	99.94	96.7	104.86
进口(白松板方材)	129.9	114.5	92.31	94.19	107.72
进口(落叶松方材)	100.0	100.0	100	100	100
国产(落叶松方材)	100.0	125.0			112.5
特种锯材	104.0	111.3	107.57	103.14	106.5
枕木	81.3	103.9	84.78	109.09	94.77
方木支撑		103.9	84.78	102.63	97.1
模板木材	104.0	113.7	106.7	96.98	105.35
木摸板		121.4	122.52	105.26	116.4
胶合板	100.0	103.0	101.26	102.4	101.67
多层板(九层以上)	100.0	103.0	101.26	102.4	101.67
纤维板	108.1	118.4	118.42	107.14	113.02
硬质	108.1	118.4	118.42	107.14	113.02
竹木及其制品	103.9	102.1	101.85	102.44	102.58
门窗材	103.9	102.1	101.85	102.44	102.58
水泥	129.0	123.3	117.44	103.5	118.31
通用水泥	130.0	123.0	116.66	102.82	118.12

6－13 续表 2

指标名称	一季度指数（%）	二季度指数（%）	三季度指数（%）	四季度指数（%）	累计指数（%）
矿渣硅酸盐水泥 P.S 32.5 散装	124.6	117.9	118.8	94.76	114.04
矿渣硅酸盐水泥 P.S 32.5 袋装	112.2	116.3	106.18	103.9	109.64
普通硅酸盐水泥 P.O 32.5 散装	141.6	129.5	127.18	113.38	127.91
普通硅酸盐水泥 P.O 32.5 袋装	128.4	120.2	119.12	101.89	117.41
普通硅酸盐水泥 P.O 42.5 散装	140.6	125.0	113.16		126.26
普通硅酸盐水泥 P.O 42.5 袋装	150.1	121.2	109.52	105.69	121.62
普通硅酸盐水泥 P.O 42.5 散装 低碱		123.2			123.15
专用水泥	114.3	128.6			121.43
其他	114.3	128.6			121.43
水泥砖	120.7	129.4	125.93	110.81	121.7
水泥砖	120.7	129.4	125.93	110.81	121.7
水泥瓦	100.0		100		100
普通水泥瓦			100		100
彩色水泥瓦	100.0				100
地方建筑材料	117.9	115.9	117.59	103.7	113.78
砖	116.5	111.5	109.55	102.68	110.05
页岩砖	111.1	106.6	105.5	103.99	106.78
空心砖		106.3			106.25
煤渣砖	112.5	125.2	107.69	111.76	114.28
红机砖	117.9	112.3	110.62	101.95	110.7
煤矸石煤结多孔砖	142.9	114.3	105.71	100	115.72
石灰	117.8	117.8	110.19	100.97	111.71
生石灰	119.2	118.6	110.42	100.97	112.29
熟石灰	100.0	100.0	100	100	100
石灰膏	102.7	104.0	109.98	105.56	105.55
砂子	112.4	122.9	112.11	109.3	114.2
粒砂	109.5	131.6	115.11	112.61	117.22
粗砂	111.7	121.5	110.51	112.67	114.07
中砂	115.7	117.1	111.64	107.95	113.09
细砂	112.6	122.0	110.13	106.77	112.88
特细砂		107.4			107.44
石膏制品	108.6	112.5	110.08	101.07	108.07
纸面石膏板	107.4		100	100.99	102.81
纤维石膏板	108.0	118.0	113.99	99.61	109.88
布面石膏板	111.8	110.6	109.03	112.77	111.05
石材		109.4			109.39
花岗岩板材		104.8			104.84
其他		112.8			112.82
混凝土	122.3	117.7	123.18	95.38	114.64
普通混凝土	122.9	118.0	123.58	95.03	114.87
加气混凝土		112.5	102.63		107.57

6－13 续表 3

指 标 名 称	一季度指数（%）	二季度指数（%）	三季度指数（%）	四季度指数（%）	累计指数（%）
加气混凝土砌块	110.5	111.1	139.29		120.3
泡沫砼砌块					
加气蒸压块	142.9	114.3	112.9	100	117.51
块片石		125.0	125.43	108.7	119.71
毛石			100		100
煤矸石		125.0	126.67	108.7	120.12
混凝土制品	130.0	100.1	111.67	111.67	113.35
混凝土承插管	130.0	100.1	111.67	111.67	113.35
砂浆			115	108.7	111.85
干粉砂浆			115	108.7	111.85
保温板、管	100.0	122.8			111.41
聚氨酯保温板	100.0				100
岩棉保温板		122.8			122.81
石子	108.7	120.2	116.32	110.57	113.96
石子	109.1	120.3	116.5	110.81	114.19
级配沙石	100.0			101.82	100.91
碎石	100.0	100.0	100	100	100
土方	120.0	110.0			115
黄土		110.0			110
粘土	120.0				120
化工材料	100.0	111.2	108.65	108.4	107.06
涂料			109.96		109.96
内墙			106.25		106.25
外墙			114.29		114.29
塑料管	100.0		112.39	107.77	106.72
PVC 硬塑管			114.29	110	112.15
UPVC 塑料管	100.0				100
PP－R 给水管			102.58	115.38	108.98
PVC 半硬塑管			128.57	96.15	112.36
泡沫塑料制品			100		100
泡沫板			100		100
弯头			107.69		107.69
PE 管配件			107.69		107.69
沥青		111.2	108.57	108.41	109.39
乳化沥青		115.6	118.42	118.42	117.47
沥青砼		111.1	108	108	109.04
改性沥青			115.56		115.56
电料	104.7	104.1	105.01	102.05	103.97
绝缘线				107.51	107.51
塑料绝缘材				111.11	111.11
塑料绝缘线铜芯（单股）				109.76	109.76

6－13 续表 4

指　标　名　称	一季度指数（%）	二季度指数（%）	三季度指数（%）	四季度指数（%）	累计指数（%）
塑料绝缘线铜芯(多股)				105.26	105.26
护套线		104.1		95.6	99.86
铜芯线		104.7		95.6	100.14
其他		103.9			103.85
电缆	105.1			105.26	105.16
电力电缆	104.2			105.26	104.73
其他	105.8				105.79
灯管				100	100
其他				100	100
分户设备	104.6				104.56
电表箱	106.7				106.67
户箱					
配电箱	103.5				103.45
开关箱	103.7				103.7
通信用配件			105.01		105.01
接线盒			105		105
其他材料	110.9	85.8	113.3	99.55	102.39
保温材料			110		110
EPS 保温板			110		110
采暖设备				112.5	112.5
普通暖气片				112.5	112.5
大便器		105.6		101.28	103.42
蹲式					
坐式		105.6		101.28	103.42
浴盆				101.61	101.61
浴盆				101.61	101.61
洗涤盆			100	138.46	119.23
洗涤盆			100	138.46	119.23
釉面砖	107.1	122.2	121.22	101.49	113.02
彩色	107.1	122.2	123.47		117.61
白色			120.61	103.2	111.91
玻璃大理石			100	100	100
墙地砖		103.5	110	100	104.48
地砖		103.5	110	100	104.48
抛光砖				110	110
抛光砖				110	110
铝合型材	111.3	84.8	109.28	98.36	100.94
铝合金窗(推拉)			102.38		102.38
铝合金窗(平开)	111.3	84.8	109.34	98.36	100.96
塑钢材料	102.6			108.84	105.74
塑钢窗(推拉)				109.09	109.09

6－13 续表 5

指 标 名 称	一季度指数（%）	二季度指数（%）	三季度指数（%）	四季度指数（%）	累计指数（%）
塑钢门（推拉）	102.6				102.63
塑钢门（平开）				107.97	107.97
仪表			110.71		110.71
水表			110.71		110.71
安全类阀门	100.0	100.0		100	100
安全阀	100.0	100.0		100	100
焊接产品			100		100
电焊条			100		100
水、电	100.0	100.0	100	100	100
工程用水	100.0	100.0	100	100	100
工程用电	100.0	100.0	100	100	100
机械费	110.1	116.3	106.87	105.53	109.68
（一）土石方及筑路机械	111.8	101.5	102.68	106.78	105.71
履带式推土机	100.2	100.3	100.06	100.22	100.22
自行式铲运机	100.0	109.4	108.49	105.35	105.8
轮胎式装载机	112.8	107.6	97.73	106.82	106.25
履带式单斗挖掘机	111.2	100.7	99.55	99.69	102.79
拉铲挖掘机	106.7	109.8	111.61	111.61	109.93
沥青混凝土摊铺机	100.0	109.1	109.09	109.09	106.82
光轮压路机		100.0	100		100
振动压路机	125.5	100.0	119.04	117.7	115.57
电动夯实机	104.2	100.0	104.26		102.81
强夯机械			100	100	100
平地机	115.8	100.0	100	112.5	107.07
（三）起重机械	103.8	110.5	105.03	104.08	105.85
履带式起重机	115.0	104.6	102.87	104.27	106.69
桅杆式起重机		119.9			119.89
汽车式起重机	102.0	103.6	101.74	107.7	103.77
龙门式起重机	120.5	105.4	104.12	105.22	108.8
塔式起重机	105.9	113.7	104.88	103.55	107.02
桥式起重机	104.0	105.6	101.18	101.74	103.12
自升式塔式起重机	92.9	102.8	104.71	104.43	101.22
其他	114.3	121.4	114.29	113.33	115.84
（四）运输机械	112.0	132.8	112.07	103.6	115.13
载重汽车	119.0	137.6	113.35	101.2	117.78
自卸汽车	103.4	110.9	105.29	106.5	106.52
平板拖车组	100.0		125		112.5
壁板运输车	112.1	112.1	106.67	106.67	109.4
机动翻斗车	101.4	102.4	108.2	106.36	104.6
洒水汽车	100.3	100.0			100.14
电动卷扬机	117.3	106.4	106.53	107.66	109.47

6－13 续表6

指 标 名 称	一季度指数（%）	二季度指数（%）	三季度指数（%）	四季度指数（%）	累计指数（%）
卷扬机带塔	100.7	101.3	101.59	102.54	101.53
单笼施工电梯	104.4	104.4			104.35
（五）混凝土及砂浆机械	109.2	109.4	105.01	106.46	107.5
混凝土搅拌机	109.1	108.9	104.65	107.27	107.47
灰浆拌和机	108.7	106.9	103	100.81	104.85
灰浆输送泵	100.0	109.9	102.63	106.85	104.83
混凝土震动器	112.5	116.5	114.48	110.11	113.4
（六）加工机械	109.3	108.7	108.02	110.94	109.26
钢筋调直机	107.7	104.2	105.05	113.36	107.59
钢筋切断机	107.8	112.4	113.25	113.82	111.82
钢筋弯曲机	105.8	113.3	105.92	108.87	108.48
钢筋墩头机	115.8	116.1	108.15	108.15	112.05
木工圆锯机	100.0	101.5	100		100.5
剪板机		110.0			110
型钢剪断机	119.9		109.09	108.24	112.41
翼缘矫正机	109.5	111.0	106.89	109.34	109.19
砂轮切割机		120.0	109.09	109.09	112.73
石料切割机		114.3			114.29
电动切割机			120		120
氧割设备			100		100
手提砂轮机			100		100
（七）泵类机械	118.8	118.8	111.67	108.39	114.44
潜水泵	118.8	118.8	111.67	108.39	114.44
（九）其他机械	109.1	106.2	104.58	103.28	105.79
交流电焊机	105.7	105.3	103.46	104.3	104.68
直流电焊机	106.7	106.7	107.79	107.61	107.19
对焊机	104.4	103.2	102.26	100.46	102.58
电渣焊机	100.0	100.0	100	100	100
点焊机	98.2	100.6	100.63	100	99.86
电动空气压缩机	110.6			115.38	113.01
吹风机	98.5	100.0	100	100.32	99.7
泥浆拌和机			100		100
电锤	122.7	125.4	119.75	103.09	117.75
设备、工器具购置	101.9	101.7	101.9	101.5	101.75
其他费用	108.0	108.9	109.8	107.52	108.57
土地取得费	111.5	108.1	112.39	107.87	109.97
前期工程费	105.2	106.5	110.05	108.9	107.65
施工工作费	109.5	112.2	111.05	105.67	109.62
建设单位其他费用	105.9	108.9	105.69	107.62	107.01

6－14 历年主要价格指数表

（以上年为100）（1978－2011年）

年　份	娱乐教育文　化	居住类	服　务项目类	工业品出厂价格指数	原材料购进价格指数	房屋销售价格指数	房屋租赁价格指数	土地交易价格指数	固定资产投资价格指数
1978	99.7	100	97.7						
1979	100.1	100	99.9						
1980	106.6	100	100.4						
1981	102	100	100						
1982	98.9	100	100						
1983	98.7	100	102.8						
1984	100.1	102.5	105.7						
1985	100.5	118.9	117.8						
1986	102.3	104.5	111.4						
1987	101.4	100	102.6						
1988	116.3	100.5	108.7						
1989	120.6	104.4	113.7						
1990	103.7	106.8	114						
1991	97.4	101.7	107						
1992	95.2	100	103.9						
1993	102.1	157.9	126.9						
1994	116.5	165.3	123	113.1	114.3				
1995	105.4	126.3	127.6	112.8	113.4				
1996	109.3	118.1	107.8	102.8	106.7				
1997	99	118.2	107.7	99.8	102.2				
1998	98.4	104.5	109.5	93.4	97.2				
1999	102.7	105.7	126.8	95.7	91.8				
2000	96.3	109.1	115.6	98.1	100.9				
2001	108.2	101.1	107.8	99.5	101.5	105.7	98.3	107.9	
2002	98.7	104.1	102.5	99.5	98.9	102.1	100.2	105.9	
2003	98.6	104.5	100	105.1	107.4	101	102.2	104.6	
2004	99.6	102.6	100.6	109.1	117.2	104.5	102.3	103.8	108.6
2005	101	106.3	101.3	104.2	106.7	106.8	100.5	106.6	104.2
2006	100.9	101.9	101.3	101.08	101.97	106.6	102.1	105.2	100.75
2007	99.9	102.7	101.3	104.64	105.79	105.8	101.7	102.5	105.48
2008	99.3	105.6	101.1	108.92	112.54	105.4	101.2	115.5	107.81
2009	99.5	99.7	99.4	94.53	92.58	102.5	101.0	106.5	96.15
2010	99.8	100.0	100.0	108.4	108.95	104.4	102.1	105.4	104.51
2011	100.1	106.6	104.4	108.4	107.1	103.7	100.9	111.9	108.8

主要统计指标解释

居民消费价格指数　是反映一定时期内居民家庭所购买的生活消费品价格和服务项目价格变动趋势和程度的相对数。是度量消费商品及服务项目的价格水平随时间而变动的重要指标，也是进行宏观经济分析和调控、价格总水平监测以及国民经济核算的重要指标。其变动率在一定程度上反映了通货膨胀(或紧缩)的程度。

商品零售价格指数　是反映一定时期内商品零售价格变动趋势和程度的相对数。商品零售价格的变动直接影响到城乡居民的生活支出和国家的财政收入，影响居民购买力和市场供需的平衡，影响到消费与积累的比例关系。因此，该指数可以从一个侧面对上述经济活动进行观察和分析。

工业品出厂价格指数　是反映一定时期内全部工业产品出厂价格总水平的变动趋势和程度的相对数，包括工业企业售给本企业以外所有单位的各种产品和直接售给居民用于生活消费的产品。该指数可以观察出厂价格变动对工业总产值及增加值的影响。

原材料、燃料和动力购进价格指数　是反映工业企业作为生产投入，而从物资交易市场和能源、原材料生产企业购买原材料、燃料和动力产品时，所支付的价格水平变动趋势和程度的统计指标，是扣除工业企业物质消耗成本中的价格变动影响的重要依据。

固定资产投资价格指数　是反映一定时期内固定资产投资品及项目的价格变动趋势和程度的相对数。固定资产投资额是由建筑安装工程投资完成额、设备工器具购置投资完成额和其他费用投资完成额三部分组成的。编制固定资产投资价格指数应首先分别编制上述三部分投资的价格指数，然后采用加权算术平均法求出固定资产投资价格总指数。

该指数可以准确地反映固定资产投资中涉及的各类投资品和取费项目价格变动趋势和变动幅度，消除按现价计算的固定资产投资指标中的价格变动因素，真实地反映固定资产投资的规模、速度、结构和效益，为国家科学地制定、检查固定资产投资计划并提高宏观调控水平，为完善国民经济核算体系提供科学的、可靠的依据。

房地产价格指数　是反映一定时期内房地产价格变动趋势和程度的相对数，它是通过百分数的形式来反映房价在不同时期的涨跌幅度。它包括房屋销售价格指数、房屋租赁价格指数、土地交易价格指数和物业管理价格指数。这四套指数的计算方法相似，均采用由下到上逐级汇总的方法。

人民生活

SEVEN

PEOPLE' S LIVELIHOOD

简 要 说 明

一、本篇资料的主要内容

本篇资料反映了全市城市居民的家庭收支、就业、居住、耐用消费品拥有和生活等方面的情况。

二、本篇资料的来源

本篇资料中城镇居民家庭相关资料来源于城镇住户调查年报，由潍坊市统计局社会经济调查队城镇住户科整理提供。

7-1 历年城镇居民年人均主要指标

（1985-2011年）

单位:元

指标名称	1985年	1986年	1987年	1988年	1989年	1990年
一、调查户数	**99**	**100**	**100**	**100**	**100**	**100**
二、家庭人口数	**348.00**	**349.01**	**346.67**	**344.67**	**343**	**355.5**
#户均有收者人数	2.15	2.1	2.09	2.09	2.09	2.01
三、初期手存现金	**29.97**	**46.95**	**71.04**	**84.72**	**108.44**	**56.27**
四、可支配收入	**736.61**	**896.33**	**1036.87**	**1247.55**	**1394.62**	**1549.63**
五、实际收入	**746.85**	**906.67**	**1045.26**	**1256.46**	**1402.52**	**1558.37**
六、储蓄、借贷收入	**112.02**	**123.28**	**127.62**	**249.47**	**299.42**	**146.05**
七、家庭总支出	**687.08**	**817.48**	**891.68**	**1176.22**	**1284.17**	**1246.06**
消费支出	647.16	765.89	836.24	1118.61	1206.58	1173.62
（一）食品	330.07	386.38	444.83	520.77	570.11	604.47
粮食	78.48	83.21	84.61	94.62	93.43	96.69
豆类及制品	1.89	2.91	3.69	4.5	4.78	4.77
油脂	7.07	7.48	10.1	11.93	11.18	13.81
肉禽及制品	46.15	55.85	61.26	81.39	76.84	82.29
蛋类	25.85	26.16	34.01	46.64	61.63	71.08
水产品	10.45	16.28	16.23	18.31	19.44	27.28
菜类	34.52	43.69	50.12	67.42	73.03	81.41
调味品	4.91	5.48	5.92	6.87	7.27	10.05
糖类	5.40	4.83	6.9	5.12	6.69	7.16
烟草	16.20	16.78	19.75	22.37	29.14	37.82
酒和饮料	16.04	23.8	27.09	27.51	29.93	37.82
干鲜瓜果	23.78	33.84	43.7	39.99	48.17	43.2
坚果及果仁	5.75	7.16	9.09	9.56	10.25	11.03
糕点	17.52	19.8	23.24	26.72	28.7	29.31
奶及奶制品	8.61	8.84	9.28	10.34	11.91	10.39
其它食品	2.72	5.26	6.72	8.65	6.54	8.07
在外用餐	16.28	18.56	25.35	27.75	29.64	24.3
（二）衣着	102.79	118.89	135.92	172.6	170.9	207.05
服装	32.03	34.13	34.29	52.84	62.82	81.13
衣着材料	48.92	58.86	74.31	85.42	76.76	82.91
（三）居住	26.60	25.52	25.9	26.13	36.4	47.02
（四）家庭设备用品及服务	78.24	92.28	134.33	239.6	190.88	144.42
#日用耐用消费品	51.36	58.47	100.39	187.58	128.83	96.66
（五）医疗保健	3.08	2.14	2.73	5.63	12.46	8.27
（六）交通与通讯	3.45	5.37	6.12	5.49	6.66	6.69
（七）娱乐文教服务	80.34	97.69	52.61	102.74	171.77	96.37
文娱耐用消费品	62.95	73.91	22.53	67.45	123.92	46.13
文化娱乐	6.41	13.42	15.35	17.92	17.68	18.52
教育	7.77	9.65	13.54	17.74	29.9	31.72
（八）杂项商品与服务	22.58	37.63	35.38	32.3	47.41	59.33
非消费性支出	39.92	51.59	55.44	57.61	77.59	72.44
八、借贷支出	**147.28**	**179.31**	**264.86**	**318.58**	**352.56**	**292.52**
九、期末手存现金	**54.48**	**80.11**	**87.38**	**95.85**	**173.65**	**222.1**

⊙**注**:指标"家庭总支出"在2001年以前为"实际支出"。

7－1 续表 1

指 标 名 称	1991 年	1992 年	1993 年	1994 年	1995 年	1996 年	1997 年
一、调查户数	**100.00**	**100**	**100**	**100**	**100**	**100**	**100**
二、家庭人口数	**331.00**	**325**	**319.25**	**311**	**316**	**316**	**312**
#户均有收者人数	1.96	2.28	2.28	2.32	2.25	2.22	2.19
三、初期手存现金	**109.53**	**95.66**	**151.56**	**166.19**	**197.74**	**154.74**	**319.9**
四、可支配收入	**1682.56**	**1998.07**	**2713.74**	**4146.65**	**4672.43**	**5564.8**	**5811.3**
五、实际收入	**1691.42**	**2007.88**	**2724**	**4155.78**	**4672.53**	**5565.15**	**5859.85**
六、储蓄、借贷收入	**172.71**	**359.2**	**608.16**	**1014.1**	**1756.08**	**1236.76**	**1171.65**
七、家庭总支出	**1487.12**	**1764.1**	**2322.36**	**3688.91**	**4883.47**	**5228.2**	**5305.6**
消费支出	1399.65	1577.19	2084.04	3032.62	3496.91	4556.55	4634
（一）食　品	704.53	797.54	928.68	1281.91	1609.1	1841.97	1789.78
粮　食	120.78	120.78	113.52	184.47	228.65	238.39	199
豆类及制品	5.09	14.04	9.29	20.44	26.99	21.9	24.49
油　脂	17.22	26.47	29.4	50.64	47.38	38.99	41.09
肉禽及制品	96.85	133.2	160.56	227.88	286.98	323.44	337.75
蛋　类	83.79	60.38	70.8	87.77	85.51	115.58	97.41
水产品	26.46	27.21	28.32	44.45	53.76	76.35	80.07
菜　类	87.31	94.47	102.48	140.11	172.72	189.31	172.81
调味品	10.49	12	10.48	16.05	19.16	19.97	18.94
糖　类	7.07	12.48	10.78	17.51	31.49	32.61	30.76
烟　草	42.39	43.01	50.88	55.73	53.1	61.91	61.57
酒和饮料	94.63	53.42	63.48	82.03	81.31	104.02	102.08
干鲜瓜果	52.23	58.08	63.6	83.31	109.82	140.19	165.02
坚果及果仁	12.60	17.16	12.22	22.3	27.06	25.83	
糕　点	32.87	36.72	32.66	46.99	58.32	77.1	61.54
奶及奶制品	13.39	18.92	20.04	24.65	32.05	51.98	42.48
其它食品	10.30	3.48	6.3	5.67	7.54	4.65	6.42
在外用餐	28.00	117.84	70.48	153.52	261.01	297.28	328.15
（二）衣　着	239.69	274.28	335.4	447.86	512.81	874.56	909.56
服　装	90.40	129.26	171	224.96	267.59	489.38	518.47
衣着材料	93.19	67.81	77.76	101.51	90.63	126.76	119.48
（三）居住	37.63	81.94	189.12	327.39	327.81	228.62	320.85
（四）家庭设备用品及服务	175.46	179.11	247.2	335.59	364.51	418.48	427.39
#日用耐用消费品	120.09	111.1	171.96	213.56	248.49	235.19	276.52
（五）医疗保健	17.67	22.26	23.28	59.16	78.35	149.32	159.23
（六）交通与通讯	8.22	33.73	56.52	87.28	132.98	366.02	285.65
（七）娱乐文教服务	119.70	117.85	197.28	387.75	334.49	483.81	563.83
文娱耐用消费品	56.59	41.25	61.56	96.26	71.58	84.86	110.08
文化娱乐	30.07	31.74	35.4	53.18	72.05	119.19	144.44
教　育	33.03	44.85	100.2	238.31	190.86	279.76	309.31
（八）杂项商品与服务	72.16	70.49	106.56	107.68	136.86	193.97	177.79
非消费性支出	87.47	186.91	238.32	666.3	1386.57	671.44	671.51
八、借贷支出	**289.60**	**429.48**	**759**	**1263.47**	**1317.97**	**1363.94**	**1557.62**
九、期末手存现金	**196.92**	**269.16**	**402.24**	**383.75**	**424.91**	**364.51**	**488.19**

7－1续表2

指标名称	1998年	1999年	2000年	2001年	2002年	2003年	2004年
一、调查户数	**100**	**100**	**100**	**100**	**100**	**100**	**100**
二、家庭人口数	**312**	**310.00**	**305**	**292**	**300**	**294**	**288**
#户均有收者人数	2.19	2.19	2.21	2.13	2.17	2.17	2.11
三、初期手存现金	**499.96**	**641.02**	**356.75**	**443.75**	**749.68**	**983.71**	**837.82**
四、可支配收入	**5859.29**	**5904.45**	**6307.48**	**7303.36**	**7538.02**	**8316.86**	**9297.21**
五、实际收入	**5903.39**	**5938.38**	**6342.45**	**7351.07**	**8050.36**	**8899.54**	**9823.63**
六、储蓄、借贷收入	**4032.87**	**2339.78**	**2239.31**	**1563.51**	**1213.91**	**2403.64**	**3296.49**
七、家庭总支出	**7335.42**	**5709.90**	**5914.9**	**6188.34**	**7076.63**	**8110.38**	**8074.17**
消费支出	4903	4927.09	5278.33	5575.44	5638.64	6123.14	6822.44
（一）食　品	1667.69	1620.24	1795.89	1961.68	1947.33	2115.96	2378.9
粮　食	153.72	157.29	160.42	155.59	300.67	308.26	343.16
豆类及制品	23.13	18.81	22.83	27.23	23.34	29.53	29.57
油　脂	39.57	38.58	53.16	48.71	42.3	55.38	64.03
肉禽及制品	309.94	256.16	284.37	303.68	310.01	317.67	364
蛋　类	82.91	79.29	71.19	70.57	70.57	73.4	73.72
水产品	70.58	64.87	82.78	99.6	101.68	112.62	102.67
菜　类	144.91	143.88	166.55	182.91	203.5	218.05	220.36
调味品	18.17	18.34	22.58	26.31	23.33	24.49	26.91
糖　类	36.74	40.04	45.02	52.9	15.69	20.49	21.18
烟　草	63.78	58.00	60.98	53.76	53.62	63.41	58.26
酒和饮料	88.46	88.85	95.03	100.67	108.18	109.27	116.2
干鲜瓜果	157.25	144.10	168.07	185.67	186.72	181.47	193.13
坚果及果仁							
糕　点	69.31	53.23	68.26	68.36	72.57	79.1	72
奶及奶制品	44.66	51.52	57.5	85.62	103.08	126.27	130.29
其它食品	6.49	7.58	9.12	13.84	76.55	83.73	86.4
在外用餐	336.67	379.19	406.94	465.31	245.26	301.92	466.5
（二）衣　着	648.58	670.18	695.36	727.52	826.91	898.87	795.02
服　装	386.61	437.78	459.79	479.06	579.92	662.41	556.13
衣着材料	63.69	49.31	42.92	29.42	12.76	13.53	13.64
（三）居住	529.3	507.56	529.25	445.87	581.29	761.46	780.02
（四）家庭设备用品及服务	614.93	708.55	646.64	813.66	361.42	481.1	537.48
#日用耐用消费品	434.37	546.89	480.98	630.42	217.21	312.63	360.33
（五）医疗保健	174.03	182.06	286.93	312.31	338.39	299.99	502.59
（六）交通与通讯	407.26	319.24	500.92	328.72	473.37	503.24	805.3
（七）娱乐文教服务	683.41	762.94	543.96	760.94	950.54	891.79	867.2
文娱耐用消费品	199.74	215.68	136.58	165.4	357.7	420.83	223.56
文化娱乐	201.48	120.75	130.29	168.1	92.95	93.06	84.48
教　育	282.2	426.51	277.09	427.44	499.89	377.9	559.16
（八）杂项商品与服务	177.3	156.34	279.37	224.73	159.39	170.74	155.95
非消费性支出	2423.29	782.80	636.57	612.9	1437.99	1987.24	1251.73
八、借贷支出	**2451.08**	**2652.75**	**2466.45**	**2432.1**	**1834.33**	**3239.4**	**5198.88**
九、期末手存现金	**649.72**	**556.74**	**557.16**	**737.88**	**779.12**	**979.95**	**825.42**

7－1 续表 3

指标名称	2005 年	2006 年	2007 年	2008 年	2009 年	2010 年	2011 年
一、调查户数	**100**	**100**	**100**	**100**	**100**	**100**	**100**
二、家庭人口数	**286.00**	**283**	**278**	**278**	**275**	**278**	**266**
#户均有收者人数	2.07	2.08	2	1.98	1.99	2.04	2
三、初期手存现金	**490.21**	**523.45**	**585.72**	**395.69**	**660.52**	**674.73**	**751.98**
四、可支配收入	**10317.81**	**11845.99**	**13716.23**	**15691.37**	**17267.32**	**19675.06**	**22508.15**
五、实际收入	**10936.52**	**12705.31**	**14700.29**	**16628.49**	**18423.49**	**21094.27**	**24072.24**
六、储蓄、借贷收入	**4172.82**	**5360.65**	**5962.18**	**6266.04**	**8709.52**	**7875.27**	**8638.57**
七、家庭总支出	**9726.44**	**11297.01**	**13970.84**	**14940.97**	**17817.21**	**18070.6**	**19621.63**
消费支出	7662.64	8816.26	10799.54	11575.27	12484.06	13818.67	15169.64
（一）食　品	2466.96	2733.27	3144.55	3591	3595.33	3980.73	4644.97
粮　食	322.05	328.04	370.19	443.18	433.21	456.25	492.72
豆类及制品	35.60	32.84	33.96	40.91	45.08	50.97	54.53
油　脂	50.75	62.53	101.54	117.82	104.59	88.07	141.06
肉禽及制品	415.90	387.16	525.62	612.69	529.94	627.86	696.12
蛋　类	88.67	84.28	106.77	96.57	102.72	123.42	147.8
水产品	122.22	138.44	181.32	193.85	191.63	196.53	193.59
菜　类	222.70	234.45	310.09	368.52	376.23	428.08	440.85
调味品	29.08	33.86	39.75	46.88	52.21	53.49	56.82
糖　类	21.37	22.83	19.7	23.93	28.66	29.77	35.77
烟　草	73.37	105.48	83.06	100.56	77	71.12	80.59
酒和饮料	124.13	157.75	167.68	238.71	220.7	225.65	291.79
干鲜瓜果	232.00	272.13	358.98	355.19	376.94	449.6	468.78
坚果及果仁							
糕　点	94.27	108.17	119.13	128.08	136.09	134.46	139.44
奶及奶制品	142.25	147.58	197.53	204.19	165.16	192.41	242.8
其它食品	54.64	56.98	86.92	105.71	61.27	72.59	82.11
在外用餐	409.10	534.13	428.24	500.67	673.39	752.57	1038.4
（二）衣　着	1016.72	1145.44	1687.57	1702.3	1771.3	2000.89	2054.73
服　装	719.54	819.02	1198.62	1228.15	1268.69	1468.6	1481.16
衣着材料	14.54	11.04	8.04	13.24	15.65	12.42	8.67
（三）居住	972.66	974.48	967.54	1145.35	1831.39	1464.86	1644.39
（四）家庭设备用品及服务	538.10	348.43	567.62	607.72	1102.31	877.66	1005.78
#日用耐用消费品	353.93	174.55	338.96	331.7	739.58	457.41	498.91
（五）医疗保健	590.06	578.96	698.98	1165.41	1027.09	1053.74	1431.98
（六）交通与通讯	917.65	1554.43	2061.29	1680.68	1286.37	2541.92	2680.56
（七）娱乐文教服务	947.75	1222.97	1374.75	1306.61	1404.21	1614.33	1389.87
文娱耐用消费品	308.02	307.32	447.28	385.46	390.78	557.9	456.19
文化娱乐	96.73	138.9	199.62	196.48	164.11	274.88	332.3
教　育	543.00	776.75	727.84	724.67	849.32	781.54	601.38
（八）杂项商品与服务	212.74	258.29	297.23	376.19	466.04	284.55	317.36
非消费性支出	2063.80	2480.75	3171.3	3365.7	5333.15	4251.9	4451.99
八、借贷支出	**5161.99**	**7176.26**	**6718.7**	**8453.03**	**9129.07**	**9890**	**12056.24**
九、期末手存现金	**509.22**	**530.67**	**573.44**	**773.08**	**882.18**	**1685.14**	**1913.07**

7-2 历年城镇居民家庭人均全年现金收支情况

（1985-2001年）

单位:元

指标名称	1985年	1986年	1987年	1988年	1989年	1990年
一、实际收入	**746.85**	**906.67**	**1045.26**	**1256.46**	**1402.52**	**1558.37**
国有职工工资	383.93	522.73	626.94	776.76	869.74	989.07
#奖金	45.54	59.58	118.51	174.96	181.69	160.36
集体职工工资	228.80	203.36	214.41	228.12	240.98	199.69
#奖金	45.74	29.25	44.5	61.08	56.55	36.37
国有集体职工从单位得到其他收入	41.77	52.5	58.08	59.28	83.44	92.92
其他类型职工全部收入				3	16.9	16.29
#奖金						
个体劳动者收入	2.32	2.03	6.52	9.24	11.78	4.55
其他劳动收入	9.70	3.49	5.21	6.24	4.18	2.85
赠送赡养收入	18.96	20.06	16.65	23.76	15.58	27.17
退离休人员收入	39.05	63.37	76.48	75.48	94.8	160.12
其他收入	22.32	39.13	40.97	74.58	65.12	65.71
二、储蓄借贷收入	**112.02**	**123.28**	**127.62**	**249.47**	**299.42**	**146.05**
#提取储蓄存款	80.90	98.35	108.02	206.88	218.17	102.34
#借入款	24.71	12.99	11.07	22.08	69.47	19.73
#其他借贷收入	6.41	11.94	8.53	20.51	11.78	23.98
三、实际支出	**687.08**	**817.48**	**891.68**	**1176.22**	**1284.17**	**1246.06**
#消费性支出	647.16	765.89	836.24	1118.61	1206.58	1173.62
#赡养支出	25.52	27.26	25.29	27.00	24.53	28.91
#赠送支出	13.36	23.01	26.57	26.76	29.99	38.38
#其它非消费性支出	1.04	1.32	3.58	3.85	23.07	5.15
四、储蓄借贷支出	**147.28**	**179.31**	**264.86**	**318.58**	**352.56**	**292.52**
#存入储蓄款	106.50	147.25	229.32	230.15	223.60	245.11
#借出款	18.90	17.39	22.07	59.64	83.74	25.90
#其它借贷支出	21.88	14.67	13.47	28.79	45.22	21.51

7－2 续表1

指 标 名 称	1991 年	1992 年	1993 年	1994 年	1995 年	1996 年
一、实际收入	**1691.42**	**2007.88**	**2724**	**4155.78**	**4672.53**	**5565.15**
国有职工工资	989.3	1208.15	1524.96	2356.99	2785.16	2989.33
#奖金	155.73	219.04	355.08	369.07	290.96	
集体职工工资	327.82	361.49	467.28	451.33	578.82	968.03
#奖金	60.42	64.73	93.48	50.83	39.45	
国有集体职工从单位得到其他收入	94.56	88.5	14.38	300.63	354.3	344.07
其他类型职工全部收入	14.18				42.76	783.74
#奖金					3.99	
个体劳动者收入	3.04	4.06		6.04	21.29	
其他劳动收入	4.76	3.71	36.36	32.56	58.16	11.35
赠送赡养收入	17.64	30.1	57.72	121.02	111.41	155.2
退离休人员收入	189.4	242.35	378.68	747.47	602.06	146.81
其他收入	50.72	69.52	244.62	139.74	118.57	166.62
二、储蓄借贷收入	**172.71**	**359.2**	**608.16**	**1014.1**	**1756.08**	**1236.76**
#提取储蓄存款	147.42	231.75	419.16	716.67	1192.08	748.93
#借入款	2.11	47.63	66.84	179.24	404.6	311.97
#其他借贷收入	23.18	79.82	122.13	118.19	159.4	175.86
三、实际支出	**1487.12**	**1764.1**	**2322.36**	**3688.91**	**4883.47**	**5228.2**
#消费性支出	1399.65	1577.19	2084.04	3032.62	3496.91	4556.55
#赡养支出	31.49	24.82	29.4	45.04	58.13	98.84
#赠送支出	51.97	83.36	117.00	229.73	232.68	298.26
#其它非消费性支出	4.01	78.73	91.92	381.52	1095.75	274.55
四、储蓄借贷支出	**289.6**	**429.48**	**759.00**	**1263.47**	**1317.97**	**1363.94**
#存入储蓄款	230.31	311.89	464.16	883.76	854.02	812.47
#借出款	21.67	58.00	48.84	63.86	45.13	97.43
#其它借贷支出	37.62	59.59	246.00	315.85	418.82	454.04

7－2 续表2

指 标 名 称	1997 年	1998 年	1999 年	2000 年	2001 年
一、实际收入	**5859.85**	**5903.39**	**5938.38**	**6342.45**	**7351.07**
国有职工工资	3614.36	3844.71	3970.11	3992.95	4817.22
#奖金	460.83	447.54	387.85	301.44	339.51
集体职工工资	787.68	756.87	713.30	808.05	445.08
#奖金	96.3	54.97	38.44	25.68	4.25
国有集体职工从单位得到其他收入	133.84	59.85	30.82		
其他类型职工全部收入	798.95	717.78	743.74	411.88	703.23
#奖金	109.99	56.42	41.34	10.83	45.47
个体劳动者收入				130.97	142.38
其他劳动收入	27.15	50.49	31.49	79.20	54.09
赠送赡养收入	149.81	165.34	169.55	158.46	260.54
退离休人员收入	62.58	102.13	154.35	588.94	570.43
其他收入	285.48	206.22	125.02	172	358.1
二、储蓄借贷收入	**1171.65**	**4032.87**	**2339.78**	**2239.31**	**1563.51**
#提取储蓄存款	726.37	2596.76	1624.79	1672.01	1449.79
#借入款	206.71	896.15	272.16	214.44	22.17
#其他借贷收入	238.57	539.96	442.83	352.86	91.55
三、实际支出	**5305.6**	**7335.42**	**5709.9**	**5914.9**	**6188.34**
#消费性支出	4634	4903	4927.09	5278.33	5575.44
#赡养支出	104.18	197.91	97.25	81.03	84.42
#赠送支出	330.94	348.75	389.84	340.58	348.54
#其它非消费性支出	236.48	1905.76	295.72	214.96	179.94
四、储蓄借贷支出	**1557.62**	**2451.08**	**2652.75**	**2466.45**	**2432.1**
#存入储蓄款	983.72	1531.26	1597.48	1588.42	1827.36
#借出款	82.51	66.11	159.63	360.49	92.90
#其它借贷支出	491.35	853.71	895.64	517.54	511.84

7－3 历年城镇居民家庭人均全年现金收支情况

（2002－2011 年）

单位:元

指标名称	2002 年	2003 年	2004 年	2005 年	2006 年
一、家庭总收入	**8045.95**	**8899.54**	**9823.63**	**10936.52**	**12705.31**
工资性收入	6631.72	7277.38	7432.48	8659.84	9626.53
工资及补贴收入	6568.06	7220.55	7294.16	8525.34	9472.01
其他劳动收入	63.66	56.83	138.32	134.5	154.52
经营净收入	161.24	159.38	282.86	254.46	832.59
财产性 收入	77.32	46.25	196.98	184.4	223.04
转移性收入	1175.67	1416.53	1911.3	1837.82	2023.15
#养老金或离退休金	1009.9	1038.14	1126.25	1477.59	1463.03
赡养收入	28.5	42.99	74.61	66.14	80.96
捐赠收入	74.33	167.35	445.98	130.29	400.23
二、出售财物收入	**4.41**	**1.58**	**4.15**	**7.16**	**494.04**
三、借贷收入	**1213.91**	**2403.64**	**3296.49**	**4172.82**	**5360.65**
#提取储蓄存款	1172.04	2130.51	2823.56	3456.43	5174.4
借入款	14.87	205.1	256.69	694.15	100.03
收回借出款	27.01		0.89	21.62	86.22
四、家庭总支出	**7076.63**	**8110.38**	**8074.17**	**9726.44**	**11297.01**
消费支出	5638.64	6123.14	6822.44	7662.64	8816.26
财产性支出			0.81		0.09
转移性支出	777.48	904.77	720.01	782.22	1088.74
#捐赠支出	448.11	499.24	364.32	318.53	559.67
赡养支出	230.97	305.52	271.67	370.07	360.37
社会保障支出	458.81	528.04	482.54	547.49	791.53
购房与建房支出	201.69	554.42	48.37	734.09	600.39
#购房	201.69	554.42	48.37	734.09	600.39
五、借贷支出	**1834.33**	**3239.4**	**5198.88**	**5161.99**	**7176.26**
#存入储蓄款	1593.43	2927.73	4711.88	4781.92	5998.19
借出款	128.83	70.92	34.73	51.67	104.43

7－3 续表1

指标名称	2007年	2008年	2009年	2010年	2011年
一、家庭总收入	**14700.29**	**16628.49**	**18423.49**	**21094.27**	**24072.24**
工资性收入	11636.95	12460.11	13688.67	16130.69	17566.52
工资及补贴收入	11502.85	12213.05	13394.98	15804.01	17139.77
其他劳动收入	134.09	247.06	293.68	326.69	426.75
经营净收入	866.22	1233.28	1247.54	1294.08	1646.31
财产性 收入	313.41	303.79	329.55	646.47	903.83
转移性收入	1883.71	2631.31	3157.73	3023.03	3955.58
#养老金或离退休金	1506.69	2313.98	2566.15	2254.78	3233.99
赡养收入	52.13	30.81	49.67	82.25	172.96
捐赠收入	200.95	172.35	294.65	381.17	206.01
二、出售财物收入	**10.58**	**884.07**	**11.59**	**51.94**	**161.96**
三、借贷收入	**5962.18**	**6266.04**	**8709.52**	**7875.27**	**8638.57**
#提取储蓄存款	5886.33	5608.37	8032.12	7803.98	7934.87
借入款	21.93	531.94	653.56	42.79	623.47
收回借出款	53.92	118.71	10.89	11.39	75.12
四、家庭总支出	**13970.84**	**14940.97**	**17817.21**	**18070.6**	**19621.63**
消费支出	10799.54	11575.27	12484.06	13818.67	15169.64
财产性支出	55.17	0.54	57.21		
转移性支出	799.77	1449.87	1691.92	1868.49	2061.15
#捐赠支出	387.29	807.68	908.65	829.84	1082.13
赡养支出	307.63	491.16	661.67	814.81	554.34
社会保障支出	934.26	842.3	1042.43	1266.57	1325.2
购房与建房支出	1382.1	1072.99	2541.6	1116.87	1065.65
#购房	1382.1	1072.99	2541.6	1116.87	1065.65
五、借贷支出	**6718.7**	**8453.03**	**9129.07**	**9890.03**	**12056.24**
#存入储蓄款	6173.64	7980.59	8417.32	9188.93	11089.96
借出款	10.78	53.24	3.63	15.46	38.69

7－4　历年城镇居民家庭基本情况

（1985－2011 年）

指　标　名　称	1985 年	1986 年	1987 年	1988 年	1989 年	1990 年
调查户数(户)	99	100	100	100	100	100
平均每户家庭人口(人)	3.51	3.49	3.46	3.45	3.43	3.35
平均每户就业人口(人)	2.15	2.1	2.09	2.08	2.09	2.01
国有单位职工	1.36	1.45	1.48	1.5	1.52	1.58
集体单位职工	0.76	0.63	0.55	0.51	0.49	0.37
其他经济类型单位职工	0.03	0.02	0.06	0.07	0.08	0.06
平均每一就业者负担人数	1.63	1.67	1.66	1.66	1.64	1.67
平均每户离退休者人数	0.25	0.2	0.2	0.17	0.18	0.23
平均每户无收入者人数	1.11	1.19	1.17	1.2	1.16	1.11
人均全年可支配收入(元)	736.61	896.33	1036.87	1247.55	1394.62	1549.63
人均全年消费性支出(元)	647.16	765.89	836.24	1118.61	1206.58	1173.62
人均全年非消费支出(元)	39.92	51.59	55.44	57.61	77.59	72.44
人均净存入银行款(元)	106.5	147.25	229.32	230.15	223.6	245.11
人均年末手存现金(元)	54.48	80.11	87.38	95.85	173.65	222.1
年末人均居住面积(平方米)	8.49	9.05	9.51	9.69	9.74	10.69
平均每户居住房间(间)	0.71	0.74	0.72	0.74	0.75	0.81

7－4 续表 1

指　标　名　称	1991 年	1992 年	1993 年	1994 年	1995 年	1996 年	1997 年
调查户数(户)	100	100	100	100	100	100	100
平均每户家庭人口(人)	3.31	3.25	3.19	3.11	3.16	3.16	3.12
平均每户就业人口(人)	1.96	2.01	1.97	1.88	1.94	2.15	2.15
国有单位职工	1.4	1.47	1.42	1.48	1.51	1.34	1.51
集体单位职工	0.52	0.51	0.54	0.39	0.38	0.51	0.36
其他经济类型单位职工	0.04	0.03	0.01	0.01	0.05	0.3	0.28
平均每一就业者负担人数	1.69	1.62	1.62	1.65	1.63	1.47	1.45
平均每户离退休者人数	0.25	0.27	0.31	0.44	0.31	0.07	0.04
平均每户无收入者人数	1.1	0.97	0.91	0.79	0.91	0.94	0.93
人均全年可支配收入(元)	1682.56	1998.07	2713.74	4146.65	4672.43	5564.8	5811.3
人均全年消费性支出(元)	1399.65	1577.19	2084.04	3032.62	3496.91	4556.55	4634
人均全年非消费支出(元)	87.47	186.91	238.32	666.3	1386.57	671.44	671.51
人均净存入银行款(元)	230.31	311.89	464.16	883.76	854.02	812.47	983.72
人均年末手存现金(元)	196.92	269.16	402.24	383.75	424.91	364.51	488.19
年末人均居住面积(平方米)	10.52	10.31	10.65	12.31	11.65	10.98	10.29
平均每户居住房间(间)	0.81	0.82	0.82	0.83	0.83	0.78	0.76

7－4续表2

指　标　名　称	1998年	1999年	2000年	2001年	2002年	2003年	2004年
调查户数(户)	100	100	100	100	100	100	100
平均每户家庭人口(人)	3.12	3.1	3.05	2.92	3	2.94	2.88
平均每户就业人口(人)	2.13	2.12	1.96	1.91	1.85	1.85	1.74
国有单位职工	1.48	1.47	1.25	1.32	1.27	1.25	1.15
集体单位职工	0.4	0.4	0.42	0.27	0.33	0.34	0.24
其他经济类型单位职工	0.25	0.25	0.29	0.22	0.13	0.16	0.21
平均每一就业者负担人数	1.46	1.46	1.56	1.53	1.62	1.59	1.66
平均每户离退休者人数	0.06	0.07	0.25	0.22	0.3	0.3	0.33
平均每户无收入者人数	0.93	0.91	0.84	0.79	0.83	0.77	0.77
人均全年可支配收入(元)	5859.29	5904.45	6307.48	7303.36	7538.02	8316.86	9297.21
人均全年消费性支出(元)	4903	4927.09	5278.33	5575.44	5638.64	6123.14	6822.44
人均全年非消费支出(元)	2423.29	782.8	636.57	612.9	1437.99	1987.24	1251.73
人均净存入银行款(元)	1531.26	1597.48	1588.42	1827.36	1593.43	2927.73	4711.88
人均年末手存现金(元)	649.72	556.74	557.16	737.88	779.12	979.95	825.42
年末人均居住面积(平方米)	11.16	11.36	14.09	14.55	18.41	19.15	20.21
平均每户居住房间(间)	0.78	0.8	0.90	0.91			

7－4续表3

指　标　名　称	2005年	2006年	2007年	2008年	2009年	2010年	2011年
调查户数(户)	100	100	100	100	100	100	100
平均每户家庭人口(人)	2.86	2.83	2.78	2.78	2.75	2.78	2.66
平均每户就业人口(人)	1.74	1.79	1.74	1.65	1.65	1.72	1.57
国有单位职工	1.00	1.03	1.2	0.66	0.65	0.79	0.68
集体单位职工	0.21	0.22	0.21	0.39	0.38	0.38	0.14
其他经济类型单位职工	0.35	0.35	0.18	0.22	0.22	0.2	0.25
平均每一就业者负担人数	1.64	1.58	1.6	1.68	1.67	1.62	1.69
平均每户离退休者人数	0.31	0.28	0.26	0.33	0.33	0.26	0.34
平均每户无收入者人数	0.79	0.75	0.78	0.8	0.76	0.74	0.66
人均全年可支配收入(元)	10317.81	11845.99	13716.23	15691.37	17267	19675.06	22508.15
人均全年消费性支出(元)	7662.64	8816.26	10799.54	11575.27	12484	13818.67	15169.64
人均全年非消费支出(元)	2063.80	2480.75	3171.3	3365.7	5333	4251.9	4451.99
人均净存入银行款(元)	4781.92	5998.19	6173.64	7980.59	8417.32	9188.93	11089.96
人均年末手存现金(元)	509.22	530.67	573.44	773.08	882.18	1685.14	1913.07
年末人均居住面积(平方米)	20.78	22.16	24.25	24.28	24.76	25.5	26.17

7－5 城镇居民家庭年末主要消费品百户拥有量

（2011 年）

指标名称	单位	合计	最低10%	更低5%	低10%	较低20%
一、耐用消费品						
1. 摩托车	辆	20.19	9.09	16.67	10	19.05
2. 助力车	辆	42.31	45.45	50	50	42.86
3. 家用汽车	辆	25.96			20	19.05
4. 洗衣机	台	92.31	81.82	83.33	70	90.48
5. 电冰箱	台	108.65	90.91	83.33	100	109.52
6. 彩色电视机	台	107.69	109.1	116.67	100	104.76
7. 家用电脑	台	87.5	36.36	33.33	100	80.95
8. 组合音响	套	19.23	9.09	16.67	30	9.52
9. 摄像机	架	9.62				4.76
10. 照相机	架	56.73			50	66.67
11. 钢琴	架	1.92				
12. 其他中高档乐器	件	9.62				23.81
13. 微波炉	台	64.42	36.36	33.33	90	47.62
14. 空调器	台	99.04	18.18	16.67	90	80.95
15. 淋浴热水器	台	76.92	36.36	50	80	71.43
16. 消毒碗柜	台	4.81				4.76
17. 洗碗机	台	1.92				
18. 健身器材	套	6.73				4.76
19. 固定电话	部	61.54			70	66.67
20. 移动电话	部	202.88	172.7	166.67	210	214.29
四、信息化调查（每百户）						
1. 接入互联网的移动电话	台	29.81	18.18			33.33
2. 接入有线电视网络的电视机	台	93.27	81.82	83.33	90	85.71
3. 接入互联网的计算机	台	68.27	36.36	33.33	90	66.67

7-5续表1

指标名称	单位	中间 20%	较高 20%	高 10%	最高 10%	更高 5%
一、耐用消费品						
1.摩托车	辆	23.81	19.05	20	40	40
2.助力车	辆	38.1	47.62	50	20	40
3.家用汽车	辆	38.1	23.81	40	40	60
4.洗衣机	台	95.24	100	100	100	100
5.电冰箱	台	104.76	104.76	110	150	160
6.彩色电视机	台	109.52	100	110	130	120
7.家用电脑	台	90.48	90.48	90	130	160
8.组合音响	套	19.05	19.05	20	40	40
9.摄像机	架	9.52	9.52	30	20	20
10.照相机	架	57.14	61.9	60	90	100
11.钢琴	架	4.76		10		
12.其他中高档乐器	件	14.29	9.52			
13.微波炉	台	71.43	61.9	90	70	60
14.空调器	台	109.52	119.05	100	170	140
15.淋浴热水器	台	76.19	90.48	90	90	80
16.消毒碗柜	台	4.76	4.76		20	20
17.洗碗机	台	4.76	4.76			
18.健身器材	套	4.76	9.52	10	20	20
19.固定电话	部	71.43	57.14	80	80	60
20.移动电话	部	209.52	200	190	210	240
四、信息化调查(每百户)						
1.接入互联网的移动电话	台	38.1	28.57	60	20	40
2.接入有线电视网络的电视机	台	95.24	95.24	100	110	120
3.接入互联网的计算机	台	66.67	61.9	70	100	100

7－6 城镇居民年人均现金收支情况

（2011 年）

单位：元

指标名称	全市平均	最低 10%	更低 5%	低 10%	较低 20%
一、期初手存现金	**751.98**	**389.95**	**488.52**	**463.48**	**616.58**
二、家庭总收入	**24072.2**	**9267.2**	**8541**	**13899**	**16704**
其中：可支配收入	22508.2	8460.4	7355.11	12313.7	15740.5
㈠工资性收入	17566.5	8287.5	6936.26	12345	13714.3
1.工资及补贴收入	17139.8	7756.6	6639.79	12189.5	13600.3
2.其他劳动收入	426.75	530.82	296.47	155.52	114.01
㈡经营净收入	1646.31				682.39
㈢财产性收入	903.83	20.84	34.73		26.53
1. 利息收入	116.53	11.31	18.85		1.56
2. 股息与红利收入	458.71				
3. 保险收益	13.46	9.53	15.88		
4. 其他投资收入	15.02				
5. 出租房屋收入	137.1				24.97
7. 其他财产性收入	163				
㈣转移性收入	3955.58	958.94	1570	1553.98	2280.77
1.养老金或离退休金	3233.99	286.94	478.24	1313.29	1607.12
2.社会救济收入	57.69	542.12	903.53		
其中：最低生活保障收入	54.2	509.29	848.82		
3.辞退金	9.46				
5.保险收入	34.93				154.79
其中：失业保险金	34.93				154.79
6.赡养收入	172.96	45.88	76.47	51.72	19.97
其中：来自城镇居民的赡养收入	156.62	7.06	11.76	51.72	
7.捐赠收入	206.01	1.76	2.94	110.34	99.86
其中：来自城镇居民的捐赠收入	98.78			41.38	
8. 提取住房公积金	33.16				76.23
9. 记帐补贴	77.33	82.24	108.82	78.62	57.09
10. 其它转移性收入	130.05				265.71
三、出售财物收入	**161.96**	**14.23**		**0.34**	**18.1**
1.出售住房收入					
2.出售其它物品收入	161.96	14.23		0.34	18.1
四、借贷收入	**8638.57**	**2695.8**	**88.24**	**5010.81**	**2383.27**

7－6 续表 1

指 标 名 称	中间 20%	较高 20%	高 10%	最高 10%	更高 5%
一、期初手存现金	**765.07**	**1007.09**	**713.39**	**1402.5**	**2070.23**
二、家庭总收入	**22289.36**	**27789.42**	**34616.7**	**66115.59**	**88029.16**
其中：可支配收入	20896.29	26473.86	32091.71	61573.01	80957.06
㈠工资性收入	16474.62	19892.42	26742.86	37277.41	54407.96
1.工资及补贴收入	15438.88	19352.69	26742.86	37216.41	54296.6
2.其他劳动收入	1035.74	539.73		61	111.36
㈡经营净收入	1069.21	748.1		14863.07	20590.91
㈢财产性收入	1081.55	885.63	112.2	6443.16	11147.75
1. 利息收入	92.93	295.65	112.2	377.19	102.29
2. 股息与红利收入	5.51			6065.98	11045.45
3. 保险收益	14.66	47.47			
4. 其他投资收入	71.96				
5. 出租房屋收入	151.66	504.54			
7. 其他财产性收入	744.83	37.97			
㈣转移性收入	3663.98	6263.26	7761.65	7531.95	1882.55
1.养老金或离退休金	3059.66	5102	7356.77	6407.74	
2.社会救济收入					
其中：最低生活保障收入					
3.辞退金				125.38	228.91
5.保险收入					
其中：失业保险金					
6.赡养收入	5.4	754.75	63.41	34.85	63.64
其中：来自城镇居民的赡养收入	5.4	729.11	63.41		
7.捐赠收入	442.58	286.71	209.76	79.67	145.45
其中：来自城镇居民的捐赠收入	131.33	229.75	209.76	69.71	127.27
8. 提取住房公积金				211.62	386.36
9. 记帐补贴	49.12	78.04	131.71	149.88	103.64
10. 其它转移性收入	107.23	41.77		522.82	954.55
三、出售财物收入	**2.99**	**17.53**	**4.15**	**2013.97**	**3650**
1.出售住房收入					
2.出售其它物品收入	2.99	17.53	4.15	2013.97	3650
四、借贷收入	**8393.88**	**9358.54**	**14448.78**	**33833.36**	**37738.61**

7－6续表2

指标名称	全市平均	最低10%	更低5%	低10%	较低20%
1.提取储蓄存款	7934.87	2695.8	88.24	4597.01	2383.27
2.借入款	623.47			413.79	
3.收回借出款	75.12				
10.其他贷款	5.11				
五、家庭总支出	**19621.6**	**7887.9**	**6780.91**	**12421.9**	**10759.7**
（一）消费性支出	15169.6	6854.5	5611.5	9859.23	9313.05
（三）转移性支出	2061.15	308.82	92.35	464.4	544.9
1.交纳所得税	161.56				4.72
其中:来自工资性收入的个税	161.56				4.72
2.捐赠支出	1082.13	128.12	85.88	317.24	412.06
3.购买彩票	22.97			2	21.57
4.赡养支出	554.34	172.94			66.54
其中:在外就学子女费用	370.94				8.82
5.各种非储蓄性保险支出	197.68	4.59	1.18	140.34	29.13
其中:车辆保险支出	168.8			140.34	
6.其他转移性支出	42.47	3.18	5.29	4.81	10.88
（四）社会保障支出	1325.2	724.57	1077.06	1506.7	901.78
1.个人交纳的养老基金	652.48	496.36	717.54	829.51	607.62
2.个人交纳的住房公积金	406.67			219.6	154.08
3.个人交纳的医疗基金	188.04	216.84	347.16	248.63	96.45
4.个人交纳的失业基金	51.52	10.31	10.59	144.59	40.82
5.其他社会保障支出	26.49	1.06	1.76	64.37	2.81
（五）购房与建房支出	1065.65			591.53	
1.购房	1065.65			591.53	
六、借贷支出	**12056.2**	**2778.9**	**461.94**	**5631.51**	**7260.74**
1.存入储蓄款	11090	2263.5	461.94	5376.34	6706.27
2.借出款	38.69				
3.归还借款	49.55				8.32
4.储蓄性保险支出	222.55	197.72		75.86	421.81
7.归还住房贷款	620.5	317.65		75.86	69.4
11.其他借贷支出	35			103.45	54.92
七、期末手存现金	**1913.07**	**1627.6**	**1874.9**	**1320.25**	**1685.22**

7－6 续表 3

指标名称	中间 20%	较高 20%	高 10%	最高 10%	更高 5%
1.提取储蓄存款	8393.88	8940.82	14448.78	26197.18	37738.61
2.借入款		37.97		7568.46	
3.收回借出款		379.75			
10.其他贷款				67.72	
五、家庭总支出	**19733**	**21252.32**	**27583.02**	**60372.81**	**71602.97**
(一)消费性支出	16279.76	16904.49	21237.72	38273.91	54211.41
(三)转移性支出	2150.27	2309.5	4157.79	8337.13	13169.43
1. 交纳所得税	40.99	83.51	205.77	1585.28	2746.33
其中:来自工资性收入的个税	40.99	83.51	205.77	1585.28	2746.33
2. 捐赠支出	986	1549.8	2999.02	2620.18	3914.55
3. 购买彩票	85.35	0.15		0.5	0.91
4. 赡养支出	901.35	399.87	604.88	2745.26	4003.09
其中:在外就学子女费用	581.11	290.51	170.73	2346.92	3394
5. 各种非储蓄性保险支出	116.85	239.53	216.1	1152.37	2102.13
其中:车辆保险支出	87.53	174.97	179.02	1151.37	2102.13
6. 其他转移性支出	19.74	36.64	132.02	233.53	402.42
(四)社会保障支出	1302.96	1154.02	2187.51	2807.42	4222.13
1. 个人交纳的养老基金	599.3	547.83	695.96	1128.52	1746.22
2. 个人交纳的住房公积金	417.46	403.03	1107.67	1270.31	1900.35
3. 个人交纳的医疗基金	203.67	139.39	318.37	285.18	376.61
4. 个人交纳的失业基金	41.92	43.33	65.52	41.03	50.18
5. 其他社会保障支出	40.62	20.44		82.38	148.76
(五)购房与建房支出		884.32		10954.36	
1. 购房		884.32		10954.36	
六、借贷支出	**9699.04**	**14966.3**	**20533.06**	**39008.37**	**56320.93**
1. 存入储蓄款	9146.71	12816.98	19604.48	37065.28	53702.75
2. 借出款		138.61	146.34		
3. 归还借款	111.54	123.27			
4. 储蓄性保险支出	35.98	156.59	372.49	409.48	
7. 归还住房贷款	404.8	1673.52	409.76	1533.61	2618.18
11. 其他借贷支出		57.34			
七、期末手存现金	**2001.52**	**1929**	**1601.92**	**3759.32**	**3564.09**

7－7　城镇居民年人均消费收支情况

（2011年）　　　　　　　　　　　　　　　　　　　　　单位：元

指标名称	全市平均	最低10%	更低5%	低10%	较低20%
消费支出	**15169.64**	**6854.54**	**5611.5**	**9859.23**	**9313.05**
其中：服务性消费支出	3223.14	1498.06	723.52	1785.07	1801.61
通过互联网购买商品或服务支出	100.99			6.21	27.26
旅游人次	0.84	0.39	0.5	0.3	0.6
旅游花费总额	248.83	36		102.07	46.6
一、食品	**4644.97**	**2581.89**	**2353.23**	**3599.86**	**3661.71**
㈠粮油类	726.31	566.13	592.55	646.44	674.19
1.粮食	492.72	374.14	365.09	468.34	484.29
(1)大米	55.37	33.94	36.29	55.47	46.1
(2)面粉	77.09	89.52	112.06	75.44	69.95
(3)其他粮食及制品	360.27	250.67	216.74	337.43	368.24
2.淀粉及薯类	38	31.68	38.61	35.87	32.44
3.干豆类及豆制品	54.53	45.53	42.29	60.38	49.21
4.油脂类	141.06	114.78	146.57	81.84	108.24
(1)食用植物油.单价	141.06	114.78	146.57	81.84	108.24
㈡肉禽蛋水产品类	1037.52	588.91	658.16	955.03	895.26
1.肉类	577.99	319.15	369.15	514.95	479.65
(1)猪肉	371.14	254.25	306.61	357.09	328.65
(2)牛肉	20.58	6.22	8.24	13.3	12.67
(3)羊肉	18.71	1.71	2.24	24.61	10.24
(4)其他肉及制品	167.56	56.97	52.06	119.95	128.1
2.禽类	118.13	60.43	66.91	131.05	106.22
(1)鸡	46.78	29.66	39.24	40.42	45.53
(2)鸭	0.9	0.99	1.06	1.42	1.35
(3)其他禽类及制品	70.46	29.78	26.61	89.22	59.34
3.蛋类	147.8	104.11	108.83	159.87	141.69
(1)鲜蛋	138.25	99.49	102.15	152.28	131.83
(2)蛋制品	9.56	4.63	6.68	7.59	9.86
4.水产品类	193.59	105.22	113.27	149.15	167.71
(1)鱼	68.66	58.69	65.04	71.71	51.32
(2)虾	64.99	29.73	34.31	36.28	55.58
(3)其他水产品及制品	59.95	16.8	13.92	41.16	60.81
㈢蔬菜类	440.85	330.7	406.47	364.91	494.06
1.鲜菜	408.53	314.35	386.85	321.98	468.43
2.干菜	22.51	9.43	13.75	35.34	13.08
3.菜制品	9.81	6.92	5.87	7.59	12.56
㈣调味品	56.82	33.33	40.14	81.07	49.87
㈤糖烟酒饮料类	408.15	206.73	87.82	333.77	287.1

7-7 续表1

指标名称	中间20%	较高20%	高10%	最高10%	更高5%
消费支出	**16279.8**	**16904.49**	**21237.7**	**38273.91**	**54211.41**
其中:服务性消费支出	3998.54	3962.97	3784.53	7327.06	10919.18
通过互联网购买商品或服务支出	30.58	165.38	70.73	657.75	1189.07
旅游人次	1.33	1.14	0.32	1.19	1.2
旅游花费总额	86.12	207.07	514.93	1654.23	2511.14
一、食品	**4929.33**	**5315.12**	**6662.43**	**7402.52**	**8933.33**
(一)粮油类	744.68	781.52	853.57	898.07	815.42
1.粮食	491.7	511.21	658.27	505.81	461.97
(1)大米	68.14	57.25	55.06	73.19	109.95
(2)面粉	80.59	96.89	59.8	39.28	26.28
(3)其他粮食及制品	342.97	357.07	543.41	393.34	325.74
2.淀粉及薯类	50.64	33.93	27.7	52.8	29.12
3.干豆类及豆制品	46.35	60.99	56.79	78.05	35.55
4.油脂类	155.99	175.39	110.8	261.41	288.78
(1)食用植物油.单价	155.99	175.39	110.8	261.41	288.78
(二)肉禽蛋水产品类	1093.2	1169.07	1311.59	1436.27	1349.52
1.肉类	615.89	678.52	746.63	787.75	739.28
(1)猪肉	392.69	425.22	435.44	416.32	456.32
(2)牛肉	18.68	21.13	29.69	69.61	35.89
(3)羊肉	12.02	26.2	23.89	53.09	57.29
(4)其他肉及制品	192.5	205.98	257.61	248.73	189.78
2.禽类	114.95	143.9	121.98	153.78	105.13
(1)鸡	42.85	50.34	55.1	76.9	73.59
(2)鸭				4.37	7.99
(3)其他禽类及制品	72.1	93.56	66.89	72.51	23.56
3.蛋类	148.53	149.11	164.67	187.68	176.25
(1)鲜蛋	142.32	135.7	147.75	177.54	167.3
(2)蛋制品	6.21	13.41	16.92	10.13	8.96
4.水产品类	213.83	197.54	278.31	307.07	328.87
(1)鱼	71.17	72.47	67.4	114.55	116.18
(2)虾	69.08	59.37	121.68	129.83	129.61
(3)其他水产品及制品	73.58	65.7	89.22	62.68	83.08
(三)蔬菜类	378.51	458.38	617.73	492.73	334.59
1.鲜菜	338.8	428.21	593	440.27	285.64
2.干菜	30.67	21.58	17.26	35.82	27.01
3.菜制品	9.03	8.6	7.47	16.64	21.94
(四)调味品	54.7	65.53	63.5	51.88	66.1
(五)糖烟酒饮料类	482.4	433.36	388.18	910.63	1417.59

7－7 续表2

指 标 名 称	全市平均	最低10%	更低5%	低10%	较低20%
1.糖类	35.77	19.48	21.57	40.11	35.59
2.烟草类	80.59	83.72		118.87	39.8
3.酒类	184.78	68.28	28.72	100.07	133.25
(1)白酒	136.07	47.01	20.74	52.89	103.03
(2)果酒	5.37	0.71		5.72	2.4
(3)啤酒	39.95	19.61	7.98	39.51	24.88
(4)其他酒	3.4	0.95		1.94	2.94
4.饮料	107.01	35.26	37.52	74.72	78.47
(1)碳酸饮料.单价	1.8	0.66	0.52	0.62	2.25
(2)瓶装饮用水.单价	7.39	0.6	0.12	16.65	4.3
(3)茶叶	45.39	12.29	17.65	25.48	20
(4)其他饮料	52.43	21.71	19.24	31.97	51.92
(六)干鲜瓜果类	468.78	229.02	232.86	314.8	394.41
1.鲜果	281.71	132.97	150.25	176.77	238.08
2.鲜瓜	53.43	28.13	25.03	51.34	49.69
3.其他干鲜瓜果类及制品	133.64	67.92	57.57	86.69	106.64
(七)糕点、奶及奶制品	382.24	274.53	200.45	393.9	272.85
1.糕点	139.44	68.46	54.83	140.27	111.29
2.奶及奶制品	242.8	206.07	145.62	253.63	161.56
(1)鲜乳品	150.02	82.83	102.97	193.18	108.24
(2)奶粉	44.07	89.47	0.58	33.24	2.19
(3)酸奶	35.61	28.22	34.82	19.15	34.58
(4)其他奶制品	13.1	5.55	7.25	8.07	16.55
(八)其他食品	82.11	54.97	35.57	60.68	82.7
(九)饮食服务	1042.19	297.56	99.21	449.27	511.26
1.食品加工服务费	3.79	6.02	1.5		3.68
2.在外饮食	1038.4	291.54	97.71	449.27	507.58
二、衣着	**2054.73**	**650.65**	**670.34**	**1172.76**	**1527.71**
(一)服装	1481.16	483.13	484.84	794.7	1081.72
(二)衣着材料	8.67	1.26		8.59	9.39
(三)鞋类	506.24	146.03	165.42	314.66	376.95
(四)其他衣着用品	51.34	18.23	17.79	54.13	48.99
(五)衣着加工服务费	7.33	2.01	2.29	0.69	10.66
三、居住	**1644.39**	**562.82**	**556.53**	**1770.61**	**1117.76**
(一)住房	268.38	46.24	77.06	549.66	172.67
1.租赁房房租	13.31	12.88	21.47		17.78
2.住房装潢支出	172.89				146.24
3.维修用建筑材料	74.09			549.66	

7－7 续表3

指标名称	中间20%	较高20%	高10%	最高10%	更高5%
1.糖类	37.96	44.74	30.52	28.82	37.16
2.烟草类	89.05	54.16	59.68	210.12	339.09
3.酒类	227.12	180.98	189.73	513.31	825.25
(1)白酒	159.48	132.91	149.59	410.31	680.04
(2)果酒	14.45	4.29		3.49	4.09
(3)啤酒	50.17	42.61	40.14	78.86	115.21
(4)其他酒	3.02	1.18		20.65	25.92
4.饮料	128.26	153.48	108.25	158.37	216.09
(1)碳酸饮料.单价	2.18	2.42	1.12	1.81	3.31
(2)瓶装饮用水.单价	4.57	10.08	8.2	12.79	20.85
(3)茶叶	61.23	78.36	40.73	71.21	97.27
(4)其他饮料	60.27	62.62	58.2	72.56	94.66
(六)干鲜瓜果类	506.49	596.39	674.09	603.31	550.7
1.鲜果	296.71	356.14	467.83	346.94	360.28
2.鲜瓜	58.08	63.28	54.5	63.5	60.43
3.其他干鲜瓜果类及制品	151.7	176.96	151.77	192.88	129.98
(七)糕点、奶及奶制品	366.27	425.17	668.47	484.06	391.08
1.糕点	146.72	142.97	307.51	121.6	135.24
2.奶及奶制品	219.54	282.19	360.96	362.46	255.85
(1)鲜乳品	115.75	170.09	235	262.93	210.81
(2)奶粉	59.73	55.81	43.17	47.78	
(3)酸奶	30.53	45	67.99	29.21	26.28
(4)其他奶制品	13.53	11.3	14.8	22.54	18.76
(八)其他食品	98.34	77	99.54	100.31	79.18
(九)饮食服务	1204.75	1308.7	1985.76	2425.25	3929.13
1.食品加工服务费	5.63	2.2		9.41	17.18
2.在外饮食	1199.12	1306.5	1985.76	2415.84	3911.95
二、衣着	**2394.04**	**2434.14**	**3271.36**	**3709.95**	**4424.57**
(一)服装	1738.15	1701.17	2417.03	2831.89	3243.87
(二)衣着材料	0.2	9.68	26	20.17	17.27
(三)鞋类	607.14	636.69	731.29	826.82	1139.01
(四)其他衣着用品	45.64	71.71	93.25	20.62	17.15
(五)衣着加工服务费	2.91	14.89	3.78	10.46	7.27
三、居住	**1395.53**	**2613.45**	**2200.16**	**2143.72**	**2408.8**
(一)住房		754.44	96.93	105.16	192
1.租赁房房租				105.16	192
2.住房装潢支出		707.2			
3.维修用建筑材料		34.18	96.93		

7－7 续表 4

指 标 名 称	全市平均	最低 10%	更低 5%	低 10%	较低 20%
4. 其他住房支出	8.09	33.35	55.59		8.65
㈡水电燃料及其他	1225.52	441.13	441.64	1092.24	793.64
1.水	69.65	40.2	48.05	67.87	47.86
2.电	332.6	164.26	193.75	294.55	253.9
3.燃料	179.18	135.02	198.08	132.65	199.43
⑴煤炭	80.94	76.52	127.53	92.41	117.92
⑵罐装液化石油气	12.88	14.86	20.65	5.17	17.74
⑷管道煤气	24.36	32.2	41	14.29	27.95
⑸管道天然气	60.93	11.45	8.9	20.78	35.82
⑺其他燃料	0.08				
4. 取暖费	417.62	101.65	1.76	230.28	157.64
5. 其他相关支出	226.48			366.9	134.81
㈢居住服务费	150.49	75.46	37.82	128.71	151.45
1.物业管理费	100.67	72.26	34.56	125.2	70.05
2.维修服务费	32.02	0.88		0.21	44.11
3.其他居住服务费	17.8	2.31	3.26	3.31	37.3
四、家庭设备用品及服务	**1005.78**	**273.46**	**178.9**	**775.99**	**497.45**
㈠耐用消费品	498.91	97.38	44.65	319.07	185.66
1.家具	151.91	70.59		28.1	
2.家庭设备	347	26.79	44.65	290.97	185.66
⑴洗衣机	41.66			55.1	23.63
（2）电冰箱	94.45				96.52
（4）空调器	79.73			113.79	
⑸淋浴热水器	47.22			106.9	28.13
⑻其他家庭设备	83.95	26.79	44.65	15.17	37.38
㈡室内装饰品	27.46			130.34	2.08
㈢床上用品	46.75	14.76	11.08	7	20.2
㈣家庭日用杂品	351.3	151.41	118.88	312.81	276.96
㈤家具材料	0.02				
㈥家庭服务	81.35	9.92	4.29	6.76	12.55
1. 家政服务	70.84				7.02
2. 加工维修服务费	10.51	9.92	4.29	6.76	5.53
五、医疗保健	**1431.98**	**1368.28**	**809.31**	**416.22**	**507.87**
㈠医疗器具	2.63			0.07	
㈡保健器具	80.53	568.59			5.74
㈢药品费	695.18	485.23	746.55	154.74	236.07
㈣滋补保健品	260.13	21.62	14.82	152.09	97.34
㈤医疗费	392.2	292.84	47.94	109.33	168.72

7－7 续表 5

指标名称	中间 20%	较高 20%	高 10%	最高 10%	更高 5%
4. 其他住房支出		13.06			
㈡水电燃料及其他	1251.39	1764.38	1770.38	1775.8	1750.24
1.水	77.85	94.74	60.2	100.04	82.71
2.电	374.99	353.08	429.23	590.77	656.28
3.燃料	120.77	280.24	70.8	255.39	84.23
(1)煤炭		121.86		159.34	
(2)罐装液化石油气	3.47	23.51		17.93	
(4)管道煤气	25.23	29.26	12.39	14.09	21.18
(5)管道天然气	91.7	105.61	58.41	64.03	63.05
(7)其他燃料	0.36				
4. 取暖费	586.74	472.16	879.02	829.61	927.02
5. 其他相关支出	91.03	564.15	331.12		
㈢居住服务费	144.14	94.63	332.85	262.76	466.56
1.物业管理费	106.99	72.72	170.9	181.1	322.92
2.维修服务费	32.29	12.97	161.22	2.99	5.45
3.其他居住服务费	4.86	8.94	0.73	78.67	138.18
四、家庭设备用品及服务	**1385.59**	**1397.72**	**927.98**	**1891.91**	**2887.34**
㈠耐用消费品	872.44	566.49	427.85	1123.72	1911.64
1.家具	423.33	93.04		458.09	836.36
2.家庭设备	449.11	473.45	427.85	665.63	1075.27
(1)洗衣机	35.96	66.02		129.36	236.18
(2)电冰箱	197.88	92.09	87.8	84.6	154.45
(4)空调器	118.72	179.01	92.68		
(5)淋浴热水器	64.59	79.59			
(8)其他家庭设备	31.95	56.73	247.37	451.67	684.64
㈡室内装饰品	25.01	6.55		83.15	112.73
㈢床上用品	94.76	55.49	84.2	34.64	38.53
㈣家庭日用杂品	393.1	390.15	412.76	631.03	811.72
㈤家具材料	0.09				
㈥家庭服务	0.2	379.04	3.17	19.37	12.73
1. 家政服务		347.66		6.42	7.27
2. 加工维修服务费	0.2	31.39	3.17	12.95	5.45
五、医疗保健	**2700.5**	**1017.04**	**931.56**	**3841.43**	**3285.03**
㈠医疗器具	4.97	1.43	15.61	1.29	2.35
㈡保健器具	20.47	3.78	53.66	126.97	
㈢药品费	1202.58	669.93	601.88	1902.42	161.5
㈣滋补保健品	436.04	84.31	32.32	1446.46	2602.99
㈤医疗费	1036.32	251.13	228.09	364.28	518.18

7－7 续表6

指 标 名 称	全市平均	最低10%	更低5%	低10%	较低20%
㈥其他医疗保健支出	1.3				
六、交通和通信	**2680.56**	**563.4**	**351.16**	**974.31**	**982.21**
㈠交通	1982.86	262.14	177.05	495.46	389.16
1.家庭交通工具	1033.31	56.44	94.06	123.34	71.3
(2)助力车	36.42	56.44	94.06	64.83	43.26
(3)家用汽车	957				
(4)其他交通工具	39.89			58.52	28.04
2.车辆用燃料及零配件	562.69	89.36	43.06	276.09	206.01
(1)燃料	532.85	74.12	41.18	249.95	205.85
其中:汽油	532.06	74.12	41.18	249.95	205.85
其中:柴油	0.75				
(2)零配件	23.66	15.25	1.88	26.14	0.17
(3)其他	6.18				
3.交通工具服务支出	182.5	11.79	1.24	54.37	25.32
(1)维修费	69.02	11.79	1.24	49.19	23.16
(2)车辆使用税费	97.25			1.03	2.16
(3)其他车辆使用费用	16.23			4.14	
4.交通费	204.37	104.55	38.69	41.66	86.52
(1)飞机	24.27				
(2)火车	52.56	7.76	1.18	11.86	12.52
(3)长途汽车	21.56	34.16	10.29	9.45	13.97
(4)市内公共交通	49.36	21.65	9.76	11.06	32.7
(5)出租汽车费	55.85	39.2	14.52	9.3	27.33
(6)其他交通费	0.76	1.76	2.94		
㈡通信	697.69	301.26	174.12	478.84	593.05
1.通信工具	110.94	28.66		13.79	162.56
(2)移动电话.单价	110.11	28.24		13.79	162.56
(3)其他通信工具	0.83	0.42			
2.通信服务	586.75	272.6	174.12	465.05	430.49
(1)电信费	580.48	269.43	169.41	461.95	426.53
其中:上网费	100.83	63.53	35.29	176.9	77.21
(2)邮费	4.64				0.63
(3)其他通信服务费	1.64	3.18	4.71	3.1	3.33
七、教育文化娱乐服务	**1389.87**	**797.57**	**642.11**	**670.77**	**841**
㈠文化娱乐用品	456.19	233.76	330.57	162.6	243.57
1.彩色电视机	95.01	123.53	205.88		36.62
2.家用电脑	86.95	9.88		9.86	69.45
(1)购买整机	67.92				68.21

7－7 续表 7

指标名称	中间20%	较高20%	高10%	最高10%	更高5%
㈥其他医疗保健支出	0.13	6.46			
六、交通和通信	**1848.14**	**2132.43**	**4610.27**	**14983.67**	**25971.59**
㈠交通	958.84	1264.68	3995.9	13988.78	24817.35
1.家庭交通工具	21.59	109.39	2853.56	9968.46	18163.64
（2）助力车		68.73			
（3）家用汽车			2682.93	9948.55	18163.64
（4）其他交通工具	21.59	40.65	170.63	19.92	
2.车辆用燃料及零配件	528.46	700.91	628.34	2376.62	3781.22
⑴燃料	525.7	622.49	589.32	2293.94	3633.64
其中：汽油	525.7	618.5	589.32	2293.94	3633.64
其中：柴油		3.8			
⑵零配件	1.76	77.85		44.84	78.5
⑶其他	1	0.57	39.02	37.84	69.08
3.交通工具服务支出	121.12	142.42	211.95	1323.49	2415.36
⑴维修费	87.53	94.06	44.68	223.52	408
⑵车辆使用税费	27.56	17.52	146.29	1009.79	1843.64
⑶其他车辆使用费用	6.03	30.84	20.98	90.17	163.73
4.交通费	287.68	311.97	302.05	320.22	457.14
⑴飞机	104.35			32.91	60.09
⑵火车	25.78	147.36	9.76	163.54	249.27
⑶长途汽车	13.4	16.39	82.83	17.6	23.77
⑷市内公共交通	66.64	49.77	158.98	32.86	54.73
⑸出租汽车费	76.46	98.08	50.49	69.57	62.47
⑹其他交通费	1.04	0.38		3.72	6.8
㈡通信	889.3	867.75	614.37	994.88	1154.24
1.通信工具	70.78	232.33	116.59		
⑵移动电话.单价	70.78	229.48	113.66		
（3）其他通信工具		2.85	2.93		
2.通信服务	818.52	635.42	497.78	994.88	1154.24
⑴电信费	818.05	616.11	488.63	993.79	1154.24
其中：上网费	91.97	125.51	70.29	105.31	100.45
⑵邮费	0.36	18.36	9.15	1.1	
⑶其他通信服务费	0.11	0.95			
七、教育文化娱乐服务	**1152.44**	**1612.33**	**2434.98**	**3912.81**	**5830.4**
㈠文化娱乐用品	299.67	517.7	1260.46	1280.98	2170.04
1.彩色电视机	71.95		760.88		
2.家用电脑	1.08	135.23	34.15	524.23	957.12
⑴购买整机		119.6		382.8	698.91

7－7 续表8

指 标 名 称	全市平均	最低10%	更低5%	低10%	较低20%
⑵计算机外部设备	4.69				
⑶各种零配件及耗材	14.33	9.88		9.86	1.25
5.照相机	32.86				29.13
9.电子辞典	3				
10.音像制品及软件	9.64	2.94	1.96	1.62	0.24
11.体育用品	0.81			1.38	1.7
12.书报杂志	63.73	26.71	37.42	42.09	46.4
13.纸张文具	28.59	33.31	44.32	38.76	16.76
14.其他文娱用品	135.6	37.38	40.98	68.88	43.27
㈡文化娱乐服务	332.3	67.61	73.71	149.08	149.89
1.参观游览	27.68	1.76		16.97	46.6
2.健身活动	17.18				
3.团体旅游	172.47			67.59	
4.其他文娱活动	94.84	65.03	72.59	51	99.1
5.文娱用品修理服务费	20.14	0.81	1.12	13.52	4.19
㈢教育	601.38	496.21	237.84	359.09	447.54
1.教材	37.48	37.74	4.6	24.92	51.54
⑴课本及参考书	34.81	37.74	4.6	21.16	51.11
⑵教育软件	0.07				
⑶其他教材	2.61			3.76	0.43
2.教育费用	563.89	458.47	233.24	334.17	396
⑴非义务教育学杂费	53.83			51.28	34.65
⑵义务教育学杂费					
⑶托幼费	66.51	169.41	203.82	27.59	166.7
⑷成人教育费	61.57	78			68.82
⑸家教费	33.77	35.29		2.48	7.32
⑹培训班	310.66	175.76	29.41	249.31	105.82
⑺学校住宿费	1.13				4.99
⑻其他教育费用	36.42			3.52	7.69
八、其他商品和服务	**317.36**	**56.47**	**49.91**	**478.72**	**177.35**
㈠其他商品	200.85	18.31	11.56	208.09	141.08
1.金银珠宝饰品	38.7			72.76	10.9
2.手表	5.94				7.16
3.理发美容用具	0.47			1	0.31
4.化妆品	153.51	18.31	11.56	133.86	121.35
5.其他杂品	2.22			0.48	1.36
㈡服务	116.51	38.15	38.35	270.62	36.27
1.旅馆住宿费	17.43	1.41			0.58
2.理发洗澡费	37.77	23.82	17.18	32.07	21.75
3.美容费	32.9	2.12	3.53	56.03	13.78
4.其他服务	28.41	10.8	17.65	182.52	0.15

7－7 续表 9

指标名称	中间 20%	较高 20%	高 10%	最高 10%	更高 5%
(2)计算机外部设备		10.25	34.15	0.39	0.72
(3)各种零配件及耗材	1.08	5.37		141.03	257.49
5.照相机		24.68	43.9	239	436.36
9.电子辞典				39.73	72.55
10.音像制品及软件		45.96			
11.体育用品	0.86	0.47			
12.书报杂志	46.61	84.09	139.3	115.94	110.9
13.纸张文具	34.37	19.64	48.43	29.9	45.26
14.其他文娱用品	144.8	207.62	233.8	332.18	547.85
(二)文化娱乐服务	201.37	243.9	820.03	1612.38	2326.36
1.参观游览	14.68	7.03	127.07	11.75	10.91
2.健身活动	3.6	10.92	131.71	54.77	100
3.团体旅游	50.37	109.37	388.29	1366.31	1985.45
4.其他文娱活动	91.88	95.22	133.98	154.66	197.27
5.文娱用品修理服务费	40.84	21.37	38.98	24.9	32.73
(三)教育	651.4	850.74	354.49	1019.45	1334
1.教材	49.72	12.76	35.71	46.01	84
(1)课本及参考书	49.33	7.77	21.46	46.01	84
(2)教育软件			0.88		
(3)其他教材	0.4	4.99	13.37		
2.教育费用	601.68	837.98	318.78	973.44	1250
(1)非义务教育学杂费	36.87	32.56	97.56	248.96	454.55
(2)义务教育学杂费					
(3)托幼费	18.57	20.13			
(4)成人教育费		115.78	107.32	87.14	159.09
(5)家教费	62.61	75.95			
(6)培训班	433.7	552.63	113.9	428.22	254.55
(7)学校住宿费					
(8)其他教育费用	49.93	40.94		209.13	381.82
八、其他商品和服务	**474.19**	**382.24**	**198.99**	**387.89**	**470.35**
(一)其他商品	294.78	268.99	125.81	264.6	324.17
1.金银珠宝饰品	5.04	103.63	20	69.31	
2.手表	1.66	20.11			
3.理发美容用具		1.5			
4.化妆品	282.48	141.02	105.81	193.36	321.01
5.其他杂品	5.61	2.73		1.93	3.16
(二)服务	179.41	113.25	73.17	123.29	146.18
1.旅馆住宿费	53.97	23.68	15.61		
2.理发洗澡费	59.82	41.64	33.9	46.36	54.82
3.美容费	63.26	14.43	21.95	75.68	89.09
4.其他服务	2.36	33.5	1.71	1.24	2.27

7-8 农村住户基本情况

(2011年)

指标名称	计量单位	数量	指标名称	计量单位	数量
一、抽样调查户数	**户**	**1160**	房屋及建筑物	元	3342
调查户常住人口	人	4048	大中型铁木农具	元	74
其中:整半劳动力	人	2823	农林牧渔机械	元	1615
二、劳动力按文化程度分组			2、制造业	元	359
1、不识字或识字很少	人	29	3、交通运输业、仓储和邮政业	元	582
2、小学文化劳动力	人	390	4、批发、零售贸易、住宿、餐饮业	元	389
3、初中文化劳动力	人	1723	5、社会服务和文教卫生社会保障业	元	158
4、高中文化程度劳动力	人	325	6、其它生产用固定资产	元	9
5、中专文化劳动力	人	74	**四、年末实际经营土地面积**	**亩**	**1.7**
6、大专及以上文化劳动力	人	88	**五、年末人均居住住房面积**	**平方米**	**36.5**
三、年末人均拥有生产性固资原值	**元**	**7120**	1、钢筋混凝土结构面积	平方米	10.9
1、农林牧渔业	元	5506	2、砖木结构面积	平方米	25.3
其中:役畜、产品畜	元	253	**六、年末人均拥有住房价值**	**元**	**24905**

7-9 农村住户人均总收入和纯收入

(2011年)

指标名称	计量单位	数量	指标名称	计量单位	数量
一、全年总收入	**元**	**14750**	2、第二产业收入	元	336
(一)工资性收入	元	4550	(1)工业收入	元	206
(1)在非企业组织中得到收入	元	285	(2)建筑业收入	元	131
(2)在本乡地域内劳动收入	元	3354	3、第三产业收入	元	935
(3)常住人口外出从业收入	元	912	(1)其它产品收入	元	11
(二)家庭经营收入	元	9462	(2)第三产业服务性收入	元	924
1、第一产业收入	元	8191	(三)财产性收入	元	267
(1)农业收入	元	6507	(四)转移性收入	元	471
其中:农产品收入	元	6328	其中:家庭非常住人口带回和寄回	元	1
(2)林业收入	元	79	各项补贴收入	元	104
(3)牧业收入	元	1605	**二、全年纯收入**	**元**	**10409**
(4)渔业收入	元	0.3			

7－10 农村住户人均总支出

(2011年)

指标名称	计量单位	数量	指标名称	计量单位	数量
全年总支出	**元**	**11116**	其中:在外饮食	元	258
一、家庭经营费用支出	**元**	**3786**	2、衣着	元	440
其中:农业生产费用支出	元	2344	3、居住	元	1184
牧业生产费用支出	元	1144	A、居住消费品支出	元	932
二、购置生产性固定资产	**元**	**238**	B、居住服务性支出	元	252
三、建造生产性固定资产雇工支出	**元**	**5**	4、家庭设备.用品消费	元	513
四、税费支出	**元**	**8**	5、交通和通讯消费	元	1037
五、生活消费支出	**元**	**6382**	6、文化教育.娱乐消费	元	565
1、食品消费支出	元	2100	7、医疗保健消费	元	432
A、食品消费品支出	元	1837	8、其它商品和服务消费	元	111
其中:主食	元	357	**六、财产性支出**	**元**	**40**
B、食品消费服务性支出	元	263	**七、转移性支出**	**元**	**657**

7－11 农村住户人均现金收支情况

(2011年)

指标名称	计量单位	数量	指标名称	计量单位	数量
一、年内现金收入	**元**	**13675**	**三、年内现金支出**	**元**	**10800**
(一)工资性收入	元	4510	(一)生产费用支出	元	3965
(二)家庭经营现金收入	元	8416	1、家庭经营费用支出	元	3721
出售农产品收入	元	5340	2、购置生产性固定资产支出	元	238
农业服务性收入	元	175	(二)税费支出	元	8
出售牧业产品收入	元	1531	(三)生活消费支出	元	6142
(三)财产性收入	元	314	(四)财产性支出	元	40
(四)转移性收入	元	436	(五)转移性支出	元	645
二、非收入现金所得	**元**	**1239**	**四、非消费性现金支出**	**元**	**1352**
其中:银行.信用社贷款	元	67	其中:存款	元	678
借入款	元	121	归还借款	元	121
收回借出款	元	21	**五、期末金融资产余额**	**元**	**11691**
取回存款	元	361	**六、期末债务余额**	**元**	**730**

7－12 农村住户年末耐用品拥有量

(2011 年)

指标名称	计量单位	平均每百户	平均每百人	指标名称	计量单位	平均每百户	平均每百人
1、洗衣机	台	86	25	11、固定电话机	部	49	14
2、电冰箱	台	94	27	12、移动电话	部	188	54
3、空调机	台	21	6	其中:接入互联网的	部	31	9
4、抽油烟机	台	38	11	13、彩色电视机	台	110	32
5、吸尘器	台	2	0.4	其中:接入有线电视网的	台	100	29
6、微波炉	台	23	7	14、黑白电视机	台	_	_
7、热水器	台	60	17	其中:接入有线电视网的	台	_	_
其中:太阳能热水器	台	58	17	15、摄像机	台	1	_
8、自行车	辆	137	39	16、影碟机	台	39	11
其中:电动自行车	辆	92	26	17、照相机	架	9	3
9、摩托车	辆	59	17	18、家用计算机	台	27	8
10、汽车(生活用)	辆	17	5	其中:接入互联网的	台	23	7

7－13 农村住户人均粮食收支情况

(2011 年)

指标名称	计量单位	数量	指标名称	计量单位	数量
一、年初粮食结存	**公斤**	**384**	2、出售粮食	公斤	525
二、年内粮食收入	**公斤**	**1063**	3、种籽用粮食	公斤	14
1、生产	公斤	917	4、饲料用粮食	公斤	107
2、购入	公斤	145	5、借出粮食	公斤	-
3、借入	公斤	-	6、归还借粮	公斤	-
4、收回借出粮	公斤	-	7、其它粮食支出	公斤	1
5、其它	公斤	1	**四、年末粮食结存滚存计算数**	**公斤**	**643**
三、年内粮食支出合计	**公斤**	**804**	**五、年末粮食结存实际调查数**	**公斤**	**559**
1、主食用粮	公斤	156			

7－14　各县市区农村住户调查主要情况

（2011 年）

地　区	常住人口（人）	全年人均总收入（元）	其中：工资性收入	家庭经营收入	其中:一产	财产性收入
总　计	**4048.00**	**14750**	**4550**	**9521**	**8250**	**208**
潍城区	371.75	12803	6549	5867	3294	190
寒亭区	310.75	13169	3991	7860	7319	210
坊子区	334.75	11912	7050	4440	3887	6
奎文区	206.25	12495	7068	4032	－	900
青州市	345.75	15490	3938	10879	8356	93
诸城市	351.50	17288	5299	11277	10148	106
寿光市	352.25	20782	2794	16554	15138	913
安丘市	364.25	13069	3068	9530	9043	362
高密市	340.25	12535	5015	7183	6264	97
昌邑市	368.50	13357	5502	7219	5752	268
临朐县	339.50	12554	5479	6267	4666	4
昌乐县	362.50	14636	3248	10830	10284	334

7－14 续表 1

地　区	转移性收入（元）	全年人均总支出（元）	其中：#家庭经营费用	#购置固定资产	#生活消费支出	全年人均纯收入（元）
总　计	**471**	**11116**	**3786**	**238**	**6382**	**10409**
潍城区	198	8383	1709	25	6215	10979
寒亭区	1108	8006	2040	95	5379	10415
坊子区	416	9719	1299	70	7646	10493
奎文区	496	8996	1138	－	7118	11093
青州市	580	14246	4117	313	8732	10484
诸城市	606	12486	5363	533	5743	11281
寿光市	521	19137	8135	372	9365	11253
安丘市	109	9168	3593	277	5114	9450
高密市	241	7034	1865	154	4724	10377
昌邑市	369	7376	2075	94	4697	10496
临朐县	805	9490	2903	107	5492	9232
昌乐县	223	10913	4260	187	5975	10150

7－15　农村住户调查历年主要指标

（1978－2011 年）

年　份	农民人均纯收入（元）	农民人均生活消费支出（元）
1978	95	53
1979	135	104
1980	182	146
1981	208	170
1982	301	214
1983	357	254
1984	402	265
1985	435	347
1986	491	347
1987	574	380
1988	653	339
1989	671	508
1990	764	535
1991	863	580
1992	972	623
1993	1238	932
1994	1734	1236
1995	2270	1623
1996	2893	2028
1997	3076	2049
1998	3260	2074
1999	3331	1998
2000	3437	2074
2001	3579	2193
2002	3643	2275
2003	3921	2331
2004	4438	3025
2005	5017	3170
2006	5508	3564
2007	6278	4122
2008	7072	4828
2009	7695	5240
2010	8872	5982
2011	10409	6382

主要统计指标解释

一、城镇住户

城镇家庭人口 指居住在一起，经济上合在一起共同生活的家庭成员。凡计算为家庭人口的成员其全部收支都包括在本家庭中。

城镇就业面 指就业人口占家庭人口的百分比。

城镇就业者负担人数 指家庭人口与就业人口之比。

城镇家庭总收入 指家庭成员得到的工资性收入、经营净收入、财产性收入、转移性收入之和，不包括出售财物收入和借贷收入。

城镇家庭可支配收入 指家庭成员得到可用于最终消费支出和其它非义务性支出以及储蓄的总和，即居民家庭可以用来自由支配的收入。它是家庭总收入扣除交纳的所得税、个人交纳的社会保障支出以及记账补贴后的收入。计算公式为：

可支配收入 = 家庭总收入 - 交纳所得税 - 个人交纳的社会保障支出 - 记帐补贴

城镇家庭总支出 指除借贷支出以外的全部家庭支出。包括消费性支出、购房建房支出、转移性支出、财产性支出、社会保障支出。

城镇家庭消费性支出 指家庭用于日常生活的支出，包括食品、衣着、家庭设备用品及服务、医疗保健、交通和通信、娱乐教育文化服务、居住、杂项商品和服务等八大类支出。

城镇家庭服务性消费支出 指家庭用于支付社会提供的各种非商品性服务费用。

恩格尔系数 指食物支出金额在消费性总支出金额中所占的比例。计算公式为：

$$恩格尔系数 = \frac{食品支出金额}{消费性总支出金额} \times 100\%$$

农　业

EIGHT

AGRICULTURE

简 要 说 明

一、本篇资料的主要内容

本篇资料反映了全市农业生产和农村经济的基本情况，主要包括农林牧渔业总产值、中间消耗、增加值、农村劳动力、耕地、主要农产品产量、农业机械年末拥有量、农村电气化和农业化学化情况以及农田水利建设等方面的统计资料。

二、本篇资料的来源

本篇资料来源于农村综合统计年报，由市统计局农调队整理提供。

三、本篇资料的统计范围和统计口径

本篇资料的统计范围包括市内所属的各种经济类型、各个系统的全部农林牧渔业生产单位以及各非农行业附属的农林牧渔业生产活动单位。军委系统的农业生产（除军马外）也包括在内，但不包括农业科学试验机构进行的农业生产。

本篇资料中2003年及以后年份的农林牧渔业总产值、增加值、中间消耗按新口径计算。即取消农业中种植业和其他农业的分类，将原属于其他农业的农民家庭兼营商品性工业剔除，作为附记指标统计，采集的野生植物一部分划归农业，一部分划归林业；从2010年起划归到林业中的林产品采集中，林业中竹木采运统计范围由村及村以下改为全社会；增加农林牧渔服务业统计。

8-1 全市农林牧渔业总产值

（2011年）

单位:万元

指 标 名 称	2010年	2011年	2011年比2010年增长（%）
农林牧渔业总产值	**6548044**	**7143252**	**104.2**
一、农业产值	**3704746**	**3917723**	**102.2**
（一）谷物及其他作物	1432249	1522101	101.7
（二）蔬菜园艺作物	1734094	1843901	104.4
（三）水果、饮料和香料作物	529960	542167	95.9
（四）中药材	8443	9554	115.9
二、林业产值	**50484**	**52884**	**103.7**
（一）林木的培育和种植	39060	38925	99.7
（二）竹木采运	10030	12649	120.8
（三）林产品	1394	1310	94.0
三、牧业产值	**2232730**	**2590620**	**107.9**
（一）牲畜饲养	230276	248480	99.5
（二）猪的饲养	801370	989401	110.3
（三）家禽饲养	1033691	1144970	104.8
（四）狩猎和捕捉动物			
（五）其他畜牧业	167393	207769	126.9
四、渔业产值	**344813**	**348312**	**102.8**
（一）海水产品	264033	260410	102.0
（二）内陆水域水产品	80780	87902	105.6
五、农林牧渔服务业	**215271**	**233713**	**104.0**

注:本表系新口径,绝对数按当年价格计算,速度按可比价格计算。

8－2 各县市区农林牧渔业总产值

(2011年)

单位:万元

地　区	农林牧渔业总产值	农业产值	林业产值	牧业产值	渔业产值	农林牧渔服务业
总　计	**7143252**	**3917723**	**52884**	**2590620**	**348312**	**233713**
潍城区	133804	42315	2338	82982	209	5960
寒亭区	270005	164491	1049	87606	7969	8890
坊子区	133172	98996	2834	29394	767	1181
奎文区	10311	774	83	8970	29	455
青州市	733319	511143	5159	194514	1072	21431
诸城市	1040264	350260	3888	655417	8799	21900
寿光市	1397608	942079	5495	296459	122241	31334
安丘市	688450	485408	12194	160553	9627	20668
高密市	796551	428379	4521	313742	4479	45430
昌邑市	606487	304649	3839	177316	82947	37736
临朐县	543543	241225	2892	268678	20620	10128
昌乐县	553120	298977	7113	219354	876	26800
高新开发区	7033	7033				
滨海开发区	79701	11003	25	2364	64509	1800
峡山开发区	149884	80386	1329	44001	24168	

注:本表按现行价格计算。

8－3 各县市区农业产值

(2011年)

单位:万元

地　区	农业产值	一、谷物及其他作物	粮食作物	谷物	豆类	薯类	油料
总　计	**3917723**	**1522101**	**1022315**	**1003840**	**10901**	**7574**	**123826**
潍城区	42315	21284	21134	21027	87	20	105
寒亭区	164491	84245	64280	64228	52		224
坊子区	98996	45353	34407	34263	79	65	1989
奎文区	774	396	396	396			
青州市	511143	101208	92842	91328	1099	415	24
诸城市	350260	225233	143125	139654	2908	563	20161
寿光市	942079	185928	129693	129676	8	9	314
安丘市	485408	158237	95000	91510	1149	2341	18294
高密市	428379	246432	152695	151427	1255	13	35968
昌邑市	304649	172011	104119	102152	1779	188	12718
临朐县	241225	97587	71311	68186	1501	1624	8297
昌乐县	298977	95340	60119	56823	845	2451	22387
高新开发区	7033	7033	5834	5834			
滨海开发区	11003	10903	5824	5824			
峡山生态区	80386	55909	44979	44782	94	103	3342

注:本表按现行价格计算。

8－3续表1

地　　区	棉　花	烟　叶	其　他 农作物	二、蔬菜 园艺作物	1、蔬菜	2、花卉等 其他园艺作物
总　　计	**124257**	**37245**	**214458**	**1843901**	**1731053**	**103581**
潍 城 区	45			11545	11489	24
寒 亭 区	10694		9047	33301	33149	51
坊 子 区	278		8679	46009	45866	143
奎 文 区				378	378	
青 州 市	511		7831	312185	209402	99197
诸 城 市	1362	20225	40360	71244	69554	1388
寿 光 市	44753		11168	659400	657181	2219
安 丘 市	16530		28413	237283	236725	290
高 密 市	9960	5369	42440	132831	132006	10
昌 邑 市	13258		41916	97717	97495	222
临 朐 县	763	7942	9274	45808	45666	91
昌 乐 县	1476	3709	7649	120087	120087	
高新开发区			1199			
滨海开发区	4597		482			
峡山开发区	122	604	7466	22806	22806	

8－3续表2

地　　区	三、水果、 坚果、饮料	1、水果坚果 （含果用瓜）	#苹果	#梨	2、坚果	四、中药材
总　　计	**542167**	**535371**	**108503**	**21652**	**4000**	**9554**
潍 城 区	9486	9486	7846	458		
寒 亭 区	46945	46937	22003	1646	8	
坊 子 区	7443	7443	622	211		191
奎 文 区						
青 州 市	97750	96881	5247	74	863	
诸 城 市	52454	49175	15915	1085	594	1329
寿 光 市	96751	96710	34477	2985	41	
安 丘 市	89725	89448	7113	4279	277	163
高 密 市	49116	49041	14215	2538	75	
昌 邑 市	34894	34861	4917	6005	33	27
临 朐 县	89885	87618	31390	1192	2162	7945
昌 乐 县	83550	83550	12164	1024		
高新开发区						
滨海开发区	100	100	92	3		
峡山开发区	1671	1671	483	135		

8－4 各县市区林业产值

(2011年)

单位:万元

地 区	林业产值	林木的培育和种植	林产品	竹木采伐
总 计	**52884**	**38925**	**1310**	**12649**
潍城区	2338	2174		164
寒亭区	1049	901		148
坊子区	2834	2468		366
奎文区	83	83		
青州市	5159	3099	1183	877
诸城市	3888	699		3189
寿光市	5495	3496	80	1919
安丘市	12194	11409		785
高密市	4521	3477	24	1020
昌邑市	3839	2552		1287
临朐县	2892	2582	23	287
昌乐县	7113	5117		1996
高新开发区				
滨海开发区	25	25		
峡山开发区	1329	836		493

注:本表按现行价格计算。

8－5 各县市区牧业产值

(2011年)

单位:万元

地 区	牧业产值	一、牲畜饲养	#牛	#羊	#奶产品
总 计	**2590620**	**248480**	**101000**	**47069**	**92257**
潍城区	82982	2914	644	238	2026
寒亭区	87606	11064	2564	377	8011
坊子区	29394	3971	1212	718	1993
奎文区	8970	453		6	447
青州市	194514	33119	14138	3297	15319
诸城市	655417	44952	29624	10831	3989
寿光市	296459	16444	3823	6462	3011
安丘市	160553	21072	9717	11237	58
高密市	313742	26926	16890	3361	6113
昌邑市	177316	5152	1673	1373	2030
临朐县	268678	46186	2789	10810	32420
昌乐县	219354	25708	6777		15984
高新开发区					
滨海开发区	2364	57		23	1
峡山开发区	44001	2940	1149	1664	5

注:本表按现行价格计算。

8－5续表1

地　　区	二、猪的饲养	三、家禽饲　养	#肉禽	#禽蛋	四、其他畜牧业
总　　计	**989400**	**1144971**	**928076**	**216895**	**207769**
潍城区	13262	11566	6435	5131	55240
寒亭区	27080	41955	39377	2578	7507
坊子区	16791	8632	5514	3118	
奎文区	669	80	8	72	7768
青州市	75760	85219	60333	24886	416
诸城市	286382	226624	179344	47280	97459
寿光市	92792	177150	161145	16005	10073
安丘市	63493	70319	53118	17201	5669
高密市	179794	98726	68489	30237	8296
昌邑市	59122	108436	102192	6244	4606
临朐县	55376	163051	121806	41245	4065
昌乐县	55794	137852	122268	15584	
高新开发区					
滨海开发区	2041	263	77	186	3
峡山开发区	21042	15578	12643	2935	4441

8－6　各县市区渔业产值

（2011年）

单位:万元

地　　区	渔　业产　值	海水产品	#养殖	内陆水域水产品	#养殖
总　　计	**348312**	**260410**	**142666**	**87902**	**72853**
潍城区	209			209	162
寒亭区	7969			7969	7969
坊子区	767			767	767
奎文区	29			29	
青州市	1072			1072	1063
诸城市	8799			8799	7908
寿光市	122241	113888	23433	8353	8353
安丘市	9627			9627	7702
高密市	4479			4479	4186
昌邑市	82947	82013	62844	934	837
临朐县	20620			20620	13392
昌乐县	876			876	876
高新开发区					
滨海开发区	64509	64509	53083		
峡山开发区	24168			24168	24168

注:本表按现行价格计算。

8－7 全市农林牧渔业增加值

（2011年）

单位：万元

指标名称	一、总产值	二、中间消耗	1、物质消耗	2、生产服务支出	三、增加值
农林牧渔业	**7143252**	**3550431**	**3245730**	**304701**	**3592821**
1、农业	3917723	1562675	1386909	175766	2355048
2、林业	52884	21651	17243	4408	31233
3、牧业	2590620	1688447	1608200	80247	902173
4、渔业	348312	164984	140183	24801	183328
5、服务业	233713	112674	93195	19479	121039

8－8 各县市区农林牧渔业增加值

（2011年）

单位：万元

地区	合计	农业	林业	牧业	渔业	服务业
总计	**3592821**	**2355048**	**31233**	**902173**	**183328**	**121039**
潍城区	79488	27544	1409	49792	49	694
寒亭区	100399	55973	168	35841	5757	2660
坊子区	66245	50701	1391	13386	387	380
奎文区	5533	417	63	4749	17	287
青州市	362246	287529	3739	61705	656	8617
诸城市	490549	205165	1892	263586	5683	14223
寿光市	726957	578129	3525	88339	38479	18485
安丘市	379366	333182	6261	20632	7123	12168
高密市	406742	241327	2804	119027	3495	40089
昌邑市	294178	163834	1703	70406	29933	28302
临朐县	273786	181392	1829	70649	12294	7622
昌乐县	284722	201591	6227	59498	606	16800
高新开发区	3872	3872				
滨海开发区	41070	4196	17	2079	34066	712
峡山生态区	77668	41789	809	17852	17218	

8－9　各县市区农业主要产品生产情况

（2011 年）

地　区	农作物总播种面积（公顷）	一、粮食作物合计			（一）夏收粮食		
		播种面积（公顷）	总产量（吨）	单产（千克/公顷）	播种面积（公顷）	总产量（吨）	单产（千克/公顷）
总　计	**1140759**	**802863**	**5336639**	**6647**	**388536**	**2456005**	**6321**
潍城区	16370	15272	100115	6555	7630	47218	6188
寒亭区	55357	47263	325342	6884	23614	156486	6627
坊子区	33701	27735	169838	6124	13583	74947	5518
奎文区	335	300	1904	6347	143	936	6545
青州市	109656	76633	439949	5741	37434	201540	5384
诸城市	170681	122913	867051	7054	60715	388358	6396
寿光市	169722	93294	663466	7112	46536	322601	6932
安丘市	118247	70703	459865	6504	33837	204584	6046
高密市	158405	124175	905191	7290	60490	436478	7216
昌邑市	93665	68205	483775	7093	32433	223367	6887
临朐县	81095	65383	341357	5221	30706	143839	4684
昌乐县	81204	45435	296870	6534	18885	114819	6080
高新开发区	5585	5585	28107	5032	2892	13384	4629
滨海开发区	7488	5778	28086	4861	3017	15250	5055
峡山生态区	37628	32571	216720	6654	15782	107787	6830
综合保税区	1619	1619	9004	5560	840	4409	5250

8－9 续表 1

地　区	1. 谷　物			#小　麦		
	播种面积（公顷）	总产量（吨）	单产（千克/公顷）	播种面积（公顷）	总产量（吨）	单产（千克/公顷）
总　计	**388165**	**2454415**	**6323**	**388161**	**2454397**	**6323**
潍城区	7630	47218	6188	7630	47218	6188
寒亭区	23614	156486	6627	23614	156486	6627
坊子区	13583	74947	5518	13583	74947	5518
奎文区	143	936	6545	143	936	6545
青州市	37434	201540	5384	37434	201540	5384
诸城市	60712	388351	6397	60712	388351	6397
寿光市	46536	322601	6932	46536	322601	6932
安丘市	33784	204416	6051	33779	204398	6051
高密市	60187	435115	7229	60187	435115	7229
昌邑市	32433	223367	6887	32433	223367	6887
临朐县	30706	143839	4684	30706	143839	4684
昌乐县	18885	114819	6080	18885	114819	6080
高新开发区	2892	13384	4629	2892	13384	4629
滨海开发区	3017	15250	5055	3017	15250	5055
峡山生态区	15770	107736	6832	15770	107736	6832
综合保税区	840	4409	5250	840	4409	5250

8－9 续表2

地　区	（二）秋收粮食			1、谷　物		
	播种面积（公顷）	总产量（吨）	单产（千克/公顷）	播种面积（公顷）	总产量（吨）	单产（千克/公顷）
总　计	**414327**	**2880634**	**6953**	**398231**	**2788660**	**7003**
潍城区	7642	52897	6922	7552	52526	6955
寒亭区	23649	168855	7140	23613	168627	7141
坊子区	14153	94890	6705	14051	94126	6699
奎文区	155	969	6252	155	969	6252
青州市	39199	238409	6082	37482	232253	6196
诸城市	62198	478693	7696	59770	467317	7819
寿光市	46758	340864	7290	46737	340764	7291
安丘市	36866	255280	6924	33854	231765	6846
高密市	63685	468713	7360	63173	466781	7389
昌邑市	35772	260408	7280	34383	254985	7416
临朐县	34677	197518	5696	31278	179810	5749
昌乐县	26550	182051	6857	23276	158507	6810
高新开发区	2694	14723	5466	2694	14723	5466
滨海开发区	2761	12836	4650	2761	12836	4650
峡山生态区	16788	108933	6489	16672	108076	6483
综合保税区	779	4595	5895	779	4595	5895

8－9 续表3

地　区	（1）玉　米			（2）谷　子		
	播种面积（公顷）	总产量（吨）	单产（千克/公顷）	播种面积（公顷）	总产量（吨）	单产（千克/公顷）
总　计	**394981**	**2777253**	**7031**	**2606**	**9314**	**3574**
潍城区	7546	52509	6959	6	16	2700
寒亭区	23613	168627	7141			
坊子区	14036	94064	6702	10	41	4050
奎文区	155	969	6252			
青州市	36115	227947	6312	1131	3630	3209
诸城市	59673	466932	7825	65	235	3593
寿光市	46737	340764	7291			
安丘市	33328	229222	6878	477	2357	4937
高密市	63045	466084	7393	99	589	5953
昌邑市	34375	254949	7417			
临朐县	30329	176992	5836	787	2361	2998
昌乐县	23127	157978	6831	30	86	2880
高新开发区	2694	14723	5466			
滨海开发区	2761	12836	4650			
峡山生态区	16668	108061	6483			
综合保税区	779	4595	5895			

8－9续表4

地　　区	(3)高　　梁			(4)其它作物		
	播种面积（公顷）	总产量（吨）	单　　产（千克/公顷）	播种面积（公顷）	总产量（吨）	单　　产（千克/公顷）
总　计	**552**	**1726**	**3127**	**91**	**364**	**4000**
潍城区						
寒亭区						
坊子区	5	16	3200	1	5	3600
奎文区						
青州市	235	677	2873			
诸城市				32	147	4647
寿光市						
安丘市	26	110	4169	22	76	3383
高密市				29	108	3732
昌邑市	1	8	6000	6	28	4500
临朐县	162	458	2819			
昌乐县	119	442	3715			
高新开发区						
滨海开发区						
峡山生态区	3	15	4500			
综合保税区						

8－9续表5

地　　区	2、豆　　类			其中:大豆		
	播种面积（公顷）	总产量（吨）	单　　产（千克/公顷）	播种面积（公顷）	总产量（吨）	单　　产（千克/公顷）
总　计	**7109**	**21846**	**3073**	**6785**	**21071**	**3106**
潍城区	63	190	2998	63	190	2998
寒亭区	24	69	2875	13	41	3064
坊子区	50	172	3440	50	172	3440
奎文区						
青州市	1030	2381	2310	1023	2365	2312
诸城市	1917	6308	3291	1907	6279	3292
寿光市	8	18	2243	8	18	2243
安丘市	774	2427	3134	710	2221	3127
高密市	498	1814	3642	495	1804	3648
昌邑市	1130	3727	3300	1086	3642	3352
临朐县	1147	3072	2678	1083	2932	2706
昌乐县	416	1462	3511	296	1206	4073
高新开发区						
滨海开发区						
峡山生态区	51	205	4026	50	201	4053
综合保税区						

8－9 续表 6

地　　区	3. 薯　　类			二、油　料　合　计		
	播种面积（公顷）	总产量（吨）	单　　产（千克/公顷）	播种面积（公顷）	总产量（吨）	单　　产（千克/公顷）
总　　计	**8987**	**70128**	**7803**	**50330**	**250656**	**4980**
潍 城 区	27	181	6795	42	154	3648
寒 亭 区	13	160	12659	105	350	3318
坊 子 区	51	592	11608	815	4111	5044
奎 文 区						
青 州 市	686	3775	5499	19	35	1858
诸 城 市	511	5068	9922	12812	63601	4964
寿 光 市	13	82	6474	116	438	3785
安 丘 市	2238	21088	9424	11303	51397	4547
高 密 市	14	118	8567	9591	52517	5475
昌 邑 市	260	1695	6531	2987	18562	6214
临 朐 县	2251	14635	6501	4124	11572	2806
昌 乐 县	2858	22082	7727	7356	43303	5887
高新开发区						
滨海开发区						
峡山生态区	66	652	9879	1060	4615	4354
综合保税区						

8－9 续表 7

地　　区	其中:1、花生			2、油菜籽		
	播种面积（公顷）	总产量（吨）	单　　产（千克/公顷）	播种面积（公顷）	总产量（吨）	单　　产（千克/公顷）
总　　计	**50159**	**250250**	**4989**	**157**	**346**	**2204**
潍 城 区	34	135	3939	8	19	2400
寒 亭 区	69	280	4033	36	70	1938
坊 子 区	811	4102	5058	4	8	2000
奎 文 区						
青 州 市	19	35	1880			
诸 城 市	12812	63601	4964			
寿 光 市	116	438	3785			
安 丘 市	11289	51337	4547			
高 密 市	9578	52497	5481	14	21	1500
昌 邑 市	2907	18369	6320	81	193	2395
临 朐 县	4124	11572	2806			
昌 乐 县	7356	43303	5887			
高新开发区						
滨海开发区						
峡山生态区	1045	4581	4386	15	35	2245
综合保税区						

8－9 续表 8

地　　区	三、棉　　花			四、烟叶合计		
	播种面积（公顷）	总产量（吨）	单　　产（千克/公顷）	播种面积（公顷）	总产量（吨）	单　　产（千克/公顷）
总　　计	**42978**	**50495**	**1175**	**11542**	**29570**	**2562**
潍城区	18	18	1015			
寒亭区	3914	4313	1102			
坊子区	92	112	1217			
奎文区						
青州市	164	206	1254			
诸城市	810	1553	1917	6962	18386	2641
寿光市	19200	18852	982			
安丘市	2797	5800	2073	633	1694	2674
高密市	2987	4016	1345	1034	2907	2812
昌邑市	9787	11429	1168			
临朐县	574	744	1296	2119	4328	2042
昌乐县	847	1438	1698	719	2008	2793
高新开发区						
滨海开发区	1710	1853	1084			
峡山生态区	77	160	2096	75	248	3318
综合保税区						

8－9 续表 9

地　　区	其中:烤烟			五、药材类播种面积（公顷）
	播种面积（公顷）	总产量（吨）	单　　产（千克/公顷）	
总　　计	**11542**	**29570**	**2562**	**1359**
潍城区				
寒亭区				2
坊子区				12
奎文区				
青州市				
诸城市	6962	18386	2641	250
寿光市				
安丘市	633	1694	2674	62
高密市	1034	2907	2812	
昌邑市				2
临朐县	2119	4328	2042	1031
昌乐县	719	2008	2793	
高新开发区				
滨海开发区				
峡山生态区	75	248	3318	
综合保税区				

8－9 续表 10

地　区	六、蔬菜、瓜类			1、蔬菜(含菜用瓜)		
	播种面积(公顷)	总产量(吨)	单　产(千克/公顷)	播种面积(公顷)	总产量(吨)	单　产(千克/公顷)
总　计	**227714**	**13243557**	**58159**	**188212**	**11295677**	**60016**
潍城区	950	39439	41509	923	38573	41812
寒亭区	4059	195172	48084	2315	112330	48524
坊子区	4946	290092	58656	4406	266093	60393
奎文区	36	1176	33090	36	1176	33090
青州市	31090	1546276	49736	22944	1098839	47892
诸城市	25889	1188377	45902	23954	1098745	45869
寿光市	57083	4391127	76926	52454	4154226	79197
安丘市	32721	1937849	59224	27558	1710064	62054
高密市	20481	1133701	55353	18454	1025121	55550
昌邑市	11998	667833	55661	10680	607123	56845
临朐县	7797	283047	36300	4959	154089	31071
昌乐县	26847	1409219	52490	15783	873355	55336
高新开发区						
滨海开发区						
峡山生态区	3817	160249	41982	3747	155943	41621
综合保税区						

8－9 续表 11

地　区	2、瓜类(果用瓜)			#西　瓜			七、其它农作物
	播种面积(公顷)	总产量(吨)	单　产(千克/公顷)	播种面积(公顷)	总产量(吨)	单　产(千克/公顷)	播种面积(公顷)
总　计	**39503**	**1947880**	**49310**	**26073**	**1360043**	**52163**	**3972**
潍城区	28	866	31377	3	120	45000	88
寒亭区	1744	82843	47500	812	47760	58813	14
坊子区	540	23999	44443	299	18299	61201	100
奎文区							
青州市	8145	447437	54931	7682	432845	56348	1751
诸城市	1935	89632	46310	647	34643	53538	1045
寿光市	4628	236901	51184	576	34400	59757	29
安丘市	5163	227785	44119	2471	110774	44823	27
高密市	2027	108580	53555	1148	68438	59604	136
昌邑市	1318	60711	46060	667	40639	60892	685
临朐县	2838	128958	45438	2369	106652	45021	67
昌乐县	11065	535863	48430	9356	462914	49477	
高新开发区							
滨海开发区							
峡山生态区	70	4306	61160	43	2560	60181	29
综合保税区							

8－10 各县市区茶叶、水果生产情况

（2011 年）

单位:吨

地区	茶叶产量	水果产量	苹果	梨	葡萄
总计	**273**	**884280**	**374324**	**75306**	**61968**
潍城区		21593	16517	1319	581
寒亭区		69528	58675	4743	3845
坊子区		3914	1309	608	91
奎文区					
青州市		98430	11046	287	389
诸城市	269	80778	33504	3127	879
寿光市		97149	72583	8601	3221
安丘市	2	97991	14975	12330	570
高密市		76770	34140	9504	20473
昌邑市		78859	17879	27931	2386
临朐县	2	196447	68990	3434	26714
昌乐县		59756	43444	2951	2472
高新开发区					
滨海开发区		256	216	23	
峡山生态区		2385	1002	390	347
综合保税区		424	45	60	1

8－10 续表 1

地区	桃	杏	红枣	柿子	山楂	其他
总计	**233528**	**7826**	**9693**	**38621**	**65516**	**17498**
潍城区	2704	139	98	145		90
寒亭区	1579	23	370	165	53	75
坊子区	1048	378	93	239	148	
奎文区						
青州市	52166	1651	934	18126	13247	585
诸城市	40992	82	712	974	257	252
寿光市	11092	271	195	257	182	748
安丘市	62298	735	953	734	1478	3920
高密市	7259		4129	643	622	
昌邑市	18703	515	588	6034	4389	435
临朐县	26942	3808	400	11141	44497	10522
昌乐县	8228	165	1186	87	488	734
高新开发区						
滨海开发区	15		2			
峡山生态区	454	1	31	69	55	37
综合保税区	49	59	3	7	101	100

8－10 续表 2

地　　区	年末实有果园面积（公顷）	#苹果园	#梨园	#葡萄園	#桃园
总　　计	**35848**	**10719**	**2153**	**1998**	**8512**
潍 城 区	910	705	71	24	73
寒 亭 区	2075	1412	156	156	60
坊 子 区	258	40	13	5	139
奎 文 区					
青 州 市	7124	416	17	17	3124
诸 城 市	2262	772	157	36	1013
寿 光 市	1970	1447	191	79	177
安 丘 市	3086	352	244	30	1810
高 密 市	1620	639	139	526	138
昌 邑 市	2333	454	725	75	496
临 朐 县	12484	3829	209	921	1000
昌 乐 县	1506	563	204	108	422
高新开发区					
滨海开发区	16	12	3		1
峡山生态区	156	71	22	22	22
综合保税区	47	7	3		38

8－11　各县市区林业生产情况

（2011 年）

单位：公顷

地　　区	当年造林面　　积	按主要林种用途分			
		用材林	经济林	防护林	特种用途林
总　　计	**24480**	**3646**	**2126**	**18448**	**260**
潍 城 区	667			667	
寒 亭 区	1192	12	263	917	
坊 子 区	1006	125	136	745	
奎 文 区	334			312	22
青 州 市	3514	65	207	3242	
诸 城 市	1637	513	180	938	6
寿 光 市	3066	257	536	2041	232
安 丘 市	2666	848	499	1319	
高 密 市	2531	1180	70	1281	
昌 邑 市	1523			1523	
临 朐 县	1929			1929	
昌 乐 县	1667	322	192	1153	
高新开发区	181			181	
滨海开发区	1867			1867	
峡山开发区	700	324	43	333	

8－11续表1

地　　区	零星(四旁)植树(万株)	育　　苗面　　积	幼林抚育作业面积(公顷次)	成林抚育面　　积
总　　计	**3217**	**9722**	**84321**	**71532**
潍城区	20	80	4660	3298
寒亭区	106	402	1210	1569
坊子区	50	277	30990	5504
奎文区	60		480	860
青州市	196	805	5010	12560
诸城市	596	2667	11856	14341
寿光市	500	359	6266	7700
安丘市	360	372	8000	7000
高密市	660	620	8145	14200
昌邑市	407	3336	2000	1600
临朐县	150	509	2200	2000
昌乐县	100	148	2150	900
高新开发区	5			
滨海开发区		107	1344	
峡山开发区	11	40	10	

8－12　各县市区畜牧业生产情况

(2011年)

地　　区	大牲畜年末存栏(万头)	#牛	猪年末存栏(万头)	羊年末存栏(万只)	山羊	绵羊	家禽年末存栏(万只)	兔年末存栏(万只)
总　　计	**42.41**	**42.00**	**450.18**	**90.55**	**59.69**	**30.86**	**12008.29**	**98.10**
潍城区	0.44	0.44	6.56	0.73	0.60	0.13	171.99	0.01
寒亭区	1.22	1.22	12.48	1.20	0.54	0.66	444.08	1.77
坊子区	0.70	0.70	7.48	1.33	0.88	0.46	203.87	
奎文区	0.04	0.04	0.25				3.00	
青州市	3.35	3.35	30.22	8.06	5.08	2.99	927.35	0.81
诸城市	13.44	13.31	119.14	11.59	9.59	2.00	1827.43	22.48
寿光市	0.57	0.56	41.73	10.06	2.13	7.93	1794.67	2.09
安丘市	4.43	4.40	47.05	20.58	10.71	9.86	1180.12	5.06
高密市	9.50	9.30	85.87	4.10	2.79	1.31	1673.69	36.47
昌邑市	0.97	0.96	23.41	2.05	0.82	1.24	980.39	3.46
临朐县	3.80	3.79	39.03	23.42	23.26	0.16	1228.79	19.75
昌乐县	3.60	3.60	24.18	6.19	3.20	2.99	1392.86	5.72
滨海开发区			1.88	0.40		0.40	8.99	0.18
峡山生态区	0.35	0.35	10.9	0.85	0.1	0.75	171.05	0.28

8－12 续表 1

地　　区	牛出栏（万头）	猪出栏（万头）	羊出栏（万只）	家禽出栏（万只）	兔出栏（万只）
总　　计	**31.33**	**728.65**	**110.89**	**49487.33**	**214.76**
潍 城 区	0.25	10.50	0.94	483.57	0.03
寒 亭 区	0.67	16.50	0.68	1651.46	1.12
坊 子 区	0.43	12.81	1.06	736.14	
奎 文 区		0.74	0.01	6.72	
青 州 市	3.49	46.17	9.89	3426.30	1.60
诸 城 市	9.98	250.17	26.19	7315.78	90.39
寿 光 市	0.54	58.37	10.91	6865.87	8.76
安 丘 市	3.45	68.99	16.93	3549.72	5.94
高 密 市	8.40	133.33	4.94	5927.22	42.60
昌 邑 市	0.62	33.59	2.38	4991.59	5.49
临 朐 县	1.37	50.16	27.73	8035.35	42.34
昌 乐 县	2.06	34.26	8.37	6287.85	15.98
滨海开发区		1.75	0.21	9.05	0.20
峡山生态区	0.10	11.31	0.63	200.72	0.29

8－12 续表 2

地　　区	肉类总产量	#牛肉	#猪肉	#羊肉	#禽肉	#兔肉	奶类产量	#牛奶
总　　计	**1353419**	**42485**	**544467**	**11599**	**751087**	**3165**	**277233**	**271927**
潍 城 区	14612	339	7780	90	6401		6058	6058
寒 亭 区	36525	93	12140	56	24219	17	24192	24058
坊 子 区	21918	689	9646	140	11442		6624	6487
奎 文 区	619		538	1	81		1343	1343
青 州 市	99070	5101	34626	1157	58158	26	56407	56249
诸 城 市	327182	13639	188633	2775	120506	1506	4930	3620
寿 光 市	153787	776	44448	1349	107057	135	9042	9042
安 丘 市	105228	4723	52774	1524	46146	54	393	390
高 密 市	193315	11371	99315	480	81436	503	18603	17925
昌 邑 市	111102	925	25230	299	84536	83	6100	6052
临 朐 县	161984	1911	37556	2772	118887	637	97358	96270
昌 乐 县	120303	2807	25693	893	90711	199	46163	44414
滨海开发区	1330		1244	11	72	2	3	3
峡山生态区	6444	109	4845	53	1433	3	16	16

8－12 续表 3

地　　区	禽蛋产量（吨）	#鸡蛋	#鸭蛋	#鹅蛋	蚕茧产量（吨）	#桑蚕茧
总　计	**268711**	**240092**	**27074**	**989**	**2368**	**2368**
潍城区	6303	6281	22			
寒亭区	3081	2810	272		1	1
坊子区	4949	4919		30		
奎文区	88	85	3			
青州市	31894	28974	2710	210	2	2
诸城市	57660	55110	2192	348	443	443
寿光市	19193	17657	1499	1		
安丘市	20103	16763	3286	52	563	563
高密市	37027	36469	390	168	235	235
昌邑市	7920	6320	1000	100	160	160
临朐县	48212	40458	7675	71	449	449
昌乐县	20814	12861	7945	6	417	417
滨海开发区	229	192	35	1		
峡山生态区	11236	11192	44	1	98	98

8－13　各县市区渔业生产情况

（2011 年）

地　　区	水产品总产量（吨）	#海水产品	#海水捕捞	海水养殖
总　计	**499724**	**397991**	**179951**	**218040**
潍城区	220			
寒亭区	4336			
坊子区	598			
奎文区	25			
青州市	750			
诸城市	9730			
寿光市	178134	171239	134389	36850
安丘市	5410			
高密市	4660			
昌邑市	158188	156860	21950	134910
临朐县	21148			
昌乐县	767			
滨海开发区	69892	69892	23612	46280
峡山生态区	45866			

8－13 续表 1

地　　区	淡水产品	#淡水捕捞	淡水养殖	水产养殖面积（公顷）	#海水养殖	淡水养殖
总　计	**101733**	**16830**	**84903**	**99097**	**68054**	**31043**
潍 城 区	220	50	170	180		180
寒 亭 区	4336		4336	641		641
坊 子 区	598	10	588	108		108
奎 文 区	25	25		1		1
青 州 市	750	10	740	350		350
诸 城 市	9730	1040	8690	3659		3659
寿 光 市	6895		6895	18266	17566	700
安 丘 市	5410	1020	4390	3400		3400
高 密 市	4660	305	4355	3200		3200
昌 邑 市	1328	124	1204	28800	28600	200
临 朐 县	21148	7413	13735	1933		1933
昌 乐 县	767	105	662	1000		1000
滨海开发区				21888	21888	
峡山生态区	45866	6728	39138	15671		15671

8－14　各县市区灌溉面积

（2011 年）

单位：千公顷

地　　区	有效灌溉面　　积	#当年实灌	林地灌溉面　　积	园林灌溉面　　积	其他灌溉面　　积	旱涝保收面　　积
总　计	**536.71**	**446.89**	**20.78**	**37.74**	**5.91**	**414.44**
潍 城 区	11.48	11.48	0.11	1.32		11.00
寒 亭 区	27.62	27.62	0.08	1.19	0.21	25.16
坊 子 区	12.13	12.13	0.68	0.71		9.79
奎 文 区	13.08	13.08	0.08	0.08	0.08	11.06
青 州 市	54.35	41.00	0.80	1.30	0.05	42.50
诸 城 市	94.94	63.80	2.75	3.16	0.95	54.10
寿 光 市	80.32	75.74	1.87	4.41		73.35
安 丘 市	61.70	48.60	3.49	5.20	0.82	42.58
高 密 市	67.10	62.00	4.03	3.11		60.00
昌 邑 市	53.23	40.84	1.90	3.10		36.40
临 朐 县	23.80	20.50	3.00	12.00	3.00	20.50
昌 乐 县	36.96	30.10	1.99	2.16	0.80	28.00
高新开发区						

8－14 续表 1

地　　区	机电排灌面　　积	#机电井灌溉面积	#机电井提灌面积			#喷滴灌	#纯　排面　积
				#固定站	#流动机		
总　　计	**493.61**	**317.56**	**151.97**	**76.91**	**75.06**	**22.71**	**1.37**
潍 城 区	11.48	10.79	0.56	0.13	0.43	0.13	
寒 亭 区	27.28	19.80	6.89	1.89	5.00	0.59	
坊 子 区	12.13	10.25	1.86	1.72	0.14	0.02	
奎 文 区	11.53	11.14	0.39	0.03	0.36		
青 州 市	54.35	46.44	1.29	0.87	0.42	6.62	
诸 城 市	76.33	23.49	51.50	21.50	30.00	1.34	
寿 光 市	73.40	64.10	1.79	1.60	0.19	7.51	
安 丘 市	49.27	24.74	21.98	9.50	12.48	2.55	
高 密 市	64.37	40.63	18.80	12.20	6.60	3.57	1.37
昌 邑 市	56.50	29.00	27.50	8.06	19.44		
临 朐 县	27.77	18.00	9.50	9.50		0.27	
昌 乐 县	29.20	19.18	9.91	9.91	5.16	0.11	
高新开发区							

8－15　各县市区农村基层情况和农业生产条件

（2011 年）

地　　区	一、农村基层组织情况(个)				二、农村社会基础设施(个)		
	乡、镇个数	# 镇	街道办事处个　　数	村委会个　数	自 来 水受益村数	通汽车村　数	通电话村　数
总　　计	**119**	**62**	**57**	**8169**	**8039**	**8169**	**8169**
潍 城 区	6		6	212	212	212	212
寒 亭 区	5		5	403	403	403	403
坊 子 区	5		5	270	267	270	270
奎 文 区	8		8				
青 州 市	12	8	4	1043	1035	1043	1043
诸 城 市	13	10	3	1311	1311	1311	1311
寿 光 市	14	9	5	969	969	969	969
安 丘 市	12	10	2	1231	1166	1231	1231
高 密 市	10	7	3	883	883	883	883
昌 邑 市	9	6	3	691	675	691	691
临 朐 县	10	8	2	345	328	345	345
昌 乐 县	9	4	5	369	369	369	369
高新开发区	2		2	91	91	91	91
滨海开发区	2		2	51	51	51	51
峡山生态区	2		2	277	256	277	277
综合保税区				23	23	23	23

8－15 续表 1

地　　区	三、乡村人口、从业人员资源及主要行业分布(万人)						
	乡村户数(万户)	乡　村人口数	乡　　村从业人员数	从业人员按性别分		农林牧渔从业人员	
				1、男	2、女		#农业
总　　计	**204.12**	**697.57**	**369.86**	**196.80**	**173.06**	**187.01**	**162.81**
潍城区	5.42	18.38	9.52	5.12	4.40	3.30	2.68
寒亭区	9.69	30.09	16.62	8.98	7.64	5.76	4.85
坊子区	7.24	24.70	13.73	7.38	6.35	7.11	6.60
奎文区							
青州市	21.53	74.49	36.52	19.95	16.57	19.49	17.53
诸城市	25.96	88.91	45.25	23.69	21.56	18.67	15.21
寿光市	25.39	88.38	50.25	26.43	23.82	29.79	27.90
安丘市	23.03	81.38	43.26	23.46	19.80	29.20	26.44
高密市	23.67	78.51	41.78	21.85	19.94	17.24	15.17
昌邑市	15.15	49.87	26.78	14.03	12.75	11.19	9.37
临朐县	22.34	77.13	41.81	22.46	19.35	19.65	16.85
昌乐县	15.10	52.63	26.01	13.70	12.31	12.74	11.27
高新开发区	1.66	5.16	2.99	1.60	1.40	1.34	1.21
滨海开发区	1.80	5.24	2.58	1.35	1.24	1.56	1.32
峡山生态区	5.79	21.59	12.13	6.46	5.67	9.51	5.95
综合保税区	0.34	1.12	0.61	0.35	0.26	0.47	0.47

8－15 续表 2

地　　区	乡村人口、从业人员资源及主要行业分布(万人)						
	工　　业	建筑业	交通运输、仓储及邮电业从业人员	5.信息传输、计算机服务和软件业从业人员	6.批发与零售业从业人员	7.住宿和餐饮业从业人员	其他从业人员
总　　计	**71.01**	**40.75**	**15.74**	**3.24**	**17.53**	**11.21**	**23.36**
潍城区	2.53	1.34	0.58	0.17	0.62	0.49	0.50
寒亭区	3.76	2.06	0.94	0.17	1.08	0.82	2.03
坊子区	3.00	1.32	0.50	0.06	0.45	0.42	0.85
奎文区							
青州市	7.47	3.87	1.55	0.24	2.00	0.82	1.08
诸城市	9.57	7.04	2.26	0.42	2.54	1.63	3.14
寿光市	6.54	4.58	2.46	0.64	2.37	1.75	2.12
安丘市	3.17	4.59	1.42	0.26	1.34	0.88	2.41
高密市	12.39	5.55	1.65	0.45	1.57	0.95	2.00
昌邑市	8.21	2.13	0.88	0.12	1.71	0.69	1.86
临朐县	7.09	4.39	1.79	0.50	1.89	1.43	5.08
昌乐县	5.19	2.54	1.33	0.14	1.60	1.08	1.39
高新开发区	0.85	0.39	0.07	0.03	0.08	0.06	0.16
滨海开发区	0.35	0.20	0.11	0.03	0.07	0.05	0.22
峡山生态区	0.84	0.73	0.19	0.02	0.19	0.14	0.52
综合保税区	0.06	0.02	0.03		0.01	0.01	

8-16 各县市区农村电气化和农业化学化情况

(2011年)

单位:吨

地　区	农用化肥施用量(实物量)	氮　肥	磷　肥	钾　肥	复合肥
总　计	**1504064**	**381729**	**138576**	**119838**	**863921**
潍城区	7316	1436	108	20	5753
寒亭区	67616	6010	2501	1230	57875
坊子区	38943	3830	191	289	34633
奎文区					
青州市	144868	42619	18706	11659	71885
诸城市	235128	61305	19912	18920	134991
寿光市	284782	80425	41272	34460	128625
安丘市	191188	37625	13264	16899	123401
高密市	182470	31523	12127	8476	130345
昌邑市	138409	35114	12244	12819	78231
临朐县	70087	30438	6468	5694	27487
昌乐县	100922	40611	7419	5157	47736
高新开发区	1238	56	56	56	1070
滨海开发区	3494	1283	166	99	1947
峡山生态区	36076	9026	3974	3870	19206
综合保税区	1526	430	170	190	736

8-16续表1

地　区	农用化肥施用量(折纯量)	氮　肥	磷　肥	钾　肥	复合肥
总　计	**574306**	**117091**	**32892**	**50226**	**374096**
潍城区	1789	502	8	10	1269
寒亭区	28066	1633	560	424	25449
坊子区	13968	651	41	49	13227
奎文区					
青州市	51657	11327	4284	5948	30099
诸城市	88170	15326	3584	8514	60746
寿光市	119984	34223	10711	14732	60318
安丘市	78909	8741	3070	7693	59404
高密市	63596	7171	1620	1914	52892
昌邑市	53390	12691	4399	5932	30367
临朐县	21020	9508	1321	1767	8424
昌乐县	38099	12624	2216	2031	21228
高新开发区	274	11	30	40	193
滨海开发区	1596	573	73	46	904
峡山生态区	12667	1876	838	986	8965
综合保税区	1121	234	136	140	611

8－16 续表2

地　区	农村用电量（万千瓦时）	农用塑料薄膜使用量（吨）	#地膜使用量	地膜覆盖面积（公顷）	农用柴油量（吨）	农药施用量（吨）
总　计	**570813**	**77219**	**16529**	**238271**	**16667**	**16286**
潍城区	10960	80	5	126	554	139
寒亭区	11520	1359	593	5613	7067	601
坊子区	22558	973	142	2285	4160	487
奎文区						
青州市	65425	14342	1968	20390	14781	1383
诸城市	202721	4717	1754	32454	31881	2427
寿光市	55622	33467	3361	39905	36922	2501
安丘市	41330	5665	2488	39489	14336	2239
高密市	41991	1930	1030	21403	16367	1672
昌邑市	57889	1806	1421	18814	14061	1605
临朐县	36453	4565	1293	12938	9064	789
昌乐县	16981	7609	1993	35283	12175	1269
高新开发区	779				3	57
滨海开发区	1326	56	56	1765	545	178
峡山生态区	4772	644	419	7739	4677	919
综合保税区	486	5	4	67	70	20

8－17　各县市区主要农业机械年末拥有量

（2011年）

地　区	农业机械总值（万元）		农业机械总动力（万千瓦）	#柴油发动机动　力	汽油发动机动　力	电动机动　力
	原　值	净　值				
总　计	**882736**	**683119**	**1301.02**	**989.68**	**21.23**	**290.10**
潍城区	36687	32044	19.10	11.73		7.37
寒亭区	28949	20406	87.08	65.04	4.65	17.39
坊子区	11569	9865	54.43	43.99	0.50	9.95
奎文区	1246	942	1.01	0.71		0.30
青州市	108310	88783	179.17	121.52	2.17	55.49
诸城市	130663	103004	127.45	101.43	0.98	25.04
寿光市	123551	91811	139.36	88.66	3.31	47.39
安丘市	100531	78776	169.44	134.05	0.85	34.54
高密市	105540	85418	168.26	140.96	1.66	25.63
昌邑市	108747	77555	195.13	170.61	3.56	20.97
临朐县	41798	31895	53.39	41.23	0.45	11.71
昌乐县	38653	29542	64.59	34.95	1.84	27.80
高新开发区	2500	1950	0.42	0.30	0.02	0.10
滨海开发区	2560	1800	14.14	13.24	0.67	0.23
峡山生态区	41432	29328	28.02	21.26	0.59	6.18

8－17 续表1

地　　区	拖　拉　机		大中型拖拉机		小型拖拉机	
	混合台	千瓦	台	千瓦	台	千瓦
总　　计	**188720**	**2662964**	**48754**	**1497154**	**139948**	**1165688**
潍 城 区	669	23343	603	22553	66	790
寒 亭 区	4098	114313	2073	93054	2025	21259
坊 子 区	4337	82499	1677	52678	2660	29821
奎 文 区	40	1265	19	980	21	285
青 州 市	12104	274926	5759	210301	6345	64625
诸 城 市	20702	365057	9021	256366	11681	108691
寿 光 市	16006	252654	5173	153769	10833	98885
安 丘 市	31828	438046	4310	189196	27518	248850
高 密 市	34399	395608	6466	169440	27933	226168
昌 邑 市	26285	403672	7319	202866	18966	200806
临 朐 县	10330	130781	2402	60455	7928	70326
昌 乐 县	17264	62317	1443	27511	15821	34806
高新开发区	200	2264	102	1598	80	544
滨海开发区	3420	41404	1020	18404	2400	23000
峡山生态区	7038	74815	1367	37983	5671	36832

8－17 续表2

地　　区	拖拉机配套农具（部）	1、大中型（部）	2、小型（部）	耕整机（台）	机引犁（台）	播种机（台）	#精少量播种机（台）	地膜覆盖机（台）
总　　计	**297101**	**81594**	**215507**	**23647**	**79659**	**63274**	**26952**	**11481**
潍 城 区	1540	1403	137	369	782	553	479	
寒 亭 区	7854	4672	3182	139	1017	1779	1105	60
坊 子 区	5872	1362	4510	352	602	609	26	75
奎 文 区	65	28	37		19	28	22	
青 州 市	16213	4770	11443	4951	2071	3311	2315	
诸 城 市	59570	15456	44114	2394	12734	12252	6596	1832
寿 光 市	21081	5705	15376	7823	4061	5802	3529	2434
安 丘 市	47659	5948	41711	2290	18763	4635	1625	1620
高 密 市	74363	30178	44185	2554	18044	16977	5618	4817
昌 邑 市	26194	5406	20788	364	6870	11017	1247	643
临 朐 县	12881	3939	8942	1138	4485	1909	1323	
昌 乐 县	13963	1311	12652	1126	7420	2132	1896	
高新开发区	136	120	16	37		30		
滨海开发区	2809	45	2764			985		
峡山生态区	6901	1251	5650	110	2791	1255	1171	

8－17 续表 3

地　　区	排灌动力机械		农用水泵（台）	节水灌溉类机械（套）
	台	千瓦		
总　　计	**368081**	**2467924**	**346237**	**47435**
潍 城 区	16995	55739	12872	22
寒 亭 区	34412	181037	36099	
坊 子 区	14982	80693	13698	132
奎 文 区	390	2150	385	1
青 州 市	38697	414379	46827	9867
诸 城 市	21883	184593	16688	1671
寿 光 市	58630	377555	50305	2035
安 丘 市	49917	283494	57220	3246
高 密 市	56643	367852	36948	21467
昌 邑 市	29648	234303	38023	6582
临 朐 县	13782	127798	9757	1111
昌 乐 县	21825	94163	22011	979
高新开发区	20	200	300	
滨海开发区	275	218		
峡山生态区	9982	63750	5104	322

8－17 续表 4

地　　区	联合收获机		#玉米联合收获机		其他收获机械	
	台	千瓦	台	千瓦	台	千瓦
总　　计	**21519**	**882205**	**8751**	**300377**	**20105**	**32580**
潍 城 区	426	27262	174	12178	972	1872
寒 亭 区	1363	44504	622	8240	607	339
坊 子 区	964	46142	402	40252	179	4055
奎 文 区	22	794	12	249		
青 州 市	2388	99631	1052	25907	3089	15032
诸 城 市	3643	146870	1450	54468	3438	1343
寿 光 市	2583	92447	1154	35112	1155	1500
安 丘 市	1743	76673	725	28655	335	
高 密 市	4530	205297	1764	56569	6576	
昌 邑 市	1597	49507	698	15261	2896	5661
临 朐 县	711	17795	196	6938	350	1469
昌 乐 县	777	39920	247	4940	260	
高新开发区	42	540	16	20		
滨海开发区	74	5500	19	1400		
峡山生态区	656	29323	220	10188	248	1309

8－17 续表 5

地　区	#马铃薯收获机		花生收获机		蔬菜收获机	
	（台）	（千瓦）	（台）	（千瓦）	（台）	（千瓦）
总　计	**2474**	**145**	**5770**	**1221**	**2187**	**6399**
潍城区						
寒亭区						
坊子区			39	418		
奎文区						
青州市					1304	6340
诸城市	175		1651	203		
寿光市	1					
安丘市			335			
高密市	1520		2939		880	
昌邑市	760		656			
临朐县	11	69	150	600		
昌乐县						
高新开发区						
滨海开发区						
峡山生态区	7	76			3	59

8－17 续表 6

地　区	农用运输车		#三轮汽车		低速载货汽车	
	（台）	（千瓦）	（台）	（千瓦）	（台）	（千瓦）
总　计	**308631**	**4127126**	**261680**	**2987757**	**43117**	**1089343**
潍城区	3623	61300	1624	22664	1789	38636
寒亭区	29723	367180	25101	275418	1441	51132
坊子区	14069	110230	12659	78995	989	22056
奎文区	260	5050	180	2050	80	3000
青州市	43499	697411	36760	554283	6739	143128
诸城市	22398	385204	17106	210203	5292	175001
寿光市	19703	323255	10193	129747	9510	193508
安丘市	33272	593048	31020	498212	2252	94836
高密市	38750	459696	32630	371531	6120	88165
昌邑市	80759	682379	76135	520949	4624	161430
临朐县	8261	186760	4446	84444	3815	102316
昌乐县	10454	198939	10454	198939		
高新开发区	20	200				
滨海开发区	100	1500	51	449	47	1034
峡山生态区	3740	54974	3321	39873	419	15101

8-18 各县市区主要农业机械化水平

（2011 年）

地　区	一、机耕面积（千公顷）	二、机播面积（千公顷）	三、机电灌溉面积（千公顷）	四、机械值保面积（千公顷）	五、机收面积（千公顷）
总　计	**702.90**	**993.73**	**767.77**	**496.12**	**866.26**
潍城区	4.48	13.88	13.88	7.76	13.18
寒亭区	30.80	51.30	28.91	10.33	45.93
坊子区	22.07	32.57	64.95	10.26	30.27
奎文区	0.14	0.31			0.30
青州市	78.44	111.12	88.57	47.81	101.97
诸城市	89.07	170.80	115.38	136.41	156.99
寿光市	143.20	139.00	78.00	45.00	92.10
安丘市	77.09	74.19	100.50	70.94	66.59
高密市	74.03	146.03	96.43	62.00	137.29
昌邑市	48.62	90.36	67.84	49.42	80.13
临朐县	45.41	77.75	30.39	22.03	73.09
昌乐县	59.05	42.32	42.91	2.80	29.17
高新开发区	5.20	4.80	5.00	1.60	4.80
滨海开发区	5.30	8.10	4.20		5.31
峡山生态区	20.01	31.20	30.81	29.76	29.14

8-18 续表 1

地　区	# 小　麦			# 玉　米		
	机耕面积	机播面积	机收面积	机耕面积	机播面积	机收面积
总　计	**284.15**	**384.33**	**384.45**	**54.76**	**366.26**	**348.21**
潍城区	4.48	7.43	7.43		6.45	5.75
寒亭区	23.61	23.61	23.61		23.47	21.54
坊子区	12.07	12.90	12.89	0.69	13.70	12.56
奎文区	0.14	0.15	0.15		0.15	0.15
青州市	26.97	36.95	36.99	9.87	32.97	32.91
诸城市	41.16	60.71	60.71		59.67	55.82
寿光市	36.67	46.67	46.67	6.50	39.70	44.40
安丘市	22.45	33.10	32.77	6.66	29.98	30.32
高密市	38.85	60.19	60.19		63.05	62.18
昌邑市	15.63	32.43	32.43	6.87	34.37	33.69
临朐县	21.61	30.39	30.32	3.80	29.07	28.06
昌乐县	20.67	20.67	20.67	19.58	14.99	2.75
高新开发区	2.60	2.40	2.40		2.40	2.30
滨海开发区	2.53	2.53	2.53		2.78	2.78
峡山生态区	14.70	14.20	14.70	0.78	13.50	13.00

8－18 续表 2

地　　区	花生机耕面积（千公顷）	花生机播面积（千公顷）	花生机收面积（千公顷）	棉花机耕面积（千公顷）	棉花机播面积（千公顷）
总　计	**45.99**	**40.17**	**33.16**	**41.32**	**38.65**
潍城区					
寒亭区				3.91	3.91
坊子区	1.24	1.39	0.83	0.18	
奎文区					
青州市				0.05	0.01
诸城市	12.80	12.80	11.18	0.81	0.81
寿光市				19.20	19.20
安丘市	8.53	3.86	3.50	1.70	
高密市	9.58	9.58	9.58	2.99	2.99
昌邑市	3.46	3.44	3.11	8.96	8.96
临朐县	4.01	3.00	2.50	0.57	
昌乐县	5.26	4.99	2.35		
高新开发区					
滨海开发区				2.77	2.77
峡山生态区	1.12	1.12	0.12	0.19	

8－18 续表 3

地　　区	保护性耕作面积（千公顷）	机械铺膜面积（千公顷）	农田机械节水灌溉面积（千公顷）
总　计	**117.86**	**110.93**	**243.63**
潍城区	7.43		9.50
寒亭区	0.93		
坊子区	0.25	0.48	0.24
奎文区	0.01		
青州市	14.02		40.51
诸城市	19.55	23.76	40.77
寿光市	10.00	22.00	6.15
安丘市	14.00	7.20	29.00
高密市	21.33	28.51	70.10
昌邑市	16.80	23.60	31.25
临朐县	9.40	2.40	7.99
昌乐县	2.90	1.42	7.30
高新开发区			0.68
滨海开发区			
峡山生态区	1.24	1.57	0.15

8－19　全市历年农业统计主要指标

（1978－2011 年）

年　份	农作物总播种面积（公顷）	其中：粮食（公顷）	粮　食总产量（吨）	棉　花总产量（吨）	花　生总产量（吨）	烤　烟总产量（吨）	蔬　菜总产量（吨）	水　果总产量（吨）
1978	1142067	967867	2576052	19084	28948	104738	1407642	104640
1979	1140320	966487	3021625	18365	26185	92720	1354076	121855
1980	1128413	961540	2958125	35580	33055	100300	1389787	98810
1981	1134093	945180	2548400	37655	26485	127880	1600246	105030
1982	1129820	898900	3246100	65595	25640	197370	2125075	89925
1983	1147953	908273	3605995	101565	37140	124155	2085266	141750
1984	1168480	921380	3526510	139995	52670	129785	1537606	117045
1985	1155553	889100	3704250	102695	123395	158480	1619564	155805
1986	1156780	909187	4037671	77273	121419	94694	1939546	130082
1987	1127640	882487	4075289	87981	126770	129006	1928187	170017
1988	1139707	887007	4094618	74371	108770	139717	1932102	169477
1989	1095393	851467	3831138	64465	92357	139379	2021848	198889
1990	1114153	874220	4513063	83009	103086	132648	2076120	173089
1991	1153213	880753	4954463	111450	99826	121220	2370447	192496
1992	1114987	855880	4800509	66859	70659	91385	3324004	243444
1993	1128054	855328	5217676	65410	102349	86375	4841499	368164
1994	1114141	823519	5226275	38444	144330	34698	5593696	564427
1995	1090775	830956	5349686	35756	133527	39036	5599233	725226
1996	1081656	817541	5396197	33927	111327	59839	6581413	836810
1997	1066947	790281	4466846	25226	74336	73136	7184231	792448
1998	1077942	769215	4922435	34846	140661	51818	8064779	850891
1999	1070068	744450	4472240	17153	133210	51899	8572518	971761
2000	1049187	669701	3676233	16866	165518	45409	10028296	1082144
2001	1004073	602419	3496563	29812	221358	30687	10441937	1071904
2002	974754	571468	2603469	23920	190416	27925	11099748	789778
2003	937783	515552	2936454	46199	245606	33295	11600228	1136081
2004	955538	548905	3312654	51590	253021	24519	11437228	1202414
2005	1062018	710799	4224025	48723	241275	20448	10328489	1181497
2006	1089797	752468	4331772	46100	237694	26130	9589947	1064042
2007	1077377	732747	4479088	51651	295751	31794	9584389	1065020
2008	1101729	766197	4912014	51596	299164	28969	9746570	1014992
2009	1117154	786094	5208328	54768	269496	42467	10068822	969616
2010	1128676	799524	5225762	51153	270749	17886	10898449	923060
2011	1140758	802862	5336639	50495	250250	29570	11295677	884280

8－19 续表 1

年份	肉类总产量（吨）	禽蛋总产量（吨）	水产品总产量（吨）	农业机械总动力（万千瓦）	农用化肥施用量（折纯吨）	农村用电量（万千瓦时）	年末实有农村劳动力（万人）			
								第一产业	第二产业	第三产业
1978	67407		44832	113	130441	8355	240.84	217.88	15.96	7
1979	77512		41675	127	150228	12914	244.31	221.11	14.2	9
1980	93760		33583	141	160706	18815	247.7	224.43	12.01	11.26
1981	119395		33642	159	189536	29317	254.12	230.27	10.96	12.89
1982	115436		41962	176.29	220120	36828	262	229.2	14.03	18.77
1983	112530	34665	38774	201.57	230799	40239	272.77	231.75	15.54	25.48
1984	131870	67549	34966	231.86	224462	45266	281.45	229.42	20.47	31.56
1985	178230	79755	38609	249.84	223591	48186	298.01	222.12	42.76	33.13
1986	173102	74721	46033	278.51	221655	55553	303.1	219.23	48.05	35.82
1987	172613	91394	50009	293.29	213031	59878	305.66	217.89	53.22	34.55
1988	201436	100375	57399	314.09	222178	69557	313.52	220.69	55.71	37.12
1989	223582	96611	56722	338.18	250841	83271	317.84	227.23	54.75	35.86
1990	266583	100099	59622	343.14	274036	84705	325.96	231.09	56.13	38.74
1991	353400	135700	64889	326.99	316900	95300	334.84	241.98	55.21	37.65
1992	387535	143500	99950	324.19	335471	112391	343	238.52	62.51	41.97
1993	602706	210402	141933	415.4	421046	153983	327.87	196.63	76.38	54.86
1994	899118	238216	200137	415.2	369644	177322	326.69	190.93	79.05	56.71
1995	1150787	305667	254524	450.83	438901	208014	320.83	174.67	86.99	59.14
1996	1226738	448763	290964	479.96	471361	226577	320.81	168.78	90.7	61.33
1997	905292	362626	445983	523.15	457517	231529	322.52	174.68	87.98	59.86
1998	932383	396381	510532	564.68	483958	219367	323.67	171.17	90.26	62.24
1999	952914	402820	522040	662.58	506910	244519	327.44	174.32	88.51	64.61
2000	993943	404642	529280	708.12	516280	276720	331.81	179.34	88.51	63.96
2001	1020936	382289	529613	722.9	519435	290506	328.03	177.75	87.66	62.62
2002	1046194	379630	542889	748.3	494590	315958	332.87	175.82	92.77	64.28
2003	1061586	381554	581131	764.8	523830	354969	331.44	169.11	98.07	64.26
2004	1200748	383048	591069	821.8	545973	413561	336.67	170.23	97.86	68.58
2005	1294608	373389	603603	903.96	571878	459574	337.73	166.81	102.04	68.88
2006	1196528	288533	644211	942.39	608616	515026	340	165.84	105.06	69.1
2007	1279918	287885	680979	991.54	615107	577112	344.42	165.88	108.26	70.28
2008	1036966	259444	462015	1082.48	542167	540218	359.26	183.42	101.87	73.97
2009	1146818	263177	420153	1157.09	580946	529230	368.26	180.75	108.9	78.61
2010	1231161	262002	458006	1230.41	582661	5649198	371.64	184.99	111.51	75.14
2011	1353419	268711	499724	1301.02	574306	5708133	369.86	187.01	111.77	71.08

主要统计指标解释

农林牧渔业总产值 指以货币表现的农、林、牧、渔业全部产品和对农林牧渔业生产活动进行的各种支持性服务活动的价值总量,它反映一定时期内农林牧渔业生产总规模和总成果。1957 年以前的农林牧渔业总产值中包括了厩肥和农民自给性手工业(如农民自制衣服、鞋、袜,自己从事粮食初步加工等)。1958 年及以后,林业中增加了村及村以下竹木采伐产值;牧业中取消了厩肥产值;副业中取消了农民自给性手工业产值,增加了村及村以下办的工业产值;渔业中增加了海洋捕捞水产品产值。1980 年及以后,在副业中增加了农民家庭兼营工业商品部分的产值。从 1984 年起村及村以下工业产值划归工业。从 1993 年起取消副业,将野生动物的捕猎划入牧业,野生植物采集和农民家庭兼营商品性工业划归农业。从 2003 年起,执行新的国民经济行业分类标准,农林牧渔业总产值中包括了农林牧渔服务业产值。林业中增加了森林采运业产值。农业中取消了家庭兼营商品性工业产值,将野生林产品的采集划归林业。从 2010 年起种植业中的小麦、稻谷、玉米、大豆、花生等,以前包括副产品产值的,从 2010 年年报不再包括副产品产值,将所有副产品产值归类到其他农作物中。其他农作物中的野生植物采集,转移到林业中的林产品采集中。林业林产品采集有部分坚果(核桃、板栗、白果)转移到种植业的水果、坚果中统计,在水果、坚果、饮料中增加香料原料小类,将原来林产品采集中的花椒、八角转移到这个小类中。

农林牧渔业总产值的计算方法通常是按农、林、牧、渔业产品及其副产品的产量分别乘以各自单位产品价格求得;少数生产周期较长,当年没有产品或产品产量不易统计的,则采用间接方法匡算其产值;然后将四业产品产值相加即为农林牧渔业总产值。

粮食产量 指全社会的产量。包括国有经济经营的、集体统一经营的和农民家庭经营的粮食产量,还包括工矿企业办的农场和其他生产单位的产量。粮食除包括稻谷、小麦、玉米、高粱、谷子及其他杂粮外,还包括薯类和豆类。其产量计算方法,豆类按去豆荚后的干豆计算;薯类(包括甘薯,不包括芋头和木薯)1963 年以前按每 4 公斤鲜薯折 1 公斤粮食计算,从 1964 年开始改为按 5 公斤鲜薯折 1 公斤粮食计算。作为蔬菜的薯类(如马铃薯等)按鲜品计算,并且不作粮食统计。其他粮食一律按脱粒后的原粮计算。1989 年以前全国粮食产量数据主要靠全面报表取得,1989 年开始使用抽样调查数据。

棉花产量 指全社会的产量。包括春播棉和夏播棉。产量按皮棉计算。不包括木棉。

油料产量 指全部油料作物的生产量。包括花生、油菜籽、芝麻、向日葵籽、胡麻籽(亚麻籽)和其他油料。不包括大豆、木本油料和野生油料。花生以带壳干花生计算。

水产品产量 指人工养殖的水产品和天然生长的水产品的捕捞量。包括海水的鱼类、虾蟹类、贝类和藻类以及内陆水域的鱼类、虾蟹类和贝类,不包括淡水生植物。水产品产量是通过各级水产和统计部门逐级上报取得数据。1995 年及以前,贝类中牡蛎按鲜肉计算;蚶、蛤、蛏按 5 斤鲜品折 1 斤计算。1996 年以后则统一按鲜品计算。

猪、牛、羊肉产量 指当年出栏并已屠宰、除去头蹄下水后带骨肉(即胴体重)的重量。包括全社会范围内的产量。由于畜牧业产品年报数据与普查数据之间存在一定的差距,根据国家统计局有关文件精神,从 2000 年起,对畜牧业年报数据与普查数据进行衔接。

期初(末)畜禽存栏头(只)数 指报告期初(末)农村各种合作经济组织和国营农场、农民个人、机关、团体、学校、工矿企业、部队等单位以及城镇居民饲养的大牲畜、猪、羊、家禽等畜禽的存栏数。数据上报方式及数据调整情况同猪、牛、羊肉产量。

农作物播种面积　指实际播种或移植有农作物的面积。凡是实际种植有农作物的面积,不论种植在耕地上还是种植在非耕地上,均包括在农作物播种面积中。在播种季节基本结束后,因遭灾而重新改种和补种的农作物面积,也包括在内。它是反映我国耕地面积利用情况的一个重要指标。目前,农作物播种面积主要包括粮食、棉花、油料、糖料、麻类、烟叶、蔬菜和瓜类、药材和其他农作物九大类。

有效灌溉面积　指具有一定的水源,地块比较平整,灌溉工程或设备已经配套,在一般年景下,当年能够进行正常灌溉的耕地面积。在一般情况下,有效灌溉面积应等于灌溉工程或设备已经配备,能够进行正常灌溉的水田和水浇地面积之和。它是反映我国耕地抗旱能力的一个重要指标。

农用化肥施用量　指本年内实际用于农业生产的化肥数量,包括氮肥、磷肥、钾肥和复合肥。化肥施用量要求按折纯量计算数量。折纯量是指把氮肥、磷肥、钾肥分别按含氮、含五氧化二磷、含氧化钾的百分之百成份进行折算后的数量。复合肥按其所含主要成分折算。公式为:

折纯量 = 实物量 × 某种化肥有效成份含量的百分比

农业机械总动力　指主要用于农、林、牧、渔业的各种动力机械的动力总和。包括耕作机械、排灌机械、收获机械、农用运输机械、植物保护机械、牧业机械、林业机械、渔业机械和其他农业机械〔内燃机按引擎马力折成瓦(特)计算、电动机按功率折成瓦(特)计算〕。不包括专门用于乡、镇、村、组办工业、基本建设、非农业运输、科学试验和教学等非农业生产方面用的动力机械与作业机械。这个指标的统计数据主要来源于农机部门。

乡村从业人员　指乡村人口中劳动年龄在16周岁以上实际参加生产经营活动并取得实物或货币收入的人员,包括劳动年龄内经常参加劳动的人员,也包括超过劳动年龄但经常参加劳动的人员,但不包括户口在家的在外学生、现役军人和丧失劳动能力的人,也不包括待业人员和家务劳动者。从业人员按从事主业时间最长(时间相同按收入)分为农林牧渔业从业人员、工业从业人员、建筑业从业人员、交通运输业、仓储及邮电通信业从业人员、批零贸易业、餐饮业从业人员、其他非农行业从业人员。

工　业

NINE

INDUSTRY

简 要 说 明

本篇资料反映了全市工业生产和效益的基本情况，主要包括各县市区工业企业主要经济指标、按登记注册类型分组的工业企业主要经济指标、按行业分组的工业企业主要经济指标、大中型工业企业一览表、历年工业企业单位数及总产值、历年工业主要经济指标、主要工业产品产量和规模以下工业经济指标等方面的内容。

本篇资料来源于工业统计年报，由市统计局工业科整理提供。

9-1 各县市区工业企业主要经济指标

（2011 年）　　　　单位:万元

指标名称	全市合计			
	单位数（个）	工业总产值（现价）	主营业务收入	利税总额
总　计	**4130**	**91306989**	**91457383**	**7806489**
一、按登记注册类型分组				
国有经济	27	2174713	2258178	187502
集体经济	32	3423279	3354532	222514
“三资”经济	378	13734840	13472273	1074299
二、按轻重工业分组				
轻工业	1913	35261034	35639199	2778424
重工业	2217	56045955	55818185	5028066
三、按企业规模分组				
大型企业	68	29072511	28826799	2649030
中型企业	432	21796022	21420584	1810164
小型企业	3593	40189364	40974699	3332825
微型企业	37	249092	235301	14471

9-1 续表 1

指标名称	市区小计			
	单位数（个）	工业总产值（现价）	主营业务收入	利税总额
总　计	**625**	**18934521**	**18854984**	**2051294**
一、按登记注册类型分组				
国有经济	14	1129445	1188340	98876
集体经济	9	1429317	1364442	86490
“三资”经济	111	3420950	3262232	261639
二、按轻重工业分组				
轻工业	197	4741139	4700551	366706
重工业	428	14193383	14154433	1684588
三、按企业规模分组				
大型企业	18	8511726	8385673	1180899
中型企业	104	4068871	4006733	371588
小型企业	494	6277716	6388470	491334
微型企业	9	76209	74109	7473

9－1续表2

指标名称	潍城区			
	单位数（个）	工业总产值（现价）	主营业务收入	利税总额
总　计	**80**	**1313520**	**1335940**	**129057**
一、按登记注册类型分组				
国有经济	2	73362	70971	3464
集体经济	2	137754	140988	19627
"三资"经济	12	108311	97598	9103
二、按轻重工业分组				
轻工业	25	388580	393731	31349
重工业	55	924940	942209	97708
三、按企业规模分组				
大型企业	1	132873	133165	19001
中型企业	13	710832	711001	73469
小型企业	66	469815	491774	36587
微型企业				

9－1续表3

指标名称	寒亭区			
	单位数（个）	工业总产值（现价）	主营业务收入	利税总额
总　计	**138**	**3337847**	**3330282**	**326729**
一、按登记注册类型分组				
国有经济	4	64921	62246	635
集体经济				
"三资"经济	27	428311	421718	38026
二、按轻重工业分组				
轻工业	62	1756518	1779041	153202
重工业	76	1581328	1551242	173527
三、按企业规模分组				
大型企业	2	460391	457596	2568
中型企业	21	1114654	1142801	109044
小型企业	110	1702621	1670422	208497
微型企业	5	60181	59464	6620

9－1 续表 4

指标名称	坊子区			
	单位数（个）	工业总产值（现价）	主营业务收入	利税总额
总　计	**72**	**1991559**	**2021601**	**162252**
一、按登记注册类型分组				
国有经济	2	26427	26249	190
集体经济				
“三资”经济	19	561903	573858	65598
二、按轻重工业分组				
轻工业	25	633501	646364	48708
重工业	47	1358058	1375237	113543
三、按企业规模分组				
大型企业	3	1024425	1041553	73538
中型企业	17	601453	614594	69277
小型企业	52	365681	365454	19437
微型企业				

9－1 续表 5

指标名称	奎文区			
	单位数（个）	工业总产值（现价）	主营业务收入	利税总额
总　计	**31**	**686762**	**673344**	**24136**
一、按登记注册类型分组				
国有经济	1	2997	2850	－454
集体经济	1	2820	2578	341
“三资”经济	8	385798	372590	8990
二、按轻重工业分组				
轻工业	11	154977	152982	12109
重工业	20	531784	520362	12027
三、按企业规模分组				
大型企业	1	205186	202071	5402
中型企业	11	311671	314849	13969
小型企业	19	169905	156424	4765
微型企业				

9－1 续表 6

指标名称	青州市			
	单位数（个）	工业总产值（现价）	主营业务收入	利税总额
总　计	**527**	**10665321**	**10552866**	**614745**
一、按登记注册类型分组				
国有经济	3	194568	194590	12430
集体经济	7	628095	628728	45758
“三资”经济	40	1273577	1264338	79416
二、按轻重工业分组				
轻工业	188	3222252	3186193	211942
重工业	339	7443069	7366672	402803
三、按企业规模分组				
大型企业	8	2778813	2756560	119513
中型企业	36	1408496	1374979	99742
小型企业	476	6422137	6365877	392282
微型企业	7	55876	55450	3208

9－1 续表 7

指标名称	诸城市			
	单位数（个）	工业总产值（现价）	主营业务收入	利税总额
总　计	**669**	**16628749**	**16144405**	**1486543**
一、按登记注册类型分组				
国有经济				
集体经济	4	29793	29530	3907
“三资”经济	50	3775461	3721854	257493
二、按轻重工业分组				
轻工业	334	7520917	7502825	676737
重工业	335	9107831	8641580	809807
三、按企业规模分组				
大型企业	10	6242678	6138492	416129
中型企业	75	4003943	3772848	376569
小型企业	584	6382128	6233066	693845
微型企业				

9－1 续表 8

指标名称	寿光市			
	单位数（个）	工业总产值（现价）	主营业务收入	利税总额
总计	**487**	**12971700**	**12990715**	**1015369**
一、按登记注册类型分组				
国有经济	2	85241	76484	9259
集体经济	5	1297940	1293257	83480
“三资”经济	27	1939310	1938056	184030
二、按轻重工业分组				
轻工业	169	3430267	3397598	294308
重工业	318	9541433	9593118	721061
三、按企业规模分组				
大型企业	17	7406726	7585341	594251
中型企业	50	2796616	2700818	182209
小型企业	400	2657479	2604942	235187
微型企业	20	110879	99614	3724

9－1 续表 9

指标名称	安丘市			
	单位数（个）	工业总产值（现价）	主营业务收入	利税总额
总计	**289**	**3052643**	**3092670**	**224251**
一、按登记注册类型分组				
国有经济	1	4347	2101	168
集体经济	2	11189	9955	1068
“三资”经济	51	577675	558588	71625
二、按轻重工业分组				
轻工业	156	1596109	1584612	90788
重工业	133	1456534	1508057	133462
三、按企业规模分组				
大型企业	1	180611	180048	20033
中型企业	23	1013313	1093571	90927
小型企业	265	1858719	1819051	113290
微型企业				

9－1 续表 10

指标名称	高密市			
	单位数（个）	工业总产值（现价）	主营业务收入	利税总额
总　计	**647**	**11798839**	**12290249**	**1091952**
一、按登记注册类型分组				
国有经济	2	384894	385891	34696
集体经济				
“三资”经济	40	754741	759983	58914
二、按轻重工业分组				
轻工业	433	7544508	7914683	659075
重工业	214	4254331	4375566	432877
三、按企业规模分组				
大型企业	8	2222021	2097947	176169
中型企业	68	2212356	2238982	160023
小型企业	571	7364462	7953320	755760
微型企业				

9－1 续表 11

指标名称	昌邑市			
	单位数（个）	工业总产值（现价）	主营业务收入	利税总额
总　计	**320**	**7339348**	**7622669**	**736980**
一、按登记注册类型分组				
国有经济	1	193971	221842	21036
集体经济				
“三资”经济	16	417262	398567	23416
二、按轻重工业分组				
轻工业	206	3367601	3485420	262024
重工业	114	3971747	4137249	474957
三、按企业规模分组				
大型企业	3	307554	268112	1476
中型企业	28	3073398	3098116	354660
小型企业	289	3958396	4256442	380845
微型企业				

9－1 续表 12

指标名称	临朐县			
	单位数（个）	工业总产值（现价）	主营业务收入	利税总额
总　计	**298**	**3522744**	**3558020**	**199649**
一、按登记注册类型分组				
国有经济	3	111946	118630	8816
集体经济	4	17719	19393	1109
“三资”经济	12	177663	184107	28500
二、按轻重工业分组				
轻工业	111	1264741	1298735	56576
重工业	187	2258003	2259286	143073
三、按企业规模分组				
大型企业				
中型企业	21	701979	695350	55339
小型企业	277	2820764	2862670	144310
微型企业				

9－1 续表 13

指标名称	昌乐县			
	单位数（个）	工业总产值（现价）	主营业务收入	利税总额
总　计	**268**	**6393125**	**6350804**	**385707**
一、按登记注册类型分组				
国有经济	1	70301	70301	2221
集体经济	1	9226	9226	703
“三资”经济	31	1398202	1384547	109267
二、按轻重工业分组				
轻工业	119	2573501	2568581	160269
重工业	149	3819624	3782224	225437
三、按企业规模分组				
大型企业	4	1422383	1414628	140561
中型企业	26	2517049	2439189	119108
小型企业	237	2447564	2490860	125972
微型企业	1	6129	6129	66

9－1 续表 14

指 标 名 称	高 新 开 发 区			
	单位数（个）	工业总产值（现价）	主营业务收　入	利　税总　额
总　　计	**105**	**6708734**	**6483685**	**1044386**
一、按登记注册类型分组				
国有经济	2	34315	31266	5509
集体经济	1	1206369	1127578	59875
“三资”经济	22	937742	910348	94017
二、按轻重工业分组				
轻工业	38	724926	691006	59761
重工业	67	5983809	5792679	984625
三、按企业规模分组				
大型企业	8	5198022	5018412	887733
中型企业	21	880649	814452	79451
小型企业	73	623680	644332	76368
微型企业	3	6384	6489	834

9－1 续表 15

指 标 名 称	滨 海 开 发 区			
	单位数（个）	工业总产值（现价）	主营业务收　入	利　税总　额
总　　计	**178**	**4710055**	**4827387**	**349055**
一、按登记注册类型分组				
国有经济	3	927422	994758	89532
集体经济	5	82374	93298	6648
“三资”经济	20	981630	868943	37515
二、按轻重工业分组				
轻工业	26	1012608	968271	56850
重工业	152	3697447	3859116	292205
三、按企业规模分组				
大型企业	3	1490829	1532876	192658
中型企业	19	435624	395612	23316
小型企业	155	2773959	2890743	133061
微型企业	1	9644	8156	19

9－1 续表 16

指标名称	峡山开发区			
	单位数（个）	工业总产值（现价）	主营业务收入	利税总额
总　计	**17**	**136586**	**134245**	**10537**
一、按登记注册类型分组				
国有经济				
集体经济				
“三资”经济	3	17255	17177	8390
二、按轻重工业分组				
轻工业	8	56692	56540	3771
重工业	9	79894	77706	6766
三、按企业规模分组				
大型企业				
中型企业	2	13990	13425	3061
小型企业	15	122596	120821	7476
微型企业				

9－1 续表 17

指标名称	综合保税区			
	单位数（个）	工业总产值（现价）	主营业务收入	利税总额
总　计	**4**	**49460**	**48500**	**5143**
一、按登记注册类型分组				
国有经济				
集体经济				
“三资”经济				
二、按轻重工业分组				
轻工业	2	13337	12617	956
重工业	2	36123	35884	4187
三、按企业规模分组				
大型企业				
中型企业				
小型企业	4	49460	48500	5143
微型企业				

9-2 全市工业企业主要经济指标

（2011 年）

单位：万元

指标名称	企业单位数（个）	亏损企业	工业总产值（当年价格）	工业销售产值（当年价格）	出口交货值	资产总计
总　计	**4130**	**143**	**91306989**	**89992165**	**6533467**	**53826362**
一、按登记注册类型分组：						
内资企业	3752	115	77572149	76650586	4012209	40989142
国有企业	27	6	2174713	2173089	4091	1553041
中央企业	7	2	1162236	1160594	1211	959355
地方企业	20	4	1012478	1012495	2879	593687
集体企业	32		3423279	3436054	78634	1705935
股份合作企业	6		478854	475355	10148	74946
联营企业	1		8026	8042		1492
国有联营企业	1		8026	8042		1492
集体联营企业						
国有与集体联营企业						
其他联营企业						
有限责任公司	816	55	22045991	21731620	1167540	15058472
国有独资公司	1		44900	42991		13052
其他有限责任公司	815	55	22001092	21688629	1167540	15045420
股份有限公司	107	10	11043780	10803925	766829	9125083
私营企业	2747	42	38035338	37663242	1955158	13103869
私营独资企业	403	3	4332441	4281975	93089	921964
私营合作企业	19		268816	265723		43054
私营有限责任公司	2269	39	32596674	32288138	1844937	11839781
私营股份有限公司	56		837406	827406	17131	299070
其他企业	16	2	362169	359258	29811	366305
港、澳、台商投资企业	118	9	4697123	4560462	1070747	3741728
合资经营企业（港或澳、台资）	67	3	3415561	3286516	618713	2608337
合作经营企业（港或澳、台资）	2		15747	15747	6890	8432
港澳台商独资经营企业	44	5	759107	760374	322532	511016
港澳台商投资股份有限公司	5	1	506708	497825	122612	613943
外商投资企业	260	19	9037717	8781118	1450511	9095492
中外合资经营企业	127	8	5087194	4981889	569413	3803592
中外合作经营企业	10		263153	253979	82729	86118
外资企业	118	9	2371652	2352945	584736	1259961
外商投资股份有限公司	5	2	1315718	1192305	213633	3945822
二、在总计中：亏损企业	**143**	**143**	**3406964**	**3384597**	**232885**	**3854959**
在总计中：国有控股企业	90	20	12386973	12089916	387681	14561578
在总计中：农村工业	5	1	24843	23451		19385
在总计中：轻工业	1913	70	35261034	34624118	4097232	19356847
重工业	2217	73	56045955	55368046	2436235	34469515
在总计中：大型企业	69	5	30616629	30050397	2518314	26274493
中型企业	431	27	20251904	19764405	2034664	13858369
小型企业	3593	111	40189364	39937886	1980490	13469569
微型企业	37		249092	239477		223930

9－2续表1

指 标 名 称	产成品	流动资产合计	固定资产原价	负债合计	主营业务收入	主营业务税金及附加
总　计	**2527316**	**27060065**	**40700098**	**31332517**	**91457383**	**439625**
一、按登记注册类型分组:						
内资企业	2048004	20667184	31250311	23886750	77985111	402450
国有企业	19641	504711	1513891	1206617	2258178	68774
中央企业	7500	298902	806554	829851	1215160	59770
地方企业	12141	205810	707338	376766	1043017	9004
集体企业	56763	714536	2030234	982209	3354532	8396
股份合作企业	7639	43945	166303	62843	465527	341
联营企业	39	537	671	537	8822	
国有联营企业	39	537	671	537	8822	
集体联营企业						
国有与集体联营企业						
其他联营企业						
有限责任公司	730579	7594779	10993681	9631439	22234095	115007
国有独资公司		9530	4172	2930	42991	114
其他有限责任公司	730579	7585248	10989509	9628509	22191103	114892
股份有限公司	576513	5141325	4928572	4724039	10836999	71519
私营企业	636055	6428806	11399951	7017593	38443745	137513
私营独资企业	40475	437312	857920	438349	4458463	18375
私营合作企业	2586	25326	27305	22721	262555	487
私营有限责任公司	572710	5806267	10311967	6408256	32884692	115408
私营股份有限公司	20284	159902	202759	148267	838034	3242
其他企业	20776	238545	217007	261473	383214	901
港、澳、台商投资企业	199571	1932687	2667707	2250531	4649640	16693
合资经营企业(港或澳、台资)	128899	1336419	2028791	1520706	3343848	13950
合作经营企业(港或澳、台资)	997	4158	4309	4387	14747	
港澳台商独资经营企业	25179	286322	216028	276784	786455	1207
港澳台商投资股份有限公司	44496	305789	418579	448653	504590	1536
外商投资企业	279741	4460194	6782080	5195236	8822633	20482
中外合资经营企业	129910	1953489	3499123	2122145	4948490	9111
中外合作经营企业	7069	54815	85951	42307	259945	421
外资企业	108412	721909	807026	642557	2306464	6589
外商投资股份有限公司	34349	1729981	2389982	2388227	1307734	4361
二、在总计中:亏损企业	**129146**	**1457050**	**2896124**	**3017795**	**3278987**	**64905**
在总计中:国有控股企业	452497	6923127	7623737	8937295	12303118	145063
在总计中:农村工业	422	9264	8231	13103	21679	86
在总计中:轻工业	819111	9025189	15680065	11023189	35639199	139053
重工业	1708205	18034876	25020033	20309328	55818185	300572
在总计中:大型企业	1195064	13319310	19387491	15475641	30345278	197930
中型企业	669484	7119401	10781888	8615415	19902106	72126
小型企业	658511	6568517	10383880	7089179	40974699	168997
微型企业	4256	52838	146840	152283	235301	573

9－2 续表2

指标名称	营业费用	管理费用	利润总额	亏损企业亏损总额	利税总额	本年应交增值税	全部从业人员年平均人数（人）
总　计	**1836097**	**2410444**	**5403928**	**155821**	**7806489**	**1950111**	**862991**
一、按登记注册类型分组：							
内资企业	1482952	1971134	4629723	134535	6732190	1692905	728303
国有企业	20427	124927	15645	39386	187502	102510	17922
中央企业	1055	53873	－30329	37055	100709	71268	6494
地方企业	19372	71054	45974	2331	86793	31242	11428
集体企业	34166	41792	127064		222514	87055	26149
股份合作企业	6183	4855	8937		12488	3210	4810
联营企业	293	103	305		305		60
国有联营企业	293	103	305		305		60
集体联营企业							
国有与集体联营企业							
其他联营企业							
有限责任公司	395259	548139	1062955	63461	1653909	473275	201760
国有独资公司	2569	2772	1092		2158	953	821
其他有限责任公司	392690	545367	1061863	63461	1651751	472323	200939
股份有限公司	348028	459617	1087484	11206	1426318	266914	89058
私营企业	668485	770588	2326923	11533	3222620	754719	384639
私营独资企业	82991	73833	282054	516	404505	104076	40391
私营合作企业	8401	8794	18531		23965	4947	2018
私营有限责任公司	564000	671512	1965673	11018	2712889	628342	333144
私营股份有限公司	13093	16450	60665		81261	17354	9086
其他企业	10113	21113	411	8950	6533	5221	3905
港、澳、台商投资企业	138437	144322	322071	7096	443507	99422	46226
合资经营企业（港或澳、台资）	117474	100882	283247	764	377872	80674	31262
合作经营企业（港或澳、台资）	630	616	1167		1309	142	191
港澳台商独资经营企业	12415	20430	34892	708	46899	5478	10075
港澳台商投资股份有限公司	7917	22394	2765	5624	17429	13128	4698
外商投资企业	214709	294989	452133	14190	630792	157784	88462
中外合资经营企业	97630	131989	225606	4385	331371	96655	43462
中外合作经营企业	9210	6591	14001		21113	6692	2111
外资企业	71003	90226	119499	9208	167399	40918	32675
外商投资股份有限公司	36866	66182	93028	598	110908	13519	10214
二、在总计中：亏损企业	**34758**	**130129**	**－155821**	**155821**	**24930**	**113897**	**48645**
在总计中：国有控股企业	253624	505260	934805	93376	1484779	402640	81428
在总计中：农村工业	210	885	978	10	1625	561	660
在总计中：轻工业	740387	884604	1936556	41613	2778424	698898	424282
重工业	1095711	1525840	3467371	114209	5028066	1251213	438709
在总计中：大型企业	618906	831706	1923280	84286	2851736	730526	232180
中型企业	389688	654451	1127773	24355	1607458	397569	250303
小型企业	823575	919787	2343513	47180	3332825	817479	378743
微型企业	3929	4500	9362		14471	4537	1765

9－3 全市分行业工业企业主要经济指标

（2011 年）　　　　单位:万元

指标名称	企业单位数（个）	亏损企业	工业总产值（当年价格）	工业销售产值（当年价格）	出口交货值	资产总计
总　计	**4130**	**143**	**91306989**	**89992165**	**6533467**	**53826362**
煤炭开采和洗选业	4		85083	115304		145489
石油和天然气开采业	2	1	42553	42553		74715
黑色金属矿采选业	11		125960	123281		159868
有色金属矿采选业	3		8109	8059		3213
非金属矿采选业	56		676040	691402	5003	496835
开采辅助活动						
其他采矿业						
农副食品加工业	405	13	9431971	9309252	684199	3870406
食品制造业	109	3	1964079	1952042	447876	1024163
酒、饮料和精制茶制造业	41		538062	530532	1385	334067
烟草制品业	4	1	64349	62076		52067
纺织业	614	28	9303278	9167379	911051	3081300
纺织服装、服饰业	136	1	2810942	2789959	803685	1370826
皮革、毛皮、羽毛及其制品和制鞋业	51	1	538881	533508	50299	149447
木材加工和木、竹、藤、棕、草制品业	52	2	586820	577229	119885	221517
家具制造业	59		844922	830061	193407	235747
造纸和纸制品业	112	6	2904756	2678039	213240	5214985
印刷和记录媒介复制业	33	2	357727	355386	53	103621
文教、工美、体育和娱乐用品制造业	71	3	955165	946546	210625	230338
石油加工、炼焦和核燃料加工业	20	2	4989424	4958208	23548	3240979
化学原料和化学制品制造业	507	30	12607639	12525325	516897	7568533
医药制造业	74	7	2151919	2112994	260914	1466190
化学纤维制造业	7	1	730709	725626	92355	819055
橡胶和塑料制品业	242	3	3695430	3668019	254417	1419854
非金属矿物制品业	221	4	2768693	2692913	134830	1383955
黑色金属冶炼和压延加工业	84	2	5078413	5068554	142048	2983247
有色金属冶炼和压延加工业	53		1026957	1005486	16895	400283
金属制品业	160	2	3126469	3084417	159342	1638018
通用设备制造业	299	6	7615690	7358343	150220	6706499
专用设备制造业	262	8	4903015	4834113	182681	2395609
汽车制造业	166	7	4942124	4882136	9253	1940161
铁路、船舶、航空航天和其他运输设备制造业	16		476321	473360		386530
电气机械和器材制造业	114	2	2133637	2079476	150831	1026742
计算机、通信和其他电子设备制造业	64	2	1636288	1631885	757512	1407188
仪器仪表制造业	14		275403	275293	9457	156608
其他制造业	13		97057	95902	31559	48049
废弃资源综合利用业	1		17996	17779		804
金属制品、机械和设备修理业						
电力、热力生产和供应业	31	6	1655251	1650277		1661801
燃气生产和供应业	7		75460	75460		131534
水的生产和供应业	12		64397	63988		276121

9－3 续表 1

指 标 名 称	产 成 品	流动资产合 计	固定资产原 价	负 债合 计	主营业务收 入	主 营 业 务税金及附加
总 计	**2527316**	**27060065**	**40700098**	**31332517**	**91457383**	**439625**
煤炭开采和洗选业	3559	65831	40588	95138	128367	1578
石油和天然气开采业	52	3714	47948	40864	42611	9587
黑色金属矿采选业	2521	25185	29961	94142	122955	168
有色金属矿采选业	387	926	2737	2002	8379	42
非金属矿采选业	23185	257704	419828	285357	742934	6761
开采辅助活动						
其他采矿业						
农副食品加工业	193559	2044426	4120665	2211388	9449490	17970
食品制造业	38728	496419	840157	559246	1918841	10110
酒、饮料和精制茶制造业	34973	180185	200160	184074	537542	26565
烟草制品业	1231	32570	35811	7923	64613	644
纺织业	175058	1275229	3152026	1628171	9675259	35554
纺织服装、服饰业	91761	610254	1287251	636155	2857534	8507
皮革、毛皮、羽毛及其制品和制鞋业	4967	63958	156671	50752	585847	3069
木材加工和木、竹、藤、棕、草制品业	14172	107188	182013	130069	548706	2248
家具制造业	14905	102690	289141	118866	807979	2965
造纸和纸制品业	102130	2425279	2829012	3172467	2906218	11357
印刷和记录媒介复制业	6119	49132	68334	48389	365661	1154
文教、工美、体育和娱乐用品制造业	25966	138597	221453	133223	953906	2118
石油加工、炼焦和核燃料加工业	178253	1712009	1378990	2515090	5010880	79292
化学原料和化学制品制造业	333667	3767497	6567935	4336015	12648356	49781
医药制造业	44291	763900	1221459	781481	2177111	10291
化学纤维制造业	17178	294974	544855	604479	708451	1937
橡胶和塑料制品业	99518	707878	1815461	746301	3800231	16840
非金属矿物制品业	52615	666853	1137680	680993	2778001	13935
黑色金属冶炼和压延加工业	163875	1473636	3131138	1787771	5268229	16735
有色金属冶炼和压延加工业	16105	229645	330160	266970	978611	5818
金属制品业	80819	886601	1941360	838286	3081055	9334
通用设备制造业	297468	4109474	1993304	3455819	7487630	29841
专用设备制造业	239993	1532339	997134	1492378	4796649	12468
汽车制造业	177590	1050685	1885563	1141762	4680917	19379
铁路、船舶、航空航天和其他运输设备制造业	1892	66475	24739	338178	476073	705
电气机械和器材制造业	29097	558846	954043	584132	2054391	11457
计算机、通信和其他电子设备制造业	42433	705834	619649	780605	1588851	6323
仪器仪表制造业	8004	79695	125369	108810	261836	1051
其他制造业	2535	23819	28308	21655	96399	451
废弃资源综合利用业	22	557	275	527	17202	96
金属制品、机械和设备修理业						
电力、热力生产和供应业	7369	420962	1871489	1229041	1689244	12497
燃气生产和供应业	303	34266	61785	70639	76918	585
水的生产和供应业	1018	94837	145652	153360	63511	414

9－3 续表 2

指 标 名 称	销 售 费 用	管 理 费 用	利 润 总 额	亏损企业亏损总额	利 税 总 额	本年应交增值税	全部从业人员年平均人数（人）
总　　计	**1836097**	**2410444**	**5403928**	**155821**	**7806489**	**1950111**	**862991**
煤炭开采和洗选业	2851	10987	5364		13802	6860	4566
石油和天然气开采业		1618	7874	3362	21711	4250	403
黑色金属矿采选业	1569	7139	12652		16057	3238	1038
有色金属矿采选业	46	91	304		664	318	431
非金属矿采选业	16697	21591	49305		79565	23499	11645
开采辅助活动							
其他采矿业							
农副食品加工业	189409	213658	397013	10033	537527	120026	93818
食品制造业	49342	44783	138157	1114	193525	44379	21429
酒、饮料和精制茶制造业	25563	21565	30068		72878	16245	8559
烟草制品业	3904	7498	8697	1064	14050	4709	1887
纺织业	103738	125964	543470	9029	788386	209298	135983
纺织服装、服饰业	100599	93687	212886	115	294814	73420	52459
皮革、毛皮、羽毛及其制品和制鞋业	6964	8225	35252	712	54654	16334	8265
木材加工和木、竹、藤、棕、草制品业	8505	8179	44989	2213	58208	10971	8614
家具制造业	21271	20412	68373		93767	22428	10890
造纸和纸制品业	95580	150815	190684	9038	262318	60278	25546
印刷和记录媒介复制业	9237	11484	19387	990	27781	7240	3545
文教、工美、体育和娱乐用品制造业	12502	16184	44082	224	65587	19387	13057
石油加工、炼焦和核燃料加工业	36373	84628	126070	37487	375291	169929	10904
化学原料和化学制品制造业	244468	310840	619496	29669	904589	234494	83503
医药制造业	58206	71572	115000	1373	174541	49250	15556
化学纤维制造业	8911	34284	63	6632	9014	7014	9210
橡胶和塑料制品业	64550	65799	182237	782	263346	64217	33610
非金属矿物制品业	79201	66272	237608	1225	341921	90360	27293
黑色金属冶炼和压延加工业	51675	69035	186231	2403	342945	139979	32737
有色金属冶炼和压延加工业	8472	14315	40286		59512	13408	9314
金属制品业	56208	68290	175835	502	235969	50011	27782
通用设备制造业	241583	321982	915665	768	1151878	206198	64480
专用设备制造业	164788	173183	328535	1336	419411	77845	51395
汽车制造业	60878	113305	304584	1075	418193	92532	34045
铁路、船舶、航空航天和其他运输设备制造业	11472	10393	18570		29413	10138	2595
电气机械和器材制造业	49395	57490	99990	213	149945	38499	17250
计算机、通信和其他电子设备制造业	29783	75807	184567	1001	205271	9133	21512
仪器仪表制造业	3074	8298	13525		19597	5020	2717
其他制造业	2105	2447	5673		7892	1768	1703
废弃资源综合利用业	10	29	307		503	100	18
金属制品、机械和设备修理业							
电力、热力生产和供应业	12923	84580	24473	33463	82014	45045	11957
燃气生产和供应业	2859	6211	9628		11285	1073	1510
水的生产和供应业	1386	7806	7031		8666	1221	1765

9－4 各县市区工业企业主要经济指标

（2011 年）

单位：万元

地区	企业单位数（个）	亏损企业	工业总产值（当年价格）	工业销售产值（当年价格）	出口交货值	资产总计
全市总计	**4130**	**143**	**91306989**	**89992165**	**6533467**	**53826362**
市区小计	625	68	18934521	18827424	1670678	16531932
潍城区	80	11	1313520	1257470	157223	1086389
寒亭区	138	15	3337847	3294468	200977	1944571
坊子区	72	5	1991559	1941116	169731	1262349
奎文区	31	8	686762	679530	119641	848524
青州市	527	6	10665321	10535750	333385	4196899
诸城市	669	3	16628749	16372267	1531452	7459841
寿光市	487	13	12971700	12606810	914692	11930531
安丘市	289	12	3052643	2995891	529741	2089221
高密市	647	5	11798839	11665298	892218	3771206
昌邑市	320	17	7339348	7198936	193935	3098603
临朐县	298	12	3522744	3439480	52558	1381417
昌乐县	268	7	6393125	6350309	414809	3366712
高新开发区	105	11	6708734	6611980	806886	7722726
滨海开发区	178	15	4710055	4863086	160777	3539660
峡山开发区	17	3	136586	130599	21247	87901
综合保税区	4		49460	49175	34196	39812

9－4续表1

地　区	产成品	流动资产合　计	固定资产原　价	负　债合　计	主营业务收　入	主营业务税金及附加
全市总计	**2527316**	**27060065**	**40700098**	**31332517**	**91457383**	**439625**
市区小计	726610	8447308	8217314	9626129	18854984	132783
潍城区	50994	659247	543338	622743	1335940	4785
寒亭区	89934	910272	1113959	1230279	3330282	10786
坊子区	136528	742753	495125	795855	2021601	4580
奎文区	37819	453958	522194	645193	673344	4662
青州市	248434	2519771	1435839	2487454	10552866	26758
诸城市	438342	3719852	9895638	4239166	16144405	59896
寿光市	399290	5844992	10933755	7119349	12990715	50575
安丘市	119521	1143557	1068654	1335464	3092670	21606
高密市	126467	1559241	5701983	1784886	12290249	59051
昌邑市	206479	1401269	1516888	1969336	7622669	47664
临朐县	74206	647214	726586	838379	3558020	26173
昌乐县	187967	1776861	1203441	1932353	6350804	15121
高新开发区	297628	4156935	2760562	3998121	6483685	27232
滨海开发区	107384	1437008	2756987	2246349	4827387	80117
峡山开发区	5757	71911	13892	62452	134245	509
综合保税区	564	15225	11257	25137	48500	113

9－4 续表 2

地　　区	销　售 费　用	管　理 费　用	利　润 总　额	亏损企业 亏损总额	利　税 总　额	本年应交 增 值 税	全部从业 人 员 年 平均人数 （人）
全市总计	**1836097**	**2410444**	**5403928**	**155821**	**7806489**	**1950111**	**862991**
市区小计	446799	676622	1395518	119953	2051294	515130	192871
潍 城 区	37906	57960	84261	3278	129057	40011	20220
寒 亭 区	53936	89331	226956	23182	326729	88969	36053
坊 子 区	71561	75105	131039	254	162252	25696	31684
奎 文 区	13364	47746	2595	9590	24136	16878	13182
青 州 市	421368	473557	423541	2453	614745	164446	69924
诸 城 市	359351	397032	1085587	614	1486543	341060	154975
寿 光 市	182539	252191	761041	3560	1015369	203352	108875
安 丘 市	80073	94546	147835	7416	224251	53082	45088
高 密 市	164980	150569	712887	758	1091952	320014	146920
昌 邑 市	41087	111230	502673	17121	736980	186643	64410
临 朐 县	44490	154398	122870	2953	199649	50178	40333
昌 乐 县	95410	100299	251974	994	385707	116205	39595
高新开发区	201485	298403	833420	33889	1044386	178313	54159
滨海开发区	65420	102575	105472	48096	349055	161980	34705
峡山开发区	1547	2083	6834	1666	10537	3194	2398
综合保税区	1581	3419	4941		5143	89	470

9-5 大中型工业企业一览表

(2011年)

企业名称	法人代表	注册类型	企业规模
潍柴动力股份有限公司	谭旭光	股份有限公司	大型
北汽福田汽车股份有限公司诸城汽车厂	孙加平	股份有限公司	大型
中化弘润石油化工有限公司	江　涛	其他有限责任公司	大型
山东寿光巨能控股集团有限公司	田其祥	其他有限责任公司	大型
鲁丽集团有限公司	薛茂林	集体	大型
诸城市外贸有限责任公司	王金友	中外合资经营	大型
山东晨鸣纸业集团股份有限公司	李艳艳	外商投资股份有限公司	大型
潍坊特钢集团有限公司	武际宝	集体	大型
山东联盟化工集团有限公司	杨志强	其他有限责任公司	大型
山东海化集团有限公司	王　辉	国有	大型
孚日集团股份有限公司	孙日贵	股份有限公司	大型
福田雷沃国际重工股份有限公司潍坊农业装备事业部	王桂民	股份有限公司	大型
得利斯集团有限公司	郑和平	中外合资经营	大型
山东墨龙石油机械股份有限公司	张恩荣	股份有限公司	大型
山东潍焦集团有限公司	夏云国	其他有限责任公司	大型
山东海化股份有限公司	刘景孟	股份有限公司	大型
新郎希努尔集团股份有限公司	王桂波	与港澳台商合资经营	大型
诸城市科信电力投资集团有限公司	岳合聚	其他有限责任公司	大型
歌尔声学股份有限公司	姜　滨	私营有限责任公司	大型
山东银鹰化纤有限公司	李桂荣	其他有限责任公司	大型
潍坊英轩实业有限公司	李世勇	与港澳台商合资经营	大型
山东泸河集团有限公司	许传弟	其他有限责任公司	大型
高密市供电公司	刘海清	国有	大型
山东山工机械有限公司	paul david Blackborn	外资企业	大型
华电潍坊发电有限公司	邢世邦	其他有限责任公司	大型
寿光富康制药有限公司	杨维国	与港澳台商合资经营	大型
山东大地盐化集团	孙文勇	其他有限责任公司	大型
山东新龙集团有限公司	李法曾	其他有限责任公司	大型
山东三工橡胶有限公司	孙乐华	其他有限责任公司	大型
山东桑莎制衣集团有限公司	周　勇	其他有限责任公司	大型
山东天普阳光生物科技有限公司	史效华	股份合作	大型
山东世纪阳光纸业集团有限公司	王东兴	与港澳台商合资经营	大型
山东凯马汽车制造有限公司	董宜顺	其他有限责任公司	大型
潍柴动力(潍坊)铸锻有限公司	徐　宏	其他有限责任公司	大型
山东寿光天成食品集团有限公司	郭洪谦	其他有限责任公司	大型
山东海龙股份有限公司	逄奉建	股份有限公司	大型
潍坊亚星化学股份有限公司	曹希波	港澳台商投资股份有限公司	大型
青州市供电公司	辛卫东	国有	大型
山东景芝酒业股份有限公司	刘全平	股份有限公司	大型
山东北联集团总公司	崔安永	集体	大型
山东万兴集团有限公司	高云德	私营有限责任公司	大型
诸城市义和车桥有限公司	陈忠义	私营有限责任公司	大型

9－5 续表 1

企业名称	法人代表	注册类型	企业规模
山东矿机集团股份有限公司	赵笃学	股份有限公司	大型
山东泰森新昌食品有限公司	佟　兵	外资企业	大型
潍坊歌尔电子有限公司	姜　滨	与港澳台商合资经营	大型
山东耶莉娅服装集团总公司	袁文和	集体	大型
潍坊市跃龙橡胶有限公司	刘新刚	私营有限责任公司	大型
昌邑华晨纺织集团有限公司	时述山	其他有限责任公司	大型
豪迈科技股份有限公司	张恭运	私营有限责任公司	大型
山东省天惠食品有限公司	肖士朋	私营有限责任公司	大型
寿光卫东化工有限公司	袁洪德	其他有限责任公司	大型
山东长盛泰玻璃制品有限公司	赵海峰	股份有限公司	大型
山东默锐化学有限公司	杨树仁	其他有限责任公司	大型
潍坊新方矿业有限公司	王明峰	股份有限公司	大型
帛方纺织有限公司	毕孝圣	其他有限责任公司	大型
高密利华纺织有限公司	陈松华	私营有限责任公司	大型
寿光市泰丰汽车制动系统有限公司	张风太	其他有限责任公司	大型
潍坊盛瑞传动股份有限公司	刘祥伍	其他有限责任公司	大型
山东潍坊龙威实业有限公司	袁荫龙	私营有限责任公司	大型
寿光市富士木业有限公司	付士祥	其他有限责任公司	大型
山东千榕家纺有限公司	宋国强	私营有限责任公司	大型
山东高密大昌纺织有限公司	刘　伟	其他有限责任公司	大型
山东凯加食品股份有限公司	安丰军	外商投资股份有限公司	大型
山东潍坊华润纺织有限公司	石善博	中外合资经营	大型
山东中烟工业有限责任公司青州卷烟厂	史春晓	国有	大型
青州市南阳工商贸易总公司	张玉玲	集体	大型
山东青州钰铧集团公司	窦兰惠	集体	大型
青州市鲁青工贸总公司	伊国华	集体	大型
山东昌邑石化有限公司	高志伟	其他有限责任公司	大型
山东寿光鲁清石化有限公司	王学清	私营有限责任公司	中型
潍坊市元利化工有限公司	刘修华	私营有限责任公司	中型
山东万山集团有限公司	刘文先	私营有限责任公司	中型
潍坊乐港食品股份有限公司	孔凡升	港澳台商投资股份有限公司	中型
潍柴重机股份有限公司	谭旭光	股份有限公司	中型
山东比德文动力科技有限公司	李国欣	其他有限责任公司	中型
诸城市昊宝服饰有限公司	常金香	私营有限责任公司	中型
昌邑市供电公司	徐广平	国有	中型
山东浩信机械有限公司	金淑梅	私营有限责任公司	中型
宇骏(潍坊)新能源科技有限公司	李龙达	港澳台商独资	中型
山东万山化工有限公司	刘伟全	私营有限责任公司	中型
山东海天生物化工有限公司	张　明	其他有限责任公司	中型
山东福润橡塑科技有限公司	李　忠	其他有限责任公司	中型
昌乐石大昌盛化工有限公司	郭明文	私营有限责任公司	中型
寿光市泰丰汽车底盘制造有限公司	张风太	私营有限责任公司	中型

9－5续表2

企业名称	法人代表	注册类型	企业规模
山东华建铝业有限公司	吴维光	私营有限责任公司	中型
诸城市万年食品有限公司	赵根祥	私营有限责任公司	中型
山东通力车轮有限公司	胡东海	股份合作	中型
潍坊顺福昌橡塑有限公司	郭延顺	与港澳台商合资经营	中型
山东蓝天首饰有限公司	王义善	私营有限责任公司	中型
山东万泉食品有限公司	尹炳涛	其他有限责任公司	中型
潍坊柏立化学有限公司	郭希田	外资企业	中型
诸城市洋晨机械制造有限公司	于盛洋	其他有限责任公司	中型
山东大业工贸有限责任公司	窦宝森	其他有限责任公司	中型
山东银宝轮胎集团有限公司	刘永华	私营有限责任公司	中型
潍坊开发区华裕实业有限公司	刘玉华	私营有限责任公司	中型
诸城市润生淀粉有限公司	郭桂滋	私营有限责任公司	中型
山东梦金园珠宝首饰有限公司	张秀芹	私营有限责任公司	中型
山东恒安纸业有限公司	吴涵星	与港澳台商合资经营	中型
潍坊东方钢管有限公司	王联吉	股份有限公司	中型
山东圆友重工科技有限公司	谢俊德	其他有限责任公司	中型
山东新郎欧美尔家居置业有限公司	王桂波	与港澳台商合资经营	中型
山东惠发食品有限公司	惠增玉	中外合资经营	中型
山东柠檬生化有限公司	刘海清	与港澳台商合资经营	中型
潍坊恒联浆纸有限公司	李瑞丰	私营有限责任公司	中型
潍坊盛泰药业有限公司	刘清太	外资企业	中型
山东荣昊专用汽车有限公司	王光文	私营有限责任公司	中型
福田雷沃国际重工股份有限公司潍坊车辆厂	王广成	外商投资股份有限公司	中型
安丘市鲁安药业有限责任公司	王　军	其他有限责任公司	中型
安丘市供电公司	孙连武	其他有限责任公司	中型
临朐县供电公司	鞠新坤	国有	中型
潍坊六和饲料有限公司昌邑分公司	刘建波	股份有限公司	中型
潍坊中粮禽业发展有限公司	李长青	港澳台商独资	中型
安丘山水水泥有限公司	张　浩	中外合资经营	中型
山东奥宝化工集团有限公司	刘宗满	其他有限责任公司	中型
寿光中慧生物饲料有限公司	丁纪敏	中外合资经营	中型
山东瀛洋香精香料有限公司	刘　建	港澳台商独资	中型
山东寿光健元春有限公司	赵世龙	其他内资	中型
潍坊华宝食品有限责任公司	孙夕华	其他有限责任公司	中型
青州尧王制药有限公司	李金凤	其他有限责任公司	中型
山东东方宏业化工有限公司	王峰忠	私营有限责任公司	中型
潍坊潍柴道依茨柴油机有限公司	张　泉	中外合资经营	中型
潍坊大明生物科技有限公司	刘　伟	私营有限责任公司	中型
诸城市海德威机械有限公司	高培海	私营有限责任公司	中型
山东雷奥新能源有限公司	徐成光	私营有限责任公司	中型
山东日科化学股份有限公司	赵东日	股份有限公司	中型
青州豪章铸造有限公司	魏先俊	与港澳台商合资经营	中型

9－5续表3

企业名称	法人代表	注册类型	企业规模
山东万豪纸业集团股份有限公司	尹培农	股份有限公司	中型
山东泰瑞汽车机械电器有限公司	张　波	私营有限责任公司	中型
诸城市中纺金维纺织有限公司	孙福纪	其他有限责任公司	中型
潍坊龙山轮胎有限公司	刘治祥	私营有限责任公司	中型
山东恒安心相印纸制品有限公司	吴涵星	与港澳台商合资经营	中型
山东鲁星钢管有限公司	吴学纪	中外合资经营	中型
潍坊中云机器有限公司	张其智	私营有限责任公司	中型
山东昱合食品集团有限公司	高振波	私营有限责任公司	中型
潍坊山水水泥有限公司	李夕琴	其他有限责任公司	中型
昌邑市杨金华纺织有限公司	杨金华	私营有限责任公司	中型
山东四达工贸股份有限公司	窦宝荣	股份有限公司	中型
高密市华振纺织有限公司	毛志厚	私营有限责任公司	中型
山东龙马重工集团有限公司	樊宪国	其他有限责任公司	中型
山东恒涛节能环保有限公司	方夕涛	私营有限责任公司	中型
潍坊六和饲料有限公司寿光分公司	孙承波	私营有限责任公司	中型
青州中联水泥有限公司	杜纪俊	其他有限责任公司	中型
潍坊长安铁塔股份有限公司	郄兆兴	股份有限公司	中型
潍坊盛瑞零部件有限公司	刘祥伍	私营有限责任公司	中型
山东寿光神润发海洋化工有限公司	刘洪军	其他有限责任公司	中型
潍坊昱合畜禽有限公司	韩成祥	私营有限责任公司	中型
山东海龙博莱特化纤有限责任公司	吉连政	其他有限责任公司	中型
山东省潍坊生建机械厂(集团)	陈　建	国有	中型
青州市建富齿轮有限公司	张建富	私营有限责任公司	中型
昌乐县供电公司	姜国骏	国有	中型
高密三真纺织有限公司	赵　伟	私营有限责任公司	中型
山东同大集团有限公司	孙俊成	其他有限责任公司	中型
诸城市德利源纺织有限公司	张炳林	私营有限责任公司	中型
山东巨环专用汽车有限公司	王　勇	私营有限责任公司	中型
山东新和成药业有限公司	胡柏剡	其他有限责任公司	中型
山东浪潮华光光电子股份有限公司	辛卫华	其他有限责任公司	中型
诸城市建华阀门有限公司	王华梅	私营有限责任公司	中型
山东美晨科技股份有限公司	张　磊	私营有限责任公司	中型
汇胜集团股份有限公司	葛茂胜	私营有限责任公司	中型
山起重型机械股份公司	徐新民	股份有限公司	中型
安丘市外贸食品有限责任公司	王克学	其他有限责任公司	中型
山东海化金钟锌业有限公司	高永昌	其他有限责任公司	中型
山东山海玻璃制品有限公司	尚劲松	中外合作经营	中型
山东亚盛重工股份有限公司	周　凯	私营有限责任公司	中型
山东高强紧固件有限公司	董超义	其他有限责任公司	中型
山东金亿机械制造有限公司	马金英	其他有限责任公司	中型
潍坊田汇食品有限公司	夏夕涛	私营有限责任公司	中型
青州市坦博尔服饰有限公司	王勇萍	其他有限责任公司	中型

9－5续表4

企业名称	法人代表	注册类型	企业规模
山东青能动力股份有限公司	郭　伟	股份有限公司	中型
昌乐盛世热电有限责任公司	王东兴	其他有限责任公司	中型
寿光海慧食品有限公司	李　挚	私营有限责任公司	中型
山东省高密市华裕纺织有限公司	王华田	私营有限责任公司	中型
山东昌邑灶户盐化有限公司	付忠东	其他有限责任公司	中型
潍坊市寒亭区供电公司	王敬信	国有	中型
诸城泰盛化工股份有限公司	宋　伟	中外合资经营	中型
潍坊恒安散热器集团有限公司	李绍志	其他有限责任公司	中型
山东东宝钢管有限公司	李宗宝	私营有限责任公司	中型
山东亿嘉农化有限公司	褚爱玲	其他有限责任公司	中型
潍坊和盛园食品有限公司	陶　煦	私营有限责任公司	中型
山东望乡食品有限公司	王克武	私营有限责任公司	中型
潍坊华友亚麻纺织有限公司	张维友	中外合资经营	中型
高密市三佳纺织有限公司	逄宗福	私营有限责任公司	中型
山东红星百瑞特制造有限公司	葛　伟	其他有限责任公司	中型
诸城市爱玲包袋服饰有限公司	纪爱玲	其他有限责任公司	中型
山东亚太中慧集团有限公司昌乐分公司	陆耀华	私营有限责任公司	中型
山东兄弟实业集团有限公司	郭秀安	私营有限责任公司	中型
潍坊恒联铜版纸有限公司	徐　建	其他内资	中型
临朐山水水泥有限公司	侯　勇	与港澳台商合资经营	中型
山东仙霞服装有限公司	王金栋	其他有限责任公司	中型
山东省高密市嘉丰纺织有限公司	杜兆春	私营有限股份公司	中型
潍坊新时代食品有限公司	金海东	私营有限股份公司	中型
诸城市万兴建材有限公司	刘常军	其他有限责任公司	中型
山东孚日光伏科技有限公司	孙日贵	中外合资经营	中型
青州市易达汽车零部件有限公司	宋来贵	私营有限责任公司	中型
诸城市顺合木业有限公司	李勋华	私营有限责任公司	中型
潍坊市大东方纺织有限公司	夏浩泽	私营有限责任公司	中型
山东兰凤针织有限公司	王培臣	中外合资经营	中型
山东汇源建材集团有限公司	程效明	私营有限责任公司	中型
山东潍柴华丰动力有限公司	徐华东	中外合资经营	中型
昌乐山水水泥有限公司	李夕琴	其他有限责任公司	中型
山东钢之杰建材制造有限公司	张文海	与港澳台商合资经营	中型
山东海化华龙硝铵有限公司	薛佩功	股份有限公司	中型
诸城市汉通造纸机械有限公司	王希刚	私营有限责任公司	中型
潍坊美城食品有限公司	李兆亮	私营有限责任公司	中型
诸城市紫阳陶瓷有限公司	迟令波	其他有限责任公司	中型
潍坊裕川内燃机配件有限公司	刘锦川	与港澳台商合资经营	中型
高密市盛宝纺织有限公司	单宝成	私营有限责任公司	中型
青州市力王电力科技有限公司	唐苑雯	其他有限责任公司	中型
山东亚恒工贸有限公司	王家富	私营独资	中型
昌邑市永富弹簧有限公司	宫召臣	私营有限责任公司	中型

9－5续表5

企业名称	法人代表	注册类型	企业规模
山东共达电声股份有限公司	赵笃仁	港澳台商投资股份有限公司	中型
青岛啤酒(寿光)有限公司	刘　健	其他有限责任公司	中型
昌邑市信通制造有限公司	姜言信	私营有限责任公司	中型
昌邑市第三棉纺厂	邢胜辉	私营有限责任公司	中型
山东华辰生物科技有限公司	姜正军	私营有限责任公司	中型
颐中(潍坊)实业有限公司	邢春明	国有独资公司	中型
山东丽波日化股份有限公司	戴晓忠	股份有限公司	中型
诸城市华欣铸造有限公司	魏本欣	其他有限责任公司	中型
潍坊安泰玛钢有限公司	明连安	私营有限责任公司	中型
潍坊金丝达实业有限公司	刘国田	私营有限责任公司	中型
青州六和田润食品有限公司	陶　煦	其他有限责任公司	中型
高密市建华纺织有限公司	王志臣	私营有限责任公司	中型
诸城市鑫昊机械有限公司	任成月	私营有限责任公司	中型
楼氏电子(潍坊)有限公司	王成军	外资企业	中型
山东光耀超薄玻璃有限公司	张有良	其他有限责任公司	中型
潍坊千和食品有限公司	孙广国	私营有限责任公司	中型
诸城市曙光车桥有限责任公司	李永波	其他有限责任公司	中型
高密市兴隆毛巾有限公司	孙廷忠	私营有限责任公司	中型
寿光市三洋木制品有限公司	桑君德	其他有限责任公司	中型
山东宝马特制衣有限公司	张崇伟	外资企业	中型
新华制药(寿光)有限公司	付廷军	国有	中型
山东博润实业有限公司	王金淼	其他有限责任公司	中型
潍坊六和惠邦食品有限公司	吕建义	其他有限责任公司	中型
山东海澜化学工业有限公司	张军良	私营有限责任公司	中型
诸城华日粉末冶金有限公司	王舜昌	中外合资经营	中型
诸城市吉富源工艺品有限公司	刘红忠	私营有限责任公司	中型
诸城市三维管件有限公司	董继法	其他有限责任公司	中型
山东中文实业集团有限公司	段文博	私营有限责任公司	中型
青州伟昌服装有限公司	王永山	与港澳台商合资经营	中型
潍坊大保工艺品有限公司	柳忠炫	外资企业	中型
昌邑市鸿程铸造有限公司	孙洪成	私营有限责任公司	中型
山东天一化学有限公司	李世祥	股份有限公司	中型
高密市华庆经编制品有限公司	李福臻	私营有限责任公司	中型
山东赛斯服装制品有限公司	舒赫.印地	外资企业	中型
高密市盛仁纺织有限公司	林炳银	私营有限责任公司	中型
寿光市嘉信生态科技有限公司	李新武	其他有限责任公司	中型
山东伟丽纺织有限公司	徐庆涛	私营有限责任公司	中型
山东莱央子盐场	杨国富	国有	中型
诸城市桃林食品有限责任公司	宋吉辉	私营有限责任公司	中型
高密金利针织有限公司	李金明	私营有限责任公司	中型
山东汉兴医药科技有限公司	金毅强	私营有限责任公司	中型
寿光宏宇化工有限公司	张振贵	私营有限责任公司	中型

9－5 续表 6

企业名称	法人代表	注册类型	企业规模
山东登升劳保用品有限公司	赵　磊	私营有限责任公司	中型
青州全成食品有限公司	赵淑华	私营有限责任公司	中型
山东蓝帆新材料有限公司	李振平	私营有限责任公司	中型
高密市恒源纺织股份有限公司	陈秀华	私营独资	中型
寿光市汇丰机械有限公司	张　维	股份有限公司	中型
诸城石龙阀门有限公司	石田申一	外资企业	中型
潍坊兰天纺织有限公司	刘　波	其他有限责任公司	中型
山东潍河机械制造有限公司	赵金丽	其他有限责任公司	中型
寿光市东宇鸿翔木业有限公司	孙冠军	私营有限责任公司	中型
诸城市新东方汽车仪表有限责任公司	吕清宝	私营有限股份公司	中型
高密市经纬纺织有限公司	张来平	私营有限责任公司	中型
高密市瑞驰纺织公司	陈建海	私营独资	中型
中微光电子(潍坊)有限公司	孙夕庆	外资企业	中型
高密市星宇劳保用品有限公司	周星余	私营有限责任公司	中型
山东高密高锻机械有限公司	毛志猛	其他有限责任公司	中型
潍坊盛瑞动力机械科技有限公司	刘祥伍	私营有限责任公司	中型
潍坊玉成化工有限公司	杨海洲	私营有限责任公司	中型
山东金达双鹏集团有限公司	王德彬	私营有限责任公司	中型
潍坊久安铁塔有限公司	张金灵	私营有限责任公司	中型
诸城市国信橡胶有限公司	孙炳信	其他有限责任公司	中型
诸城市龙兴阀门有限公司	肖增军	其他有限责任公司	中型
昌邑市荣源印染有限公司	付乃波	私营有限责任公司	中型
潍坊盛瑞铸造有限公司	刘祥伍	私营有限责任公司	中型
高密市利杰纺织有限公司	张慕杰	私营有限责任公司	中型
山东正泰希尔专用汽车有限公司	李希春	私营有限责任公司	中型
高密市南洋食品有限公司	田有有	私营有限责任公司	中型
高密市三联纺织有限公司	吕清堂	私营有限责任公司	中型
山东开元电机有限公司	岳宁超	私营有限责任公司	中型
诸城市瑞生纺织有限公司	庞兆龙	其他有限责任公司	中型
山东光大机械制造有限公司	栾建成	私营有限责任公司	中型
潍坊帅克机械有限责任公司	汤承龙	私营有限责任公司	中型
山东寿光万龙实业有限公司	王平金	其他有限责任公司	中型
寿光六和鑫隆农牧有限公司	张乐亭	其他有限责任公司	中型
利丰农业发展股份有限公司	曹利萍	私营有限股份公司	中型
山东含羞草卫生科技股份有限公司	冯希波	私营有限股份公司	中型
高密市大江纺织有限公司	高志荣	私营有限责任公司	中型
山东麦莎纺织品有限公司	王秋菊	外资企业	中型
山东大有印染织造有限公司	刘须涛	中外合资经营	中型
诸城三丰源食品有限公司	韩治刚	中外合资经营	中型
诸城市华欣制衣有限公司	臧加华	私营有限责任公司	中型
潍坊六和德惠禽业发展有限公司	陶　煦	其他有限责任公司	中型
山东泰华食品有限公司	郑　华	私营有限责任公司	中型

9－5续表7

企业名称	法人代表	注册类型	企业规模
山东省高密市白杨山冷藏食品有限公司	赵多锡	私营有限责任公司	中型
山东贸发食品有限公司	李兴辰	私营有限责任公司	中型
潍坊瑞鑫电气有限公司	冯树岭	私营有限责任公司	中型
高密市三合纺织有限公司	吕延金	私营有限责任公司	中型
诸城市松源木业有限责任公司	王树松	私营有限责任公司	中型
高密鲁源纺织有限公司	孙彦民	私营有限责任公司	中型
青州市铸威新材料科技有限公司	杨玉光	其他有限责任公司	中型
寿光圣沣食品有限公司	韩　伟	私营有限责任公司	中型
高密市友恒纺织有限公司	郭　洪	私营有限责任公司	中型
昌邑六和康达食品有限公司	赵景全	私营有限责任公司	中型
山东金河纺织集团有限公司	郭广海	其他有限责任公司	中型
潍坊浩信康迈机械制件有限公司	Mark Wagner	私营有限责任公司	中型
康跃科技股份有限公司	郭锡禄	私营有限股份公司	中型
山东美林卫浴有限公司	颜国基	外资企业	中型
山东亚泰机械有限公司	刘万彦	其他有限责任公司	中型
诸城市兴旺家居有限公司	周东升	私营有限责任公司	中型
临朐县第一棉纺织有限责任公司	付绍山	其他有限责任公司	中型
潍坊港华燃气有限公司	候成钢	国有	中型
潍坊恒联美林生活用纸有限公司	李瑞丰	与港澳台商合资经营	中型
克拉克过滤器(中国)有限公司	JOHSON	外资企业	中型
高密建滔化工有限公司	李保文	港澳台商独资	中型
山东宏力空调设备有限公司	于奎明	私营有限责任公司	中型
诸城市福杨车厢有限公司	许子福	私营有限股份公司	中型
山东潍坊拖拉机厂集团有限公司	李怀庆	其他内资	中型
高密市龙腾纺织有限公司	王玉泉	其他内资	中型
潍坊元林木业有限公司	李轶男	港澳台商独资	中型
诸城天一巨服装有限公司	李跃进	中外合资经营	中型
山东三元乳业有限公司	王顺鸿	国有	中型
潍坊华港包装材料有限公司	王世宝	与港澳台商合资经营	中型
诸城裕泰针织有限公司	王韶华	港澳台商独资	中型
诸城市和生食品有限公司	王　艳	私营有限责任公司	中型
潍坊海洋化工高新技术开发区福利塑编厂	王凤玉	集体	中型
山东泰利汽车部件有限公司	石　林	其他有限责任公司	中型
山东邦泰散热器有限公司	夏纪运	私营有限责任公司	中型
青州市中文机械有限公司	李新莲	其他有限责任公司	中型
山东华特磁电科技股份有限公司	王兆连	私营独资	中型
高密市耐拉纺织有限公司	蔡俭文	私营有限责任公司	中型
潍坊海天棉纺有限公司	姜敏之	其他有限责任公司	中型
潍坊环球食品有限公司	吕亮亮	私营有限责任公司	中型
潍坊鲁元建材有限公司	刘全峰	其他有限责任公司	中型
山东晟绮针织有限公司	王　红	私营有限责任公司	中型
诸城市箐华农牧发展有限公司	王焕玉	与港澳台商合资经营	中型

9－5续表8

企业名称	法人代表	注册类型	企业规模
诸城市柯美木业有限公司	吴德辉	私营有限责任公司	中型
潍坊恒联玻璃纸有限公司	李瑞丰	其他有限责任公司	中型
青州市盛东机械厂	田玉经	私营独资	中型
山东横滨橡胶工业制品有限公司	王永堂	中外合资经营	中型
山东宗鑫钢结构集团有限公司	李宗章	私营有限责任公司	中型
高密盛泰化纤纺织有限公司	刘恩波	私营有限股份公司	中型
诸城市杨春水泥有限公司	张志国	私营有限责任公司	中型
汶瑞机械(山东)有限公司	黄志源	中外合资经营	中型
潍坊富源增压器有限公司	陈序尧	中外合资经营	中型
山东青州丽绣家纺制品有限公司	邢发永	私营有限责任公司	中型
青州市合力化纤有限公司	李国周	私营有限责任公司	中型
山东海化集团瑞源实业有限公司	袁锡龙	其他有限责任公司	中型
高密市盛鑫工贸有限公司	赵　勇	其他有限责任公司	中型
青岛啤酒潍坊有限公司	于述水	其他有限责任公司	中型
潍坊信昌达纺织有限公司	刘法声	股份有限公司	中型
山东红叶地毯有限公司	付少祜	私营有限责任公司	中型
诸城市益泰丰工贸有限公司	刘　刚	私营有限责任公司	中型
潍坊众谊汽车配件有限公司	陈祖光	股份有限公司	中型
山东宏源集团有限公司	魏光奎	私营有限责任公司	中型
山东信得科技股份有限公司	李朝阳	中外合资经营	中型
高密市日升毛巾有限公司	孙　艳	私营独资	中型
昌邑市滨海盐化股份有限公司	任云峰	股份有限公司	中型
新旭电子(潍坊)有限公司	世岛清广	外资企业	中型
诸城市金源建材有限责任公司	郭　伟	其他有限责任公司	中型
诸城中康农业开发有限公司	王　彬	中外合资经营	中型
诸城颐鑫制衣有限公司	周　波	中外合资经营	中型
瑞福油脂股份有限公司	崔瑞福	股份有限公司	中型
潍坊北方纺织集团有限公司	滕玉云	私营有限责任公司	中型
安丘福华食品有限公司	王允良	外资企业	中型
高密和利制衣有限公司	张立苹	外资企业	中型
潍坊华东发动机有限公司	郭希贤	其他有限责任公司	中型
安丘德隆寝装用品有限公司	于　娜	中外合资经营	中型
潍坊中粮富瑞食品有限公司	张志鹏	外资企业	中型
潍坊中传拉链配件有限公司	林於宝	外资企业	中型
潍坊市恒鑫机械有限公司	于建平	私营有限责任公司	中型
山东京鲁烟叶复烤有限公司	徐立国	其他有限责任公司	中型
青州东鑫纸业有限公司	黄进品	中外合资经营	中型
山东裕源集团有限公司	孟庆升	其他有限责任公司	中型
潍坊市金河食品有限公司	金海东	其他有限责任公司	中型
昌邑市海美塑品有限责任公司	丛梦海	其他有限责任公司	中型
诸城市义昌纺织印染有限公司	赵洪涛	其他有限责任公司	中型
寿光大地纺织有限公司	赵　梅	其他有限责任公司	中型

9－5续表9

企业名称	法人代表	注册类型	企业规模
潍坊市鸢飞服装公司	刘新友	股份合作	中型
潍坊鑫荣制衣有限公司	齐晓正	中外合资经营	中型
山东沃华医药科技股份有限公司	赵炳贤	股份有限公司	中型
山东福瑞化工有限公司	刘明亭	其他有限责任公司	中型
高密市康泰纺织有限公司	蔡善建	私营有限责任公司	中型
山东华燕制衣有限公司	刘海燕	私营有限责任公司	中型
诸城市鹏飞木业有限责任公司	王金伟	私营有限责任公司	中型
山东红旗机电有限公司	李成玉	其他有限责任公司	中型
诸城新纺纺织有限公司	潘元根	其他有限责任公司	中型
山东潍坊福田模具有限责任公司	武　军	其他有限责任公司	中型
安丘安泰玻璃有限公司	陈　箭	外资企业	中型
山东耶莉娅服饰有限公司	袁文和	中外合资经营	中型
潍坊大洋自动泊车设备有限公司	李祥歆	私营有限责任公司	中型
潍坊华光散热器有限公司	陈玉广	其他有限责任公司	中型
潍坊市五井煤矿有限公司	李传斌	私营有限责任公司	中型
山东海化天际化工有限公司	李言敏	其他有限责任公司	中型
山东三丰机械有限公司	王在博	其他有限责任公司	中型
潍坊锦源安博斯针织服装有限公司	李　琦	与港澳台商合资经营	中型
山东益都阀门集团股份有限公司	洪金枝	其他有限责任公司	中型
诸城市瑞福生毛纺织有限责任公司	庞兆龙	其他有限责任公司	中型
山东省寿光市六丰实业有限公司	李友春	私营有限责任公司	中型
山东高密润达机油泵有限公司	单既明	其他有限责任公司	中型
安丘市同力服装有限责任公司	孙业厚	其他有限责任公司	中型
潍坊雷克兰劳保用品有限公司	张　晖	外资企业	中型
潍坊市自来水有限公司	杨长民	其他有限责任公司	中型
潍坊东航印刷科技股份有限公司	孟范祥	外资企业	中型
青州新华包装制品有限公司	邢春明	与港澳台商合资经营	中型
潍坊市临朐燃气热力集团有限公司	谭士章	其他有限责任公司	中型
山东海宇鞋业有限公司	黄祖平	私营有限责任公司	中型
青州鲁绣抽纱有限公司	卜范增	其他有限责任公司	中型
潍坊港峰纺织有限公司	韩立昌	与港澳台商合资经营	中型
高密市富源印染有限公司	付深环	私营有限责任公司	中型
潍坊新环境生活用品有限公司	段进喜	中外合资经营	中型
青州银龙纺织有限公司	孟庆禄	私营有限责任公司	中型
潍坊华光精工设备有限公司	孙同江	其他有限责任公司	中型
潍坊千业色纺有限公司	李建玲	私营有限责任公司	中型
诸城市良丰化学有限公司	宋　良	其他有限责任公司	中型
山东秦池酒厂	胡福东	国有	中型
山东昌邑乾隆杯酒业有限责任公司	李德罡	其他有限责任公司	中型
潍坊万通食品有限公司	王瑞娟	外资企业	中型
山东华茂集团有限公司	杨兆华	私营独资	中型
潍坊华美精细技术陶瓷有限公司	王明峰	中外合资经营	中型

9－5续表10

企业名称	法人代表	注册类型	企业规模
高密市宏欣服饰有限公司	王宏欣	私营有限责任公司	中型
山东青州云门酒业(集团)有限公司	汲英民	私营有限责任公司	中型
潍坊新成达机械有限公司	王　成	其他有限责任公司	中型
昌邑市昌宁机械有限公司	滕凤群	私营有限责任公司	中型
安丘市瑞泰纺织有限公司	徐　亮	其他有限责任公司	中型
潍坊二棉纺织有限公司	刘　军	私营有限责任公司	中型
青州保足鞋业有限公司	夏良庆	与港澳台商合资经营	中型
潍坊鲁光矿业有限公司	刘志礼	其他有限责任公司	中型
山东诸城密州酒业有限公司	董长安	私营有限股份公司	中型
山东高密市商羊神酒业有限公司	管贻清	私营有限责任公司	中型
寿光市金艺发制品有限责任公司	韩文亭	其他有限责任公司	中型
高密市水业公司	徐兆远	国有	中型
潍坊天昊巾被有限责任公司	李国建	其他有限责任公司	中型
潍坊朱刘煤矿有限公司	张　涛	其他有限责任公司	中型
诸城亿沣机械有限公司	于　恒	私营有限责任公司	中型
高密双利针织有限公司	中村孝	港澳台商独资	中型
山东潍坊制药厂有限公司	姜林海	其他有限责任公司	中型
山东潍棉纺织有限公司	张照树	私营有限责任公司	中型
寿光市道口联营盐场	梁永刚	集体	中型
潍坊舒燕女士用品有限公司	周　宇	私营有限责任公司	中型
高密市万泰家纺有限公司	赵志刚	私营有限责任公司	中型
潍坊尚舜化工有限公司	马英群	私营有限责任公司	中型
潍坊市众诚佳合环保科技股份有限公司	江秀玲	私营有限股份公司	中型
潍坊万泰木业有限公司	王忠仁	私营有限责任公司	中型
潍坊中友盐业有限公司	张守国	私营有限责任公司	中型
潍坊智新电子有限公司	李良伟	私营有限责任公司	中型
潍坊倍力汽车零部件有限公司	易　斌	私营有限责任公司	中型
潍坊伊利乳业有限责任公司	孙东宏	其他有限责任公司	中型
山东电力集团公司潍坊供电公司	吕　强	国有	中型
山东菲达电器有限公司	宋作杰	私营有限责任公司	中型
山东临朐绿洲环保设备有限公司	韩其功	其他有限责任公司	中型
山东临朐轨枕有限公司	张福松	其他有限责任公司	中型
山东省潍北机械厂	王克林	国有	中型
青州市宏源实业公司	李新华	私营合伙	中型
山东隆泰水泥有限公司	王志强	私营有限责任公司	中型
山东祺月童车有限公司	赵景德	私营有限责任公司	中型
青州市鸿润电子有限公司	闫家麦	私营有限责任公司	中型
寿光东方针织服饰有限公司	张月亮	私营有限责任公司	中型
潍坊华川气缸盖有限公司	辛茂岗	私营有限责任公司	中型
潍坊翁派斯防腐保温有限公司	洪礼全	与港澳台商合资经营	中型
山东龙威集团寿光制盐场	袁荫龙	集体	中型
山东莱福特皮革制品有限公司	宫恩文	私营有限责任公司	中型

9－5续表11

企业名称	法人代表	注册类型	企业规模
高密市中泰皮革鞋业有限公司	崔进智	私营有限责任公司	中型
潍坊瑞麦食品有限公司	廖清圳	港澳台商独资	中型
潍坊聚丰盐化有限公司	袁永杰	其他有限责任公司	中型
高密盛源食品有限公司	郭林贵	外资企业	中型
山东军宝塑胶有限公司	李建军	私营有限股份公司	中型
昌邑市昌荣铸造有限公司	滕麟群	私营有限责任公司	中型
寿光市永泰建材有限公司	苏安民	私营有限股份公司	中型
潍坊悦宾包装有限公司	赵玉斌	私营有限责任公司	中型
山东寿光市坤隆石油机械股份有限公司	吴法祥	私营有限责任公司	中型
山东恒大汽车内饰件制造有限公司	张夕杰	私营有限责任公司	中型
山东黄金集团昌邑矿业有限公司	傅学生	私营有限责任公司	中型
山东永和精密金属有限公司	张绍森	私营有限责任公司	中型
高密市鑫瑞达劳保用品有限公司	陆　燕	私营有限责任公司	中型
山东省金圣隆机械有限公司	陈汝林	其他有限责任公司	中型
寿光市加勒比尔木业有限公司	陈　辉	私营有限责任公司	中型
青州市奥威尔工程机械有限责任公司	王春泉	私营有限责任公司	中型
山东茂德皮革集团有限公司	于永波	其他有限责任公司	中型
昌乐神州纺织有限公司	任庆州	私营有限责任公司	中型
山东凯龙化工科技发展有限公司	杨秀凤	私营有限责任公司	中型
山东中辰电力设备有限公司	张文学	其他有限责任公司	中型
山东德美化工有限公司	何国美	其他有限责任公司	中型
山东潍坊海晶盐业股份有限公司	尹延明	股份有限公司	中型
潍坊潍港修造船有限公司	黄建军	其他有限责任公司	中型
高密昭儿玩具有限公司	白完均	外资企业	中型
临朐大祥精细化工有限公司	张佃光	中外合资经营	中型
寿光市正方食品有限公司	梁明金	私营有限责任公司	中型
山东海利尔化工有限公司	周道煌	私营独资	中型
高密美尔亚时装有限公司	黄一鸣	私营独资	中型
寿光万龙模具制造有限公司	王平金	中外合资经营	中型
潍坊振兴日升化工有限公司	魏建华	其他有限责任公司	中型
寿光市坤都木业有限公司	马红新	私营有限责任公司	中型
潍坊恒生塑胶制品有限公司	贾志鹏	中外合资经营	中型
寿光童安木业有限公司	孙开文	与港澳台商合资经营	中型
潍坊鑫易电声科技有限公司	王英明	私营有限责任公司	中型
山东颐杰鸿丰钢构有限公司	侯义平	其他有限责任公司	中型
潍坊新盛染织有限责任公司	于治业	其他有限责任公司	中型
山东真又美制衣有限公司	陈　敏	私营有限责任公司	中型
潍坊市华东橡胶有限公司	王绍成	私营有限责任公司	中型

9-6 全市历年工业企业单位数及总产值

(1978-2011 年)

单位:万元

年份	全部工业企业单位数(个)	#乡及以上工业(个)	全部工业总产值(现价)	#乡及以上工业	乡及以上工业总产值(90年不变价)	#国有	#集体	#乡镇办	#其他
1978		1643	322159	308267	411994	258888	153106	53112	
1979		1743	362922	333928	449566	282223	167343	62118	
1980		1828	399237	359216	478937	294381	184556	66407	
1981		1809	443601	380142	504232	325958	178274	68144	
1982		1816	498311	423413	547550	357617	189933	63444	
1983		1840	497109	418631	587261	381698	205563	66048	
1984		2198	531553	452140	651082	382743	268339	79639	
1985		2283	679112	616074	766155	436745	329410	113083	
1986	48532	2513	845727	695239	863484	472369	391115	158023	
1987	48580	2754	982550	873880	1029838	531259	498579	212921	
1988	54934	2606	1458604	1060469	1267073	628341	628050	331940	10682
1989	49202	2641	1959918	1346100	1425748	674567	741912	411254	9269
1990	50127	2627	2065015	1520395	1542982	840365	694998	363442	7619
1991	56717	2601	2417500	1763240	1811609	977555	821462	434046	12592
1992	61794	2612	3370192	2303726	2346340	1202200	1105967	646631	38173
1993	78753	2761	4994441	3617208	3482818	1230853	1848647	1057672	403818
1994	92179	2414	7843651	5379182	4472397	1174125	2400281	2038423	897991
1995	47460	2799	9714048	5230527	4418306	1486552	2013044	1747008	918710
1996	68110	2356	12009260	6341940	5211349	1658064	2449895	2227695	1103390
1997	63063	2190	12530709	6497130	5552938	1854703	2584963	2468086	1113272
1998	53670	1107	12738114	5765801	5052917	1590973	1598181	1275449	1863763
1999	44417	1151	10662824	6146984	5338564	1387427	1507159	1398795	2443978
2000	43311	1157	11851797	6875342	6084119	857763	1251403	1867911	3974953
2001	43045	1310	12843501	7423562	6571881	819965	917093	1128593	4834823
2002	42643	1435	13988518	9088518	8193077	938607	940212	662232	6314258
2003	45504	1970	17467041	12437041	10270855	1109407	688128	295187	8473320
2004	47449	3406	23820108	18969308	-	-	-	-	-
2005	50988	3833	32049083	27241383	-	-	-	-	-
2006		4119		34046982	-	-	-	-	-
2007		4310		43322291					
2008		4835		53181258					
2009		5231		60792058					
2010		5089		75292226					
2011		4130		91306989					

注:1、2004 年数据为经济普查数据。

2、从 2011 年开始,规模以上工业统计口径为年主营业务收入 2000 万元及以上工业企业。

9-7 全市历年工业主要经济指标

（1978-2011年）

年份	全部工业增加值(亿元)		乡及乡以上独立核算工业(万元)							
	按现行价格计算	按90年不变价计算	企业单位数(个)	工业增加值(现价)	主营业务收入	利税总额	利润总额	亏损企业亏损额	固定资产原价	工业总产值(现价)
1978	9.78	13.18	1562		232007		19428	4484	122367	293212
1979	10.36	13.93	1509		232475		21634	3714	144661	305904
1980	11.55	15.55	1771		278292		26518	1925	162760	327966
1981	11.84	14.45	1799		310018		25353	2120	187063	360390
1982	11.89	13.16	1875		353819		25074	2146	205113	395656
1983	12.50	14.57	1659		347659		27776	1543	215706	395636
1984	12.94	16.58	1788		405689		29011	1477	236569	438798
1985	17.44	22.98	1836		496039		37763	1756	269422	543154
1986	21.85	28.30	2013		569359		36351	2914	328266	593564
1987	27.02	35.88	2171		656703	95064	45240	3268	415321	758926
1988	39.32	42.75	2258		913925	122412	62485	3186	528833	1017556
1989	50.83	50.54	2229		1111056	132448	61690	5417	689600	1300493
1990	55.80	54.80	2194		1132138	117952	42162	12058	838222	1448332
1991	65.16	61.42	2200		1453646	144048	54289	10165	947622	1694378
1992	77.50	78.93	2217		1804147	171007	68587	11416	1116529	2191493
1993	103.9	100.08	2260	754000	2684452	232544	93033	29740	1449858	3282896
1994	133.02	113.29	2135	938500	3532929	368542	156330	17702	1937823	5065897
1995	166.00	128.53	2360	1143400	4547640	420577	168600	39331	2824848	5052015
1996	198.00	148.12	2109	1380700	5174445	530468	218761	33875	3011371	6168281
1997	224.00	164.28	2018	1542400	5393512	522199	218742	50930	3354457	6400108
1998	239.00	182.59	1107	1484899	5435413	494200	194537	42936	3830642	5765801
1999	259.30	206.33	1151	1582848	5760829	504510	198658	48387	4124875	6146984
2000	295.63	234.39	1157	1814325	6621667	623056	278281	35048	4256014	6875342
2001	329.80	267.91	1310	1997960	7217823	689079	316733	28558	4441516	7423562
2002	379.25	310.78	1435	2449278	8590545	824108	400635	25300	5000342	9088518
2003	470.00	375.11	1970	3382101	12239598	1190162	649657	25688	6300204	12437041
2004	-	-	3406	5043841	18430568	1714239	1008660	35617	8130358	18969308
2005	-	-	3833	7140539	27368968	2403911	1441065	21377	10584372	27241383
2006	-	-	4119	8819509	33913986	2752245	1730238	18782	12327013	34046982
2007			4310	11990278	42713500	3810534	2362484	41558	14991236	43322291
2008			4835	13434551	51534462	4367723	2769530	104115	19154758	53181258
2009			5231	14989847	60701488	5467623	3483055	85290	23516190	60792058
2010			5089	19582713	74867201	7850185	5284331	89882	30335063	75292226
2011			4130	21803296	91457383	7806489	5403928	155821	40700098	91306989

注:1、2004年数据为经济普查数据。

2、从2011年开始,规模以上工业统计口径为年主营业务收入2000万元及以上工业企业。

9－8 主要产品产量

（2010－2011 年）

指　标　名　称	计量单位	2011 年	2010 年
原煤	万吨	93.10	105.16
1、无烟煤	万吨	7.35	10.31
2、烟煤	万吨	84.96	84.59
（2）一般烟煤	万吨	84.96	84.59
3、褐煤	万吨	0.79	10.25
天然原油	万吨	8.86	1.94
天然气	亿立方米	0.17	0.19
铁矿石原矿	万吨	74.66	21.65
原盐	万吨	986.72	1091.99
小麦粉	万吨	100.32	81.31
饲料	万吨	489.72	472.75
其中：配合饲料	万吨	267.29	255.63
混合饲料	万吨	46.97	55.82
精制食用植物油	万吨	31.22	28.79
鲜、冷藏肉	万吨	207.30	170.27
冷冻水产品	万吨	0.42	0.26
糖果	万吨	0.20	0.20
速冻米面食品	万吨	0.93	0.78
方便面	万吨	0.20	0.22
乳制品	万吨	5.50	5.47
其中：液体乳	万吨	0.60	0.88
罐头	万吨	9.46	6.46
酱油	万吨	28.32	21.03
食品添加剂	万吨	15.12	30.09
发酵酒精（折 96 度，商品量）	万千升	16.44	15.37
饮料酒	万千升	50.69	44.56
其中：白酒（折 65 度，商品量）	万千升	6.47	5.38
啤酒	万千升	42.70	37.78
葡萄酒	万千升	1.52	1.39
软饮料	万吨	36.43	26.23
其中：碳酸饮料类（汽水）	万吨	0.86	0.36
包装饮用水类	万吨	29.09	21.81
果汁和蔬菜汁饮料类	万吨	6.48	3.27
卷烟	亿支	215.00	215.00
纱	万吨	79.77	76.50
1、棉纱	万吨	75.58	72.54
2、棉混纺纱	万吨	0.87	1.10

9－8 续表1

指　标　名　称	计量单位	2011年	2010年
3、化学纤维纱	万吨	3.32	2.87
布	亿米	41.31	37.59
其中：色织布（含牛仔布）	亿米	0.23	0.28
其中：1. 棉布	亿米	36.39	33.59
2. 棉混纺布	亿米	2.43	2.27
3. 化学纤维布	亿米	2.49	1.74
印染布	亿米	12.47	12.68
绒线（俗称毛线）	万吨	0.02	0.03
毛机织物（呢绒）	万米	532.11	410.48
蚕丝	吨	659.36	646.05
蚕丝及交织机织物（含蚕丝≥50%）	万米	452.28	505.06
帘子布	万吨	5.47	4.27
无纺布（无纺织物）	万吨	0.93	0.71
服装	万件	37123.90	35986.72
1、针织服装	万件	23648.25	22734.33
2、梭织服装	万件	13475.65	13254.30
其中：羽绒服	万件	437.57	262.76
西服套装	万件	73.09	78.49
衬衫	万件	1088.20	1035.59
轻革	万平方米	70.11	93.64
皮革鞋靴	万双	7177.06	8772.84
皮革服装	万件	91.50	72.65
天然毛皮服装	万件	0.04	0.04
人造板	万立方米	173.26	131.24
其中：胶合板	万立方米	126.94	105.39
纤维板	万立方米	7.14	6.41
刨花板	万立方米	35.31	16.82
人造板表面装饰板	万平方米	2585.20	1494.34
复合木地板	万平方米	93.80	98.29
家具	万件	518.46	531.43
其中：木质家具	万件	484.35	501.92
软体家具	万件	34.10	29.49
纸浆（原生浆及废纸浆）	万吨	116.86	114.34
机制纸及纸板（外购原纸加工除外）	万吨	356.72	310.95
其中：未涂布印刷书写用纸	万吨	59.29	55.67
其中：新闻纸	万吨	39.81	38.73
涂布类印刷用纸	万吨	13.54	14.54
卫生用纸原纸	万吨	0.87	0.28

指 标 名 称	计量单位	2011 年	2010 年
箱纸板	万吨	20.69	21.61
纸制品	万吨	40.22	37.18
其中:瓦楞纸箱	万吨	25.97	25.84
单色印刷品	万令	8.53	7.29
多色印刷品	万对开色令	113.09	126.73
原油加工量	万吨	750.84	670.33
汽油	万吨	113.53	92.62
柴油	万吨	243.33	213.97
燃料油	万吨	7.39	3.08
石脑油	万吨	5.92	2.75
液化石油气	万吨	39.24	32.59
石油焦	万吨	7.09	5.31
石油沥青	万吨	68.70	64.09
焦炭	万吨	215.99	169.18
其中:机焦	万吨	147.59	128.96
硫酸(折 100%)	万吨	73.04	65.65
盐酸(氯化氢,含量 31%)	万吨	19.90	12.87
烧碱(折 100%)	万吨	56.13	48.86
其中:离子膜法烧碱(折 100%)	万吨	41.67	26.83
纯碱(碳酸钠)	万吨	364.76	368.00
纯苯	万吨	9.98	11.70
精甲醇	万吨	44.19	38.10
冰乙酸(冰醋酸)	万吨	5.43	4.87
浓硝酸(折 100%)	万吨	7.29	5.98
合成氨(无水氨)	万吨	92.50	85.38
农用氮、磷、钾化学肥料总计(折纯)	万吨	75.74	72.12
1、氮肥(折含 N100%)	万吨	71.79	68.29
其中:尿素(折含 N100%)	万吨	66.62	63.03
2、磷肥(折五氧化二磷 100 %)	万吨	2.41	2.19
3、钾肥(折氧化钾 100%)	万吨	1.55	1.65
磷酸二铵(实物量)	万吨	6.86	4.35
化学农药原药(折有效成分 100%)	万吨	0.78	0.61
其中:杀虫剂原药	万吨	0.47	0.37
杀菌剂原药	万吨	0.31	0.24
涂料	万吨	26.96	20.96
初级形态的塑料	万吨	48.12	57.45
聚丙烯树脂	万吨	13.97	12.82
聚氯乙烯树脂	万吨	16.68	24.11

9－8 续表 3

指　标　名　称	计量单位	2011 年	2010 年
合成纤维聚合物	万吨	0.42	0.38
化学试剂	万吨	247.29	139.16
合成洗涤剂	万吨	9.53	10.49
其中:合成洗衣粉	万吨	9.53	10.49
化学药品原药	万吨	16.54	13.61
中成药	万吨	0.03	0.03
化学纤维用浆粕	万吨	22.56	19.43
化学纤维	万吨	25.76	29.10
其中:人造纤维(纤维素纤维)	万吨	17.95	23.20
其中:粘胶短纤维	万吨	17.47	20.51
粘胶纤维长丝	万吨	0.48	0.63
合成纤维	万吨	7.81	5.90
涤纶纤维	万吨	5.27	3.87
丙纶纤维	万吨	2.53	2.03
橡胶轮胎外胎	万条	3432.84	3229.69
其中:子午线轮胎外胎	万条	442.90	424.07
其中:摩托车充气橡胶轮胎外胎	万条	232.17	192.70
塑料制品	万吨	39.94	35.20
其中:塑料薄膜	万吨	8.29	6.15
其中:农用薄膜	万吨	8.01	5.82
泡沫塑料	万吨	1.07	2.03
日用塑料制品	万吨	8.83	7.59
硅酸盐水泥熟料	万吨	899.83	847.22
其中:窑外分解窑水泥熟料	万吨	701.80	513.88
水泥	万吨	922.66	930.85
其中:强度等级 42.5 水泥(含 R 型)	万吨	45.63	53.10
商品混凝土	万立方米	286.45	216.20
水泥混凝土电杆	万根	3.43	3.02
石膏板	万平方米	663.50	678.01
砖	亿块	9.22	6.39
瓦	亿片	0.76	0.45
天然大理石建筑板材	万平方米	83.71	97.16
沥青和改性沥青防水卷材	万平方米	22424.55	18265.50
钢化玻璃	万平方米	71.54	47.17
中空玻璃	万平方米	60.16	48.21
日用玻璃制品	万吨	1.61	1.62
玻璃包装容器	万吨	10.20	9.87
耐火材料制品	万吨	13.53	3.27

指　标　名　称	计量单位	2011 年	2010 年
石墨及炭素制品	万吨	0.63	0.35
生铁	万吨	237.75	218.08
粗钢	万吨	242.55	227.49
钢材	万吨	646.22	482.90
3. 中小型型钢	万吨	225.91	114.74
4. 棒材	万吨	248.49	215.98
6. 线材(盘条)	万吨	100.88	87.99
16. 冷轧窄钢带	万吨	4.11	2.90
20. 无缝钢管	万吨	42.68	36.38
21. 焊接钢管	万吨	15.56	15.51
22. 其它钢材	万吨	8.58	9.40
单一稀土金属	万千克	0.02	0.02
铝材	万吨	23.01	18.16
钢丝	万吨	0.73	0.64
不锈钢日用制品	万吨	0.04	0.04
工业锅炉	蒸发量吨	456.00	423.01
发动机	万千瓦	12416.02	13920.87
其中:汽车用发动机	万千瓦	8398.40	10406.94
金属切削机床	万台	0.04	0.05
金属成形机床	万台	0.02	0.01
起重机	万吨	6.66	7.19
泵	万台	4.67	4.80
其中:真空泵	万台	0.01	0.01
气体压缩机	万台	0.04	0.03
阀门	万吨	2.03	1.92
液压元件	万件	198.96	148.76
齿轮	万吨	6.27	5.79
风机	万台	2.83	2.51
包装专用设备	台	411.80	419.52
铸铁件	万吨	43.16	39.29
铸钢件	万吨	10.74	8.83
锻件	万吨	41.95	48.69
粉末冶金零件	万吨	0.17	0.16
石油钻井设备	台套	10270.00	6136.84
挖掘、铲土运输机械	台	31275.00	26517.72
其中:挖掘机	台	967.00	461.00
装载机	台	28911.00	24706.03
混凝土机械	台	3421.00	2654.00

9－8 续表 5

指 标 名 称	计量单位	2011 年	2010 年
炼油、化工生产专用设备	万吨	0.23	0.20
塑料加工专用设备	台	3448.00	6930.65
模具	万套	7.00	5.85
大型拖拉机	台	10860.00	5663.03
中型拖拉机	台	61003.00	52103.69
小型拖拉机	万台	8.75	8.83
收获机械	台	44326.00	40164.91
其中：谷物收获机械	台	29840.00	24285.83
玉米收获机械	台	9496.00	13087.10
环境污染防治专用设备	台(套)	541.00	450.98
其中：大气污染防治设备	台	117.00	78.00
水质污染防治设备	台(套)	424.00	373.01
汽车	万辆	41.99	48.78
载货汽车	万辆	41.99	48.78
改装汽车	万辆	0.09	0.12
摩托车整车	万辆	5.49	4.95
电动自行车	万辆	161.13	129.85
民用钢质船舶	万载重吨	0.20	0.98
交流电动机	万千瓦	322.99	262.72
变压器	万千伏安	247.53	231.38
高压开关板	面	5649.00	3260.98
低压开关板	万面	12.32	11.31
高压开关设备(11 万伏以上)	万台	0.05	0.03
电力电缆	万千米	2.02	4.99
绝缘制品	吨	28455.00	22649.84
铅酸蓄电池	万千伏安时	24.94	18.46
碱性蓄电池	万只(自然只)	1.49	0.97
锂离子电池	万只(自然只)	10.96	8.55
灯具及照明装置	万套(台、个)	1.34	0.74
电子元件	亿只	4.69	3.96
电工仪器仪表	万台	0.49	0.41
复印和胶版印制设备	万台	0.02	0.03
发电量	亿千瓦小时	178.15	172.31
其中：火力发电量	亿千瓦小时	177.15	170.81
风力发电量	亿千瓦小时	0.93	1.06
煤气生产量	亿立方米	2.30	2.23
自来水生产量	亿立方米	0.50	0.49

9-9 各县市区规模以下工业单位个数

(2011年)

单位:个

地　区	企业个数	农村个体	工业企业
总　计	**58640**	**44942**	**13698**
市区小计	10227	7246	2981
潍城区	3284	2371	913
寒亭区	2790	1938	852
坊子区	3249	2568	681
奎文区	904	369	535
青州市	5924	3681	2243
诸城市	4584	3038	1546
寿光市	7812	6087	1725
安丘市	6306	5325	981
高密市	7639	6724	915
昌邑市	4285	2982	1303
临朐县	5301	4283	1018
昌乐县	6562	5576	986

9-10 各县市区规模以下工业总产值

(2011年)

单位:万元

地　区	工业总产值(当年价格)	农村个体		工业企业	
		总　值	均　值	总　值	均　值
总　计	**6514800**	**2930700**	**65.21**	**3584100**	**261.65**
市区小计	1490000	607500	83.84	882500	296.04
潍城区	533700	200100	84.41	333600	365.39
寒亭区	250000	97200	50.15	152800	179.34
坊子区	584200	280900	109.40	303300	445.33
奎文区	122100	29300	79.49	92800	173.46
青州市	841200	260200	70.68	581000	259.03
诸城市	596000	273500	90.02	322500	208.62
寿光市	544900	304100	49.96	240800	139.59
安丘市	492700	272700	51.21	220000	224.26
高密市	878000	638700	94.99	239300	261.57
昌邑市	665700	165700	55.58	500000	383.73
临朐县	443300	165600	38.66	277700	272.82
昌乐县	563000	242700	43.52	320300	324.81

9-11 规模以下工业历年主要指标

（2000-2011年）

单位：个、万元

年份	工业个数			工业产值		
	总计	农村个体	工业企业	总计	农村个体	工业企业
2000	42154	35274	6880	4976455	2533205	2443250
2001	41735	33477	8258	5419939	2720626	2699314
2002	41208	32078	9130	4900000	1935000	2965000
2003	43534	33020	10514	5031000	1909900	3121100
2004	44043	31625	12418	4850800	1619000	3231800
2005	47155	37085	10070	4807700	2302100	2505600
2006	49760	38811	10949	5100000	2436400	2663600
2007	50903	40007	10896	4800000	2307400	2492600
2008	52255	40805	11450	5200000	2493700	2706300
2009	54789	42679	12110	5440000	2607700	2832300
2010	56941	44082	12859	5900000	2818300	3081700
2011	58640	44942	13698	6514800	2930700	3584100

主要统计指标解释

工业 指从事自然资源的开采，对采掘品和农产品进行加工和再加工的物质生产部门。具体包括：(1)对自然资源的开采，如采矿、晒盐等(但不包括禽兽捕猎和水产捕捞)；(2)对农副产品的加工、再加工，如粮油加工、食品加工、缫丝、纺织、制革等；(3)对采掘品的加工、再加工，如炼铁、炼钢、化工生产、石油加工、机器制造、木材加工等，以及电力、自来水、煤气的生产和供应等；(4)对工业品的修理、翻新，如机器设备的修理、交通运输工具(如汽车)的修理等。

工业统计调查单位为独立核算法人工业企业。

独立核算法人工业企业指从事工业生产经营活动的单位。独立核算法人工业企业应同时具备以下条件：①依法成立，有自己的名称、组织机构和场所，能够承担民事责任；②独立拥有和使用资产，承担负债，有权与其他单位签订合同；③独立核算盈亏，并能够编制资产负债表。

本年鉴中涉及的企业登记注册类型：

国有企业 国有企业(即原全民所有制工业或国营工业)指企业全部资产归国家所有，并按《中华人民共和国企业法人登记管理条例》规定登记注册的非公司制的经济组织。包括国有企业、国有独资公司和国有联营企业。1957 年以前的公私合营和私营工业，后均改造为国营工业，1992 年改为国有工业，这部分工业的资料不单独分列时，均包括在国有企业内。

国有控股企业 是对混合所有制经济的企业进行的“国有控股”分类。它是指这些企业的全部资产中国有资产(股份)相对其他所有者中的任何一个所有者占资(股)最多的企业。该分组反映了国有经济控股情况。

集体企业 指企业资产归集体所有，并按《中华人民共和国企业法人登记管理条例》规定登记注册的经济组织。是社会主义公有制经济的组成部分。包括城乡所有使用集体投资举办的企业，以及部分个人通过集资自愿放弃所有权并依法经工商行政管理机关认定为集体所有制的企业。

股份合作企业 指以合作制为基础，由企业职工共同出资入股，吸收一定比例的社会资产投资组建，实行自主经营，自负盈亏，共同劳动，民主管理，按劳分配与按股分红相结合的一种集体经济组织。

联营企业 指两个及两个以上相同或不同所有制性质的企业法人或事业单位法人，按自愿、平等、互利的原则，共同投资组成的经济组织。联营企业包括：

国有联营企业指国有企业与国有企业间的联营；

集体联营企业指集体企业与集体企业间的联营；

国有与集体联营企业指国有企业与集体企业间的联营。

有限责任公司 指根据《中华人民共和国公司登记管理条例》规定登记注册，由两个以上，五十个以下的股东共同出资，每个股东以其所认缴的出资额对公司承担有限责任，公司以其全部资产对其债务承担责任的经济组织。

有限责任公司包括国有独资公司以及其他有限责任公司。

股份有限公司 指根据《中华人民共和国企业法人登记管理条例》规定登记注册，其全部注册资本由等额股份构成并通过发行股票筹集资本，股东以其认购的股份对公司承担有限责任，公司以其全部资产对其债务承担责任的经济组织。

私营企业 指由自然人投资设立或由自然人

控股，以雇佣劳动为基础的营利性经济组织。包括按照《公司法》、《合伙企业法》、《私营企业暂行条例》规定登记注册的私营有限责任公司、私营股份有限公司、私营合伙企业和私营独资企业。

港、澳、台商投资企业 指企业注册登记类型中的港、澳、台资合资、合作、独资经营企业和股份有限公司之和。

外商投资企业 指企业注册登记类型中的中外合资、合作经营企业、外资企业和外商投资股份有限公司之和。

“三资”企业 系指港、澳、台商投资企业和外资企业的简称。

轻工业 指主要提供生活消费品和制作手工工具的工业。按其所使用的原料不同，可分为两大类：(1)以农产品为原料的轻工业，是指直接或间接以农产品为基本原料的轻工业。主要包括食品制造、饮料制造、烟草加工、纺织、缝纫、皮革和毛皮制作、造纸以及印刷等工业；(2)以非农产品为原料的轻工业，是指以工业品为原料的轻工业。主要包括文教体育用品、化学药品制造、合成纤维制造、日用化学制品、日用玻璃制品、日用金属制品、手工工具制造、医疗器械制造、文化和办公用机械制造等工业。

重工业 指为国民经济各部门提供物质技术基础的主要生产资料的工业。按其生产性质和产品用途，可以分为下列三类：(1)采掘(伐)工业，是指对自然资源的开采，包括石油开采、煤炭开采、金属矿开采、非金属矿开采等工业；(2)原材料工业，指向国民经济各部门提供基本材料、动力和燃料的工业。包括金属冶炼及加工、炼焦及焦炭、化学、化工原料、水泥、人造板以及电力、石油和煤炭加工等工业；(3)加工工业，是指对工业原材料进行再加工制造的工业。包括装备国民经济各部门的机械设备制造工业、金属结构、水泥制品等工业，以及为农业提供的生产资料如化肥、农药等工业。

根据上述划分原则，修理业中以重工业产品为修理作业对象的划为重工业，反之划为轻工业。

工业总产值

(1)定义：

工业总产值是以货币形式表现的，工业企业在一定时期内生产的工业最终产品或提供工业性劳务活动的总价值量。它反映一定时间内工业生产的总规模和总水平。

(2)计算原则：

工业生产的原则，即凡是企业在报告期生产的经检验合格的产品，不管是否在报告期销售，均包括在内。

最终产品的原则，即凡是计入工业总产值的产品，必须是本企业生产的经检验合格的，不需要再进行任何加工的最终产品。如果企业有中间产品(半成品)对外销售，则对外销售的中间产品应视为企业的最终产品。

工厂法原则，即工业总产值是以工业企业作为基本计算(核算)单位，即按企业的最终产品计算工业总产值。按这种方法计算的工业总产值，不允许同一产品价值在企业内部重复计算，不能把企业内部各个车间(分厂)生产的成果相加，但允许企业间的重复计算。

(3)内容及计算方法：

1995年全国工业普查对工业总产值(原规定)的内容及计算原则和方法做了某些修订，修订后的工业总产值(新规定)包括三项内容：即本期生产成品价值、对外加工费收入、在制品半成品期末期初差额价值三部分。

本期生产成品价值：指企业本期生产，并在报告期内不再进行加工，经检验、包装入库的全部工业成品(半成品)价值合计，包括企业生产的自制设备及提供给本企业在建工程、其他非工业部门和福利部门等单位使用的成品价值。本期生产成品价值为按自备原材料生产的产品的数量乘以本期不含增值税(销项税额)的产品实际销售平均单价计算；会计核算中按成本价格转帐的自制设备和自产自用的成品，按成本价格计算生产成品价值。生产成品价值中不包括用定货者来料加工的成品(半成品）价值。

对外加工费收入：指企业在报告期内完成的对外承接的工业品加工（包括用定货者来料加工产品）的加工费收入和对外工业修理作业所取得的加工费收入。对外加工费收入按不含增值税（销项税额）的价格计算，可根据会计“产品销售收入”科目的有关资料取得。

对于本企业对内非工业部门提供的加工修理、设备安装的劳务收入，如果企业会计核算基础较好，能取得这部分资料，而且这部分价值所占比重较大，应包括在对外加工费收入中。自制半成品在制品期末期初差额价值：指企业报告期在制品期末减期初的差额价值，本指标一般可以从会计核算资料中取得。如果会计产品成本核算中不计算半成品、在制品的成本，则总产值中也不包括这部分价值，反之则包括。

（4）工业总产值统计范围变化和计算方法修订情况：

1984年以前工业总产值不包括村办工业，村办工业总产值划归农业。1984年以后工业总产值包括村办工业。

1995年工业普查对工业总产值计算方法做了修订，即从1995年始按新修订（新规定）方法计算工业总产值。新规定与原规定的区别如下：

全价与加工费的计算原则不同：新规定为凡自备原材料，不论其生产繁简程度如何，一律按全价计算工业总产值；凡来料加工，允许按加工费计算工业总产值。原规定则视生产加工的繁简程度不同，规定哪些行业按全价，哪些行业按加工费计算工业总产值。

自制半成品、在产品期末期初差额价值的计算原则不同：新规定要求，凡会计产品成本核算时计算了成本的差额价值，总产值中就应包括，否则可不包括；原规定则按生产周期六个月的界限区分，凡生产周期六个月以上的企业，总产值计算中应包括这部分差额价值，否则可不包括。

计算价格不同：新规定按不含增值税（销项税额）的价格计算；原规定则按含增值税（销项税额）的价格计算。

流动资产　指企业可以在一年内或者超过一年的一个生产周期内变现或者耗用的资产，包括现金及各种存款、短期投资，应收及预付款项、存货等。

流动资产平均余额　指企业在报告期内全部流动资产的平均余额。

固定资产原价　指企业在建造、购置、安装、改建、扩建、技术改造某项固定资产时所支出的全部货币总额。它一般包括买价、包装费、运杂费和安装费等。

负债合计　指企业所承担的能以货币计量，将以资产或劳务偿付的债务，偿还形式包括货币、资产或提供劳务。负债一般按偿还期长短分为流动负债和长期负债。根据会计“资产负债表”中“负债合计”的年末数填列。

所有者权益　指企业投资人对企业净资产的所有权。企业净资产等于企业全部资产减去全部负债后的余额，包括企业投资人对企业的最初投入的实际到位的资产及资本公积金、盈余公积金和未分配利润。所有者权益合计数小于零，表示企业资不抵债。

主营业务收入　指会计“利润表”中对应指标的本年累计数。未执行2001年《企业会计制度》的企业，用“产品销售收入”的本期累计数代替。主营业务成本指会计“利润表”中对应指标的本年累计数。未执行2001年《企业会计制度》的企业，用“产品销售成本”的本期累计数代替。

主营业务税金及附加　指会计“利润表”中对应指标的本年累计数。未执行2001年《企业会计制度》的企业，用“产品销售税金及附加”的本期累计数代替。

利润总额　指企业生产经营活动的最终成果，是企业在一定时期内实现的盈亏相抵后的利润总额（亏损以“－”号表示），它等于营业利润加上补贴收入加上投资收益加上营业外净收入再加上以前年度损益调整。

本年应交增值税 指企业在报告期内应交纳的增值税额。它等于本年销项税额加上出口退税加上进项税额转出数减去本年进项税额。小规模纳税企业直接按全年计税销售额乘以征收率计算取得。

全部从业人员年平均人数 是指报告期内每天拥有的从业人员人数。其计算公式为：

$$月平均人数=\frac{报告月内每天实有人数之和}{报告月日历日数}$$

$$年平均人数=\frac{年内各月平均人数之和}{12}$$

⑩

能　　源

TEN

ENERGY

简 要 说 明

本篇资料主要反映了全市能源及水消费情况，主要包括地区能源平衡表、规模以上工业企业能源购进消费库存及各类水资源消费状况等内容。

本篇来源于能源消费与库存年报及水消费年报，由潍坊市统计局工业能源科整理提供。

10－1　工业企业能源购进、消费与库存情况

（2011 年）

指标名称	计量单位	年初库存	购进量	消费量合计	#工业生产消费	年末库存量
原煤	吨	1369108	21261313	20775994	20698703	1858971
其中:1.无烟煤	吨	15817	183129	189356	178165	9462
2.炼焦烟煤	吨	180	8894	8981	8976	43
3.一般烟煤	吨	1352046	21058186	20573118	20507023	1848135
4.褐煤	吨	315	5461	4538	4538	1238
洗精煤	吨	223427	3225837	3192096	3192096	257168
其它洗煤	吨	10				10
煤制品	吨	406	368	531	531	243
焦炭	吨	93730	2646661	2626019	2626008	151768
其它焦化产品	吨	15923	146485	149822	149822	12586
焦炉煤气	万立方米		36865	50062	50012	
高炉煤气	万立方米		1582	438627	438627	
转炉煤气	万立方米			26312	26312	
发生炉煤气	万立方米					
天然气(气态)	万立方米		9221	9666	9551	
液化天然气(液态)	吨	2	3435	3435	3422	
煤层气(煤田)	万立方米					
原油	吨	318635	6687338	6719832	6719832	286141
汽油	吨	1290	57143	57897	38264	1056
煤油	吨	8	356	406	349	5
柴油	吨	2022	126263	125870	107980	3391
燃料油	吨	31386	883605	871558	871555	43433
液化石油气	吨	2	34543	34544	34541	52
炼厂干气	吨			65431	65431	
石脑油	吨					
润滑油	吨	5	950	951	951	5
石蜡	吨					
溶剂油	吨					
石油焦	吨	1888	54265	56153	56153	
石油沥青	吨					
其它石油制品	吨	250	68268	63215	63215	5693
热力	百万千焦		45465650	89466865	88262112	
电力	万千瓦时		2267965	2897654	2860339	
煤矸石用于燃料	吨		229962	232435	232435	
城市垃圾用于燃料	吨					
生物质废料用于燃料	吨		168664	162694	162694	
余热余压	百万千焦			942523	942523	
其它工业废料用于燃料	吨		872	30766	30766	
其它燃料	吨标准煤	7747	127454	145588	145588	
能源合计	吨标准煤			39220954	39020167	

10－2　工业企业能源购进、消费与库存附表情况

（2011 年）

能源名称	计量单位	工业生产消费量	加工转换投入合计		
				火力发电	供热
原煤	吨	16559082	13947428	8091069	5856360
其中:1. 无烟煤	吨	11392			
2. 炼焦烟煤	吨				
3. 一般烟煤	吨	16547690	13947428	8091069	5856360
4. 褐煤	吨				
洗精煤	吨	3076458	3056966		
其它洗煤	吨				
煤制品	吨				
焦炭	吨	1976383			
其它焦化产品	吨	124151	12893	12893	
焦炉煤气	万立方米	14610	7178	1649	5529
高炉煤气	万立方米	437046	253275	253275	
转炉煤气	万立方米	26312			
发生炉煤气	万立方米				
天然气(气态)	万立方米	2330	9	6	3
液化天然气(液态)	吨				
煤层气(煤田)	万立方米				
原油	吨	6719784	6316624		
汽油	吨	655			
煤油	吨				
柴油	吨	14643	3312	2859	453
燃料油	吨	870641	870163	15	69
液化石油气	吨	25673	25673		
炼厂干气	吨	65431	17683	3929	13754
石脑油	吨				
润滑油	吨	645			
石蜡	吨				
溶剂油	吨				
石油焦	吨	11458	11458	2709	8749
石油沥青	吨				
其它石油制品	吨	52601	52577		
热力	百万千焦	47852518			
电力	万千瓦时	1159942			
煤矸石用于燃料	吨	230436	230436	96667	133769
城市垃圾用于燃料	吨				
生物质废料用于燃料	吨	159048	159048	102928	56120
余热余压	百万千焦	942523	942523	942523	
其它工业废料用于燃料	吨	29654	29654	17022	12633
其它燃料	吨标准煤	85988	85988	27980	58008
能源合计	吨标准煤	31193387	23158356	5765314	4257229

10－2 续表1

能源名称	计量单位	炼焦	炼油及煤制油	能源加工转换产出	回收利用
原煤	吨				
其中:1. 无烟煤	吨				
2. 炼焦烟煤	吨				
3. 一般烟煤	吨				
4. 褐煤	吨				
洗精煤	吨	3056966			
其它洗煤	吨				
煤制品	吨				
焦炭	吨			2159912	
其它焦化产品	吨			153673	
焦炉煤气	万立方米			38404	
高炉煤气	万立方米				437046
转炉煤气	万立方米				26312
发生炉煤气	万立方米				
天然气(气态)	万立方米				
液化天然气(液态)	吨				
煤层气(煤田)	万立方米				
原油	吨		6316624		
汽油	吨			1135279	
煤油	吨				
柴油	吨			2433275	
燃料油	吨		870079	73887	
液化石油气	吨		25673	392444	
炼厂干气	吨			65431	
石脑油	吨			59246	
润滑油	吨				
石蜡	吨				
溶剂油	吨				
石油焦	吨			70891	
石油沥青	吨			990145	
其它石油制品	吨		52577	1559676	
热力	百万千焦			101611596	
电力	万千瓦时			1817144	
煤矸石用于燃料	吨				
城市垃圾用于燃料	吨				
生物质废料用于燃料	吨				
余热余压	百万千焦				1243281
其它工业废料用于燃料	吨				
其它燃料	吨标准煤				
能源合计	吨标准煤	2751269	10384543	17796739	614651

10－3 产 值 能 耗 分 组 表

（2011 年）

指 标 名 称	综合能源消费量（吨标准煤）	现价工业总产值（万元）	产 值 单 耗（吨标准煤/万元）
总　　计	**20608778**	**94254027**	**0.22**
一、按工业行业门类分			
（一）轻工业	4934577	36460869	0.14
（二）重工业	15674201	57793158	0.27
（三）采矿业	135997	1012087	0.13
煤炭开采和洗选业	30355	85339	0.36
石油和天然气开采业	1986	42625	0.05
黑色金属矿采选业	7757	113124	0.07
有色金属矿采选业	593	10575	0.06
非金属矿采选业	95304	760426	0.13
其他采矿业			
（四）制造业	18008137	90102688	0.20
农副食品加工业	619543	9634244	0.06
食品制造业	611031	2146969	0.28
饮料制造业	44681	518831	0.09
烟草制品业	12554	541022	0.02
纺织业	964454	10013775	0.10
纺织服装、鞋、帽制造业	84670	2385608	0.04
皮革、毛皮、羽毛（绒）等	13451	475442	0.03
木材加工及木、竹、藤等	14835	585583	0.03
家具制造业	30442	827465	0.04
造纸及纸制品业	1543869	2922599	0.53
印刷业和记录媒介的复制	9580	359855	0.03
文教体育用品制造业	2286	132451	0.02
石油加工炼焦及核燃料加工业	2272389	5336097	0.43
化学原料及化学制品制造业	4978837	12650615	0.39
医药制造业	291529	2165446	0.13
化学纤维制造业	506581	750874	0.67
橡胶制品业	209543	2391644	0.09
塑料制品业	50556	1247719	0.04
非金属矿物制品业	1410813	2818305	0.50
黑色金属冶炼及压延加工业	2733608	4041101	0.68
有色金属冶炼及压延加工业	125815	983995	0.13
金属制品业	63562	1567557	0.04
通用设备制造业	786957	8122453	0.10
专用设备制造业	139827	4487812	0.03
交通运输设备制造业	303939	7924900	0.04
电气机械及器材制造业	116999	2323825	0.05
通信设备、计算机及其他	34508	1627112	0.02
仪器仪表及文化、办公用	5724	202467	0.03
工艺品及其他制造业	25553	916922	0.03
废弃资源和废旧材料回收			
（五）电力、燃气及水的生产和供应业	2464644	3139251	0.79
电力、热力的生产和供应业	2441164	3004951	0.81
燃气生产和供应业	14230	65994	0.22
水的生产和供应业	9250	68306	0.14

10－4 各县市区万元产值能耗表

（2011年）

地　　区	综合能源消费量（吨标准煤）	现价工业总产值（万元）	单位产值能耗（吨标准煤/万元）
总　计	**20608778**	**94254027**	**0.22**
潍城区	454983	2690533	0.17
寒亭区	603604	3382362	0.18
坊子区	259920	2175904	0.12
奎文区	303097	685034	0.44
青州市	1486891	11028814	0.13
诸城市	1729473	16495494	0.10
寿光市	3995037	12887696	0.31
安丘市	791464	3146368	0.25
高密市	1164395	11876991	0.10
昌邑市	2060455	8297981	0.25
临朐县	738981	3512382	0.21
昌乐县	1308900	6307875	0.21
高新开发区	3598732	6778122	0.53
滨海开发区	2088220	4839043	0.43
峡山生态区	24620	136016	0.18
综合保税区	6	13412	

10－5 工业企业水消费

(2011 年)

指标名称	数量(万立方米)	金额(万元)
总计	**86528**	**68332**
1.陆地地表水	21098	20222
#陆地湖咸水		
2.地下水	43280	19608
#地下咸水	29795	5601
3.自来水	7826	23971
4.海水	8171	3551
5.其他水	6153	1057
#雨水收集利用	13	
海水淡化水		
再生水(中水)	54	230
重复用水	275746	

10－6 分县市区工业企业水消费

(2011 年)

地区	数量(万立方米)	#地下咸水(万立方米)	海水(万立方米)
总计	**86528.3**	**29795.4**	**8170.8**
潍城区	260.0		
寒亭区	2418.0		
坊子区	1659.4		
奎文区	749.5		
青州市	1014.0		
诸城市	3351.7		
寿光市	13078.0	7998.8	
安丘市	1545.0		
高密市	4615.1		
昌邑市	13883.0	9349.4	1174.2
临朐县	993.3		
昌乐县	1643.8		
高新开发区	14786.5		
滨海开发区	26514.8	12447.1	6996.6
峡山生态区	16.0		
综合保税区	0.4		

10－7　工业企业水消费（取水总量）

（2011年）

指 标 名 称	数 量（万立方米）	金 额（万元）
总　　计	**86528**	**68332**
一、采矿业	**12642**	**4138**
煤炭开采和洗选业	11	26
石油和天然气开采业	10	18
黑色金属矿采选业	13	16
有色金属矿采选业	11	16
非金属矿采选业	12597	4062
其他采矿业		
二、制造业	**50748**	**50091**
农副食品加工业	1552	2785
食品制造业	1095	1334
饮料制造业	326	558
烟草制品业	92	287
纺织业	2369	4294
纺织服装、鞋、帽制造业	255	401
皮革、毛皮、羽毛（绒）等	44	60
木材加工及木、竹、藤等	43	112
家具制造业	58	74
造纸及纸制品业	3677	3936
印刷业和记录媒介的复制	14	32
文教体育用品制造业	3	8
石油加工炼焦及核燃料	2662	6712
化学原料及化学制品制造	31050	14462
医药制造业	579	1252
化学纤维制造业	2157	4960
橡胶制品业	122	137
塑料制品业	44	67
非金属矿物制品业	505	622
黑色金属冶炼及压延	1068	2199
有色金属冶炼及压延	458	1207
金属制品业	100	224
通用设备制造业	494	1127
专用设备制造业	287	720
交通运输设备制造业	551	1346
电气机械及器材制造业	883	390
通信设备、计算机及其他	159	603
仪器仪表及文化、办公用	39	89
工艺品及其他制造业	62	94
废弃资源和废旧材料回收		
三、电力、煤气及水的生产等	**23139**	**14103**
电力、热力的生产和供应	2917	4585
燃气生产和供应业	9	18
水的生产和供应业	20214	9500

10－8　地区能源平衡表(实物量)

(2011 年)

指　标　名　称	煤合计(万吨)	原　煤(万吨)	洗精煤(万吨)	其他洗煤(万吨)	煤制品(万吨)
一.可供本地区消费的能源量	3027.45	2696.34	330.73		0.38
1.年初库存量	159.84	137.10	22.34		0.40
2.一次能源生产量	93.93	93.93			
3.外省(区、市)调入量	2985.30	2651.19	334.11		
4.进 口 量					
5.境内轮船和飞机在境外加油量					
6.本省(区、市)调出量(－)					
7.出 口 量(－)					
8.境外轮船和飞机在境内加油量(－)					
9.年末库存量(－)	－211.63	－185.88	－25.72		－0.02
二.加工转换投入(－)产出(＋)量	－1700.47	－1396.01	－305.70		1.24
1.火力发电	－809.11	－809.11			
2.供 热	－585.64	－585.64			
3.煤 炭 洗 选					
4.炼 焦	－305.70		－305.70		
5.炼油及煤制油					
其中:油品再投入量(－)					
6.制 气					
其中:焦炭再投入量(－)					
7.天然气液化					
8.煤制品加工	－0.02	－1.26			1.24
9.回收能					
三.损 失 量					
其中:运输和输配损失					
四.终端消费量	1385.03	1358.38	25.03		1.62
(一)第一产业	87.50	87.50			
1.农.林.牧.渔业	87.50	87.50			
(二)第二产业	1119.95	1094.02	25.03		0.80
1.工 业	1110.31	1084.48	25.03		0.80
#用作原料.材料	134.82	123.31	11.51		
2.建 筑 业	9.64	9.64			
(三)第三产业	52.28	51.70			0.58
1.交通运输.仓储和邮政业	1.40	1.40			
2.批发、零售业和住宿、餐饮业	26.88	26.30			0.58
3.其他	24.00	24.00			
(四)生活消费	125.30	125.06			0.24
1. 城 镇	56.58	56.46			0.12
2. 乡 村	68.72	68.60			0.12
五.平衡差额(＋、－)	－58.05	－58.05			
六.消费量合计	3085.50	2754.38	330.73		1.62

10－8续表1

指 标 名 称	煤矸石（万吨）	焦 炭（万吨）	焦炉煤气（亿立方米）	高炉煤气（亿立方米）	转炉煤气（亿立方米）
一.可供本地区消费的能源量	23.55	69.06			
1.年初库存量	0.10	9.37			
2.一次能源生产量					
3.外省(区、市)调入量	23.45	74.87			
4.进 口 量					
5.境内轮船和飞机在境外加油量					
6.本省(区、市)调出量(－)					
7.出 口 量(－)					
8.境外轮船和飞机在境内加油量(－)					
9.年末库存量(－)		－15.18			
二.加工转换投入(－)产出(＋)量	－23.05	215.99	3.13	18.38	2.63
1.火力发电	－9.67		－0.16	－25.33	
2.供 热	－13.38		－0.55		
3.煤 炭 洗 选					
4.炼 焦		215.99	3.84		
5.炼油及煤制油					
其中:油品再投入量(－)					
6.制 气					
其中:焦炭再投入量(－)					
7.天然气液化					
8.煤制品加工					
9.回收能				43.71	2.63
三.损 失 量					
其中:运输和输配损失					
四.终端消费量	0.50	285.05	4.61	18.38	2.63
(一)第一产业					
1.农.林.牧.渔业					
(二)第二产业	0.50	282.60	4.24	18.38	2.63
1.工 业	0.50	282.60	4.24	18.38	2.63
#用作原料.材料					
2.建 筑 业					
(三)第三产业		2.45	0.19		
1.交通运输.仓储和邮政业					
2.批发、零售业和住宿、餐饮业		2.45	0.19		
3.其他					
(四)生活消费			0.18		
1. 城 镇			0.18		
2. 乡 村					
五.平衡差额(＋、－)			－1.48		
六.消费量合计	23.55	285.05	5.32	43.71	2.63

10－8 续表 2

指 标 名 称	其它煤气（亿立方米）	其它焦化产品（万吨）	石油合计（万吨）	原 油（万吨）	汽 油（万吨）
一.可供本地区消费的能源量		0.33	490.37	282.29	－18.57
1.年初库存量		1.59	35.56	31.86	0.13
2.一次能源生产量			8.86	8.86	
3.外省(区、市)调入量			312.04	270.18	
4.进 口 量			489.39		
5.境内轮船和飞机在境外加油量					
6.本省(区、市)调出量(－)			－321.31		－18.59
7.出 口 量(－)					
8.境外轮船和飞机在境内加油量(－)					
9.年末库存量(－)		－1.26	－34.16	－28.61	－0.11
二.加工转换投入(－)产出(＋)量		14.08	－51.86	－241.97	113.53
1.火力发电		－1.29	－0.95		
2.供 热			－2.26		
3.煤 炭 洗 选					
4.炼 焦		15.37			
5.炼油及煤制油			－48.65	－241.97	113.53
其中:油品再投入量(－)					
6.制 气					
其中:焦炭再投入量(－)					
7.天然气液化					
8.煤制品加工					
9.回收能					
三.损 失 量					
其中:运输和输配损失					
四.终端消费量		14.41	310.75	40.32	78.47
(一)第一产业			19.73		9.71
1.农.林.牧.渔业			19.73		9.71
(二)第二产业		14.41	117.26	40.32	7.36
1.工 业		14.41	95.79	40.32	5.79
#用作原料.材料		2.57	50.50	26.63	0.81
2.建 筑 业			21.47		1.57
(三)第三产业			142.17		36.62
1.交通运输.仓储和邮政业			107.92		28.63
2.批发、零售业和住宿、餐饮业			22.86		4.29
3.其他			11.39		3.70
(四)生活消费			31.59		24.78
1. 城 镇			22.11		18.54
2. 乡 村			9.48		6.24
五.平衡差额(＋、－)			127.76		16.49
六.消费量合计		15.70	362.61	282.29	78.47

10－8 续表 3

指 标 名 称	煤 油（万吨）	柴 油（万吨）	燃料油（万吨）	石脑油（万吨）	润滑油（万吨）
一.可供本地区消费的能源量	0.95	-72.58	488.19	-6.54	-5.93
1.年初库存量		0.21	3.14		
2.一次能源生产量					
3.外省(区、市)调入量	0.95				
4.进 口 量			489.39		
5.境内轮船和飞机在境外加油量					
6.本省(区、市)调出量(－)		-72.45		-6.54	-5.93
7.出 口 量(－)					
8.境外轮船和飞机在境内加油量(－)					
9.年末库存量(－)		-0.34	-4.34		
二.加工转换投入(－)产出(＋)量		243.03	-476.03	6.54	5.93
1.火力发电		-0.29			
2.供 热					
3.煤 炭 洗 选					
4.炼 焦					
5.炼油及煤制油		243.32	-476.03	6.54	5.93
其中:油品再投入量(－)					
6.制 气					
其中:焦炭再投入量(－)					
7.天然气液化					
8.煤制品加工					
9.回收能					
三.损 失 量					
其中:运输和输配损失					
四.终端消费量	0.04	123.37	12.16		0.10
(一)第一产业		10.02			
1.农.林.牧.渔业		10.02			
(二)第二产业	0.04	17.09	0.16		0.10
1.工 业	0.04	10.79	0.16		0.10
#用作原料.材料		18.00			
2.建 筑 业		6.30			
(三)第三产业		92.55	12.00		
1.交通运输.仓储和邮政业		67.29	12.00		
2.批发、零售业和住宿、餐饮业		17.57			
3.其他		7.69			
(四)生活消费		3.71			
1. 城 镇		2.57			
2. 乡 村		1.14			
五.平衡差额(＋、－)	0.91	47.08			-0.10
六.消费量合计	0.04	123.66	12.16		0.10

10－8 续表 4

指 标 名 称	石　蜡（万吨）	溶剂油（万吨）	石油沥青（万吨）	石油焦（万吨）	液化石油气（万吨）
一. 可供本地区消费的能源量			－51.20	13.99	6.20
1. 年初库存量				0.19	
2. 一次能源生产量					
3. 外省（区、市）调入量			17.50	13.99	6.20
4. 进 口 量					
5. 境内轮船和飞机在境外加油量					
6. 本省（区、市）调出量（－）			－68.70		
7. 出 口 量（－）					
8. 境外轮船和飞机在境内加油量（－）					
9. 年末库存量（－）				－0.19	
二. 加工转换投入（－）产出（＋）量			99.01	5.94	36.68
1. 火力发电				－0.27	
2. 供 热				－0.88	
3. 煤 炭 洗 选					
4. 炼 焦					
5. 炼油及煤制油			99.01	7.09	36.68
其中：油品再投入量（－）					
6. 制 气					
其中：焦炭再投入量（－）					
7. 天然气液化					
8. 煤制品加工					
9. 回收能					
三. 损 失 量					
其中：运输和输配损失					
四. 终端消费量			13.60	5.62	29.46
（一）第一产业					
1. 农. 林. 牧. 渔业					
（二）第二产业			13.60	5.62	25.36
1. 工 业				5.62	25.36
#用作原料. 材料				3.03	0.15
2. 建 筑 业			13.60		
（三）第三产业					1.00
1. 交通运输. 仓储和邮政业					
2. 批发、零售业和住宿、餐饮业					1.00
3. 其他					
（四）生活消费					3.10
1. 城 镇					1.00
2. 乡 村					2.10
五. 平衡差额（＋、－）			34.21	14.31	13.42
六. 消费量合计			13.60	6.77	29.46

10－8 续表 5

指标名称	炼厂干气（万吨）	其他石油制品（万吨）	天然气（亿立方米）	液化天然气（万吨）	秸杆（万吨）
一. 可供本地区消费的能源量	3.22	－149.65	3.36	0.35	121.67
1. 年初库存量		0.03			
2. 一次能源生产量			0.17		121.67
3. 外省(区、市)调入量	3.22		3.19	0.35	
4. 进口量					
5. 境内轮船和飞机在境外加油量					
6. 本省(区、市)调出量(－)		－149.10			
7. 出口量(－)					
8. 境外轮船和飞机在境内加油量(－)					
9. 年末库存量(－)		－0.57			
二. 加工转换投入(－)产出(＋)量	4.77	150.71			－15.90
1. 火力发电	－0.39				－10.29
2. 供热	－1.38				－5.61
3. 煤炭洗选					
4. 炼焦					
5. 炼油及煤制油	6.54	150.71			
其中:油品再投入量(－)					
6. 制气					
其中:焦炭再投入量(－)					
7. 天然气液化					
8. 煤制品加工					
9. 回收能					
三. 损失量					
其中:运输和输配损失					
四. 终端消费量	6.54	1.07	3.36	0.35	105.77
(一)第一产业					4.60
1. 农.林.牧.渔业					4.60
(二)第二产业	6.54	1.07	0.96	0.35	16.27
1. 工业	6.54	1.07	0.96	0.35	16.27
#用作原料.材料	0.85	1.03			
2. 建筑业					
(三)第三产业			1.30		
1. 交通运输.仓储和邮政业			1.00		
2. 批发、零售业和住宿、餐饮业			0.30		
3. 其他					
(四)生活消费			1.10		84.90
1. 城镇			1.10		
2. 乡村					84.90
五. 平衡差额(＋、－)	1.45				
六. 消费量合计	8.31	1.07	3.36	0.35	121.67

指 标 名 称	薪 柴（万吨）	沼 气（亿立方米）	热力（万百万千焦）	电 力（亿千瓦时）	其他能源（万吨标煤）
一. 可供本地区消费的能源量	31.44	0.67		150.06	30.24
1. 年初库存量					0.78
2. 一次能源生产量	31.44	0.67		2.97	29.46
3. 外省（区、市）调入量				147.09	
4. 进 口 量					
5. 境内轮船和飞机在境外加油量					
6. 本省（区、市）调出量（－）					
7. 出 口 量（－）					
8. 境外轮船和飞机在境内加油量（－）					
9. 年末库存量（－）					
二. 加工转换投入（－）产出（＋）量			10191.24	181.71	－11.61
1. 火力发电			－94.25	181.71	－4.51
2. 供 热			10161.16		－7.10
3. 煤 炭 洗 选					
4. 炼 焦					
5. 炼油及煤制油					
其中：油品再投入量（－）					
6. 制 气					
其中：焦炭再投入量（－）					
7. 天然气液化					
8. 煤制品加工					
9. 回收能			124.33		
三. 损 失 量					
其中：运输和输配损失					
四. 终端消费量	31.44	0.67	10191.24	331.77	18.63
（一）第一产业	4.38			13.51	
1. 农. 林. 牧. 渔业	4.38			13.51	
（二）第二产业			8950.56	253.55	18.63
1. 工 业			8920.46	249.84	18.63
#用作原料. 材料					
2. 建 筑 业			30.10	3.71	
（三）第三产业			1240.68	26.88	
1. 交通运输. 仓储和邮政业			96.80	4.47	
2. 批发、零售业和住宿、餐饮业			585.55	9.06	
3. 其他			558.33	13.35	
（四）生活消费	27.06	0.67		37.83	
1. 城 镇				13.60	
2. 乡 村	27.06	0.67		24.23	
五. 平衡差额（＋、－）					
六. 消费量合计	31.44	0.67	10285.49	331.77	30.24

10－9　地区能源平衡表（标准量）

（2011 年）　　单位：万吨标准煤

指 标 名 称	煤合计	原 煤	洗精煤	其它洗煤	煤制品
一. 可供本地区消费的能源量	2211.49	1913.56	297.66		0.27
1. 年初库存量	118.60	98.21	20.11		0.29
2. 一次能源生产量	64.86	64.86			
3. 外省（区、市）调入量	2184.15	1883.45	300.70		
4. 进 口 量					
5. 境内轮船和飞机在境外加油量					
6. 本省（区、市）调出量（－）					
7. 出 口 量（－）					
8. 境外轮船和飞机在境内加油量（－）					
9. 年末库存量（－）	－156.12	－132.96	－23.15		－0.01
二. 加工转换投入（－）产出（＋）量	－1260.01	－985.76	－275.13		0.89
1. 火力发电	－566.54	－566.54			
2. 供 热	－418.32	－418.32			
3. 煤炭洗选					
4. 炼 焦	－275.13		－275.13		
5. 炼油及煤制油					
其中：油品再投入量（－）					
6. 制 气					
其中：焦炭再投入量（－）					
7. 天然气液化					
8. 煤制品加工	－0.01	－0.90			0.89
9. 回收能					
三. 损 失 量					
其中：运输和输配损失					
四. 终端消费量	991.75	968.06	22.53		1.16
（一）第一产业	60.69	60.69			
1. 农. 林. 牧. 渔业	60.69	60.69			
（二）第二产业	789.05	766.40	22.53		0.57
1. 工 业	782.82	759.72	22.53		0.57
#用作原料. 材料	98.22	87.86	10.36		
2. 建 筑 业	6.69	6.69			
（三）第三产业	37.65	37.23			0.41
1. 交通运输. 仓储和邮政业	0.97	0.97			
2. 批发、零售业和住宿、餐饮业	20.03	19.61			0.41
3. 其他	16.65	16.65			
（四）生活消费	103.91	103.74			0.17
1. 城 镇	48.72	48.63			0.09
2. 乡 村	55.19	55.11			0.09
五. 平衡差额（＋、－）	－40.27	－40.27			
六. 消费量合计					

注：消费量合计为商品能源（不包括回收能）。

10－9续表1

指 标 名 称	煤矸石	焦 炭	焦炉煤气	高炉煤气	转炉煤气
一.可供本地区消费的能源量	6.73	67.08			
1.年初库存量	0.03	9.10			
2.一次能源生产量					
3.外省(区、市)调入量	6.70	72.73			
4.进 口 量					
5.境内轮船和飞机在境外加油量					
6.本省(区、市)调出量(－)					
7.出 口 量(－)					
8.境外轮船和飞机在境内加油量(－)					
9.年末库存量(－)		－14.75			
二.加工转换投入(－)产出(＋)量	－6.59	209.81	19.23	21.10	7.14
1.火力发电	－2.76		－0.98	－29.07	
2.供 热	－3.82		－3.38		
3.煤炭洗选					
4.炼 焦		209.81	23.59		
5.炼油及煤制油					
其中:油品再投入量(－)					
6.制 气					
其中:焦炭再投入量(－)					
7.天然气液化					
8.煤制品加工					
9.回收能				50.17	7.14
三.损 失 量					
其中:运输和输配损失					
四.终端消费量	0.14	276.90	28.32	21.10	7.14
(一)第一产业					
1.农.林.牧.渔业					
(二)第二产业	0.14	274.52	26.05	21.10	7.14
1.工 业	0.14	274.52	26.05	21.10	7.14
#用作原料.材料					
2.建 筑 业					
(三)第三产业		2.38	1.17		
1.交通运输.仓储和邮政业					
2.批发、零售业和住宿、餐饮业		2.38	1.17		
3.其他					
(四)生活消费			1.11		
1. 城 镇			1.11		
2. 乡 村					
五.平衡差额(＋、－)			－9.09		
六.消费量合计					

10－9续表2

指 标 名 称	其它煤气	其它焦化产 品	石油合计	原 油	汽 油
一.可供本地区消费的能源量		0.46	764.01	403.28	－27.32
1.年初库存量		2.23	50.73	45.52	0.19
2.一次能源生产量			12.66	12.66	
3.外省(区、市)调入量			441.63	385.98	
4.进 口 量			699.14		
5.境内轮船和飞机在境外加油量					
6.本省(区、市)调出量(－)			－391.64		－27.35
7.出 口 量(－)					
8.境外轮船和飞机在境内加油量(－)					
9.年末库存量(－)		－1.77	－48.51	－40.87	－0.16
二.加工转换投入(－)产出(＋)量		19.76	－127.05	－345.68	167.05
1.火力发电		－1.81	－1.33		
2.供 热			－3.13		
3.煤炭洗选					
4.炼 焦		21.57			
5.炼油及煤制油			－122.59	－345.68	167.05
其中:油品再投入量(－)					
6.制 气					
其中:焦炭再投入量(－)					
7.天然气液化					
8.煤制品加工					
9.回收能					
三.损 失 量					
其中:运输和输配损失					
四.终端消费量		20.22	456.48	57.60	115.46
(一)第一产业			28.89		14.29
1.农.林.牧.渔业			28.89		14.29
(二)第二产业		20.22	172.82	57.60	10.83
1.工 业		20.22	143.23	57.60	8.52
#用作原料.材料		3.61	71.39	38.04	1.19
2.建 筑 业			29.59		2.31
(三)第三产业			207.59		53.88
1.交通运输.仓储和邮政业			157.32		42.13
2.批发、零售业和住宿、餐饮业			33.63		6.31
3.其他			16.65		5.44
(四)生活消费			47.18		36.46
1. 城 镇			32.74		27.28
2. 乡 村			14.44		9.18
五.平衡差额(＋、－)			180.48		24.26
六.消费量合计					

10－9 续表 3

指 标 名 称	煤 油	柴 油	燃料油	石脑油	润滑油
一.可供本地区消费的能源量	1.40	－105.76	697.43	－9.81	－8.39
1.年初库存量		0.31	4.49		
2.一次能源生产量					
3.外省(区、市)调入量	1.40				
4.进 口 量			699.14		
5.境内轮船和飞机在境外加油量					
6.本省(区、市)调出量(－)		－105.57		－9.81	－8.39
7.出 口 量(－)					
8.境外轮船和飞机在境内加油量(－)					
9.年末库存量(－)		－0.50	－6.20		
二.加工转换投入(－)产出(＋)量		354.12	－680.06	9.81	8.39
1.火力发电		－0.42			
2.供 热					
3.煤炭洗选					
4.炼 焦					
5.炼油及煤制油		354.54	－680.06	9.81	8.39
其中:油品再投入量(－)					
6.制 气					
其中:焦炭再投入量(－)					
7.天然气液化					
8.煤制品加工					
9.回收能					
三.损 失 量					
其中:运输和输配损失					
四.终端消费量	0.06	179.76	17.37		0.14
(一)第一产业		14.60			
1.农.林.牧.渔业		14.60			
(二)第二产业	0.06	24.90	0.23		0.14
1.工 业	0.06	15.72	0.23		0.14
#用作原料.材料		26.23			
2.建 筑 业		9.18			
(三)第三产业		134.85	17.14		
1.交通运输.仓储和邮政业		98.05	17.14		
2.批发、零售业和住宿、餐饮业		25.60			
3.其他		11.21			
(四)生活消费		5.41			
1. 城 镇		3.74			
2. 乡 村		1.66			
五.平衡差额(＋、－)	1.34	68.60			－0.14
六.消费量合计					

10－9续表4

指标名称	石蜡	溶剂油	石油沥青	石油焦	液化石油气	炼厂干气
一.可供本地区消费的能源量			-68.14	15.27	10.63	5.06
1.年初库存量				0.21		
2.一次能源生产量						
3.外省(区、市)调入量			23.29	15.27	10.63	5.06
4.进口量						
5.境内轮船和飞机在境外加油量						
6.本省(区、市)调出量(－)			-91.43			
7.出口量(－)						
8.境外轮船和飞机在境内加油量(－)						
9.年末库存量(－)				-0.21		
二.加工转换投入(－)产出(＋)量			131.75	6.49	62.88	7.50
1.火力发电				-0.29		-0.61
2.供热				-0.96		-2.17
3.煤炭洗选						
4.炼焦						
5.炼油及煤制油			131.75	7.74	62.88	10.28
其中:油品再投入量(－)						
6.制气						
其中:焦炭再投入量(－)						
7.天然气液化						
8.煤制品加工						
9.回收能						
三.损失量						
其中:运输和输配损失						
四.终端消费量			18.10	6.14	50.50	10.28
(一)第一产业						
1.农.林.牧.渔业						
(二)第二产业			18.10	6.14	43.47	10.28
1.工业				6.14	43.47	10.28
#用作原料.材料				3.31	0.26	1.34
2.建筑业			18.10			
(三)第三产业					1.71	
1.交通运输.仓储和邮政业						
2.批发、零售业和住宿、餐饮业					1.71	
3.其他						
(四)生活消费					5.31	
1.城镇					1.71	
2.乡村					3.60	
五.平衡差额(＋、－)			45.52	15.62	23.01	2.28
六.消费量合计						

10－9 续表 5

指 标 名 称	其它石油制 品	天 然 气	液化天然气	秸 杆	薪 柴	沼 气
一. 可供本地区消费的能源量	－149.65	44.73	0.62	63.62	18.01	0.41
1. 年初库存量	0.03					
2. 一次能源生产量		2.31		63.62	18.01	0.41
3. 外省(区、市)调入量		42.43	0.62			
4. 进 口 量						
5. 境内轮船和飞机在境外加油量						
6. 本省(区、市)调出量(－)	－149.10					
7. 出 口 量(－)						
8. 境外轮船和飞机在境内加油量(－)						
9. 年末库存量(－)	－0.57					
二. 加工转换投入(－)产出(＋)量	150.71			－8.31		
1. 火力发电				－5.38		
2. 供 热				－2.93		
3. 煤炭洗选						
4. 炼 焦						
5. 炼油及煤制油	150.71					
其中:油品再投入量(－)						
6. 制 气						
其中:焦炭再投入量(－)						
7. 天然气液化						
8. 煤制品加工						
9. 回收能						
三. 损 失 量						
其中:运输和输配损失						
四. 终端消费量	1.07	44.69	0.62	55.31	18.01	0.41
(一)第一产业				2.41	2.51	
1. 农.林.牧.渔业				2.41	2.51	
(二)第二产业	1.07	12.77	0.62	8.51		
1. 工 业	1.07	12.77	0.62	8.51		
#用作原料.材料	1.03					
2. 建 筑 业						
(三)第三产业		17.29				
1. 交通运输.仓储和邮政业		13.30				
2. 批发、零售业和住宿、餐饮业		3.99				
3. 其他						
(四)生活消费		14.63		44.39	15.50	0.41
1. 城 镇		14.63				
2. 乡 村				44.39	15.50	0.41
五. 平衡差额(＋、－)		0.05				
六. 消费量合计						

10－9 续表 6

指标名称	热力	电力 当量值	电力 等价值	其它能源	合计 当量值	合计 等价值
一. 可供本地区消费的能源量		184.42	508.38	30.24	3391.82	3715.78
1. 年初库存量				0.78	181.47	181.47
2. 一次能源生产量		3.65	10.07	29.46	194.97	201.38
3. 外省(区、市)调入量		180.77	498.32		2929.02	3246.56
4. 进口量					699.14	699.14
5. 境内轮船和飞机在境外加油量						
6. 本省(区、市)调出量(－)					－391.64	－391.64
7. 出口量(－)						
8. 境外轮船和飞机在境内加油量(－)						
9. 年末库存量(－)					－221.15	－221.15
二. 加工转换投入(－)产出(＋)量	347.52	223.32	615.60	－11.61	－565.68	－173.40
1. 火力发电	－3.21	223.32	615.60	－4.51	－392.28	
2. 供热	346.50			－7.10	－92.19	－92.19
3. 煤炭洗选						
4. 炼焦					－20.16	－20.16
5. 炼油及煤制油					－122.59	－122.59
其中:油品再投入量(－)						
6. 制气						
其中:焦炭再投入量(－)						
7. 天然气液化						
8. 煤制品加工					－0.01	－0.01
9. 回收能	4.24				61.55	61.55
三. 损失量						
其中:运输和输配损失						
四. 终端消费量	347.52	407.75	1123.98	18.63	2621.25	3337.48
(一)第一产业		16.60	45.77		106.18	135.35
1. 农.林.牧.渔业		16.60	45.77		106.18	135.35
(二)第二产业	305.21	311.61	858.98	18.63	1960.32	2507.69
1. 工业	304.19	307.05	846.41	18.63	1918.46	2457.82
#用作原料.材料					173.22	173.22
2. 建筑业	1.03	4.56	12.57		41.86	49.87
(三)第三产业	42.31	33.04	91.06		341.42	399.45
1. 交通运输.仓储和邮政业	3.30	5.49	15.14		180.38	190.03
2. 批发、零售业和住宿、餐饮业	19.97	11.13	30.69		92.29	111.85
3. 其他	19.04	16.41	45.23		68.74	97.56
(四)生活消费		46.49	128.16		213.32	294.99
1. 城镇		16.71	46.07		113.91	143.27
2. 乡村		29.78	82.09		99.41	151.72
五. 平衡差额(＋、－)					131.17	131.17
六. 消费量合计					3178.62	3502.57

主要统计指标解释

购进量　能源使用企业能源购进量，指能源使用单位在报告期内外购的、用于本企业消费的各种一次能源和二次能源。

能源消费量　指能源使用单位在报告期内实际消费的一次能源或二次能源的数量。

工业生产能源消费　指工业企业为进行工业生产活动所消费的能源。

能源加工、转换投入　能源加工、转换是为了特定的用途，将一种能源（一般为一次能源），经过一定的工艺，加工或转换成另外一种能源（二次能源）。

综合能源消费量　指报告期内工业企业在工业生产活动中实际消费的各种能源的总和净值。计算综合能源消费量时，需要先将使用的各种能源折算成标准燃料后再进行计算。

能源库存量　本制度中所涉及的能源库存量是指企业能源库存量，它是企业在报告期的某时间点所拥有的各种能源数量。

取水量　指工业企业法人单位从各种水源实际提取的新水量。取水源包括地表水、地下水、自来水、污水处理达标水、未达标污水、收集雨水利用、以及企业从市场购得的其他水或水的产品（如纯净水、矿泉水等）。工业取水量包括采盐业所取的海水、汲取的地下卤水、盐湖水，包括海水淡化企业所取的海水，包括自来水生产企业所取的地表水和地下水，包括污水处理厂处理的污水。

外供水量　指供水单位向用水单位提供的符合用水单位质量要求的水量。主要有自来水生产企业向城镇用户供应的自来水量；或者是纯净水、矿泉水生产企业向社会销售的产品水量；或者是污水处理厂将污水处理后得到的中水或符合用户要求标准的水质向用户单位提供的水量；或者是海水淡化水企业外供的淡化水量，或者是一些工业企业提取的地下水、地表水向外单位用户提供的水量。不包括向自然界直接排放的水量。

地表水　指河流、湖泊、水库、海洋等地表水源的水。地表水分为淡水和咸水。海水和内陆咸水湖的水为咸水。一般的河流、湖泊、水库的水是淡水。

地下水　指在地质岩层或土层中的水源，地下水的开采一般是通过钻井从地下抽取水量。地下水也分为淡水和咸水。

自来水　指地表水、地下水等经过供水企业加工处理，经认定达到自来水供水标准，通过城镇自来水管道网供应的水。

其他水　指上述水源没有涵盖的，或者界定不清的水。比如一些产品水，如纯净水、矿泉水、海水淡化水，或者污水处理厂处理的水等。其他水不应包括茶饮料、碳酸饮料、果汁饮料、酒类等大量用水的产品。

重复用水量　工业企业重复用水量就是指在企业内部，对生产和生活排放的废水直接或经过处理后回收再利用的水量，不包括企业从城市污水处理厂购买的中水或符合企业用水标准的水。企业废水在报告期每重复利用一次，计算一次重复用水量。重复用水量不包括河湖海冷却水用量。

交　　通

ELEVEN

TRANSPORTATION

简 要 说 明

本篇资料反映了全市交通运输业发展的基本状况，主要包括全市公路情况、全市营业性公路运输工具拥有量、全市水上运输情况、全市客货运量及周转量等方面的内容。

本篇资料来源于潍坊市交通局，由市统计局工业科整理提供。

11－1 全市公路情况

（2011年）

单位:公里

地区	公路通车里程	按行政等级分						按技术等级分
		国道	省道	县道	乡道	专用路	村道	高速公路
总计	**23694.3**	**593.6**	**1550.6**	**2273.0**	**3475.7**	**130.9**	**15670.7**	**352.4**
潍城区	629.6	38.5	25.8	67.8	136.2		361.3	16.5
寒亭区	992.3	22.2	72.6	115.8	137.2	7.5	637.0	7.7
坊子区	827.9	50.8	60.8	105.8	93.9	2.8	513.9	43.1
奎文区	127.0	24.3	12.4	18.9	6.6	5.7	59.2	5.3
青州市	2310.7	69.1	181.4	213.1	412.6	12.6	1421.8	36.5
诸城市	2937.1	116.5	185.7	285.1	313.1	3.3	2033.4	62.1
寿光市	3346.4	56.2	240.2	174.5	632.2	40.0	2203.3	56.2
安丘市	3078.1	40.7	110.0	333.3	376.7		2217.5	
高密市	2218.3	31.3	125.6	335.0	283.8		1442.6	31.3
昌邑市	1645.8	96.8	103.8	166.7	292.3	34.3	951.9	67.4
临朐县	2244.8		214.3	137.1	316.1		1577.3	
昌乐县	1790.8	31.3	120.6	170.0	235.5		1233.4	10.4
高新开发区	224.8			34.4	25.3	0.7	164.4	
滨海开发区	651.6	16.0	59.3	58.1	83.2	23.9	410.9	16.0
峡山生态区	668.9		37.9	57.4	130.9		442.7	

11－1 续表1

地区	按技术等级分					按路面类型分		
	一级路	二级路	三级路	四级路	等外路	有铺装路面	简易铺装路面	未铺装路面
总计	**1309.5**	**2508.1**	**2510.0**	**17014.4**		**17544.4**	**522.6**	**5627.3**
潍城区	65.2	83.5	66.7	397.7		389.7	19.8	220.2
寒亭区	69.4	79.6	87.2	748.4		611.2	55.5	325.6
坊子区	79.5	62.9	50.9	591.6		518.9	1.7	307.4
奎文区	52.5	16.5	15.5	37.2		109.1		17.9
青州市	118.3	320.7	262.2	1573.0		2045.1	56.5	209.0
诸城市	128.4	308.8	430.7	2007.1		2421.1		516.0
寿光市	250.6	326.0	351.0	2362.6		2222.2	196.3	927.8
安丘市	81.0	178.8	342.2	2476.1		1857.8	43.9	1176.4
高密市	86.9	259.7	166.5	1673.9		1903.9	0.7	313.7
昌邑市	142.1	134.7	245.9	1055.8		1150.6	55.4	439.8
临朐县	86.7	159.1	192.0	1807.1		1976.5	42.5	225.8
昌乐县	70.6	182.5	150.2	1377.1		1167.5	28.7	594.6
高新开发区	9.3	73.9	31.2	110.4		188.7	3.2	32.9
滨海开发区	48.4	275.5	56.9	254.7		580.1	13.0	58.4
峡山生态区	20.5	45.9	60.8	541.7		402.0	5.3	261.6

11－2 全市营业性公路运输工具拥有量

（2011 年）

地区	货运汽车							
	总数		大型车		中型车		小型车	
	辆数	吨位	辆数	吨位	辆数	吨位	辆数	吨位
总计	**120153**	**780986**	**45340**	**650109**	**14155**	**51577**	**60658**	**79300**
潍城区	7877	44264	2352	28224	2495	9980	3030	6060
寒亭区	3226	21205	729	14840	1186	4460	1311	1905
坊子区	5245	33841	1939	29918	205	676	3101	3247
奎文区	6704	38078	1834	32608	219	719	4651	4751
青州市	12160	90181	5803	72972	3140	12185	3217	5024
诸城市	9309	53184	3533	44824	600	1943	5176	6417
寿光市	17196	133097	9058	114281	2593	10133	5545	8683
安丘市	10781	68318	3724	57773	574	1954	6483	8591
高密市	12259	97440	4840	87611	387	1305	7032	8524
昌邑市	7741	39418	2562	31871	521	1735	4658	5812
临朐县	9445	52633	3184	44469	500	1702	5761	6462
昌乐县	6085	52295	2958	47702	205	696	2922	3897
高新开发区	2351	4070	108	684	839	1952	1404	1434
滨海开发区	1583	12332	572	11087	50	167	961	1078
峡山生态区	1360	7026	467	5705	74	247	819	1074
交运公司								
联运公司								
长远公司								
市直其它	6831	33604	1677	25540	567	1723	4587	6341

11－2 续表 1

地区	线路客车（含旅游）							
	总数		大型车		中型车		小型车	
	辆数	客位	辆数	客位	辆数	客位	辆数	客位
总计	**3425**	**83421**	**661**	**24187**	**2709**	**58448**	**55**	**786**
潍城区	136	2977	15	516	91	2045	30	416
寒亭区	38	761			38	761		
坊子区	29	575			29	575		
奎文区	134	3301	7	289	126	2997	1	15
青州市	296	6508	16	616	280	5892		
诸城市	237	6096	62	2371	175	3725		
寿光市	403	9375	83	2894	319	6466	1	15
安丘市	331	7535	54	1909	275	5596	2	30
高密市	317	8100	58	2187	238	5603	21	310
昌邑市	264	5380	1	33	263	5347		
临朐县	367	8301	37	1384	330	6917		
昌乐县	186	3828	6	222	180	3606		
高新开发区								
滨海开发区	16	342	2	66	14	276		
峡山生态区								
交运公司	342	10641	197	6975	145	3666		
联运公司	181	5279	60	2333	121	2946		
长远公司	100	2883	32	1211	68	1672		
市直其它	48	1539	31	1181	17	358		

11－2续表2

地　　区	出租客车		拖　拉　机		其它机动车	
	辆数	客位	辆数	吨位	辆数	吨位
总　　计	**4601**	**23005**	**7004**	**11883**	**42356**	**35702**
潍城区	601	3005	532	1223	1520	1216
寒亭区	55	275	481	725	4550	4860
坊子区	78	390	701	1851	4981	3772
奎文区	525	2625	67	257	264	110
青州市	469	2345	603	805	1969	2231
诸城市	372	1860	251	420	5758	6349
寿光市	306	1530	1717	2099	1863	964
安丘市	292	1460	510	1017	6105	5142
高密市	232	1160	525	996	4521	3222
昌邑市	211	1055	161	203	4860	3496
临朐县	209	1045	940	1319	2577	1880
昌乐县	257	1285	155	384	1132	992
高新开发区	69	345	20	40	1020	510
滨海开发区	50	250			280	327
峡山生态区			341	544	956	631
交运公司						
联运公司						
长远公司						
市直其它	875	4375				

注:交运、联运和长通公司的出租车都包括在市直及其它之中。

11－3　全市水上运输情况

(2011年)

指　标　名　称	计量单位	数　量
一、运输船舶		
1、货船	艘	110
总吨	吨位	503507
总载重量	吨位	808677
净载重量	吨位	803439
功率	千瓦	197444
2、驳船	艘	
净载重量	吨位	
二、港口情况		
港口码头泊位数	个	17
港口吞吐量	万吨	1906.9
其中:沿海港口吞吐量	万吨	1906.9

11－4　全市交通运输业客、货运情况

(2011年)

指标名称	计量单位	数量
一、公路运输		
客运量	万人	22168
旅客周转量	万人公里	1040895
货运量	万吨	21941
货物周转量	万吨公里	6956642
二、水上运输		
货运量	万吨	1145
货物周转量	万吨公里	928458
三、航空运输		
起落架次	次	3706
民用航空客运量	人	139936
民用航空货运量	吨	19487
客座率	%	68.3
载运率	%	61.9

11－5　全市公路客、货运输情况

(2011年)

地区	客运量合计(万人)	旅客周转量(万人公里)	货运量(万吨)	货物周转量(万吨公里)
总　计	**22168**	**1040895**	**21941**	**6956642**
潍　城	1152	49839	614	201489
寒　亭	402	17451	936	247369
坊　子	328	17114	1138	348469
奎　文	1133	49690	985	326302
青　州	1548	74787	2308	705181
诸　城	2557	123000	2073	694651
寿　光	2143	101488	3019	1036957
安　丘	1737	82228	1733	543638
高　密	1483	70788	2704	879528
昌　邑	1357	63916	1279	394614
临　朐	1665	84009	1507	448727
昌　乐	1150	51839	1646	500720
高新开发区	176	3841	285	48135
滨海开发区	164	7839	467	192257
峡山生态区			98	32631
交　运	2360	124968		
联　运	1969	77548		
长　远	257	12859		
市直其它	586	27694	1149	355973

主要统计指标解释

公路里程　指在一定时期内实际达到《公路工程[WTBZ]技术标准 JTJ01－88》规定的等级公路，并经公路主管部门正式验收交付使用的公路里程数。包括大中城市的郊区公路以及通过小城镇街道部分的公路里程和桥梁、渡口的长度，不包括大中城市的街道、厂矿、林区生产用道和农业生产用道的里程。两条或多条公路共同经由同一路段，只计算一次，不得重复计算里程长度。该指标可以反映公路建设的发展规模，也是计算运输网密度等指标的基础资料。

货(客)运量　指在一定时期内，各种运输工具实际运送的货物(旅客)数量。该指标是反映运输业为国民经济和人民生活服务的数量指标，也是制定和检查运输生产计划、研究运输发展规模和速度的重要指标。货运按吨计算，客运按人计算。货物不论运输距离长短、货物类别，均按实际重量统计。旅客不论行程远近或票价多少，均按一人一次客运量统计；半价票、小孩票也按一人统计。

货物(旅客)周转量　指在一定时期内，由各种运输工具运送的货物(旅客)数量与其相应运输距离的乘积之总和。该指标可以反映运输业生产的总成果，也是编制和检查运输生产计划，计算运输效率、劳动生产率以及核算运输单位成本的主要基础资料。计算货物周转量通常按发出站与到达站之间的最短距离，也就是计费距离计算。计算公式为：

货物(旅客)周转量＝∑(货物(旅客)运输量×运输距离)

沿海主要港口货物吞吐量　指经水运进出沿海主要港区范围，并经过装卸的货物数量，包括邮件及办理托运手续的行李、包裹以及补给运输船舶的燃、物料和淡水。货物吞吐量按货物流向分为进口、出口吞吐量，按货物交流性质分为外贸货物吞吐量和国内贸易货物吞吐量。货物吞吐量的货类构成及其流向，是衡量港口生产能力大小的重要指标。

⑫

贸 易 业

TWELVE

DOMESTIC TRADE

简　要　说　明

本篇资料主要反映全市市场发展情况、批发和零售业、住宿和餐饮业经营情况和效益情况等，主要包括 2010 年批发和零售业商品流转情况及财务状况、住宿和餐饮业经营情况及财务状况、社会消费品零售总额、亿元以上商品交易市场成交情况、成品油企业能源商品销售情况等内容。

本篇资料中除特别注明外，其余均来自 2010 年限额以上批发和零售业、住宿和餐饮业年报资料和 2010 年定期报表统计资料。由市统计局贸易外经科整理提供。

12－1 社会消费品零售总额

(2011年)

单位:万元

指标名称	2011年	增长(%)
社会消费品零售总额	**14259608**	**17.3**
按经营地分		
城镇	9312950	19.9
其中:城区	7614631	21.4
乡村	4946658	11.5
按行业分		
批发零售	12865018	17.4
住宿餐饮	1394590	14.9

12－2 各县市区社会消费品零售总额

(2011年)

地区	社会消费品零售总额(万元)	增长(%)
潍坊市	**14259608**	**17.3**
潍城区	1226668	16.9
寒亭区	554499	16.1
坊子区	424781	16.0
奎文区	1245878	19.2
青州市	1394120	17.3
诸城市	1663319	19.2
寿光市	1747925	18.5
安丘市	1069756	17.0
高密市	1139331	17.3
昌邑市	1031193	16.9
临朐县	852540	17.3
昌乐县	811697	17.3
高新开发区	822951	22.1
滨海开发区	127174	19.0
峡山生态区	147777	12.1

12－3 全市历年贸易业主要指标

（1978－2011年）

年　　份	社会消费品零售总额（万元）	增长（%）
1978	73015	
1979	82499	13.0
1980	103190	25.1
1981	120165	16.5
1982	127471	6.1
1983	149587	17.4
1984	177006	18.3
1985	227152	28.3
1986	253842	11.8
1987	303366	19.5
1988	394316	30.0
1989	423810	7.5
1990	447798	5.7
1991	538164	20.2
1992	665170	23.6
1993	958510	44.1
1994	1327633	38.5
1995	1691006	27.4
1996	1987947	17.6
1997	2156922	8.5
1998	2342632	8.6
1999	2504040	6.9
2000	2658539	6.2
2001	2884515	8.5
2002	3205273	11.1
2003	3679654	14.8
2004	4269135	16.0
2005	4935783	15.6
2006	5741255	16.3
2007	6750011	17.6
2008	8312456	23.1
2009	9884876	18.9
2010	12148004	18.3
2011	14259608	17.3

注:本表中2009年数据为老口径数据。

12－4　限额以上批发和零售业法人企业商品购销存综合表

（2011年）　　　　　　　　　　　　　　　　单位：万元

指标名称	法人企业数（个）	从业人员期末人数（人）	商品购进额	进口	商品销售额
总　计	**899**	**65915**	**16218139**	**193701**	**18782395**
一、批发业	**422**	**24926**	**11162955**	**190194**	**13311827**
1.按批发行业小类分					
农畜产品批发	21	1921	445856	50794	507732
谷物、豆及薯类批发	5	101	79554		81140
种子、饲料批发	3	1078	150386	50794	166888
棉、麻批发	5	322	125164		133485
其他农畜产品批发	8	420	90752		126219
食品、饮料及烟草制品批发	57	6396	1008267	544	1304269
米、面制品及食用油批发	5	593	82478		84590
糕点、糖果及糖批发	1	40	2193		2415
果品、蔬菜批发	24	1274	285130		288294
肉、禽、蛋及水产品批发	8	618	75618	169	121781
盐及调味品批发	3	382	33525		41900
饮料及茶叶批发	3	841	66704		73116
烟草制品批发	12	2625	459912		689221
其他食品批发	1	23	2706	374	2953
纺织、服装及日用品批发	21	705	469104	56814	565261
纺织品、针织品及原料批发	17	421	435705	53874	458194
服装批发	4	284	33399	2940	107067
文化、体育用品及器材批发	5	803	1654787		2004470
文具用品批发	1	401	1629040		1665492
图书批发	1	176	18017		20028
首饰、工艺品及收藏品批发	2	214	3487		314849
其他文化用品批发	1	12	4243		4101
医药及医疗器材批发	22	1831	507000		495947
西药批发	14	1167	351199		339151
中药材及中成药批发	6	574	120226		119858
医疗用品及器材批发	2	90	35575		36938
矿产品、建材及化工产品批发	218	8483	4967303	23850	5146905
煤炭及制品批发	33	1114	317403		354118
石油及制品批发	16	3597	2097193	3085	2116637
非金属矿及制品批发	4	83	12365		16189
金属及金属矿批发	69	1136	1545504		1591214
建材批发	36	800	224738	9194	270716
化肥批发	15	849	460294		456278
农药批发	1	151	13578		15566
农用薄膜批发	1	61	3701		3906
其他化工产品批发	43	692	292529	11572	322281
机械设备、五金交电及电子产品批发	61	4283	1810052	58192	2978406
农业机械批发	13	844	322860	56924	348979

12－4 续表1

指 标 名 称	批发额	出 口	零售额	期末商品库存额	年末零售营业面积（平方米）
总　计	**12786547**	**577244**	**5995849**	**838667**	**2034615**
一、批发业	**11841502**	**577244**	**1470325**	**448729**	**669351**
1. 按批发行业小类分					
农畜产品批发	470173	40354	37558	17000	67534
谷物、豆及薯类批发	80174	18361	966	884	100
种子、饲料批发	166888	4665		7453	13100
棉、麻批发	132608		877	4870	54334
其他农畜产品批发	90504	17328	35715	3793	
食品、饮料及烟草制品批发	1154047	6045	150222	6739	105949
米、面制品及食用油批发	82574		2016	921	1000
糕点、糖果及糖批发	2415			12	2345
果品、蔬菜批发	246787	4042	41507	964	66554
肉、禽、蛋及水产品批发	102025		19756	1392	3010
盐及调味品批发	41819	74	81	1435	3000
饮料及茶叶批发	40008	30	33108	1586	3421
烟草制品批发	635466		53755	2	26365
其他食品批发	2953	1899		427	254
纺织、服装及日用品批发	536817	289875	28444	8955	10274
纺织品、针织品及原料批发	429750	187024	28444	6922	8274
服装批发	107067	102851		2034	2000
文化、体育用品及器材批发	1743865		260605	78128	15000
文具用品批发	1548722		116770	67353	
图书批发	15111		4917	2612	7000
首饰、工艺品及收藏品批发	175931		138918	8020	
其他文化用品批发	4101			142	8000
医药及医疗器材批发	466976		28971	45158	59330
西药批发	316857		22295	35177	20330
中药材及中成药批发	117249		2609	5273	39000
医疗用品及器材批发	32870		4067	4709	
矿产品、建材及化工产品批发	4388678	78213	758226	177983	229195
煤炭及制品批发	306239		47878	23079	66005
石油及制品批发	1456395		660243	49496	6000
非金属矿及制品批发	16189			1980	
金属及金属矿批发	1591085		130	67755	48348
建材批发	224101	17509	46615	5433	27051
化肥批发	454758		1520	19790	56811
农药批发	15566			2662	8450
农用薄膜批发	3576		330	186	2830
其他化工产品批发	320770	60703	1512	7604	13700
机械设备、五金交电及电子产品批发	2787819	160133	190587	95064	151439
农业机械批发	345132	108676	3847	6295	41377

指标名称	法人企业数（个）	从业人员期末人数（人）	商品购进额	进口	商品销售额
汽车、摩托车及零配件批发	24	2007	1207073	1268	2352209
五金、交电批发	10	472	85862		91843
家用电器批发	2	555	112132		97595
计算机、软件及辅助设备批发	2	114	32050		33356
其他机械设备及电子产品批发	10	291	50074		54424
贸易经纪与代理	1	8	2935		2735
其他批发	16	496	297653		306103
再生物资回收与批发	12	265	172078		193980
其他未列明的批发	4	231	125575		112123
2. 按登记注册类型分					
内资企业	415	23544	11018532	177772	13147006
国有企业	19	3873	672587	5957	911080
集体企业	8	790	108771		110044
股份合作企业	1	3	4836		5009
有限责任公司	134	8814	6387658	147309	6700364
国有独资公司	2	896	252634		267799
其他有限责任公司	132	7918	6135024	147309	6432566
股份有限公司	13	3065	1263462		2280424
私营企业	220	6596	1939990	24506	2483185
私营独资企业	32	641	301163		302077
私营合伙企业	2	37	9634		9141
私营有限责任公司	175	5491	1548304	24506	2052287
私营股份有限公司	11	427	80889		119680
其他企业	20	403	641228		656900
港澳台商投资企业	4	277	130094	8000	139967
与港澳台商合资经营企业	2	122	60973	8000	71730
港澳台商独资企业	2	155	69120		68237
外商投资企业	3	1105	14329	4422	24854
中外合资经营企业	2	113	8908		9517
中外合作经营企业	1	992	5422	4422	15337
3. 按控股情况分					
国有控股	25	7543	2197755	5957	2421025
集体控股	21	1487	481554	1229	565904
私人控股	315	11236	5079798	82876	6742395
港澳台商控股	2	62	51886	4915	56975
外商控股	2	1042	10303	4422	20202
其他	57	3556	3341659	90796	3505327
4. 按经营形式分					
独立门店	328	17359	8103750	133989	9921172
连锁总店（总部）	2	395	93578		97440
连锁门店	1	17	2855		2719

12－4 续表 3

指标名称				期末商品库存额	年末零售营业面积（平方米）
	批发额		零售额		
		出口			
汽车、摩托车及零配件批发	2222264	50605	129945	51696	97506
五金、交电批发	71464	852	20379	8173	100
家用电器批发	78383		19213	22697	3000
计算机、软件及辅助设备批发	24052		9305	2936	500
其他机械设备及电子产品批发	46525		7898	3268	8956
贸易经纪与代理	2735			242	
其他批发	290391	2625	15712	19460	30630
再生物资回收与批发	182520		11460	908	30630
其他未列明的批发	107871	2625	4252	18551	
2. 按登记注册类型分					
内资企业	11690524	572828	1456481	432673	643351
国有企业	822014	85698	89065	6209	32144
集体企业	84729		25314	799	22441
股份合作企业	5009				
有限责任公司	6278201	286445	422163	224572	227057
国有独资公司	151643		116155	3725	1200
其他有限责任公司	6126558	286445	306008	220847	225857
股份有限公司	1725408	8953	555016	61841	13090
私营企业	2119890	191732	363295	110355	344811
私营独资企业	245024	17328	57054	24535	53250
私营合伙企业	9141			517	
私营有限责任公司	1760433	173443	291855	74131	287061
私营股份有限公司	105293	961	14387	11172	4500
其他企业	655273		1628	28897	3808
港澳台商投资企业	126124	4415	13844	10810	16000
与港澳台商合资经营企业	71730	4415		7829	
港澳台商独资企业	54393		13844	2981	16000
外商投资企业	24854			5246	10000
中外合资经营企业	9517			347	
中外合作经营企业	15337			4899	10000
3. 按控股情况分					
国有控股	1669718	85698	751307	51740	41689
集体控股	523215	68237	42689	19220	27731
私人控股	6196513	297785	545882	281543	383888
港澳台商控股	44773	4415	12202	1589	
外商控股	20202			5246	10000
其他	3387082	121109	118245	89391	206043
4. 按经营形式分					
独立门店	8659628	444126	1261544	357296	531230
连锁总店(总部)	86646		10794	8831	8450
连锁门店	2719			136	3800

12－4 续表4

指 标 名 称	法 人 企业数 （个）	从业人员 期末人数 （人）	商 品 购进额	进 口	商 品 销售额
其他	91	7155	2962772	56205	3290495
二、零售业	**477**	**40989**	**5055184**	**3507**	**5470568**
1. 按零售行业小类分					
综合零售	65	21065	1787599		2023060
百货零售	42	17553	1625315		1831620
超级市场零售	12	3024	119763		142468
其他综合零售	11	488	42521		48972
食品、饮料及烟草制品专门零售	15	500	71185		74551
糕点、面包零售	2	52	3397		3340
果品、蔬菜零售	3	305	28088		27929
肉、禽、蛋及水产品零售	2	49	31351		33682
饮料及茶叶零售	5	77	6939		7338
其他食品零售	3	17	1410		2262
纺织、服装及日用品专门零售	14	573	39721		43488
纺织品及针织品零售	4	30	6000		6160
服装零售	9	537	32985		36592
鞋帽零售	1	6	736		736
文化、体育用品及器材专门零售	27	1373	230362		251146
图书零售	12	632	33384		31893
珠宝首饰零售	15	741	196978		219253
医药及医疗器材专门零售	23	2976	675844		716994
药品零售	22	2960	673386		714137
医疗用品及器材零售	1	16	2458		2857
汽车、摩托车、燃料及零配件专门零售	216	8634	1819829	3507	1890211
汽车零售	157	7959	1698624	3507	1769668
汽车零配件零售	4	123	15228		16012
摩托车及零配件零售	11	117	18064		18735
机动车燃料零售	44	435	87914		85796
家用电器及电子产品专门零售	37	1427	214770		228324
家用电器零售	30	1278	203071		214960
计算机、软件及辅助设备零售	1				1723
通信设备零售	5	143	10241		10288
其他电子产品零售	1	6	1458		1354
五金、家具及室内装修材料专门零售	38	3719	99891		124018
五金零售	22	345	31871		32878
家具零售	15	3358	66050		89215
其他室内装修材料零售	1	16	1971		1925
无店铺及其他零售	42	722	115984		118777
生活用燃料零售	27	379	74030		75262
花卉零售	2	62	2737		3381
旧货零售	1	29	2849		2895

12－4 续表5

指 标 名 称	批发额	出 口	零售额	期末商品库存额	年末零售营业面积（平方米）
其他	3092508	133118	197987	82467	125871
二、零售业	**945045**		**4525524**	**389938**	**1365264**
1.按零售行业小类分					
综合零售	341250		1681810	128719	464936
百货零售	334020		1497600	105938	311148
超级市场零售	77		142391	19293	133988
其他综合零售	7153		41819	3488	19800
食品、饮料及烟草制品专门零售	20849		53702	670	4400
糕点、面包零售			3340	209	200
果品、蔬菜零售	10711		17218	250	
肉、禽、蛋及水产品零售	9276		24407	7	800
饮料及茶叶零售	46		7292	145	3400
其他食品零售	817		1445	59	
纺织、服装及日用品专门零售	3058		40430	3779	10790
纺织品及针织品零售	2042		4118	214	950
服装零售	1016		35576	3551	9240
鞋帽零售			736	14	600
文化、体育用品及器材专门零售	115886		135260	22394	20839
图书零售	7807		24085	9346	12964
珠宝首饰零售	108079		111174	13048	7875
医药及医疗器材专门零售	269592		447402	53320	44337
药品零售	269116		445021	53313	44337
医疗用品及器材零售	476		2381	7	
汽车、摩托车、燃料及零配件专门零售	157986		1732225	138372	450032
汽车零售	148918		1620750	130242	414930
汽车零配件零售	468		15544	1780	7450
摩托车及零配件零售	773		17962	733	4650
机动车燃料零售	7826		77969	5618	23002
家用电器及电子产品专门零售	9493		218831	26888	40373
家用电器零售	9493		205467	26049	39383
计算机、软件及辅助设备零售			1723		
通信设备零售			10288	695	500
其他电子产品零售			1354	144	490
五金、家具及室内装修材料专门零售	9120		114898	6167	154080
五金零售	1040		31839	1079	21880
家具零售	7733		81482	5042	132200
其他室内装修材料零售	348		1577	46	
无店铺及其他零售	17811		100966	9629	175477
生活用燃料零售	11443		63819	6151	56334
花卉零售	1780		1601	164	90045
旧货零售			2895	84	11602

12－4 续表 6

指 标 名 称	法 人 企业数 （个）	从业人员 期末人数 （人）	商 品 购进额	进 口	商 品 销售额
其他未列明的零售	12	252	36368		37239
2. 按登记注册类型分					
内资企业	475	39457	5000951	3507	5406275
国有企业	13	523	63249		65910
集体企业	17	929	65023		71836
股份合作企业	1	40	702		708
有限责任公司	137	13664	2350581	267	2508555
其他有限责任公司	137	13664	2350581	267	2508555
股份有限公司	23	13366	1148289		1348207
私营企业	265	9700	1153871	3240	1185680
私营独资企业	70	1431	214439		226649
私营合伙企业	4	46	6766		6687
私营有限责任公司	183	7827	900147	3240	921800
私营股份有限公司	8	396	32520		30544
其他企业	19	1235	219236		225379
港澳台商投资企业	1	1426			10995
与港澳台商合资经营企业	1	1426			10995
外商投资企业	1	106	54233		53298
中外合资经营企业	1	1426			10995
3. 按控股情况分					
国有控股	15	1176	77422		82710
集体控股	30	13206	1147750		1339780
私人控股	340	18230	2319428	3507	2489561
外商控股	1	106	54233		53298
其他	91	8271	1456351		1505219
4. 按经营形式分					
独立门店	412	31819	4260536	3507	4609905
连锁总店（总部）	7	3095	429467		437418
连锁门店	2	248	16523		16736
其他	56	5827	348659		406509
5. 按零售业态分					
有店铺零售	477	40989	5055184	3507	5470568
食杂店	1	11	1650		1609
便利店	1	167	17408		16098
超市	37	16787	1580968		1778833
大型超市	7	1016	122132		108394
百货店	32	4368	234810		272242
专业店	196	9000	1803782	3240	1928864
专卖店	188	7626	1249048	267	1297753
家居建材商店	2	248	18188		20736
购物中心	4	79	4040		4092
厂家直销中心	9	1687	23160		41947

12－4 续表7

指标名称	批发额	出口	零售额	期末商品库存额	年末零售营业面积（平方米）
其他未列明的零售	4588		32651	3230	17496
2.按登记注册类型分					
内资企业	939223		4467053	380647	1280264
国有企业	14407		51504	5446	13764
集体企业	9923		61913	3496	39804
股份合作企业	23		685	692	
有限责任公司	473018		2035536	161063	527979
其他有限责任公司	473018		2035536	161063	527979
股份有限公司	327883		1020324	80005	175798
私营企业	80193		1105487	114173	500376
私营独资企业	18737		207912	16963	109597
私营合伙企业	350		6337	148	3500
私营有限责任公司	58453		863347	86826	373729
私营股份有限公司	2654		27891	10235	13550
其他企业	33775		191604	15773	22543
港澳台商投资企业	5822		5173	1349	85000
与港澳台商合资经营企业	5822		5173	1349	85000
外商投资企业			53298	7942	
中外合资经营企业	5822		5173	1349	85000
3.按控股情况分					
国有控股	14407		68304	6660	29756
集体控股	328196		1011584	68209	133920
私人控股	479277		2010285	184867	896428
外商控股			53298	7942	
其他	123166		1382053	122260	305160
4.按经营形式分					
独立门店	884561		3725344	313613	1071228
连锁总店（总部）	13768		423650	24708	85219
连锁门店			16736	1876	18792
其他	46716		359794	49741	190025
5.按零售业态分					
有店铺零售	945045		4525524	389938	1365264
食杂店	542		1067	66	300
便利店			16098	2884	4600
超市	340361		1438472	108159	265819
大型超市	4731		103663	23584	12000
百货店	12215		260027	18993	198617
专业店	394335		1534529	124472	446630
专卖店	184993		1112760	104320	326378
家居建材商店	247		20489	744	9000
购物中心	1054		3038	465	10920
厂家直销中心	6567		35380	6251	91000

12－5　限额以上批发零售法人企业财务状况综合表

（2011 年）

单位:万元

指 标 名 称	法人企业数（个）	执行《2006 年企业会计准则》企业数（个）	年初存货	流动资产合计	应收帐款	存货
总　　计	**863**	**695**	**732194**	**4606403**	**1221202**	**868334**
一、批发业	**401**	**300**	**422767**	**2901070**	**926536**	**488882**
1.按批发行业小类分						
农畜产品批发	21	17	17554	73214	23181	17345
谷物、豆及薯类批发	5	4	1090	5598	2494	619
种子、饲料批发	3	2	7671	38456	10226	7334
棉、麻批发	5	5	5695	21574	8273	5933
其他农畜产品批发	8	6	3098	7587	2188	3459
食品、饮料及烟草制品批发	51	47	15258	286087	53269	25969
米、面制品及食用油批发	5	4	593	67394	7097	2991
糕点、糖果及糖批发	1	1	9	646	106	10
果品、蔬菜批发	18	16	1424	10157	3130	1705
肉、禽、蛋及水产品批发	8	8	7828	158698	29617	8207
盐及调味品批发	3	3	1459	11851	1134	1276
饮料及茶叶批发	3	3	3862	15912	2360	7408
烟草制品批发	12	11		20195	9243	3945
其他食品批发	1	1	83	1234	581	427
纺织、服装及日用品批发	21	11	9924	139783	49319	9240
纺织品、针织品及原料批发	17	8	8993	113657	30899	6335
服装批发	4	3	931	26126	18420	2905
文化、体育用品及器材批发	5	4	41296	467565	271972	76793
文具用品批发	1	1	33779	444832	263276	67353
图书批发	1	1		6870	3763	1278
首饰、工艺品及收藏品批发	2	2	7197	14770	4572	8020
其他文化用品批发	1		320	1093	362	142
医药及医疗器材批发	22	18	34369	133734	50100	42301
西药批发	14	11	24628	79728	18029	31441
中药材及中成药批发	6	5	4476	39053	24433	5527
医疗用品及器材批发	2	2	5265	14953	7638	5334
矿产品、建材及化工产品批发	204	151	226527	1045802	143574	208339
煤炭及制品批发	31	26	18474	143181	23480	24511
石油及制品批发	16	14	38058	177539	19639	43950
非金属矿及制品批发	4	3	48	6470	4155	266
金属及金属矿批发	61	38	69871	540757	44367	97904
建材批发	35	25	4020	37805	15401	2743
化肥批发	15	14	82348	69302	11204	27717
农药批发	1		1599	4927	540	2662
农用薄膜批发	1	1	187	147	12	
其他化工产品批发	40	30	11922	65675	24775	8587
机械设备、五金交电及电子产品批发	61	40	73268	668142	314994	101601
农业机械批发	13	5	3853	70028	19451	5376

12－5 续表 1

指 标 名 称	法人企业数（个）	执行《2006 年企业会计准则》企业数（个）	年 初 存 货	流动资产合 计	应收帐款	存 货
汽车、摩托车及零配件批发	24	16	44544	495799	274141	48401
五金、交电批发	10	10	6888	34895	13599	7503
家用电器批发	2	2	12225	49846	650	34793
计算机、软件及辅助设备批发	2	1	2432	8635	2953	2936
其他机械设备及电子产品批发	10	6	3327	8940	4201	2592
贸易经纪与代理	1	1	41	4363	1283	2304
其他批发	15	11	4530	82381	18845	4989
再生物资回收与批发	11	8	791	58773	16657	621
其他未列明的批发	4	3	3739	23608	2189	4368
2. 按登记注册类型分						
内资企业	394	294	406081	2853525	919861	472704
国有企业	19	19	12279	106172	21187	15311
集体企业	7	6	1045	10074	7383	290
股份合作企业	1			632		
有限责任公司	134	94	184194	1541910	456686	249618
国有独资公司	2	2	2472	3912		3183
其他有限责任公司	132	92	181722	1537997	456686	246435
股份有限公司	13	12	39360	429430	263023	59443
私营企业	201	148	146238	555134	160051	103175
私营独资企业	32	27	6113	30778	10118	8916
私营合伙企业	2	1	413	2012	1125	742
私营有限责任公司	156	110	131646	502178	143086	83936
私营股份有限公司	11	10	8067	20166	5722	9582
其他企业	19	15	22965	210174	11531	44867
港澳台商投资企业	4	3	11155	32882	6066	11055
与港澳台商合资经营企业	2	1	8114	22669	2554	8385
港澳台商独资企业	2	2	3042	10212	3512	2670
外商投资企业	3	3	5530	14663	609	5123
中外合资经营企业	2	2	400	1148	88	224
中外合作经营企业	1	1	5130	13516	521	4899
3. 按控股情况分						
国有控股	25	25	44932	157956	22473	54431
集体控股	20	17	31150	102656	35820	32655
私人控股	296	212	254869	1885370	782100	292770
港澳台商控股	2	1	3047	9895	2555	2109
外商控股	2	2	5461	14350	609	5123
其他	56	43	83308	730843	82979	101794
4. 按经营形式分						
独立门店	307	222	303664	2031233	795167	350220
连锁总店（总部）	2	1	6307	13744	1739	8100
连锁门店	1			373	31	136

12－5续表2

指标名称	法人企业数（个）	执行《2006年企业会计准则》企业数（个）	年初存货	流动资产合计	应收帐款	存货
其他	91	77	112796	855720	129600	130427
二、零售业	**462**	**395**	**309427**	**1705333**	**294666**	**379452**
1. 按零售行业小类分						
综合零售	65	48	121161	433465	18657	115042
百货零售	42	32	97835	401886	22515	98181
超级市场零售	12	7	15013	20354	－6173	14348
其他综合零售	11	9	8313	11225	2315	2513
食品、饮料及烟草制品专门零售	13	10	500	8900	6393	655
糕点、面包零售	2	1	178	1096	273	388
果品、蔬菜零售	3	3	188	6927	5599	102
肉、禽、蛋及水产品零售	2	1	9	282	270	12
饮料及茶叶零售	4	3	105	455	251	99
其他食品零售	2	2	21	141		55
纺织、服装及日用品专门零售	14	11	4826	16845	1298	6449
纺织品及针织品零售	4	4	135	1144	616	195
服装零售	9	6	4631	15560	682	6194
鞋帽零售	1	1	60	141		60
文化、体育用品及器材专门零售	25	25	14075	45798	6816	20954
图书零售	12	12	5501	17148	5486	6392
珠宝首饰零售	13	13	8574	28650	1330	14561
医药及医疗器材专门零售	23	21	39964	330579	138387	50567
药品零售	22	20	39956	329518	137405	50560
医疗用品及器材零售	1	1	9	1062	982	7
汽车、摩托车、燃料及零配件专门零售	207	181	96241	695652	103082	153446
汽车零售	151	128	88881	677659	97980	147667
汽车零配件零售	4	4	2023	5483	2190	2044
摩托车及零配件零售	10	10	667	1756	260	448
机动车燃料零售	42	39	4670	10754	2652	3287
家用电器及电子产品专门零售	36	31	10030	65862	6775	12156
家用电器零售	30	26	9465	64117	6658	11098
通信设备零售	5	5	443	1515	117	969
其他电子产品零售	1		123	231		90
五金、家具及室内装修材料专门零售	37	31	14502	56199	5143	10009
五金零售	22	18	2862	15741	1122	1715
家具零售	14	12	11598	40355	4020	8295
其他室内装修材料零售	1	1	42	102		
无店铺及其他零售	42	37	8127	52032	8115	10173
生活用燃料零售	27	22	4208	30205	6850	3627
花卉零售	2	2	859	2229	101	1599
旧货零售	1	1	131	250	146	72
其他未列明的零售	12	12	2929	19349	1019	4875

12－5 续表3

指标名称	法人企业数(个)	执行《2006年企业会计准则》企业数(个)	年初存货	流动资产合计	应收帐款	存货
2.按登记注册类型分						
内资企业	460	393	295329	1674563	290348	372302
国有企业	13	12	10366	11774	4067	2857
集体企业	17	14	2825	11654	2539	3432
股份合作企业	1	1	592	1073		416
有限责任公司	134	105	117214	941783	213986	181890
其他有限责任公司	134	105	117214	941783	213986	181890
股份有限公司	23	22	77260	291410	23266	78428
私营企业	253	220	76012	336378	34490	88471
私营独资企业	69	63	10645	38149	5812	11962
私营合伙企业	4	3	112	2204	43	70
私营有限责任公司	172	146	56800	274177	26274	68743
私营股份有限公司	8	8	8456	21849	2361	7697
其他企业	19	19	11060	80492	12000	16810
港澳台商投资企业	1	1	8351	26058	2145	4611
与港澳台商合资经营企业	1	1	8351	26058	2145	4611
外商投资企业	1	1	5746	4712	2173	2539
中外合资经营企业	1	1	8351	26058	2145	4611
3.按控股情况分						
国有控股	15	14	10380	14731	4146	3272
集体控股	30	25	72513	264220	20905	73491
私人控股	328	284	136952	836898	175217	171068
外商控股	1	1	5746	4712	2173	2539
其他	88	71	83836	584772	92225	129082
4.按经营形式分						
独立门店	397	336	246693	1419900	255921	311668
连锁总店(总部)	7	6	21742	108744	5831	25042
连锁门店	2	1	19	3962	1803	424
其他	56	52	40974	172727	31111	42318
5.按零售业态分						
有店铺零售	462	395	309427	1705333	294666	379452
食杂店	1	1	8	167		56
便利店	1	1		7817	1648	2465
超市	37	25	103555	377016	31310	104860
大型超市	7	7	7380	21865	－6190	6673
百货店	32	25	17852	82233	2579	11380
专业店	194	171	97396	830507	225326	147368
专卖店	175	151	69882	328857	31299	95541
家居建材商店	2	1	744	2174	582	1212
购物中心	4	4	567	620	123	384
厂家直销中心	9	9	12044	54077	7990	9513

指标名称	固定资产合计	固定资产原价	累计折旧	本年折旧	在建工程	资产总计
总　　计	**799949**	**959745**	**255292**	**33920**	**119971**	**5828828**
一、批发业	**302446**	**393543**	**119388**	**16786**	**43986**	**3423268**
1. 按批发行业小类分						
农畜产品批发	16687	22132	7784	984	3088	124170
谷物、豆及薯类批发	5834	4192	697	169	2335	11663
种子、饲料批发	3313	5225	1912	328		49271
棉、麻批发	3455	6586	3131	157	754	51554
其他农畜产品批发	4084	6129	2045	331		11682
食品、饮料及烟草制品批发	71649	111109	42313	4624	20547	410348
米、面制品及食用油批发	14443	24767	10324	357		99915
糕点、糖果及糖批发	37	82	45	8		683
果品、蔬菜批发	23583	26846	3983	2421		34702
肉、禽、蛋及水产品批发	13295	20035	7215	745	18860	194483
盐及调味品批发	2590	3621	1259	163	281	18201
饮料及茶叶批发	2214	5448	3234	259	96	20983
烟草制品批发	15422	30159	16168	664	1310	40080
其他食品批发	66	151	85	8		1300
纺织、服装及日用品批发	13833	19545	5796	907	158	163872
纺织品、针织品及原料批发	5298	7186	1974	281		123009
服装批发	8535	12358	3823	626	158	40863
文化、体育用品及器材批发	5788	7570	1782	198		477747
文具用品批发						448129
图书批发	3857	5205	1349	62		11806
首饰、工艺品及收藏品批发	979	1301	321	136		15766
其他文化用品批发	952	1065	112			2046
医药及医疗器材批发	15054	16509	2966	1229	2365	160341
西药批发	9854	10611	2266	925	1273	96107
中药材及中成药批发	4568	5216	649	284	1091	46058
医疗用品及器材批发	632	682	50	20		18177
矿产品、建材及化工产品批发	150999	178534	48449	7045	16154	1286103
煤炭及制品批发	14760	23261	9010	1086	2035	176519
石油及制品批发	73093	81908	22574	3133	2685	255688
非金属矿及制品批发	599	643	119	69		7706
金属及金属矿批发	35142	42340	9571	1534	4672	622672
建材批发	4845	5791	1127	214	2785	44724
化肥批发	10371	8961	2179	364	3691	90369
农药批发	1454	1336	17	9	135	7021
农用薄膜批发	317	355	190	21	152	690
其他化工产品批发	10419	13940	3661	614		80715
机械设备、五金交电及电子产品批发	20958	28664	8297	1533	1396	701441
农业机械批发	4717	6079	1376	247	62	76591

指标名称	固定资产合计	固定资产原价	累计折旧	本年折旧	在建工程	资产总计
汽车、摩托车及零配件批发	9065	13969	5361	837	1276	510734
五金、交电批发	1632	2127	495	88		39360
家用电器批发	1039	1253	215	127		51350
计算机、软件及辅助设备批发	2906	3285	437	133	58	11862
其他机械设备及电子产品批发	1600	1952	414	101		11544
贸易经纪与代理	1622	1835	212	53		6349
其他批发	5855	7645	1790	213	278	92898
再生物资回收与批发	2980	3674	695	175	278	64813
其他未列明的批发	2875	3971	1095	38		28086
2. 按登记注册类型分						
内资企业	299814	389480	117958	16420	43986	3371895
国有企业	29668	48365	22627	1153	3756	150798
集体企业	3179	7225	4439	2168	3244	16025
股份合作企业	201	280	79	12		833
有限责任公司	81007	101766	37485	4841	6316	1732827
国有独资公司	21640	12691	4745	788		25552
其他有限责任公司	59367	89075	32739	4053	6316	1707275
股份有限公司	51830	74776	22950	2545	2468	499243
私营企业	127273	148564	28488	5189	28122	745403
私营独资企业	26239	29238	4353	796	6	60454
私营合伙企业	297	384	86	42		2310
私营有限责任公司	87843	104386	22360	3936	28089	645691
私营股份有限公司	12894	14556	1689	416	26	36948
其他企业	6657	8505	1890	511	79	226767
港澳台商投资企业	709	1159	450	99		34565
与港澳台商合资经营企业	222	317	95	34		23420
港澳台商独资企业	487	842	355	66		11145
外商投资企业	1923	2903	981	267		16808
中外合资经营企业	1254	1419	165	67		2401
中外合作经营企业	669	1485	816	200		14407
3. 按控股情况分						
国有控股	100468	127931	45023	4301	6225	277685
集体控股	16151	26816	11532	3195	6881	140562
私人控股	158509	201975	51531	6853	29064	2173060
港澳台商控股	490	599	109	33		10875
外商控股	676	1532	856	210		15248
其他	26153	34690	10337	2193	1817	805839
4. 按经营形式分						
独立门店	221465	287762	88180	12810	33670	2392131
连锁总店(总部)	4441	4929	622	232	135	19435
连锁门店	231	246	14	14		604

12－5 续表 6

指标名称	固定资产合计	固定资产原价	累计折旧	本年折旧	在建工程	资产总计
其他	76308	100607	30572	3730	10181	1011098
二、零售业	**497503**	**566202**	**135904**	**17134**	**75986**	**2405560**
1. 按零售行业小类分						
综合零售	259954	295444	70600	6757	31495	776533
百货零售	223875	257654	64086	5901	26723	695367
超级市场零售	29520	31325	5541	800	3581	62055
其他综合零售	6559	6465	974	56	1191	19111
食品、饮料及烟草制品专门零售	13470	14338	908	121		22376
糕点、面包零售	692	737	70	26		1788
果品、蔬菜零售	12294	12777	483	48		19220
肉、禽、蛋及水产品零售	132	412	281	19		414
饮料及茶叶零售	237	277	40	21		697
其他食品零售	116	135	35	8		257
纺织、服装及日用品专门零售	5615	7019	1545	384		23925
纺织品及针织品零售	456	346	23	3		1787
服装零售	5155	6673	1522	381		21937
鞋帽零售	4					201
文化、体育用品及器材专门零售	10216	13519	3487	869	613	62434
图书零售	7014	9951	3122	657	613	30534
珠宝首饰零售	3203	3568	365	213		31901
医药及医疗器材专门零售	17737	26052	8964	1431	2434	372489
药品零售	17708	25994	8935	1425	2434	371399
医疗用品及器材零售	29	58	29	6		1090
汽车、摩托车、燃料及零配件专门零售	117309	153768	38810	5227	11938	886135
汽车零售	109370	143423	36228	4813	11932	854031
汽车零配件零售	139	427	289	47		6077
摩托车及零配件零售	777	1149	372	28		3139
机动车燃料零售	7023	8769	1921	340	6	22889
家用电器及电子产品专门零售	9232	10371	2398	462	172	76822
家用电器零售	8908	10006	2347	452	172	74277
通信设备零售	220	245	35	8		2210
其他电子产品零售	104	120	16	2		335
五金、家具及室内装修材料专门零售	47002	30098	4401	1123	22206	109131
五金零售	3849	4688	899	154	1096	20745
家具零售	43035	25263	3472	966	21110	88166
其他室内装修材料零售	118	147	29	3		220
无店铺及其他零售	16968	15595	4792	761	7129	75714
生活用燃料零售	10080	10446	2689	575	1898	43368
花卉零售	4494	1293	522		3723	6723
旧货零售	25	36	12	3		1058
其他未列明的零售	2370	3819	1569	184	1508	24566

12－5 续表7

指标名称	固定资产合计	固定资产原价	累计折旧	本年折旧	在建工程	资产总计
2. 按登记注册类型分						
内资企业	487181	554465	133662	16659	75986	2356365
国有企业	7188	10045	3042	571	613	20844
集体企业	9488	9894	1554	126	1181	24369
股份合作企业	611	922	312	31		1687
有限责任公司	206365	225155	65201	10071	55337	1259733
其他有限责任公司	206365	225155	65201	10071	55337	1259733
股份有限公司	149597	182161	41248	1096	4933	475172
私营企业	105320	113228	17672	4200	13888	479780
私营独资企业	14869	17839	3397	718	2392	56264
私营合伙企业	1352	1448	134	43		3722
私营有限责任公司	82095	86412	13609	3185	11496	385407
私营股份有限公司	7004	7529	532	254		34387
其他企业	8612	13059	4635	564	35	94780
港澳台商投资企业	6254	7669	1416	475		34822
与港澳台商合资经营企业	6254	7669	1416	475		34822
外商投资企业	4068	4068	826			14374
中外合资经营企业	6254	7669	1416	475		34822
3. 按控股情况分						
国有控股	34566	16772	3545	606	21723	51704
集体控股	152685	188268	42978	1095	4544	442052
私人控股	165926	194551	45318	8905	23377	1120981
外商控股	4068	4068	826			14374
其他	140259	162543	43237	6528	26342	776450
4. 按经营形式分						
独立门店	393010	471487	115637	14712	45923	1963015
连锁总店（总部）	39299	26080	9273	191	23119	174888
连锁门店	284	548	366	34		4954
其他	64911	68088	10628	2197	6944	262704
5. 按零售业态分						
有店铺零售	497503	566202	135904	17134	75986	2405560
食杂店	73	87	13	2		240
便利店	418	850	432	41		8373
超市	192409	217646	49664	1449	27532	617662
大型超市	13414	15177	2592	588	220	36701
百货店	74246	85342	22179	5405	3927	192102
专业店	147840	161558	42721	5045	34633	1051039
专卖店	55311	69426	15855	3941	9490	423399
家居建材商店	3337	3529	282	34		5511
购物中心	911	921	10	10		1654
厂家直销中心	9544	11667	2156	620	184	68879

指 标 名 称	流动负债合计	应付帐款	非流动负债合计	负债合计	所有者权益合计	实收资本
总　计	**4454490**	**1416031**	**152340**	**4606831**	**1221998**	**573907**
一、批发业	**2583052**	**916232**	**76421**	**2659473**	**763795**	**368309**
1. 按批发行业小类分						
农畜产品批发	68026	22676	26687	94713	29457	11178
谷物、豆及薯类批发	3647	163	2300	5947	5716	3179
种子、饲料批发	36774	14617	753	37527	11744	3131
棉、麻批发	23540	5466	22179	45719	5835	1965
其他农畜产品批发	4065	2430	1455	5520	6162	2903
食品、饮料及烟草制品批发	238192	39594	2330	240521	169826	105478
米、面制品及食用油批发	6266	2842	1642	7908	92007	71915
糕点、糖果及糖批发	83	80		83	600	600
果品、蔬菜批发	10866	4211		10866	23836	5985
肉、禽、蛋及水产品批发	180101	26692	165	180265	14217	7857
盐及调味品批发	15010	657	418	15427	2774	2894
饮料及茶叶批发	19076	4708		19076	1907	1231
烟草制品批发	5738	56	105	5843	34237	14497
其他食品批发	1052	349		1052	248	500
纺织、服装及日用品批发	121485	61205	208	121692	42180	25283
纺织品、针织品及原料批发	96305	42169	208	96513	26496	20148
服装批发	25179	19036		25179	15684	5135
文化、体育用品及器材批发	464375	197595	1110	465485	12262	11733
文具用品批发	439081	187050		439081	9048	10000
图书批发	10413	10225	1110	11523	283	283
首饰、工艺品及收藏品批发	14347			14347	1419	1300
其他文化用品批发	534	320		534	1512	150
医药及医疗器材批发	139914	51735	5572	145486	14856	15820
西药批发	83605	25446	3183	86788	9319	10897
中药材及中成药批发	42870	21003		42870	3189	3724
医疗用品及器材批发	13439	5286	2389	15828	2349	1200
矿产品、建材及化工产品批发	920175	183465	26590	946765	339338	144563
煤炭及制品批发	108574	25731	10399	118973	57545	25432
石油及制品批发	160307	66925	3059	163366	92322	15670
非金属矿及制品批发	4271	563		4271	3434	2830
金属及金属矿批发	517738	68061	2584	520322	102351	60168
建材批发	30348	1744	1582	31930	12794	5448
化肥批发	53047	5757	2848	55894	34475	11789
农药批发			5000	5000	2021	526
农用薄膜批发	358	36		358	332	44
其他化工产品批发	45532	14649	1118	46650	34065	22657
机械设备、五金交电及电子产品批发	552630	349055	12712	565342	136099	45411
农业机械批发	60800	9414	342	61142	15449	3448

12－5 续表 9

指 标 名 称	流动负债合 计	应付帐款	非流动负债合计	负 债合 计	所有者权益合计	实收资本
汽车、摩托车及零配件批发	405560	302653	10253	415812	94922	34394
五金、交电批发	18703	15630	2010	20713	18648	3834
家用电器批发	48548	17050		48548	2802	1175
计算机、软件及辅助设备批发	10186	368		10186	1675	600
其他机械设备及电子产品批发	8834	3942	108	8941	2603	1959
贸易经纪与代理	827		106	933	5416	80
其他批发	77430	10907	1107	78537	14361	8762
再生物资回收与批发	55014	8171	477	55492	9321	5915
其他未列明的批发	22416	2736	630	23046	5040	2847
2. 按登记注册类型分						
内资企业	2557369	907252	73406	2630775	741121	360157
国有企业	72672	18226	4390	77062	73736	26419
集体企业	12782	5497	776	13558	2467	1534
股份合作企业	226	132		226	607	600
有限责任公司	1429536	493699	37079	1466615	266212	183103
国有独资公司	25069	341		25069	483	1483
其他有限责任公司	1404467	493358	37079	1441546	265729	181620
股份有限公司	352432	288515	9791	362223	137020	22352
私营企业	491427	93057	21030	512456	232947	104378
私营独资企业	22669	7236	4581	27251	33203	10458
私营合伙企业	1340	1340		1340	970	930
私营有限责任公司	448112	75143	14790	462902	182789	77984
私营股份有限公司	19306	9338	1658	20964	15985	15006
其他企业	198296	8126	340	198636	28132	21771
港澳台商投资企业	20398	5130	3015	23413	11152	5265
与港澳台商合资经营企业	11145	1594	3000	14145	9274	4061
港澳台商独资企业	9252	3536	15	9267	1878	1204
外商投资企业	5286	3850		5286	11522	2888
中外合资经营企业	163	58		163	2238	2060
中外合作经营企业	5123	3793		5123	9284	828
3. 按控股情况分						
国有控股	131859	22270	4390	136249	141435	34402
集体控股	101837	32322	1136	102973	37590	18517
私人控股	1691689	710625	34050	1725739	447320	241130
港澳台商控股	9504	1476	15	9519	1356	2084
外商控股	5286	3850		5286	9962	1328
其他	642877	145688	36830	679707	126132	70848
4. 按经营形式分						
独立门店	1798299	740641	50868	1849168	542964	256903
连锁总店(总部)	10901	2553	5000	15901	3533	1526
连锁门店	24		60	84	520	500

12－5 续表 10

指 标 名 称	流动负债合 计	应付帐款	非 流 动负债合计	负 债合 计	所 有 者权益合计	实收资本
其他	773827	173039	20493	794320	216778	109380
二、零售业	**1871438**	**499799**	**75919**	**1947358**	**458203**	**205598**
1. 按零售行业小类分						
综合零售	632506	249261	45438	677944	98589	31739
百货零售	571602	234501	37904	609506	85861	23160
超级市场零售	45213	12697	7119	52333	9722	6850
其他综合零售	15691	2063	415	16106	3005	1729
食品、饮料及烟草制品专门零售	4958	1094		4958	17418	1409
糕点、面包零售	1092	826		1092	696	362
果品、蔬菜零售	3023	216		3023	16198	730
肉、禽、蛋及水产品零售	361			361	53	53
饮料及茶叶零售	409	52		409	288	184
其他食品零售	75			75	183	80
纺织、服装及日用品专门零售	16031	5856	2496	18527	5398	3116
纺织品及针织品零售	1058	229		1058	729	700
服装零售	14800	5627	2496	17296	4641	2411
鞋帽零售	173			173	28	5
文化、体育用品及器材专门零售	32746	17350	3875	36621	25813	9689
图书零售	16295	10066	3875	20170	10364	2439
珠宝首饰零售	16451	7284		16451	15450	7250
医药及医疗器材专门零售	331473	126097	5479	336952	35537	15722
药品零售	330472	125134	5479	335951	35448	15671
医疗用品及器材零售	1001	963		1001	89	51
汽车、摩托车、燃料及零配件专门零售	670874	77075	11784	682657	203478	102165
汽车零售	652139	73928	10503	662642	191390	94835
汽车零配件零售	3718	240	290	4008	2069	1300
摩托车及零配件零售	1401	103	274	1675	1464	666
机动车燃料零售	13616	2804	717	14333	8556	5364
家用电器及电子产品专门零售	63462	6662	1748	65210	11613	9452
家用电器零售	61811	5574	1695	63505	10772	9054
通信设备零售	1420	1089	53	1473	737	294
其他电子产品零售	231			231	104	104
五金、家具及室内装修材料专门零售	73922	6899	3060	76982	32149	17112
五金零售	9518	859	287	9804	10940	5965
家具零售	64327	6040	2774	67101	21065	11096
其他室内装修材料零售	77			77	143	50
无店铺及其他零售	45466	9506	2040	47506	28208	15196
生活用燃料零售	24957	5236	1196	26154	17214	12231
花卉零售	3214	134	35	3249	3474	150
旧货零售	375	37		375	682	50
其他未列明的零售	16919	4099	809	17728	6838	2766

指 标 名 称	流动负债合 计	应付帐款	非流动负债合计	负 债合 计	所有者权益合计	实收资本
2. 按登记注册类型分						
内资企业	1836585	494110	73790	1910375	445991	195092
国有企业	10498	7398	1540	12038	8806	626
集体企业	14262	2418	3116	17378	6991	4283
股份合作企业	690	665		690	997	900
有限责任公司	1022759	219770	30534	1053293	206440	86491
其他有限责任公司	1022759	219770	30534	1053293	206440	86491
股份有限公司	419729	207799	6920	426649	48523	15063
私营企业	295856	45961	31565	327420	152360	79029
私营独资企业	26777	5824	2521	29298	26966	14156
私营合伙企业	1557	202		1557	2165	133
私营有限责任公司	252822	37842	20908	273730	111678	57467
私营股份有限公司	14700	2093	8136	22837	11551	7274
其他企业	72790	10099	115	72905	21875	8701
港澳台商投资企业	24091	457	2130	26221	8600	8600
与港澳台商合资经营企业	24091	457	2130	26221	8600	8600
外商投资企业	10762	5233		10762	3612	1905
中外合资经营企业	24091	457	2130	26221	8600	8600
3. 按控股情况分						
国有控股	40373	8487	1628	42001	9703	2764
集体控股	386240	197732	10132	396372	45680	13413
私人控股	823172	197282	46885	870057	250925	133610
外商控股	10762	5233		10762	3612	1905
其他	610892	91066	17274	628166	148283	53905
4. 按经营形式分						
独立门店	1544621	446831	62735	1607355	355660	162137
连锁总店(总部)	132836	23482	2690	135527	39361	4170
连锁门店	6222	1043		6222	-1268	2100
其他	187759	28443	10494	198254	64450	37191
5. 按零售业态分						
有店铺零售	1871438	499799	75919	1947358	458203	205598
食杂店	33	33		33	207	50
便利店	7584	4381	73	7656	717	600
超市	515931	227846	12502	528433	89229	16382
大型超市	27456	7731	1424	28880	7821	1932
百货店	133757	19994	34747	168504	23598	18853
专业店	834138	179566	11068	845206	205834	90140
专卖店	295378	55011	13032	308411	114988	63462
家居建材商店	4026	56		4026	1485	768
购物中心	599	243	7	605	1048	490
厂家直销中心	52538	4940	3067	55604	13275	12922

12－5 续表 12

指标名称	所有者权益合计 实收资本 国家资本	集体资本	法人资本	个人资本	港澳台资本	外商资本
总　计	**37289**	**27595**	**277485**	**226656**	**2711**	**2171**
一、批发业	**32858**	**17167**	**175834**	**138711**	**2711**	**1028**
1. 按批发行业小类分						
农畜产品批发	200	774	2610	6694	73	828
谷物、豆及薯类批发	200		680	2300		
种子、饲料批发				2303		828
棉、麻批发		774	100	1091		
其他农畜产品批发			1830	1000	73	
食品、饮料及烟草制品批发	16261	2439	72459	14319		
米、面制品及食用油批发			65428	6486		
糕点、糖果及糖批发	545			55		
果品、蔬菜批发		737	2405	2844		
肉、禽、蛋及水产品批发		1279	2000	4578		
盐及调味品批发	254	318	2321			
饮料及茶叶批发	1070		50	111		
烟草制品批发	14392	105				
其他食品批发			255	245		
纺织、服装及日用品批发		3069	14984	7231		
纺织品、针织品及原料批发			14984	5165		
服装批发		3069		2066		
文化、体育用品及器材批发			10358	1375		
文具用品批发			10000			
图书批发			283			
首饰、工艺品及收藏品批发			75	1225		
其他文化用品批发				150		
医药及医疗器材批发	1430	242	4552	8465	1131	
西药批发	1000	230	3705	5962		
中药材及中成药批发	430	12	847	1303	1131	
医疗用品及器材批发				1200		
矿产品、建材及化工产品批发	11150	10138	39345	82222	1508	200
煤炭及制品批发		2426	7374	15632		
石油及制品批发	6150	600	6940	1980		
非金属矿及制品批发			1980	850		
金属及金属矿批发		6490	11991	41687		
建材批发		60	2235	3153		
化肥批发		518	3606	7465		200
农药批发			526			
农用薄膜批发		44				
其他化工产品批发	5000		4694	11455	1508	
机械设备、五金交电及电子产品批发	2000	505	26023	16883		
农业机械批发			808	2640		

12－5 续表 13

指标名称	所有者权益合计					
	实收资本					
	国家资本	集体资本	法人资本	个人资本	港澳台资本	外商资本
汽车、摩托车及零配件批发	2000		21268	11127		
五金、交电批发		505	1861	1468		
家用电器批发			425	750		
计算机、软件及辅助设备批发			500	100		
其他机械设备及电子产品批发			1162	797		
贸易经纪与代理			80			
其他批发	1817		5423	1522		
再生物资回收与批发			4893	1022		
其他未列明的批发	1817		530	500		
2. 按登记注册类型分						
内资企业	32858	17167	171721	138411		
国有企业	23815		2604			
集体企业		1465	54	15		
股份合作企业				600		
有限责任公司	4043	13847	128098	37116		
国有独资公司	1483					
其他有限责任公司	2560	13847	128098	37116		
股份有限公司	5000	1056	9875	6422		
私营企业		800	29894	73684		
私营独资企业			6652	3806		
私营合伙企业				930		
私营有限责任公司		800	20692	56492		
私营股份有限公司			2550	12456		
其他企业			1196	20575		
港澳台商投资企业			2553		2711	
与港澳台商合资经营企业			2553		1508	
港澳台商独资企业					1204	
外商投资企业			1560	300		1028
中外合资经营企业			1560	300		200
中外合作经营企业						828
3. 按控股情况分						
国有控股	31693		2654	55		
集体控股		16050	1371	1096		
私人控股	430	212	135274	105214		
港澳台商控股			504		1580	
外商控股				300		1028
其他	735	905	36030	32047	1131	
4. 按经营形式分						
独立门店	23665	8419	137355	84624	2639	200
连锁总店(总部)	1000		526			
连锁门店			500			

指 标 名 称	所有者权益合计 实收资本 国家资本	集体资本	法人资本	个人资本	港澳台资本	外商资本
其他	8193	8748	37452	54087	73	828
二、零售业	**4431**	**10428**	**101651**	**87945**		**1143**
1. 按零售行业小类分						
综合零售	3428	6107	14204	8000		
百货零售	3428	4698	9474	5560		
超级市场零售		192	4298	2360		
其他综合零售		1217	432	80		
食品、饮料及烟草制品专门零售	3		370	1036		
糕点、面包零售			270	92		
果品、蔬菜零售				730		
肉、禽、蛋及水产品零售	3			50		
饮料及茶叶零售			50	134		
其他食品零售			50	30		
纺织、服装及日用品专门零售			2345	771		
纺织品及针织品零售			600	100		
服装零售			1745	666		
鞋帽零售				5		
文化、体育用品及器材专门零售	506		3773	5410		
图书零售	506		933	1000		
珠宝首饰零售			2840	4410		
医药及医疗器材专门零售		1580	5428	8714		
药品零售		1580	5382	8709		
医疗用品及器材零售			46	5		
汽车、摩托车、燃料及零配件专门零售	494	1826	50935	47767		1143
汽车零售		1660	48611	43421		1143
汽车零配件零售			325	975		
摩托车及零配件零售			208	458		
机动车燃料零售	494	166	1791	2913		
家用电器及电子产品专门零售		30	6398	3024		
家用电器零售		30	6064	2960		
通信设备零售			230	64		
其他电子产品零售			104			
五金、家具及室内装修材料专门零售		410	11358	5344		
五金零售			2029	3937		
家具零售		410	9329	1357		
其他室内装修材料零售				50		
无店铺及其他零售		476	6842	7879		
生活用燃料零售		176	5912	6143		
花卉零售			150			
旧货零售			50			
其他未列明的零售		300	730	1736		

指标名称	所有者权益合计					
	实收资本					
	国家资本	集体资本	法人资本	个人资本	港澳台资本	外商资本
2. 按登记注册类型分						
内资企业	4431	10428	92289	87945		
国有企业	573		53			
集体企业	430	2964	732	157		
股份合作企业			900			
有限责任公司	3408	4091	45291	33701		
其他有限责任公司	3408	4091	45291	33701		
股份有限公司		3333	7412	4318		
私营企业	20	40	34179	44791		
私营独资企业			6794	7362		
私营合伙企业			60	73		
私营有限责任公司	20	40	25151	32256		
私营股份有限公司			2174	5100		
其他企业			3723	4978		
港澳台商投资企业			8600			
与港澳台商合资经营企业			8600			
外商投资企业			762			1143
中外合资经营企业			8600			
3. 按控股情况分						
国有控股	2373		392			
集体控股	430	9348	1123	2512		
私人控股	20		66291	67300		
外商控股			762			1143
其他	1608	1080	33084	18133		
4. 按经营形式分						
独立门店	2631	6966	81819	69578		1143
连锁总店(总部)		1560	1150	1460		
连锁门店	1800			300		
其他		1902	18682	16606		
5. 按零售业态分						
有店铺零售	4431	10428	101651	87945		1143
食杂店				50		
便利店				600		
超市		1962	8497	5923		
大型超市	10	15	690	1217		
百货店	3428	4130	8449	2846		
专业店	256	2611	49487	37786		
专卖店	737	1660	24547	35375		1143
家居建材商店		50		718		
购物中心			470	20		
厂家直销中心			9512	3410		

12－5续表16

指标名称	营业收入	主营业务收入	营业成本	主营业务成本	营业税金及附加	主营业务税金及附加
总计	**16732423**	**16634501**	**15681166**	**15597200**	**51827**	**48740**
一、批发业	**12015645**	**11949626**	**11393683**	**11314415**	**35402**	**32433**
1.按批发行业小类分						
农畜产品批发	445601	444884	415174	415164	428	379
谷物、豆及薯类批发	75367	75354	72257	72247	132	132
种子、饲料批发	154190	154052	139764	139764	62	62
棉、麻批发	120791	120224	118369	118369	57	7
其他农畜产品批发	95254	95254	84784	84784	178	178
食品、饮料及烟草制品批发	1177618	1176432	964457	964165	13344	10581
米、面制品及食用油批发	83435	83435	78617	78617	99	99
糕点、糖果及糖批发	2064	2064	1873	1873	4	4
果品、蔬菜批发	263833	263833	241970	241970	761	761
肉、禽、蛋及水产品批发	117758	117758	111948	111948	844	844
盐及调味品批发	36643	35567	29688	29427	248	248
饮料及茶叶批发	73116	73074	55886	55856	333	333
烟草制品批发	598188	598120	442057	442057	11055	8291
其他食品批发	2580	2580	2417	2417		
纺织、服装及日用品批发	527645	527132	502072	501658	528	523
纺织品、针织品及原料批发	427582	427454	412553	412522	526	521
服装批发	100062	99677	89519	89136	2	2
文化、体育用品及器材批发	1715191	1715029	1680979	1680979	432	432
文具用品批发	1423497	1423497	1392342	1392342	405	405
图书批发	17829	17667	16199	16199	12	12
首饰、工艺品及收藏品批发	269780	269780	268692	268692	14	14
其他文化用品批发	4084	4084	3745	3745	1	1
医药及医疗器材批发	434027	433744	415330	415330	335	335
西药批发	296185	295962	284583	284583	225	225
中药材及中成药批发	106271	106211	101300	101300	71	71
医疗用品及器材批发	31570	31570	29447	29447	39	39
矿产品、建材及化工产品批发	4631258	4622793	4425673	4414984	11751	11604
煤炭及制品批发	318138	317807	298210	298041	863	817
石油及制品批发	1922578	1916030	1855855	1849248	2907	2889
非金属矿及制品批发	16140	16140	14073	14073	45	45
金属及金属矿批发	1357907	1357907	1322978	1322978	1384	1360
建材批发	252897	252897	229118	229118	2902	2902
化肥批发	453849	453849	431279	430980	1461	1461
农药批发	15686	15566	12472	12472		
农用薄膜批发	3895	3565	3806	3476	4	4
其他化工产品批发	290169	289034	257881	254598	2186	2127
机械设备、五金交电及电子产品批发	2805389	2753024	2727831	2660397	6554	6554
农业机械批发	322553	272089	317078	259605	238	238

指标名称	营业收入	主营业务收入	营业成本	主营业务成本	营业税金及附加	主营业务税金及附加
汽车、摩托车及零配件批发	2227043	2225294	2171303	2169229	5673	5673
五金、交电批发	78583	78583	69148	69148	408	408
家用电器批发	95969	95861	95332	87446	54	54
计算机、软件及辅助设备批发	33016	33016	31704	31704	19	19
其他机械设备及电子产品批发	48226	48180	43266	43266	161	161
贸易经纪与代理	2735	2735	2259	2259	4	4
其他批发	276182	273854	259909	259479	2026	2022
再生物资回收与批发	170175	170165	163867	163867	1701	1697
其他未列明的批发	106007	103689	96042	95613	325	325
2.按登记注册类型分						
内资企业	11861805	11795847	11264670	11185408	34708	31739
国有企业	821658	817374	643404	642667	11827	9064
集体企业	103546	102951	95113	94783	2306	2306
股份合作企业	5009	5009	4836	4836	7	7
有限责任公司	6072825	6019516	5877794	5807588	10521	10505
国有独资公司	228888	228888	209001	209001	285	285
其他有限责任公司	5843937	5790628	5668793	5598587	10236	10220
股份有限公司	2050899	2043552	1996442	1989181	1897	1787
私营企业	2243752	2243386	2102610	2101950	7143	7076
私营独资企业	289051	289051	265198	265198	1417	1406
私营合伙企业	9126	9126	8614	8614	7	7
私营有限责任公司	1835483	1835117	1727118	1726457	5027	4971
私营股份有限公司	110092	110092	101681	101681	692	691
其他企业	564117	564061	544471	544402	1007	994
港澳台商投资企业	129667	129606	115538	115531	680	680
与港澳台商合资经营企业	67611	67605	57065	57058	625	625
港澳台商独资企业	62056	62001	58473	58473	55	55
外商投资企业	24173	24173	13476	13476	14	14
中外合资经营企业	8836	8836	7232	7232		
中外合作经营企业	15337	15337	6244	6244	14	14
3.按控股情况分						
国有控股	2113916	2102923	1886613	1879344	13366	10596
集体控股	506037	505361	471340	470825	2865	2865
私人控股	6092172	6090564	5840605	5828732	11064	10864
港澳台商控股	52856	52856	46733	46733	55	55
外商控股	19521	19521	9754	9754	14	14
其他	3231144	3178402	3138637	3079027	8038	8038
4.按经营形式分						
独立门店	9022754	8959258	8612739	8535452	26376	23524
连锁总店(总部)	85918	85575	79811	79811	53	53
连锁门店	2583	2583	2429	2429	3	3

12－5 续表 18

指标名称	营业收入	主营业务收入	营业成本	主营业务成本	营业税金及附加	主营业务税金及附加
其他	2904390	2902210	2698705	2696724	8970	8853
二、零售业	**4716779**	**4684875**	**4287483**	**4282785**	**16426**	**16307**
1. 按零售行业小类分						
综合零售	1635125	1605287	1433239	1433109	7275	7265
百货零售	1456747	1426983	1273161	1273035	6650	6640
超级市场零售	134628	134555	120472	120468	520	520
其他综合零售	43749	43748	39607	39607	105	105
食品、饮料及烟草制品专门零售	66117	66117	55219	55219	593	593
糕点、面包零售	3304	3304	3113	3113	12	12
果品、蔬菜零售	26938	26938	21464	21464	99	99
肉、禽、蛋及水产品零售	29872	29872	25473	25473	435	435
饮料及茶叶零售	4727	4727	4111	4111	38	38
其他食品零售	1276	1276	1059	1059	9	9
纺织、服装及日用品专门零售	40960	40951	35762	35762	242	242
纺织品及针织品零售	5754	5745	5247	5247	25	25
服装零售	34470	34470	29862	29862	218	218
鞋帽零售	736	736	653	653		
文化、体育用品及器材专门零售	238461	237812	225259	223293	761	754
图书零售	28058	27409	23675	21708	60	53
珠宝首饰零售	210403	210403	201585	201585	701	701
医药及医疗器材专门零售	614771	614683	572390	571696	807	807
药品零售	612329	612241	570289	569596	792	792
医疗用品及器材零售	2442	2442	2101	2101	15	15
汽车、摩托车、燃料及零配件专门零售	1687833	1686933	1581784	1580714	2764	2738
汽车零售	1578393	1577493	1484845	1483775	2003	1982
汽车零配件零售	14035	14035	12798	12798	325	325
摩托车及零配件零售	15946	15946	12624	12624	52	52
机动车燃料零售	79459	79459	71517	71517	384	378
家用电器及电子产品专门零售	209836	209470	191465	191407	1518	1490
家用电器零售	198934	198568	182586	182527	1221	1192
通信设备零售	9745	9745	7756	7756	296	296
其他电子产品零售	1157	1157	1124	1124	1	1
五金、家具及室内装修材料专门零售	109721	109721	92818	92041	1384	1363
五金零售	30999	30999	26475	26475	225	204
家具零售	76797	76797	65418	64641	1146	1146
其他室内装修材料零售	1925	1925	926	926	13	13
无店铺及其他零售	113956	113903	99547	99544	1081	1055
生活用燃料零售	71627	71574	61740	61738	786	784
花卉零售	2573	2573	2382	2382		
旧货零售	2475	2475	2305	2305	53	53
其他未列明的零售	37282	37282	33120	33120	242	219

12－5续表19

指标名称	营业收入	主营业务收入	营业成本	主营业务成本	营业税金及附加	主营业务税金及附加
2.按登记注册类型分						
内资企业	4649509	4617606	4227658	4222960	16331	16213
国有企业	59357	58750	50685	49006	499	492
集体企业	61714	61714	55877	55877	393	393
股份合作企业	668	626	725	438	8	8
有限责任公司	2071236	2062960	1910115	1909154	4612	4592
其他有限责任公司	2071236	2062960	1910115	1909154	4612	4592
股份有限公司	1193925	1171755	1057827	1057094	4882	4882
私营企业	1059550	1058741	961196	960159	5623	5569
私营独资企业	214061	214061	196539	196539	1458	1437
私营合伙企业	6333	6333	4962	4962	57	57
私营有限责任公司	812074	811266	735363	734326	3997	3965
私营股份有限公司	27081	27081	24332	24332	110	110
其他企业	203061	203061	191232	191232	315	276
港澳台商投资企业	10995	10995	8414	8414	94	94
与港澳台商合资经营企业	10995	10995	8414	8414	94	94
外商投资企业	56274	56274	51411	51411		
中外合资经营企业	10995	10995	8414	8414	94	94
3.按控股情况分						
国有控股	73411	72345	62376	60696	747	741
集体控股	1173960	1151687	1041721	1041674	4779	4776
私人控股	2246241	2244297	2066985	2064347	8319	8226
外商控股	56274	56274	51411	51411		
其他	1166893	1160273	1064991	1064656	2580	2564
4.按经营形式分						
独立门店	4106752	4076169	3755899	3751797	14399	14281
连锁总店(总部)	223660	223660	191870	191870	471	471
连锁门店	14741	14282	12567	12567	69	69
其他	371626	370765	327147	326551	1487	1487
5.按零售业态分						
有店铺零售	4716779	4684875	4287483	4282785	16426	16307
食杂店	1375	1375	1250	1250	15	15
便利店	13759	13759	11438	11438	17	17
超市	1406113	1383050	1237798	1237772	5144	5134
大型超市	102217	101853	91827	90928	1521	1521
百货店	256556	249782	219621	219517	2033	2033
专业店	1708246	1707919	1590686	1588496	4910	4818
专卖店	1166065	1164690	1080466	1079071	2456	2440
家居建材商店	17229	17229	16467	16382	135	135
购物中心	4313	4313	3423	3423	68	68
厂家直销中心	40905	40905	34509	34509	128	128

指标名称	其他业务利润	销售费用	管理费用	税金	差旅费	工会经费
总　计	**58067**	**417762**	**248201**	**8744**	**8119**	**1563**
一、批发业	**19917**	**235787**	**110815**	**4969**	**4043**	**911**
1. 按批发行业小类分						
农畜产品批发	1048	10593	4472	347	292	246
谷物、豆及薯类批发	227	1785	681	46	53	2
种子、饲料批发	138	6752	1327	43	40	25
棉、麻批发	683	1242	1645	190	69	218
其他农畜产品批发		815	818	68	130	
食品、饮料及烟草制品批发	1368	58501	36068	1228	1148	337
米、面制品及食用油批发	41	748	1790	351	22	14
糕点、糖果及糖批发		89	95	1	2	
果品、蔬菜批发	157	3158	2706	73	153	8
肉、禽、蛋及水产品批发	235	1303	1929	101	12	9
盐及调味品批发	831	3356	2835	91	51	13
饮料及茶叶批发		14089	2114	34	283	20
烟草制品批发	103	35509	24529	575	625	272
其他食品批发		248	69	2		2
纺织、服装及日用品批发	889	9113	6251	445	362	33
纺织品、针织品及原料批发	603	6273	2487	163	222	2
服装批发	286	2840	3764	282	139	31
文化、体育用品及器材批发		19595	2464	350	2	100
文具用品批发		19018	1381	343		100
图书批发		419	943			
首饰、工艺品及收藏品批发		136	120	7	2	
其他文化用品批发		23	20			
医药及医疗器材批发	420	9425	6758	186	194	10
西药批发	307	5537	4749	168	39	7
中药材及中成药批发	112	3211	1384	18	41	3
医疗用品及器材批发		677	625		115	
矿产品、建材及化工产品批发	4755	88302	32536	1746	997	140
煤炭及制品批发	2479	6244	6840	374	103	36
石油及制品批发	50	37206	7840	542	243	63
非金属矿及制品批发		1509	161	2	9	1
金属及金属矿批发	392	17079	5969	362	215	7
建材批发	1020	7855	4681	65	83	1
化肥批发	19	5042	1536	4	19	2
农药批发		1741	530			
农用薄膜批发	81	46	35			
其他化工产品批发	714	11579	4943	398	325	30
机械设备、五金交电及电子产品批发	9539	36892	18465	585	972	31
农业机械批发	1343	6552	2428	124	175	6

指 标 名 称	其他业务利润	销售费用	管理费用	税金	差旅费	工会经费
汽车、摩托车及零配件批发	6640	20610	10252	400	580	18
五金、交电批发	133	1014	2369	27	48	3
家用电器批发	101	6890	1158	1	115	1
计算机、软件及辅助设备批发	1277	918	1430	22	13	
其他机械设备及电子产品批发	45	907	829	11	41	3
贸易经纪与代理		137	54	3		
其他批发	1898	3230	3748	80	77	15
再生物资回收与批发	10	350	1640	51	20	2
其他未列明的批发	1888	2880	2108	29	57	13
2. 按登记注册类型分						
内资企业	19861	226944	108640	4956	3995	883
国有企业	3626	57897	32349	751	1358	316
集体企业	1383	1807	1291	26	46	29
股份合作企业		36	75			
有限责任公司	9661	93618	39241	2127	1088	441
国有独资公司	6	9098	3992	126	51	63
其他有限责任公司	9656	84520	35249	2001	1037	378
股份有限公司	2426	26409	7949	694	330	47
私营企业	2752	41563	24407	1280	950	44
私营独资企业	392	2771	2860	156	202	3
私营合伙企业		45	70	16	10	
私营有限责任公司	2354	36087	19118	1011	665	35
私营股份有限公司	7	2661	2359	97	73	6
其他企业	14	5613	3328	79	222	7
港澳台商投资企业	55	4556	1582	10	31	4
与港澳台商合资经营企业		3623	1140	9	13	4
港澳台商独资企业	55	934	442	2	18	
外商投资企业		4286	594	3	17	24
中外合资经营企业		218	136	3	17	4
中外合作经营企业		4068	457			20
3. 按控股情况分						
国有控股	3808	87796	40463	1184	1551	396
集体控股	1680	10912	8210	377	211	77
私人控股	5955	91820	42080	2700	1809	200
港澳台商控股		827	646	9	31	4
外商控股		4192	565		3	21
其他	8474	40240	18852	700	438	212
4. 按经营形式分						
独立门店	15700	174667	77112	3644	2773	603
连锁总店(总部)	223	3189	1463	41		
连锁门店		3	8			

指标名称	其他业务利润	销售费用	管理费用	税金	差旅费	工会经费
其他	3994	57928	32233	1284	1270	307
二、零售业	**38150**	**181975**	**137386**	**3775**	**4076**	**652**
1. 按零售行业小类分						
综合零售	29955	99093	70226	990	1122	288
百货零售	26634	91373	63639	647	974	191
超级市场零售	3157	7411	5183	307	140	94
其他综合零售	164	308	1405	36	8	3
食品、饮料及烟草制品专门零售	120	2868	2287	3	10	1
糕点、面包零售	120	109	61			
果品、蔬菜零售		554	85	2	6	
肉、禽、蛋及水产品零售		1873	1987			
饮料及茶叶零售		276	118		4	1
其他食品零售		58	37			
纺织、服装及日用品专门零售	62	1059	1586	186	73	8
纺织品及针织品零售		84	157		25	
服装零售	62	964	1381	186	47	8
鞋帽零售		10	48			
文化、体育用品及器材专门零售	352	4488	4747	110	330	43
图书零售	352	2183	3472	105	121	31
珠宝首饰零售		2305	1275	5	209	12
医药及医疗器材专门零售	679	15298	15650	395	471	45
药品零售	679	15298	15351	395	445	45
医疗用品及器材零售			298		25	
汽车、摩托车、燃料及零配件专门零售	779	36114	29139	1230	1439	126
汽车零售	730	32411	26940	1104	1319	120
汽车零配件零售	-2	466	282	27	16	
摩托车及零配件零售	19	1703	731	3	1	
机动车燃料零售	32	1534	1185	95	103	6
家用电器及电子产品专门零售	1853	11734	4085	330	230	99
家用电器零售	1853	11302	3586	319	184	92
通信设备零售		419	487	10	45	6
其他电子产品零售		13	12	1		
五金、家具及室内装修材料专门零售	4308	8897	5914	86	99	29
五金零售		1189	897	22	24	2
家具零售	4308	7210	4625	64	74	27
其他室内装修材料零售		498	392			
无店铺及其他零售	43	2425	3754	446	303	13
生活用燃料零售	43	1772	2473	70	207	6
花卉零售		14	67		11	
旧货零售			89	1		
其他未列明的零售		639	1125	375	86	7

指标名称	其他业务利润	销售费用	管理费用	税金	差旅费	工会经费
2. 按登记注册类型分						
内资企业	38128	178377	135352	3753	4056	629
国有企业	317	3282	5354	91	114	30
集体企业	440	782	1502	185	14	1
股份合作企业	34	120	124	14	1	2
有限责任公司	6913	63943	53221	1244	1161	186
其他有限责任公司	6913	63943	53221	1244	1161	186
股份有限公司	27800	74865	49124	316	973	128
私营企业	2703	32196	21479	1348	1710	229
私营独资企业	202	4163	3262	370	200	17
私营合伙企业		250	353	223	21	5
私营有限责任公司	2501	26597	17230	692	1383	125
私营股份有限公司		1186	634	62	106	82
其他企业	－80	3189	4549	555	83	53
港澳台商投资企业		2614	765	22	21	23
与港澳台商合资经营企业		2614	765	22	21	23
外商投资企业	23	985	1269			
中外合资经营企业		2614	765	22	21	23
3. 按控股情况分						
国有控股	776	4426	6208	91	114	30
集体控股	23053	70590	45916	539	861	137
私人控股	11031	60979	54904	2690	2321	267
外商控股	23	985	1269			
其他	3268	44996	29091	455	781	218
4. 按经营形式分						
独立门店	35644	144232	116550	3215	3406	456
连锁总店(总部)	1114	17213	7203	156	140	66
连锁门店	459	2614	896			
其他	934	17916	12737	403	531	130
5. 按零售业态分						
有店铺零售	38150	181975	137386	3775	4076	652
食杂店		33	56			
便利店		723	1178			
超市	27351	87636	55727	420	1074	265
大型超市	6052	8317	4701	121	191	9
百货店	2176	10193	14337	631	31	31
专业店	731	41038	34939	1571	1679	217
专卖店	1505	30313	23753	983	1011	105
家居建材商店	275	26	507	15	7	1
购物中心	55	101	158	4	18	
厂家直销中心	6	3596	2030	31	66	23

12－5续表24

指标名称	财务费用	利息收入	利息支出	资产减值损失	公允价值变动收益	投资收益
总　计	**85559**	**6936**	**60918**	**8131**	**4**	**3080**
一、批发业	**52475**	**5605**	**35868**	**6417**	**31**	**1770**
1.按批发行业小类分						
农畜产品批发	1948	21	2144	965		680
谷物、豆及薯类批发	50	4	40			
种子、饲料批发	860	－55	1143	947		680
棉、麻批发	594	1	562			
其他农畜产品批发	444	71	399	19		
食品、饮料及烟草制品批发	3267	217	2653	126		35
米、面制品及食用油批发	1010	1	1010			
糕点、糖果及糖批发						
果品、蔬菜批发	1358	181	917			
肉、禽、蛋及水产品批发	609		404	112		35
盐及调味品批发	251	24	273	14		
饮料及茶叶批发	－6	7	1			
烟草制品批发	－1	2	1			
其他食品批发	45	2	47			
纺织、服装及日用品批发	4468	1203	2144			－421
纺织品、针织品及原料批发	3941	1196	1684			－421
服装批发	528	7	460			
文化、体育用品及器材批发	6408	413	6046	5097		
文具用品批发	5860	410	5724	5072		
图书批发	41	2	39			
首饰、工艺品及收藏品批发	506	1	283	25		
其他文化用品批发						
医药及医疗器材批发	433	19	301	11		70
西药批发	245	2	222	5		
中药材及中成药批发	92	17	79	5		
医疗用品及器材批发	96					70
矿产品、建材及化工产品批发	26128	2687	17081	335	31	814
煤炭及制品批发	2967	140	949			
石油及制品批发	7696	691	7363	24		
非金属矿及制品批发	7		1			23
金属及金属矿批发	8768	1301	4765	110		568
建材批发	2433	59	698	4		223
化肥批发	2003	228	2039			
农药批发	9	34	42			
农用薄膜批发		1	1			
其他化工产品批发	2246	235	1224	197	32	
机械设备、五金交电及电子产品批发	5189	983	4126	－98		36
农业机械批发	2603	12	1888			2

指标名称	财务费用	利息收入	利息支出	资产减值损失	公允价值变动收益	投资收益
汽车、摩托车及零配件批发	1904	804	1939	-98		10
五金、交电批发	259	18	60			
家用电器批发	147	107	40			24
计算机、软件及辅助设备批发	120	29	92			
其他机械设备及电子产品批发	157	14	107			
贸易经纪与代理	82	22				
其他批发	4552	40	1374	-18		556
再生物资回收与批发	3326	18	219	23		
其他未列明的批发	1226	21	1155	-41		556
2.按登记注册类型分						
内资企业	52052	5594	35393	5471	31	1770
国有企业	1895	257	1420	72		556
集体企业	719	2	224			
股份合作企业	45					
有限责任公司	34723	3094	25905	5254		1580
国有独资公司	194	12	196			
其他有限责任公司	34530	3082	25709	5254		1580
股份有限公司	363	453	309	24		
私营企业	12226	719	5536	30	49	-402
私营独资企业	1554	75	702		32	
私营合伙企业	37	1	37			
私营有限责任公司	9752	623	4425	30	18	-402
私营股份有限公司	883	19	373			
其他企业	2081	1070	1999	90	-18	37
港澳台商投资企业	613	3	475			
与港澳台商合资经营企业	562	3	485			
港澳台商独资企业	51		-10			
外商投资企业	-190	8		947		
中外合资经营企业	54	8				
中外合作经营企业	-244			947		
3.按控股情况分						
国有控股	2205	307	1892	96		556
集体控股	2864	121	2120			558
私人控股	27607	1712	17692	5264	49	618
港澳台商控股	515	3	485			
外商控股	-190	8		947		
其他	19474	3454	13679	110	-18	39
4.按经营形式分						
独立门店	37087	2640	26622	5249	55	1113
连锁总店(总部)	18	34	52			
连锁门店	9	1	10			

12－5 续表 26

指 标 名 称	财务费用	利息收入	利息支出	资产减值损失	公允价值变动收益	投资收益
其他	15361	2930	9184	1169	－24	658
二、零售业	**33085**	**1331**	**25050**	**1714**	**－27**	**1309**
1. 按零售行业小类分						
综合零售	7821	－1216	6815	83		1163
百货零售	6093	－1321	5202	83		1163
超级市场零售	1619	104	1536			
其他综合零售	109	2	77			
食品、饮料及烟草制品专门零售	86		8			
糕点、面包零售	4		2			
果品、蔬菜零售	6		5			
肉、禽、蛋及水产品零售						
饮料及茶叶零售	54					
其他食品零售	22					
纺织、服装及日用品专门零售	483	1	276			3
纺织品及针织品零售	34		13			
服装零售	446		263			3
鞋帽零售	3					
文化、体育用品及器材专门零售	1633	10	672	441		
图书零售	178	6	182	375		
珠宝首饰零售	1455	4	491	66		
医药及医疗器材专门零售	5826	1458	6419	1186		
药品零售	5825	1458	6419	1186		
医疗用品及器材零售	1					
汽车、摩托车、燃料及零配件专门零售	12456	765	7745	3		55
汽车零售	11513	751	7464	3		55
汽车零配件零售	28	1				
摩托车及零配件零售	288	10				
机动车燃料零售	627	3	281			
家用电器及电子产品专门零售	1774	177	1215			
家用电器零售	1725	175	1190			
通信设备零售	42	1	25			
其他电子产品零售	7					
五金、家具及室内装修材料专门零售	1958	126	1225	2		113
五金零售	674	22	92			
家具零售	1284	104	1133	2		113
其他室内装修材料零售						
无店铺及其他零售	1048	12	677		－27	－24
生活用燃料零售	589	9	406		－27	－24
花卉零售	98		98			
旧货零售	－1	1				
其他未列明的零售	361	2	173			

12－5 续表27

指标名称	财务费用	利息收入	利息支出	资产减值损失	公允价值变动收益	投资收益
2. 按登记注册类型分						
内资企业	32039	1331	24029	1714	－27	1197
国有企业	63	5	67	348		
集体企业	383	2	154			
股份合作企业	1			27		
有限责任公司	15917	547	13598	1236	18	15
其他有限责任公司	15917	547	13598	1236	18	15
股份有限公司	4082	146	3684	103		1140
私营企业	10345	478	5817		－45	－15
私营独资企业	1322	72	419		－45	－26
私营合伙企业	150		20			
私营有限责任公司	8168	329	4918			11
私营股份有限公司	704	77	461			
其他企业	1249	153	710			57
港澳台商投资企业	1024		1022			113
与港澳台商合资经营企业	1024		1022			113
外商投资企业	21					
中外合资经营企业	1024		1022			113
3. 按控股情况分						
国有控股	83	5	67	334		
集体控股	3924	53	3523	97		1138
私人控股	21874	2093	15524	1253	－27	117
外商控股	21					
其他	7183	－820	5937	30		55
4. 按经营形式分						
独立门店	26823	2538	18972	1726	－108	1182
连锁总店(总部)	1433	－1437	2492			
连锁门店	45			－14		
其他	4783	230	3587	2	81	127
5. 按零售业态分						
有店铺零售	33085	1331	25050	1714	－27	1309
食杂店						
便利店	301		301			
超市	4421	－1256	5257	99		1135
大型超市	664	142	805	106		
百货店	3756	24	1680	－16		30
专业店	13644	1889	10818	1299		57
专卖店	8863	518	5030	227	－27	－26
家居建材商店	180		20			
购物中心	29		17			
厂家直销中心	1227	15	1124			113

12－5 续表28

指标名称	营业利润	补贴收入	营业外收入	利润总额	应交所得税	应付职工薪酬（本年贷方累计发生额）
总　　计	**288699**	**1941**	**28236**	**281814**	**47397**	**190912**
一、批发业	**217655**	**1843**	**22374**	**207885**	**33250**	**86929**
1. 按批发行业小类分						
农畜产品批发	12430	246	89	12409	1190	2416
谷物、豆及薯类批发	687		4	690	165	283
种子、饲料批发	4479		－57	5087	267	794
棉、麻批发	－950	171	142	－657	40	694
其他农畜产品批发	8215	75		7289	718	646
食品、饮料及烟草制品批发	105129	92	781	99280	11602	28825
米、面制品及食用油批发	1212		51	1253	111	1540
糕点、糖果及糖批发	3		1	3		55
果品、蔬菜批发	14037			12963	192	2489
肉、禽、蛋及水产品批发	1283	13	4	1287	299	1712
盐及调味品批发	266	79	64	292	130	1477
饮料及茶叶批发	689		599	1227	500	2576
烟草制品批发	87838		54	82446	10370	18906
其他食品批发	－199		9	－190		71
纺织、服装及日用品批发	5095	7	18	5594	1381	3274
纺织品、针织品及原料批发	1400	7	8	1891	444	1155
服装批发	3695		10	3704	937	2118
文化、体育用品及器材批发	53		184	－99	437	1719
文具用品批发	－581		166	－650	328	740
图书批发	53		8	－39		659
首饰、工艺品及收藏品批发	287		10	297	35	293
其他文化用品批发	294			294	73	28
医药及医疗器材批发	1948	46	63	1184	319	5113
西药批发	930		37	920	161	2781
中药材及中成药批发	261	27	18	－483	18	2168
医疗用品及器材批发	758	20	8	746	140	164
矿产品、建材及化工产品批发	54283	616	2003	49211	9573	24059
煤炭及制品批发	5377	27	379	5633	1330	3172
石油及制品批发	11178		1066	12014	2824	10909
非金属矿及制品批发	367			303	105	165
金属及金属矿批发	2603	43	408	－1065	1824	2908
建材批发	6925		28	6312	452	1844
化肥批发	12846	448	65	13357	1240	2071
农药批发	813	99	21	908	227	646
农用薄膜批发	85			85	24	98
其他化工产品批发	14088		37	11664	1547	2247
机械设备、五金交电及电子产品批发	35201	133	15060	32800	7548	19642
农业机械批发	2009	133	90	2228	320	3485

12－5 续表 29

指标名称	营业利润	补贴收入	营业外收入	利润总额	应交所得税	应付职工薪酬(本年贷方累计发生额)
汽车、摩托车及零配件批发	24375		14898	23588	5966	11795
五金、交电批发	5518		13	3906	876	1313
家用电器批发	291		5	36	14	1586
计算机、软件及辅助设备批发	102		52	153	48	646
其他机械设备及电子产品批发	2907		1	2889	323	818
贸易经纪与代理	199			84		16
其他批发	3318	703	4177	7422	1201	1864
再生物资回收与批发	－704	703	4089	3351	739	815
其他未列明的批发	4022		88	4072	462	1049
2. 按登记注册类型分						
内资企业	205910	1843	22434	196252	31971	85265
国有企业	77612	78	850	72808	9359	24400
集体企业	3428	1		3205	24	1661
股份合作企业	10			10		17
有限责任公司	38972	1033	5270	41496	9090	32277
国有独资公司	6323		3	6317	429	4311
其他有限责任公司	32649	1033	5267	35179	8661	27966
股份有限公司	20264	27	15895	21137	5087	9032
私营企业	58039	705	413	52488	7556	16767
私营独资企业	15192		1	13083	1796	1581
私营合伙企业	353			353	70	95
私营有限责任公司	40670	705	372	37224	5435	13559
私营股份有限公司	1823		40	1828	255	1533
其他企业	7585		6	5108	855	1111
港澳台商投资企业	6699		10	6656	1175	796
与港澳台商合资经营企业	4597			4545	1144	320
港澳台商独资企业	2102		9	2111	31	476
外商投资企业	5046		－69	4977	104	868
中外合资经营企业	1196			1196	104	357
中外合作经营企业	3851		－69	3781		511
3. 按控股情况分						
国有控股	86787	781	2634	83598	10974	36188
集体控股	11924	14	441	12048	1065	5519
私人控股	89469	816	15411	81379	14028	28343
港澳台商控股	4080			4079	363	298
外商控股	4239		－69	4170		679
其他	21157	232	3958	22612	6821	15901
4. 按经营形式分						
独立门店	121688	1381	18360	109334	20858	58537
连锁总店(总部)	1264	99	21	1358	340	1028
连锁门店	132			132	33	20

12－5 续表 30

指 标 名 称	营业利润	补贴收入	营业外收入	利润总额	应交所得税	应付职工薪酬(本年贷方累计发生额)
其他	94570	364	3993	97061	12019	27343
二、零售业	**71045**	**98**	**5862**	**73929**	**14147**	**103984**
1. 按零售行业小类分						
综合零售	18797	98	2325	21770	6351	54684
百货零售	13906	98	2070	16628	5882	49185
超级市场零售	2512		245	2755	433	5040
其他综合零售	2380		10	2388	37	459
食品、饮料及烟草制品专门零售	5183			5071	1127	1154
糕点、面包零售	125			125		183
果品、蔬菜零售	4731			4618	1094	769
肉、禽、蛋及水产品零售	105			105	1	70
饮料及茶叶零售	131			131	10	93
其他食品零售	92			92	22	39
纺织、服装及日用品专门零售	1885		－3	1453	53	774
纺织品及针织品零售	199			199	21	67
服装零售	1664		－3	1233	32	668
鞋帽零售	22			22		38
文化、体育用品及器材专门零售	2807		543	3329	228	3942
图书零售	－209		543	318	61	2330
珠宝首饰零售	3016			3011	167	1612
医药及医疗器材专门零售	4899		761	4655	1034	6188
药品零售	4872		761	4630	1025	6121
医疗用品及器材零售	27			25	9	67
汽车、摩托车、燃料及零配件专门零售	26604		1050	27275	3491	24575
汽车零售	21654		997	22273	2937	22879
汽车零配件零售	133		2	135	56	283
摩托车及零配件零售	565			565	109	330
机动车燃料零售	4251		51	4302	389	1083
家用电器及电子产品专门零售	834		769	1478	321	2761
家用电器零售	89		769	758	226	2376
通信设备零售	745			745	95	360
其他电子产品零售				－25		25
五金、家具及室内装修材料专门零售	3967		133	3480	671	8039
五金零售	1561			1181	101	898
家具零售	2309		133	2202	554	7087
其他室内装修材料零售	96			96	16	54
无店铺及其他零售	6070		284	5419	872	1868
生活用燃料零售	4211		159	3456	381	1100
花卉零售	12			12		81
旧货零售	29		121	150	38	57
其他未列明的零售	1818		4	1801	454	631

12－5 续表31

指标名称	营业利润	补贴收入	营业外收入	利润总额	应交所得税	应付职工薪酬（本年贷方累计发生额）
2. 按登记注册类型分						
内资企业	70238	98	5745	73007	14147	100775
国有企业	523		280	786	41	2002
集体企业	3217		14	2996	11	1549
股份合作企业	－57		263	206	16	108
有限责任公司	21842	98	1929	24173	5620	34128
其他有限责任公司	21842	98	1929	24173	5620	34128
股份有限公司	10545		1702	12091	4524	38498
私营企业	31626		1387	30096	3300	20892
私营独资企业	7468		24	6384	628	2922
私营合伙企业	561			561	86	87
私营有限责任公司	23482		1304	22977	2529	17180
私营股份有限公司	115		58	173	57	703
其他企业	2542		171	2658	634	3599
港澳台商投资企业	－1804		116	－1688		3082
与港澳台商合资经营企业	－1804		116	－1688		3082
外商投资企业	2611			2611		127
中外合资经营企业	－1804		116	－1688		3082
3. 按控股情况分						
国有控股	634		322	940	59	2916
集体控股	8901		1702	10223	3836	36066
私人控股	43823	98	2633	42987	6166	40929
外商控股	2611			2611		127
其他	15076		1206	17169	4086	23947
4. 按经营形式分						
独立门店	57477	98	5087	58614	10446	81926
连锁总店（总部）	6584		231	8362	1647	9834
连锁门店	－1435		80	－1355	2	482
其他	8419		464	8309	2052	11742
5. 按零售业态分						
有店铺零售	71045	98	5862	73929	14147	103984
食杂店	21			21		25
便利店	103			94	3	413
超市	20747	98	1781	24087	6930	48883
大型超市	1669		1088	2508	609	3183
百货店	2158		195	1605	387	5985
专业店	24472		2152	25443	4111	22718
专卖店	21477		519	20734	2019	18550
家居建材商店	276			40	10	547
购物中心	590			161	14	118
厂家直销中心	－467		127	－763	66	3562

12－5 续表 32

指标名称	应交增值税	土地和固定资产支出	土地购置	房屋和建筑物	机器设备	运输工具	其他费用
总　计	**170422**	**53539**	**8736**	**23942**	**9348**	**6346**	**5167**
一、批发业	**86972**	**34867**	**5043**	**18931**	**5867**	**2870**	**2156**
1. 按批发行业小类分							
农畜产品批发	1622	754	140	301	101	87	125
谷物、豆及薯类批发	263	631	140	301	101	64	25
种子、饲料批发	328	10					10
棉、麻批发	79	23				23	
其他农畜产品批发	952	90					90
食品、饮料及烟草制品批发	25523	8237	3108	4045	65	994	25
米、面制品及食用油批发	264	140				140	
糕点、糖果及糖批发	33						
果品、蔬菜批发	1325	492		55	22	415	
肉、禽、蛋及水产品批发	641	6376	3108	2933	6	328	
盐及调味品批发	1386	68		41	1	21	6
饮料及茶叶批发	2609	42			36		6
烟草制品批发	19262	1120		1016		90	13
其他食品批发	4						
纺织、服装及日用品批发	1705	589	4	497	9	64	15
纺织品、针织品及原料批发	1685	26	4	5	6		11
服装批发	20	563		492	3	64	3
文化、体育用品及器材批发	1247	263			263		
文具用品批发	1000						
图书批发	93						
首饰、工艺品及收藏品批发	137	263			263		
其他文化用品批发	17						
医药及医疗器材批发	2312	557	232	124	79	76	47
西药批发	1524	547	232	124	73	72	47
中药材及中成药批发	528	10			6	4	
医疗用品及器材批发	261						
矿产品、建材及化工产品批发	28649	21612	969	12162	5229	1468	1783
煤炭及制品批发	3639	537	46		323	94	74
石油及制品批发	13597	868	60	47		444	317
非金属矿及制品批发	272						
金属及金属矿批发	5603	15227	510	8826	4887	896	109
建材批发	2147	391	354		10	3	24
化肥批发	88	3295		3289		6	
农药批发		1281			9	13	1260
农用薄膜批发	11						
其他化工产品批发	3293	13			1	12	
机械设备、五金交电及电子产品批发	12534	2855	589	1801	122	181	162
农业机械批发	429	253	39	102		112	

12－5 续表 33

指标名称	应交增值税	土地和固定资产支出	土地购置	房屋和建筑物	机器设备	运输工具	其他费用
汽车、摩托车及零配件批发	9122	1964	550	1169	75	21	149
五金、交电批发	1278						
家用电器批发	435	33				21	12
计算机、软件及辅助设备批发	154	575		531	44		
其他机械设备及电子产品批发	1116	31			2	28	
贸易经纪与代理	2						
其他批发	13379						
再生物资回收与批发	12601						
其他未列明的批发	778						
2. 按登记注册类型分							
内资企业	85725	34867	5043	18931	5867	2870	2156
国有企业	22392	1231		1057	38	111	25
集体企业	773	381	354			3	24
股份合作企业	53						
有限责任公司	37377	4557	332	728	907	1155	1435
国有独资公司	2370						
其他有限责任公司	35007	4557	332	728	907	1155	1435
股份有限公司	11995	1016	46	47		600	324
私营企业	11658	27402	4312	17098	4731	912	348
私营独资企业	2152	90					90
私营合伙企业	71						
私营有限责任公司	8716	26643	3762	17098	4681	844	258
私营股份有限公司	719	668	550		50	68	
其他企业	1478	280			192	89	
港澳台商投资企业	1150						
与港澳台商合资经营企业	947						
港澳台商独资企业	202						
外商投资企业	98						
中外合资经营企业	98						
中外合作经营企业							
3. 按控股情况分							
国有控股	35051	2268		1228	78	580	383
集体控股	2661	808	414		148	198	48
私人控股	23907	27987	4590	17042	4884	1020	450
港澳台商控股	239						
外商控股	5						
其他	25110	3804	39	661	758	1072	1275
4. 按经营形式分							
独立门店	51143	15451	4424	8155	913	1294	665
连锁总店(总部)	301	1510		124	49	38	1301
连锁门店	136						

12－5续表34

指标名称	应交增值税	土地和固定资产支出	土地购置	房屋和建筑物	机器设备	运输工具	其他费用
其他	35392	17906	619	10652	4906	1538	190
二、零售业	**83450**	**18672**	**3693**	**5011**	**3481**	**3476**	**3011**
1. 按零售行业小类分							
综合零售	26195	6052	1789	1220	345	210	2489
百货零售	22575	3731	1789	1220	306	210	208
超级市场零售	3213	2320			39		2281
其他综合零售	406						
食品、饮料及烟草制品专门零售	891						
糕点、面包零售	36						
果品、蔬菜零售	730						
肉、禽、蛋及水产品零售	50						
饮料及茶叶零售	39						
其他食品零售	38						
纺织、服装及日用品专门零售	232						
纺织品及针织品零售	84						
服装零售	147						
鞋帽零售	1						
文化、体育用品及器材专门零售	912	204	40		154		10
图书零售	433	204	40		154		10
珠宝首饰零售	479						
医药及医疗器材专门零售	6285	1493	153	574	388	110	268
药品零售	6178	1493	153	574	388	110	268
医疗用品及器材零售	107						
汽车、摩托车、燃料及零配件专门零售	43676	10529	1711	3217	2376	3061	164
汽车零售	41719	9830	1083	3165	2357	3061	164
汽车零配件零售	216						
摩托车及零配件零售	350						
机动车燃料零售	1391	699	629	52	19		
家用电器及电子产品专门零售	2321						
家用电器零售	2192						
通信设备零售	105						
其他电子产品零售	24						
五金、家具及室内装修材料专门零售	1311	340			212	51	77
五金零售	367	49			43	4	3
家具零售	841	290			169	47	74
其他室内装修材料零售	102						
无店铺及其他零售	1627	55			7	45	3
生活用燃料零售	567	51			7	42	3
花卉零售							
旧货零售	420						
其他未列明的零售	640	3				3	

指 标 名 称	应交增值税	土地和固定资产支出	土地购置	房屋和建筑物	机器设备	运输工具	其他费用
2. 按登记注册类型分							
内资企业	82636	18503	3693	5011	3312	3476	3011
国有企业	462	204	40		154		10
集体企业	928	12			12		
股份合作企业	35						
有限责任公司	46430	9874	2796	2738	2307	1424	608
其他有限责任公司	46430	9874	2796	2738	2307	1424	608
股份有限公司	19532	2835			223	260	2352
私营企业	13497	3763	856	1584	597	685	40
私营独资企业	1269	814	200	430	57	100	27
私营合伙企业	245						
私营有限责任公司	11680	2903	656	1155	498	582	13
私营股份有限公司	304	46			43	4	
其他企业	1753	1816		689	20	1107	
港澳台商投资企业	158	169			169		
与港澳台商合资经营企业	158	169			169		
外商投资企业	656						
中外合资经营企业	158	169			169		
3. 按控股情况分							
国有控股	618	204	40		154		10
集体控股	19420	315		20	84	115	95
私人控股	24201	10111	1485	2890	1557	1708	2471
外商控股	656						
其他	38556	8043	2168	2101	1686	1653	435
4. 按经营形式分							
独立门店	76192	10946	1706	3824	1696	3341	379
连锁总店(总部)	3097	5041	1789	614	212	58	2368
连锁门店	196						
其他	3965	2685	198	574	1572	77	264
5. 按零售业态分							
有店铺零售	83450	18672	3693	5011	3481	3476	3011
食杂店	143						
便利店	135						
超市	23825	5229	1789	723	242	88	2387
大型超市	1483	213				56	157
百货店	3028	728		497	103	112	16
专业店	41965	6010	982	2412	752	1711	154
专卖店	12169	6046	923	1379	2207	1503	34
家居建材商店	34						
购物中心	353						
厂家直销中心	316	447			177	6	264

12－6 限额以上住宿餐饮法人企业经营情况综合表

（2011 年）

单位：万元

指标名称	法人企业数（个）	从业人员期末人数（人）	营业额	客房收入	餐费收入	商品销售收入
总计	**231**	**21835**	**268108**	**59535**	**181880**	**16717**
一、住宿业	**54**	**10278**	**125709**	**36681**	**74900**	**6886**
1. 按住宿行业小类分						
旅游饭店	39	8911	110326	30837	66228	6046
一般旅馆	13	1288	14652	5126	8672	827
其他住宿服务	2	79	731	718		13
2. 按登记注册类型分						
内资企业	52	9692	119157	34277	71027	6886
国有企业	2	756	9992	1940	5101	1376
集体企业	1	82	1005	82	703	189
有限责任公司	18	4753	60455	17058	37761	2874
国有独资公司	1	35	461	271	178	6
其他有限责任公司	17	4718	59994	16787	37584	2868
股份有限公司	5	815	8808	2685	6074	43
私营企业	22	2605	32384	10345	17420	2046
私营独资企业	2	213	2791	1238	1382	
私营有限责任公司	20	2392	29593	9106	16038	2046
其他企业	4	681	6514	2168	3968	358
港澳台商投资企业	2	586	6552	2404	3874	
与港澳台商合资经营企业	2	586	6552	2404	3874	
3. 按控股情况分						
国有控股	5	1240	16186	3846	8066	2017
集体控股	4	1484	20451	5820	12360	1022
私人控股	31	4337	50826	14406	30379	3426
其他	14	3217	38246	12609	24095	421
4. 按经营形式分						
独立门店	52	10102	122412	36388	72302	6479
连锁门店	2	176	3297	292	2598	407
5. 按星级分						
五星	6	2242	30289	8651	19531	15
四星	18	5516	62540	16189	37758	4741
三星	12	1301	20153	6296	10842	1949

12－6 续表 1

指 标 名 称	其 他 收 入	客房数（间）	床位数（个）	餐位数（位）	年末餐饮营业面积（平方米）
总　　计	**9975**	**12984**	**22497**	**85765**	**705510**
一、住宿业	**7242**	**7762**	**13036**	**32014**	**226046**
1. 按住宿行业小类分					
旅游饭店	7215	6119	10079	26730	187109
一般旅馆	27	1405	2569	5258	38507
其他住宿服务		238	388	26	430
2. 按登记注册类型分					
内资企业	6968	7256	12217	31122	215260
国有企业	1575	356	597	1720	15000
集体企业	31	11	22	500	5000
有限责任公司	2762	3205	5565	14372	97468
国有独资公司	6	64	96	220	2862
其他有限责任公司	2757	3141	5469	14152	94606
股份有限公司	6	612	1068	3704	8922
私营企业	2574	2380	3845	8772	68170
私营独资企业	171	246	361	1404	6519
私营有限责任公司	2403	2134	3484	7368	61651
其他企业	20	692	1120	2054	20700
港澳台商投资企业	274	506	819	892	10786
与港澳台商合资经营企业	274	506	819	892	10786
3. 按控股情况分					
国有控股	2258	685	1083	2884	21762
集体控股	1249	939	1575	3005	16816
私人控股	2615	3501	5861	14920	105482
其他	1121	2637	4517	11205	81986
4. 按经营形式分					
独立门店	7242	7681	12909	30844	216446
连锁门店		81	127	1170	9600
5. 按星级分					
五星	2092	1523	2543	5810	49471
四星	3852	3492	5723	16423	105416
三星	1066	958	1669	3947	36402

12－6续表2

指 标 名 称	法人企业数(个)	从业人员期末人数(人)	营业额	客房收入	餐费收入	商品销售收入
二星	3	198	1769	401	1368	
其他	22	1466	15152	6253	8107	473
二、餐饮业	**177**	**11557**	**142399**	**22855**	**106980**	**9831**
1.按餐饮行业小类分						
正餐服务	175	11488	141415	22833	106140	9737
快餐服务	2	69	984	22	840	95
2.按登记注册类型分						
内资企业	176	11541	142064	22855	106645	9831
国有企业	4	518	4231	1262	2442	342
集体企业	3	104	1103		1103	
股份合作企业	1	38	1063	122	490	451
有限责任公司	61	4365	47674	5961	38996	2312
国有独资公司	1	130	901		901	
其他有限责任公司	60	4235	46772	5961	38095	2312
股份有限公司	5	469	6809	495	5792	505
私营企业	87	5177	68414	14252	46737	5351
私营独资企业	34	1508	17350	2560	13539	1155
私营合伙企业	1	40	323		323	
私营有限责任公司	50	3577	49751	11692	31885	4196
私营股份有限公司	2	52	990		990	
其他企业	15	870	12770	764	11085	871
港澳台商投资企业	1	16	336		336	
港澳台商独资企业	1	16	336		336	
3.按控股情况分						
国有控股	6	878	9380	1262	7591	342
集体控股	5	295	2598	504	2033	14
私人控股	116	7345	94051	16654	68187	6901
其他	50	3039	36370	4435	29169	2575
4.按经营形式分						
独立门店	165	10702	133974	21962	99990	9425
连锁门店	1	106	850		850	
其他	11	749	7575	893	6140	406

12－6 续表 3

指 标 名 称	其他收入	客房数（间）	床位数（个）	餐位数（位）	年末餐饮营业面积（平方米）
二星		226	427	1840	8695
其他	319	1888	3252	6382	45842
二、餐饮业	**2733**	**5222**	**9461**	**53751**	**479464**
1. 按餐饮行业小类分					
正餐服务	2706	5212	9441	53107	472104
快餐服务	28	10	20	644	7360
2. 按登记注册类型分					
内资企业	2733	5222	9461	53730	479149
国有企业	186	326	769	2718	13500
集体企业				500	2000
股份合作企业		63	120	400	5000
有限责任公司	405	2031	3507	21240	186465
国有独资公司				260	4000
其他有限责任公司	405	2031	3507	20980	182465
股份有限公司	18	218	421	1032	9180
私营企业	2075	2261	4166	23786	231005
私营独资企业	97	634	1319	8233	61156
私营合伙企业				400	2000
私营有限责任公司	1978	1627	2847	14593	166176
私营股份有限公司				560	1673
其他企业	50	323	478	4054	31999
港澳台商投资企业				21	315
港澳台商独资企业				21	315
3. 按控股情况分					
国有控股	186	326	769	3410	19300
集体控股	48	182	343	1742	10810
私人控股	2309	3157	5609	32248	298426
其他	191	1557	2740	16351	150928
4. 按经营形式分					
独立门店	2598	4839	8784	50361	445701
连锁门店				360	3050
其他	135	383	677	3030	30713

12－7 限额以上住宿和餐饮业法人财务状况综合表

（2011 年）

单位:万元

指 标 名 称	法人企业数（个）	执行《2006 年企业会计准则》企业数（个）	年初存货	流动资产合计	应收帐款	存货
总　计	**222**	**170**	**13988**	**254435**	**31551**	**20634**
一、住宿业	**53**	**42**	**7668**	**156048**	**11881**	**9375**
1.按住宿行业小类分						
旅游饭店	38	29	6716	143322	10940	8200
一般旅馆	13	11	912	11304	867	1139
其他住宿服务	2	2	41	1422	75	37
2.按登记注册类型分						
内资企业	51	41	6916	152857	10737	8662
国有企业	2	2	654	3363	352	767
集体企业	1	1	33	1204	717	67
有限责任公司	18	15	2868	115568	5327	4054
国有独资公司	1	1	2	19	3	3
其他有限责任公司	17	14	2866	115549	5324	4051
股份有限公司	4	3	548	12084	951	474
私营企业	22	16	2258	18172	3325	2893
私营独资企业	2	2	195	2078	679	278
私营有限责任公司	20	14	2063	16093	2646	2615
其他企业	4	4	555	2466	65	408
港澳台商投资企业	2	1	753	3191	1144	713
与港澳台商合资经营企业	2	1	753	3191	1144	713
3.按控股情况分						
国有控股	5	4	971	5198	1236	1292
集体控股	4	4	782	10861	2332	1037
私人控股	31	24	3120	106941	6271	4236
其他	13	10	2796	33047	2043	2811
4.按经营形式分						
独立门店	51	40	7450	153321	11335	8967
连锁门店	2	2	218	2726	547	408
5.按星级分						
五星	6	6	2158	17206	3050	2791
四星	18	13	3718	114773	5914	4376
三星	11	9	1029	12226	1258	1241

12－7 续表 1

指标名称	法人企业数（个）	执行《2006年企业会计准则》企业数（个）	年初存货	流动资产合计	应收帐款	存货
二星	3	3	101	698	300	91
其他	22	17	802	12436	1952	1068
二、餐饮业	**169**	**128**	**6320**	**98387**	**19669**	**11259**
1. 按餐饮行业小类分						
正餐服务	167	126	6253	98051	19579	11196
快餐服务	2	2	67	337	91	63
2. 按登记注册类型分						
内资企业	168	127	6320	98315	19633	11239
国有企业	4	4	20	2657	2074	47
集体企业	3	2	3	45	4	12
股份合作企业	1	1		213	101	63
有限责任公司	61	43	2577	45205	7798	5413
国有独资公司	1	1	246	604	242	234
其他有限责任公司	60	42	2332	44601	7556	5179
股份有限公司	4	2	248	3238	666	343
私营企业	80	62	2988	43710	8104	4896
私营独资企业	31	28	464	6353	1409	2121
私营合伙企业	1	1	12	57	21	12
私营有限责任公司	46	31	2497	36970	6652	2738
私营股份有限公司	2	2	15	329	22	25
其他企业	15	13	483	3247	886	465
港澳台商投资企业	1	1		73	36	20
港澳台商独资企业	1	1		73	36	20
3. 按控股情况分						
国有控股	6	6	422	5696	2670	444
集体控股	5	4	84	857	65	95
私人控股	109	82	4161	67722	14448	8509
其他	49	36	1653	24112	2487	2211
4. 按经营形式分						
独立门店	157	118	5644	91247	15880	10517
连锁门店	1	1	148	644	52	167
其他	11	9	527	6496	3737	575

12－7 续表 2

指 标 名 称	固定资产合　　计	固定资产原　　价	累　　计折　　旧	本年折旧	在　　建工　　程	资　　产总　　计
总　　计	**215076**	**276617**	**75578**	**14642**	**34461**	**568145**
一、住宿业	**133324**	**180772**	**55455**	**10798**	**21397**	**346068**
1.按住宿行业小类分						
旅游饭店	116567	153324	43991	9144	19824	307008
一般旅馆	15706	27114	11408	1642	801	36572
其他住宿服务	1051	334	55	11	772	2488
2.按登记注册类型分						
内资企业	106819	144798	45986	8746	12619	305606
国有企业	7061	18767	11773	484	67	12658
集体企业	357	581	225	30		1974
有限责任公司	65560	89898	24612	3842	5210	208478
国有独资公司	38	85	47	15		59
其他有限责任公司	65522	89813	24564	3828	5210	208419
股份有限公司	5587	5801	2587	1723	3503	20462
私营企业	24407	24116	5002	2364	3839	53898
私营独资企业	263	410	147	44		2369
私营有限责任公司	24144	23706	4855	2320	3839	51529
其他企业	3848	5635	1787	302		8136
港澳台商投资企业	26506	35975	9469	2052	8779	40462
与港澳台商合资经营企业	26506	35975	9469	2052	8779	40462
3.按控股情况分						
国有控股	14524	28544	14100	907	169	23221
集体控股	4640	11068	6428	1128	196	19957
私人控股	60420	63540	9446	4069	10652	195759
其他	53740	77620	25481	4694	10380	107131
4.按经营形式分						
独立门店	131939	178591	54533	10683	20726	341162
连锁门店	1385	2181	922	114	671	4906
5.按星级分						
五星	37523	47741	10233	3144	8779	74628
四星	70906	102207	35065	6254	6964	210993
三星	10377	12948	6025	806	4823	27507

12－7 续表 3

指标名称	固定资产合计	固定资产原价	累计折旧	本年折旧	在建工程	资产总计
二星	2141	2674	533	186		5989
其他	15083	18287	3976	476	1363	32031
二、餐饮业	**81752**	**95845**	**20123**	**3845**	**13064**	**222077**
1. 按餐饮行业小类分						
正餐服务	81661	95692	20062	3832	13064	221649
快餐服务	91	153	62	13		428
2. 按登记注册类型分						
内资企业	81462	95526	20095	3828	13064	221714
国有企业	3300	3779	479	53		8607
集体企业	137	137				182
股份合作企业	40	50	10			253
有限责任公司	31063	40644	11670	1920	3120	92443
国有独资公司	24	24				809
其他有限责任公司	31039	40620	11670	1920	3120	91635
股份有限公司	1362	1788	1044	109		5081
私营企业	41719	44910	5570	1497	8618	105996
私营独资企业	12065	13653	1623	623	120	20860
私营合伙企业	232	314	82	2		289
私营有限责任公司	29310	30909	3856	865	8498	84344
私营股份有限公司	112	36	9	8		504
其他企业	3841	4219	1322	249	1326	9151
港澳台商投资企业	291	319	28	17		363
港澳台商独资企业	291	319	28	17		363
3. 按控股情况分						
国有控股	3444	4103	659	86		12113
集体控股	3157	4622	1465	92	1	4935
私人控股	57194	67841	13245	2532	9913	154040
其他	17957	19279	4755	1135	3150	50988
4. 按经营形式分						
独立门店	77573	89731	18101	3535	13063	208190
连锁门店	1063	1345	282	218		2085
其他	3117	4769	1740	92	1	11801

12－7 续表4

指标名称	流动负债合计	应付帐款	非流动负债合计	负债合计	所有者权益合计	实收资本
总计	**370753**	**42940**	**81653**	**452406**	**115739**	**121773**
一、住宿业	**231324**	**19921**	**62966**	**294289**	**51779**	**79740**
1.按住宿行业小类分						
旅游饭店	203080	17526	61876	264955	42053	72208
一般旅馆	27524	2331		27524	9048	6883
其他住宿服务	720	65	1090	1810	678	650
2.按登记注册类型分						
内资企业	189753	18488	62966	252719	52887	67696
国有企业	10392	2099		10392	2265	11700
集体企业	1490	189	73	1563	411	411
有限责任公司	114984	7774	56600	171584	36894	43187
国有独资公司	30	2		30	29	29
其他有限责任公司	114954	7772	56600	171554	36865	43158
股份有限公司	14749	1695	1090	15839	4623	2342
私营企业	41290	5604	5063	46353	7545	8746
私营独资企业	2675	1022		2675	－306	300
私营有限责任公司	38615	4582	5063	43678	7851	8446
其他企业	6849	1128	139	6988	1149	1310
港澳台商投资企业	41571	1433		41571	－1108	12044
与港澳台商合资经营企业	41571	1433		41571	－1108	12044
3.按控股情况分						
国有控股	17118	2358	1000	18118	5103	15644
集体控股	15462	2184	2773	18235	1722	1811
私人控股	125037	9224	35193	160229	35530	25334
其他	73707	6155	24000	97707	9424	36952
4.按经营形式分						
独立门店	227145	19151	62966	290110	51052	79199
连锁门店	4179	770		4179	727	541
5.按星级分						
五星	56992	4699	7763	64755	9873	18812
四星	127152	9799	53900	181052	29941	51236
三星	24650	2220	95	24745	2762	3162

12－7 续表 5

指 标 名 称	流动负债合计	应付帐款	非流动负债合计	负债合计	所有者权益合计	实收资本
二星	3225	1334		3225	2765	628
其他	24185	2239	1419	25604	6427	6620
二、餐饮业	**139429**	**23019**	**18687**	**158117**	**63960**	**42033**
1. 按餐饮行业小类分						
正餐服务	139249	22861	18687	157937	63712	41923
快餐服务	180	158		180	248	110
2. 按登记注册类型分						
内资企业	139185	23019	18687	157872	63842	42030
国有企业	5881	4040	92	5972	2635	3246
集体企业	96	11		96	86	86
股份合作企业	222			222	31	30
有限责任公司	58704	7103	4699	63402	29041	18190
国有独资公司	579	403		579	230	200
其他有限责任公司	58125	6700	4699	62823	28811	17990
股份有限公司	4140	621		4140	941	401
私营企业	62934	10551	13809	76743	29253	18997
私营独资企业	4520	1582	767	5286	15573	7079
私营合伙企业	63	11		63	226	103
私营有限责任公司	58120	8794	12993	71113	13231	11736
私营股份有限公司	231	163	50	280	223	80
其他企业	7209	695	89	7297	1854	1079
港澳台商投资企业	245			245	119	3
港澳台商独资企业	245			245	119	3
3. 按控股情况分						
国有控股	8852	4821	92	8944	3169	3496
集体控股	2245	44	1701	3946	989	833
私人控股	86312	12750	14106	100418	53623	31236
其他	42020	5404	2789	44809	6179	6468
4. 按经营形式分						
独立门店	131255	17428	16611	147866	60325	38693
连锁门店	974	37	523	1497	588	500
其他	7200	5553	1554	8754	3047	2840

12－7 续表6

指 标 名 称	所有者权益合计					
	实收资本					
	国家资本	集体资本	法人资本	个人资本	港澳台资本	外商资本
总 计	**15196**	**4004**	**65111**	**33389**	**4073**	
一、住宿业	**11700**	**2590**	**44599**	**17276**	**3576**	
1. 按住宿行业小类分						
旅游饭店	11700	1371	39674	16013	3450	
一般旅馆		1219	4275	1263	126	
其他住宿服务			650			
2. 按登记注册类型分						
内资企业	11700	2171	36549	17276		
国有企业	11700					
集体企业		411				
有限责任公司		1760	29663	11765		
国有独资公司			29			
其他有限责任公司		1760	29634	11765		
股份有限公司			1500	842		
私营企业			4136	4610		
私营独资企业			100	200		
私营有限责任公司			4036	4410		
其他企业			1250	60		
港澳台商投资企业		419	8050		3576	
与港澳台商合资经营企业		419	8050		3576	
3. 按控股情况分						
国有控股	11700		3753	191		
集体控股		1811				
私人控股			8386	16948		
其他		779	32460	138	3576	
4. 按经营形式分						
独立门店	11700	2590	44299	17035	3576	
连锁门店			300	241		
5. 按星级分						
五星		100	12150	3112	3450	
四星	11700	1660	26974	10902		
三星			2322	840		

12－7 续表 7

指标名称	所有者权益合计					
	实收资本					
	国家资本	集体资本	法人资本	个人资本	港澳台资本	外商资本
二星			600	28		
其他	304	1150	2585	2456	126	
二、餐饮业	**3496**	**1415**	**20512**	**16113**	**497**	
1. 按餐饮行业小类分						
正餐服务	3496	1415	20432	16083	497	
快餐服务			80	30		
2. 按登记注册类型分						
内资企业	3496	1415	20512	16110	497	
国有企业	3246					
集体企业		76	10			
股份合作企业				30		
有限责任公司	200	581	12687	4225	497	
国有独资公司	200					
其他有限责任公司		581	12687	4225	497	
股份有限公司	50		340	10		
私营企业		758	7405	10834		
私营独资企业		758	2466	3855		
私营合伙企业				103		
私营有限责任公司			4909	6827		
私营股份有限公司			30	50		
其他企业			70	1009		
港澳台商投资企业				3		
港澳台商独资企业				3		
3. 按控股情况分						
国有控股	3496					
集体控股		597	110	126		
私人控股		458	16328	14450		
其他		360	4074	1537	497	
4. 按经营形式分						
独立门店	3496	1415	18837	14448	497	
连锁门店				500		
其他			1675	1165		

12－7 续表 8

指标名称	营业收入	主营业务收入	营业成本	主营业务成本	营业税金及附加	主营业务税金及附加
总　计	**263751**	**260676**	**140765**	**136645**	**13692**	**13594**
一、住宿业	**125575**	**124438**	**53136**	**52834**	**6992**	**6989**
1. 按住宿行业小类分						
旅游饭店	110040	109078	45546	45546	6089	6086
一般旅馆	14823	14647	7525	7223	867	867
其他住宿服务	713	713	65	65	36	36
2. 按登记注册类型分						
内资企业	119023	117937	51411	51109	6625	6625
国有企业	9992	9095	3902	3902	550	550
集体企业	974	974	441	441	40	40
有限责任公司	60456	60450	25226	24924	3620	3620
国有独资公司	461	455	460	158	26	26
其他有限责任公司	59995	59995	24766	24766	3594	3594
股份有限公司	8553	8553	3353	3353	418	418
私营企业	32536	32352	15561	15561	1631	1631
私营独资企业	2791	2791	1325	1325	161	161
私营有限责任公司	29745	29561	14235	14235	1470	1470
其他企业	6514	6514	2928	2928	366	366
港澳台商投资企业	6552	6501	1726	1726	367	364
与港澳台商合资经营企业	6552	6501	1726	1726	367	364
3. 按控股情况分						
国有控股	16186	15283	6656	6354	952	952
集体控股	20420	20420	6102	6102	1158	1158
私人控股	51064	50880	24814	24814	2725	2725
其他	37905	37855	15564	15564	2158	2155
4. 按经营形式分						
独立门店	122278	121141	51294	50992	6807	6804
连锁门店	3297	3297	1842	1842	185	185
5. 按星级分						
五星	30289	30238	9468	9468	1812	1810
四星	62626	61715	24809	24809	3555	3555
三星	19812	19812	12742	12742	931	931

12－7 续表9

指 标 名 称	营业收入	主营业务收入	营业成本	主营业务成本	营业税金及附加	主营业务税金及附加
二星	1939	1769	1456	1456	115	115
其他	15103	15097	7024	6722	788	788
二、餐饮业	**138176**	**136239**	**87629**	**83810**	**6700**	**6605**
1. 按餐饮行业小类分						
正餐服务	137192	135282	86972	83154	6656	6560
快餐服务	984	956	656	656	45	45
2. 按登记注册类型分						
内资企业	137842	135905	87388	83570	6684	6588
国有企业	4258	4258	2982	2982	133	133
集体企业	1103	1103	934	934	47	47
股份合作企业	1063	1063	812	812	59	59
有限责任公司	47772	47770	26826	26294	2493	2492
国有独资公司	901	901	448	448	51	51
其他有限责任公司	46871	46868	26378	25846	2442	2441
股份有限公司	6744	6744	5604	3644	356	356
私营企业	64135	62228	41455	40129	3024	2930
私营独资企业	15972	15816	10948	10880	685	616
私营合伙企业	323	323	279	279	2	2
私营有限责任公司	46908	45157	29371	28144	2306	2279
私营股份有限公司	932	932	857	827	32	32
其他企业	12767	12740	8775	8775	572	572
港澳台商投资企业	334	334	240	240	17	17
港澳台商独资企业	334	334	240	240	17	17
3. 按控股情况分						
国有控股	9407	9407	7394	5434	423	423
集体控股	2598	2598	1725	1725	120	120
私人控股	89997	88160	57033	55255	4340	4254
其他	36174	36074	21477	21396	1817	1808
4. 按经营形式分						
独立门店	129763	127835	82373	78565	6312	6242
连锁门店	850	850	421	421	48	48
其他	7563	7554	4834	4824	341	315

12－7 续表 10

指标名称	其他业务利润	销售费用	管理费用	税金	差旅费	工会经费
总　计	**1720**	**66467**	**48320**	**2178**	**385**	**110**
一、住宿业	**1099**	**40749**	**29254**	**906**	**211**	**52**
1. 按住宿行业小类分						
旅游饭店	928	36559	24816	759	193	46
一般旅馆	171	3727	4394	147	18	7
其他住宿服务		464	44		1	
2. 按登记注册类型分						
内资企业	1051	36420	27264	731	206	41
国有企业	688	2488	3044	2	2	5
集体企业	31	354	109			
有限责任公司	76	20289	12743	440	181	28
国有独资公司	6	158	117	26	3	1
其他有限责任公司	70	20130	12627	414	178	27
股份有限公司	62	3246	1695	62	5	2
私营企业	190	7890	8806	213	19	6
私营独资企业	18	700	528		1	
私营有限责任公司	172	7190	8277	213	18	6
其他企业	4	2154	868	15		1
港澳台商投资企业	48	4329	1990	174	5	11
与港澳台商合资经营企业	48	4329	1990	174	5	11
3. 按控股情况分						
国有控股	758	4376	4327	62	14	7
集体控股	31	9432	4933	81	47	14
私人控股	256	13106	11354	376	114	7
其他	54	13835	8641	387	37	25
4. 按经营形式分						
独立门店	1099	39604	28956	894	205	52
连锁门店		1145	298	12	6	
5. 按星级分						
五星	48	14416	7690	333	42	25
四星	827	18267	16546	461	136	18
三星		4131	2796	27	16	4

指 标 名 称	其他业务利润	销售费用	管理费用	税金	差旅费	工会经费
二星	165	71	501	48		
其他	59	4719	2611	60	20	6
二、餐饮业	**621**	**25717**	**19066**	**1272**	**174**	**58**
1. 按餐饮行业小类分						
正餐服务	594	25541	19004	1272	174	58
快餐服务	28	177	62			
2. 按登记注册类型分						
内资企业	621	25681	19050	1267	166	58
国有企业	121	1109	492	74	14	8
集体企业		57	42			
股份合作企业		173	8			
有限责任公司	－15	11866	8260	455	45	19
国有独资公司		67	297		3	
其他有限责任公司	－15	11800	7964	455	42	19
股份有限公司	72	1443	1254	274	11	1
私营企业	414	9429	7241	376	91	25
私营独资企业	303	783	1702	262	48	13
私营合伙企业			2	2		
私营有限责任公司	111	8568	5486	112	43	12
私营股份有限公司		77	51			
其他企业	30	1605	1753	88	5	4
港澳台商投资企业		37	16	5	8	
港澳台商独资企业		37	16	5	8	
3. 按控股情况分						
国有控股	121	2289	1354	314	27	8
集体控股		454	264	40		1
私人控股	309	15319	11067	681	108	35
其他	192	7655	6381	237	39	14
4. 按经营形式分						
独立门店	619	24382	17442	1118	162	52
连锁门店		211	100	2	2	4
其他	2	1124	1524	152	10	2

12－7续表12

指标名称	财务费用	利息收入	利息支出	资产减值损失	公允价值变动收益	投资收益
总　计	**9701**	**454**	**5720**	**3**		**148**
一、住宿业	**5181**	**378**	**3307**	**1**		**148**
1.按住宿行业小类分						
旅游饭店	4801	337	3118	1		148
一般旅馆	309	41	119			
其他住宿服务	72		70			
2.按登记注册类型分						
内资企业	3797	337	1997			148
国有企业	34		2			
集体企业	60		59			
有限责任公司	2529	51	1419			
国有独资公司	1					
其他有限责任公司	2527	51	1419			
股份有限公司	217	1	73			
私营企业	502	285	127			
私营独资企业	41	20	61			
私营有限责任公司	461	265	66			
其他企业	455		317			148
港澳台商投资企业	1384	41	1310	1		
与港澳台商合资经营企业	1384	41	1310	1		
3.按控股情况分						
国有控股	310	3	243			
集体控股	130	21	59			
私人控股	1061	308	431			
其他	3680	46	2573	1		148
4.按经营形式分						
独立门店	5134	378	3263	1		148
连锁门店	47		44			
5.按星级分						
五星	1657	243	1307	1		
四星	2754	76	1540			148
三星	267	2	135			

指标名称	财务费用	利息收入	利息支出	资产减值损失	公允价值变动收益	投资收益
二星	23	1	23			
其他	554	57	370			
二、餐饮业	**4520**	**76**	**2413**	**2**		
1.按餐饮行业小类分						
正餐服务	4517	76	2413	2		
快餐服务	3					
2.按登记注册类型分						
内资企业	4513	76	2413	2		
国有企业	41		38			
集体企业	20					
股份合作企业	6					
有限责任公司	1454	21	1117			
国有独资公司	9					
其他有限责任公司	1444	21	1117			
股份有限公司	50		42			
私营企业	2883	54	1200	2		
私营独资企业	178		146	2		
私营合伙企业	1					
私营有限责任公司	2700	53	1054			
私营股份有限公司	4					
其他企业	59	1	17			
港澳台商投资企业	8					
港澳台商独资企业	8					
3.按控股情况分						
国有控股	92		80			
集体控股	73	1	70			
私人控股	3377	55	1451	2		
其他	979	21	813			
4.按经营形式分						
独立门店	4133	74	2097	2		
连锁门店	19	1	20			
其他	369		296			

12－7 续表 14

指 标 名 称	营业利润	补贴收入	营业外收入	利润总额	应交所得税	应付职工薪酬（本年贷方累计发生额）
总 计	**－12183**	**314**	**1353**	**－12004**	**1154**	**49220**
一、住宿业	**－9324**	**171**	**824**	**－8441**	**502**	**25931**
1. 按住宿行业小类分						
旅游饭店	－7653	56	781	－7004	155	22601
一般旅馆	－1702	115	43	－1438	316	3113
其他住宿服务	32			1	31	218
2. 按登记注册类型分						
内资企业	－6080	171	340	－5680	502	24076
国有企业	－234		68	－173		1874
集体企业	1			1		179
有限责任公司	－3579	171	217	－3150	120	13229
国有独资公司	1			1		79
其他有限责任公司	－3580	171	217	－3150	120	13150
股份有限公司	－314		17	－297	5	1573
私营企业	－1847		30	－1960	368	5795
私营独资企业	54		4	37	9	532
私营有限责任公司	－1901		27	－1997	359	5263
其他企业	－106		8	－101	8	1426
港澳台商投资企业	－3244		484	－2762		1855
与港澳台商合资经营企业	－3244		484	－2762		1855
3. 按控股情况分						
国有控股	－278	56	103	－183	5	3229
集体控股	－1304		55	－1252	16	4705
私人控股	－1923		50	－2019	473	9986
其他	－5819	115	616	－4988	8	8012
4. 按经营形式分						
独立门店	－9103	171	820	－8224	160	25544
连锁门店	－221		4	－217	342	387
5. 按星级分						
五星	－4755		506	－4263	12	6628
四星	－3241	56	280	－3056	71	14155
三星	－1055	119	44	－786	346	2440

指标名称	营业利润	补贴收入	营业外收入	利润总额	应交所得税	应付职工薪酬(本年贷方累计发生额)
二星	－231			－231	3	394
其他	－239		15	－278	76	3144
二、餐饮业	**－2859**	**143**	**529**	**－3563**	**652**	**23288**
1. 按餐饮行业小类分						
正餐服务	－2900	143	529	－3594	645	23173
快餐服务	41			31	8	116
2. 按登记注册类型分						
内资企业	－2875	143	529	－3579	639	23263
国有企业	－377		311	－66	1	988
集体企业	3			3	3	164
股份合作企业	5			1		11
有限责任公司	－2611		116	－2520	145	8572
国有独资公司	30			30		288
其他有限责任公司	－2641		116	－2550	145	8284
股份有限公司	69	4	15	85	77	1179
私营企业	30	139	85	－1056	392	10508
私营独资企业	1960		34	660	88	2494
私营合伙企业	39			39		54
私营有限责任公司	－1910	139	50	－1697	304	7855
私营股份有限公司	－58			－58		106
其他企业	6		2	－25	22	1841
港澳台商投资企业	16			16	13	25
港澳台商独资企业	16			16	13	25
3. 按控股情况分						
国有控股	－64		311	244	78	1999
集体控股	－38		10	－28	5	638
私人控股	－804	139	130	－1628	461	14805
其他	－1954	4	78	－2150	109	5846
4. 按经营形式分						
独立门店	－2311	143	522	－3010	595	21636
连锁门店	51			51	13	181
其他	－600		6	－604	45	1472

12－7 续表 16

指 标 名 称	应 交 增值税	土地和固定 资 产 支 出	土 地 购 置	房屋和 建筑物	机 器 设 备	运 输 工 具	其 他 费 用
总　　计	**1179**	**6273**	**1062**	**3177**	**1106**	**224**	**704**
一、住宿业	**20**	**2415**	**1018**	**316**	**624**	**116**	**341**
1.按住宿行业小类分							
旅游饭店	20	2327	1018	316	540	116	337
一般旅馆		88			84		4
其他住宿服务							
2.按登记注册类型分							
内资企业	20	2190	1018	224	607	116	225
国有企业	20	267		43	138	14	72
集体企业							
有限责任公司		509		160	256	55	38
国有独资公司							
其他有限责任公司		509		160	256	55	38
股份有限公司		48		22	16	11	
私营企业		1366	1018		198	36	115
私营独资企业							
私营有限责任公司		1366	1018		198	36	115
其他企业							
港澳台商投资企业		225		92	16	1	116
与港澳台商合资经营企业		225		92	16	1	116
3.按控股情况分							
国有控股	20	267		43	138	14	72
集体控股		182			116	36	30
私人控股		1555	1018	137	239	46	115
其他		412		136	131	20	124
4.按经营形式分							
独立门店	20	2274	1018	201	598	116	341
连锁门店		141		116	25		
5.按星级分							
五星		1412	1018	92	186	1	116
四星	20	813		87	396	105	225
三星		189		137	41	11	

12－7 续表 17

指　标　名　称	应交增值税	土地和固定资产支出	土地购置	房屋和建筑物	机器设备	运输工具	其他费用
二星							
其他		2			2		
二、餐饮业	**1159**	**3859**	**44**	**2861**	**483**	**108**	**363**
1. 按餐饮行业小类分							
正餐服务	1159	3859	44	2861	483	108	363
快餐服务							
2. 按登记注册类型分							
内资企业	1159	3859	44	2861	483	108	363
国有企业		2			2		
集体企业							
股份合作企业							
有限责任公司	269	2611		2270	174	33	134
国有独资公司							
其他有限责任公司	269	2611		2270	174	33	134
股份有限公司							
私营企业	890	1077	44	453	284	71	226
私营独资企业	46	677	44	453	126	45	8
私营合伙企业							
私营有限责任公司	844	400			158	25	217
私营股份有限公司							
其他企业		169		138	23	5	3
港澳台商投资企业							
港澳台商独资企业							
3. 按控股情况分							
国有控股		2			2		
集体控股							
私人控股	1159	1167	44	453	232	80	359
其他		2690		2408	249	29	3
4. 按经营形式分							
独立门店	1157	3813	44	2861	437	108	363
连锁门店		16			16		
其他	2	30			30		

12－8 限额以上批发零售产业活动单位(个体户)商品购进、销售和库存综合表

(2011 年)　　　　单位:千元

指标名称	法人单位数(个)	从业人员期末人数(人)	商品购进额	进口	商品销售额
总　计	**202**	**5714**	**493006**	**90**	**503956**
一、批发业	**55**	**2697**	**254248**	**90**	**263809**
1. 按批发行业小类分					
农畜产品批发	3	151	60111		66399
谷物、豆及薯类批发	1	24	2015		2014
棉、麻批发	1	6	996		10185
其他农畜产品批发	1	121	57100		54201
食品、饮料及烟草制品批发	44	2425	155708		155808
米、面制品及食用油批发	2	41	12008		12629
果品、蔬菜批发	33	2310	123639		123639
肉、禽、蛋及水产品批发	4	47	8570		8390
盐及调味品批发	5	27	11492		11151
纺织、服装及日用品批发	1	4	1903		2275
鞋帽批发	1	4	1903		2275
矿产品、建材及化工产品批发	2	15	6275		5793
煤炭及制品批发	1	5	3000		2553
化肥批发	1	10	3275		3240
机械设备、五金交电及电子产品批发	1	58	9000	90	13376
其他机械设备及电子产品批发	1	58	9000	90	13376
其他批发	4	44	21251		20158
再生物资回收与批发	1	33	5304		5831
其他未列明的批发	3	11	15947		14327
2. 按登记注册类型分					
内资企业	3	160	63399		70216
有限责任公司	1	6	996		10185
其他有限责任公司	1	6	996		10185
股份有限公司	2	154	62404		60031
外商投资企业	1	58	9000	90	13376
外资企业	1	58	9000	90	13376
个体经营	51	2479	181848		180217
个体户	48	2403	164970		162528
个人合伙	3	76	16879		17689
3. 按经营形式分					
独立门店	54	2639	245248		250433
其他	1	58	9000	90	13376
二、零售业	**147**	**3017**	**238759**		**240146**
1. 按零售行业小类分					
综合零售	67	1017	88153		76378
百货零售	58	916	80522		68480
超级市场零售	2	40	2493		2539
其他综合零售	7	61	5139		5359
食品、饮料及烟草制品专门零售	9	297	30854		37634
粮油零售	5	75	3718		3026
肉、禽、蛋及水产品零售	3	206	24036		33340
其他食品零售	1	16	3100		1268

12－8 续表 1

指 标 名 称	批发额	出 口	零售额	期末商品库存额	年末零售营业面积（平方米）
总　　计	**170324**	**900**	**333631**	**57314**	**907064**
一、批发业	**162238**	**900**	**101571**	**27689**	**679611**
1. 按批发行业小类分					
农畜产品批发	11256		55144	3631	2400
谷物、豆及薯类批发	1071		943	1	800
棉、麻批发	10185			675	100
其他农畜产品批发			54201	2955	1500
食品、饮料及烟草制品批发	115713		40095	721	675284
米、面制品及食用油批发	9330		3299	56	
果品、蔬菜批发	88168		35471	3	671284
肉、禽、蛋及水产品批发	7287		1103	320	4000
盐及调味品批发	10928		223	341	
纺织、服装及日用品批发	1266		1009	1	200
鞋帽批发	1266		1009	1	200
矿产品、建材及化工产品批发	4714		1079	715	1000
煤炭及制品批发	1474		1079	680	1000
化肥批发	3240			35	
机械设备、五金交电及电子产品批发	13376	900		21000	
其他机械设备及电子产品批发	13376	900		21000	
其他批发	15913		4245	1621	727
再生物资回收与批发	5831			1	
其他未列明的批发	10082		4245	1620	727
2. 按登记注册类型分					
内资企业	16015		54201	3631	1600
有限责任公司	10185			675	100
其他有限责任公司	10185			675	100
股份有限公司	5831		54201	2956	1500
外商投资企业	13376	900		21000	
外资企业	13376	900		21000	
个体经营	132847		47371	3058	678011
个体户	121439		41089	3051	671811
个人合伙	11407		6282	7	6200
3. 按经营形式分					
独立门店	148862		101571	6689	679611
其他	13376	900		21000	
二、零售业	**8087**		**232060**	**29625**	**227453**
1. 按零售行业小类分					
综合零售	2020		74359	19747	63000
百货零售	2020		66461	18793	56780
超级市场零售			2539	57	1700
其他综合零售			5359	898	4520
食品、饮料及烟草制品专门零售	724		36910	2683	30302
粮油零售			3026	752	2924
肉、禽、蛋及水产品零售	724		32616	100	27058
其他食品零售			1268	1832	320

12－8 续表2

指标名称	法人单位数（个）	从业人员期末人数（人）	商品购进额	进口	商品销售额
纺织、服装及日用品专门零售	20	676	41955		46933
纺织品及针织品零售	14	249	32873		37589
服装零售	5	420	8411		8392
化妆品及卫生用品零售	1	7	670		953
文化、体育用品及器材专门零售	2	21	1539		2658
报刊零售	1	11			1119
珠宝首饰零售	1	10	1539		1539
汽车、摩托车、燃料及零配件专门零售	18	102	16149		16157
汽车零售	3	28	4177		4114
汽车零配件零售	1	4	1075		1065
摩托车及零配件零售	7	33	4946		4952
机动车燃料零售	7	37	5951		6025
家用电器及电子产品专门零售	17	223	22240		23045
家用电器零售	16	125	12190		12936
计算机、软件及辅助设备零售	1	98	10050		10109
五金、家具及室内装修材料专门零售	9	637	31571		31676
五金零售	4	60	3069		3816
家具零售	1	350	17650		16741
其他室内装修材料零售	4	227	10852		11119
无店铺及其他零售	5	44	6298		5665
生活用燃料零售	3	18	3085		2998
花卉零售	1	16	612		597
其他未列明的零售	1	10	2600		2070
2. 按登记注册类型分					
内资企业	1	11			1119
私营企业	1	11			1119
私营独资企业	1	11			1119
个体经营	146	3006	238759		239027
个体户	141	1942	162849		148825
个人合伙	5	1064	75910		90202
3. 按经营形式分					
独立门店	140	2790	208494		201190
其他	7	227	30265		38956
4. 按零售业态分					
有店铺零售	147	3017	238759		240146
食杂店	3	19	1973		2082
便利店	3	11	1956		2030
超市	50	907	73934		59059
大型超市	2	52	1015		1115
百货店	16	102	16374		17166
专业店	38	1267	81903		87206
专卖店	28	322	34495		34550
家居建材商店	4	60	3069		3816
购物中心	2	261	23428		32526
厂家直销中心	1	16	612		597

指 标 名 称	批发额	出 口	零售额	期末商品库存额	年末零售营业面积（平方米）
纺织、服装及日用品专门零售	2766		44167	1567	36339
纺织品及针织品零售	2766		34823	1120	21639
服装零售			8392	446	14400
化妆品及卫生用品零售			953	1	300
文化、体育用品及器材专门零售			2658	77	812
报刊零售			1119		212
珠宝首饰零售			1539	77	600
汽车、摩托车、燃料及零配件专门零售	194		15963	1170	42780
汽车零售			4114	167	32409
汽车零配件零售			1065	37	200
摩托车及零配件零售			4952	739	4180
机动车燃料零售	194		5832	228	5991
家用电器及电子产品专门零售			23045	1369	18000
家用电器零售			12936	1213	5000
计算机、软件及辅助设备零售			10109	156	13000
五金、家具及室内装修材料专门零售	1104		30572	2245	21820
五金零售			3816	263	800
家具零售	149		16592	1410	20000
其他室内装修材料零售	955		10164	572	1020
无店铺及其他零售	1280		4386	766	14400
生活用燃料零售	446		2552	161	9900
花卉零售			597	15	2000
其他未列明的零售	834		1236	590	2500
2. 按登记注册类型分					
内资企业			1119		212
私营企业			1119		212
私营独资企业			1119		212
个体经营	8087		230941	29625	227241
个体户	3493		145332	27788	147483
个人合伙	4594		85609	1837	79758
3. 按经营形式分					
独立门店	7363		193828	29182	201615
其他	724		38232	443	25838
4. 按零售业态分					
有店铺零售	8087		232060	29625	227453
食杂店			2082	140	984
便利店			2030	296	520
超市	1886		57173	19656	56280
大型超市	28		1087	285	2650
百货店	105		17061	1741	6230
专业店	5291		81915	4358	75783
专卖店	52		34498	2840	50468
家居建材商店			3816	263	800
购物中心	724		31802	31	31738
厂家直销中心			597	15	2000

12-9 限额以上住宿业和餐饮业产业活动单位（个体户）经营情况综合表

（2011 年）

单位：万元

指标名称	法人企业数（个）	年末从业人员数（人）	营业额	客房收入	餐费收入	商品销售收入
总计	**322**	**6073**	**148133**	**3174**	**139309**	**5229**
一、住宿业	**4**	**49**	**1562**	**1102**	**418**	
1. 按住宿行业小类分						
一般旅馆	4	49	1562	1102	418	
2. 按登记注册类型分						
个体经营户	4	49	1562	1102	418	
个体户	4	49	1562	1102	418	
3. 按经营形式分						
独立门店	4	49	1562	1102	418	
4. 星级评定情况						
其他	4	49	1562	1102	418	
二、餐饮业						
1. 按餐饮行业小类分	318	6024	146571	2072	138891	5229
正餐服务	312	5911	144560	1958	136995	5229
快餐服务	5	103	1760	114	1646	
饮料及冷饮服务	1	10	250		250	
2. 按登记注册类型分						
内资企业	20	675	8348	839	6826	565
联营企业	1	51	334	46	143	144
集体联营企业	1	51	334	46	143	144
有限责任公司	2	251	2266	505	1504	169
其他有限责任公司	2	251	2266	505	1504	169
股份有限公司	1	74	686	82	452	121
私营企业	10	174	3282	205	2946	130
私营独资企业	9	148	2692	42	2519	130
私营有限责任公司	1	26	591	163	427	
其他企业	6	125	1780		1780	
个体经营户	298	5349	138223	1233	132066	4664
个体户	298	5349	138223	1233	132066	4664
3. 按经营形式分						
独立门店	315	5957	145086	2032	137446	5229
连锁门店	1	40	401		401	
其他	2	27	1084	40	1044	

12－9 续表 1

指 标 名 称	其他收入	客房间数（间）	床位数（个）	餐位数（位）	年末餐饮营业面积（平方米）
总　计	**421**	**880**	**1854**	**60433**	**261618**
一、住宿业	**42**	**100**	**183**	**370**	**1698**
1. 按住宿行业小类分					
一般旅馆	42	100	183	370	1698
2. 按登记注册类型分					
个体经营户	42	100	183	370	1698
个体户	42	100	183	370	1698
3. 按经营形式分					
独立门店	42	100	183	370	1698
4. 星级评定情况					
其他	42	100	183	370	1698
二、餐饮业					
1. 按餐饮行业小类分	379	780	1671	60063	259920
正餐服务	379	752	1615	59397	255910
快餐服务		28	56	486	1010
饮料及冷饮服务				180	3000
2. 按登记注册类型分					
内资企业	119	234	417	3538	20690
联营企业		20	40	120	300
集体联营企业		20	40	120	300
有限责任公司	88	116	184	338	3760
其他有限责任公司	88	116	184	338	3760
股份有限公司	31	18	40	480	4500
私营企业		80	153	1641	5490
私营独资企业		45	93	1341	5190
私营有限责任公司		35	60	300	300
其他企业				959	6640
个体经营户	260	546	1254	56525	239230
个体户	260	546	1254	56525	239230
3. 按经营形式分					
独立门店	379	760	1645	59643	257020
连锁门店				140	1000
其他		20	26	280	1900

12－10　限额以上批发和零售业法人商品购进、销售和库存综合表

（2011年）

单位:万元

地　　区	法　人 企业数 （个）	从业人员 期末人数 （人）	商　品 购进额	进　口	商　品 销售额
总　计	**899**	**65915**	**16218139**	**193701**	**18782395**
潍城区	71	4544	1199019		1267952
寒亭区	46	2598	798725	29271	839175
坊子区	40	1476	536246	56924	585980
奎文区	72	6525	1660115	56811	1900243
青州市	72	3352	1269927	268	1392929
诸城市	127	8519	1737571	169	1889284
寿光市	179	8515	3169158	15131	3232708
安丘市	26	2685	355692		364851
高密市	96	4474	673368	22343	762343
昌邑市	40	1650	279289		276692
临朐县	38	3034	223977		289659
昌乐县	46	1850	513826		866222
高新开发区	37	16383	3912725	9699	5195232
滨海开发区	20	1112	112545	3085	163330

12－10续表1

地　　区	批发额	出　口	零售额	期末商品 库存额	年末零售 营业面积 （平方米）
总　计	**12786547**	**577244**	**5995849**	**838667**	**2034615**
潍城区	933017	74	334935	75805	124133
寒亭区	539631	8106	299545	58603	47006
坊子区	512095	108676	73884	30336	79028
奎文区	1127007	128539	773236	125337	359078
青州市	1102933	7896	289996	76025	281327
诸城市	1354047	97145	535237	73750	357447
寿光市	2480012	24176	752695	125832	182254
安丘市	131745	30	233106	8374	124527
高密市	456548	58901	305795	19890	196955
昌邑市	165780		110912	31778	115711
临朐县	115512	852	174147	17154	102659
昌乐县	600682	2293	265540	28170	55980
高新开发区	3304429	140555	1890804	170449	19450
滨海开发区	137613		25717	15022	

12－11　限额以上批发和零售法人企业财务状况综合表

（2011 年）

单位：万元

地　　区	法人企业数（个）	执行《2006 年企业会计准则》企业数（个）	年初存货	流动资产合计	应收帐款	存货
总　计	**863**	**695**	**732194**	**4606403**	**1221202**	**868334**
潍城区	71	52	60700	359404	51440	73197
寒亭区	35	32	34867	206642	45040	39667
坊子区	40	30	16880	199326	25512	25485
奎文区	71	47	86862	687754	129032	156783
青州市	72	66	65308	342886	38723	89292
诸城市	121	112	63388	539752	102083	63610
寿光市	153	97	153151	771725	321322	139612
安丘市	26	23	11213	43407	5995	14956
高密市	96	78	30339	123099	36200	27093
昌邑市	40	37	7309	48034	－3502	10042
临朐县	38	32	19538	50440	18330	15715
昌乐县	43	41	21160	128751	23042	32983
高新开发区	37	28	151879	1058490	415056	169795
滨海开发区	20	20	9600	46694	12928	10105

12－11 续表 1

地　　区	固定资产合计	固定资产原价	累计折旧	本年折旧	在建工程	资产总计
总　计	**799949**	**959745**	**255292**	**33920**	**119971**	**5828828**
潍城区	79719	69295	17403	2360	25087	491821
寒亭区	15255	18861	5902	1220	863	234495
坊子区	7930	13899	6199	763	297	222251
奎文区	108863	150614	42055	7502	7834	899911
青州市	30628	35301	8396	1812	10785	400399
诸城市	83728	122512	43189	4449	21793	693134
寿光市	93276	91201	21895	4568	25597	904972
安丘市	21630	29637	10851	1061	5315	71816
高密市	67263	73859	13566	2091	8743	211658
昌邑市	29928	34286	6114	1267	3928	86663
临朐县	29438	35756	9193	817	2808	93100
昌乐县	18768	18219	3080	1024	2556	155412
高新开发区	209641	260986	65769	4646	4307	1309595
滨海开发区	3882	5321	1683	340	61	53603

12－11 续表2

地　　区	流动负债合　　计	应付帐款	非流动负债合计	负　　债合　　计	所有者权益合计	实收资本
总　计	**4454490**	**1416031**	**152340**	**4606831**	**1221998**	**573907**
潍城区	408783	102771	7035	415818	76003	53074
寒亭区	192299	48988	11	192310	42184	31133
坊子区	148003	12975	10095	158098	64153	27426
奎文区	707738	129907	57599	765337	134575	66213
青州市	333930	35067	8903	342832	57566	42431
诸城市	426257	101307	15015	441271	251863	137909
寿光市	701327	233749	12965	714292	190680	58000
安丘市	50848	12296	7496	58344	13472	9366
高密市	122098	34618	11132	133229	78429	43139
昌邑市	53331	13150	1782	55113	31550	13232
临朐县	64725	18154	11622	76346	16754	10839
昌乐县	115038	18810	958	115996	39416	22038
高新开发区	1101711	641420	4349	1106059	203535	47078
滨海开发区	28404	12818	3381	31785	21819	12029

12－11 续表3

地　　区	所有者权益合计					
	实收资本					
	国　家资　本	集　体资　本	法　人资　本	个　人资　本	港澳台资　本	外　商资　本
总　计	**37289**	**27595**	**277485**	**226656**	**2711**	**2171**
潍城区	585	9080	13071	29195		1143
寒亭区	3458	1000	14887	11788		
坊子区	591		10402	16433		
奎文区	1000	3069	39409	20096	2639	
青州市	1908	2063	13555	24831	73	
诸城市	3159	1240	96294	37217		
寿光市	1706	898	16904	37465		1028
安丘市	4944	891	850	2681		
高密市	839	1074	25005	16221		
昌邑市	2857	330	6758	3287		
临朐县	1558	2426	2662	4194		
昌乐县	1471	1631	8654	10282		
高新开发区	13064	3893	20551	9571		
滨海开发区	150		8484	3395		

12－11 续表4

地区	营业收入	主营业务收入	营业成本	主营业务成本	营业税金及附加	主营业务税金及附加
总计	**16732423**	**16634501**	**15681166**	**15597200**	**51827**	**48740**
潍城区	1095754	1093940	1030704	1030407	2569	2553
寒亭区	542853	542787	509571	509268	2478	2477
坊子区	524278	474029	504707	447173	677	620
奎文区	1703586	1701029	1606983	1597977	4421	4421
青州市	1200746	1199636	1142591	1141941	833	827
诸城市	1815416	1807552	1706541	1704169	8968	8945
寿光市	2647915	2646260	2464556	2462448	5014	4942
安丘市	337385	337219	292333	292303	6456	3683
高密市	701692	700813	617648	617081	6585	6508
昌邑市	275072	272743	240263	239783	1237	1190
临朐县	261241	261241	226594	226594	1264	1258
昌乐县	767262	767227	738325	737667	3541	3537
高新开发区	4697072	4668008	4452250	4444997	7039	7033
滨海开发区	162152	162017	148100	145392	747	747

12－11 续表5

地区	其他业务利润	销售费用	管理费用	税金	差旅费	工会经费
总计	**58067**	**417762**	**248201**	**8744**	**8119**	**1563**
潍城区	1543	26154	16066	642	428	54
寒亭区	365	9289	9102	192	344	38
坊子区	3263	11793	6356	343	101	48
奎文区	2641	39424	31548	725	723	294
青州市	1215	18845	13594	663	749	150
诸城市	10189	42793	24770	1706	756	107
寿光市	862	68028	25764	1095	665	251
安丘市	1951	25308	10546	503	409	120
高密市	2632	16203	16097	912	782	90
昌邑市	2412	6874	7196	493	233	41
临朐县	1726	9949	13072	355	392	101
昌乐县	162	9079	7191	136	370	47
高新开发区	28114	127151	64860	888	2121	220
滨海开发区	994	6873	2040	92	45	2

12－11 续表6

地　　区	财务费用	利息收入	利息支出	资产减值损失	公允价值变动收益	投资收益
总　计	**85559**	**6936**	**60918**	**8131**	**4**	**3080**
潍城区	7494	257	5765	128	5	569
寒亭区	4998	1232	2999	3		
坊子区	4749	150	1541	36		
奎文区	8915	689	6103	25		771
青州市	5922	1276	4925	57		57
诸城市	8773	585	6910	160		114
寿光市	13164	－330	10500	6122		234
安丘市	1459	27	404	14		2
高密市	4647	154	2660			
昌邑市	1781	18	1401	－3		561
临朐县	1196	90	729	81		35
昌乐县	6458	12	685	91		
高新开发区	15547	2771	16277	1418		714
滨海开发区	459	5	21			23

12－11 续表7

地　　区	营业利润	补贴收入	营业外收入	利润总额	应交所得税	应付职工薪酬（本年贷方累计发生额）
总　计	**288699**	**1941**	**282364**	**2818139**	**473967**	**1909122**
潍城区	13257	98	5832	76897	28623	95937
寒亭区	8014	27	2160	69817	15263	51525
坊子区	6565	70	497	65211	11115	61459
奎文区	21452		8438	219602	41877	206265
青州市	19721	752	3122	206037	22808	94516
诸城市	28288		14773	278393	65639	243944
寿光市	66653	877	11280	662850	83019	220520
安丘市	5860	1	12098	9084	6764	75563
高密市	42910		7513	434505	39346	118205
昌邑市	18402		1656	165244	17761	59638
临朐县	10853	111	1412	106457	9244	85248
昌乐县	3366		34003	64478	12355	46841
高新开发区	35836	7	178166	383696	104750	536931
滨海开发区	7523		1414	75868	15403	12530

12－11 续表 8

地　　区	应交增值税	土地和固定资产支出	土地购置	房屋和建筑物	机器设备	运输工具	其他费用
总　计	**1704221**	**535391**	**87359**	**239419**	**93484**	**63459**	**51670**
潍城区	79806	20071	600	977	6837	11216	441
寒亭区	38352	21636	280	6127	4010	5856	5363
坊子区	31537	10279	458	3635	3300	1311	1575
奎文区	420162	46027	5500	18297	2272	19298	660
青州市	45098	43376	8547	11194	18717	4704	214
诸城市	178501	218359	37576	132001	43979	3594	1209
寿光市	151793	97981	17886	56336	2587	7661	13511
安丘市	50749	7487	4334	404	473	1023	1253
高密市	84163	26113	2169	50	448	545	22901
昌邑市	38063	2340			1598	582	160
临朐县	35994	10154	6286	1612	388	1829	39
昌乐县	124067	8600	1400	3011	3430	496	263
高新开发区	389719	22968	2323	5775	5445	5344	4081
滨海开发区	36217						

12－12　限额以上住宿和餐饮业法人企业主要财务状况综合表

（2011 年）　　单位：万元

地　　区	法人企业数（个）	从业人员期末人数（人）	营业额			
				客房收入	餐费收入	商品销售收入
总　计	**231**	**21835**	**268108**	**59535**	**181880**	**16717**
潍城区	20	1918	21630	4476	15965	1164
寒亭区	9	563	7671	361	7231	63
坊子区	8	630	4489	784	3592	
奎文区	41	3795	44749	9253	33199	617
青州市	24	2545	22113	4868	16670	308
诸城市	21	1851	27849	7177	18950	1692
寿光市	25	2359	33433	10580	17616	3117
安丘市	8	700	7001	1864	3828	650
高密市	12	937	10468	1938	7988	359
昌邑市	12	719	7702	2096	5501	53
临朐县	13	805	11458	1670	6395	3234
昌乐县	10	725	9183	1797	7386	
高新开发区	23	3462	48060	9832	32429	2418
滨海开发区	6	826	12303	2839	5132	3042

12－12 续表 1

地　　区	其　他 收　入	客房数 （间）	床位数 （个）	餐位数 （位）	年末餐饮 营业面积 （平方米）
总　计	**9975**	**12984**	**22497**	**85765**	**705510**
潍 城 区	24	1239	2204	7510	53266
寒 亭 区	15	140	418	3300	42997
坊 子 区	113	350	640	3380	12238
奎 文 区	1681	2015	3314	15833	103213
青 州 市	267	1673	2906	12805	88048
诸 城 市	30	1322	2161	8460	59169
寿 光 市	2119	1787	3056	6520	78273
安 丘 市	659	238	426	3505	18800
高 密 市	182	602	1041	3387	30223
昌 邑 市	52	447	853	4470	65550
临 朐 县	160	433	843	3198	42080
昌 乐 县		487	828	3750	29083
高新开发区	3382	1803	3056	7814	62807
滨海开发区	1291	448	751	1833	19763

12－13　限额以上住宿和餐饮业法人企业财务状况综合表

（2011 年）

单位：万元

地　　区	法人企业数 （个）	执行《2006 年企业会计准则》企业数 （个）	年　初 存　货	流动资产 合　　计	应收帐款	存　货
总　计	**222**	**170**	**13988**	**254435**	**31551**	**20634**
潍 城 区	20	17	1414	15339	3751	1542
寒 亭 区	6	6	592	32314	2271	955
坊 子 区	8	2	161	6950	545	51
奎 文 区	37	26	2559	38630	2255	3003
青 州 市	24	20	1219	76283	2200	1660
诸 城 市	21	15	1082	16740	6935	2152
寿 光 市	23	13	2084	26811	3640	2943
安 丘 市	8	6	187	4095	1485	297
高 密 市	12	7	668	4638	1298	1067
昌 邑 市	12	12	268	5802	446	1928
临 朐 县	13	12	716	5225	1708	851
昌 乐 县	10	10	267	5147	876	531
高新开发区	23	19	2677	27802	3765	3396
滨海开发区	6	6	319	3859	889	684

12－13 续表 1

地　　区	固定资产合　　计	固定资产原　　价	累　　计折　　旧	本年折旧	在　　建工　　程	资　　产总　　计
总　计	**215076**	**276617**	**75578**	**14642**	**34461**	**568145**
潍城区	15857	25085	9245	1667	982	40916
寒亭区	14395	15105	1836	787	1093	52144
坊子区	483	490	75	66	3149	10668
奎文区	25710	41869	16372	2346	927	77525
青州市	31301	34410	3109	1356	5263	125621
诸城市	28518	33720	7135	1127	1726	54668
寿光市	39169	49854	11577	3821	13180	83628
安丘市	6641	9190	2562	318	1222	15270
高密市	9131	11057	2013	466	92	16185
昌邑市	10053	12919	2884	238	455	19651
临朐县	6584	6252	1788	199	1980	13678
昌乐县	3128	4458	1415	279		9424
高新开发区	15906	28201	13494	1528	904	52204
滨海开发区	14254	10087	2647	778	4035	20437

12－13 续表 2

地　　区	流动负债合　　计	应付帐款	非流动负债合计	负　　债合　　计	所有者权益合计	实收资本
总　计	**370753**	**42940**	**81653**	**452406**	**115739**	**121773**
潍城区	30066	6451	93	30159	10757	9003
寒亭区	50602	4868	3792	54394	－2250	4669
坊子区	6625	746	3082	9706	962	955
奎文区	47678	4963	24721	72399	5126	28639
青州市	83215	5493	29635	112849	12772	15753
诸城市	21606	4216	121	21727	32940	11861
寿光市	67270	3244	6649	73919	9709	16837
安丘市	7381	3421	1450	8831	6438	8558
高密市	9010	719	1619	10629	5556	3290
昌邑市	7014	610	2530	9544	10107	4272
临朐县	9382	1392	794	10176	3502	689
昌乐县	7101	868	11	7112	2312	1746
高新开发区	28649	6191	9007	37656	14548	16194
滨海开发区	17997	782		17997	2440	1306

12－13 续表3

地　　区	所有者权益合计				
	实收资本				
	国家资本	集体资本	法人资本	个人资本	港澳台资本
总　计	**15196**	**4004**	**65111**	**33389**	**4073**
潍城区		1219	3100	4558	126
寒亭区	224		3400	50	995
坊子区		300	153	502	
奎文区	3000	886	21982	2772	
青州市	304	321	4195	10933	
诸城市			10336	1525	
寿光市			9327	4060	3450
安丘市	2719	50	4678	1111	
高密市			2565	725	
昌邑市		458	2692	1122	
临朐县		60	118	511	
昌乐县		200	654	892	
高新开发区	8950	511	2161	4572	
滨海开发区			1250	56	

12－13 续表4

地　　区	营业收入	主营业务收入	营业成本	主营业务成本	营业税金及附加	主营业务税金及附加
总　计	**263751**	**260676**	**140765**	**136645**	**13692**	**13594**
潍城区	21630	21630	10997	10997	1168	1142
寒亭区	11247	11247	5368	5368	630	630
坊子区	4454	4381	2445	2395	274	265
奎文区	43801	43801	19990	19813	2418	2418
青州市	22092	21894	10578	10578	1200	1200
诸城市	27888	27804	16777	16759	1512	1498
寿光市	30962	29224	18100	17333	1587	1583
安丘市	7055	7055	4617	4232	322	321
高密市	10423	10423	6367	6367	454	454
昌邑市	7702	7650	4775	4770	379	379
临朐县	11081	11064	7043	6286	547	547
昌乐县	9307	9307	5050	5050	389	345
高新开发区	48072	47173	20894	18934	2691	2691
滨海开发区	12303	12289	9754	9754	361	361

12－13 续表5

地　区	其他业务利润	销售费用	管理费用	税金	差旅费	工会经费
总　计	**1720**	**66467**	**48320**	**2178**	**385**	**110**
潍城区		5583	4602	101	36	2
寒亭区		3603	2734	74	11	6
坊子区	73	1139	529	9	2	1
奎文区	7	12819	9332	198	70	19
青州市	244	6971	4934	245	22	13
诸城市	216	5175	3812	294	114	10
寿光市	195	6036	4797	263	42	18
安丘市	185	1588	1318	135	19	8
高密市	2	1659	1357	235	18	2
昌邑市		574	1778	65	2	
临朐县	2	2868	974	147	4	1
昌乐县		2096	1409	60	12	2
高新开发区	791	16939	8930	304	38	28
滨海开发区	7	650	2939	74	3	1

12－13 续表6

地　区	财务费用	利息收入	利息支出	资产减值损失	投资收益
总　计	**9701**	**454**	**5720**	**3**	**148**
潍城区	803	83	598		148
寒亭区	1354	38	1279		
坊子区	226	2	22		
奎文区	2465	23	1251		
青州市	232	50	118		
诸城市	422	6	226		
寿光市	2640	5	1872	1	
安丘市	168	1	139		
高密市	380	2	341	2	
昌邑市	407		5		
临朐县	344	1	145		
昌乐县	36	1	18		
高新开发区	805	259	318		
滨海开发区	50	1			

12－13 续表 7

地　　区	营业利润	补贴收入	营业外收入	利润总额	应交所得税	应付职工薪酬(本年贷方累计发生额)
总　计	**－12183**	**314**	**1353**	**－12004**	**1154**	**49220**
潍城区	－1348	135	48	－2084	313	4580
寒亭区	－2441		331	－2111	18	1647
坊子区	－99			－100	32	1181
奎文区	－3040		167	－2893	59	8147
青州市	－1778	4	41	－1736	40	5420
诸城市	355		11	352	173	3647
寿光市	－2971		493	－2540	275	6247
安丘市	－387		46	－342	27	1449
高密市	209	56		177	82	2147
昌邑市	－257	115	5	91		1095
临朐县	48		25	48		1568
昌乐县	370		69	395	31	1705
高新开发区	－334	4	112	－674	104	9037
滨海开发区	－1460		17	－1528		1871

12－13 续表 8

地　　区	应交增值税	土地和固定资产支出	土地购置	房屋和建筑物	机器设备	运输工具	其他费用
总　计	**1179**	**6273**	**1062**	**3177**	**1106**	**224**	**704**
潍城区	1	121			114		7
寒亭区		2		1	2		
坊子区		416			238	25	153
奎文区		385		66	196	80	42
青州市		1047	1018		30		
诸城市	27	879	44	569	30	45	191
寿光市	844	226		92	17	1	116
安丘市	40						
高密市							
昌邑市	31	7			2	5	
临朐县	11	2402		2269	104	29	
昌乐县							
高新开发区	226	454		42	329	4	79
滨海开发区		335		138	46	36 115	

主要统计指标解释

社会消费品零售总额 指批发和零售业、住宿和餐饮业以及其他行业直接售给城乡居民和社会集团的消费品零售额。其中,对居民的消费品零售额,是指售予城乡居民用于生活消费的商品金额;对社会集团的消费品零售额,是指售给机关、社会团体、部队、学校、企事业单位、居委会或村委会等,公款购买的用作非生产、非经营使用与公共消费的商品金额。

社会消费品零售总额包括:售给城乡居民作为生活消费用的商品金额和修建房屋用的建筑材料,以及售给来华的外国人、华侨、港澳台同胞的消费品金额。

不包括:城市居民间或居民委托信托商店卖出的商品;售给农业、工业、建筑业等行业用于生产的商品。

1. 批发和零售业零售额:指专门从事商品专卖业务的、各种经济类型的批发和零售业企业、产业活动单位和个体户,直接售给居民和社会集团的消费品零售额。

2. 住宿和餐饮业零售额:指专门从事提供食宿服务、进行食品烹饪调制的住宿和餐饮业企业、产业活动单位和个体户,直接向居民和社会集团出售主食、菜肴、烟酒饮料和其他商品取得的餐费收入和商品销售额,包括各行业企业或单位附设的对外营业的旅馆、火车餐车、轮船餐厅、机场餐厅的零售额,不包括机关、团体、学校、企事业单位不对外营业的职工食堂所出售的餐费收入。

3. 其他行业零售额:指批发和零售业、住宿和餐饮业法人企业、产业活动单位、个体户以外的其他行业的法人企业、产业活动单位或个体户,从事生活消费用品零售活动或者提供食宿服务所取得的商品销售额和餐费收入。

批发零售业商品购、销、存总额 指各种登记注册类型的批发、零售业企业(单位)以本企业(单位)为总体的,从国内、国外市场购进的商品总量,销售和出口的商品总量、库存商品总量等情况。该指标可以反映商品流转过程中商品的购进、销售、库存之间的比例关系和存在的问题。

商品购进总额 指从本企业(单位)以外的单位和个人购进(包括从境外直接进口)作为转卖或加工后转卖的商品总额。它反映批发零售贸易业从国内、国外市场上购进商品的总量。商品购进总额包括:(1)从工农业生产者购进的商品;(2)从出版社、报社的出版发行部门购进的图书、杂志和报纸;(3)从各种登记注册类型的批发零售贸易企业(单位)购进的商品;(4)从其他单位购进的商品,如从机关、团体、企业等单位购进的剩余物资,从餐饮业、服务业购进的商品,从海关、市场管理部门购进的缉私和没收的商品,从居民手中收购的废旧商品等;(5)从国(境)外直接进口的商品。不包括企业(单位)为自身经营用和未通过买卖行为而收入的商品以及销售退回、商品升溢等。

商品销售总额 指对本企业(单位)以外的单位和个人出售(包括对境外直接出口)的商品总额。它反映批发零售贸易业在国内市场上销售商品以及出口商品的总量。商品销售总额包括:(1)售给城乡居民和社会集团消费用的商品;(2)售给工业、农业、建筑业、运输邮电业、批发零售贸易业、餐饮业、服务业等作为生产、经营使用的商品;(3)售给批发零售贸易业作为转卖或加工后转卖的商品;(4)对国(境)外直接出口的商品。不包括出售本企业(单位)自用的废旧包装用品、未通过买卖行为付出的商品、经本单位介绍,由买卖双方直接结算,本单位只收取手续费的业务、购货退出的商品以及商品损耗和损失等。

批发零售业库存 指报告期末各种登记注册类型的批发零售贸易企业(单位)已取得所有权的商品。它反映批发零售贸易企业(单位)的商品库存情况和对市场商品供应的保证程度。期末库存包括:(1)存放在批发零售贸易业经营单位(如门市部、批发站、经营处)仓库、货场、货柜和货架中的商品;(2)挑选、整理、包装中的商品;(3)已记入购进而尚未运到本单位的商品,即发货单或银行承兑凭证已到而货未到的部分;(4)寄放他处的商品,如因购货方拒绝承付而暂时存放在购货方的商品和已办完加工成品收回手续而未提回的商品;(5)委托其他单位代销(未作销售或调出)尚未售出的商品;(6)代其他单位购进尚未交付的商品。不包括所有权不属于本单位的商品、拨付除批发零售贸易业以外的其他行业所属独立核算加工厂等加工生产尚未收回成品的商品、代国家物资储备部门保管的商品等。

库存总额采用的计算价格是:农副产品采购单位按购进价计算;批发单位按进货价计算;零售单位按核算价格计算,即按什么价格核算就按什么价格计算。

住宿餐饮业营业额 指住宿和餐饮业法人企业、产业活动单位在经营活动中因提供服务或销售商品等取得的收入,包括客房收入、餐费收入、商品销售收入和其他收入。客房收入指住宿和餐饮业法人企业、产业活动单位在经营活动中因提供住宿服务取得的客房收入。餐费收入指住宿和餐饮业法人企业、产业活动单位因为顾客提供就餐服务取得的收入,包括经烹饪、调制加工后出售的各种食品,如主食、炒菜、凉拌菜等的收入。商品销售收入指住宿和餐饮业法人企业、产业活动单位伴随服务而出售商品所取得的收入。其他收入指营业收入中除客房收入、餐费收入、商品销售收入以外的其他收入,包括娱乐、健身和商务服务等。

亿元商品交易市场成交额指年成交额达到亿元以上,经工商部门批准、专门从事商品批发、零售业务活动的市场。其市场所有摊位成交总额称为商品交易市场成交额。

连锁企业(或称连锁店、连锁公司) 指在核心企业或总店的领导下,由分散的、经营同类商品或服务的企业或活动单位,采取共同方针,实行集中采购和分散销售的有机结合,通过规范化经营,实现规模效益的经济联合组织形式。一般连锁店应由若干个分店组成。其经营特征:(1)经营同类商品;(2)使用统一商号;(3)统一采购配送,采购与销售相分离(部分商品可根据物流合理和保质保鲜原则,由供应商直接送货到门店,其余均由总部统一配送)。

连锁门店包括下列三种形式:

直营连锁:也叫正规连锁。连锁门店均由总部独资或控股开设,在总部的直接领导下统一经营。总部采取纵深似的管理方式,直接下令掌管所有的零售门店,零售门店也必须完全接受总部指挥。他是大型垄断商业资本通过吞并、兼并或独资、控股等途径,发展壮大自身实力和规模的一种形式。

特许连锁:各连锁门店(被特许人)通过合同形式,取得使用总部(特许人)商标、商号、经营技术和销售总部开发的商品的特许权,各加盟连锁门店为独立法人,在总部指导下统一经营。

自由连锁:也称自愿连锁。连锁公司的门店均为独立法人,各自的资产所有权关系不变,在公司总部的指导下共同经营。各成员店使用共同的店名,与总部订阅有关购、销、宣传等方面的合同,并按合同开展经营活动。在合同规定的范围之外,各成员店可以自由活动。根据自愿原则,各成员店可自由加入连锁体系,也可自由退出。

特许连锁加上自由连锁等于加盟连锁。

⑬

对外经贸、旅游

THIRTEEN

FOREIGN TRADE AND TOURISM

简　要　说　明

本篇资料反映了全市外经外贸、旅游和开发区的基本情况，主要包括进出口、利用外资、对外承包工程和劳务合作、旅游业基本情况、经济开发区和高新技术开发区等方面的内容。

进、出口数据、利用外资、对外承包工程和劳务合作等资料来源于市商务局；旅游资料来源于省旅游局；开发区资料来源于市统计局开发区统计年报。本篇资料由市统计局贸易外经处整理提供。

13－1　全市利用外资基本情况

（2011 年）　　单位:万美元

类　　别	合同项目个数（个）	合同外资金额	实际利用外资金额
总　　计			
一、对外借款			
外国政府贷款			
国际金融组织贷款			
外国银行商业贷款			
#短期贷款			
国际赠款			
对外发行债券			
二、外商直接投资	**69**	**154183**	**72159**
合资经营企业	25	41823	28632
合作经营企业	3	5082	16
独资企业	41	106052	38649
合作开发			
股份制企业		1226	4862
三、外商其他投资			
补偿贸易			
加工装配			
对外发行股票			
国际租赁			

13－2　全市分县市区实际利用外资金额情况

（2010－2011 年）　　单位:万美元

地　　区	2011　年	2010　年	2011 年比 2010 年增长（%）
总　　计	**72159**	**72145**	
潍城区	2518	1608	56.6
寒亭区	1153	4362	-73.6
坊子区	2709	1769	53.1
奎文区	718	2438	-70.5
青州市	2977	2501	19.0
诸城市	5772	6323	-8.7
寿光市	14911	21550	-30.8
安丘市	951	952	-0.1
高密市	4715	5199	-9.3
昌邑市	6434	1389	363.2
临朐县	3190	3348	-4.7
昌乐县	2018	4227	-52.3
高新开发区	6274	8376	-25.1
滨海经济区	2984	4232	-29.5
综合保税区	455	118	285.6

13－3　全市对外贸易主要市场情况

（2011 年）　　单位:万美元

国别（地区）	进出口总值	出口总值	进口总值
合计	**1409317**	**1036751**	**372566**
亚洲	**734075**	**553145**	**180930**
香港	14755	13160	1595
日本	207723	179641	28082
韩国	103250	68135	35115
东盟	128768	91050	37718
南亚	170869	152570	18299
中近东	65919	53722	12197
非洲	**74561**	**67677**	**6884**
南非	10369	9712	657
欧洲	**252955**	**187138**	**65817**
欧盟	211088	149366	61722
独联体及东欧	37509	35444	2065
南美洲	**76968**	**54423**	**22545**
北美洲	**218797**	**145997**	**72800**
美国	183141	131678	51463
大洋洲	**51772**	**28180**	**23592**
澳大利亚	47002	24428	22574

13－4　对外承包工程和劳务合作情况

（1991－2011 年）

年份	合同金额（万美元）	营业额（万美元）	外派劳务人数（人）
1991	39	17	54
1992	70	38	115
1993	511	212	508
1994	2347	435	1001
1995	3149	1163	1301
1996	3550	2979	1321
1997	5039	3478	1433
1998	4554	3260	1216
1999	5877	4789	1376
2000	6482	5171	1425
2002	18477	6306	1703
2003	16641	4578	2537
2004	28378	17378	5056
2005	22251	24477	4714
2006	143857	33025	5224
2007	158290	40223	5748
2008	175098	82984	5842
2009	289669	113435	5797
2010	420835	169680	5872
2011	151483	216425	6098

13－5 全市接待港澳台胞、外国旅游者人数

（2001－2011 年）

单位：人

指标名称	2001 年	2002 年	2003 年	2004 年	2005 年	2006 年	2007 年	2008 年	2009 年	2010 年	2011 年
总　计	**27086**	**30472**	**21455**	**30848**	**35840**	**43052**	**74159**	**131771**	**172530**	**221860**	**288998**
一、香港	**9500**	**8358**	**3879**	**4431**	**4185**	**4350**	**6438**	**10836**	**13974**	**17114**	**22359**
二、澳门	**2651**	**3817**	**884**	**366**	**1005**	**615**	**1335**	**2383**	**3051**	**3549**	**4980**
三、台湾	**2978**	**4529**	**4688**	**6598**	**6063**	**4909**	**7542**	**12629**	**16275**	**19921**	**25760**
四、外国人	**11957**	**13768**	**12004**	**19453**	**24587**	**33178**	**58844**	**105923**	**139230**	**181276**	**235899**
1、日本	6499	7102	5672	8800	11300	9481	15178	23547	30795	38092	40982
2、菲律宾	29	47	32	27	140	815	768	1495	1991	2870	3691
3、新加坡	365	864	259	335	370	1289	995	1961	2604	3716	6699
4、泰国	58	86	47	84	245	207	248	458	479	418	893
5、印尼	43	66	39	49	128	344	296	568	715	924	1218
6、马来西亚	163	225	204	380	486	808	916	1753	2092	2839	3705
7、韩国	2453	2735	3035	5459	5027	12399	27866	52858	69004	86950	121258
8、美国	490	705	603	1022	1250	2037	3006	5297	6849	9258	11787
9、加拿大	141	154	134	227	464	497	610	952	1236	1754	2161
10、英国	118	215	248	225	653	481	669	1300	1710	2410	3015
11、德国	312	297	399	703	1074	704	780	1092	1337	1687	2103
12、法国	115	113	119	143	359	380	512	1019	1294	1782	2204
13、意大利	95	91	115	211	296	286	390	598	858	1416	1709
14、瑞士	54	19	25	48	92	99	74	77	193	419	451
15、瑞典	90	42	50	73	223	128	126	167	234	246	261
16、荷兰	82	38	46	165	136	114	87	177	241	266	296
17、西班牙	15	15	34	50	97	92	75	104	203	349	391
18、俄罗斯	32	39	42	63	295	511	812	1490	1968	2910	3618
19、澳大利亚	202	167	261	251	299	350	686	1112	1462	2055	2541
20、新西兰	56	45	23	33	86	80	228	341	455	691	796
21、其他国家	545	703	617	1105	105	2076	4522	9593	13510	20224	26120

13－6 全市国际旅游情况

（1990－2011年）

年　份	接待旅游人数（人次）	外国人	华　侨	港澳台胞	旅游外汇收入（万元）	旅游外汇收入（万美元）
1990	7294	3805	494	2995	456.0	95.4
1991	8554	5394	291	2869	319.6	60.1
1992	9986	5565	300	4121	460.0	83.3
1993	10593	5179	636	4778	573.0	99.5
1994	11137	7204	565	3368	1261.1	146.3
1995	13086	9153	507	3426	1812.0	217.0
1996	15024	11426	508	3090	3639.8	438.0
1997	17380	11513	872	4995	3987.5	481.0
1998	19466	9520	715	9231	3560.0	430.0
1999	21516	9758	476	11282	4371.8	528.0
2000	24098	11895		12203	4876.9	589.0
2001	27086	11957		15129	6833.1	831.3
2002	30472	13768		16704	7584.0	916.0
2003	21455	12004		9451	5302.2	638.8
2004	30848	19453		11395	7474.9	903.1
2005	35840	24587		11253	8443.2	1055.4
2006	43052	33178		9874	10336.0	1292.0
2007	74159	58844		15315	27000	3606.9
2008	131771	105923		25848	49000	7081
2009	172530	139230		33300	84000	12253.9
2010	221860	181276		40584	107600	16238.3
2011	288998	235899		53099	131000	20534.8

注：2000年后取消华侨分组。

13－7　全市国内旅游抽样调查历史数据

（2001－2011年）

指　　标	单位	2001年	2002年	2003年	2004年	2005年	2006年
国内旅游人数	万人	574.17	662.06	593.47	771.44	886.46	1038.07
1.过夜旅游者人数	万人	435.35	496.61	457.29	560.43	641.01	747.26
（1）旅游住宿设施国内旅游人数	万人	426.9	476.02	446.35	539.47	615.61	717.81
（2）住亲友家去景点的国内旅游人数	万人	8.46	20.6	10.93	20.96	25.4	29.45
2.不过夜旅游者（一日游）人数	万人	138.83	165.46	136.18	211.01	245.45	290.81
旅游景点接待一日游人数	万人	138.83	165.46	136.18	211.01	245.45	290.81
1.本地一日游人数	万人	22.52	26.11	20.24	39.43	45.58	54.92
2.外地一日游人数	万人	116.3	139.34	115.94	171.58	199.87	235.89
国内旅游人均花费	元	502.86	497.73	542	546.02	576.95	596.59
其中：旅游住宿设施国内旅游者人均花费	元	629.79	626.15	666.72	690.22	736.98	763.51
住亲友家去景点的国内旅游者人均花费	元	302.85	304.08	384.59	347.88	368.03	370.92
一日游旅游者人均花费	元	124.67	152.31	147.67	197.05	197.22	207.42
国内旅游收入	万元	288728.11	329525.26	321901.08	421225.36	511445.08	619299.96
1.接待过夜旅游者收入	万元	271419.78	304324.38	301791.89	379646.09	463037.34	558981.03
（1）旅游住宿设施接待国内旅游者收入	万元	268857.72	298060.33	297588.31	372354.55	453689.45	548057.41
（2）住亲友家去景点的国内旅游者旅游花费	万元	2562.08	6264.05	4203.58	7291.54	9347.89	10923.62
2.接待不过夜旅游者（一日游）收入	万元	17308.32	25200.86	20109.18	41579.27	48407.74	60318.93

13－7续表1

指　　标	单位	2007年	2008年	2009年	2010年	2011年
国内旅游人数	万人	1413.57	1869.33	2313.40	2945.46	3602.62
1.过夜旅游者人数	万人	1006.72	1268.14	1561.79	1957.87	2386.96
（1）旅游住宿设施国内旅游人数	万人	958.7	1220.60	1501.07	1882.64	2295.96
（2）住亲友家去景点的国内旅游人数	万人	38.02	47.54	60.72	75.23	91.00
2.不过夜旅游者（一日游）人数	万人	416.85	601.19	751.61	987.59	1215.66
旅游景点接待一日游人数	万人	416.85	601.19	751.61	987.59	1215.66
1.本地一日游人数	万人	75.43	165.08	211.77	291.62	368.95
2.外地一日游人数	万人	341.42	436.11	539.84	695.97	846.71
国内旅游人均花费	元	678.59	767.93	784.16	804.46	838.54
其中：旅游住宿设施国内旅游者人均花费	元	875.23	1028.76	1045.91	1083.62	1129.96
住亲友家去景点的国内旅游者人均花费	元	454.33	516.53	581.05	602.69	622.33
一日游旅游者人均花费	元	246.82	258.25	277.81	287.68	304.34
国内旅游收入	万元	959238.2125	1435510.16	1814074.54	2369509.86	3020950.00
1.接待过夜旅游者收入	万元	856352.1171	1280253.00	1605268.02	2085399.93	2650975.11
（1）旅游住宿设施接待国内旅游者收入	万元	839078.64	1255697.18	1569986.41	2040059.57	2594343.28
（2）住亲友家去景点的国内旅游者旅游花费	万元	17273.4771	24555.82	35281.60	45340.36	56631.83
2.接待不过夜旅游者（一日游）收入	万元	102886.0954	155257.16	208806.52	284109.93	369974.89

13－8 全市园区主要统计指标

（2011 年）

指标名称	单位	本年总计	按开发区级别分		按开发区类别分
			国家级	省级	
一、人口、从业人员及土地面积		－	－	－	－	－
期末总人口	人	1475493	1475493	274676	1200817	1475493
期末从业人员	人	961339	961339	156934	804405	961339
其中：第二产业	人	553601	553601	77646	475955	553601
第三产业	人	377922	377922	76579	301343	377922
从业人员工资总额	千元	20741152	20741152	4681385	16059767	20741152
实际管辖面积	平方公里	1374.5	1374.5	705.6	668.9	1374.5
其中：已开发土地面积	平方公里	605.77	605.77	312.3	293.47	605.77
其中：工业用地面积	平方公里	215.85	215.85	43.7	172.15	215.85
二、入区项目		－	－	－	－	－
新批入区企业数	个	1250	1250	415	835	1250
内资项目	个	1124	1124	389	735	1124
港澳台项目	个	59	59	15	44	59
外资项目	个	67	67	11	56	67
批准入区项目合同总额	万元	28272902.2	28272902.2	14982062	13290840.2	28272902.2
内资项目合同总额	万元	24040506	24040506	12391829	11648677	24040506
港澳台项目合同总额	万元	2221990	2221990	803687	1418303	2221990
外资项目合同总额	万元	2010406.2	2010406.2	1786546	223860.2	2010406.2
三、注册企业及注册资本		－	－	－	－	－
年末实有注册企业数	个	13323	13323	6108	7215	13323
其中：高新技术企业	个	534	534	124	410	534
世界 500 强企业直接投资企业数	个	20	20	7	13	20
内资企业	个	11957	11957	5780	6177	11957
港澳台商企业	个	487	487	95	392	487
外商投资企业数	个	879	879	233	646	879
年末实有注册企业资本合计	万元	10124972.8	10124972.8	2947402	7177570.8	10124972.8
内资企业	万元	7127160	7127160	2103518	5023642	7127160
港澳台商企业	万元	1502758.9	1502758.9	209464	1293294.9	1502758.9
外商投资企业	万元	1495053.9	1495053.9	634420	860633.9	1495053.9
四、综合经济		－	－	－	－	－
地区生产总值（当年价格）	万元	25408481	25408481	7655844	17752637	25408481
第二产业增加值	万元	17552561	17552561	6506236	11046325	17552561
其中：工业增加值	万元	16361446	16361446	6353200	10008246	16361446
第三产业增加值	万元	5707403	5707403	803171	4904232	5707403
财政收入	万元	3573491	3573491	1329942	2243549	3573491
地方财政一般预算内收入	万元	1997698.4	1997698.4	628496	1369202.4	1997698.4
税收收入	万元	3094605	3094605	1249452	1845153	3094605
其中：国税收入	万元	1792094	1792094	753499	1038595	1792094
地税收入	万元	1302511	1302511	495953	806558	1302511
五、规模以上工业企业		－	－	－	－	－
规模以上工业企业数	个	1694	1694	365	1329	1694
其中：高新技术企业	个	407	407	102	305	407
外商投资企业	个	283	283	39	244	283
主营业务收入（当年价格）	万元	71965510	71965510	22387935	49577575	71965510

13－8 续表 1

指 标 名 称	单 位	本 年 实 际					
		按开发区类别分					
		高新区	国家级	省 级	经济区	国家级	省 级
一、人口、从业人员及土地面积		－	－	－	－	－	－
期末总人口	人	248455	189301	59154	1227038	85375	1141663
期末从业人员	人	168833	119983	48850	792506	36951	755555
其中：第二产业	人	87596	58646	28950	466005	19000	447005
第三产业	人	72360	59579	12781	305562	17000	288562
从业人员工资总额	千元	5758537	4537287	1221250	14982615	144098	14838517
实际管辖面积	平方公里	36.6	28.6	8	1337.9	677	660.9
其中：已开发土地面积	平方公里	15.25	7.3	7.95	590.52	305	285.52
其中：工业用地面积	平方公里	7.6	3.7	3.9	208.25	40	168.25
二、入区项目		－	－	－	－	－	－
新批入区企业数	个	318	307	11	932	108	824
内资项目	个	294	284	10	830	105	725
港澳台项目	个	14	14		45	1	44
外资项目	个	10	9	1	57	2	55
批准入区项目合同总额	万元	5805641	5672741	132900	22467261.2	9309321	13157940.2
内资项目合同总额	万元	3184008	3082508	101500	20856498	9309321	11547177
港澳台项目合同总额	万元	803687	803687		1418303		1418303
外资项目合同总额	万元	1817946	1786546	31400	192460.2		192460.2
三、注册企业及注册资本		－	－	－	－	－	－
年末实有注册企业数	个	5268	4851	417	8055	1257	6798
其中：高新技术企业	个	126	106	20	408	18	390
世界500强企业直接投资企业数	个	3		3	17	7	10
内资企业	个	4971	4576	395	6986	1204	5782
港澳台商企业	个	92	86	6	395	9	386
外商投资企业数	个	205	189	16	674	44	630
年末实有注册企业资本合计	万元	2210807	1953687	257120	7914165.8	993715	6920450.8
内资企业	万元	1195644	1126064	69580	5931516	977454	4954062
港澳台商企业	万元	295351	208442	86909	1207407.9	1022	1206385.9
外商投资企业	万元	719812	619181	100631	775241.9	15239	760002.9
四、综合经济		－	－	－	－	－	－
地区生产总值（当年价格）	万元	6700162	6051542	648620	18708319	1604302	17104017
第二产业增加值	万元	5704006	5171876	532130	11848555	1334360	10514195
其中：工业增加值	万元	5542225	5065135	477090	10819221	1288065	9531156
第三产业增加值	万元	686889	574299	112590	5020514	228872	4791642
财政收入	万元	1051601	994881	56720	2521890	335061	2186829
地方财政一般预算内收入	万元	528516	486666	41850	1469182.4	141830	1327352.4
税收收入	万元	990096	942566	47530	2104509	306886	1797623
其中：国税收入	万元	548341	531639	16702	1243753	221860	1021893
地税收入	万元	441755	410927	30828	860756	85026	775730
五、规模以上工业企业		－	－	－	－	－	－
规模以上工业企业数	个	233	205	28	1461	160	1301
其中：高新技术企业	个	106	98	8	301	4	297
外商投资企业	个	27	18	9	256	21	235
主营业务收入（当年价格）	万元	19449517	17612044	1837473	52515993	4775891	47740102

13－8 续表2

指　标　名　称	单　位	本　年 总　计	按开发区 级 别 分	国家级	省　级	按开发区 类 别 分
其中:高新技术企业	万元	26779470	26779470	9647113	17132357	26779470
外商投资企业	万元	15284000	15284000	5713895	9570105	15284000
工业总产值(当年价格)	万元	73634282	73634282	22730927	50903355	73634282
其中:高新技术企业	万元	27354095	27354095	9386618	17967477	27354095
外商投资企业	万元	17638673	17638673	7984824	9653849	17638673
工业销售产值	万元	57018312	57018312	19141159	37877153	57018312
其中:高新技术企业	万元	21257652	21257652	8271826	12985826	21257652
外商投资企业	万元	15128141	15128141	5722470	9405671	15128141
工业增加值(当年价格)	万元	18475032	18475032	6409946	12065086	18475032
其中:高新技术企业	万元	7791429	7791429	2929996	4861433	7791429
外商投资企业	万元	4515265	4515265	1762102	2753163	4515265
工业利税(当年价格)	万元	5169183	5169183	1291240	3877943	5169183
其中:高新技术企业	万元	2137235	2137235	578242	1558993	2137235
外商投资企业	万元	1523701	1523701	284883	1238818	1523701
工业生产全年用电量	万千瓦小时	1639695	1639695	515263	1124432	1639695
工业生产能源消耗量	万吨标准煤	1207123.14	1207123.14	1199373.8	7749.34	1207123.14
六、服务业		－	－	－	－	－
服务业单位数	个	8149	8149	1763	6386	8149
其中:服务外包企业	个	316	316	101	215	316
现代物流企业	个	270	270	61	209	270
服务业主营业务收入	万元	25378544	25378544	7035480	18343064	25378544
其中:服务外包企业	万元	1301336	1301336	358244	943092	1301336
现代物流企业	万元	4667930	4667930	509912	4158018	4667930
七、固定资产投资		－	－	－	－	－
固定资产投资施工项目个数	个	1333	1333	314	1019	1333
固定资产投资完成额	万元	17961607	17961607	2746005	15215602	17961607
其中:基础设施投入	万元	3976084	3976084	1134562	2841522	3976084
工业性投入	万元	9855262	9855262	1316850	8538412	9855262
八、对外经济		－	－	－	－	－
进口额	万美元	308800.6	308800.6	114138	194662.6	308800.6
出口额	万美元	821480	821480	204835	616645	821480
新批合同外资额	万美元	287523	287523	191376	96147	287523
实际到账外资金额	万美元	93612.6	93612.6	46402	47210.6	93612.6
九、科技活动		－	－	－	－	－
科技活动人员数	人	40269	40269	19061	21208	40269
科技活动项目数	项	2437	2437	1022	1415	2437
科技活动经费支出总额	万元	1869556	1869556	1247137	622419	1869556
其中:R&D 经费支出	万元	552014	552014	339735	212279	552014
专利申请量	件	3240	3240	1371	1869	3240
其中:发明专利申请	件	958	958	320	638	958
专利授权量	件	2437	2437	1022	1415	2437
其中:发明专利	件	541	541	108	433	541
期末区内研发中心数	个	409	409	178	231	409

13－8 续表 3

指标名称	单位	本年实际 按开发区类别分 高新区	国家级	省级	经济区	国家级	省级
其中:高新技术企业	万元	10112640	9056186	1056454	16666830	590927	16075903
外商投资企业	万元	6008752	4823891	1184861	9275248	890004	8385244
工业总产值(当年价格)	万元	19688299	17891884	1796415	53945983	4839043	49106940
其中:高新技术企业	万元	9857857	8801225	1056632	17496238	585393	16910845
外商投资企业	万元	8182431	6982643	1199788	9456242	1002181	8454061
工业销售产值	万元	16070389	14343863	1726526	40947923	4797296	36150627
其中:高新技术企业	万元	8738072	7687221	1050851	12519580	584605	11934975
外商投资企业	万元	5938611	4729544	1209067	9189530	992926	8196604
工业增加值(当年价格)	万元	5496275	5065135	431140	12978757	1344811	11633946
其中:高新技术企业	万元	3020903	2767311	253592	4770526	162685	4607841
外商投资企业	万元	1771538	1483588	287950	2743727	278514	2465213
工业利税(当年价格)	万元	1071157	942566	128591	4098026	348674	3749352
其中:高新技术企业	万元	621141	540276	80865	1516094	37966	1478128
外商投资企业	万元	355030	246207	108823	1168671	38676	1129995
工业生产全年用电量	万千瓦小时	274558	239698	34860	1365137	275565	1089572
工业生产能源消耗量	万吨标准煤	1199178.42	1199165	13.42	7944.72	208.8	7735.92
六、服务业		－	－	－	－	－	－
服务业单位数	个	1300	1108	192	6849	655	6194
其中:服务外包企业	个	11	11		305	90	215
现代物流企业	个	34	31	3	236	30	206
服务业主营业务收入	万元	6509569	6182643	326926	18868975	852837	18016138
其中:服务外包企业	万元	343211	343211		958125	15033	943092
现代物流企业	万元	694247	504987	189260	3973683	4925	3968758
七、固定资产投资		－	－	－	－	－	－
固定资产投资施工项目个数	个	160	102	58	1173	212	961
固定资产投资完成额	万元	1365605	1006159	359446	16596002	1739846	14856156
其中:基础设施投入	万元	590276	571311	18965	3385808	563251	2822557
工业性投入	万元	485109	363188	121921	9370153	953662	8416491
八、对外经济		－	－	－	－	－	－
进口额	万美元	117394	108084	9310	191406.6	6054	185352.6
出口额	万美元	175077	155322	19755	646403	49513	596890
新批合同外资额	万美元	194308	189308	5000	93215	2068	91147
实际到账外资金额	万美元	49453	39631	9822	44159.6	6771	37388.6
九、科技活动		－	－	－	－	－	－
科技活动人员数	人	18708	18708		21561	353	21208
科技活动项目数	项	1002	860	142	1435	162	1273
科技活动经费支出总额	万元	1226801	1210191	16610	642755	36946	605809
其中:R&D 经费支出	万元	320476	310716	9760	231538	29019	202519
专利申请量	件	1203	1018	185	2037	353	1684
其中:发明专利申请	件	335	255	80	623	65	558
专利授权量	件	1002	860	142	1435	162	1273
其中:发明专利	件	135	92	43	406	16	390
期末区内研发中心数	个	132	122	10	277	56	221

主要统计指标解释

进出口总额 指实际进出我国国境的货物总金额。包括对外贸易实际进出口货物，来料加工装配进出口货物，国家间、联合国及国际组织无偿援助物资和赠送品，华侨、港澳台同胞和外籍华人捐赠品，租赁期满归承租人所有的租赁货物，进料加工进出口货物，边境地方贸易及边境地区小额贸易进出口货物（边民互市贸易除外），中外合资企业、中外合作经营企业、外商独资经营企业进出口货物和公用物品，到、离岸价格在规定限额以上的进出口货样和广告品（无商业价值、无使用价值和免费提供出口的除外），从保税仓库提取在中国境内销售的进口货物，以及其他进出口货物。该指标可以观察一个国家在对外贸易方面的总规模。我国规定出口货物按离岸价格统计，进口货物按到岸价格统计。

商品经营单位所在地进、出口额 指所在地海关注册登记的有进出口经营权的企业实际进、出口额。

商品目的地进口额和商品货源地出口额 目的地进口额指进口货物的消费、使用或最终抵运地的实际进口额；货源地出口额指出口货物的产地或原始发货地的实际出口额。

利用外资 指我国各级政府、部门、企业和其他经济组织通过对外借款、吸收外商直接投资以及用其他方式筹措的境外现汇、设备、技术等。

对外借款 指通过对外正式签订借款协议，从境外筹措的资金，包括外国政府贷款、国际金融组织贷款、外国银行商业贷款、出口信贷以及对外发行债券等。1996 年及以前还包括对外发行股票。该指标是我国利用外资的重要部分。

外商直接投资 指外国企业和经济组织或个人（包括华侨、港澳台胞以及我国在境外注册的企业）按我国有关政策、法规，用现汇、实物、技术等在我国境内开办外商独资企业、与我国境内的企业或经济组织共同举办中外合资经营企业、合作经营企业或合作开发资源的投资（包括外商投资收益的再投资），以及经政府有关部门批准的项目投资总额内企业从境外借入的资金。

外商其他投资 指除对外借款和外商直接投资以外的各种利用外资的形式。包括企业在境内外股票市场公开发行的以外币计价的股票（目前主要是在香港证券市场发行的 H 股和在境内证券市场发行的 B 股）发行价总额，国际租赁进口设备的应付款，补偿贸易中外商提供的进口设备、技术、物料的价款，加工装配贸易中外商提供的进口设备、物料的价款。

对外直接投资 指我国国内投资者以现金、实物、无形资产等方式在国外及港澳台地区设立、购买国（境）外企业，并以控制该企业的经营管理权为核心的经济活动。

对外承包工程 指各对外承包公司以招标议标承包方式承揽的下列业务：(1)承包国外工程建设项目；(2)承包我国对外经援项目；(3)承包我国驻外机构的工程建设项目；(4)承包我国境内利用外资进行建设的工程项目；(5)与外国承包公司合营或联合承包工程项目时我国公司分包部分；(6)对外承包兼营的房屋开发业务。对外承包工程的营业额是以货币表现的本期内完成的对外承包工程的工作量，包括以前年度签订的合同和本年度新签订的合同在报告期内完成的工作量。

对外劳务合作 指以收取工资的形式向业主或承包商提供技术和劳动服务的活动。我国对外承包公司在境外开办的合营企业，中国公司同时又提供劳务的，其劳务部分也纳入劳务合作统计。劳务合作营业额按报告期内向雇主提交的结算数（包括工资、加班费和奖金等）统计。

旅游者人数

(1)入境国际旅游者人数：指来中国参观、访问、旅行、探亲、访友、休养、考察、参加会议和从事经济、科技、文化、教育、宗教等活动的外国人、华侨、港澳同胞和台湾同胞的人数。不包括外国在我国的常驻机构,如使领馆、通讯社、企业办事处的工作人员;来我国常住的外国专家、留学生以及在岸逗留不过夜人员。

(2)出境居民人数:指大陆居民因公务活动或私人事务短期出境的人数。公务活动出境居民人数包括在国际交通工具上的中国服务员工,因私出境居民人数不包括在国际交通工具上的中国服务员工。

(3)国内旅游者人数:指我国大陆居民和在我国常住1年以上的外国人、华侨、港澳台同胞离开常住地在境内其他地方的旅游设施内至少停留一夜,最长不超过6个月的人数。

国际旅游(外汇)收入 指入境旅游的外国人、华侨、港澳同胞和台湾同胞在中国大陆旅游过程中发生的一切旅游支出,其对于国家来说就是国际旅游(外汇)收入。

国际旅行社 指经营对外招徕并接待外国人、华侨、港澳同胞和台湾同胞来中国、归国或回内地旅游业务的旅行社。

国内旅行社 指负责经营招徕、组团、接待国内旅客的旅游业务,以及不对外招徕,负责经营接待国际旅行社或其它涉外部门组织的外国人、华侨、港澳同胞和台湾同胞来中国、归国或回内地的旅游业务的旅行社。

星级饭店 指已评定星级的饭店。

教育 科技

FOURTEEN

EDUCATION SCIENCE AND TECHNOLOGY

简 要 说 明

本篇资料反映了全市教育、科技发展基本情况。教育部分主要包括高等教育、中等教育、初等教育、成人高等教育、职业教育、幼儿园等方面的基本情况。科技部分主要包括科技成果、专利、规模以上工业科技活动和全社会科技活动情况。

教育部分由市教育局提供,科技部分有、、提供。

本篇资料由潍坊市统计局社会科共同整理提供。

14－1　各级各类学校基本情况

（2011 年）

单位：人

指 标 名 称	学校数（所）	毕业生数	招生数	在校学生数	教职工数	
					计	其 中：专任教师
一、高等教育	**14**	**47223**	**46541**	**148648**	**9837**	**7093**
（一）研究生		277	349	1050		
（二）普通高等教育	13	38096	36893	119796	9691	6966
1、按学校性质分	13	38096	36893	119796	9691	6966
本科院校	3	13013	16554	54757	4442	3131
高职（专科）院校	10	25083	20339	65039	5249	3835
2、按学生性质分		38096	36893	119796		
本科		7100	11250	37604		
专科		30996	25643	82192		
（三）成人高等教育		8850	9299	27802		
教育学院						
普通高等学校举办		8850	9299	27802		
（四）民办的其他高等教育机构	1				146	127
二、中等职业教育	**44**	**47055**	**69396**	**175264**	**8192**	**6189**
（一）中等职业学校	44	47055	69396	175264	8192	6189
普通中等专业学校	11	23015	32787	86675	2195	1567
成人中等专业学校	4	1046	1773	3154	271	163
职业高中学校	29	22994	34836	85435	5592	4362
其他机构（教学点）					134	97
（二）技工学校						
三、基础教育	**3204**	**343676**	**361849**	**1273919**	**102200**	**90627**
（一）普通中学	348	162607	158016	483115	45950	40321
高中	47	52367	64373	172149	16212	13528
初中	301	110240	93643	310966	29738	26793
（二）职业初中						
（三）工读学校						
（四）小学	1015	97170	103805	546461	38899	37352
（五）特殊教育学校	12	168	179	1437	534	438
（六）幼儿园	1829	83731	99849	242906	16817	12516
（七）成人基础教育						

14－2 潍坊高等学校分校情况

(2011年)

单位:人

指标名称	毕业生数	招生数	在校学生数	教职工数	专任教师
普通高等学校	38096	36893	119796	9837	7093
潍坊医学院	3158	4377	16176	1322	1068
潍坊学院	4982	6938	21859	1883	1180
潍坊职业学院	4139	3036	10322	576	470
山东科技职业学院	3722	3477	9957	772	461
潍坊科技职业学院	4873	5239	16722	1237	883
山东畜牧兽医职业学院	2912	2133	7017	489	381
山东交通职业学院	3170	3384	9674	683	559
山东信息职业技术学院	2919	1081	5020	531	399
山东经贸职业学院	3238	2908	9281	575	407
潍坊工商职业学院	2176	1604	6132	468	349
潍坊工程职业学院	2807	1633	5971	505	366
潍坊护理职业学院		869	1451	405	254
山东海事职业学院		214	214	245	189
山东潍坊科技专修学院				146	127

14－3 全市及各县市区普通中学情况

(2011年)

单位:所、人

地区	普通高中				普通初中			
	学校数	毕业生数	招生数	在校生数	学校数	毕业生数	招生数	在校生数
总　计	**47**	**52367**	**64373**	**172149**	**301**	**110240**	**93643**	**310966**
市辖区	8	9325	11629	31954	62	21171	18943	59609
潍城区	1	1650	1794	5088	12	4598	3936	12033
寒亭区	2	2183	2543	7098	14	4769	4008	13119
坊子区	3	2545	3524	9066	18	5493	4702	15496
奎文区	2	2947	3768	10702	18	6311	6297	18961
青州市	7	6247	7543	19860	33	13596	10825	35850
诸城市	6	6957	8003	21837	29	15886	11929	40274
寿光市	5	5226	9437	21987	35	16231	12721	45632
安丘市	4	6801	6050	17040	30	10159	9108	29374
高密市	6	5129	6220	16958	35	10834	10094	31506
昌邑市	2	2835	4346	11891	26	7212	6447	24349
临朐县	6	4538	4965	14051	25	8227	7209	24135
昌乐县	3	5309	6180	16571	26	6924	6367	20237

14－4　全市及各县市区职业中学、小学情况

（2011年）

单位：人

地　　区	中职学校				小学			
	学校数	毕业生数	招生数	在校生数	学校数	毕业生数	招生数	在校生数
总　计	**44**	**47055**	**69396**	**175264**	**1015**	**97170**	**103805**	**546461**
市辖区	20	24854	32706	78941	209	19917	23826	122863
潍城区	8	8855	18339	41257	38	4478	4697	25199
寒亭区	2	856	804	4021	61	4227	4355	24537
坊子区	2	49	41	145	71	5155	7301	33945
奎文区	8	15094	13522	33518	39	6057	7473	39182
青州市	4	5056	7221	18277	115	10824	8414	57638
诸城市	2	3691	8121	23348	124	14749	15154	72643
寿光市	3	3528	7447	15840	125	12644	11686	67949
安丘市	2	2219	2056	7141	68	9051	11690	56527
高密市	5	3475	4497	11587	101	10094	11618	57602
昌邑市	3	837	1782	4947	73	6550	6545	32814
临朐县	4	2036	4246	11202	118	7497	8298	43708
昌乐县	1	1359	1320	3981	82	5844	6574	34717

14－5　全市及各县市区中、小学教职工情况

（2011年）

单位：人

地　　区	普通中学		职业高中		小学	
	教职工数	专任教师	教职工数	专任教师	教职工数	专任教师
总　计	**45950**	**40321**	**8192**	**6189**	**38899**	**37352**
市辖区	9279	7936	2702	1613	8473	7852
潍城区	1649	1449	1191	675	1749	1649
寒亭区	2300	2026	219	134	1800	1747
坊子区	2481	2182	12	9	2454	2316
奎文区	2849	2279	1280	795	2470	2140
青州市	4916	4438	742	596	4207	4130
诸城市	5030	4545	903	728	4281	4165
寿光市	5806	4858	1687	1535	4468	4308
安丘市	5146	4539	380	330	4198	4104
高密市	4876	4116	547	420	3950	3755
昌邑市	2893	2583	442	345	2306	2205
临朐县	4057	3888	468	337	4099	4079
昌乐县	3947	3418	321	285	2917	2754

14－6 科技综合情况表

（2011年）

指标名称	2011年
科技活动人员(人)	51442
其中:大学本科及以上学历	21175
科技活动单位数(个)	4183
其中:有R&D活动单位	323
R&D人员(人)	30508
其中:女性	8159
其中:研究人员	12337
其中:全时人员	21389
非全时人员	9119
博士毕业	554
硕士毕业	2581
本科毕业	11708
其他学历	15665.0
R&D人员折合全时当量(人年)	20079.0
其中:研究人员	7605.6
其中:基础研究	411.8
应用研究	1011.1
试验发展	18656.1
R&D经费内部支出(万元)	703535.6
其中:基础研究	3555.0
应用研究	17255.9
试验发展	682724.7
其中:日常性支出	620544.9
#人员劳务费	133614.6
资产性支出	82990.7
#仪器和设备	77937.6
政府资金	27950.3
企业资金	664057.7
境外资金	

14-6 续表1

指 标 名 称	2011年
其他资金	11527.6
R&D经费外部支出(万元)	43074.8
其中:对国内研究机构支出	15820.5
对国内高等学校支出	13118.7
对国内企业支出	1390.2
对境外支出	12745.4
专利申请数(件)	3560
其中:发明专利	1005
专利授权数(件)	31
其中:发明专利	15
有效发明专利数(件)	1134
专利所有权转让及许可数(件)	73
专利所有权转让及许可收入(万元)	22618.1
集成电路布图设计登记数(件)	
植物新品种权授予数(项)	
形成国家或行业标准数(项)	188
发表科技论文(篇)	3077
出版科技著作(种)	67
项目(课题)数(项)	2869
项目(课题)参加人员折合全时当量(人年)	20168.4
其中:研究人员	7541.2
项目(课题)经费内部支出(万元)	618073.2
机构数(个)	380
R&D人员(人)	21615
其中:博士毕业	205
硕士毕业	1795
R&D经费支出(万元)	394667.1
科研用仪器设备原价(万元)	352949.0
其中:进口	112469.9

14－7 全市规模以上工业企业基本情况

（2011 年）

指 标 名 称	企业数（个）	有 R&D 活 动	#有科技机 构	年末从业人员（人）	工业总产值（万元）
总 计	**4130**	**299**	**294**	**835870**	**90815069.6**
一、按企业规模分组					
大型	93	53	53	265157	33173760.1
中型	429	83	90	230836	18474018.2
小型	3443	161	151	335213	37614539.4
微型	165	2		4664	1552751.9
二、按隶属关系分组					
中央	18	4	3	11744	4329322.2
省（自治区、直辖市）	22	8	6	36898	4944739.9
地（区、市、州、盟）	56	16	15	28722	2097899.5
县（区、市、旗）	188	54	60	128396	15548159.8
街道	35	2	3	4111	451133.7
镇	44	3	5	7599	1013143.6
乡	1			50	2896.4
（社区）居委会	7	1		8030	1889528.5
村委会	5		1	707	198097.1
其他	3754	211	201	609613	60340148.9
三、按登记注册类型分组					
内资企业	3744	264	258	715012	78865732.2
国有企业	31	7	6	18885	2343817.5
集体企业	35	3	1	18321	3346450.2
股份合作企业	8	3	2	5001	486401.6
联营企业	2	1	1	1205	1614243.7
国有联营企业	1			60	8025.7
集体联营企业					
国有与集体联营企业	1	1	1	1145	1606218.0
其他联营企业					
有限责任公司	780	115	111	205102	19889233.7
国有独资公司	1			112	19313.9
其他有限责任公司	779	115	111	204990	19869919.8
股份有限公司	113	28	33	106139	11795558.1
私营企业	2719	101	99	342295	37244886.8

14－7 续表1

指 标 名 称	企业数（个）	有R&D活 动	#有科技机 构	年末从业人员(人)	工业总产值（万元）
私营独资企业	421	11	10	40777	5102282.9
私营合伙企业	23	1	1	1875	370755.9
私营有限责任公司	2197	80	79	288111	30678038.3
私营股份有限公司	78	9	9	11532	1093809.7
其他企业	56	6	5	18064	2145140.6
港、澳、台商投资企业	115	12	11	39367	4014421.2
合资经营企业(港或澳、台资)	68	9	8	29142	3307804.0
合作经营企业(港或澳、台资)	1			169	7249.4
港、澳、台商独资经营企业	44	2	2	8093	652051.3
港、澳、台商投资股份有限公司	2	1	1	1963	47316.5
外商投资企业	271	23	25	81491	7934916.2
中外合资经营企业	138	14	17	53673	5518454.9
中外合作经营企业	10	1	1	1944	263153.3
外资企业	119	8	7	25349	2047466.0
外商投资股份有限公司	3			410	79008.9
四、按国民经济行业大类分组					
采矿业	74	1	1	18319	905243.4
煤炭开采和洗选业	4	1	1	4562	87146.1
石油和天然气开采业	2			354	42553.3
黑色金属矿采选业	10			1129	113308.0
有色金属矿采选业	3			437	8109.2
非金属矿采选业	55			11837	654126.8
制造业	4006	294	291	803758	88120651.0
农副食品加工业	404	12	11	90525	9391845.1
食品制造业	113	12	11	23825	1991410.3
饮料制造业	40	3	3	8231	523113.7
烟草制品业	4	2	1	2127	64349.1
纺织业	649	19	14	135188	9590569.4
纺织服装、鞋、帽制造业	102	7	5	34400	2378148.6
皮革、毛皮、羽毛(绒)及其制品业	42	1	1	6439	483936.2
木材加工及木、竹、藤、棕、草制品业	54	1	1	8389	580835.2
家具制造业	59	2	3	10455	827680.8

14－7 续表2

指标名称	企业数（个）	有R&D活动	#有科技机构	年末从业人员（人）	工业总产值（万元）
造纸及纸制品业	112	8	8	24711	2930733.2
印刷业和记录媒介的复制	34			3586	330190.0
文教体育用品制造业	15			2347	132450.9
石油加工、炼焦及核燃料加工业	21	3	4	10312	5024235.4
化学原料及化学制品制造业	509	41	39	81354	12574674.4
医药制造业	75	17	18	16119	2143011.3
化学纤维制造业	7	2	2	8810	730709.0
橡胶制品业	91	5	3	19838	2396674.7
塑料制品业	152	6	5	12683	1312016.8
非金属矿物制品业	227	11	14	27776	2867943.1
黑色金属冶炼及压延加工业	29	5	5	21211	4045359.2
有色金属冶炼及压延加工业	50	2	5	8693	978567.6
金属制品业	130	6	5	16568	1552490.5
通用设备制造业	409	55	56	79809	8138703.9
专用设备制造业	228	28	26	46260	4443713.5
交通运输设备制造业	171	10	9	46876	7632041.2
电气机械及器材制造业	126	11	17	18114	2235838.5
通信设备、计算机及其他电子设备制造业	62	13	14	22738	1591107.6
仪器仪表及文化、办公用机械制造业	19	6	6	4110	289769.0
工艺品及其他制造业	72	6	5	12264	938532.8
电力、燃气及水的生产和供应业	50	4	2	13793	1789175.2
电力、热力的生产和供应业	31	4	1	10619	1649318.8
燃气生产和供应业	7			1427	75459.6
水的生产和供应业	12		1	1747	64396.8
五、按企业控股情况分组					
国有控股	71	18	15	69514	11188367.2
集体控股	84	9	10	42413	6134693.4
私人控股	3594	231	231	616468	62646964.5
港澳台商控股	65	6	5	17052	1682251.1
外商控股	161	9	9	36574	2992308.3
其他	155	26	24	53849	6170485.1

14－7 续表3

指 标 名 称	主营业务收入（万元）	利润总额（万元）	资产总计（万元）	出口交货值（万元）
总　计	**91119423.8**	**5367142.5**	**53742477.5**	**6466319.6**
一、按企业规模分组				
大型	32925901.5	2085884.0	28399837.5	2808299.5
中型	18188021.7	974882.2	12167678.6	1983000.2
小型	38524072.6	2240965.8	12524442.9	1656144.3
微型	1481428.0	65410.5	650518.5	18875.6
二、按隶属关系分组				
中央	4335900.5	113745.1	3262812.4	5911.1
省（自治区、直辖市）	4882743.8	739940.0	5945012.5	368063.8
地（区、市、州、盟）	2085901.1	110105.8	2536755.8	385691.1
县（区、市、旗）	15758261.3	824579.0	14241849.5	1242477.1
街道	478100.2	21382.1	241015.6	12305.6
镇	1001722.5	23655.1	374291.6	23456.2
乡	20520.1	95.0	8619.6	
（社区）居委会	1885203.1	85828.6	831798.0	37774.0
村委会	189886.8	10102.8	85751.2	18124.5
其他	60481184.4	3437709.0	26214571.3	4372516.2
三、按登记注册类型分组				
内资企业	79466189.5	4717447.1	45293781.8	4117176.2
国有企业	2430021.5	20362.2	1789171.4	4090.7
集体企业	3276990.1	117891.0	1663817.2	37774.0
股份合作企业	473651.4	8999.7	75808.6	10148.0
联营企业	1589934.9	10355.6	1025145.6	
国有联营企业	8821.9	304.6	1491.6	
集体联营企业				
国有与集体联营企业	1581113.0	10051.0	1023654.0	
其他联营企业				
有限责任公司	20079010.6	1054837.3	13932006.8	1283050.3
国有独资公司	20331.5	5012.6	133318.0	
其他有限责任公司	20058679.1	1049824.7	13798688.8	1283050.3
股份有限公司	11547170.6	1179406.9	10246389.4	1113961.2
私营企业	37854614.8	2187320.0	11943735.2	1397647.7

14－7 续表4

指标名称	主营业务收入（万元）	利润总额（万元）	资产总计（万元）	出口交货值（万元）
私营独资企业	5296572.2	340687.4	1122559.3	83647.9
私营合伙企业	361260.8	25799.5	47613.0	
私营有限责任公司	31100012.7	1737429.6	10273031.8	1252503.6
私营股份有限公司	1096769.1	83403.5	500531.1	61496.2
其他企业	2214795.6	138274.4	4617707.6	270504.3
港、澳、台商投资企业	4000573.8	276924.2	3257405.0	1054311.6
合资经营企业（港或澳、台资）	3254904.9	240201.6	2714777.1	705155.2
合作经营企业（港或澳、台资）	7249.4	42.0	2217.9	6788.6
港、澳、台商独资经营企业	691137.2	30382.8	488525.6	316947.4
港、澳、台商投资股份有限公司	47282.3	6297.8	51884.4	25420.4
外商投资企业	7652660.5	372771.2	5191290.7	1294831.8
中外合资经营企业	5304633.7	225771.5	4005681.2	715705.4
中外合作经营企业	259944.9	14000.8	86118.0	82728.7
外资企业	1985645.3	130833.2	1082524.5	496397.7
外商投资股份有限公司	78956.5	1167.2	13525.4	
四、按国民经济行业大类分组				
采矿业	1000278.1	73397.0	871997.2	5002.9
煤炭开采和洗选业	128367.4	5364.2	145488.5	
石油和天然气开采业	42610.5	7874.1	74715.2	
黑色金属矿采选业	110302.2	11693.6	159455.4	
有色金属矿采选业	8379.2	304.0	3212.7	
非金属矿采选业	710618.8	48161.1	489125.4	5002.9
制造业	88295718.1	5253406.3	50804133.8	6461316.7
农副食品加工业	9430602.2	399285.8	3860713.8	697235.0
食品制造业	1922365.3	135241.0	1017407.3	445089.9
饮料制造业	522577.5	28828.4	329625.1	29.8
烟草制品业	64613.3	8696.7	52066.9	
纺织业	10025023.4	568926.9	3238579.4	1042405.0
纺织服装、鞋、帽制造业	2410623.4	184981.9	1193074.7	647007.2
皮革、毛皮、羽毛（绒）及其制品业	529285.0	30447.5	129595.8	34734.4
木材加工及木、竹、藤、棕、草制品业	578986.0	45794.6	248955.2	138529.4
家具制造业	794075.2	64333.7	219681.5	155227.4

14－7 续表5

指标名称	主营业务收入（万元）	利润总额（万元）	资产总计（万元）	出口交货值（万元）
造纸及纸制品业	2914331.7	192218.1	5212301.9	224086.9
印刷业和记录媒介的复制	325645.1	18729.5	111490.7	53.4
文教体育用品制造业	139196.6	7469.5	24537.8	44251.4
石油加工、炼焦及核燃料加工业	5049832.2	128651.9	3245524.3	23548.2
化学原料及化学制品制造业	12631786.3	618388.5	7563503.4	518952.1
医药制造业	2136138.0	117108.1	1460054.0	257293.8
化学纤维制造业	708450.9	63.4	819055.4	92355.3
橡胶制品业	2474732.7	118475.1	945054.2	104077.3
塑料制品业	1338492.7	62522.2	472376.9	144002.6
非金属矿物制品业	2864913.9	246735.1	1408014.3	135861.0
黑色金属冶炼及压延加工业	4218283.0	135002.7	2581705.5	119342.1
有色金属冶炼及压延加工业	949652.7	36560.2	397835.5	16894.5
金属制品业	1546008.7	101494.7	663110.6	38947.4
通用设备制造业	8024449.1	469787.9	4688479.4	281038.4
专用设备制造业	4363158.8	300832.0	2218517.8	178946.3
交通运输设备制造业	7421900.6	896339.9	5753251.8	12401.7
电气机械及器材制造业	2161666.1	104036.1	1063240.2	147670.1
通信设备、计算机及其他电子设备制造业	1545069.3	181271.5	1430199.8	753900.8
仪器仪表及文化、办公用机械制造业	272691.2	13635.4	199563.3	10636.2
工艺品及其他制造业	931167.2	37548.0	256617.3	196799.1
电力、燃气及水的生产和供应业	1823427.6	40339.2	2066346.5	
电力、热力的生产和供应业	1683998.4	23660.8	1658691.6	
燃气生产和供应业	76918.3	9627.7	131533.8	
水的生产和供应业	62510.9	7050.7	276121.1	
五、按企业控股情况分组				
国有控股	11086146.9	833437.0	11050299.9	172456.1
集体控股	6114055.5	326123.6	3754284.9	238979.4
私人控股	63079047.6	3469811.0	28467513.3	4034357.3
港澳台商控股	1689984.2	124312.8	1475436.5	636045.5
外商控股	2918222.1	202148.5	1785823.5	611043.6
其他	6231967.5	411309.6	7209119.4	773437.7

14－8 全市规模以上工业企业 R&D 人员情况

（2011 年）

指标名称	R&D 人员合计（人）	#1. 参加项目人员	2. 管理和服务人员	# 女性	#研究人员	#1. 全时人员	2. 非全时人员
总　计	**26799**	**24453**	**2346**	**6815**	**9875**	**19234**	**7565**
一、按企业规模分组							
大型	18186	16736	1450	4932	6708	13456	4730
中型	5342	4842	500	1276	1968	3851	1491
小型	2994	2638	356	525	1079	1923	1071
微型	277	237	40	82	120	4	273
二、按隶属关系分组							
中央	560	516	44	102	173	285	275
省（自治区、直辖市）	6450	5951	499	2156	2955	5973	477
地（区、市、州、盟）	2163	1999	164	567	1170	1606	557
县（区、市、旗）	6599	5977	622	1572	2032	4127	2472
街道	94	58	36	21	33		94
镇	47	36	11	7	11	36	11
（社区）居委会	5	5		1	2	5	
其他	10881	9911	970	2389	3499	7202	3679
三、按登记注册类型分组							
内资企业	22641	20683	1958	5801	8769	16564	6077
国有企业	521	484	37	74	252	386	135
集体企业	91	75	16	9	15	33	58
股份合作企业	164	140	24	25	17	39	125
联营企业	77	76	1	14	38	75	2
国有与集体联营企业	77	76	1	14	38	75	2
有限责任公司	6164	5540	624	1615	2512	3948	2216
其他有限责任公司	6164	5540	624	1615	2512	3948	2216
股份有限公司	10826	9985	841	3035	4657	9251	1575
私营企业	3286	2986	300	712	922	2338	948
私营独资企业	112	84	28	23	25	93	19
私营合伙企业	8	7	1	2	2	6	2
私营有限责任公司	2720	2506	214	577	752	1931	789
私营股份有限公司	446	389	57	110	143	308	138
其他企业	1512	1397	115	317	356	494	1018
港、澳、台商投资企业	2575	2357	218	628	608	1501	1074
合资经营企业（港或澳、台资）	2484	2283	201	605	562	1474	1010
港、澳、台商独资经营企业	36	36		9	17	12	24
港、澳、台商投资股份有限公司	55	38	17	14	29	15	40
外商投资企业	1583	1413	170	386	498	1169	414
中外合资经营企业	1009	892	117	286	324	815	194
中外合作经营企业	13	11	2	2	3	7	6
外资企业	561	510	51	98	171	347	214
四、按国民经济行业大类分组							

14－8 续表 1

指标名称	R&D 人员合计（人）	#1. 参加项目人员	2. 管理和服务人员	# 女性	#研究人员	#1. 全时人员	2. 非全时人员
采矿业	33	29	4	2	12	22	11
煤炭开采和洗选业	33	29	4	2	12	22	11
制造业	26566	24233	2333	6771	9714	19163	7403
农副食品加工业	950	876	74	289	378	654	296
食品制造业	817	796	21	116	79	239	578
饮料制造业	436	407	29	62	166	345	91
烟草制品业	206	167	39	46	65	6	200
纺织业	1500	1344	156	610	690	1279	221
纺织服装、鞋、帽制造业	983	833	150	405	312	846	137
皮革、毛皮、羽毛(绒)及其制品业	4	4		2	1	4	
木材加工及木、竹、藤、棕、草制品业	3	3		2	1	3	
家具制造业	10	9	1	1	2	9	1
造纸及纸制品业	1243	1206	37	316	184	478	765
石油加工、炼焦及核燃料加工业	537	517	20	29	118	535	2
化学原料及化学制品制造业	3095	2853	242	782	1350	1483	1612
医药制造业	813	740	73	208	166	689	124
化学纤维制造业	891	861	30	346	450	660	231
橡胶制品业	42	41	1	9	16	41	1
塑料制品业	96	77	19	21	20	83	13
非金属矿物制品业	406	347	59	98	161	183	223
黑色金属冶炼及压延加工业	555	417	138	66	191	400	155
有色金属冶炼及压延加工业	138	131	7	4	10	53	85
金属制品业	106	93	13	14	44	64	42
通用设备制造业	3474	3097	377	511	1039	2032	1442
专用设备制造业	2212	1958	254	363	976	1680	532
交通运输设备制造业	3745	3475	270	1313	507	3476	269
电气机械及器材制造业	380	357	23	47	142	300	80
通信设备、计算机及其他电子设备制造业	3469	3243	226	956	2383	3307	162
仪器仪表及文化、办公用机械制造业	409	342	67	138	254	281	128
工艺品及其他制造业	46	39	7	17	9	33	13
电力、燃气及水的生产和供应业	200	191	9	42	149	49	151
电力、热力的生产和供应业	200	191	9	42	149	49	151
五、按企业控股情况分组							
国有控股	5658	5226	432	1797	1662	4761	897
集体控股	284	243	41	49	131	151	133
私人控股	15578	14133	1445	3952	6435	11448	4130
港澳台商控股	1166	1137	29	216	195	407	759
外商控股	637	549	88	98	236	421	216
其他	3476	3165	311	703	1216	2046	1430

14-8 续表2

指标名称	R&D人员折合全时当量合计(人年)	#研究人员	#1.基础研究人员	2.应用研究人员	3.试验发展人员
总　计	**17621.2**	**5943.1**			**17621.2**
一、按企业规模分组					
大型	11312.6	3615.0			11312.6
中型	3976.2	1516.6			3976.2
小型	2204.8	763.5			2204.8
微型	127.7	48.0			127.7
二、按隶属关系分组					
中央	277.1	61.5			277.1
省(自治区、直辖市)	3061.3	918.4			3061.3
地(区、市、州、盟)	1842.9	1001.3			1842.9
县(区、市、旗)	4988.0	1527.2			4988.0
街道	90.5	31.9			90.5
镇	38.5	9.7			38.5
(社区)居委会	2.0	0.8			2.0
其他	7321.1	2392.4			7321.1
三、按登记注册类型分组					
内资企业	14414.3	5054.2			14414.3
国有企业	373.5	194.3			373.5
集体企业	78.9	13.6			78.9
股份合作企业	145.1	12.7			145.1
联营企业	6.2	3.1			6.2
国有与集体联营企业	6.2	3.1			6.2
有限责任公司	4220.9	1759.5			4220.9
其他有限责任公司	4220.9	1759.5			4220.9
股份有限公司	6388.6	2199.0			6388.6
私营企业	2172.9	590.1			2172.9
私营独资企业	96.3	22.6			96.3
私营合伙企业	8.0	2.0			8.0
私营有限责任公司	1719.0	460.8			1719.0
私营股份有限公司	349.6	104.7			349.6
其他企业	1028.2	282.0			1028.2
港、澳、台商投资企业	1896.3	447.5			1896.3
合资经营企业(港或澳、台资)	1868.2	433.3			1868.2
港、澳、台商独资经营企业	23.0	11.4			23.0
港、澳、台商投资股份有限公司	5.1	2.7			5.1
外商投资企业	1310.7	441.4			1310.7
中外合资经营企业	884.1	298.8			884.1
中外合作经营企业	13.0	3.0			13.0
外资企业	413.5	139.7			413.5
四、按国民经济行业大类分组					

14－8 续表3

指　标　名　称	R&D人员折合全时当量合计(人年)	#研究人员	#1. 基础研究人员	2. 应用研究人员	3. 试验发展人员
采矿业	26.7	9.7			26.7
煤炭开采和洗选业	26.7	9.7			26.7
制造业	17502.4	5862.5			17502.4
农副食品加工业	690.2	267.5			690.2
食品制造业	507.7	60.0			507.7
饮料制造业	286.5	103.9			286.5
烟草制品业	109.6	33.9			109.6
纺织业	906.9	406.5			906.9
纺织服装、鞋、帽制造业	822.6	225.6			822.6
皮革、毛皮、羽毛(绒)及其制品业	3.2	0.8			3.2
木材加工及木、竹、藤、棕、草制品业	2.1	0.7			2.1
家具制造业	6.5	1.3			6.5
造纸及纸制品业	657.7	96.2			657.7
石油加工、炼焦及核燃料加工业	403.4	78.5			403.4
化学原料及化学制品制造业	2318.0	971.7			2318.0
医药制造业	557.4	105.8			557.4
化学纤维制造业	662.4	429.3			662.4
橡胶制品业	34.3	13.4			34.3
塑料制品业	18.4	4.9			18.4
非金属矿物制品业	304.5	121.9			304.5
黑色金属冶炼及压延加工业	329.9	133.4			329.9
有色金属冶炼及压延加工业	37.6	7.3			37.6
金属制品业	57.7	20.9			57.7
通用设备制造业	3008.6	889.1			3008.6
专用设备制造业	1774.5	812.9			1774.5
交通运输设备制造业	2550.4	345.0			2550.4
电气机械及器材制造业	283.1	101.0			283.1
通信设备、计算机及其他电子设备制造业	777.0	391.8			777.0
仪器仪表及文化、办公用机械制造业	357.2	231.9			357.2
工艺品及其他制造业	35.2	7.2			35.2
电力、燃气及水的生产和供应业	92.1	71.0			92.1
电力、热力的生产和供应业	92.1	71.0			92.1
五、按企业控股情况分组					
国有控股	4250.9	1332.1			4250.9
集体控股	229.7	112.2			229.7
私人控股	9376.3	3192.7			9376.3
港澳台商控股	541.3	60.9			541.3
外商控股	506.3	205.5			506.3
其他	2716.8	1039.8			2716.8

14－9　全市规模以上工业企业 R&D 经费情况

（2011 年）　　　　单位：万元

指 标 名 称	R&D 经费内部支出合 计	（一）按活动类型分组			（二）按支出用途分组	
		①基础研究支出	②应用研究支出	③试验发展支出	1. 经常费支 出	#人 员劳务费
总　　计	**666006.2**			**666006.2**	**591934.1**	**122327.0**
一、按企业规模分组						
大型	523855.8			523855.8	472822.0	90143.5
中型	99376.6			99376.6	81974.2	20802.7
小型	40783.6			40783.6	35270.4	10882.3
微型	1990.2			1990.2	1867.5	498.5
二、按隶属关系分组						
中央	35958.6			35958.6	32742.8	3803.5
省（自治区、直辖市）	123334.0			123334.0	113307.0	25097.3
地（区、市、州、盟）	54058.7			54058.7	46860.0	10937.7
县（区、市、旗）	194479.0			194479.0	178190.9	30371.1
街道	571.9			571.9	571.9	132.0
镇	1056.8			1056.8	256.8	124.9
（社区）居委会	32.6			32.6	32.6	16.6
其他	256514.6			256514.6	219972.1	51843.9
三、按登记注册类型分组						
内资企业	546764.8			546764.8	477979.5	101514.7
国有企业	33275.2			33275.2	29968.6	3546.6
集体企业	1670.8			1670.8	1660.9	389.5
股份合作企业	5693.7			5693.7	4301.3	625.3
联营企业	6302.5			6302.5	6097.3	1055.3
国有与集体联营企业	6302.5			6302.5	6097.3	1055.3
有限责任公司	158312.0			158312.0	133608.5	31531.5
其他有限责任公司	158312.0			158312.0	133608.5	31531.5
股份有限公司	245360.9			245360.9	221445.6	46929.8
私营企业	57247.4			57247.4	45479.8	11822.6
私营独资企业	516.4			516.4	411.4	202.3
私营合伙企业	47.8			47.8	39.6	27.2
私营有限责任公司	48014.6			48014.6	37241.2	9775.9
私营股份有限公司	8668.6			8668.6	7787.6	1817.2
其他企业	38902.3			38902.3	35417.5	5614.1
港、澳、台商投资企业	64404.6			64404.6	61318.5	12420.4
合资经营企业（港或澳、台资）	63449.9			63449.9	60535.5	12163.3
港、澳、台商独资经营企业	560.9			560.9	466.6	128.6
港、澳、台商投资股份有限公司	393.8			393.8	316.4	128.5
外商投资企业	54836.8			54836.8	52636.1	8391.9
中外合资经营企业	47062.6			47062.6	45278.4	6292.5
中外合作经营企业	785.8			785.8	785.8	35.2
外资企业	6988.4			6988.4	6571.9	2064.2
四、按国民经济行业大类分组						

14－9 续表 1

指 标 名 称	R&D 经费内部支出合 计	(一)按活动类型分组			(二)按支出用途分组	
		①基础研究支出	②应用研究支出	③试验发展支出	1. 经常费支 出	#人 员劳务费
采矿业	762.3			762.3	704.6	155.2
煤炭开采和洗选业	762.3			762.3	704.6	155.2
制造业	663022.8			663022.8	589089.9	121741.2
农副食品加工业	46568.8			46568.8	45175.6	5680.2
食品制造业	12590.1			12590.1	12143.8	1196.0
饮料制造业	7848.2			7848.2	6501.6	1099.8
烟草制品业	383.2			383.2	260.5	158.5
纺织业	37090.7			37090.7	31066.7	10492.1
纺织服装、鞋、帽制造业	24964.5			24964.5	18278.2	8933.3
皮革、毛皮、羽毛(绒)及其制品业	7.8			7.8	7.4	7.0
木材加工及木、竹、藤、棕、草制品业	7.1			7.1	7.1	6.5
家具制造业	25.4			25.4	24.5	22.3
造纸及纸制品业	42124.2			42124.2	41038.3	5826.7
石油加工、炼焦及核燃料加工业	41992.5			41992.5	38647.1	5819.4
化学原料及化学制品制造业	70272.9			70272.9	57641.5	15512.3
医药制造业	22627.6			22627.6	19141.2	3844.8
化学纤维制造业	37860.4			37860.4	35024.5	7865.4
橡胶制品业	468.5			468.5	462.3	184.9
塑料制品业	1209.2			1209.2	984.1	237.3
非金属矿物制品业	4513.4			4513.4	3971.2	1307.9
黑色金属冶炼及压延加工业	35572.6			35572.6	33654.8	2320.7
有色金属冶炼及压延加工业	3312.4			3312.4	3101.3	519.3
金属制品业	3559.0			3559.0	3011.6	1343.3
通用设备制造业	55825.6			55825.6	45382.1	11752.9
专用设备制造业	44677.2			44677.2	36979.4	8258.7
交通运输设备制造业	125776.1			125776.1	117562.8	21038.6
电气机械及器材制造业	4158.4			4158.4	3532.3	1279.4
通信设备、计算机及其他电子设备制造业	29711.3			29711.3	27727.9	5528.1
仪器仪表及文化、办公用机械制造业	7349.9			7349.9	5253.5	1333.5
工艺品及其他制造业	2525.8			2525.8	2508.6	172.3
电力、燃气及水的生产和供应业	2221.1			2221.1	2139.6	430.6
电力、热力的生产和供应业	2221.1			2221.1	2139.6	430.6
五、按企业控股情况分组						
国有控股	186707.6			186707.6	170460.1	34163.2
集体控股	8009.2			8009.2	6355.6	1113.5
私人控股	339600.6			339600.6	293949.4	68252.4
港澳台商控股	27692.6			27692.6	26969.3	1250.2
外商控股	8489.5			8489.5	8314.7	2288.7
其他	95506.7			95506.7	85885.0	15259.0

14－9续表2

指 标 名 称	R&D经费内部支出合计						
	(二)按支出用途分组			(三)按资金来源分组			
	2.资产性支出	#①土建工程	②仪器设备	1.政府资金	2.企业资金	3.境外资金	4.其他资金
总　计	**74072.1**	**4887.0**	**69185.1**	**13628.6**	**641368.9**		**11008.7**
一、按企业规模分组							
大型	51033.8	3854.0	47179.8	8559.8	510296.9		4999.1
中型	17402.4	847.7	16554.7	3817.9	91210.3		4348.4
小型	5513.2	183.1	5330.1	1250.9	37871.5		1661.2
微型	122.7	2.2	120.5		1990.2		
二、按隶属关系分组							
中央	3215.8	462.6	2753.2		35958.6		
省(自治区、直辖市)	10027.0	1388.9	8638.1	4286.6	119047.4		
地(区、市、州、盟)	7198.7	740.3	6458.4	3633.4	46649.7		3775.6
县(区、市、旗)	16288.1	562.2	15725.9	912.8	190122.6		3443.6
街道					571.9		
镇	800.0		800.0	3.0	1053.8		
(社区)居委会					32.6		
其他	36542.5	1733.0	34809.5	4792.8	247932.3		3789.5
三、按登记注册类型分组							
内资企业	68785.3	4780.6	64004.7	13476.6	524544.5		8743.7
国有企业	3306.6	432.4	2874.2	60.6	33214.6		
集体企业	9.9	5.2	4.7	41.0	1629.8		
股份合作企业	1392.4	0.4	1392.0		5693.7		
联营企业	205.2	29.3	175.9		6302.5		
国有与集体联营企业	205.2	29.3	175.9		6302.5		
有限责任公司	24703.5	962.5	23741.0	4333.7	152818.3		1160.0
其他有限责任公司	24703.5	962.5	23741.0	4333.7	152818.3		1160.0
股份有限公司	23915.3	2677.6	21237.7	7134.2	233763.0		4463.7
私营企业	11767.6	290.4	11477.2	1895.2	52232.2		3120.0
私营独资企业	105.0	7.2	97.8	20.0	496.4		
私营合伙企业	8.2	0.1	8.1		47.8		
私营有限责任公司	10773.4	278.7	10494.7	1490.7	44773.3		1750.6
私营股份有限公司	881.0	4.4	876.6	384.5	6914.7		1369.4
其他企业	3484.8	382.8	3102.0	11.9	38890.4		
港、澳、台商投资企业	3086.1	57.6	3028.5	95.2	62044.4		2265.0
合资经营企业(港或澳、台资)	2914.4	57.6	2856.8	95.2	61199.2		2155.5
港、澳、台商独资经营企业	94.3		94.3		451.4		109.5
港、澳、台商投资股份有限公司	77.4		77.4		393.8		
外商投资企业	2200.7	48.8	2151.9	56.8	54780.0		
中外合资经营企业	1784.2	45.0	1739.2	56.8	47005.8		
中外合作经营企业					785.8		
外资企业	416.5	3.8	412.7		6988.4		
四、按国民经济行业大类分组							

14－9 续表 3

指 标 名 称	R&D 经费内部支出合计						
	（二）按支出用途分组			（三）按资金来源分组			
	2. 资产性支出	#①土建工程	②仪器设备	1. 政府资金	2. 企业资金	3. 境外资金	4. 其他资金
采矿业	57.7	1.1	56.6		762.3		
煤炭开采和洗选业	57.7	1.1	56.6		762.3		
制造业	73932.9	4885.1	69047.8	13628.6	638385.5		11008.7
农副食品加工业	1393.2	29.6	1363.6	60.1	46481.8		26.9
食品制造业	446.3	30.3	416.0		12590.1		
饮料制造业	1346.6	134.4	1212.2	50.2	7798.0		
烟草制品业	122.7	2.2	120.5		383.2		
纺织业	6024.0	962.6	5061.4	50.9	37039.8		
纺织服装、鞋、帽制造业	6686.3	89.1	6597.2	100.0	24864.5		
皮革、毛皮、羽毛（绒）及其制品业	0.4	0.1	0.3		7.8		
木材加工及木、竹、藤、棕、草制品业					7.1		
家具制造业	0.9		0.9		25.4		
造纸及纸制品业	1085.9	90.4	995.5	25.1	42099.1		
石油加工、炼焦及核燃料加工业	3345.4	467.8	2877.6	184.5	41808.0		
化学原料及化学制品制造业	12631.4	388.1	12243.3	398.5	67795.5		2078.9
医药制造业	3486.4	123.4	3363.0	948.3	21679.3		
化学纤维制造业	2835.9	13.3	2822.6	16.7	37843.7		
橡胶制品业	6.2	0.2	6.0		468.5		
塑料制品业	225.1	0.1	225.0	10.0	1199.2		
非金属矿物制品业	542.2	21.7	520.5	54.6	4094.0		364.8
黑色金属冶炼及压延加工业	1917.8	10.7	1907.1	9.0	35563.6		
有色金属冶炼及压延加工业	211.1		211.1	110.0	3202.4		
金属制品业	547.4	20.3	527.1	75.9	2923.1		560.0
通用设备制造业	10443.5	857.0	9586.5	1564.4	52438.2		1823.0
专用设备制造业	7697.8	389.4	7308.4	378.7	41454.9		2843.6
交通运输设备制造业	8213.3	1108.5	7104.8	6682.9	119093.2		
电气机械及器材制造业	626.1	1.1	625.0	295.1	3863.3		
通信设备、计算机及其他电子设备制造业	1983.4	84.6	1898.8	2354.2	25201.6		2155.5
仪器仪表及文化、办公用机械制造业	2096.4	60.0	2036.4	259.5	7090.4		
工艺品及其他制造业	17.2	0.2	17.0		1369.8		1156.0
电力、燃气及水的生产和供应业	81.5	0.8	80.7		2221.1		
电力、热力的生产和供应业	81.5	0.8	80.7		2221.1		
五、按企业控股情况分组							
国有控股	16247.5	1781.5	14466.0	8886.4	177821.2		
集体控股	1653.6	87.5	1566.1	51.0	7958.2		
私人控股	45651.2	2463.4	43187.8	3868.9	329831.6		5900.1
港澳台商控股	723.3		723.3	24.6	25403.0		2265.0
外商控股	174.8	0.2	174.6		8489.5		
其他	9621.7	554.4	9067.3	797.7	91865.4		2843.6

14－9 续表4

指　标　名　称	R&D经费外部支出	对境内研究机构支出	对境内高等学校支出	对境外支出
总　　计	**42545.1**	**15687.0**	**12820.0**	**12745.4**
一、按企业规模分组				
大型	35936.6	13300.1	10980.2	10837.1
中型	3913.4	940.2	673.8	1908.3
小型	1340.8	506.1	752.3	
微型	1354.3	940.6	413.7	
二、按隶属关系分组				
中央	9392.4	5961.9	2902.8	
省(自治区、直辖市)	12607.9	2091.8	1135.1	9381.0
地(区、市、州、盟)	3641.4	396.5	137.3	3107.6
县(区、市、旗)	10058.4	3762.1	5684.5	175.4
街道				
镇				
(社区)居委会				
其他	6845.0	3474.7	2960.3	81.4
三、按登记注册类型分组				
内资企业	35466.5	12472.8	9149.7	12664.0
国有企业	6521.8	4510.3	1780.3	
集体企业				
股份合作企业	130.0		130.0	
联营企业	3459.0	1758.8	1172.5	
国有与集体联营企业	3459.0	1758.8	1172.5	
有限责任公司	6212.6	2694.3	2095.5	1359.3
其他有限责任公司	6212.6	2694.3	2095.5	1359.3
股份有限公司	18109.4	3270.8	3290.1	11289.3
私营企业	908.7	196.9	645.8	
私营独资企业	1.3		1.3	
私营合伙企业				
私营有限责任公司	861.9	176.4	619.5	
私营股份有限公司	45.5	20.5	25.0	
其他企业	125.0	41.7	35.5	15.4
港、澳、台商投资企业	3292.4	1179.1	2084.5	28.8
合资经营企业(港或澳、台资)	3292.4	1179.1	2084.5	28.8
港、澳、台商独资经营企业				
港、澳、台商投资股份有限公司				
外商投资企业	3786.2	2035.1	1585.8	52.6
中外合资经营企业	3607.4	2013.1	1541.7	52.6
中外合作经营企业				
外资企业	178.8	22.0	44.1	
四、按国民经济行业大类分组				

14－9续表5

指 标 名 称	R&D经费外部支出	对境内研究机构支出	对境内高等学校支出	对境外支出
采矿业				
煤炭开采和洗选业				
制造业	40940.6	14577.4	12406.3	12745.4
农副食品加工业	3182.9	1793.8	1389.1	
食品制造业	24.6		24.6	
饮料制造业	297.9	25.0	272.9	
烟草制品业	2.0	2.0		
纺织业	527.3	207.3	278.0	
纺织服装、鞋、帽制造业	3762.9	1423.5	2179.4	160.0
皮革、毛皮、羽毛(绒)及其制品业				
木材加工及木、竹、藤、棕、草制品业				
家具制造业				
造纸及纸制品业	307.9	195.3	36.0	44.2
石油加工、炼焦及核燃料加工业	11043.9	6464.1	4052.1	
化学原料及化学制品制造业	1374.2	602.4	708.1	
医药制造业	646.6	329.0	167.6	
化学纤维制造业	53.5		53.5	
橡胶制品业	15.2		15.2	
塑料制品业	55.4	29.3	7.3	
非金属矿物制品业	3.5		3.5	
黑色金属冶炼及压延加工业	290.4	232.6	57.9	
有色金属冶炼及压延加工业				
金属制品业				
通用设备制造业	5812.9	771.3	1768.7	3160.2
专用设备制造业	479.5	280.3	190.5	
交通运输设备制造业	12834.2	2067.6	1135.1	9381.0
电气机械及器材制造业	163.0	96.3	66.8	
通信设备、计算机及其他电子设备制造业				
仪器仪表及文化、办公用机械制造业	25.7	20.5		
工艺品及其他制造业	37.1	37.1		
电力、燃气及水的生产和供应业	1604.5	1109.6	413.7	
电力、热力的生产和供应业	1604.5	1109.6	413.7	
五、按企业控股情况分组				
国有控股	23009.4	8503.7	4365.8	9381.0
集体控股				
私人控股	15095.9	4988.9	6459.4	3267.6
港澳台商控股	28.8			28.8
外商控股	281.4	116.1		52.6
其他	4129.6	2078.3	1994.8	15.4

14－10　全市规模以上工业企业全部 R&D 项目情况

（2011 年）

指　标　名　称	项 目 数（项）	参加项目人　员（人）	项目人员折合全时当量（人）	全部项目经费内部支出（万元）
总　　计	**1899**	**24453**	**16018.6**	**564825.2**
一、按企业规模分组				
大型	984	16736	10361.3	449590.9
中型	563	4842	3602.3	80272.0
小型	328	2638	1948.7	33094.8
微型	24	237	106.4	1867.5
二、按隶属关系分组				
中央	54	516	253.6	28999.4
省（自治区、直辖市）	104	5951	2777.6	89459.6
地（区、市、州、盟）	184	1999	1700.8	48133.0
县（区、市、旗）	523	5977	4519.9	176997.4
街道	2	58	55.6	571.9
镇	4	36	29.6	262.8
（社区）居委会	1	5	2.0	32.6
其他	1027	9911	6679.6	220368.5
三、按登记注册类型分组				
内资企业	1634	20683	13146.7	455278.9
国有企业	77	484	341.3	26140.0
集体企业	4	75	64.7	1574.6
股份合作企业	9	140	124.1	3687.5
联营企业	5	76	6.1	5980.0
国有与集体联营企业	5	76	6.1	5980.0
有限责任公司	547	5540	3829.7	134751.9
其他有限责任公司	547	5540	3829.7	134751.9
股份有限公司	466	9985	5864.9	203415.5
私营企业	461	2986	1975.8	44092.6
私营独资企业	14	84	75.8	428.3
私营合伙企业	1	7	7.0	41.5
私营有限责任公司	406	2506	1581.6	38853.1
私营股份有限公司	40	389	311.4	4769.7
其他企业	65	1397	940.1	35636.8
港、澳、台商投资企业	147	2357	1711.6	61318.8
合资经营企业（港或澳、台资）	143	2283	1685.1	60390.6
港、澳、台商独资经营企业	3	36	23.0	534.4
港、澳、台商投资股份有限公司	1	38	3.5	393.8
外商投资企业	118	1413	1160.4	48227.5
中外合资经营企业	83	892	778.5	41698.4
中外合作经营企业	3	11	11.0	785.8
外资企业	32	510	370.9	5743.3
四、按国民经济行业大类分组				

14－10续表1

指 标 名 称	项目数（项）	参加项目人员（人）	项目人员折合全时当量（人）	全部项目经费内部支出（万元）
采矿业	1	29	23.5	300.0
煤炭开采和洗选业	1	29	23.5	300.0
制造业	1875	24233	15908.9	562404.2
农副食品加工业	75	876	637.4	41877.7
食品制造业	59	796	491.0	12306.5
饮料制造业	49	407	269.2	6709.3
烟草制品业	16	167	88.5	260.5
纺织业	279	1344	813.5	32321.4
纺织服装、鞋、帽制造业	91	833	688.9	24495.3
皮革、毛皮、羽毛(绒)及其制品业	1	4	3.2	7.7
木材加工及木、竹、藤、棕、草制品业	1	3	2.1	7.1
家具制造业	2	9	6.2	24.8
造纸及纸制品业	65	1206	636.8	41852.4
石油加工、炼焦及核燃料加工业	36	517	385.2	35148.5
化学原料及化学制品制造业	200	2853	2158.6	54360.7
医药制造业	74	740	503.2	18199.4
化学纤维制造业	56	861	642.9	37232.8
橡胶制品业	5	41	33.3	452.3
塑料制品业	7	77	15.8	1060.0
非金属矿物制品业	31	347	250.8	4136.3
黑色金属冶炼及压延加工业	51	417	256.9	29944.0
有色金属冶炼及压延加工业	52	131	36.1	3192.4
金属制品业	16	93	52.2	2829.9
通用设备制造业	250	3097	2678.1	45678.7
专用设备制造业	122	1958	1579.7	39326.9
交通运输设备制造业	206	3475	2362.2	94842.3
电气机械及器材制造业	29	357	268.1	3056.7
通信设备、计算机及其他电子设备制造业	63	3243	713.8	24979.8
仪器仪表及文化、办公用机械制造业	32	342	305.1	6989.9
工艺品及其他制造业	7	39	29.8	1110.9
电力、燃气及水的生产和供应业	23	191	86.3	2121.0
电力、热力的生产和供应业	23	191	86.3	2121.0
五、按企业控股情况分组				
国有控股	410	5226	3916.3	144045.7
集体控股	12	243	192.6	4780.2
私人控股	1175	14133	8475.9	295066.1
港澳台商控股	56	1137	529.8	27275.3
外商控股	33	549	424.2	6845.1
其他	213	3165	2479.7	86812.8

14－11　全市规模以上工业企业办科技机构情况

（2011 年）

指　标　名　称	机构数（个）	机构人员合计（人）	#博士毕业	硕士毕业	本科毕业
总　　计	**420**	**25877**	**424**	**1980**	**15448**
一、按企业规模分组					
大型	105	16810	190	1293	10567
中型	126	6018	156	446	3312
小型	189	3049	78	241	1569
二、按隶属关系分组					
中央	3	781	7	35	516
省（自治区、直辖市）	10	4357	51	688	2821
地（区、市、州、盟）	18	1640	52	179	1204
县（区、市、旗）	106	7889	103	280	4230
街道	3	104		5	39
镇	6	155	4	9	121
村委会	1	55	1	4	19
其他	273	10896	206	780	6498
三、按登记注册类型分组					
内资企业	371	21942	352	1578	13735
国有企业	16	723	8	44	443
集体企业	1	14			12
股份合作企业	4	42	3	4	22
联营企业	1	176	1	13	156
国有与集体联营企业	1	176	1	13	156
有限责任公司	150	6713	98	235	3797
其他有限责任公司	150	6713	98	235	3797
股份有限公司	58	9727	142	983	6670
私营企业	131	3483	84	270	2003
私营独资企业	13	308	1	34	240
私营合伙企业	1	7		1	2
私营有限责任公司	99	2817	73	214	1546
私营股份有限公司	18	351	10	21	215
其他企业	10	1064	16	29	632
港、澳、台商投资企业	17	1816	18	77	743
合资经营企业（港或澳、台资）	13	1607	11	66	646
港、澳、台商独资经营企业	2	27	5	1	14
港、澳、台商投资股份有限公司	2	182	2	10	83
外商投资企业	32	2119	54	325	970
中外合资经营企业	22	1431	40	229	705
中外合作经营企业	1	21		3	13
外资企业	9	667	14	93	252
四、按国民经济行业大类分组					
农、林、牧、渔业					

14－11 续表 1

指 标 名 称	机构数（个）	机构人员合计（人）	#博士毕业	硕士毕业	本科毕业
采矿业	2	51		2	25
煤炭开采和洗选业	2	51		2	25
制造业	416	25780	424	1976	15386
农副食品加工业	18	943	24	164	639
食品制造业	13	172	4	19	93
饮料制造业	6	522	11	23	154
烟草制品业	1	20		1	6
纺织业	16	1079	13	57	346
纺织服装、鞋、帽制造业	8	1177	5	14	266
皮革、毛皮、羽毛（绒）及其制品业	1	4			1
木材加工及木、竹、藤、棕、草制品业	1	3			1
家具制造业	3	16			3
造纸及纸制品业	14	1215	16	42	706
石油加工、炼焦及核燃料加工业	4	993	7	41	596
化学原料及化学制品制造业	60	2965	62	136	1809
医药制造业	21	932	44	147	551
化学纤维制造业	2	493	16	79	339
橡胶制品业	3	156	2	6	49
塑料制品业	5	224	3		154
非金属矿物制品业	20	488	5	15	198
黑色金属冶炼及压延加工业	6	366	1	25	161
有色金属冶炼及压延加工业	6	209	3	8	91
金属制品业	5	87	1	4	74
通用设备制造业	81	3536	65	216	2104
专用设备制造业	36	3147	44	135	2566
交通运输设备制造业	15	2222	35	308	1283
电气机械及器材制造业	31	610	8	50	383
通信设备、计算机及其他电子设备制造业	21	3813	49	476	2564
仪器仪表及文化、办公用机械制造业	13	323	5	6	217
工艺品及其他制造业	6	65	1	4	32
电力、燃气及水的生产和供应业	2	46		2	37
电力、热力的生产和供应业	1	35		2	28
水的生产和供应业	1	11			9
五、按企业控股情况分组					
国有控股	32	3645	85	485	2117
集体控股	21	490	24	28	306
私人控股	312	16832	247	1145	9744
港澳台商控股	7	248	7	32	153
外商控股	11	695	15	93	262
其他	37	3967	46	197	2866

14－11 续表2

指 标 名 称	机构经费支出(万元)	仪器和设备原价(万元)	进 口	境外机构数(个)
总 计	**693673.9**	**337549.8**	**109457.9**	**19**
一、按企业规模分组				
大型	579589.1	252273.6	96172.8	18
中型	81256.7	55033.7	9417.6	
小型	32828.1	30242.5	3867.5	1
二、按隶属关系分组				
中央	72216.0	24400.0	1200.0	
省(自治区、直辖市)	77443.9	85815.1	32841.2	9
地(区、市、州、盟)	55196.1	25164.2	8641.4	2
县(区、市、旗)	268283.0	89889.3	32761.7	7
街道	655.9	12.2		
镇	2279.3	2396.5		
村委会	215.0			
其他	217384.7	109872.5	34013.6	1
三、按登记注册类型分组				
内资企业	579685.2	273673.7	81826.6	17
国有企业	54834.5	19869.4		
集体企业	33.4	4.7		
股份合作企业	393.5	853.1	180.0	
联营企业	9600.0	5200.0	1200.0	
国有与集体联营企业	9600.0	5200.0	1200.0	
有限责任公司	147237.4	74847.3	20526.8	3
其他有限责任公司	147237.4	74847.3	20526.8	3
股份有限公司	263628.9	133309.3	48900.4	11
私营企业	55182.9	27496.0	1655.5	
私营独资企业	9565.4	2855.1		
私营合伙企业	41.5	23.3		
私营有限责任公司	44266.1	23018.2	1617.5	
私营股份有限公司	1309.9	1599.4	38.0	
其他企业	48774.6	12093.9	9363.9	3
港、澳、台商投资企业	58555.7	34706.1	19116.1	2
合资经营企业(港或澳、台资)	57174.6	34630.6	19102.1	2
港、澳、台商独资经营企业	183.6	75.5	14.0	
港、澳、台商投资股份有限公司	1197.5			
外商投资企业	55433.0	29170.0	8515.2	
中外合资经营企业	49640.0	18292.4	7872.6	
中外合作经营企业	2329.9			
外资企业	3463.1	10877.6	642.6	
四、按国民经济行业大类分组				
农、林、牧、渔业				

14－11 续表 3

指 标 名 称	机构经费支出(万元)	仪器和设备原价(万元)	进 口	境外机构数(个)
采矿业	312.3	200.0		
煤炭开采和洗选业	312.3	200.0		
制造业	693307.6	337299.8	109457.9	19
农副食品加工业	42614.4	13115.3	6012.0	
食品制造业	17127.5	5507.5	800.0	
饮料制造业	439.0	3741.9	263.8	
烟草制品业	50.0			
纺织业	33031.4	23588.7	11254.5	
纺织服装、鞋、帽制造业	25955.1	13140.4	10080.0	2
皮革、毛皮、羽毛(绒)及其制品业	7.7	0.3		
木材加工及木、竹、藤、棕、草制品业	7.1			
家具制造业	76.3	16.2		
造纸及纸制品业	48537.9	14353.6	10635.8	3
石油加工、炼焦及核燃料加工业	72666.0	26536.0	1380.0	
化学原料及化学制品制造业	54808.0	45952.8	17447.1	3
医药制造业	21258.0	18655.6	2514.8	
化学纤维制造业	39345.4	13254.5	2763.1	
橡胶制品业	1667.9	682.0	100.0	
塑料制品业	1865.1	506.9		
非金属矿物制品业	3166.4	2877.3		
黑色金属冶炼及压延加工业	23746.5	2721.3	1009.9	
有色金属冶炼及压延加工业	3721.8	292.4		
金属制品业	1819.9	258.7	65.0	
通用设备制造业	65655.1	31626.6	5236.8	
专用设备制造业	77432.9	14063.1	5290.0	2
交通运输设备制造业	129436.0	30201.4	16306.7	3
电气机械及器材制造业	8768.3	6799.0	428.5	
通信设备、计算机及其他电子设备制造业	16640.7	65436.8	17709.9	6
仪器仪表及文化、办公用机械制造业	3256.7	3762.1		
工艺品及其他制造业	206.5	209.4	160.0	
电力、燃气及水的生产和供应业	54.0	50.0		
电力、热力的生产和供应业	20.0	50.0		
水的生产和供应业	34.0			
五、按企业控股情况分组				
国有控股	180553.9	77570.1	26129.5	5
集体控股	11294.5	4890.8	218.5	
私人控股	339072.5	197154.2	64351.4	9
港澳台商控股	17070.3	6363.4	1941.4	
外商控股	7858.0	10571.6	562.2	
其他	137824.7	40999.7	16254.9	5

14－12 全市规模以上工业企业自主知识产权保护情况

（2011年）

指标名称	专利申请数（件）	发明专利（件）	有效发明专利数（件）	境外授权（件）	专利所有权转让及许可数（项）
总　计	**3444**	**972**	**1032**	**35**	**73**
一、按企业规模分组					
大型	1923	458	396	28	11
中型	807	297	304	6	10
小型	682	206	295	1	52
微型	32	11	37		
二、按隶属关系分组					
中央	46	13	47		
省（自治区、直辖市）	1157	305	37	8	1
地（区、市、州、盟）	200	79	86	1	5
县（区、市、旗）	660	130	330	3	8
街道	29	1	1		
镇	21	4	1		
村委会	8	8	8		
其他	1323	432	522	23	59
三、按登记注册类型分组					
内资企业	3082	852	919	19	65
国有企业	37	11	12		
集体企业	6				
股份合作企业	19	4	1		4
联营企业	6	2	1		
国有与集体联营企业	6	2	1		
有限责任公司	533	140	166	1	7
其他有限责任公司	533	140	166	1	7
股份有限公司	1686	440	368	18	8
私营企业	748	246	331		43
私营独资企业	42	14			
私营有限责任公司	622	200	222		27
私营股份有限公司	84	32	109		16
其他企业	47	9	40		3
港、澳、台商投资企业	197	58	35	16	8
合资经营企业（港或澳、台资）	116	36	14		8
港、澳、台商独资经营企业	10	2	1		
港、澳、台商投资股份有限公司	71	20	20	16	
外商投资企业	165	62	78		
中外合资经营企业	74	41	34		
中外合作经营企业	12				
外资企业	79	21	44		

14－12 续表 1

指 标 名 称	专利申请数（件）	发明专利（件）	有效发明专利数（件）	境外授权（件）	专利所有权转让及许可数（项）
四、按国民经济行业大类分组					
采矿业					
煤炭开采和洗选业					
制造业	3411	962	1029	35	73
农副食品加工业	69	59	59		4
食品制造业	18	3			
饮料制造业	118	7	7		
烟草制品业	19	3	41		
纺织业	30	16	17	1	5
纺织服装、鞋、帽制造业	19	16	10		
家具制造业					
造纸及纸制品业	61	23	18		9
石油加工、炼焦及核燃料加工业	31	3	10		
化学原料及化学制品制造业	190	126	100		4
医药制造业	93	42	28	1	1
化学纤维制造业	23	22	27	1	
橡胶制品业	3	3	3		
塑料制品业	15	4	4		4
非金属矿物制品业	53	11	54		
黑色金属冶炼及压延加工业	18	5	9		
有色金属冶炼及压延加工业	99	3	13		
金属制品业	67	14	23		
通用设备制造业	488	104	71		6
专用设备制造业	238	63	251	2	4
交通运输设备制造业	1077	264	37		
电气机械及器材制造业	122	21	80		17
通信设备、计算机及其他电子设备制造业	487	133	82	30	3
仪器仪表及文化、办公用机械制造业	58	12	85		16
工艺品及其他制造业	15	5			
电力、燃气及水的生产和供应业	33	10	3		
电力、热力的生产和供应业	33	10	3		
五、按企业控股情况分组					
国有控股	1125	307	89	1	
集体控股	73	14	37		
私人控股	1727	510	567	16	69
港澳台商控股	109	26	7		
外商控股	88	25	52		
其他	322	90	280	18	4

14－12 续表 2

指 标 名 称	专利所有权转让与许可收入(万元)	发表科技论 文(篇)	拥有注册商标数(件)	境 外注 册	形成国家或行业标准数(项)
总　　计	**22618.1**	**358**	**1131**	**133**	**177**
一、按企业规模分组					
大型	22000.0	248	832	120	100
中型	28.1	52	188	8	65
小型	590.0	51	111	5	12
微型		7			
二、按隶属关系分组					
中央		11	27		
省(自治区、直辖市)		35	11	1	32
地(区、市、州、盟)		30	29	6	15
县(区、市、旗)		93	707	42	64
街道			1		
镇			4		2
村委会		1			2
其他	22618.1	188	352	84	62
三、按登记注册类型分组					
内资企业	22618.1	315	928	87	132
国有企业		8	25		
集体企业					
股份合作企业			3		
联营企业		4	2		
国有与集体联营企业		4	2		
有限责任公司	22028.1	175	151	2	46
其他有限责任公司	22028.1	175	151	2	46
股份有限公司	560.0	108	584	80	61
私营企业	30.0	11	93	2	18
私营独资企业			2		
私营有限责任公司	30.0	11	78		18
私营股份有限公司			13	2	
其他企业		9	70	3	7
港、澳、台商投资企业		14	133	35	11
合资经营企业(港或澳、台资)		13	131	35	9
港、澳、台商独资经营企业					
港、澳、台商投资股份有限公司		1	2		2
外商投资企业		29	70	11	34
中外合资经营企业		15	61	11	33
中外合作经营企业		4			
外资企业		10	9		1

14－12 续表3

指标名称	专利所有权转让与许可收入(万元)	发表科技论文(篇)	拥有注册商标数(件)	境外注册	形成国家或行业标准数(项)
四、按国民经济行业大类分组					
采矿业		1			1
煤炭开采和洗选业		1			1
制造业	22618.1	352	1131	133	176
农副食品加工业		8	21		11
食品制造业		3	45	28	1
饮料制造业		8	229	32	9
烟草制品业		8			
纺织业		12	75	42	21
纺织服装、鞋、帽制造业			89	6	2
家具制造业			2		
造纸及纸制品业		10	121	5	12
石油加工、炼焦及核燃料加工业		42	29		
化学原料及化学制品制造业	22028.0	109	55	4	9
医药制造业		11	77	4	3
化学纤维制造业		15	11	2	4
橡胶制品业			4		2
塑料制品业		1	1		3
非金属矿物制品业			8		1
黑色金属冶炼及压延加工业		3	2		1
有色金属冶炼及压延加工业			5		
金属制品业			5		5
通用设备制造业		19	54	4	34
专用设备制造业	30.1	53	208		16
交通运输设备制造业		26	7	1	27
电气机械及器材制造业		9	45		3
通信设备、计算机及其他电子设备制造业	560.0	14	19	1	7
仪器仪表及文化、办公用机械制造业		1	11		4
工艺品及其他制造业			8	4	1
电力、燃气及水的生产和供应业		5			
电力、热力的生产和供应业		5			
五、按企业控股情况分组					
国有控股		70	270	37	38
集体控股		3	61	1	2
私人控股	22030.1	195	485	57	110
港澳台商控股		7	35	28	5
外商控股		12	15	4	3
其他	588.0	71	265	6	19

14－13　全市规模以上工业企业新产品生产及销售情况

（2011 年）

指　标　名　称	新产品开发项目数（项）	新产品开发经费支出（万元）	新产品产值（万元）	新产品销售收入（万元）	出口
总　　计	**2414**	**868186.2**	**11799394.7**	**11774073.2**	**1576291.3**
一、按企业规模分组					
大型	1288	686798.2	10046445.3	10026088.6	1412210.1
中型	701	128648.8	1090678.3	1096329.3	101566.3
小型	416	51650.6	662271.1	651655.3	62514.9
微型	9	1088.6			
二、按隶属关系分组					
中央	54	60274.7	970109.6	941610.0	19175.3
省（自治区、直辖市）	103	123475.0	2164552.3	1961985.8	221306.6
地（区、市、州、盟）	205	62393.6	826154.5	814631.6	125758.5
县（区、市、旗）	714	310421.7	4551186.0	4611299.6	512025.2
街道	4	4918.0	11835.4	9189.9	
镇	7	1782.6	162343.9	165052.7	11078.6
（社区）居委会	1	32.6	56.8	56.8	
村委会			151061.7	148592.7	3281.1
其他	1326	304888.0	2962094.5	3121654.1	683666.0
三、按登记注册类型分组					
内资企业	2064	702638.8	9776274.5	9378610.5	1222591.1
国有企业	79	36295.7	597221.6	566756.8	18743.3
集体企业	4	1670.8	1384.3	1772.1	
股份合作企业	9	5693.7	84005.6	81000.0	
联营企业	7	8009.8	426000.0	426000.0	600.0
国有与集体联营企业	7	8009.8	426000.0	426000.0	600.0
有限责任公司	688	179978.4	1809239.5	1775461.1	226120.7
其他有限责任公司	688	179978.4	1809239.5	1775461.1	226120.7
股份有限公司	587	324678.4	5407980.0	5133668.5	682804.6
私营企业	609	84269.3	642406.7	624726.4	76615.7
私营独资企业	16	9669.9	99672.1	88356.8	12371.3
私营合伙企业	1	47.8			
私营有限责任公司	551	65822.4	406956.1	404152.4	40392.9
私营股份有限公司	41	8729.2	135778.5	132217.2	23851.5
其他企业	81	62042.7	808036.8	769225.6	217706.8
港、澳、台商投资企业	160	70100.5	989548.0	1172980.8	174018.9
合资经营企业（港或澳、台资）	157	69487.7	945630.0	1129095.8	147344.8
港、澳、台商独资经营企业	2	219.0	1000.0	1000.0	
港、澳、台商投资股份有限公司	1	393.8	42918.0	42885.0	26674.1
外商投资企业	190	95446.9	1033572.2	1222481.9	179681.3
中外合资经营企业	144	83362.7	884251.8	1079310.8	165532.7
中外合作经营企业	6	2329.9	72149.3	68308.1	
外资企业	40	9754.3	77171.1	74863.0	14148.6
四、按国民经济行业大类分组					

14－13 续表 1

指 标 名 称	新产品开发项目数（项）	新产品开发经费支出（万元）	新产品产值（万元）	新产品销售收入（万元）	出 口
采矿业	1	381.2	2250.0	2370.0	607.8
煤炭开采和洗选业	1	381.2	2250.0	2370.0	607.8
制造业	2399	867034.9	11797144.7	11771703.2	1575683.5
农副食品加工业	106	78792.3	637527.0	781915.2	147658.0
食品制造业	47	10440.8	9625.1	210978.7	2260.5
饮料制造业	45	6271.9	42403.0	41436.5	20.1
烟草制品业	6	521.1			
纺织业	290	44631.9	492637.2	487856.3	368866.1
纺织服装、鞋、帽制造业	97	29690.2	432007.7	417550.9	45632.3
皮革、毛皮、羽毛(绒)及其制品业	1	7.8	30.0	30.0	
木材加工及木、竹、藤、棕、草制品业	1	7.1	1274.6	1250.2	
家具制造业	2	25.4	5472.4	5441.7	
造纸及纸制品业	110	68079.5	1100650.3	1047711.0	221747.0
石油加工、炼焦及核燃料加工业	47	60519.5	1075972.6	1087473.0	21045.3
化学原料及化学制品制造业	201	67068.3	858887.5	853297.2	131281.5
医药制造业	95	26117.7	127457.5	123415.3	30943.4
化学纤维制造业	60	38205.5	396348.0	396348.0	99695.2
橡胶制品业	8	2062.1	170197.3	167155.3	11078.6
塑料制品业	7	2634.6	7479.5	7445.9	1664.8
非金属矿物制品业	35	4857.9	42285.9	35838.1	1181.5
黑色金属冶炼及压延加工业	36	27232.4	428120.0	388290.2	12339.8
有色金属冶炼及压延加工业	8	1559.2	1796.8	1929.5	162.5
金属制品业	12	2607.0	6830.8	6581.6	645.7
通用设备制造业	451	93179.4	911709.9	946061.9	120771.1
专用设备制造业	180	82588.0	898553.4	879842.9	57685.5
交通运输设备制造业	343	165221.0	3410912.9	3150093.1	3152.0
电气机械及器材制造业	53	9390.7	51638.1	58851.1	2485.3
通信设备、计算机及其他电子设备制造业	102	33786.0	582298.2	576258.2	270721.4
仪器仪表及文化、办公用机械制造业	46	8990.1	85657.4	79993.8	9180.6
工艺品及其他制造业	10	2547.5	19371.6	18657.6	15465.3
电力、燃气及水的生产和供应业	14	770.1			
电力、热力的生产和供应业	13	736.1			
水的生产和供应业	1	34.0			
五、按企业控股情况分组					
国有控股	483	211253.2	3403090.7	3152551.5	109990.1
集体控股	24	13825.6	74799.8	74700.4	5949.1
私人控股	1532	452978.3	5719661.6	5731534.1	1078516.0
港澳台商控股	51	27690.3	411259.1	603823.4	37356.9
外商控股	43	11706.1	300411.1	341883.2	17429.7
其他	281	150732.7	1890172.4	1869580.6	327049.5

14－14　全市规模以上工业企业政府相关政策落实情况

（2011 年）

指　标　名　称	来自政府部门的科技活动资金（万元）	研究开发费用加计扣除减免税（万元）	高新技术企业减免税（万元）
总　　计	**16457.5**	**16771.8**	**72493.5**
一、按企业规模分组			
大型	10644.4	12934.0	65500.1
中型	4124.5	3359.3	6289.8
小型	1688.1	478.5	703.6
微型	0.5		
二、按隶属关系分组			
省（自治区、直辖市）	4301.0	4800.0	36700.0
地（区、市、州、盟）	4246.6	4922.1	1118.7
县（区、市、旗）	1834.7	3105.9	16725.3
街道			28.8
镇	3.0		100.0
村委会		46.2	
其他	6072.2	3897.6	17820.7
三、按登记注册类型分组			
内资企业	16222.9	15130.3	66033.5
国有企业	75.0		
集体企业	41.0		
有限责任公司	5969.1	3761.9	3596.4
国有独资公司			
其他有限责任公司	5969.1	3761.9	3596.4
股份有限公司	7839.1	8514.0	44513.0
私营企业	2280.2	1311.9	3121.1
私营独资企业	70.0		
私营有限责任公司	1700.1	1165.9	2520.4
私营股份有限公司	510.1	146.0	600.7
其他企业	18.5	1542.5	14803.0
港、澳、台商投资企业	134.2	1361.2	4930.3
合资经营企业（港或澳、台资）	134.2	1196.8	4301.3
港、澳、台商投资股份有限公司		164.4	629.0
外商投资企业	100.4	280.3	1529.7
中外合资经营企业	100.4	280.3	1088.8

14－14 续表1

指 标 名 称	来自政府部门的科技活动资金（万元）	研究开发费用加计扣除减免税（万元）	高新技术企业减免税（万元）
外资企业			440.9
四、按国民经济行业大类分组			
制造业	16457.5	16771.8	72493.5
农副食品加工业	86.1		
食品制造业		284.1	3442.4
饮料制造业	56.0		
纺织业	125.5		226.7
纺织服装、鞋、帽制造业	100.0	15.9	
造纸及纸制品业	68.2	2505.6	15832.3
石油加工、炼焦及核燃料加工业	260.0	122.7	
化学原料及化学制品制造业	734.0	213.7	3197.6
医药制造业	972.9	49.0	1418.9
化学纤维制造业	20.0	206.2	
塑料制品业	20.0		
非金属矿物制品业	59.5		28.8
黑色金属冶炼及压延加工业	11.0		
有色金属冶炼及压延加工业	120.0	256.3	
金属制品业	75.9		
通用设备制造业	2260.8	6836.1	6062.7
专用设备制造业	969.2	1247.6	3456.9
交通运输设备制造业	7369.0	4811.0	37552.0
电气机械及器材制造业	340.1		100.0
通信设备、计算机及其他电子设备制造业	2499.8	178.7	1151.2
仪器仪表及文化、办公用机械制造业	309.5	25.3	24.0
工艺品及其他制造业		19.6	
五、按企业控股情况分组			
国有控股	9539.8	4811.0	37552.0
集体控股	51.0	19.6	
私人控股	5281.1	7793.2	12162.0
港澳台商控股	27.2	1196.8	4301.3
外商控股	0.4	196.2	653.3
其他	1558.0	2755.0	17824.9

14－15　全市规模以上工业企业技术获取和技术改造情况

（2011 年）

指　标　名　称	引进技术经费支出（万元）	消化吸收经费支出（万元）	购买国内技术经费支出（万元）	技术改造经费支出（万元）
总　　计	**18503.2**	**13346.4**	**31086.3**	**478715.6**
一、按企业规模分组				
大型	16572.3	12895.5	26830.5	433153.4
中型	1908.3	178.4	2802.1	22894.9
小型	22.6	272.5	963.7	16712.4
微型			490.0	5954.9
二、按隶属关系分组				
中央	2930.0	7402.2	18084.0	33774.0
省（自治区、直辖市）			50.0	187901.0
地（区、市、州、盟）	3816.6	306.8	6617.7	8013.4
县（区、市、旗）	2626.5	1233.1	3849.9	100458.5
街道				12.4
镇				203.9
村委会				3300.0
其他	9130.1	4404.3	2484.7	145052.4
三、按登记注册类型分组				
内资企业	18189.0	12260.3	30636.7	455208.4
国有企业		6852.2	16644.0	12818.0
集体企业				17.3
股份合作企业				2406.5
联营企业	2500.0	300.0	900.0	6000.0
国有与集体联营企业	2500.0	300.0	900.0	6000.0
其他联营企业				
有限责任公司	12942.5	2141.0	7347.1	142143.6
其他有限责任公司	12942.5	2141.0	7347.1	142143.6
股份有限公司	2294.4	661.5	4334.0	251404.3
私营企业		1299.0	625.6	12184.8
私营独资企业		28.0		235.4
私营合伙企业				16.4
私营有限责任公司		1271.0	625.6	11876.4
私营股份有限公司				56.6
其他企业	452.1	1006.6	786.0	28233.9
港、澳、台商投资企业		645.1	68.2	9597.7
合资经营企业（港或澳、台资）		645.1	68.2	9597.7
外商投资企业	314.2	441.0	381.4	13909.5
中外合资经营企业	314.2	441.0	381.4	12918.1
外资企业				991.4
制造业	18503.2	13346.4	31036.3	478685.6

14－15 续表 1

指 标 名 称	引进技术经费支出（万元）	消化吸收经费支出（万元）	购买国内技术经费支出（万元）	技术改造经费支出（万元）
农副食品加工业	314.2	441.0	381.4	6173.8
食品制造业				1388.9
饮料制造业				2733.5
烟草制品业			490.0	5930.0
纺织业	2241.0	77.3	346.0	17846.4
纺织服装、鞋、帽制造业	63.5	220.0	82.0	1693.8
木材加工及木、竹、藤、棕、草制品业				11.5
家具制造业				534.9
造纸及纸制品业	429.5	903.1	746.0	23579.1
文教体育用品制造业				9.4
石油加工、炼焦及核燃料加工业	2930.0	7402.2	19594.0	52844.0
化学原料及化学制品制造业	8429.8	2003.1	2834.6	96181.4
医药制造业		403.1	1801.2	7584.1
化学纤维制造业			2192.7	4650.0
橡胶制品业			10.6	675.3
塑料制品业				962.1
非金属矿物制品业				1477.0
黑色金属冶炼及压延加工业				11.8
有色金属冶炼及压延加工业				612.0
金属制品业			19.2	129.3
通用设备制造业	3816.6	1298.8	2288.0	22622.5
专用设备制造业	278.6	561.8	25.6	36892.3
交通运输设备制造业				188499.7
电气机械及器材制造业		36.0	20.0	530.7
通信设备、计算机及其他电子设备制造业			205.0	1675.6
仪器仪表及文化、办公用机械制造业				3373.1
工艺品及其他制造业				63.4
废弃资源和废旧材料回收加工业				
电力、燃气及水的生产和供应业			50.0	30.0
电力、热力的生产和供应业			50.0	30.0
五、按企业控股情况分组				
国有控股	2930.0	7644.2	19873.7	224081.6
集体控股				11411.1
私人控股	15143.7	4396.0	7187.3	164027.9
港澳台商控股				1136.8
外商控股				4300.6
其他	429.5	1306.2	4025.3	73757.6

14－16　全市规模以上工业企业限额以上R&D项目情况

（2011年）

指 标 名 称	项 目 数 合 计 （项）	参加科技 项目人员 （人）	本年度项目 经费内部支出 （万元）
总　计	**1185**	**15768**	**535543.9**
一、按项目来源分组			
国家科技项目	35	443	31621.3
地方科技项目	146	2296	101554.8
其他企业委托科技项目	13	144	5788.5
本企业自选科技项目	948	12137	380316.6
其他科技项目	43	748	16262.7
二、按项目合作形式分组			
与境外机构合作	9	310	8526.5
与境内高校合作	103	1553	77069.8
与境内独立研究院所合作	64	741	33248.3
与境内注册的外商独资企业合作	7	84	3363.9
与境内注册的其他企业合作	61	688	15206.4
独立研究	913	11976	366039.6
其他	28	416	32089.4
三、按项目活动类型分组			
试验发展	1185	15768	535543.9
四、按项目成果形式分组			
论文或专著	11	199	7041.3
自主研制的新产品原型或样机、样件、样品、配方、新装置	417	5368	205998.0
自主开发的新技术或新工艺、新工法	700	9313	304910.1
发明专利	56	881	17287.4
基础软件	1	7	307.1
五、按项目技术经济目标分组			
技术原理的研究	10	208	4802.3
开发全新产品	659	8847	328578.6
增加产品功能或提高性能	337	4581	141636.5
提高劳动生产率	53	495	15419.7
减少能源消耗或提高能源使用效率	62	820	21703.4
节约原材料	21	245	8166.7
减少环境污染	31	462	14629.0
其他	12	110	607.7
六、企业规模分组			
大型	615	9853	436908.1
中型	304	3620	73514.9
小型	266	2295	25120.9
七、隶属关系分组			

14－16 续表 1

指 标 名 称	项 目 数 合 计 （项）	参加科技 项目人员 （人）	本年度项目 经费内部支出 （万元）
中央	30	258	27131.9
省(自治区、直辖市)	97	1287	89457.6
地(区、市、州、盟)	149	1809	45844.1
县(区、市、旗)	329	4784	166391.1
街道	2	58	571.0
镇	4	36	259.4
(社区)居委会	1	5	12.6
村委会			
其他	573	7531	205876.2
八、登记注册类型分组			
内资企业	957	12496	427594.5
国有企业	63	406	24507.0
集体企业	4	52	1245.2
股份合作企业	8	140	3687.5
联营企业	5	56	5980.0
国有与集体联营企业	5	56	5980.0
有限责任公司	271	4148	122813.6
其他有限责任公司	271	4148	122813.6
股份有限公司	334	4133	197069.0
私营企业	224	2379	37048.7
私营独资企业	12	77	391.8
私营合伙企业	1	7	41.5
私营有限责任公司	183	2008	32129.7
私营股份有限公司	28	287	4485.7
其他企业	48	1182	35243.5
港、澳、台商投资企业	127	2148	60127.5
合资经营企业(港或澳、台资)	124	2099	59199.3
港、澳、台商独资经营企业	2	36	534.4
港、澳、台商投资股份有限公司	1	13	393.8
外商投资企业	101	1124	47821.9
中外合资经营企业	75	830	41583.4
中外合作经营企业	3	11	785.8
外资企业	23	283	5452.7
九、按国民经济行业大类分组			
采矿业	1	22	300.0
煤炭开采和洗选业	1	22	300.0
制造业	1175	15652	534755.9

14－16 续表 2

指 标 名 称	项 目 数 合 计 （项）	参加科技 项目人员 （人）	本年度项目 经费内部支出 （万元）
农副食品加工业	65	708	40946.4
食品制造业	46	758	12000.3
饮料制造业	49	377	6540.1
烟草制品业	1	7	26.0
纺织业	90	1209	31048.7
纺织服装、鞋、帽制造业	30	715	24127.4
皮革、毛皮、羽毛(绒)及其制品业	1	4	7.7
木材加工及木、竹、藤、棕、草制品业	1	3	7.1
家具制造业	2	7	24.8
造纸及纸制品业	59	1154	41397.4
石油加工、炼焦及核燃料加工业	36	496	34956.9
化学原料及化学制品制造业	149	2355	51352.8
医药制造业	54	519	17017.0
化学纤维制造业	56	645	37232.8
橡胶制品业	5	41	410.8
塑料制品业	7	52	1060.0
非金属矿物制品业	21	275	3838.6
黑色金属冶炼及压延加工业	49	314	25060.4
有色金属冶炼及压延加工业	4	40	1460.0
金属制品业	6	81	1069.9
通用设备制造业	184	2266	42449.6
专用设备制造业	101	1452	37345.2
交通运输设备制造业	83	1059	93877.2
电气机械及器材制造业	26	244	2158.6
通信设备、计算机及其他电子设备制造业	27	490	22142.6
仪器仪表及文化、办公用机械制造业	17	342	6989.0
工艺品及其他制造业	6	39	208.6
废弃资源和废旧材料回收加工业			
电力、燃气及水的生产和供应业	9	94	488.0
电力、热力的生产和供应业	9	94	488.0
十、企业控股情况分组			
国有控股	257	2587	139483.7
集体控股	11	148	4372.0
私人控股	666	8955	273054.2
港澳台商控股	55	1092	27273.7
外商控股	24	332	6554.5
其他	172	2654	84805.8

14－17　各县市区规模以上工业企业基本情况

（2011年）

地　　区	企业数（个）	有R&D活　动	#有科技机　构	年末从业人员（人）	工业总产值（万元）
总　计	**4130**	**299**	**294**	**835870**	**90815069.6**
潍城区	80	24	21	21105	1310720.8
寒亭区	270	12	10	57249	7259698.3
坊子区	89	8	10	31869	2134620.6
奎文区	186	46	43	82142	8171493.5
青州市	527	20	18	64270	10663159.9
诸城市	669	106	105	150799	16449554.9
寿光市	487	16	15	109472	12971699.7
安丘市	289	12	12	46452	3042564.1
高密市	647	27	24	132421	11711342.7
昌邑市	320	8	11	58941	7185013.8
临朐县	298	11	14	40562	3522740.0
昌乐县	268	9	11	40588	6392461.3

14－17续表1

地　　区	主营业务收入（万元）	利润总额（万元）	资产总计（万元）	出口交货值（万元）
总　计	**91119423.8**	**5367142.5**	**53742477.5**	**6466319.6**
潍城区	1335940.2	84282.7	1093237.7	153062.4
寒亭区	7228603.6	296370.5	4945262.9	345736.7
坊子区	2160749.6	138384.1	1340455.2	190978.1
奎文区	8010141.9	873849.5	9118622.5	994020.4
青州市	10553111.7	423578.3	4196809.5	337016.1
诸城市	16095161.7	1069280.4	7454929.5	1527055.5
寿光市	12990719.0	761047.8	11929622.4	913308.8
安丘市	3093080.8	147632.5	2084352.7	481245.0
高密市	12222202.6	704803.7	3759772.6	884824.7
昌邑市	7520893.8	499028.0	3075265.9	186163.1
临朐县	3558020.2	121813.6	1379467.3	38370.2
昌乐县	6350798.7	247071.4	3364679.3	414538.6

14－18　各县市区规模以上工业企业 R&D 人员情况

（2011 年）

地　区	R&D 人员合计(人)	#1. 参加项目人员	2. 管理和服务人员	#女 性	#研究人员	#1. 全时人员	2. 非全时人员
总　计	**26799**	**24453**	**2346**	**6815**	**9875**	**19234**	**7565**
潍城区	1215	1044	171	330	798	689	526
寒亭区	1672	1569	103	435	958	1325	347
坊子区	1049	945	104	284	505	835	214
奎文区	8545	7856	689	2611	3567	7622	923
青州市	1342	1175	167	228	505	614	728
诸城市	3422	3080	342	1031	871	2614	808
寿光市	3367	3095	272	723	869	1742	1625
安丘市	825	737	88	154	448	609	216
高密市	2492	2244	248	495	896	2170	322
昌邑市	385	350	35	115	171	166	219
临朐县	370	327	43	37	72	202	168
昌乐县	2115	2031	84	372	215	646	1469

14－18 续表 1

地　区	R&D 人员折合全时当量合计(人年)	#研究人员	#1. 基础研究人员	2. 应用研究人员	3. 试验发展人员
总　计	**17621.2**	**5943.1**			**17621.2**
潍城区	870.1	571.8			870.1
寒亭区	1252.6	792.0			1252.6
坊子区	852.2	409.8			852.2
奎文区	4471.8	1279.1			4471.8
青州市	1048.9	393.8			1048.9
诸城市	2701.4	689.6			2701.4
寿光市	2169.3	531.2			2169.3
安丘市	601.3	324.0			601.3
高密市	1606.6	602.0			1606.6
昌邑市	226.5	130.4			226.5
临朐县	234.4	57.8			234.4
昌乐县	1586.0	161.6			1586.0

14－19　各县市区规模以上工业企业R&D经费情况

（2011年）　　单位:万元

地　区	R&D经费内部支出合　计	（一）按活动类型分组			（二）按支出用途分组	
		①基础研究支出	②应用研究支出	③试验发展支出	1.经常费支　出	#人　员劳务费
总　计	**666006.2**			**666006.2**	**591934.1**	**122327.0**
潍城区	20708.0			20708.0	18832.0	5265.4
寒亭区	56358.9			56358.9	50073.3	9814.0
坊子区	21409.0			21409.0	18607.0	3204.8
奎文区	160801.9			160801.9	147803.9	32535.8
临朐县	9813.5			9813.5	9092.8	2347.6
昌乐县	41580.9			41580.9	39309.2	4917.8
青州市	28413.1			28413.1	22738.9	4420.9
诸城市	114882.4			114882.4	100998.9	21055.1
寿光市	116836.1			116836.1	101783.6	18308.6
安丘市	20785.9			20785.9	16788.2	2875.5
高密市	65631.6			65631.6	59320.4	16631.8
昌邑市	8784.9			8784.9	6585.9	949.7

14－19续表1

地　区	R&D经费内部支出合计						
	（二）按支出用途分组			（三）按资金来源分组			
	2.资产性支　出	#①土建工程	②仪器设备	1.政府资金	2.企业资金	3.境外资金	4.其他资金
总　计	**74072.1**	**4887.0**	**69185.1**	**13628.6**	**641368.9**		**11008.7**
潍城区	1876.0	58.5	1817.5	348.4	20058.9		300.7
寒亭区	6285.6	479.9	5805.7	336.9	56022.0		
坊子区	2802.0	7.7	2794.3	278.5	18177.4		2953.1
奎文区	12998.0	1845.9	11152.1	9079.7	147946.6		3775.6
临朐县	720.7	5.1	715.6	119.9	7377.6		2316.0
昌乐县	2271.7	47.3	2224.4	304.7	41276.2		
青州市	5674.2	478.7	5195.5	15.9	28397.2		
诸城市	13883.5	289.0	13594.5	107.2	113346.4		1428.8
寿光市	15052.5	419.9	14632.6	2658.8	114177.3		
安丘市	3997.7	243.3	3754.4	255.3	20296.1		234.5
高密市	6311.2	959.3	5351.9	123.3	65508.3		
昌邑市	2199.0	52.4	2146.6		8784.9		

14－19 续表 2

地　区	R&D 经费外部支出	对境内研究机构支出	对境内高等学校支出	对境外支出
总　计	**42545.1**	**15687.0**	**12820.0**	**12745.4**
潍城区	2203.5	1440.3	603.2	160.0
寒亭区	4980.3	3477.8	1502.5	
坊子区	437.5	199.3	229.5	
奎文区	16543.9	2571.4	1254.9	12541.2
临朐县	13.0	3.3	9.8	
昌乐县	4361.5	1464.8	2849.1	28.8
青州市	4083.7	1863.5	1692.5	
诸城市	6873.5	3009.0	3608.8	
寿光市	1540.3	1035.2	307.4	15.4
安丘市	391.4	52.3	257.9	
高密市	917.2	426.2	449.0	
昌邑市	199.3	143.9	55.4	

14－20　各县市区规模以上工业企业全部 R&D 项目情况

(2011 年)

地　区	项目数（项）	参加项目人员(人)	项目人员折合全时当量(人)	全部项目经费内部支出(万元)
总　计	**1899**	**24453**	**16018.6**	**564825.2**
潍城区	184	1044	740.1	19768.0
寒亭区	136	1569	1184.8	49091.4
坊子区	70	945	774.7	20920.9
奎文区	265	7856	4065.3	120551.7
青州市	86	1175	908.3	22000.9
诸城市	496	3080	2403.2	104054.8
寿光市	231	3095	2044.0	102608.7
安丘市	71	737	532.3	15810.5
高密市	137	2244	1443.7	59636.8
昌邑市	57	350	205.1	6282.8
临朐县	74	327	202.1	6303.8
昌乐县	92	2031	1515.0	37794.9

14－21　各县市区规模以上工业企业办科技机构情况

（2011年）

地　区	机构数（个）	机构人员合计（人）	#博士毕业	硕士毕业	本科毕业
总　计	**420**	**25877**	**424**	**1980**	**15448**
潍城区	27	758	13	76	414
寒亭区	15	1780	35	145	1162
坊子区	16	2224	15	75	1591
奎文区	60	6565	138	941	4238
青州市	32	934	12	38	560
诸城市	135	4776	59	298	2182
寿光市	35	3241	40	72	2176
安丘市	20	1016	41	69	436
高密市	30	2458	44	120	1457
昌邑市	17	694	6	38	422
临朐县	19	640	16	47	408
昌乐县	14	791	5	61	402

14－21续表1

地　区	机构经费支出（万元）	仪器和设备原价（万元）	进　口	境外机构数（个）
总　计	**693673.9**	**337549.8**	**109457.9**	**19**
潍城区	6974.3	2933.4	911.5	2
寒亭区	85442.5	36905.3	3302.1	
坊子区	71470.0	13101.6	7067.5	2
奎文区	121989.1	112788.1	39732.6	11
青州市	21577.1	16446.3	1975.0	
诸城市	149779.5	55246.2	17320.5	
寿光市	111329.8	40890.4	22625.5	3
安丘市	17863.0	20190.1	3278.4	
高密市	50373.3	19804.1	10899.4	
昌邑市	26066.3	5609.3	118.0	
临朐县	9495.1	2390.0		1
昌乐县	21313.9	11245.0	2227.4	

14－22　各县市区规模以上工业企业自主知识产权及相关情况

（2011 年）

地　区	专　利申请数（件）	发明专利	有效发明专利数（件）	境外授权	专利所有权转让及许可数（项）
总　计	**3444**	**972**	**1032**	**35**	**73**
潍城区	109	23	40		
寒亭区	56	47	55	2	1
坊子区	151	36	268	18	
奎文区	1641	443	166	8	53
青州市	100	18	44		1
诸城市	544	190	271		6
寿光市	110	46	46		2
安丘市	192	26	31		1
高密市	126	35	38	1	6
昌邑市	70	11	6		
临朐县	190	38	40	6	3
昌乐县	155	59	27		

14－22 续表 1

地　区	专利所有权转让与许可收入（万元）	发表科技论　文（篇）	拥有注册商标数（件）	境　外注　册	形成国家或行业标准数（项）
总　计	**22618.1**	**358**	**1131**	**133**	**177**
潍城区		6	28	1	2
寒亭区	28.0	17	37	2	4
坊子区		14	188		22
奎文区	560.0	63	119	12	48
青州市		14	15	1	11
诸城市		21	233	9	40
寿光市	22000.0	84	79	3	9
安丘市		9	247	32	9
高密市	0.1	69	120	42	18
昌邑市		2	11		4
临朐县	30.0	10	15	1	4
昌乐县		49	39	30	6

14－23　各县市区规模以上工业企业新产品开发、生产及销售

（2011 年）　　　　单位：万元

地　　区	新产品开发项目数（项）	新产品开发经费支出	新产品产值	新产品销售收入	出口
总　计	**2414**	**868186.2**	**11799394.7**	**11774073.2**	**1576291.3**
潍城区	159	18190.3	228981.8	215271.3	32933.4
寒亭区	145	61738.2	1003600.9	972056.1	57018.8
坊子区	132	61098.2	772643.5	760051.6	66867.3
奎文区	362	181231.3	2821290.0	2646440.4	343966.9
青州市	81	30955.4	557158.3	562856.6	14461.3
诸城市	744	207651.4	3148877.8	3234034.2	256854.9
寿光市	350	130397.7	1600432.7	1506102.2	353484.1
安丘市	73	22168.0	102720.6	115263.2	1099.5
高密市	154	72256.2	665277.9	653243.9	386932.4
昌邑市	76	35936.8	151594.3	138648.0	9924.8
临朐县	46	9640.9	40254.6	37562.9	1104.5
昌乐县	92	36921.8	706562.3	932542.8	51643.4

14－24　各县市区规模以上工业企业政府相关政策落实情况

（2011 年）　　　　单位：万元

地　　区	来自政府部门的科技活动资金	研究开发费用加计扣除减免税	高新技术企业减免税
总　计	**16457.5**	**16771.8**	**72493.5**
潍城区	488.4	155.5	
寒亭区	488.8	106.3	2701.7
坊子区	893.2	1192.1	1327.3
奎文区	9894.7	9656.1	39311.7
临朐县	223.0		60.5
昌乐县	414.2	1365.7	5089.5
青州市	19.0	39.6	658.5
诸城市	189.2	1164.3	1543.1
寿光市	3355.0	2182.6	18871.5
安丘市	270.0	415.8	173.5
高密市	172.0	493.8	2756.2
昌邑市	50.0		

14－25　各县市区规模以上工业企业技术获取和技术改造情况

（2011 年）　　单位：万元

地　区	引进技术经费支出	消化吸收经费支出	购买国内技术经费支出	技术改造经费支出
总　计	**18503.2**	**13346.4**	**31086.3**	**478715.6**
潍城区	63.5	220.0	82.0	1463.8
寒亭区	22.6	6955.7	19288.8	20355.7
坊子区	2133.5		346.0	15198.5
奎文区	3816.6	306.8	4625.0	197435.3
青州市	2500.0	300.0	2154.3	16956.0
诸城市	314.2	1546.0	502.0	19363.7
寿光市	8836.7	2928.8	1202.4	99945.7
安丘市				14470.6
高密市	386.1	599.1	99.2	41059.9
昌邑市	430.0	250.0	756.0	14757.9
临朐县		105.0	30.6	3307.0
昌乐县		135.0	2000.0	34401.5

14－26　各县市区规模以上工业企业限额以上 R&D 项目情况

（2011 年）

地　区	项目数合计（项）	参加科技项目人员（人）	本年度项目经费内部支出（万元）
总　计	**1185**	**15768**	**535543.9**
潍城区	94	650	16471.1
寒亭区	117	1379	48788.0
坊子区	61	825	20508.2
奎文区	208	2789	117649.6
青州市	68	959	21719.8
诸城市	238	2855	101403.6
寿光市	91	2322	93339.8
安丘市	61	594	12963.8
高密市	130	1592	59056.8
昌邑市	41	334	6280.9
临朐县	15	128	360.3
昌乐县	61	1341	37002.0

主要统计指标解释

普通高等学校 指按照国家规定的设置标准和审批程序批准举办的,通过全国普通高等学校统一招生考试,招收高中毕业生为主要培养对象,实施高等教育的全日制大学、独立设置的学院和高等专科学校、高等职业学校和其他机构。

大学、独立设置的学院主要实施本科层次以上教育,高等专科学校、高等职业学校实施专科层次教育,其他机构是承担国家普通招生计划任务不计校数的机构。包括普通高等学校分校和批准筹建的普通高等学校等。

成人高等学校 指按照国家规定的设置标准和审批程序批准举办的,通过全国成人高等学校统一招生考试,招收具有高中毕业或同等学历的在职从业人员为主要培养对象,利用函授、业余、脱产等多种形式对其实施高等学历教育的学校。包括职工高等学校、农民高等学校、管理干部学院、教育学院、独立函授学院、广播电视大学、其他机构等。其他机构是承担国家成人招生计划任务不计校数的机构。

小学学龄儿童净入学率 指调查范围内已入小学学习的学龄儿童占校内外学龄儿童总数(包括弱智儿童,不包括盲聋哑儿童)的比重。计算公式为:

$$\text{小学学龄儿童净入学率} = \frac{\text{已入学的小学学龄儿童数}}{\text{校内外小学学龄儿童数}} \times 100\%$$

科技活动 指在自然科学、农业科学、医药科学、工程与技术科学、人文与社会科学领域(简称科学技术领域)中,与科技知识的产生、发展、传播和应用密切相关的有组织的活动。可分为研究与试验发展(R&D)、研究与试验发展成果应用及相关的科技服务三类活动。该定义是联合国教科文组织考虑成员国特别是发展中国家开展科技统计工作的需要,而对科技活动所作的统计界定。

科技活动人员 指直接从事科技活动、以及专门从事科技活动管理和为科技活动提供直接服务,累计的实际工作时间占全年制度工作时间10%及以上的人员。(1)直接从事科技活动的人员包括:在独立核算的科学研究与技术开发机构、高等学校、各类企业及其他事业单位内设的研究室、实验室、技术开发中心及中试车间(基地)等机构中从事科技活动的研究人员、工程技术人员、技术工人及其它人员;虽不在上述机构工作,但编入科技活动项目(课题)组的人员;科技信息与文献机构中的专业技术人员;从事论文设计的研究生等。(2)专门从事科技活动管理和为科技活动提供直接服务的人员,包括:独立核算的科学研究与技术开发机构、科技信息与文献机构、高等学校、各类企业及其他事业单位主管科技工作的负责人,专门从事科技活动的计划、行政、人事、财务、物资供应、设备维护、图书资料管理等工作的各类人员,但不包括保卫、医疗保健人员、司机、食堂人员、茶炉工、水暖工、清洁工等为科技活动提供间接服务的人员。该指标用来反映投入科技活动人力的规模。

科学家与工程师 指科技活动人员中具有高、中级技术职称(职务)的人员和不具有高、中级技术职称(职务)的大学本科及以上学历人员。该指标用来反映投入科技活动人力的素质。

研究与试验发展(R&D) 指在科学技术领域,为增加知识总量,以及运用这些知识去创造新的应用进行的系统的创造性的活动,包括基础研究、应用研究、试验发展三类活动。国际上通常采用R&D活动的规模和强度指标反映一国的科技实力和核心竞争力。

基础研究 指为了获得关于现象和可观察事实的基本原理的新知识(揭示客观事物的本质、运动规律,获得新发现、新学说)而进行的实验性或理论性研究,它不以任何专门或特定的应用或使用为目的。其成果以科学论文和科学著作为主要形式。用来反映知识的原始创新能力。

应用研究 指为获得新知识而进行的创造性研究,主要针对某一特定的目的或目标。应用研究是为了确定基础研究成果可能的用途,或是为达到预定的目标探索应采取的新方法(原理性)或新途径。其成果形式以科学论文、专著、原理性模型或发明专利为主。用来反映对基础研究成果应用途径的探索。

试验发展 指利用从基础研究、应用研究和实际经验所获得的现有知识,为产生新的产品、材料和装置,建立新的工艺、系统和服务,以及对已产生和建立的上述各项作实质性的改进而进行的系统性工作。其成果形式主要是专利、专有技术、具有新产品基本特征的产品原型或具有新装置基本特征的原始样机等。在社会科学领域,试验发展是指把通过基础研究、应用研究获得的知识转变成可以实施的计划(包括为进行检验和评估实施示范项目)的过程。人文科学领域没有对应的试验发展活动。主要反映将科研成果转化为技术和产品的能力,是科技推动经济社会发展的物化成果。

研究与试验发展人员 指参与研究与试验发展项目研究、管理和辅助工作的人员,包括项目(课题)组人员,企业科技行政管理人员和直接为项目(课题)活动提供服务的辅助人员。反映投入从事拥有自主知识产权的研究开发活动的人力规模。

研究与试验发展人员全时当量 指全时人员数加非全时人员按工作量折算为全时人员数的总和。例如:有两个全时人员和三个非全时人员(工作时间分别为20%、30%和70%),则全时当量为2+0.2+0.3+0.7=3.2人年。为国际上比较科技人力投入而制定的可比指标。

专业技术人员 指从事专业技术工作和专业技术管理工作的人员,即企事业单位中已经聘任专业技术职务从事专业技术工作和专业技术管理工作的人员,以及未聘任专业技术职务,现在专业技术岗位上工作的人员。包括工程技术人员,农业技术人员,科学研究人员,卫生技术人员,教学人员,经济人员,会计人员,统计人员,翻译人员,图书资料、档案、文博人员,新闻出版人员,律师、公证人员,广播电视播音人员,工艺美术人员,体育人员,艺术人员及企业政治思想工作人员,共十七个专业技术职务类别。用来反映科技人力资源情况。

科技活动经费筹集 指从各种渠道筹集到的计划用于科技活动的经费,包括政府资金、企业资金、事业单位资金、金融机构贷款、国外资金和其他资金等。反映各社会经济主体对促进科技进步所做的努力。

政府资金 指从各级政府部门获得的计划用于科技活动的经费,包括科学事业费、科技三项费、科研基建费、科学基金、教育等部门事业费中计划用于科技活动的经费以及政府部门预算外资金中计划用于科技活动的经费等。

企业资金 指从自有资金中提取或接受其他企业委托的,科研院所和高校等事业单位接受企业委托获得的,计划用于科研和技术开发的经费。不包括来自政府、金融机构及国外的计划用于科技活动的资金。

金融机构贷款 指从各类金融机构获得的用于科技活动的贷款。

科技活动经费内部支出 指报告年内用于科技活动的实际支出,包括劳务费、科研业务费、科研管理费,非基建投资购建的固定资产、科研基建支出以及其他用于科技活动的支出。不包括生产性活动支出、归还贷款支出及转拨外单位支出。反映科技投入实际完成情况。

新产品 指采用新技术原理、新设计构思研制、生产的全新产品,或在结构、材质、工艺等某一方面比原有产品有明显改进,从而显著提高了产品性能或扩大了使用功能的产品。既包括政府有关部门认定并在有效期内的新产品,也包括企业自行研制开发,未经政府有关部门认定,从投产之日起一年之内的新产品。用来反映科技产出及对经济增长的直接贡献。

专 利 是专利权的简称,是对发明人的发明创造经审查合格后,由专利局依据专利法授予发明人和设计人对该项发明创造享有的专有权。包括发明、实用新型和外观设计。反映拥有自主知识产权的科技和设计成果情况。

发 明 指对产品、方法或者其改进所提出的新的技术方案。是国际通行的反映拥有自主知识产权技术的核心指标。

实用新型 指对产品的形状、构造或者其结合所提出的适于实用的新的技术方案。反映具有一定技术含量的技术成果情况。

外观设计 指对产品的形状、图案、色彩或者其结合所作出的富有美感并适于工业上应用的新设计。反映拥有自主知识产权的外观设计成果情况。

社会　环境

FIFTEEN

SOCIETY AND ENVIRONMENT

简 要 说 明

本篇资料反映了全市社会发展和环境方面的基本情况。社会发展部分主要包括文化事业、卫生、城市建设、社会保险等方面的资料。文化部分主要包括文化、文物、广播、电视、档案、报纸杂志出版、图书出版等方面的发展状况。卫生部分主要包括卫生机构及其人员、床位数、县及县以上医院诊疗人次数、入院人数、治愈率、死亡率及好转率等基本情况。环境保护部分主要包括工业废水、废气、固体废物等工业污染物排放及处理情况和工业污染治理项目建设情况等方面的资料。城市建设部分主要反映了全市基础设施基本情况，包括市政设施、设施水平、供水、公共交通、园林绿化、燃气供热和建设用地等方面的资料。

环境保护资料来源于市环境保护局；湿地和造林资料来源于市林业局；土地利用情况来源于市国土资源局；水资源资料来源于市水利局；卫生部分的资料来源于市卫生局；社会保险方面的资料来源于市人力资源和社会保障局提供；体育部分的资料来源于市体育局；民政部分的资料来源于市民政局；司法部分的资料来源于市司法局；教育部分中，技工学校的资料来源于市劳动和社会保障局，其他资料来源于市教育局；文化部分中，艺术事业、图书馆事业、群众文化事业的资料来源于市文化局，广播电视资料来源于市广播电视局，新闻出版有关资料来源于市新闻出版局，档案馆有关资料来源于市档案局，科技部分资料来源于市科学技术局。

本篇资料由潍坊市统计局综合科、社会科共同整理提供。

15－1 社 会 发 展 基 本 情 况

（2010－2011 年）

指 标 名 称	计 量 单 位	2010 年实际	2011 年实际
一、环境保护	—		
城市人均公园绿地面积	平方米	18.6	19.92
废水排放总量	万吨	45732.89	50899.98
工业固体废物排放量	吨		
二氧化硫排放总量	万吨	122120.4	155734.02
工业固体废物综合利用率	%	89.89	91.35
城镇生活垃圾无害化处理率	%	86.48	86.22
城市污水集中处理率	%	92.43	93.45
环境污染治理投资总额	万元	536984.2	596799.61
环境污染与破坏事故直接经济损失额	万元		
人均耕地面积	亩	1.37	1.32
化学需氧量(COD)排放量	吨	41279.53	45364.38
烟尘排放量	吨	35899.82	50407
二、人口状况	—		
年末总人口	万人	909	916
其中:女性	万人	449	452
乡村人口所占比重	%	53.04	52.07
0－14 岁人口	万人	138	139
其中:女性	万人	65	65
15－64 岁人口	万人	679	684
其中:女性	万人	334	336
65 岁以上人口	万人	92	93
其中:女性	万人	49	50
人口出生率	‰	9.43	9.38
人口自然增长率	‰	2.97	3.56
离婚对数	万对	0.9	1
成人识字率	%	95.52	95.53
平均预期寿命	岁		
6 岁及以上人口人均受教育年限	年	8.66	8.67
三、主要经济指标	—		
地区生产总值	亿元	3090.92	3541.85
人均地区生产总值	元	34250	38833
第三产业增加值	亿元	1040.1	1221.2
居民消费水平	元	11466	12647
社会消费品零售总额	亿元	1151.1	1349.8
全社会固定资产投资总额	亿元	2331.02	2603.2
地方财政收入	亿元	202.43	253.9
地方财政支出	亿元	291	358.3
全社会劳动生产率	元/人	68096	71423

15－1 续表1

指 标 名 称	计量单位	2010年实际	2011年实际
进出口贸易差额	万美元	564018	664185
四、居民生活	—		
城镇居民家庭人均可支配收入	元	19675.1	22508
农村居民家庭人均纯收入	元	8871.6	10409
居民储蓄存款余额	亿元	1843.8	2081.8
居民消费价格指数(上年为100)	%	102.6	104.4
城市人均住房建筑面积	平方米	34	34.9
农村居民人均居住面积	平方米	38.1	36.5
城镇居民家庭恩格尔系数	%	28.8	30.6
农村居民家庭恩格尔系数	%	29	32.9
城镇居民最高收入户(10%)平均每人可支配收入	元	51823	61573
城镇居民最低收入户(10%)平均每人可支配收入	元	7840	8460
城镇居民人均旅游消费支出	元	206.8	248.8
农村居民人均旅游消费支出	元	8.9	19.1
人均生活用电量	千瓦时	386	413
城市私人机动车保有量	万辆	238.28	252.35
其中:私人汽车保有量	万辆	93.04	111.01
五、劳动就业	—		
就业人员数	万人	453.9	495.9
其中:女性	万人	186.8	204.1
城镇	万人	164.6	165.3
第三产业就业人员的比重	%	46.7	46.7
城镇登记失业率	%	3.17	3.13
专业技术人员数	万人	54.6	57.52
其中:女性	万人	24.66	25.97
工矿商贸事故死亡人数	人	24	31
劳动争议案件数	件	3453	3068
六、社会保障	—		
民政经费	万元	98598	119826.7
离休、退休、退职人员数	人	286288	306992
离休、退休、退职人员保险福利费用	万元	574498.0	667972.0
社会救济总人数	人	282341	258658
其中:城镇居民最低生活保障人数	人	49306	40272
农村社会救助总人数	人	18067	218386
#农村居民最低生活保障人数	人	214968	201430
享受低保人员数占救济总人数的比例	%	93.6	93.44
城镇低保资金	元	8845.5	10943.8
各种收养性社会福利单位数	个	134	133
各种收养性社会福利单位的床位数	张	18930	23501
各种收养性社会福利单位收养人数	人	16179	15976
城镇便民、利民服务网点数	个	10704	7379

15－1 续表2

指 标 名 称	计 量 单 位	2010年实际	2011年实际
城镇社区服务设施数	个	1424	1425
参加城镇基本养老保险的人数	人	1108333.0	1183423.0
农村社会养老保险参保人数	人	1504332.0	4335615.0
参加基本医疗保险人数	人	1270070	1369591
参加失业保险的人数	万人	671542	694127
参加工伤保险的人数	人	1081321	1159595
参加生育保险的人数	人	612858	668210
养老、失业、医疗、工伤、生育保险基金当年支出额	万元	808500.0	920000.0
社区服务中心	个	48	49
离婚办理	对	9275	10145
每千居民之离婚宗数	‰	1.02	1.11
七、卫生保健	—		
政府卫生支出	万元	165038	261770
公共卫生服务经费	万元	14125.6	33043.6
其中:妇幼卫生经费	万元	1868.8	16079
防治防疫经费	万元	9170	9250.2
卫生机构总收入	万元	754982.2	971659.4
其中:业务(事业)收入	万元	697101.8	866364.1
卫生机构总支出	万元	738906.1	940834.3
其中:业务(事业)支出	万元	715692	883016.5
专业卫生人员数	人	55426	78678
其中:其他技术人员	人	1817	1985
管理人员	人	1326	1365
工勤人员	人	1869	2203
卫生技术人员	人	50414	60607
#执业医师	人	20186	22540
执业(助理)医师	人	4532	5403
注册护士	人	20688	22807
卫生机构数	个	1472	1596
其中:医院	个	102	114
卫生院	个	142	144
卫生防疫防治机构	个	16	17
社区卫生服务中心(站)	个	175	192
卫生机构床位数	张	37913	41024
其中:医院	张	24304	27038
卫生院	张	9968	10699
医院病床使用率	%	77.14	80.03
卫生机构诊疗人次数	人次	27896687	51953450
其中:医院	人次	11274633	11921704
健康检查人数	人	2708942	2989736
本年入院人数	人	1437328	1463076

指 标 名 称	计 量 单 位	2010 年实际	2011 年实际
本年出院人数	人	1442614	1452956
新生儿死亡率	‰	2.85	2.42
传染病发病率	十万分之一	232.16	192.13
孕产妇死亡率	1/10 万	5.13	6.08
5 岁以下儿童死亡率	‰	4.08	3.63
已改水受益人口占农村人口百分比	%	100	98.86
农村卫生厕所普及率	%	90.63	83.89
每千人口医院卫生院床位数	张	3.91	4.67
甲乙类法定报告传染病发病率	1/10 万	62.54	65.43
饮用自来水人口占农村人口百分比	%	97	95.07
每千人口卫生技术人员	%	5.75	6.9
八、教育科技	—		
教育经费总投入	万元	820386.0	1225393.0
教育经费支出	万元	824642.0	1217539.0
教育经费收入	万元	710965.0	1031938.0
普通高等学校在校学生数	万人	12.1	12.0
其中:女生	万人	6.1	6.0
成人高等教育在校学生数	万人	2.8	
其中:女生	万人	1.8	
技工学校数	个	14	14
技工学校毕业生数	万人	1.3	1.2
技工学校在校生数	万人	3.9	4.1
其中:高级班	万人	1.8	1.8
技工学校教职工数	人	2252	2140
其中:专任教师数	人	1505	1466
技工学校招生数	万人	1.5	1.5
其中:高级班	万人	0.7	0.7
高中阶段在校生数	万人	16.2	17.2
其中:女生	万人	7.6	8.4
中等职业教育学生数	万人	15	17.5
初中在校学生数	万人	32.9	31.1
其中:女生	万人	15.6	14.8
小学在校学生数	万人	53.9	54.6
其中:女生	万人	25.7	26
小学学龄儿童净入学率	%	100.00	100.00
小学毕业生升学率	%	100.00	100.00
初中毕业生升学率	%	90.00	90.00
小学学生辍学率	%		
初中学生辍学率	%		
九年义务教育完成率	%	100.0	100.0
城镇居民人均教育费支出	元	781.5	601.38

15－1续表4

指 标 名 称	计 量 单 位	2010年实际	2011年实际
R&D经费内部支出	万元	607109.6	
新产品销售率	%	14.9	
高等学校普通本专科在校学生数	万人	12.1	12.0
其中:女生	万人	6.1	6.0
九、文化体育	—		
文体广播经费	万元	21003	38610
文化部门文化产业单位本年收入合计	千元	99015	125011
其中:财政补助收入	千元	90639	118658
上级补助收入	千元		
事业收入	千元	7188	6353
经营收入	千元	1188	
文化部门文化产业单位本年支出合计	千元	98083	104197
其中:事业支出	千元	98083	104197
经营支出	千元		
支出合计中的从业人员劳动报酬	千元	56080	62895
文化馆机构数	个	13	13
文化馆人数	人	239	248
群众艺术馆机构数	个	1	1
群众艺术馆人数	人	41	44
文化站机构数	个	118	118
文化站人数	人	309	344
艺术表演团体机构数	个	9	7
艺术表演团体人数	人	488	406
艺术表演场所机构数	个	1	1
艺术表演场所人数	人	38	38
公共图书馆机构数	个	12	12
公共图书馆人数	人	211	207
博物馆机构数	个	9	9
博物馆人数	人	242	245
艺术表演团体演出场次数	场次	1294	921
公共图书馆藏书	万册	294.57	300.24
订销报纸期刊累计份数	万份	10462.7	10919.7
广播电台情况			
其中:电台数量	座	11	12
节目套数	套	13	15
自办节目时间	时:分	54686	50427
制作广播剧数量	部	26	2896
广播人口综合覆盖率	%	95.7	99.5
电视台情况			
其中:电视台数量	座	12	12
节目套数	套	20	25

15－1 续表5

指 标 名 称	计 量 单 位	2010 年实际	2011 年实际
自办节目时间	时:分	35634	38132
制作电视剧数量	部		
电视人口综合覆盖率	%	98.5	97.8
有线电视入户率	%	87.6	88.0
其中:农村	%	82.31	83.2
广播、电视制作及播出机构			
其中:机构数	个	21	30
人员数	人	3702	4056
本年收入	万元	50158.48	70874.82
#财政拨款	万元	3456.93	3313.68
广告收入	万元	25666.95	30159.2
收视费	万元	24122.59	30800.7
等级裁判员	人	270	190
等级运动员	人	431	386
体育场地数	个	2860	2863
体育场地开放使用场次	次	162	170
举办综合运动会次数	次	4	2
体育事业费收入	万元	5262.4	6293.0
其中:财政拨款	万元	4983.0	5759.0
事业收入	万元	279.4	209.0
经营收入	万元		
体育馆收入	万元	118.95	
国民体质监测达标率	%	96.20	84.00
全民健身晨晚练站点数	个	6700	6850
举办全民健身活动次数	次	3268	3886
参加全民健身活动人数	人	2714060	2824220
本年体育彩票发行额	万元	46360	75300
电脑体育彩票销售点个数	个	650	780
档案馆数	个	14	14
其中:国家综合档案馆	个	12	12
每万人口拥有公共文化机构数	个	0.2	0.2
文化体育与传媒经费	万元	35672	38610
每百户城镇居民家庭拥有的家庭电脑数	台	82	88
农村居民人均文教、娱乐用品及服务支出	元	601.8	565.1
十、新闻出版	—		
各类新闻出版单位机构数	个	1637	1393
其中:新华社山东分社	个		
各新闻单位派驻记者站	个	16	16
出版社	个		
报社	个	7	7
杂志社	个	4	4

15－1 续表 6

指 标 名 称	计量单位	2010 年实际	2011 年实际
图书发行企业网点	个	457	488
印刷企业	个	1153	878
印刷物资供销企业	个		
各类新闻出版单位人员数	人	35259	35259
其中:新华社山东分社新闻采编组稿通联人员数	人		
各新闻单位派驻记者站新闻采编组稿通联人员数	人	94	105
出版社	人		
报社	人	877	950
杂志社	人	23	24
图书发行企业网点	人	2980	2075
印刷企业	人	31285	24296
印刷物资供销企业	人		
报纸出版种数	种	7	7
报纸出版总印数	万份	8885	9265
杂志出版种数	种	4	4
杂志出版总印数	万份	5	5
图书出版种数	种		
图书出版总印数	万册		
十一、社会治安	—		
公检法司支出占地方财政支出的比重	%	4.75	4.25
人民警察数	人	7440	7920
律师数	人	788	857
交通事故死亡人数	人	382	347
火灾事故死亡人数	人		8
交通事故损失额	万元	505.12	483.8
火灾事故损失额	万元	702.8	140.2
刑事案件立案数	起	17712	16710
治安案件查处数	起	70387	82056
未成年人刑事案件作案成员占全部刑事案件作案成员的比重	%	1.92	1.87
刑事案件破案率	%	62.7	65.9
公共安全支出占地方财政支出的比重	%	4.95	4.48
十二、社会参与及其他	—		
省级人大代表人数	人	78	67
其中:女性	人	14	13
省级政协委员人数	人	32	30
其中:女性	人	7	5
基层地方妇联组织数	个	6166	6398
基层工会组织数	个	13595	15314
工会会员人数	万人	189.6	202.5
县处级干部人数	人	1589	1626
其中:女性	人	145	143
专利申请数	件	6520	8582
专利授权数	件	4797	4923

15-2 全市主要年份文化事业基本情况

(1996-2011年)

年份	文化(艺术)馆		文化站		艺术表演团体	
	机构数(个)	人数(人)	机构数(个)	人数(人)	机构数(个)	人数(人)
1996	13	303	231	281	10	489
1997	13	303	231	287	10	489
1998	13	260	253	289	10	489
1999	13	263	253	289	10	496
2000	13	309	253	289	10	512
2001	13	309	253	289	10	510
2002	13	316	253	289	10	514
2003	13	316	252	280	9	514
2004	12	239	187	282	10	579
2005	13	228	180	304	9	487
2006	13	251	186	319	9	511
2007	13	253	116	302	9	509
2008	13	294	119	286	9	503
2009	14	292	121	290	8	472
2010	13	252	118	309	9	488
2011	13	248	118	316	7	406

15-3 各县市区卫生技术人员数

(2011年)

单位:人

地区	卫生技术人员	医生	乡会医生和卫生员数	乡村医生	卫生员
总计	**60607**	**22540**	**12518**	**12127**	**391**
潍城区	2752	1082	312	310	2
寒亭区	2104	905	472	427	45
坊子区	1341	587	492	492	
奎文区	8033	3023	217	217	
青州市	7501	2227	1873	1869	4
诸城市	9085	2720	1392	1336	56
寿光市	7856	3291	1238	1238	
安丘市	4375	1766	1424	1419	5
高密市	6476	2739	1418	1417	1
昌邑市	2967	905	1153	941	212
临朐县	5248	2112	1586	1583	3
昌乐县	2869	1183	941	878	63

15－4　各县市区卫生机构及床位数

（2011年）

地　区	卫生机构数（个）	医　院	床位数（张）	医院床位数
总　计	**6585**	**114**	**41024**	**27038**
潍城区	407	12	2459	1684
寒亭区	506	5	1739	1169
坊子区	236	3	1495	808
奎文区	275	24	5762	5347
青州市	855	16	5030	3436
诸城市	774	13	4911	3282
寿光市	717	12	5404	3355
安丘市	616	6	3264	2106
高密市	629	5	3765	1925
昌邑市	479	3	2112	1020
临朐县	600	6	2679	1267
昌乐县	491	9	2404	1639

15－5　全市县及以上医院工作情况

（2007－2011年）

项　目	单　位	2007年	2008年	2009年	2010年	2011年
机构数	个	84	90	93	102	114
诊疗人次数	万人次	716	811	964	1127	1192
#门诊急诊人次数	万人次	696	794	937	1105	1170
#死亡人数	人	1335	1204	1457	1731	1891
观察室收容病人数	万人次	18	17	16.6	20.4	14.8
#死亡人数	人	69	65	195	78	221
健康检查人数	万人	68	94	73.5	98.45	89.9
本年入院人数	人	527853	605808	717583	891910	989600
本年出院人数	人	524501	602859	738293	886075	907459
1、治愈	人	316900	369424	418916	531170	533742
2、好转	人	163807	187322	274235	310219	328546
3、未愈	人	7532	8012	9477	10152	8523
4、死亡	人	3534	3768	4145	4398	4518
5、其他	人	32728	34333	31520	30136	32130
本年住院病人手术人次数	人次	140508	148356	159647	179579	199427
年底实有病床数	张	17147	18796	22048	24304	27038
实际开放总床日数	万床日	599	685	792	878	928
平均每日开放病床数	张	16434	18720	21689	24047	25427
实际占用总床日数	万床日	465	514	597	677	795
出院者占用总床日数	万床日	446	482	581	651	781
治愈率	%	66.7	61.3	61.0	63.35	62.36
好转率	%	31.2	31.1	37.1	35.01	36.21
病死率	%	0.67	0.63	0.56	0.5	0.50
病床周转次数	次	31.9	32.3	34	36.8	35.7
病床工作日	日	283.4	273.8	275	281.6	312.9

15－6 城市建设基本情况

（2010年－2011年）

指标名称	单位	2010年	2011年
城市供水综合生产能力	万吨/日	158.42	207.86
供水管道总长度	公里	3106.82	4000.41
全年供水总量	万吨	34105.99	46611.17
其中:生活用水量	万吨	10301	14894.7
人均日生活用水量	升	105.89	113.65
节约用水量	万吨	2743	3305
年末实有公共交通运营车辆	辆	2090	3425
公交运营线路长度	公里	3961	-
全年公共交通客运总量	万人次	23557.9	22168
年末实有出租汽车数	辆	4460	4610
煤气供气总量	万立方米	8536.68	36284
其中:家庭用量	万立方米	1842.68	8100.44
家庭用煤气人口	万人	50.76	74.55
液化石油气供气总量	吨	55501	51483
其中:家庭用量	吨	52071	48606
家庭用液化气人口	万人	168.99	160.07
集中供热能力:蒸汽	吨/小时	3944	4044
热水	兆瓦/小时	1930	2103
集中供热总量:蒸汽	万吉焦/年	3450	3123
热水	万吉焦/年	963	1637
集中供热面积	万平方米	6458	7989.5
年末市政道路长度	公里	4927.2	5119.71
市政道路面积	万平方米	9262	9706.59
路灯盏数	万盏	19.68	22.17
排水管道长度	公里	4613	4781.21
污水年排放量	万立方米	29830	39622
污水年处理量	万立方米	28452	37028
污水年处理率	%	95.38	93.45
园林绿化覆盖面积	公顷	23940	24920
其中:建成区	公顷	17213	18063
园林绿地面积	公顷	21189	21678
公共绿地面积	公顷	6702	7160
公园个数	个	70	80
公园面积	公顷	3376	3740
建成区绿化覆盖率	%	40.48	40.99
人均公共绿地面积	平方米	18.6	19.92
公厕数量	座	466	503
生活垃圾清运量	万吨	111.67	108.22
垃圾粪便无害化处理厂	座	7	7
无害化日处理能力	吨/日	3610	3960

15-7 全市婚姻登记情况

（2008-2011年）

指标名称	单位	2008年	2009年	2010年	2011年
一、国内登记结婚					
准予登记结婚	对	60930	77030	76318	85326
#恢复结婚	对	516	694	736	439
初婚人数	人	112895	144802	142252	158326
再婚人数	对	8965	9258	10384	12326
男性	人	4285	4703	5099	5974
女性	人	4680	4555	5285	6352
二、涉外登记结婚					
准予登记结婚	对	75	62	75	73
准予结婚登记人数	人	150	124	150	146
国内公民	人	74	62	75	68
男 性	人	11	8	6	8
女 性	人	63	54	69	60
港澳同胞	人	5	1	1	12
台湾同胞	人	17	13	8	13
华 侨	人	5	1		
外国人	人	49	47	66	53
三、离婚登记					
民政部门受理离婚申请	对	7188	8043	9275	10145
#涉外婚姻	对	1	6	8	8
法院受理离婚案件	件				
准予登记离婚总数	对	7188	8043	9275	10145
民政部门办理离婚	对	7188	8043	9275	10145
#涉外婚姻	对	1	6	8	8

15－8　各县市区企业养老保险在职参保人数

（2000－2011 年）

单位：人

地　　区	2000 年	2005 年	2006 年	2007 年	2008 年	2009 年	2010 年	2011 年
总　计	**445411**	**619738**	**659248**	**718527**	**783137**	**827072**	**882670**	**957356**
市　直	96723	112730	117663	121482	128388	134408	154478	164114
潍城区	22233	25669	27543	30355	32900	34801	36505	37707
寒亭区	18383	25664	27070	29330	31570	31360	30700	31920
坊子区	10935	22139	24478	27153	29862	32348	34422	36309
奎文区	8210	17657	19738	23500	26986	29652	31296	36137
青州市	42422	60403	63536	67748	72251	75167	78261	81994
诸城市	56420	72037	74142	80266	86352	90891	93721	106224
寿光市	34061	54467	59100	66356	75611	84738	94500	102780
安丘市	31250	45110	48675	53580	57391	59565	62597	64211
高密市	35635	50456	53564	58533	64521	66992	69208	81779
昌邑市	24630	38371	42451	48942	54733	55811	58113	59720
临朐县	29488	41945	43960	46811	49582	51392	52780	54899
昌乐县	20301	29394	31314	34296	37159	38978	40423	42682
高新开发区	1271	6997	8204	10530	13178	15283	17935	26843
滨海开发区	13449	16699	17810	19645	22653	24983	26671	28800
峡山生态区						703	1060	1237

15－9　各县市区城镇职工基本医疗保险参保人数

（2001－2011 年）

单位：人

地　　区	2001 年	2005 年	2006 年	2007 年	2008 年	2009 年	2010 年	2011 年
总　计	**401839**	**789564**	**881608**	**985513**	**1103392**	**1170047**	**1270070**	**1369591**
市　直	72475	202251	210044	214205	223531	231420	253898	263494
潍城区	39102	39106	40604	43715	48017	50349	54016	56832
寒亭区	10050	21378	27116	32120	34667	35073	38476	41006
坊子区	9095	28617	32666	38252	44722	48681	53293	56626
奎文区	15919	32453	34658	37658	42650	45933	48405	55172
青州市	11947	55312	70772	81853	92580	103998	113016	123507
诸城市	90934	96050	100462	114575	128660	133998	144012	156780
寿光市	24760	67225	77490	87012	107950	118126	130884	142444
安丘市	26463	40625	49742	61062	69088	72081	77112	80274
高密市	3125	54623	63656	72678	79723	82809	87843	96830
昌邑市	26713	40378	47390	55812	65120	64517	69670	74180
临朐县	27000	42070	50838	61110	72644	76730	80306	85638
昌乐县	25100	41467	44493	48009	52020	54248	58143	65221
高新开发区	817	7623	10624	13668	15725	17810	22251	29986
滨海开发区	18339	20386	21053	23784	26295	29729	33310	35837
峡山生态区						4545	5435	5764

15－10 各县市区生育保险参保人数

（2004－2011年）

单位:人

地　　区	2004年	2005年	2006年	2007年	2008年	2009年	2010年	2011年
总　计	**262678**	**384305**	**424922**	**471395**	**525118**	**561083**	**612858**	**668210**
市　直	84478	89832	92007	93537	98222	104290	113909	118743
潍城区	17318	17482	17992	19247	20250	21652	24260	25260
寒亭区	11622	13922	14422	15982	16882	16600	17300	18320
坊子区		5748	7594	9484	13446	15511	18729	23360
奎文区	8669	9185	9955	11475	16330	18140	20226	25129
青州市	40032	40538	43741	47953	51531	54330	58137	67766
诸城市	59851	60369	60986	63086	73726	79256	82786	91117
寿光市		35474	37850	42583	51353	56087	61547	68317
安丘市	271	271	15478	24400	29533	31620	34826	35985
高密市		18500	28530	36332	37920	40052	43063	44719
昌邑市		23530	24498	28500	30649	31473	34509	35609
临朐县	32398	32908	33440	35031	36111	37527	40145	41184
昌乐县	8039	20068	20571	22758	24393	25910	28493	29788
高新开发区		3985	4859	7003	9742	11060	13930	19906
滨海开发区		12493	12999	14024	15030	16891	20190	22201
峡山生态区						684	808	806

15－11 各县市区工伤保险参保人数

（2004－2011年）

单位:人

地　　区	2004年	2005年	2006年	2007年	2008年	2009年	2010年	2011年
总　计	**455457**	**494653**	**537833**	**590488**	**697085**	**906862**	**1081321**	**1159595**
市　直	97128	100017	103518	116000	122449	168484	186893	200265
潍城区	16896	17482	22519	23439	27315	38317	48317	48817
寒亭区	11622	18098	21600	25163	28263	33200	39660	35680
坊子区	13133	14766	17314	20640	25279	34544	42704	46477
奎文区	10415	12519	16030	19535	22720	32168	38142	44382
青州市	50286	51194	54401	58613	67620	82519	96264	101913
诸城市	61226	62284	63431	64883	82516	94179	113419	127770
寿光市	40422	41808	44684	49711	62730	100120	113510	127190
安丘市	20828	23043	28548	31310	42535	53641	74821	77365
高密市	36007	37313	42923	45864	54931	67023	84739	92136
昌邑市	26790	32420	35500	39050	48417	62527	72809	73815
临朐县	33657	35867	36900	38491	46493	57284	67627	70558
昌乐县	22585	26811	27839	30130	34270	40279	47453	52056
高新开发区		5143	6148	7401	10256	14459	20846	25807
滨海开发区	14462	15888	16488	20258	21291	24832	30265	31297
峡山生态区						3286	3852	4067

15－12 各县市区失业保险参保人数

(2004－2011年)

单位:人

地　区	2004年	2005年	2006年	2007年	2008年	2009年	2010年	2011年
总　计	**620014**	**633723**	**648044**	**672833**	**661865**	**672200**	**671542**	**694127**
市　直	139978	140873	142030	144588	127162	129029	129520	129241
潍城区	28000	28300	28600	29002	19350	19353	19353	19565
寒亭区	13032	14016	14362	15576	17140	17143	15507	15635
坊子区	16078	16359	16830	18069	18529	19057	19381	19620
奎文区	14000	14000	15800	18000	18694	19705	19205	21448
青州市	56200	57200	58000	59200	50491	52000	52000	52000
诸城市	69041	73322	74388	82676	89169	88116	85900	87386
寿光市	55735	55836	58616	59653	69592	70369	72015	74108
安丘市	48551	50150	50950	51910	50715	51968	51520	51660
高密市	45286	46050	46900	48086	48652	48471	48430	57552
昌邑市	35101	35596	36516	37280	36012	37005	36389	36895
临朐县	44100	45250	46300	47050	47545	47550	47550	48033
昌乐县	36789	37518	38358	38955	39789	38775	38690	39280
高新开发区	4080	4836	5639	7088	12040	14372	14100	16350
滨海开发区	14043	14417	14755	15700	16985	19287	21982	25354

15－13 新型农村合作医疗参保人数

(2005－2011年)

单位:人

地　区	2005年	2007年	2008年	2009年	2010年	2011年
总　计	**4092871**	**5891039**	**6033507**	**6215290**	**6220030**	**6257974**
潍城区		159840	166967	166472	166908	164868
寒亭区		283539	240801	258480	248700	257525
坊子区	42041	161000	202838	398461	392610	403766
奎文区		44385	50244	50161	47287	
青州市	613788	685036	691423	693501	692016	699430
诸城市	756299	864159	859230	834859	827831	816249
寿光市	760664	756921	821075	792651	817930	813903
安丘市	641104	804771	731529	721403	749709	782307
高密市	557000	633423	633420	589063	609547	628947
昌邑市	183800	490034	441802	471852	469561	457484
临朐县	29066	450545	593719	634752	640343	671362
昌乐县	446930	459455	479349	481013	449119	453250
高新开发区	32000	66000	72915	73819	63722	63384
滨海开发区	30179	31931	48195	48803	44747	45499

15－14　各县市区享受最低生活保障人数

（2000－2011 年）

单位:人

地　区	2000 年			2005 年			2008 年		
	合　计	城　市	农　村	合　计	城　市	农　村	合　计	城　市	农　村
总　计	**36233**	**5813**	**30420**	**77293**	**39022**	**38271**	**168741**	**36451**	**132290**
潍城区	1450	827	623	5377	5099	278	7306	4626	2680
寒亭区	1642	593	1049	3002	1198	1804	7709	1154	6555
坊子区	2421	1258	1163	9659	7835	1824	14589	8026	6563
奎文区	1305	884	421	5605	5126	479	7109	5374	1735
青州市	6755	204	6551	7253	2708	4545	17862	2808	15054
诸城市	2524	273	2251	11128	4758	6370	21957	3692	18265
寿光市	4340	458	3882	4361	860	3501	8936	586	8350
安丘市	5191	359	4832	6988	1764	5224	19644	1573	18071
高密市	2686	465	2221	6891	2147	4744	19257	3060	16197
昌邑市	1101	136	965	5107	2208	2899	9288	1681	7607
临朐县	4316	161	4155	4789	2030	2759	16723	1442	15281
昌乐县	2375	170	2205	6374	3099	3275	11243	1994	9249
高新开发区				534	159	375	906	119	787
滨海开发区	127	25	102	219	30	189	764	54	710
峡山生态区							5448	262	5186

15－14 续表 1

地　区	2009 年			2010 年			2011 年		
	合　计	城　市	农　村	合　计	城　市	农　村	合　计	城　市	农　村
总　计	**168294**	**37256**	**131038**	**263873**	**49288**	**214585**	**241702**	**40272**	**201430**
潍城区	7725	4837	2888	9409	5066	4343	9063	4985	4078
寒亭区	7942	1152	6790	9914	1230	8684	10138	1131	9007
坊子区	13894	7661	6233	14109	6378	7731	13342	5930	7412
奎文区	8178	6487	1691	8582	8582		8811	8811	
青州市	17531	2647	14884	27224	3570	23654	24628	3098	21530
诸城市	21927	3662	18265	40171	9153	31018	23261	2719	20542
寿光市	13688	683	13005	28724	823	27901	27238	736	26502
安丘市	19968	1573	18395	28195	3400	24795	27047	2746	24301
高密市	19628	3068	16560	26543	3994	22549	25976	3308	22668
昌邑市	8349	1843	6506	17052	1757	15295	16986	1682	15304
临朐县	10253	1139	9114	26968	1986	24982	26583	1748	24835
昌乐县	12124	2160	9964	17410	2800	14610	17976	2821	15155
高新开发区	1174	85	1089	2278	189	2089	1906	91	1815
滨海开发区	507	52	455	1603	223	1380	1579	199	1380
峡山生态区	5406	207	5199	5691	137	5554	6783	252	6531

15－15 各县市区养老机构及人员数

（2000－2011 年）

单位：个

地　区	2000 年		2009 年		2010 年		2011 年	
	机构数	人员数	机构数	人员数	机构数	人员数	机构数	人员数
总　计	**412**	**7876**	**145**	**16435**	**134**	**16179**	**132**	**15740**
市　级	3	411	2	483	2	529	2	501
潍城区	8	284	6	317	6	335	6	312
寒亭区	18	366	9	710	9	697	8	615
坊子区	8	155	6	465	9	485	8	477
奎文区	3	34	3	42	3	39	3	30
青州市	19	556	12	1573	12	1552	13	1894
诸城市	58	378	22	2604	22	2741	19	2482
寿光市	45	991	11	1867	3	1365	3	1258
安丘市	93	1537	14	2478	16	2619	16	2333
高密市	63	1382	17	2333	17	2300	17	2275
昌邑市	43	178	8	571	8	577	11	701
临朐县	23	717	18	1643	10	1634	10	1590
昌乐县	27	842	12	648	12	577	11	637
高新开发区			1	115	1	86	1	85
滨海开发区	1	45	1	86	1	85	1	85
峡山生态区			2	468	2	457	2	435

15－16 环 境 基 本 情 况

（2010－2011年）

指 标 名 称	单 位	2010年	2011年
一、水环境	—		
1.降水量	毫米	594.5	813.4
2.水资源总量	亿立方米	27.28	27.28
其中:地表水资源量	亿立方米	17.03	17.03
地下水资源量	亿立方米	14.61	14.61
地表水和地下水资源重复量	亿立方米	4.36	4.36
3.人均水资源量	立方米/人	314.34	314.34
4.用水总量	亿立方米	16.14	15.72
其中:农业用水	亿立方米	10.05	9.53
工业用水	亿立方米	3.36	2.75
生活用水	亿立方米	2.06	2.96
生态环境补水	亿立方米	0.68	0.49
5.废水排放总量	万吨	45732.89	50912.62
其中:工业废水排放量	万吨	21496.35	28191.05
城镇生活污水排放量	万吨	24236.54	22708.93
集中式治理设施污水排放量	万吨		12.64
6.化学需氧量(COD)排放量	吨	41279.53	184903.6
其中:工业废水中COD排放量	吨	22481.1	19498.1
农业COD排放量	吨		138800
城镇生活污水中COD排放量	吨	19798.43	25866.3
集中式治理设施COD排放量	吨		739.2
7.氨氮排放量	吨	6715.44	18309.32
其中:工业废水中氨氮排放量	吨	1793.2	2828
农业氨氮排放量	吨		9322.2
城镇生活污水中氨氮排放量	吨	4922.24	6079.32
集中式治理设施氨氮排放量	吨		79.8
二、大气环境	—		
1.二氧化硫(SO2)排放量	吨	122120.44	155734.02
其中:工业SO2排放量	吨	116122.44	131440.32
城镇生活SO2排放量	吨	5998	24293.7
集中式治理设施SO2排放量	吨		
2.氮氧化物排放量	吨		145105
其中:工业氮氧化物排放量	吨		83371
城镇生活氮氧化物排放量	吨		3227
机动车氮氧化物排放量	吨		58507
集中式治理设施氮氧化物排放量	吨		
3.烟(粉)尘排放量	吨	35899.82	50407
其中:工业烟(粉)尘排放量	吨	26080.82	36761
城镇生活烟尘排放量	吨	9819	13646
机动车烟尘排放量	吨		
集中式治理设施烟尘排放量	吨		
三、固体废物	—		
1.一般工业固体废物产生量	万吨	834.77	927.03
2.一般工业固体废物综合利用量	万吨	753.1	849.58

指　标　名　称	单　　位	2010年	2011年
其中:综合利用往年贮存量	万吨	3	
3.一般工业固体废物综合利用率	%	89.89	91.65
4.一般工业固体废物处置量	万吨	5.56	0.01
其中:处置往年贮存量	万吨	0.01	
5.一般工业固体废物处置率	%	0.67	
6.一般工业固体废物贮存量	万吨		
7.一般工业固体废物倾倒丢弃量	吨		
8.危险废物产生量	吨	69917	92347
9.危险废物综合利用量	吨	57927	78541
其中:综合利用往年贮存量	吨		
10.危险废物综合利用率	%		
11.危险废物处置量	吨	12931	13803
其中:处置往年贮存量	吨		
12.危险废物处置率	%		
13.危险废物贮存量	吨		
14.危险废物倾倒丢弃量	吨		
四、生态环境	—		
1.人均耕地面积	亩	1.37	1.32
2.累计水土流失治理面积	千公顷	479.63	485.39
3.当年造林面积	公顷	29247	24480
其中:人工造林	公顷	29247	24480
飞播造林	公顷		
无林地和疏林地新封山育林	公顷		
4.自然保护区数	个	2	2
其中:国家级自然保护区	个	1	1
5.自然保护区面积	万公顷	0.31	0.31
五、自然灾害	—		
1.地质灾害次数	次		
2.地质灾害人员伤亡	人		
3.地质灾害直接经济损失	万元		
4.森林火灾次数	次	1	
5.森林火灾受害森林面积	公顷		
6.突发环境事件次数	次		
六、环境污染治理投资	—		
1.环境污染治理投资总额	万元	536984.2	596799.61
其中:城市环境基础设施投资	万元	347493	418135
其中:燃气	万元	27795	25483
集中供热	万元	48550	82152
排水	万元	75762	42704
园林绿化	万元	177129	241956
市容环境卫生	万元	18257	25840
工业企业污染防治投资	万元	131691.2	126364.61
其中:治理废水	万元	15773.3	55781.61
治理废气	万元	31797.5	44356

15－16续表2

指　标　名　称	单　　位	2010年	2011年
治理固体废物	万元		19095
治理噪声	万元	49.8	
治理其他	万元	84070.6	7132
2.环境污染治理投资占GDP比重	%	1.74	
3.工业废气治理设施运行费用	万元	63446	69302.8
4.工业废水治理设施运行费用	万元	54722.9	66023.9
5.排污费收入总额	万元	10300	15982
6.本年林业投资完成额	万元	94143	190574
其中:生态建设与保护	万元	61655	109302
林业支撑与保障	万元	1311	15637
林业产业发展	万元	2262	46252
其他	万元	29101	19383
七、城市环境	—		
1.城区面积	平方公里	16140	3489.34
其中:建成区面积	平方公里	425.27	440.62
2.城市建设用地面积	平方公里	420.54	433.01
3.城区人口	万人	335.56	344.71
4.城区暂住人口	万人	24.82	14.76
5.城市供水总量	万立方米	34105.99	46611.17
其中:生活用水量	万立方米	10301	14894.7
6.城市用水普及率	%	99.81	99.96
7.城市污水排放量	万立方米	29830	39622
8.城市污水处理量	万立方米	28452	37028
9.城市污水集中处理率	%	95.38	93.45
10.城市生活垃圾清运量	万吨	111.67	108.22
11.城市生活垃圾无害化处理量	万吨	96.57	93.31
12.城市生活垃圾无害化处理率	%	86.48	86.22
13.城市燃气普及率	%	99.82	99.92
14.城市集中供热面积	万平方米	6458	7989.5
15.人均公园绿地面积	平方米	18.6	19.92
16.建成区绿化覆盖率	%	40.48	40.99
17.公共交通车辆标准运营数	标台	2090	3425
八、农村环境	—		
1.农村改水受益率	%	100	98.86
2.农村自来水普及率	%	97.2	95.07
3.农村卫生厕所普及率	%	90.63	83.89
4.农村沼气池产气总量	万立方米	5643.62	6713.38
5.农村太阳能热水器面积	万平方米	57.63	58.71
6.农村化肥施用量	万吨	58.3	57.43
7.农药使用量	吨	16380	16286
8.农用塑料薄膜使用量	吨	76268	77219
其中:地膜使用量	吨	16114	16529
9.有效灌溉面积	千公顷	531.89	536.71

15－17　各县市区主要污染物排放情况

（2011年）

地　区	废　水排放量（万吨）	其　中：工　业（万吨）	其　中：生　活（万吨）	化学需氧量排放量（吨）	其　中：工　业（吨）	其　中：生　活（吨）	氨　氮排放量（吨）
总　计	**50900.0**	**28191.0**	**22708.9**	**45364.4**	**19498.1**	**25866.3**	**8907.3**
潍城区	1229.3	113.1	1116.2	1611.5	120.5	1490.9	352.4
寒亭区	4474.5	3205.8	1268.7	5750.3	3500.6	2249.7	776.1
坊子区	1344.1	509.0	835.1	842.9	95.2	747.7	237.1
奎文区	2184.1	357.3	1826.8	2819.8	145.8	2674.0	615.5
青州市	3490.6	1820.4	1670.2	3071.6	1419.7	1651.9	570.3
诸城市	6858.9	3414.0	3444.9	5998.8	2241.4	3757.4	1305.5
寿光市	7350.9	4219.2	3131.7	6049.6	3571.8	2477.8	1156.6
安丘市	3147.0	1007.0	2140.0	3260.9	481.4	2779.4	651.2
高密市	5780.7	3599.1	2181.6	4281.8	2048.4	2233.4	910.4
昌邑市	5330.5	3660.2	1670.2	3874.1	2065.7	1808.4	728.1
临朐县	2538.3	868.1	1670.2	2646.5	526.0	2120.5	510.2
昌乐县	3236.2	2049.9	1186.3	2912.2	1633.9	1278.3	513.9
高新开发区	3553.5	3240.3	313.2	1741.3	1441.2	300.1	507.2
滨海开发区	100.9	22.6	78.3	151.9	43.7	108.2	24.7
峡山生态区	280.4	105.0	175.5	351.2	162.8	188.5	48.2

15－17续表1

地　区	其　中：工　业（吨）	其　中：生　活（吨）	二氧化硫排放量（吨）	其　中：工　业（吨）	其　中：生　活（吨）	烟　尘排放量（吨）	其　中：工　业（吨）	其　中：生　活（吨）
总　计	**2828.0**	**6079.3**	**155734.0**	**131440.3**	**24293.7**	**50406.6**	**36760.6**	**13646.0**
潍城区	20.1	332.3	1733.4	959.1	774.3	876.5	441.4	435.2
寒亭区	274.7	501.4	30099.8	28057.1	2042.8	17267.8	16119.5	1148.3
坊子区	5.5	231.6	1879.8	770.6	1109.3	926.4	302.5	623.8
奎文区	19.5	596.0	8493.0	4960.5	3532.5	3956.2	1599.1	2357.0
青州市	136.6	433.7	13216.3	10883.2	2333.1	4282.9	2971.2	1311.7
诸城市	417.7	887.8	10373.9	8188.8	2185.1	3284.0	2055.6	1228.5
寿光市	608.8	547.8	26861.6	23746.3	3115.3	4506.8	2769.4	1737.3
安丘市	31.8	619.5	6682.6	5274.3	1408.4	2415.7	1623.8	791.9
高密市	334.4	576.0	10003.0	7969.5	2033.4	2109.8	966.0	1143.7
昌邑市	370.8	357.2	14866.3	12927.0	1939.3	3609.2	2518.7	1090.5
临朐县	37.6	472.6	6032.8	5242.0	790.8	1524.7	1080.1	444.6
昌乐县	123.4	390.5	10834.8	8930.4	1904.4	3325.0	2254.1	1070.9
高新开发区	440.3	66.9	13373.0	12992.2	380.9	1748.6	1534.5	214.1
滨海开发区	0.6	24.1	128.3	115.4	12.9	256.1	248.9	7.2
峡山生态区	6.2	42.0	1155.3	424.0	731.3	317.0	275.8	41.2

15－18　各县市区工业废水污染物排放及处理情况

（2011 年）

地　　区	工业废水排放量（万吨）	废水治理设施数（套）	废水治理设施运行费用（万元）	化学需氧量去除量（吨）	氨　氮去除量（吨）	化学需氧量排放量（吨）	氨　氮排放量（吨）
总　计	**28191.0**	**641**	**66023.9**	**389429.0**	**6111.2**	**19498.1**	**2828.0**
潍城区	113.1	25	588.4	53.5	23.4	120.5	20.1
寒亭区	3041.8	33	13113.7	24081.7	245.9	3535.3	264.7
坊子区	509.0	16	823.1	685.7	35.7	95.2	5.5
奎文区	357.3	12	4147.0	9735.9	125.8	145.8	19.5
青州市	1820.4	58	2631.3	6637.1	185.3	1419.7	136.6
诸城市	3414.0	88	3192.0	44354.9	1203.8	2241.4	417.7
寿光市	4219.2	118	19000.9	84748.2	968.9	3571.8	608.8
安丘市	1007.0	29	1463.3	45500.0	384.4	481.4	31.8
高密市	3599.1	48	4981.5	56521.0	1176.6	2048.4	334.4
昌邑市	3660.2	28	3172.3	30958.8	142.6	2065.7	370.8
临朐县	868.1	94	1097.3	8229.3	203.0	526.0	37.6
昌乐县	2049.9	24	3405.6	70817.2	1067.5	1633.9	123.4
高新开发区	268.9	22	1210.9	594.0	82.4	128.1	16.1
滨海开发区	3240.3	46	7196.6	6535.0	266.5	1441.2	440.3
峡山生态区	22.6					43.7	0.6

15－19　各县市区环保项目投资情况

（2011 年）

行政区划	本年施工项目总数（个）	本年竣工项目数（个）	施工项目本年完成投资额（万元）	其中:施工项目本年完成投资额工业废水治理项目(万元)	治理废水竣工项目新增设计处理能力（吨/日）
总　计	**141**	**116**	**126364.6**	**55781.0**	**16.2**
潍城区	4	3	10.0		
寒亭区	10	10	10394.8	120.9	1.0
坊子区					
奎文区	6	6	2880.0	1295.0	0.9
青州市	3	2	444.0	60.0	0.1
诸城市	35	34	24530.0	14080.0	4.2
寿光市	41	31	29346.3	23336.0	6.5
安丘市	3	3	2173.0		
高密市	6	6	19850.0	8320.0	1.5
昌邑市	5		29412.1	5569.1	1.9
临朐县	3	3	620.0	100.0	
昌乐县	10	8	535.4	200.0	
高新开发区	5	2	3360.0		
滨海开发区	10	8	2809.0	2700.0	0.1

15－20　各县市区工业废气污染物排放及处理情况

（2011 年）

地　　区	工业废气排放量(万标立方米)	废气治理设施数(套)	废气治理设施运行费用(万元)	二氧化硫去除量(吨)	二氧化硫排放量(吨)	烟　尘去除量(吨)	烟　尘排放量(吨)
总　计	**2723.7**	**1468**	**69303**	**405809**	**131440**	**4441232**	**36761**
潍城区	21.2	31	498	346	959	26776	441
寒亭区	106.6	123	3428	7019	9163	102675	3240
坊子区	26.8	55	1126	3437	771	14746	303
奎文区	87.7	115	2211	3013	4961	23929	1599
青州市	180.3	154	2797	3105	10883	275529	2971
诸城市	279.8	173	2926	12095	8189	169224	2056
寿光市	693.7	197	12207	33163	23746	516112	2769
安丘市	159.1	72	4551	6371	5274	303988	1624
高密市	78.1	81	3597	8932	7970	30522	966
昌邑市	133.0	70	2200	7926	12927	136718	2519
临朐县	100.6	107	1836	1204	5242	469017	1080
昌乐县	102.4	84	3621	8069	8930	259818	2254
高新开发区	516.4	45	17825	287666	19318	1677183	13155
滨海开发区	231.0	150	10416	24886	12992	428369	1534
峡山生态区	6.9	11	66	135	115	6626	249

15－21　各县市区工业固体废物排放及处理利用情况

（2011 年）

单位：万吨

地　　区	工业固体废物产生量	工业固体废物综合利用量
总　计	**927.03**	**849.58**
潍城区	2.89	2.89
寒亭区	34.51	34.47
坊子区	18.53	18.14
奎文区	16.86	16.58
青州市	24.56	24.56
诸城市	35.46	35.46
寿光市	236.24	236.24
安丘市	53.18	53.18
高密市	27.45	27.45
昌邑市	33.37	33.37
临朐县	4.44	4.44
昌乐县	39.34	39.34
高新开发区	202.12	202.02
滨海开发区	198.07	121.43
峡山生态区	0.01	0.01

15－22　全市及各县市区降水量、无霜期

（2011年）

地　区	降　水　量　（毫米）						
	全　年	一　月	二　月	三　月	四　月	五　月	六　月
总　计	**862.59**	**0.3**	**21.9**	**2.1**	**11.69**	**68**	**48.5**
潍　城	887.2	0.3	18.9	1.1	8.6	53.9	40.2
寒　亭	874.5	0.3	22.7	0.6	6.1	56.1	56.3
青　州	889.5	0.3	14.9	1.8	10.2	49.2	28.1
诸　城	889.5	0	21.5	5.4	6.6	90.1	42.8
寿　光	817.4	0.1	17.4	0.3	14.4	56.4	26.1
安　丘	918.7	0.6	25.1	2.8	22.3	100.7	56.2
高　密	803.3	0	28.7	3.6	16.3	68.8	59.9
昌　邑	717.4	0.2	27	0.1	10.9	50.3	49.3
临　朐	921.2	0.4	22	3.2	7.6	91.5	73.1
昌　乐	907.3	0.6	20.6	1.9	13.9	62.7	53.4

15－22续表1

地　区	降　水　量　（毫米）						无霜期（天）
	七　月	八　月	九　月	十　月	十一月	十二月	
总　计	**201.6**	**247.8**	**154.4**	**9.2**	**72.2**	**24.9**	**203**
潍　城	202.4	280.8	172.8	5.9	72.5	29.8	221
寒　亭	238.3	233.9	162.9	5.5	65.8	26	197
青　州	287.9	164.8	192.5	8.5	104.8	26.5	195
诸　城	143.1	385.3	100.2	18.8	53.9	21.8	220
寿　光	209.7	245.2	129.4	4.4	91.4	22.6	196
安　丘	212.3	244.5	171.3	7.5	50.6	24.8	196
高　密	180.5	255.7	116.9	11.8	41.4	19.7	203
昌　邑	146.5	181.7	150.1	9.2	65.8	26.3	215
临　朐	202.5	211.7	180.3	9.2	98.4	21.3	188
昌　乐	193.2	274.6	168	11.5	76.9	30	196

15－23 全市及各县市区平均气温、日照时数

（2011年）

地区	平均气温(℃)						
	全年	一月	二月	三月	四月	五月	六月
平均	**12.9**	**-4.9**	**0.6**	**7**	**13.6**	**19.8**	**24.6**
潍城	13.4	-4.4	1	7.2	13.9	20.4	25.2
寒亭	13.0	-4.9	0.5	6.9	13.3	19.8	24.6
青州	12.6	-5.3	0.1	7.2	14.1	20.1	25
诸城	12.8	-4.6	0.9	6.5	13.1	19.3	23.2
寿光	13.6	-4.6	1.2	7.9	14.4	20.7	26.2
安丘	12.5	-5.3	0.3	6.5	13.1	19.3	23.9
高密	13.0	-4.3	1.1	6.7	13.1	19.3	23.6
昌邑	12.6	-4.7	0.3	6.3	12.7	19.1	23.8
临朐	12.9	-5.2	0.5	7.2	14.4	20.1	25.3
昌乐	12.7	-5.7	0.3	7.1	13.9	19.6	24.8

15－23 续表1

地区	平均气温(℃)						日照时数(小时)
	七月	八月	九月	十月	十一月	十二月	
平均	**26.2**	**25.1**	**19.8**	**14.4**	**9.1**	**-0.2**	**2237.9**
潍城	26.8	25.7	20.5	15	9.5	0.1	2213.6
寒亭	26.3	25.3	20.2	14.4	9.3	-0.1	2360.4
青州	26	24.4	18.9	13.6	8.2	-0.8	2316.3
诸城	25.5	24.9	20.1	14.9	9.8	0.3	2325.3
寿光	27.2	25.5	20.2	15.3	9.3	0.2	2146.3
安丘	25.9	24.9	19.6	14	8.9	-0.6	2035.1
高密	26	25.5	20.3	15	9.9	0.3	2187.5
昌邑	25.7	24.9	19.6	14	9.1	-0.1	2162.2
临朐	26.3	24.6	19.1	14	8.4	-0.5	2293.4
昌乐	26.1	24.8	19.3	13.9	8.6	-0.8	2339.1

15－24 各县市区土地利用情况

（2011 年） 单位:公顷

地区	土地调查面积	农用地	#园地	#牧草地	建设用地	居民点及工矿用地	交通用地	水利设施用地
总计	**1614314.01**	**1053921.47**	**58717.83**	**10.38**	**299334.57**	**255924.58**	**18733.32**	**24676.67**
潍城区	26954.28	15933.78	1012.1		9427.09	8551.57	850.71	24.81
寒亭区	61928.38	48413.33	3004.65	0.18	12541.51	11194.82	1030.22	316.47
坊子区	41226.39	28684.33	372.3		10402.35	9514.51	789.95	97.89
奎文区	5758.98	890.17	49.98		4652.12	4594.16	52.61	5.35
青州市	156125.76	113300.48	6428.33		21320.27	19309.78	1647.34	363.15
诸城市	215135.77	184799.73	5809.02		24214.88	20417.84	1585.79	2211.25
寿光市	199011.58	140952.16	3591.51		39577.67	35711.1	3134.64	731.93
安丘市	171160.15	135191.87	7641.15		23342.58	18608.52	1011.16	3722.9
高密市	152349.13	124296.77	3733.73		23819.36	21269.79	1347.36	1202.21
昌邑市	162746.98	99834.31	5577.4		33612.08	31323.46	1943.8	344.82
临朐县	183123.29	21863.63	16929.39		22490.75	16623.62	1586.61	4280.52
昌乐县	110051.14	87132.9	3208.04		17252.21	14822.73	1222.69	1206.79
高新开发区	10880.44	4516.34	232.99	10.2	6118.85	5830.48	288.37	
滨海开发区	67838.14	14938.86	36.97		35359.06	33059.41	1707.67	591.98
峡山生态区	48317.19	31930.83	1054.13		14771.84	4693.01	502.23	9576.6
综合保税区	1706.41	1241.98	36.14		431.95	399.78	32.17	

15－25 各县市区供水用水情况

（2011 年） 单位:亿立方米

地区	供水总量	地表水	地下水	其他	用水总量	农业	工业	生活	生态
潍坊市	**137720**	**57303**	**73598**	**6819**	**137720**	**81385**	**25466**	**26229**	**4640**
潍城区	5560	709	3304	1547	5560	2848	610	1570	532
寒亭区	10399	5620	4779		10399	3038	6149	1086	126
坊子区	7587	3758	3799	30	7587	3466	1562	2509	50
奎文区	8207	7468	739		8207	1400	3509	2958	340
青州市	17261	1817	14664	780	17261	12926	1850	1635	850
诸城市	21700	14085	5046	2569	21700	12792	2026	5777	1105
寿光市	19434	3414	14820	1200	19434	14234	3180	1980	40
安丘市	11889	4852	6344	693	11889	7569	924	2638	758
高密市	20518	7803	12715		20518	13512	3756	2826	424
昌邑市	15165	7777	7388		15165	9600	1900	3250	415
临朐县	8213	4459	3754		8213	6096	778	1279	60
昌乐县	11255	6995	3931	329	11255	7772	1234	2020	229

注:寒亭区含滨海、经济,坊子区含峡山,奎文区含高新。

15－26　全市及各县市区水资源情况

（2011年）

地　　区	水资源总量（亿立方米）	地表水资源量	地下水资源与地表水资源重复量
潍坊市	**27.28**	**17.03**	**4.87**
潍城区	0.5183	0.2335	0.0557
寒亭区	1.130	0.7093	0.0408
坊子区	0.6359	0.3014	0.1046
奎文区	0.1879	0.0709	0.0223
临朐县	3.407	2.511	1.189
昌乐县	1.796	1.165	0.4354
青州市	3.146	1.567	0.6784
诸城市	4.378	3.079	0.8678
寿光市	3.022	1.883	
安丘市	3.667	2.526	0.8161
高密市	2.896	1.611	0.2659
昌邑市	2.498	1.377	0.3980

主要统计指标解释

基本养老保险

1.(参保)职工人数:指报告期末按照国家法律、法规和有关政策规定参加基本养老保险并在社保经办机构已建立缴费记录档案的职工人数,包括中断缴费但未终止养老保险关系的职工人数,不包括只登记未建立缴费记录档案的人数。

2.(参保)离退休人员人数:指报告期末参加基本养老保险的离休、退休和退职人员的人数。

3.基本养老保险基金收入:指根据国家有关规定,由纳入基本养老保险范围的缴费单位和个人按国家规定的缴费基数和缴费比例缴纳的养老保险基金,以及通过其他方式取得的形成基金来源的收入。包括单位和职工个人缴纳的基本养老保险费、基本养老保险基金利息收入、上级补助收入、下级上解收入、转移收入、财政补贴和其他收入。

4.基本养老保险基金支出:指按照国家政策规定的开支范围和开支标准从养老保险基金中支付给参加基本养老保险的离休、退休、退职人员个人的养老金、丧葬抚恤补助,以及由于保险关系转移、上下级之间调剂资金等原因而发生的支出。包括离休金、退休金、退职金、各种补贴、医疗费、死亡丧葬补助费、抚恤救济费、社会保险经办机构管理费、补助下级支出、上解上级支出、转移支出、其他支出等。

5.基本养老保险基金累计结余:指截止报告期末基本养老保险基金收支相抵后的累计余额。

离休、退休、退职人员 指正式办理了离休、退休、退职手续,并享受相应的离休、退休、退职待遇的人员。

基本医疗保险

1.参保人数:指报告期末按国家有关规定参加基本医疗保险的人数。包括参加保险的职工人数和退休人员人数。

2.基金收入:指根据国家有关规定,由纳入基本医疗保险范围的缴费单位和个人,按国家规定的缴费基数和缴费比例缴纳的基金,以及通过其他方式取得的形成基金来源的款项,包括:单位缴纳的社会统筹基金收入、个人缴纳的个人账户基金收入、财政补贴收入、利息收入、其他收入。

3.基金支出:指按照国家政策规定的开支范围和开支标准从社会统筹基金中支付给参加基本医疗保险的职工和退休人员的医疗保险待遇支出,和从个人帐户基金中支付给参加基本医疗保险的职工和退休人员的医疗费用支出,以及其他支出。包括:住院医疗费用支出、门急诊医疗费用支出、个人账户基金支出、其他支出。

4.基金累计结余:指截止报告期末基本医疗保险的社会统筹和个人帐户基金累计结余金额。包括银行存款、财政专户、债券投资和其他。

失业保险

1.参保人数:指报告期末按照国家法律、法规和有关政策规定参加了失业保险的城镇企业事业单位的职工及地方政府规定参加失业保险的其他人员的人数。

2.失业保险基金收入:指按照规定从企业、事业及其他单位筹集的失业保险费及其他并入失业保险基金收入的总额。包括单位和个人缴纳的失业保险费、失业保险基金利息收入、上级补助收入、下级上解收入、转移收入、财政补贴和其他收入。

3.失业保险基金支出:指报告期内为保障失业人员和下岗职工基本生活、促进其再就业等支出的基金总额。包括失业救济金、医疗费、死亡丧葬补助费、抚恤救济费、转业训练费支出、失业保险经办机构管理费、补助下级支出、上解上级支出、转移支出和其他支出。

4.基金累计结余:指截止报告期末失业保险基金收支相抵后的累计余额。

工伤保险

1.参加保险人数:指报告期末依据国家有关规定参加工伤保险的职工人数。

2. 享受保险待遇人数：指劳动者因工负伤致残、死亡或因患职业病致残，根据有关规定享受工伤保险待遇职工或供养直系亲属人数。包括伤残人数、职业病人数、因工死亡人数、供养直系亲属人数。

3. 基金收入：指根据国家有关规定，由参加工伤保险的单位按国家规定的缴费基数和缴费比例缴纳的工伤保险基金，以及通过其他形式取得的形成基金来源的款项。包括：单位缴纳的社会统筹基金收入、财政补贴收入、利息收入、其他收入。

4. 基金支出：指按照国家政策规定的开支范围和开支标准从工伤保险基金中支付给参加工伤保险的人员及供养直系亲属工伤保险待遇支出及其他支出。包括工伤医疗费、伤残补助金、工亡补助金、护理费、丧葬补助费、工伤预防费用、职业康复费用和其他支出。

5. 基金累计结余：指截止报告期末工伤保险基金累计结余金额。包括银行存款、财政专户、债券投资和其他。

生育保险

1. 参保人数：指报告期末依据有关规定参加生育保险的职工人数。

2. 基金收入：指根据国家有关规定，由参加生育保险的单位按照国家规定的缴费基数和缴费比例缴纳的生育保险基金，以及通过其他方式取得的形成基金来源的款项，包括：单位缴纳的基金收入、利息收入和其他收入。

3. 基金支出：指按照国家政策规定的开支范围和开支标准，从生育保险基金中支付给参加生育保险的职工，因妊娠、分娩和计划生育手术而享受的待遇及其他支出。包括：生育津贴、医疗费用支出及其他支出。

4. 基金累计结余：指截止报告期末生育保险基金累计结余金额。包括银行存款、财政专户、债券投资和其他。

离休、退休、退职人员保险福利费用 指离休、退休、退职人员实际得到的生活费用总额，包括从社会保险经办机构和单位得到的费用。

1. 离休金：指按规定支付给离休人员的生活费用。

2. 退休金：指按规定支付给退休人员的生活费用。

3. 退职生活费：指按规定支付给退职人员的生活费用。

4. 医疗卫生费：指单位直接支付给离休、退休、退职人员的医疗费、住院费以及住院伙食补助等费用。5. 其他：指离休金、退休金、退职生活费和医疗卫生费以外的其他保险福利费用，如丧葬抚恤救济费、生活补贴、物价补贴、冬季取暖补贴等。

科技活动 指在自然科学、农业科学、医药科学、工程与技术科学、人文与社会科学领域（简称科学技术领域）中，与科技知识的产生、发展、传播和应用密切相关的有组织的活动。可分为研究与试验发展（R&D）、研究与试验发展成果应用及相关的科技服务三类活动。该定义是联合国教科文组织考虑成员国特别是发展中国家开展科技统计工作的需要，而对科技活动所作的统计界定。

科技活动人员 指直接从事科技活动、以及专门从事科技活动管理和为科技活动提供直接服务，累计的实际工作时间占全年制度工作时间10%及以上的人员。(1)直接从事科技活动的人员包括：在独立核算的科学研究与技术开发机构、高等学校、各类企业及其他事业单位内设的研究室、实验室、技术开发中心及中试车间（基地）等机构中从事科技活动的研究人员、工程技术人员、技术工人及其它人员；虽不在上述机构工作，但编入科技活动项目（课题）组的人员；科技信息与文献机构中的专业技术人员；从事论文设计的研究生等。(2)专门从事科技活动管理和为科技活动提供直接服务的人员，包括：独立核算的科学研究与技术开发机构、科技信息与文献机构、高等学校、各类企业及其他事业单位主管科技工作的负责人，专门从事科技活动的计划、行政、人事、财务、物资供应、设备维护、图书资料管理等工作的各类人员，但不包括保卫、医疗保健人员、司机、食堂人员、茶炉工、水暖工、清洁工等为科技活动提供间接服务的人员。该指标用来反映投入科技活动人力的规模。

专业技术人员 指从事专业技术工作和专业技术管理工作的人员，即企事业单位中已经聘任专业技术职务从事专业技术工作和专业技术管理工作的人员，以及未聘任专业技术职务，现在专业技术岗位上工作的人员。包括工程技术人员，农业技术人员，科学研究人员，卫生技术人员，教学人员，经济人员，会计人员，统计人员，翻译人员，图书资料、档案、文博人员，新闻出版人员，律师、公证人员，广播电视播音人员，工艺美术人员，体育人员，艺术人员及企业政治思想工作人员，共十七个专业技术职务类别。用来反映科技人力资源情况。

科技活动经费内部支出 指报告年内用于科技活动的实际支出，包括劳务费、科研业务费、科研管理费，非基建投资购建的固定资产、科研基建支出以及其他用于科技活动的支出。不包括生产性活动支出、归还贷款支出及转拨外单位支出。反映科技投入实际完成情况。

新产品 指采用新技术原理、新设计构思研制、生产的全新产品，或在结构、材质、工艺等某一方面比原有产品有明显改进，从而显著提高了产品性能或扩大了使用功能的产品。既包括政府有关部门认定并在有效期内的新产品，也包括企业自行研制开发，未经政府有关部门认定，从投产之日起一年之内的新产品。用来反映科技产出及对经济增长的直接贡献。

专利 是专利权的简称，是对发明人的发明创造经审查合格后，由专利局依据专利法授予发明人和设计人对该项发明创造享有的专有权。包括发明、实用新型和外观设计。反映拥有自主知识产权的科技和设计成果情况。

文化事业机构 指从事专业文化工作和为专业文化工作服务的独立建制的单位。不包括这些单位另外举办独立核算的其他机构和各部门的业余文化组织。该指标主要反映文化事业机构发展规模水平。

艺术表演团体 指从事戏曲、音乐、舞蹈、杂技等专业艺术表演，有独立帐户的单位，不包括半工半艺、半农半艺和民间职业剧团。该指标主要反映全国专业艺术表演团体发展规模水平。

艺术表演观众人数（人次） 指售票、包场演出或民族地区免费演出的艺术表演观众人次数，不包括彩排审查和内部观摩演出的观看人次数。该指标主要反映全国观看专业艺术表演团体演出的效益规模。

供水综合生产能力 指按供水设施取水、净化、送水、出厂输水干管等环节设计能力计算的综合生产能力。包括在原设计能力的基础上，经挖、革、改增加的生产能力。计算时，以四个环节中最薄弱的环节为主确定能力。

年末供水管道长度 指从送水泵至用户水表之间所有管道的长度。不包括新安装尚未使用的管道。

全年供水总量 指报告期供水企业（单位）供出的全部水量。包括有效供水量和漏损水量。

生活用水量 包括公共服务用水和居民家庭用水。公共服务用水指为城市社会公共生活服务的用水。包括行政事业单位、部队营区和公共设施服务、社会服务业、批发零售贸易业、旅馆饮食业以及其他公共服务业等单位的用水。居民家庭用水指城市范围内所有居民家庭的日常生活用水。包括城市居民、农民家庭、公共供水站用水。

用水普及率 指城市用水人口数与城市人口总数的比率。计算公式：

$$用水普及率=\frac{城市用水人口数}{城市人口总数}\times 100\%$$

人工煤气生产能力 指报告期末人工煤气生产厂制气、净化、输送等环节的综合生产能力，不包括备用设备能力。一般按设计能力计算，如果实际生产能力大于设计能力时，应按实际测定的生产能力计算。测定时应以制气、净化、输送三个环节中最薄弱的环节为主。

供气管道长度 指报告期末从气源厂压缩机的出口或门站出口至各类用户引入管之间的全部已经通气投入使用的管道长度。不包括煤气生产厂、输配站、液化气储存站、灌瓶站、储配站、气化站、混气站、供应站等厂（站）内的管道。

全年供气总量 指全年燃气企业（单位）向用户供应的燃气数量。包括销售量和损失量。

燃气普及率 指报告期末使用燃气的城市人口数与城市人口总数的比率。计算公式为：

$$燃气普及率=\frac{城市用气人口数}{城市人口总数}\times 100\%$$

城市供热能力 指供热企业（单位）向城市热用户输送热能的设计能力。

城市供热总量 指在报告期供热企业（单位）向城市热用户输送全部蒸汽和热水的总热量。

城市供热管道长度 指从各类热源到热用户

建筑物接入口之间的全部蒸汽和热水的管道长度。不包括各类热源厂内部的管道长度。

年末道路长度 指年末道路长度和与道路相通的广场、桥梁、隧道的长度，按车行道中心线计算。在统计时只统计路面宽度在3.5米（含3.5米）以上的各种铺装道路，包括开放型工业区和住宅区道路在内。

城市桥梁 指为跨越天然或人工障碍物而修建的构筑物。包括跨河桥、立交桥、人行天桥以及人行地下通道等。包括永久性桥和半永久性桥。

城市排水管道长度 指所有排水总管、干管、支管、检查井及连接井进出口等长度之和。城市污水日处理能力 指污水处理厂（或处理装置）每昼夜处理污水量的设计能力。

年末运营车数 指年末公交企业（单位）用于运营业务的全部车辆数。以企业（单位）固定资产台帐中已投入运营的车辆数为准。

城市园林绿地面积 指报告期末用作园林和绿化的各种绿地面积。包括公共绿地、居住区绿地、单位附属绿地、防护绿地、生产绿地、道路绿地和风景林地面积。

不包括：

1. 屋顶绿化、垂直绿化、阳台绿化和室内绿化。

2. 以物质生产为主的林地、耕地、牧草地、果园和竹园等。

3. 城市总体规划中不列入绿地的水域。

公园绿地 指向公众开放的市级、区级、居住区级各类公园、街旁游园，包括其范围内的水域。其中居住区级公园应不小于1万平方米，街旁游园的宽度不小于8米，面积不小于400平方米。

卫生机构 包括医疗机构、疾病预防控制中心（防疫站）、采供血机构、卫生监督及监测（检验）机构、医学科研和在职培训机构、健康教育所等。

医疗机构 包括医院、社区卫生服务中心（站）、疗养院、卫生院、门诊部、诊所（卫生所、医务室）、妇幼保健院（所、站）、专科疾病防治院（所、站）、急救中心（站）和临床检验中心。医疗机构分为非赢利性医疗机构和赢利性医疗机构。

医院 包括综合医院、中医医院、中西医结合医院、民族医院、各类专科医院和护理院。

卫生技术人员 指卫生机构中医生、护理人员、药剂人员、检验人员等卫生技术人员。

医生 指在医疗、预防保健机构工作且取得《执业医师证书》的执业医师和执业助理医师。

卫生服务总费用 反映全国当年用于医疗卫生保健服务所消耗的资金总额，用筹资来源法测算。政府预算卫生支出指各级政府用于卫生事业的财政预算拨款。社会卫生支出指政府预算外的卫生资金投入，主要表现为社会医疗保险。其中包括如企事业单位和乡村集体经济单位举办医疗卫生机构设施建设费，企业职工医疗卫生费，行政事业单位负担的职工公费医疗超支部分等。居民个人卫生支出指城乡居民用自己可支配的经济收入支付的各项医疗卫生费用和医疗保险费用。

律师 指依法取得律师执业证书，担任法律顾问，民事（刑事、行政）案件代理人、刑事案件辩护人、办理非诉讼业务，解答法律询问，代写法律事务文书等，为社会提供法律服务的人员。

受理劳动争议案件数 指劳动争议仲裁委员会根据国家有关规定，对劳动争议当事人的申请予以审查，符合受理条件而正式立案、准备处理的劳动争议案件数。

自然资源 指人类可以直接从自然界获得，并用于生产和生活的物质资源。自然资源一般可以分成可再生资源和非再生资源两大类。可再生资源指在较短时间内可以再生、可以循环利用的资源，包括土地资源、水资源、气候资源、生物资源和海洋资源等。非再生资源指在使用后不能再生的资源，包括矿产资源和地热能源。

土地资源 土地指陆地的表层部分，它主要由岩石、岩石的风化物和土壤构成。土地资源按利用类型可以分为农用地、建筑用地和未利用地。农用地包括耕地、园地、林地、牧草地和水面。建筑用地包括居民点及工矿用地、交通用地和水利设施用地。未利用地指农用地和建筑用地以外的土地，包括滩涂、荒漠、戈壁、冰川和石山等。

耕地面积 指经过开垦用以种植农作物并经常进行耕耘的土地面积。包括种有作物的土地面积、休闲地、新开荒地和抛荒未满三年的土地面积。

森林资源 指森林、林木、林地以及依托森林、林木、林地生存的野生动物、植物和微生物。林木指树木和竹子。森林指以乔木为主体的植物群落，是集生的乔木及与共同作用的植物、动物、微生物和土壤、气候等的总体。

活立木总蓄积量 指一定范围内土地上全部树木蓄积的总量,包括森林蓄积、疏林蓄积、散生木蓄积和四旁树蓄积。

森林面积 指由乔木树种构成,郁闭度0.2以上(含0.2)的林地或冠幅宽度10米以上的林带的面积,即有林地面积。森林面积包括天然起源和人工起源的针叶林面积、阔叶林面积、针阔混交林面积和竹林面积,不包括灌木林地面积和疏林地面积。

森林覆盖率 指一个国家或地区森林面积占土地总面积的百分比。森林覆盖率是反映森林资源的丰富程度和生态平衡状况的重要指标。在计算森林覆盖率时,森林面积包括郁闭度0.2以上的乔木林地面积和竹林地面积,国家特别规定的灌木林地面积、农田林网以及四旁(村旁、路旁、水旁、宅旁)林木的覆盖面积。计算公式为:

$$森林覆盖率(\%)=\frac{森林面积}{土地总面积}\times 100\%$$

水资源 水在自然界中以固体、液体和气态三种聚集状态存在,分布于海洋、陆地(包括土壤)以及大气之中,通过水循环形成水资源。水资源包括经人类控制并直接可供灌溉、发电、给水、航运、养殖等用途的地表水和地下水,以及江河、湖泊、井、泉、潮汐、港湾和养殖水域等。水资源是发展国民经济不可缺少的重要自然资源。

地表水和地下水 陆地上的水因空间分布不同,分为地表水和地下水。地表水指分别存在于河流、湖泊、沼泽、冰川和冰盖等水体中水分的总称,又称陆地水。地下水指储存在地面以下饱和岩土孔隙、裂隙及溶洞中的水。

水资源总量 指评价区内降水形成的地表和地下产水总量,即地表产流量与降水入渗补给地下水量之和,不包括过境水量。

地表水资源量 指评价区内河流、湖泊、冰川等地表水体中可以逐年更新的动态水量,即当地天然河川径流量。

地下水资源量 指评价区内降水和地表水对饱水岩土层的补给量,包括降水入渗补给量和河道、湖库、渠系、渠灌田间等地表水体的入渗补给量。

地表水与地下水资源重复量 指地表水和地下水相互转化的部分,即天然河川径流量中的地下水排泄量,和地下水补给量中来源于地表水的入渗补给量。

内陆水域总面积 指江、河、湖泊、池塘、塘堰、水库等各种流水或蓄水的水面占地面积。

海洋 是海和洋的统称。洋为地球表面上相连接的广大咸水水体的主体部分。海为地球表面相连接的广大咸水水体被陆地、岛礁、半岛包围或分隔的边缘部分。

海水可养殖面积 指利用滩涂、浅海、港湾进行鱼、虾、蟹、贝、藻等海水经济动植物的人工养殖的水面面积。

径流 指陆地上接受降水后扣除损耗外,从地表和地下向流域出口断面汇集的水流。径流可分为地表径流、地下径流和壤中流。地表径流指沿地表向河流、湖泊、沼泽、海洋等汇集的水流;地下径流指沿潜水层或隔水层间的含水层,向河流、湖泊、沼泽、海洋等汇集的地下水水流。

径流量 指在一定时段内通过河流某一过水断面的水量,用以反映一个国家或地区水资源的丰歉程度。计算公式为:

径流量=降水量-蒸发量

矿产资源 矿产指由地质作用形成,富集于地壳中或出露于地表达到工农业利用要求的有用矿物。矿产是一种重要的自然资源,是社会发展的重要物质基础。

矿产基础储量 基础储量是查明矿产资源的一部分。它能满足现行采矿和生产所需的指标要求,是控制的、探明的并通过可行性或预可行性研究认为属于经济的、边界经济的部分,用未扣除设计、采矿损失的数量表示。

气温 指空气的温度,我国一般以摄氏度(℃)为单位表示。气象观测的温度表是放在离地面约1.5米处通风良好的百叶箱里测量的,因此,通常说的气温指的是离地面1.5米处百叶箱中的温度。其统计计算方法为:

月平均气温是将全月各日的平均气温相加,除以该月的天数而得。

年平均气温是将12个月的月平均气温累加后

除以 12 而得。

相对湿度 指空气中实际所含水蒸气密度和同温度下饱和水蒸气密度的百分比值。其统计方法与气温相同。

降水量 指从天空降落到地面的液态或固态（经融化后）水，未经蒸发、渗透、流失而在地面上积聚的深度。其统计计算方法为：

月降水量是将全月各日的降水量累加而得。

年降水量是将 12 个月的月降水量累加而得。

日照时数 指太阳实际照射地面的时间。其统计方法与降水量相同。

工业废水排放达标量 指报告期内废水中各项污染物指标都达到国家或地方排放标准的外排工业废水量，包括未经处理外排达标的，经废水处理设施处理后达标排放的，以及经污水处理厂处理后达标排放的。

工业废水排放达标率 指工业废水排放达标量占工业废水排放量的百分率，计算公式为：

$$工业废水排放达标率 = \frac{工业废水排放达标量}{工业废水排放量} \times 100\%$$

城镇生活污水排放量 指城镇居民每年排放的生活污水。用人均系数法测算。测算公式为：

生活污水排放量 = 城镇生活污水排放系数 × 市镇非农业人口 ×365

城镇生活污水中化学需氧量（COD）产生量 指城镇居民每年排放的生活污水中的 COD 的产生量。用人均系数法测算。测算公式为：

城镇生活污水中 COD 排放量 = 城镇生活污水中 COD 产生系数 × 市镇非农业人口 ×365

化学需氧量（COD） 测量有机和无机物质化学分解所消耗氧的质量浓度的水污染指数。

工业废气排放量 指报告期内企业厂区内燃料燃烧和生产工艺过程中产生的各种排入大气的含有污染物的气体的总量，以标准状态（273K，101325Pa）计算。测算公式为：

工定废气排放量 = 燃料燃烧过程中废水排放量 + 生产工艺过程中废水排放量

生活及其他 SO_2 排放量 以生活及其他煤炭消费量和其含硫量为基础，根据以下公式计算：

生活及其他 SO_2 排放量 = 生活及其他煤炭消费量 × 含硫量 ×0.8 ×2

工业 SO_2 排放量 指报告期内企业在燃料燃烧和生产工艺过程中排入大气的 SO_2 总量，计算公式为：

工业 SO_2 排放量 = 燃料燃烧过程中 SO_2 排放量 + 生产工艺过程中 SO_2 排放量

工业烟尘排放量 指企业厂区内燃料燃烧过程中产生的烟气中夹带的颗粒物排放量。

生活及其他烟尘排放量 指除工业生产活动以外的所有社会、经济活动及公共设施的经营活动中燃烧所排放的烟尘纯重量。以生活及其他煤炭消费量为基础进行测算。

工业粉尘排放量 指企业在生产工艺过程中排放的能在空气中悬浮一定时间的固体颗粒物排放量。如钢铁企业的耐火材料粉尘、焦化企业的筛焦系统粉尘、烧结机的粉尘、石灰窑的粉尘、建材企业的水泥粉尘等。不包括电厂排入大气的烟尘。

工业固体废物产生量 指报告期内企业在生产过程中产生的固体状、半固体状和高浓度液体状废弃物的总量，包括危险废物、冶炼废渣、粉煤灰、炉渣、煤矸石、尾矿、放射性废物和其他废物等；不包括矿山开采的剥离废石和掘进废石（煤矸石和呈酸性或碱性的废石除外）。酸性或碱性废石指采掘的废石其流经水、雨淋水的 pH 值小于 4 或 pH 值大于 10.5 者。

危险废物 指列入国家危险废物名录或根据国家规定的危险废物鉴别标准和鉴别方法认定的，具有爆炸性、易燃性、易氧化性、毒性、腐蚀性、易传染疾病等危险特性之一的废物。

工业固体废物综合利用量 指报告期内企业通过回收、加工、循环、交换等方式，从固体废物中提取或者使其转化为可以利用的资源、能源和其他原材料的固体废物量（包括当年利用往年的工业固体废物贮存量），如用作农业肥料、生产建筑材料、筑路等。综合利用量由原产生固体废物的单位统计。

工业固体废物综合利用率 指工业固体废物综合利用量占工业固体废物产生量（包括综合利用往年贮存量）的百分率。计算公式为：

$$工业固体废物综合利用率 = \frac{工业固体废物综合利用量}{工业固体废物产生量 + 综合利用往年贮存量} \times$$

100%

工业固体废物贮存量　指报告期内企业以综合利用或处置为目的,将固体废物暂时贮存或堆存在专设的贮存设施或专设的集中堆存场所内的数量。专设的固体废物贮存场所或贮存设施必须有防扩散、防流失、防渗漏、防止污染大气、水体的措施。

工业固体废物处置量　指报告期内企业将固体废物焚烧或者最终置于符合环境保护规定要求的场所,并不再回取的工业固体废物量(包括当年处置往年的工业固体废物贮存量)。处置方式有填埋(其中危险废物应安全填埋)、焚烧、专业贮存场(库)封场处理、深层灌注、回填矿井及海洋处置(经海洋管理部门同意投海处置)等。

工业固体废物排放量　指报告期内企业将所产生的固体废物排到固体废物污染防治设施、场所以外的数量,不包括矿山开采的剥离废石和掘进废石(煤矸石和呈酸性或碱性的废石除外)。

“三废”综合利用产品产值　指报告期内利用“三废”作为主要原料生产的产品价值(现行价);已经销售或准备销售的应计算产品价值,留作生产自用的不应计算产品价值。

生活垃圾清运量　指报告期内收集和运送到垃圾处理厂(场)的生活垃圾数量。生活垃圾指城市日常生活或为城市日常生活提供服务的活动中产生的固体废物以及法律行政规定的视为城市生活垃圾的固体废物。包括:居民生活垃圾、商业垃圾、集市贸易市场垃圾、街道清扫垃圾、公共场所垃圾和机关、学校、厂矿等单位的生活垃圾。

生活垃圾无害化处理率　指报告期生活垃圾无害化处理量与生活垃圾产生量的比率。在统计上,由于生活垃圾产生量不易取得,可用清运量代替。计算公式为:

$$\text{生活垃圾无害化处理率} = \frac{\text{生活垃圾无害化处理量}}{\text{生活垃圾产生量}} \times 100\%$$

⑯

附　　录

SIXTEEN

APPENDIX

简 要 说 明

本篇资料反映了全省各县(市、区)经济社会事业发展基本情况,主要包括人口、土地面积、从业人员、农业、工业、投资、财政、金融、出口、农民收入和教育等方面的内容。

本篇资料由省统计局反馈提供。

附　录1：　　　全市各乡镇(街办)主要经济指标

(2011年)

地　　区	乡镇(街办)名　　称	年末总人口(人)	地方预算内财政收入(万元)	农民人均纯收入(元)	土地面积(平方公里)	村民委员会个数(个)	居民委员会个数(个)	乡村户数(户)
潍城区	城关街办	39959	1962	-	4	-	10	
	南关街办	49273	4052	11145	16	2	20	3712
	西关街办	57142	3960	10689	19	-	18	3949
	北关街办	60189	4047	11180	27	-	31	4968
	于河街办	30010	1409	10359	44	35	-	8508
	望留街办	47411	3413	9500	59	60	-	13629
	军埠口项目区	26014	2067	10564	41	32	-	7750
	乐埠山生态区	21379	2047	9578	36	19	-	5115
	经济开发区	23088	12937	10545	28	24	-	6520
寒亭区	寒亭街办	87014	2475	9920	71	48	11	14404
	开元街办	30728	2634	9893	45	30	3	8995
	固堤街办	58198	976	10062	156	73		19227
	高里街道	87759	932	9039	184	114		26565
	朱里街道	63985	867	10903	110	88		17269
坊子区	凤凰街办	41911	5967	9992	34	11	21	6947
	坊城街办	93762	4693	9890	105	74	10	15627
	坊安街办	50909	751	8765	88	59		14221
	九龙街办	71355	1751	9913	120	76		20203
	黄旗堡街办	54255	684	9913	66	50		15442
奎文区	大虞街办							
	北苑街办							
	东关街办							
	潍州路街办							
	广文街办							
	梨园街办							
	廿里堡街办							
青州市	王府街道	115296	5841	11132	122	84	22	39111
	益都街道	84279	8776	12649	58	39	14	28374
	云门山街道	89550	6248	12324	68	43	25	31877
	黄楼街道	83620	3234	10390	104	96		22670
	弥河镇	50653	2131	9220	84	77		15051
	王坟镇	50303	867	7887	222	103		14353
	庙子镇	40416	2069	8672	203	68		13159
	邵庄镇	68867	3600	9095	170	92		20606
	高柳镇	77200	785	9938	118	95		22915
	何官镇	72301	719	9708	123	82		21016
	东夏镇	87351	1419	9993	129	109		25387
	谭坊镇	97707	2478	11576	160	114		26921
诸城市	密州街道	181105	31294	12566	142	79	47	29418
	龙都街道	124415	24594	12460	110	66	20	22639
	舜王街道	126884	19524	11227	235	117	16	32059

附录1　续表1

地　　区	乡镇(街办)名　　称	年末总人口(人)	地方预算内财政收入(万元)	农民人均纯收入(元)	土地面积(平方公里)	村民委员会个数(个)	居民委员会个数(个)	乡村户数(户)
	枳沟镇	48165	2101	9880	87	55		12283
	贾悦镇	108575	4505	10178	284	188		28046
	石桥子镇	64444	1441	9540	169	102		17851
	相州镇	68665	2271	10118	120	71		17832
	昌城镇	65726	5710	11282	118	72	6	16970
	百尺河镇	49196	1739	10271	125	79		13702
	辛兴镇	42124	7223	10467	81	68		10913
	林家村镇	97262	3398	10907	324	167		27734
	桃林乡	35563	449	9036	135	72		10262
	皇华镇	72942	2011	9412	221	113		19871
寿光市	圣城街道	163136	34584	10680	68	28	42	17455
	文家街道	54507	14541	10632	65	52	4	14037
	古城街道	57660	16561	10607	87	61		15078
	洛城街道	101051	13502	10671	142	90	28	29149
	孙家集街道	59365	3066	10650	80	78		14884
	化龙镇	53174	1703	10517	88	53		14400
	营里镇	56582	5651	10563	191	50		16201
	台头镇	61710	4447	10606	144	42		16454
	田柳镇	66911	3184	10600	107	68		18010
	上口镇	67850	4270	10560	81	65		18956
	侯镇	97271	23104	10658	213	86	1	28310
	纪台镇	54467	1401	10616	84	72		13994
	稻田镇	94938	3463	10639	139	112		25117
	羊口镇	57695	21666	10628	501	37	6	17545
安丘市	新安街道	128204	7169	9558	228	56	35	33690
	兴安街道	207313	7612	8481	142	34	35	34039
	景芝镇	135374	4038	9529	202	139		34874
	凌河镇	102540	1883	8285	171	145		26864
	石埠子镇	66368	5715	9098	158	67		18288
	大盛镇	35986	331	9114	75	62		10439
	辉渠镇	67167	1481	8280	200	40		18781
	郚山镇	37906	506	8921	114	54		11023
	石堆镇	38776	286	9098	67	47		10020
	柘山镇	33124	205	9122	148	41		10014
	官庄镇	56525	293	8768	125	59		14824
	金冢子镇	41023	240	9128	83	56		10442
高密市	朝阳街道	108053	25760	10552	116	62	38	27736
	醴泉街道	109393	13574	10670	121	55	14	29149
	密水街道	140375	18475	10585	122	61	25	33740
	柏城镇	71334	7504	10480	152	92		20438
	夏庄镇	87731	15055	10841	184	107		23167

附录 1　续表 2

地　　区	乡镇(街办) 名　　称	年末总人口 (人)	地方预算内 财政收入 (万元)	农民人均 纯收入 (元)	土地面积 (平方公里)	村民委员 会个数 (个)	居民委员 会个数 (个)	乡村户数 (户)
	姜庄镇	72563	10681	10707	170	102		19448
	大牟家镇	51885	1623	9895	172	89		12824
	阚家镇	78482	3710	10084	137	93		25144
	井沟镇	68090	3240	10287	139	98		19394
	柴沟镇	85696	4640	10185	211	124		25696
昌邑市	奎聚街道	86699	8307	10299	68	39	21	14605
	都昌街道	88078	6140	10228	191	61	21	20410
	围子街道	100455	7050	9825	159	127		27742
	龙池镇	24927	4651	9680	182	27		7562
	柳疃镇	47221	7697	10184	325	72		13692
	卜庄镇	54468	3029	9586	361	95		17962
	下营镇	23923	12859	9483		35		6832
	饮马镇	84734	3588	9758	166	101		23003
	北孟镇	71822	1393	9066	175	92		19727
临朐县	城关街办	143399	12563	9150	83	14	16	24707
	东城街办	109148	14494	9026	143	29	12	27918
	五井镇	72564	5109	8257	192	31		19299
	冶源镇	104670	3488	8979	156	39		28021
	寺头镇	74977	1034	7350	256	34		20236
	九山镇	51732	779	7816	254	26		16004
	辛寨镇	120708	3004	8865	222	49		31570
	沂山镇	88934	1113	8315	261	42		24758
	龙岗镇	69197	954	7886	167	32		19616
	柳山镇	41216	449	7554	97	21		11285
昌乐县	城关街办	31017	18281	18187	33		22	6097
	宝城街办	19540	9023	26742	80	23	10	14352
	朱刘街办	11346	7637	16471	50	4	19	9946
	城南街办	7715	1712	11923	50	10	12	7240
	五图街办	9124	1052	9660	68	27		8368
	乔官镇	25414	1553	10760	189	73		23688
	唐吾镇	31002	1445	15338	219	43		29064
	红河镇	27847	2999	11079	194	62		24715
	营丘镇	28961	1138	10397	217	64		27513
高新开发区	新城街办	143039		11420	27	24	6	
	清池街办	46547		6876	77	63		15668
经济开发区	北城街道	59898	20066		57.8	46	1	10539
滨海开发区	央子街道	15448	根据我区	12224	330.40	18		4910
	大家洼街道	36394	实际不填报	13362	283	21	12	13224
峡山生态区	王家庄街办	77786	757	6546	154	107		22693
	太保庄街办	58688	1359	7005	152	80		17972
	岞山街办	45487	1157	7367	76	48		14630
	郑公街办	41005	436	5005	101	42		14187

附　录2:　　各市主要指标（一）

（2011 年）

地　　区	年末总人口（万人）	土地面积（平方公里）	人口密度（人/平方公里）
全　　省	**9637**	**157126**	**613**
济南市	689	7999	861
青岛市	880	11175	787
淄博市	456	5965	764
枣庄市	375	4563	822
东营市	206	7923	259
烟台市	698	13746	507
潍坊市	916	16143	567
济宁市	813	11194	726
泰安市	551	7762	710
威海市	280	5698	492
日照市	282	5348	527
莱芜市	131	2246	581
临沂市	1009	17202	587
德州市	560	10356	541
聊城市	585	8715	671
滨州市	377	9033	417
菏泽市	832	12194	682

注:人口数据为 2011 年抽样调查推算数(常住人口数),土地面积由国土资源厅提供。

各市主要指标（二）

（2011 年）

地　　区	地区生产总值（亿元）	比上年增长（%）	第一产业增加值（亿元）	比上年增长（%）
全　　省	**45429.20**	**10.9**	**3973.80**	**4.0**
济南市	4406.29	10.6	237.86	4.4
青岛市	6615.60	11.7	306.38	5.0
淄博市	3280.23	12.0	116.75	4.3
枣庄市	1561.68	10.9	126.40	2.0
东营市	2676.35	12.7	99.18	4.2
烟台市	4906.83	12.1	361.43	3.0
潍坊市	3541.85	11.0	359.28	4.2
济宁市	2896.69	10.8	351.14	3.2
泰安市	2304.31	11.5	215.00	3.8
威海市	2110.95	10.7	171.18	1.4
日照市	1214.07	12.1	112.08	3.7
莱芜市	611.88	10.6	41.18	2.7
临沂市	2770.45	12.0	279.01	3.8
德州市	1950.71	11.7	229.57	2.4
聊城市	1905.19	12.3	243.37	4.3
滨州市	1817.58	12.0	178.07	4.9
菏泽市	1475.68	14.0	228.04	3.0

各 市 主 要 指 标（三）

（2011 年）

地　区	第二产业增加值（亿元）	比上年增长（%）	第三产业增加值（亿元）	比上年增长（%）
全　省	**24037.40**	**11.7**	**17418.00**	**11.3**
济南市	1828.97	11.7	2339.46	10.3
青岛市	3150.72	11.6	3158.50	12.4
淄博市	1975.38	12.6	1188.10	11.6
枣庄市	920.32	12.3	514.96	10.5
东营市	1914.81	13.2	662.36	12.6
烟台市	2830.88	12.1	1714.52	14.2
潍坊市	1961.40	12.3	1221.17	11.0
济宁市	1535.93	12.9	1009.62	10.2
泰安市	1202.84	10.8	886.47	14.5
威海市	1139.36	12.0	800.41	10.8
日照市	660.66	13.5	441.33	12.2
莱芜市	370.40	11.8	200.30	10.0
临沂市	1382.05	12.1	1109.39	14.2
德州市	1059.80	13.8	661.34	11.7
聊城市	1085.99	14.2	575.83	12.2
滨州市	972.29	13.1	667.22	12.3
菏泽市	793.09	17.8	454.55	13.9

各 市 主 要 指 标（四）

（2011 年）

地　区	第一产业所占比重（%）	第二产业所占比重（%）	第三产业所占比重（%）
全　省	**8.8**	**52.9**	**38.3**
济南市	5.4	41.5	53.1
青岛市	4.6	47.6	47.7
淄博市	3.6	60.2	36.2
枣庄市	8.1	58.9	33.0
东营市	3.7	71.5	24.7
烟台市	7.4	57.7	34.9
潍坊市	10.1	55.4	34.5
济宁市	12.1	53.0	34.9
泰安市	9.3	52.2	38.5
威海市	8.1	54.0	37.9
日照市	9.2	54.4	36.4
莱芜市	6.7	60.5	32.7
临沂市	10.1	49.9	40.0
德州市	11.8	54.3	33.9
聊城市	12.8	57.0	30.2
滨州市	9.8	53.5	36.7
菏泽市	15.5	53.7	30.8

各 市 主 要 指 标（五）

（2011 年）

地　区	农林牧渔业总产值（亿元）	比上年增长（%）	林牧渔业产值（亿元）	林牧渔业产值占总产值的比重（%）
全　省	**7409.72**	**3.8**	**3271.0**	**44.1**
济南市	422.99	4.4	149.06	35.2
青岛市	535.9	5.0	281.2	52.5
淄博市	207.64	4.3	65.81	31.7
枣庄市	238.78	2.0	72.42	30.3
东营市	194.95	4.3	101.45	52.0
烟台市	645.27	3.0	313.94	48.7
潍坊市	714.33	4.2	301.58	42.2
济宁市	693.83	3.2	284.61	41.0
泰安市	375.10	3.9	151.22	40.3
威海市	335.57	1.5	241.89	72.1
日照市	198.75	3.9	100.52	50.6
莱芜市	78.28	2.7	30.62	39.1
临沂市	507.30	3.4	170.90	33.7
德州市	475.85	2.4	204.12	42.9
聊城市	444.10	4.3	122.61	27.6
滨州市	346.24	5.0	148.13	42.8
菏泽市	410.05	3.0	136.85	33.4

各 市 主 要 指 标（六）

（2011 年）

地　区	粮食产量（万吨）	棉花产量（万吨）	油料产量（万吨）
全　省	**4426.29**	**78.46**	**341.00**
济南市	295.84	2.84	5.48
青岛市	363.00	0.39	44.37
淄博市	177.57	1.07	2.46
枣庄市	190.26	0.65	9.77
东营市	81.57	14.91	0.34
烟台市	260.75	0.04	45.30
潍坊市	533.66	5.05	25.07
济宁市	487.22	12.75	21.65
泰安市	317.14	0.88	22.44
威海市	105.37		25.32
日照市	118.87	0.22	25.10
莱芜市	26.98	0.12	1.74
临沂市	477.41	1.27	82.62
德州市	735.00	14.31	1.86
聊城市	537.74	7.00	13.73
滨州市	309.37	15.71	0.84
菏泽市	586.09	23.18	23.56

各市主要指标（七）

（2011 年）

地　　区	水果产量（吨）	肉类总产量（万吨）	规模以上工业增加值比上年增长（%）
全　　省	**2850.83**	**711.05**	**14.0**
济南市	143.3	38.85	13.1
青岛市	126.17	59.55	13.5
淄博市	121.90	17.75	14.2
枣庄市	45.56	25.28	13.0
东营市	20.85	25.71	13.9
烟台市	511.71	46.94	14.4
潍坊市	283.22	135.34	15.5
济宁市	138.67	79.46	13.8
泰安市	65.29	42.96	14.0
威海市	94.44	16.12	13.6
日照市	28.69	19.98	16.1
莱芜市	8.99	6.30	13.5
临沂市	284.11	72.60	16.4
德州市	75.36	65.65	15.8
聊城市	180.50	51.22	16.2
滨州市	157.57	45.41	15.9
菏泽市	314.47	60.03	22.6

注：水果产量包括果用瓜和园林水果。

各市主要指标（八）

（2011 年）

地　　区	产品销售率（%）	比上年增减百分点	工业主营业务收入（亿元）	比上年增长（%）
全　　省	**98.92**	**0.33**	**102470.24**	**26.4**
济南市	98.21	0.50	5023.09	15.3
青岛市	98.49	-0.08	12533.00	18.4
淄博市	99.38	1.26	9497.21	24.6
枣庄市	99.43	-0.19	3399.42	23.9
东营市	98.95	0.15	8295.05	41.6
烟台市	98.99	0.23	12086.13	22.2
潍坊市	98.34	-0.16	9377.91	28.5
济宁市	98.20	0.23	4276.13	20.5
泰安市	99.06	0.42	4550.22	26.2
威海市	99.08	0.56	4997.95	20.2
日照市	97.64	0.99	2516.05	29.7
莱芜市	98.72	0.47	1507.83	26.3
临沂市	97.93	0.15	5717.17	32.1
德州市	98.96	-0.13	5189.72	34.3
聊城市	99.26	0.30	5294.08	33.1
滨州市	102.01	1.09	4978.04	32.8
菏泽市	99.39	0.32	3467.12	37.6

各市主要指标（九）

（2011年）

地　区	工业利润总额（亿元）	比上年增长（%）	工业利税总额（亿元）	比上年增长（%）
全　省	**6998.26**	**27.2**	**11136.15**	**25.3**
济南市	251.51	4.9	517.08	7.3
青岛市	638.96	14.8	1218.32	11.2
淄博市	748.50	36.4	1216.82	28.4
枣庄市	236.94	20.1	400.49	19.5
东营市	1001.73	44.2	1656.89	47.6
烟台市	977.41	25.2	1263.45	24.2
潍坊市	529.99	19.2	792.94	17.1
济宁市	328.78	9.9	516.80	10.1
泰安市	361.29	27.4	579.45	26.6
威海市	247.45	18.4	378.72	17.1
日照市	136.44	5.1	196.35	7.1
莱芜市	38.12	47.4	64.91	28.8
临沂市	340.29	34.1	491.50	32.7
德州市	327.82	34.9	596.45	33.8
聊城市	347.69	34.8	503.71	33.6
滨州市	238.55	18.5	362.80	17.3
菏泽市	290.56	50.7	462.39	49.3

各市主要指标（十）

（2011年）

地　区	亏损企业（个）	比上年增长（%）	亏损企业亏损额（亿元）	比上年增长（%）
全　省	**1513**	**12.07**	**210.61**	**66.7**
济南市	118	12.38	26.30	160.2
青岛市	412	2.74	46.80	103.9
淄博市	93	1.09	22.92	47.3
枣庄市	39	25.81	11.17	80.0
东营市	23	109.09	0.73	-54.6
烟台市	154	-10.47	19.05	102.2
潍坊市	126	38.46	21.24	115.0
济宁市	78	30.00	20.55	28.8
泰安市	46	35.29	5.28	16.3
威海市	96	11.63	6.57	32.2
日照市	35	34.62	2.47	-3.2
莱芜市	35	16.67	3.76	125.1
临沂市	57	-10.94	5.55	13.1
德州市	31	34.78	2.16	93.3
聊城市	29	20.83	3.59	15.8
滨州市	95	58.33	10.42	90.4
菏泽市	49	25.64	2.92	121.5

各市主要指标（十一）

（2011年）

地区	应收帐款净额（亿元）	比上年增长（%）	产成品（亿元）	比上年增长（%）
全省	**4411.53**	**22.9**	**2658.37**	**17.5**
济南市	356.74	27.5	226.44	4.4
青岛市	944.07	19.9	349.22	11.1
淄博市	309.86	15.5	183.84	22.5
枣庄市	66.21	28.1	53.51	8.5
东营市	263.31	35.9	157.58	39.1
烟台市	562.86	17.9	282.01	13.9
潍坊市	394.81	21.6	326.59	28.2
济宁市	242.44	16.1	186.35	40.1
泰安市	170.24	20.2	82.14	5.3
威海市	236.90	9.5	116.20	12.9
日照市	128.87	48.2	75.78	17.3
莱芜市	47.87	19.8	41.85	-0.1
临沂市	193.14	29.9	197.09	19.7
德州市	110.65	20.1	85.53	4.7
聊城市	161.65	53.1	92.58	-0.8
滨州市	134.95	46.7	139.98	36.2
菏泽市	71.06	25.3	61.95	14.6

各市主要指标（十二）

（2011年）

地区	高新技术产业产值占规模以上工业比重（%）	比上年增减百分点	全社会投资额（亿元）	比上年增长（%）
全省	**27.31**	**1.21**	**25928.40**	**21.80**
济南市	38.66	1.01	1934.34	18.10
青岛市	38.95	1.03	3502.54	23.40
淄博市	26.60	1.25	1499.22	23.70
枣庄市	16.24	-0.34	823.77	24.09
东营市	30.74	-0.28	1574.42	24.50
烟台市	38.69	2.01	2883.80	22.40
潍坊市	24.93	1.12	2603.17	22.94
济宁市	19.42	1.15	1391.66	20.00
泰安市	21.27	1.18	1473.70	22.90
威海市	33.64	1.06	1341.60	22.70
日照市	14.62	1.27	880.69	23.70
莱芜市	14.01	1.73	350.10	20.00
临沂市	20.60	1.10	1608.62	23.90
德州市	20.50	1.24	1153.66	23.80
聊城市	14.90	1.04	1041.11	23.40
滨州市	18.93	3.50	1010.69	23.79
菏泽市	23.53	3.06	552.29	24.80

各市主要指标（十三）

（2011年）

地　区	房地产开发投资额（亿元）	比上年增长（%）	社会消费品零售额比上年增长（%）
全　省	**4108.08**	**26.4**	**17.3**
济南市	527.16	8.8	17.3
青岛市	782.72	29.9	17.4
淄博市	197.19	18.1	18.0
枣庄市	136.85	75.5	17.3
东营市	122.91	22.5	17.4
烟台市	568.97	48.5	17.3
潍坊市	405.87	10.4	17.3
济宁市	182.24	35.4	17.3
泰安市	86.15	14.7	17.4
威海市	352.26	30.6	17.4
日照市	62.91	-0.7	17.3
莱芜市	28.83	57.2	16.0
临沂市	190.70	20.5	18.1
德州市	117.64	30.4	17.3
聊城市	90.89	61.0	17.4
滨州市	106.28	10.1	17.3
菏泽市	148.53	43.1	18.1

各市主要指标（十四）

（2011年）

地　区	进出口总值（亿美元）	比上年增长（%）	出口总值（亿美元）	比上年增长（%）
全　省	**2359.92**	**24.8**	**1257.88**	**20.7**
济南市	104.02	40.4	60.48	49.1
青岛市	712.63	27.2	400.56	20.5
淄博市	90.55	34.7	53.27	32.1
枣庄市	10.68	17.2	8.45	13.2
东营市	101.74	27.8	43.59	58.0
烟台市	453.70	3.6	266.98	4.8
潍坊市	140.93	19.9	103.68	19.2
济宁市	57.45	28.7	30.70	33.5
泰安市	18.21	14.6	11.86	28.0
威海市	169.21	21.6	107.46	20.4
日照市	207.57	55.9	39.07	76.7
莱芜市	35.81	35.2	11.41	10.5
临沂市	68.39	43.5	36.24	28.2
德州市	26.86	38.0	17.47	30.8
聊城市	55.92	54.2	18.78	45.5
滨州市	66.93	31.4	28.47	11.6
菏泽市	26.84	47.9	14.41	18.9

各市主要指标（十五）

（2011年）

地　区	进口总值（亿美元）	比上年增长（%）	实际到帐外资金额（万美元）	比上年增长（%）
全　省	**1102.04**	**29.8**	**1116022**	**21.7**
济南市	43.54	29.8	110002	5.8
青岛市	312.07	36.9	360097	28.6
淄博市	37.29	38.5	44971	0.3
枣庄市	2.23	35.2	11970	-49.9
东营市	58.15	11.8	14036	-33.1
烟台市	186.72	1.9	133891	24.0
潍坊市	37.26	21.9	72159	0.0
济宁市	26.75	23.5	73306	60.1
泰安市	6.36	-4.2	10019	-16.0
威海市	61.75	23.7	72708	31.0
日照市	168.51	51.8	36615	4.8
莱芜市	24.40	50.9	10016	0.1
临沂市	32.15	65.7	26885	-17.7
德州市	9.39	53.8	19033	60.7
聊城市	37.14	58.9	8001	-20.5
滨州市	38.46	51.3	104274	236.4
菏泽市	12.44	106.2	8039	-32.2

各市主要指标（十六）

（2011年）

地　区	地方财政收入（亿元）	比上年增长（%）	财政支出（亿元）	比上年增长（%）
全　省	**3455.71**	**25.7**	**5001.22**	**20.7**
济南市	325.42	22.3	395.67	17.5
青岛市	566.00	25.1	658.68	23.7
淄博市	203.59	25.4	253.19	25.4
枣庄市	100.12	30.5	160.34	24.3
东营市	135.27	29.0	179.80	26.7
烟台市	303.19	27.5	407.53	25.8
潍坊市	253.92	25.4	358.26	23.1
济宁市	207.10	22.4	300.47	19.1
泰安市	138.12	18.1	208.37	18.7
威海市	136.44	15.4	200.59	19.5
日照市	68.50	23.2	124.35	31.1
莱芜市	39.23	11.1	59.23	14.0
临沂市	141.26	22.3	284.89	20.5
德州市	95.06	30.4	191.28	23.5
聊城市	96.56	37.0	173.47	20.0
滨州市	130.76	25.8	201.00	24.2
菏泽市	111.59	31.8	231.38	23.8

各 市 主 要 指 标（十七）

（2011 年）

地　区	国税税收收入（亿元）	比上年增长（%）	地税税收收入（亿元）	比上年增长（%）
全　省	**4318.92**	**21.6**	**2126.09**	**26.9**
济南市	361.43	16.6	390.22	30.0
青岛市	1222.71	22.9	274.38	26.0
淄博市	262.14	13.5	123.02	20.1
枣庄市	70.68	13.9	73.68	21.0
东营市	144.08	14.8	107.15	28.5
烟台市	444.39	24.4	205.05	29.9
潍坊市	263.39	18.1	184.90	28.5
济宁市	205.31	5.8	165.78	25.6
泰安市	88.89	6.4	74.36	26.2
威海市	109.63	16.9	97.69	19.2
日照市	356.27	49.9	46.88	30.4
莱芜市	50.58	15.5	26.16	18.5
临沂市	142.27	20.2	95.46	33.0
德州市	71.61	19.1	59.84	29.8
聊城市	102.23	17.4	54.89	30.0
滨州市	148.26	20.5	77.91	26.5
菏泽市	88.02	31.5	68.73	20.7

各 市 主 要 指 标（十八）

（2011 年）

地　区	金融机构存款余额（亿元）	金融机构贷款余额（亿元）	居民储蓄存款余额（亿元）
全　省	**46986.51**	**37521.93**	**22305.74**
济南市	8364.06	8009.83	2446.67
青岛市	8901.27	7495.25	3244.13
淄博市	2744.88	1927.00	1442.55
枣庄市	974.24	814.97	572.28
东营市	1927.74	1439.57	794.62
烟台市	4467.85	3070.96	2383.54
潍坊市	3748.88	3001.53	2081.80
济宁市	2634.90	1646.49	1460.60
泰安市	1571.71	1055.25	970.56
威海市	1810.19	1259.09	1064.63
日照市	1161.07	1107.14	551.75
莱芜市	606.85	531.60	323.86
临沂市	2507.10	1833.63	1628.12
德州市	1426.33	1003.14	921.26
聊城市	1366.62	1110.66	845.72
滨州市	1309.69	1256.49	586.72
菏泽市	1326.40	877.13	984.92

注：以上数据为本外币口径。

各市主要指标（十九）

（2011年）

地　区	城镇居民人均可支配收入（元）	比上年增长（%）	城镇居民人均消费支出（元）	比上年增长（%）
全　省	**22792**	**14.3**	**14561**	**11.0**
济南市	28892	14.1	18046	13.0
青岛市	28567	14.3	19297	10.1
淄博市	24955	14.6	15994	16.5
枣庄市	20193	14.5	13463	18.0
东营市	27343	14.9	17532	18.9
烟台市	26542	14.0	18395	16.5
潍坊市	22508	14.4	15170	9.8
济宁市	22406	13.0	14692	17.5
泰安市	22687	13.7	14888	10.9
威海市	25290	13.7	17002	10.8
日照市	20098	14.5	13781	12.1
莱芜市	23509	12.0	14219	4.2
临沂市	24232	15.2	13881	12.6
德州市	19771	13.6	12700	9.2
聊城市	20649	15.4	13847	8.5
滨州市	22540	14.5	14808	12.6
菏泽市	16658	15.5	11216	14.9

各市主要指标（二十）

（2011年）

地　区	农民人均纯收入（元）	比上年增长（%）	农民人均生活消费支出（元）	比上年增长（%）
全　省	**8342**	**19.3**	**5901**	**22.7**
济南市	10412	16.9	5905	9.2
青岛市	12370	17.3	7661	15.0
淄博市	10878	18.3	6458	13.8
枣庄市	8397	18.2	5051	20.0
东营市	10025	19.0	5829	16.9
烟台市	11716	18.2	5884	13.7
潍坊市	10409	17.3	6382	6.7
济宁市	8712	16.9	4721	12.0
泰安市	8974	18.2	4855	13.6
威海市	12334	17.3	6823	19.1
日照市	8756	16.7	4352	5.0
莱芜市	9626	15.8	5194	12.4
临沂市	8018	18.6	4696	19.3
德州市	8350	18.8	4142	36.0
聊城市	7735	21.3	4553	28.5
滨州市	8744	21.5	5968	31.7
菏泽市	7119	22.5	4140	14.1